Patrick Peters
Männer aus dem Hain
Studien zur Männlichkeitskonstruktion
in der Lyrik der Göttinger Hainbündler

Für M.

Zum Autor:
Patrick Peters (*1983) studierte Germanistik, Anglistik und Amerikanistik in Duisburg und Essen und ist als Wirtschaftsjournalist, PR-Berater und Autor tätig. Neben seiner vorliegenden Dissertationsschrift *Männer aus dem Hain. Studien zur Männlichkeitskonstruktion in der Lyrik der Göttinger Hainbündler* sind bereits erschienen: *Edda. Einführung* (Essen: Oldib Verlag, 2007) und *Von Jerusalem nach Paris. Der Heilige Gral zwischen Mythos und Literatur* (Essen: Oldib Verlag, 2009).

Patrick Peters

Männer aus dem Hain
Studien zur Männlichkeitskonstruktion
in der Lyrik der Göttinger Hainbündler

Ldib
Verlag

Bibliografische Information der Deutschen Nationalbibliothek
Die Deutsche Nationalbibliothek verzeichnet diese
Publikation in der Deutschen Nationalbibliografie;
detaillierte bibliografische Daten sind im Internet
über http://dnb.ddb.de abrufbar.

© 2014, Oldib-Verlag, Essen
www.oldib-verlag.de
Oldib Verlag Oliver Bidlo
Waldeck 14
45133 Essen
www.oldib-verlag.de
Umschlaggestaltung: Oliver Bidlo
Umschlagbild: Alf Loidl, pixelio.de
Herstellung: BoD GmbH, Norderstedt

Zugleich Dissertation an der Bergischen Universität Wuppertal

ISBN 978-3-939556-41-1

Inhaltsverzeichnis

Danksagung

Die vorliegende Untersuchung wurde im Sommersemester 2013 von der Philosophischen Fakultät der Bergischen Universität Wuppertal als Dissertation angenommen. Für den Druck wurde sie an einigen Stellen überarbeitet.

Besonderer Dank gilt an dieser Stelle Professor Wolfgang Lukas (Bergische Universität Wuppertal) für die anregende und fördernde, engagierte, geduldige und allzeit freundlich-kollegiale Betreuung. Ebenso ist Professor Andreas Blödorn (Westfälische Wilhelms-Universität Münster) für die Übernahme des Zweitgutachtens zu danken.

Kapitel I
Einleitung

Kapitel I.1
Thema und Fragestellung

Als in der Nacht vom 12. auf den 13. September 1772 in einem Eichen-hain bei Weende in der Nähe Göttingens die Studenten Christoph Ludwig Heinrich Hölty, Johann Martin und Gottlob Diederich Miller, Johann Hein-rich Voß und Thomas Ludwig Wehrs den Göttinger Hainbund begründeten, sollte dies von nachhaltiger Bedeutung für die Literatur(geschichte) in Deutschland sein. Denn der Hainbund, der als die geschlossenste Dichterver-einigung des Sturm und Drang gilt[1], wurde von zum Teil sehr talentierten und ambitionierten Dichtern ins Leben gerufen und für die kurze Dauer seines Bestehens – er zerfiel durch den Weggang der Mitglieder aus Göttingen im Laufe des Jahres 1775 – von solchen getragen; neben den genannten Hölty, Johann Martin Miller und Voß prägte insbesondere der Reichsgraf Friedrich Leopold Stolberg, der dem Bund früh gemeinsam mit seinem Bruder Christi-an beitrat, die Vereinigung (s. zur Geschichte und Struktur des Bundes aus-führlich Kapitel II).
Die Dichtung des Göttinger Hainbunds steht im Mittelpunkt dieser Arbeit, die einen doppelten Ansatz verfolgt. Auf der einen Seite behandelt sie als erste Monographie das Werk der Hainbündler exklusiv, erschließt erstmalig ein größeres Corpus, stellt Texte und Diskurse vor und setzt die Gedichte zuein-ander in Verbindung. Damit wird eine Lücke in der germanistischen For-schung geschlossen, da der Hainbund bisher nicht Gegenstand einer eigen-ständigen literaturwissenschaftlichen Untersuchung gewesen ist. Die Arbeit trägt damit zur Erforschung sowohl der Dichter und ihrer Werke als auch zur Erforschung der Zeit an sich bei, indem die Hainbündler und ihre Inhalte als Teil der Spätaufklärung bzw. des Sturm und Drang angesehen und eingeord-net werden. Diese Untersuchung bezieht sich dabei aber gerade nicht ganz all-gemein im Sinne eines Kompendiums auf das Wirken der Hainbündler; viel-mehr setzt sie männlichkeitsgeschichtlich an und bearbeitet im Kern die Kon-struktion von Männlichkeit in der Lyrik des Bundes. Dieser Aspekt ist von höchster Relevanz für die neuere Germanistik und die Erforschung der Lite-ratur in der zweiten Hälfte des 18. Jahrhunderts. In dieser Zeit erfährt die Ge-schlechterdifferenz, auch die geschlechtsinterne, eine massive Verschärfung

---

[1] Kahl, *Bundesbuch*, Klappentext

bzw. sogar Radikalisierung, polarisierte Darstellungen von Männlichkeiten[2] und Weiblichkeit treten in theoretischen und literarischen Texten in den Vordergrund.

Männlichkeit und Weiblichkeit und die klassischen binären[3] Konstruktionen dieser Geschlechtscharaktere[4] sind in der neueren deutschen Literatur von jeher Thema gewesen. Diese Binarität und die den Geschlechtern zugewiesenen widersprüchlichen Eigenschaften und Verhaltensweisen (die durchweg den Auffassungen von Philosophie, Medizin etc. jener Epochen entsprechen) bedingen so manche literarische Konstellation. Geschlechterdifferenz konstituiert sich dabei weitestgehend in der ‚natürlichen' Verschiedenheit von Mann und Frau und hat kaum eigenes Profil. Dies ändert sich um 1770: Mit Beginn des Sturm und Drang und den grundsätzlichen Paradigmenwechseln, die im Vergleich zur Aufklärung in der Literatur (und dem gesamten kulturellen Betrieb) dieser Strömung stattfinden, verschärft sich diese Geschlechterdifferenz. Bei dieser Zäsur ist nicht einmal der zwischengeschlechtliche Umgang entscheidend; dieser ergibt sich schlicht fließend aus dem eigentlich Neuen, einem diversifizierten Bild von Männlichkeit. Die neuartige vielfältige Konstitution von männlichem Geschlecht, die pointierte Darstellung und Emphatisierung von und die Fokussierung auf bisher nicht gekannte (bzw. nicht offen gelegte) Ausprägungen und Potentiale von Männlichkeit erhalten nicht gekannte Signifikanz. Beispiele für diese Radikalisierung sind unter anderem die Dramen *Julius von Tarent* und *Die Zwillinge*. Entstanden um die Mitte der 1770er Jahren, stellen Johann Anton Leisewitz bzw. Friedrich Maximilian Klinger jeweils zwei Brüder vor, die sich an disparaten Rändern der Männlichkeit befinden und durch diese Polarität in einen tödlichen Konflikt geraten[5]. Männlichkeit bricht sich an Männlichkeit, und Weiblichkeit erscheint in einer passiven, subordinierten Rolle als „Preis" männlichen Strebens. Männlichkeit zerfällt in die empfindsame und kraftgenialische Männlichkeit, und diese Ausprägungen sind so weit voneinander entfernt, dass sie nicht parallel existieren können; die Typen schließen sich gegenseitig aus und beide haben einen Absolutheitsanspruch, der ihren Herrschaftsansatz definiert.[6]

Bereits 1764 formuliert Immanuel Kant in seinen *Betrachtungen über das Gefühl des Schönen und Erhabenen* den Widerspruch des „Erhabenen und Schönen in dem Gegenverhältnis beider Geschlechter"[7] und stellt so Mann und

---

[2] Der Plural ist vom Theoretiker R. W. Connell, *Masculinities*, übernommen.

[3] Vgl. dazu zum Beispiel Butler, *Unbehagen der Geschlechter*, S. 32ff.

[4] Immer noch grundlegend zu diesem Themenkomplex ist der Aufsatz von Hausen, „Die Polarisierung der „Geschlechtscharaktere""

[5] S. dazu grundlegend Martini, „Die Feindlichen Brüder"

[6] Vgl. auch Kapitel VII

[7] *Philosophische Geschlechtertheorien*, S. 199

Frau an verschiedenen Polen gegeneinander auf: Der Mann ist edel, die Frau schön. Diese weibliche Schöne drückt sich unter anderem so aus, dass die Frau „das Böse vermeide[t], nicht weil es unrecht, sondern weil es häßlich"[8] ist, und ihr Verstand ist ein „schöner Verstand"[9], während „der unsrige [der der Männer; Verf.] ein tiefer Verstand"[10] ist. Und wenn sich Johann Georg Hamann „ausdrücklich gegen die Unterdrückung von Leidenschaften und Sexualität" wendet und gegen den „Disziplinierungsdruck einer sexualfeindlichen Tugendmoral"[11] schreibt: „Wenn die Leidenschaften Glieder der Unehre sind, hören sie deswegen auf, Waffen der Mannheit zu seyn?"[12], so bricht er theoretisch dem Bahn, was Friedrich Schiller in seinem Gedicht *Kastraten und Männer* aufgreifen und gegen Gottfried August Bürgers *Männerkeuschheit* wenden sollte: eine Form von Männlichkeit, die sich zum Teil auf offen zur Schau getragene Sexualität, die sogar bis ins Aggressive hineinreichen kann, beruft, und diese Explikation sexueller Leidenschaft zu ihrem Programm erhebt. Dadurch wendet sie sich gegen die Form von Männlichkeit, die sich selbst als keusch versteht und diese Keuschheit als Ausdruck ihrer ‚individuellen‘ Männlichkeit formuliert. Hamann konstruiert Männlichkeit damit auf einer sexualisierten Basis; einer Männlichkeitsvorstellung indes, die Beispiel und Ausdruck ist für die Diversifikation, die Männlichkeit zu dieser Zeit ausmacht. Sie ist nicht einfach zu fassen und zu erfassen, sie zerfällt in eine Vielzahl von Konstruktionen und Unterkonstruktionen, zu denen auch der Göttinger Hain einen guten Teil beiträgt. Peter Uwe Hohendahl hat an diese Verschärfung, die er indes nicht explizit benennt, zeitlich eine Krise angeschlossen; eine Krise, die gerade durch den

> Zerfall der ständisch-patriarchalen Sozialordnung und ihrer Ersetzung durch eine moderne, ausdifferenzierte Gesellschaft [ausgelöst wird], in der sowohl das ökonomische als auch das politische System (Staat) wesentlich umfassendere Funktionen übernehmen, wodurch die Aufgaben des alten Familienverbandes ausgehöhlt werden.[13]

Die „ständisch-patriarchale Sozialordnung" ist der eine Teil der bipolaren Männlichkeitswelt und radikalisiert sich im internen und externen Geschlechterkonflikt, um die eigenen Positionen nachhaltig durchzusetzen. Wenn Hohendahl nun formuliert, dass „sich insbesondere die traditionelle Konzeption

---

[8] Ebd., S. 201
[9] Ebd., S. 200
[10] Ebd.
[11] Luserke, *Sturm und Drang*, S. 91
[12] Zit. nach ebd.
[13] Hohendahl, „Die Krise der Männlichkeit", S. 275

von Männlichkeit steigendem Druck von innen und außen ausgesetzt sah"[14], dann deutet dies auf eine Veränderung der Geschlechterkonstruktion hin: Das gängige Konzept wird nicht mehr kritiklos hingenommen, sondern auf den Prüfstand gestellt, traditionelle Merkmale werden nicht mehr natürlicherweise anerkannt. Das wiederum hat zur Folge, dass Männlichkeit sich neu orientieren, neu positionieren muss, da Althergebrachtes nicht mehr haltbar ist. Die Verschärfung der Geschlechterdifferenz, die traditionelle Konzepte ab- und neue aufwertet, führt den Mann, wie er war, in die Krise. Männlichkeit ist laut Hohendahl nicht mehr in ihren Grundfesten patriarchalisch, sie herrscht nicht mehr zwingend nach den alten Mustern und muss sich neuen Ausprägungen zuwenden.

Dieser kurze Abriss zeigt: Zum Ende des 18. Jahrhunderts hin entwickeln sich durch die Verschärfung der Geschlechterdifferenz neue Perspektiven auf Männlichkeit, und im Rahmen dieser neuen Perspektiven kommt es zu einer Krise, aus denen sich dann im ersten Drittel des 19. Jahrhunderts segmentiertere Männlichkeitstypen herausbilden: „Soldat/Krieger, [...] Staatsdiener und [...] Künstler"[15]. Es wird auch Aufgabe dieser Arbeit sein, diesem theoretischen Ansatz nachzugehen und zu überprüfen, inwiefern sich im Sinne der Verschärfung der Geschlechterdifferenz beim Göttinger Hain die Grundzüge einer Krise der Männlichkeit erspüren lassen.

Zu dieser Verschärfung der Geschlechterdifferenz gesellt sich ein weiterer Aspekt, der einer männlichkeitsgeschichlichen Lyrikuntersuchung zusätzliche Relevanz eingibt: ‚Gattung' und ‚Geschlecht' nehmen in der poetologischen (Natur-)Diskussion ab ungefähr der Mitte des 18. Jahrhunderts eine besondere Position ein. Andreas Blödorn hat die beiden Perspektiven der Untersuchung von Gattung und Geschlecht folgendermaßen fixiert:

> Einerseits lassen sich (a) Gattungen in den Blick nehmen mit Bezug auf ein Autorsubjekt und dessen Geschlechtlichkeit; gefragt wird dann, welche Gattungen unter welchen Bedingungen innerhalb eines bestimmten Zeit- und Kulturraums eher von Autorinnen und welche von Autoren funktionalisiert wurden. Anderseits lässt sich (b) danach fragen, welche Gattungen unter welchen kulturellen und historischen Bedingungen mit textinternen Geschlechterkonzeptionen operieren; mit Blick auf die Textpragmatik ließe sich hier beispielsweise die Artikulation eines Aussagesubjekts und seiner Sprechweise als ‚weiblich' oder ‚männlich' markierte ‚Stimme' untersuchen.[16]

---

[14] Ebd.
[15] Ebd., S. 277
[16] Blödorn, „Geschlecht und Gattung", S. 64

Gerade im Verlaufe des 18. Jahrhunderts kristallisiert sich vor dem Hintergrund einer ‚Natur‘- bzw. anthropologischen Diskussion die Opposition zwischen männlichem und weiblichem Schreiben heraus: Die literarischen Gattungen werden dabei so den Geschlechtern zugeschrieben, wie es hinsichtlich der Differenzen von Passivität versus Aktivität/Produktivität, Emotionalität versus Passivität und zahlreiche weitere gegenteilige Ausprägungen von Geschlecht. Dabei stellt sich vor allem heraus, dass auf weiblicher Seite epische Formen von Literatur wie Roman, Briefroman und auch Reisebericht vorherrschen, die von einer „männlich dominierten Gattungstradition" abweichen[17], und dass als ‚männlich‘ besetzte Gattungen vor allem Lyrik und Drama auftreten, die sich über poetisch-rhetorische Traditionen konstituieren und dementsprechend auf Bildung und eben Tradition beruhen, während Frauen beispielsweise bessere Briefe schreiben als Männer aufgrund ihres „Abstand[es] von gelehrtem Wissen und höherer Bildung, Verfügung über größere Natürlichkeit und Vorstellungskraft"[18]. Wie weit entfernt Autorinnen in der Vorstellungswelt des 18. Jahrhunderts von der Lyrik gewesen sind, beweist die Vorrede Johann Georg Sulzers zu den Gedichten Anna Louisa Karsch, die sich um 1760 sowohl als Kasuallyrikerin als auch als Verfasserin patriotischer Lyrik erfolgreich betätigte: Er kapriziert sich prominent auf den Aspekt der Natur und deren Zusammenhang mit der Dichtung; dies erklärt für Sulzer den Erfolg der Lyrik und die Ausnahmeerscheinung einer Lyrikerin, in deren Leben „nichts vermögend gewesend wäre, an statt des natürlichen Hangs einen einen künstlichen Trieb zur Dichtkunst in ihr zu erregen, keinen einzigen Umstand, woraus wir begreifen können, daß gelernte Regeln bei ihr die Stelle des Genies einnehmen"[19]. Für den Göttinger Hain wäre nun vor allem zu fragen, inwiefern die Binnenpragmatik betont ‚männliches‘ Sprechen markiert und in welcher Form ‚weibliches‘ Sprechen auftaucht, um den Zusammenhang von Gattung und Geschlecht deutlich zu machen und damit auch Männlichkeit in der Lyrik formal fassen zu können. Die Frage nach der Geschlechtlichkeit des Autorsubjekts stellt sich für den Göttinger Hainbund aufgrund der ausschließlichen Männlichkeit der Gruppenmitglieder hingegen weniger prominent.

Auch die Anthropologie hat sich im 18. Jahrhundert mit dem männlichen Geschlecht auseinandergesetzt. Wolfgang Schmale hat sieben Bereiche der „Männlichkeit um 1800 in der Anthropologie der Aufklärung"[20] identifiziert und diesen Bereichen jeweils eine Reihe von Kernmerkmalen zugeordnet, um

---

[17] Ebd., S. 65
[18] Fleig/Meise, „Das Geschlecht der Innovation", S. 166f.
[19] Ebd., S. 167
[20] Bis zum Ende des Absatzes Schmale, *Geschichte der Männlichkeit*, S. 175

sie dadurch zu definieren. „Männliche Attribute" sind für Schmale unter anderem „Kultur", „Öffentlichkeit", „Politik", „Interesse für das Große", „Freiheit" und „Gefahren [zu] trotzen"; als „männliche Symbole" benennt er die „Eiche" und den „Phallus", und in der „Ehe" wolle der Mann „regieren, nicht herrschen". „Gesellschaft" beinhaltet neben „mann-männliche[r] Soziabilität", „Männersozietäten", „Männerklubs" und „getrenntgeschlechtliche Räume". Der „Körper" wird durch „starke Muskeln" und „straffe/dicke Nerven" charakterisiert und damit der Frau diametral gegenübergestellt. Das natürliche Sein des Mannes auf körperlich-moralischer Ebene ist der umfangreichste Merkmalsbereich. Schmale führt hier insgesamt 20 Merkmale an, die schon für sich genommen ein umfängliches Bild des Mannes im späten 18. Jahrhundert ergeben. Es sind die Merkmale, mit denen der Mann definiert wird und die bereits jeweils einzeln, in der Literatur verwendet, auf einen positiven Männlichkeitsdiskurs hinweisen. Dabei vereinigt diese Gruppe die Merkmale der übrigen, eben umrissenen Zuschreibungen. Zum natürlichen Sein des Mannes gehört es, aktiv zu sein, ein Erzeuger und Beschützer; der Mann hat ein „lebhaftes Temperament", Feuer bzw. Hitze kennzeichnen ihn, ebenso Verstand, Urteilskraft, Mut, Selbstbeherrschung, Entschlusskraft und physische Härte. Zudem herrscht er über seine körperliche Begierde und lässt sich nicht von ihr beeinflussen, gleichzeitig ist er aber ein „Angreifer" gegenüber der Frau und wählt die, die ihm zusagt.

Die geschlechtergeschichtliche Interpretation von Literatur beschränkt sich in der Germanistik bisher weitgehend auf die Erfassung von Weiblichkeit, die Analyse der verschiedenen weiblichen Rollen und ihre Unterordnung unter die Herrschaft von Männern (die stillschweigend als gesetzt angenommen wird, ohne ihre tatsächlichen Merkmale zu untersuchen). Männlichkeit ist in der Literaturwissenschaft kaum Gegenstand, weder als singuläre noch als relationale Kategorie, die sich in einem geschlechtsinternen und geschlechtsübergreifenden Spannungsfeld wiederfindet, und Konstruktionen von Männlichkeiten werden nicht als relevante Untersuchungskategorie für literarische Texte wahrgenommen. Es gilt also, und dies in besonderem Maße für die Zeit ab 1770 und ihrer geschlechtergeschichtlichen Bedeutung, dass das literarhistorisch gewichtige Element der Konstitution von Männlichkeit in fiktiven Texten noch nicht zufriedenstellend untersucht worden ist, erst recht nicht im Kontext der einschlägigen Theorien von Bourdieu und Butler, von Connell und anderen. Ausnahmen sind, wiewohl sie mit moderner Literatur befasst sind, Walter Erharts *Familienmänner*, Toni Tholens *Verlust der Nähe* und Klaus Wielands[21] noch in der Entstehung befindliche Habilitationsschrift über

---

[21] Wieland ist bereits mit seinem Aufsatz „Krise der Männlichkeit" in Erscheinung getreten.

Männlichkeiten zwischen 1890 und 1930. Damit leistet diese Arbeit auch auf dem Feld der Geschlechtergeschichte einen neuen Beitrag. Sie erforscht die Konstruktion von Männlichkeit in allen Diskursen, die für die Göttinger Hainbündler, die ja immer auch Zeitgenossen, damit Teil von Literaturgeschichte sind, von Relevanz sind. Die Arbeit bildet in der Hauptsache Vaterland, Dichtung und Freundschaft als genuine Themen des Bundes (wie in Kapitel I.2 gezeigt wird, wird der Fokus auf diese drei Bereiche einem Brief der Hainbündler entnommen, in dem sie genau diese Diskurse als die vorherrschenden ihres Bundes abstecken und definieren) ab, da sich dort die meisten Bezüge zu geschlechtergeschichtlichen Konzepten und Konstruktionen finden. Die Merkmale dieses Personals sind eng mit Männlichkeit/Geschlecht verknüpft und lassen sich vielfach in ein zeitgenössisches anthropologisches Verständnis einordnen. Patrioten, Dichter und Bundesbrüder/Freunde definieren sich selbst über ganz bestimmte Formen von Männlichkeit, denn Männlichkeit ist immer auch mit einem bestimmten Konzept verknüpft, das über die Geschlechterkonstruktion transportiert werden soll.

Die drei bestimmenden Diskurse und spezifische Männlichkeitsvorstellungen bedingen einander bis hinunter auf tiefste Textebenen und hängen sogar voneinander ab – ohne die Konstruktionen von Männlichkeit(en) und deren Einsatz- und Rahmenbedingungen zu beachten, ist eine fundierte Untersuchung der Bereiche nicht möglich. Dies werden die Kapitel III (Vaterlandsdiskurs), IV (Kunstdiskurs) und V (Freundschaftsdiskurs) eindeutig erweisen: Lyrische Subjekte und Adressaten definieren sich über als männlich verstandene und offenkundig damit verknüpfte charakterliche und körperliche Merkmale, die sogar semantisch ihren Ausdruck finden und grenzen sich durch die ostentative Geschlechtlichkeit von anderen Gruppierungen/Nationalitäten ab, bei denen sie ihre als positiv gesetzte Männlichkeit nicht sehen. Es ist Aufgabe der Arbeit, diese Merkmale in den verschiedenen Diskursen herauszuarbeiten, zu analysieren und miteinander in Verbindung zu setzen, um so das übergeordnete Männlichkeitsbild der Hainbündler und seine Stellung in der Epoche zu ermitteln. Damit soll erstens gezeigt werden, wie die Hainbündler in ihrer Lyrik, die vielfach gruppeninterne Lyrik ist, Männlichkeit umfassend konstituieren, und zweitens welche Position diese inhaltliche Kategorie im literarhistorischen und philosophisch-theoretischen Kontext einnimmt. Ist die Männlichkeit konventionell ausgestaltet? Wo unterscheidet sie sich, wo gleich sie sich anderen Konstruktionen an? Finden sich die vorherrschen Männlichkeitstypen der 1770er Jahre, der empfindsame Mann und der Kraftkerl, in der Lyrik der Göttinger wieder? Diese und andere Fragen sollen durch die Interpretationen, die sich an den Texten orientieren und diese als absolute Grundlage in den Mittelpunkt stellen, beantwortet werden. Dabei sind die Diskurse noch einmal in thematisch spezifischere Unterdiskurse unterteilt, um so die Frage nach der Männlichkeit so gut es geht zuspitzen zu können.[22]

In die Einleitung finden neben dem oben bereits angesprochenen Brief (Kapitel I.2) die wesentlichen Männlichkeitstheorien, auf die sich die Arbeit beruft, Eingang (Kapitel I.4). Sie werden einerseits für die Interpretation benötigt, andererseits als Übersicht über die Schwerpunkte der Männlichkeitsforschung vorgestellt. Es sind die basalen und mithin unverzichtbaren Arbeiten der Männlichkeitsforschung, die hier dargestellt werden; innerhalb der Textuntersuchungen wird auch auf andere Studien zurückgegriffen werden. Ebenso werden eine editorische Übersicht geleistet und die Textauswahl vorgestellt (Kapitel I.3).

Bisher gibt es keinen breiter angelegten literaturwissenschaftlichen Text, der sich allgemein mit dem Hainbund befasst. Eine solche Einführung in Struktur, Denken und Werk der Gruppe (Kapitel II) wird hier im Rahmen der Möglichkeiten geleistet. Diese Einführung ersetzt freilich nicht die seit langem überfällige allgemeine Monographie über Wirken, Werk und Wirkung des Hainbunds, erhebt aber, trotz aller gebotenen Kürze, den Anspruch, alle wesentlichen Themen, die mit dem Bund zusammenhängen, abzudecken und dabei insbesondere bisher nicht Dargestelltes zu präsentieren. Dazu gehören neben der Erarbeitung der Vorgeschichte des Bundes und dessen ideologischen Tendenzen die Übersicht über thematische und poetologische Bandbreite sowie die Erörterung der Frage, wie der Hainbund literarhistorisch eingeordnet werden kann. Auch der Zusammenhang zwischen den Hainbündlern und dem Bund der Freimaurer – in den 1770er Jahren bereits eine bedeutende gesellschaftliche Gruppierung in Deutschland – wird in hergestellt; auf der Grundlage des unten besprochenen Briefes werden die potenziellen Verwandtschaften zwischen der Freimaurerei und dem Hainbund herausgearbeitet.

Das Kapitel *Der „deutsche Mann": Geschlechtsidentität und Nationalität im Vaterlandsdiskurs* untersucht nach einer Überblicksdarstellung von Patriotismus, Militarismus und Männlichkeit (Kapitel III.1) im ersten Schritt als grundlegende Anforderung die Einheit von Geschlecht und Vaterland (Kapitel III.2). Dabei geht es um den expliziten und impliziten Zusammenfall von Männlichkeitssemantiken und Vaterlandsdiskurs; dies wird zeigen, inwieweit das Vaterland auf der einen Seite als männlich empfunden wird und wie dieses männliche Vaterland auf der anderen Seite wiederum Männlichkeit beeinflusst. Die Ehre der Väter und biologistisch-symbolische Erblinien werden in-

---

[22] Die Arbeit sieht Gedichte immer als ästhetische Konstrukte an, so dass immer auch versucht wird, die Texte an sich zu erhellen; ihre Interpretation ist nicht nur Mittel zum Zweck der Aufdeckung männlichkeitsdiskursiver Elemente.

nerhalb der vaterländischen Lyrik immer wieder aufgegriffen und emphatisiert (Kapitel III.3), um auf eine lange deutsche (und männliche) Blutlinie hinzuweisen, und die Rolle als Sohn wird in den Gedichten von Sprechinstanzen gerne eingenommen – insbesondere, um die eigene patriotische Rolle zu exemplifizieren. Auch Jugenddiskurse finden statt, und zwar dergestalt, dass die prä-adulte Zeit als nicht zufriedenstellend angesehen wird, da der biologische Status die *gender*-Entwicklung hemmt (Kapitel III.3.2). Für diesen Teil wird auch auf Lessings historisches Drama *Philotas* zurückgegriffen, das den gleichen Diskurs bedient. Ein Fokus liegt auf der Verwendung der Figur des deutschen Nationalhelden Hermann der Cherusker als männliches Idol und Muster idealer Männlichkeit (III.4). Hermann verkörpert sämtliche vaterländisch-männlichen Eigenschaften, die die Hainbündler auf der einen Seite als vorbildlich-deutsch empfinden und auf der anderen Seite in ihrer Zeit vermissen. In diesem Rahmen werden auch die drei germanischen Oden Johann Heinrich Füsslis interpretiert, um herauszustellen, wie die Männlichkeit Hermanns unter dem Einfluss Klopstocks eine Generation vor den Hainbündlern lyrisch dargestellt wurde. Männlichkeit hängt bei den Hainbündlern immer eng mit einer Opferbereitschaft für das Vaterland zusammen. Ohne eigenes und fremdes Blut keine Männlichkeit, ist die Aussage der Göttinger (Kapitel III.5). Die als deutsche und damit als richtig verstandene Männlichkeit der Gruppe ist natürlich nur eine Männlichkeit unter mehreren. Ein Gegensatz dazu ist die an die französische Nation gebundene Männlichkeit, die auf allen Ebenen im Sinne der Hainbündler völlig versagt. Deutsche Männlichkeit wird dementsprechend nicht nur durch sich selbst emphatisiert, sondern immer auch durch die Abgrenzung von und das Ausspielen gegen andere Männlichkeiten (Kapitel III.6). Weiblichkeit hat bei den Göttingern Hainbündlern kaum Handlungsspielraum, insbesondere nicht im Vaterlandsdiskurs. Wenn eine weibliche Sprechinstanz aber dann patriotisch aktiv wird, tut sie dies, indem sie sich in ein männliches Merkmalsgewand kleidet (Kapitel III.7).

Männliches Sprechen und Singen stellt den Kunstdiskurs der Hainbündler auf der Folie der Männlichkeit vor. Kunst bei den Hainbündlern – sowohl die Kunst an sich als auch Kunst als ästhetisches Thema in Gedichten – ist genderisiert, also immer verknüpft mit einem geschlechtergeschichtlichen Impetus, der kaum noch abzutrennen ist. Dies ist vor allem der Fall, wenn die Hainbündler vaterländische Dichtung behandeln; der patriotische Aspekt findet also hier zum Teil seine Fortsetzung (Kapitel IV.1). Der zweite Aspekt, unter dem die männliche Kunst zu betrachten ist, ist der Einfluss des zeitgenössischen Genies (Kapitel IV.2). Zuerst wird anhand theoretischer Texte dargestellt, inwiefern das Genie des Sturm und Drang eindeutig männlich markiert ist und wie es sich in diesem Rahmen geschlechtlich konstituiert. Im Anschluss wird die einschlägige Lyrik vor diesem Hintergrund untersucht, auch um darzustellen, inwiefern die Hainbündler trotz ihrer ostentativen Hinwendung zur Vergangenheit (auch konzeptionell) zeitgenössische Tendenzen aufgreifen. Die Bardendichtung wird als Konzept vorgestellt und anhand einschlägiger Texte als künstlerische Männlichkeitsphantasie identifiziert (Kapitel IV.3).

Kapitel V befasst sich mit dem im 18. Jahrhundert vor allem durch die Empfindsamkeit konstituierten, extrem virulenten Freundschaftsdiskurs, den die Göttinger insbesondere im Rahmen ihrer Klopstock-Verehrung aufgreifen und lyrisch umsetzen. Dabei verbinden die Hainbündler Männlichkeits- und Freundschaftsdiskurs (Kapitel V.1), indem Freundschaft als eine strikt männliche Angelegenheit angesehen wird und die Merkmale, die Freunde und Freundschaft ausmachen, eindeutig geschlechtsspezifisch konnotiert sind. Um den Hainbund als Männerbund geht es dann in Kapitel V.2: Dabei werden erstens die *bündische Struktur* der Göttinger Gruppe und zweitens die geschlechtergeschichtlichen Merkmale und die Ausformung als expliziter Männerbund untersucht.

Kapitel VI, *Modellierungen von Männlichkeit im Diskurs über Liebe und Erotik*, greift die Liebeslyrik der Hainbündler auf, die breitesten Raum im Schaffen des Bundes einnimmt. Im Folgenden sollen drei Teilbereiche des Diskurses untersucht werden. Dazu gehört die signifikante Enterotisierung der Göttinger Hainbündler, auch im Kontext der „negativen Andrologie"[23] des ausgehenden 18. Jahrhunderts und der damit verbundenen Naturdiskussion, die radikale Sexualisierung und erotische Aggressivität als ‚natürliches' Merkmal von Männlichkeit ansieht. Zum anderen wird herausgestellt, welche Rollen männliches didaktisches Sprechen und männliche Verhaltensregeln in der Liebe einnehmen. Zudem wird als Beispiel für eine männliche Verliererrolle Johann Martin Millers *Agathon*[24] untersucht, besonders unter dem Eindruck des im 18. Jahrhundert durchaus positiv vermerkten Aspekts der „Blödigkeit"[25].

Der Schluss der Arbeit hat dann einen mehrfachen Ansatz. Zuerst werden die Ergebnisse hoch verdichtet zusammengefasst (Kapitel VII.1), um im zweiten Schritt die literarhistorische Verortung vorzunehmen (Kapitel VII.2). Dabei steht die nochmalige, konzentrierte Relationierung zur Lyrik der Zeitgenossen und der eine Generation zuvor entstandene Lyrik im Mittelpunkt. Zudem

---

[23] Kucklick, *Negative Andrologie*
[24] Kahl, *Bundesbuch*, Bd. 1, Nr. 96 [S. 87f.]
[25] Stanitzek, *Blödigkeit*

wird an dieser Stelle auch der oben bereits aufgeworfene Begriff der „lyrischen Männlichkeit" exemplarisch vor dem Hintergrund der weiblich inszenierten Kriegslyrik der Karschin beschrieben. Anhand von zwei Dramen (*Julius von Tarent* und *Die Zwillinge*) werden die (internen) Geschlechterdifferenzen in der Opposition des empfindsamen Mannes und des Kraftkerls und damit die Männlichkeitskonstruktionen der Epoche dargestellt und mit der Darstellung der Hainbündler verglichen. Die beiden Theorien von Pierre Bourdieu[26] und Raewyn Connell[27] sowie Hausens „Geschlechtscharaktere"-Ansatz werden in Kapitel VII.3 auf die Männlichkeitskonstruktion angewendet. Lassen sich die modernen Männlichkeitstheorien bereits auf das 18. Jahrhundert übertragen? Greift die Sicht auf moderne Männlichkeit schon zur Zeit der Hainbündler, und können die heutigen Vorstellungen von männlicher Herrschaft und der Unterdrückung Schwächerer durch die Männer in ihren Anfängen zurückdatiert werden auf das ausgehende 18. Jahrhundert? Ebenso soll in diesem Rahmen die Frage beantwortet werden, wie Männlichkeit als (mehrfach) relationale Kategorie bei den Hainbündlern funktioniert. Ein Ausblick (Kapitel VII.4) beschließt die Arbeit.

Kapitel I.2
Gruppenkonstitution und lyrisches Programm

Der Ansatz ist ein induktiver, kein deduktiver; das heißt, es werden keine Fragestellungen von außen an das Textcorpus herangetragen, sondern aus den von den Hainbündlern vorgegebenen Diskursen entwickelt. Dies gilt vor allem für die einzelnen Oberthemen (=Kapiteleinteilungen), anhand derer der Männlichkeitsdiskurs untersucht und nachvollzogen werden soll. Inhaltlich zugrunde liegt dieser Methode ein Schreiben, das die Göttinger am 15. November 1772, also rund zwei Monate nach ihrer episch-archaischen Gründung in Weende, an das neue Mitglied Ernst Theodor Johann Brückner geschickt hatten. Brückner, ein Hallenser Theologe, kam durch seine seit 1771 bestehende Freundschaft mit Johann Heinrich Voß mit dem Hainbund in Berührung; von Voß ging dementsprechend auch der Impuls zur Aufnahme Brückners aus. In dem Schreiben konstituieren die Hainbündler theoretisch ihre Gemeinschaft und definieren für Brückner (und damit sich selbst) die Themenfelder, derer sie sich lyrisch annehmen wollen bzw. sich zu diesem Zeitpunkt bereits angenommen haben. Anhand der Analyse des Briefes wird das Spektrum der Arbeit legitimiert. So kann sichergestellt werden, dass sich das Erkenntnisinteresse der vorliegenden Untersuchung mit den gruppenspe-

---

[26] *Die männliche Herrschaft*
[27] *Masculinities*

22

zifischen Interessen des Bundes deckt und nicht die Sicht von außen bei der Themenwahl im Mittelpunkt steht. Der gesamte Impetus und Gestus der Gruppe wird in diesem Brief an Brückner abgebildet, so dass die folgende Untersuchung nicht nur partikularistisch für das individuelle Forschungsinteresse dieser Arbeit von Belang ist, sondern auch für andere Arbeiten, die sich mit dem Göttinger Hainbund beschäftigen, Gültigkeit besitzen kann. Weiterhin ist diese Untersuchung des Briefes wesentlich, weil sie zeigen wird, inwiefern die Hainbündler soziale Realität und literarische Fiktion zueinander geführt und miteinander vermengt haben: Die Konstitution der Gruppe hat die lyrische Themenbandbreite nachhaltig beeinflusst – es ist nicht unwahrscheinlich, dass lyrische Wunschvorstellungen, die die Forschung immer wieder hinsichtlich ihrer sozialen Kompensationsmechanismen vor allem im Kontext des Vaterlandsdiskurses angeführt hat[28], auch zum eigenen Verständnis der Gruppe beigetragen haben. Daraus könnte folgen, dass der Göttinger Dichterbund sowohl gruppenspezifisch die Themen der eigenen Lyrik festgesetzt hat als auch, dass die Lyrik, die es selbstverständlich schon vor diesem wichtigen Brief gab und die damals schon viele der im Brief genannten Diskurse aufgegriffen hat[29], sich auf die Konstitution ausgewirkt hat; das heißt in letzter Konsequenz: Es gibt einen doppelten Austausch, in dem Inhalte von der sozialen Realität in die lyrischen Fiktion und von der Fiktion in die Realität transportiert werden. Und somit bedingen sich die beiden Kategorie gegenseitig.[30]

Segen / Unserm Brückner / von Uns, / Werdomar, / Haining, Minnehold, Gottschalk, / Bardenhold, Reimund, / Teuthard!
Demnach Wir vernommen durch Unserm Bruder Gottschalk, Dein

---

[28] Vgl. Herrmann, „Arminius und die Erfindung der Männlichkeit", S. 168ff.

[29] Diese These einer lyrischen „Vorläuferschaft" wird auch in Kapitel II vertreten. Die Lyrik hat sich nicht erst mit dem 12. September entwickelt, sondern ist in vielen Teilen, freilich nicht in allen, aus der Vorzeit des Bundes im Boie-Kreis auf die Gruppe übergegangen.

[30] Der Brief als Medium der Weltflucht zeigt zudem, dass der deutschtümelnde Eskapismus nicht in der Lyrik allein verwurzelt ist, sondern das, auf den Bund als soziales Konstrukt bezogen, kollektive Denken bestimmt. ‚Reale' Kommunikation (die aber immer im Kontext der bardisches Über-Identität gesehen werden muss und somit kultischen, also in einem Sinne über-realen Charakter hat) bildet somit die Grundlage für die lyrischen Entwürfe des Deutschseins: Brief und Gedicht nivellieren sich als Medien und sind auf einer gemeinsamen Ebene situiert. Die Auffassungen der Gruppe innerhalb des bardischen Kosmos' sind die Elemente, die die patriotische Lyrik prägen, umgekehrt verhält es sich gleich: Die Inhalte der Vaterlandsdiskurse finden sich in den konstitutiven Dokumenten des Hainbunds wieder, die Bundesbrüder übernehmen als Barden die Positionen ihres eigenen lyrischen Personals und füllen im Gegenzug mit ihren kollektiven deutschtümelnden Vaterlandsphantasmen ihre Lyrik und ihr Personal in den Gedichten aus.

Geist sei des Liedes, und des Mannes Dein Herz, siehe! so sei der Bund zwischen Dir und Uns allen, gleich dem Bunde zwischen Uns. Auf daß Du aber erkennest den Sinn desselben, so wisse, daß er ist ein Bund der Treue nach dem Geiste unsrer Väter, und des Sanges nach ihrem Herzen. Das aber war fromm, und keusch, fürchtete Gott und liebte das Vaterland, und war rein alles Truges; desgleichen sollst auch Du und Dein Lied sein, gleichwie Wir und Unsere Lieder es sein werden. [...] so sei von nun an Dein Name: *Mannobard*, und von nun an bis in den Tod Unser Herz Dir ein Herz des Bruders! Dies ist das Wort unserer Treue, das uns heiliger ist, dann Gold und aller Welt Ehre! – Und nun gib auch Du Dein Wort der Treue, und laß es Dir heiliger sein, dann Gold und aller Welt Ehre! Stärke sei mit Deinem Geiste, und Kraft des Worts mit Deinem Liede! Bruderliebe erfülle Deine Seele, und Deine Brust Deutschland![31]

Die Göttinger erläutern in diesem Brief die Struktur des Kollektivs – das ja immer ein national-patriotischer *und* Dichterbund war –, die auf vorbildlichen charakterlichen Anliegen des Einzelnen beruht; die beiden Elemente bedingen sich dabei gegenseitig, aus der individuellen Verantwortung und Veranlagung entsteht der Hainbund, und umgekehrt bewegt der Bund die Geister des Einzelnen sanft in die richtige Richtung. Wenn Hans-Martin Blitz im Kontext des Briefes schreibt, die Göttinger würden erläutern, „welcher moralisch-vaterländischen Mission sich ihr Bund verpflichtet fühlt", so versäumt er in seinem Drang, den Hainbund als entindividualisierte Masse darzustellen, die keine „bürgerliche Identität" mehr besitzt und dessen Mitglieder nicht mehr als Menschen zu existieren scheinen, sondern nur noch in einer Kunstwelt in den „entlehnte[n] Rolle[n] germanischer Barden"[32], die höchst feierliche Form von Individualität in diesem Brief wahrzunehmen und für seine Interpretation in Betracht zu ziehen. Denn sehr wohl gibt es, wie oben beschrieben, den Einzelnen als spezifische Größe, der seinen Teil zum Gelingen des Bundes beiträgt. Die persönliche Ansprache, die sukzessive Heranführung Brückners im geschlossenen Kosmos des Briefes an den Bund, die Komposition des Einzelnen und der Vielen (die nicht nur eine Gruppe sind, sondern durch ihre Namen auch als Individuen existieren) – all das widerspricht der Lesart Blitz', der bloß noch die bardische Über-Identität im Schoße und Schutze des Kollektivs sehen will. Die würdige, weihevolle Heranführung des ‚Neophyt' an den Bund ist eine übersteigerte, bündische Form der Individualität, indem der Einzelne seine Person für den Ritus der Aufnahme im Mittel-

---

[31] Sendschreiben des Bundes an Brückner, 14. November 1772
[32] Blitz, *Aus Liebe zum Vaterland*, S. 376

punkt sieht, bevor er in die Reihen der Brüder aufgenommen wird. Insofern wird die Form des Individuums keineswegs aufgelöst: Der Einzelne bleibt ein Individuum, er findet sich nur im Kreise seiner Bundesbrüder in einem geschlossenen Zirkel wieder. In ihrem Brief legen die Hainbündler das Fundament für ihren lyrischen Patriotismus und die übrigen Diskurse, die ihnen von besonderer Bedeutung sind. Die Elemente, die den wahren Bundesbruder ausmachen, werden ebenso in den Gedichten, die sich mit dem Konzept des deutschen Mannes bzw. mit dem Deutschsein, der Dichtkunst oder auch der Freundschaft und dem Bundesgedanken befassen, genutzt und angewendet. Damit erfährt die bündisch-kultische Theoretisierung von positiven Merkmalen in den Texten lyrische Exemplifizierung, aus der sakralisierten Konstitution des Bundes und seiner Mitglieder geht die vaterländische Motivik der Texte hervor. Patriotische und die Kunst an sich thematisierende Lyrik sowie die Bundesbrüder- /Freundschaftslyrik sind demnach eng mit der Gruppenbildung verbunden, die Zugehörigkeit zum Kollektiv und das Bestehen desselben wirken sich dementsprechend auf die Produktion solcher Texte aus; und so verwundert es kaum, dass vaterländische, Kunst- und Freundschaftsdiskurse (im Sinne des Kollektivs) nach dem Ende des Bundes (spätestens ab 1775) kaum noch eine Rolle im Schaffen der ehemaligen Mitglieder spielen. Mit der Auflösung der realen Basis, die den Kern bildete für die Beschäftigung mit den eben genannten Inhalten, ist auch die Basis für die Schaffung von Gedichten solchen Inhalts verlorengegangen.

Man erkennt in dem Brief die Schlagwörter, um die sich der Bund dreht, und die demnach auch zu den Gedichten des spezifischen Kontextes gehören. Alle Eigenschaften beziehen sich auf die „Väter"[33] als Teilnehmer an einer genuin ,deutschen' Vergangenheit. Dies ist wichtig für das Verständnis der Ausrichtung der Hainbündler. Durch die diesem Prinzip innewohnende Archaik formulieren die Bundesbrüder die Ablehnung jeder Gegenwart, indem sie die charakterlichen Fundamente ihres Bundes (und der Männer ihrer Vaterlandslyrik!) auf die Vergangenheit, die Zeit der idolisierten „Väter"[34], beziehen. Die Gegenwart ist für die Hainbündler in den patriotischen Gedichten eher negativ geprägt: Sie ist vor allem von französischen Verhaltensweisen dominiert, die dem Wesenskern der Hainbündler als deutschtümelnd-patriotischen jungen Männer völlig widersprechen und widerstreben. Diese deutsche Frankophilie wird in den Gedichten als Mode entlarvt, die das deutsche Volk unterminiert und von den vorbildlichen Eigenschaften, die die Väter hatten, wegführt. Dadurch ist die Gegenwart verseucht von undeutschen Verhaltensweisen, die sich somit nur in der Zeit der Väter finden lassen, die nicht von frem-

---

[33] Sendschreiben des Bundes an Brückner, 14. November 1772
[34] Ebd.

der oder degenerierter Kultur und Gesellschaft, sondern ausschließlich deutsch in einem mythischen Hermanns-Kontext geprägt waren. Somit sind dieser Vorstellungen auch ein Beispiel für den Kulturpatriotismus der Hainbündler. Das, was von den Vätern kommt, konterkariert das, was die Hainbündler in ihrer eigenen Wirklichkeit wahrnehmen, sie entwerfen durch die Charakteristika, die sie als Bundesbrüder und ihr lyrisches Personal positiv ausmachen, ein Wunschbild der Wirklichkeit, die sich, durch den aus einer kulturpatriotisch bedingten Perspektive heraus suggerierten französischen Einfluss, völlig anders ausnimmt als das Vergangenheitsphantasma, in das die Väter als vorbildliche Figuren integriert werden. Der erste Punkt ist der Verweis auf die „Treue nach dem Geiste der Väter"[35]. Setzt man dies mit einschlägigen Gedichten in Bezug, so ergibt sich daraus die Bedeutung der Treue als Oberbegriff für Standhaftigkeit, Verbundenheit zu den Brüdern und Bekenntnis zu den Zielen und Forderungen der Gruppierung. Innerhalb der Gruppe als hochpersönliche Institution ist diese Treue relevant für die Ausgestaltung der als langfristig angelegten sozialen Nähe und thematischen Engführung der Mitglieder, und durch die bardische Über-Identität wird ein neuer Bezugsrahmen für Treue geschaffen, indem durch die Abkehr von der aktuellen bürgerlichen Identität und der Aufnahme einer mythischen und dabei spezifisch germanischen eine personale bzw. identifikatorische Annäherung an seine Grundsätzen, Neigungen und eigene Vergangenheit versucht wird. Mit der „Treue nach dem Geiste der Väter" wird also das neue Mitglied (und jedes andere auch!) an seinen Ursprung erinnert und daran, die kollektive Gruppenphantasie im Namen einer (biologistisch) idealisierten Vorzeit weiterzuführen und immer zu verteidigen.

Exemplarisch für die Durchmischung von deutschtümelnder Treue und der Ablehnung alles Französischen ist eine Strophe aus Vossens Gedicht *An Hahn*[36]. Wenn es darin heißt „Ich thu's, und sag's umarmend ihm, / Nicht fein, nach Franzenbrauch! / Nein! frey und deutsch: Dich liebt mein Herz, / Und ist dein werth!" (25—28), so verdeutlicht dies das brüderliche Untereinander, das von Gemeinschaft und gegenseitiger Liebe – in einem bündischen Sinne – geprägt ist. Das deutsche Erbe (s. unten) wird im Verlaufe des Gedichtes in den Vordergrund gestellt und erfährt hier seine Kulmination im personalen Verhältnis zweier Bundesbrüder, die als lyrisches Personal fungieren und sich in die Tradition stellen, das urdeutsche, demnach mythisch geprägte bzw. phantasierte Profil einer eigenen nationalen Vergangenheit aufzunehmen. Das Feine eines französisch ausgestalteten Verhältnisses widerspricht völlig dem, was ein deutsches ausmacht: Das Deutsche ist ehrlich und aufrichtig und

---

[35] Ebd.
[36] Kahl, *Bundesbuch*, Bd. 1, Nr. 30 [S. 32]; unten wird das Gedicht detailliert interpretiert.

spiegelt eine treuliche Verbundenheit zum Bruder wider, wohingegen das Französische „fein" (26) ist und damit, so soll diese Stelle suggerieren, in allen Belangen nicht von gegenseitiger, rauer Wertschätzung und Aufrichtigkeit geprägt, somit untreu ist. Treue ist immer ein urwüchsig-kraftvolles Moment, dessen archaisches Potential sich in das germanisch idealisierte Vergangenheitsphantasma der Hainbündler einfügen lässt. Dazu gehört auch der folgende Passus des Briefes: „Dies ist das Wort unserer Treue, das uns heiliger ist, dann Gold und aller Welt Ehre!"[37] Zum einen stößt man hier auf eine sprachliche Sakralisierung des Treuegedankens, zum anderen erkennt man, wie die „Treue nach dem Geiste der Väter", von der auch hier noch immer die Rede ist, abgelöst wird von Elementen des täglichen Lebens wie „Ehre" und „Gold". Die in der Vergangenheit verwurzelte Bundestreue gehört nicht in die wirkliche Zeit der Hainbündler, da dort alle Werte, die für die Gruppierung von Belang sind für ihre bündische Über-Existenz, nicht mehr vorhanden sind. Die Treue ist das Zeichen für die Vergangenheit, Ehre und Gold stehen für die Gegenwart, und indem das eine für das andere aufgegeben wird, bezeugen die Autoren den tiefen Bruch mit ihrer Zeit.

Die übrigen Elemente, die den deutschen Bruder des Hainbunds und damit den deutschen Mann des Gedichtes im Positiven charakterisieren, sind ebenfalls direkt mit den Vätern der moralisch einwandfreien Vorzeit in Verbindung zu bringen. Während die Treue nach dem Geist der Väter beschaffen sein soll, beziehen sich Frömmigkeit, Keuschheit, Gottesfurcht, Vaterlandsliebe und aufrichtige Ehrlichkeit auf das „Herz"[38] der idolisierten Vorfahren. Vor allem der letzte Punkt steht in enger Verbindung zur Treue, die als Ausgangspunkt für den Diskurs figuriert wird: Das Herz der Väter war „rein alles Truges"[39] und damit offen und ehrlich. Dies geht einher mit der Treue, die an ehrliches und aufrichtiges Verhalten (gegenüber den Bundesbrüdern) gekoppelt ist und ohne das sie nicht existieren kann. Das Herz „rein alles Truges"[40] ist die absolut gesetzte Vorbedingung für die Treue, aus der das Konzept der „heilige[n] Freundschaft", das Klopstock in seinem Lehrgedicht *Der Hügel und der Hain*[41] entworfen hat und das die Hainbündler in seiner Tradition zum Programm des Bundes erhoben haben, hervorgehen wird. Diese sakralisierte Verbindung zwischen den Männern des Bundes in der Tradition der germanischen Urväter kann nur entstehen, wenn alle Teilnehmer die Voraussetzungen erfüllen, die ihnen durch das deutsche Erbe, das bei Klopstock durch den Barden kommuniziert und vom Dichter aufgenommen wird, eingegeben worden sind. Der

---

[37] Sendschreiben des Bundes an Brückner, 14. November 1772
[38] Ebd.
[39] Ebd.
[40] Ebd.
[41] Klopstock, *Oden*, Bd. 1, S. 280ff.

gesamte Prozess der Entwicklung des Bundes im Rückgriff auf das Klopstocksche Programm ist dynamisch, die Schritte auf dem Weg zur „heiligen Freundschaft" in einem betont vaterländischen Sinne bauen aufeinander auf.

Die Forderung nach Ehrlichkeit ist Grundkonsens, das zeigt die interne briefliche Kommunikation, in der Klopstock als Begründer dieser geistigen Haltung Thema ist. Ein Beispiel ist das Schreiben Vossens an Brückner vom 4. August 1773, in dem über die Feier zu Ehren von Klopstocks 50. Geburtstag berichtet wird. In Abwesenheit des Übervaters „feierten wir [die Hainbündler; Verf.] herrlich"[42], auf einem Lehnstuhl am Kopf der Tafel lagen Klopstocks Werke, und auf seine Gesundheit (sowie auf Luther, Hermann und andere) wurde Rheinwein getrunken. Dabei kam es auch zu der unrühmlichen Verbrennung von Chr. M. Wielands Bildnis und *Idris*, worüber Hans-Jürgen Schrader[43] berichtet hat. Die Klopstock-Verehrung ist keine Fassade, sondern Programm des Hainbunds, sie ist heilig wie die urtümliche, vom Barden im Hain kommunizierte Freundschaft; das belegt dieser Brief. Die Aktion der Hainbündler zu Klopstocks Geburtstag spiegelt die Ehrlichkeit und Treue wider, die von den Bundesbrüdern gefordert wird und die zum Inhalt der lyrischen Produktionen geworden ist. Die germanischen „Väter"[44] und der geistige Vater Klopstock, der den Weg zum deutschtümelnden, germanischen Gedankengut geebnet hat, werden hier eins, die Sichtweisen des Dichters übernommen und zum Programm, sowohl für die soziale Gruppierung als auch für die Lyrik. Damit erhält die Väterverehrung in doppeltem Sinne eine genuin ‚deutsche Qualität': Das vergangenheitsorientierte Vaterlandsphantasma, bei dem die Altvordern und die Barden als deren ‚öffentliche' Exponenten im Mittelpunkt stehen, wird angebunden an die Verehrung eines zeitgenössischen Dichters, der einen einflussreichen Konnex zwischen seinen lyrischen Programmen und der Idee einer vorzeitlichen, mithin mythischen Vaterlandskonstitution herstellt. Sowohl die germanischen Vorfahren als auch der patriotische Dichter, dessen „sich auf Deutschland beziehende Oden"[45] dem Hainbund äußerst wichtig waren, werden als Idole für ein lebendiges Vaterlandskonzept, das auf archaischen, in den Augen der Gruppe unmodernen, da aktuell nicht existenten Werten beruht, angesehen und durch ihren Vorbildcharakter in den sozialen (= brieflichen) und lyrischen Diskursen auf eine höhere Ebene erhoben. Die Werte sind immer verknüpft mit einer vaterländischen Idee: Alle Merkmale konstituieren den Deutschen, und erst die Erfüllung der moralisch-ethischen Verpflichtungen macht den Deutschen aus und ist positiv

---

[42] Voß an Brückner, 4. August 1773
[43] „Mit Feuer, Schwert und schlechtem Gewissen"
[44] Sendschreiben des Bundes an Brückner, 14. November 1772
[45] Voß an Brückner, 4. August 1773

für das Vaterland. Das bedeutet, dass ein enorm dichtes Wechselspiel herrscht zwischen Charakter und Vaterlandsverehrung und dass kein Mann deutsch sein kann, ohne dauerhaft hohen moralischen Anforderungen, die ihn kultur-patriotisch abgrenzen vor allem von Frankreich, zu genügen. Auf dieser Folie können auch die übrigen Elemente, die im Brief des Bundes an Brückner her-ausgestellt werden, gelesen werden. Keuschheit und Frömmigkeit sind zwei weitere Merkmale des moralischen Programms; und auch diese stehen in ei-nem gegenwartsfeindlichen Licht. Durch die Keuschheit setzt sich der Deut-sche von Frankreich bzw. französisch geprägten stark sexualisierten Verhal-tensweisen ab, Frömmigkeit ist protestantisch geprägt und richtet sich, in ei-nem historisch gewachsenen, anti-tyrannischen Sinne, gegen die Herrschaft der katholischen Kirche und des Papstes.[46] Das vorbildliche Mitglied zeichnet sich durch die im Brief herausgestellten Merkmale aus, die solche einer my-thisch erhöhten, vaterländischen Vorzeit sind. Gleichzeitig muss es aber als Merkmalsträger auch das Vaterland, von dem diese Merkmale kommen, auf-richtig und ehrlich lieben. Das Vaterland ist damit aus zwei Perspektiven Be-zugs- sowie Ausgangspunkt eines im geschlossenen Zirkel des Bundes vollzo-genen Diskurses, der nicht nur ein patriotischer ist, sondern ein durch die akute Fixierung auf den Menschen auch ein anthropologischer. Dieser patrio-tisch-anthropologische Diskurs lässt sich in zahlreichen Gedichten wiederfin-den[47].

In die Beschreibung ist auch ein Hinweis auf eine bestimmte Männlichkeits-vorstellung eingearbeitet. Die Brüder fordern vom Neophyten Brückner, dass „des Mannes [s]ein Herz"[48] sei. Was dieses Herz spezifisch ausmacht, wird in-des nicht mitgeteilt; es wird aber deutlich, dass dieses männliche Herz neben einem „Geist [...] des Liedes"[49] das übergeordnete Kriterium für die Aufnah-me in den Bund ist, während die oben dargestellten Merkmale das Wesen der Brüder konkretisieren. Männlichkeit ist laut diesem Brief die Voraussetzung, am Hainbund und an dessen Zielen zu partizipieren; wer kein Mann ist, kann nicht in den Kreis der Brüder aufgenommen werden. Dies ist mehr als aussa-gekräftig für die Vorstellung von männlichem Geschlecht, denn ausgehend von diesem Ergebnis zirkuliert der gesamte moralisch-vaterländische Diskurs, um die Bewertung von Blitz noch einmal aufzugreifen, um die Männlichkeit

---

[46] Diese Reflexe sind häufiger zu beobachten: Zum einen gilt Rom als doppelter Feind (*Im-perium Romanum* und Heiliger Stuhl), zum anderen wird in einigen Gedichten Luther als religiöser bzw. religionspolitischer Befreier apostrophiert.

[47] Drei Beispiele sind: Christian Stolberg: *An Bürger* (Kahl, *Bundesbuch*, Nr. 116 [S.105]); Friedrich Leopold Stolberg: *Der Harz* (Kahl, *Bundesbuch*, Nr. 105 [S. 95]); Johann Martin Miller: *Sittenverderb* (Kahl, *Bundesbuch*, Nr. 56 [S. 50])

[48] Sendschreiben des Bundes an Brückner, 14. November 1772

[49] Ebd.

als Fixpunkt. Das männliche Herz steht neben dem dichterischen Geist – dies zeigt noch einmal, dass Blitz' Diktum von der Abkehr von der Literatur nicht haltbar ist – auf dem ersten Rang der Bewertungsskala, anhand derer die Hainbündler messen, ob ein Bewerber ihres Bundes würdig ist. Ein Ergebnis dieser Interpretation ist somit, dass der Hainbund sich damit offenkundig selbst als reiner Männerbund konstituiert, zu dem Frauen keinen Zugang haben. Darüber hinaus ist diese Voraussetzung aber generell für das Denken der Hainbündler – sowohl gruppenspezifisch als auch literarisch – von höchster Bedeutung, zeigt sie doch, dass Männlichkeit als Größe und Bewertungskategorie in der Gruppe verankert ist. Der Hainbund pflegt eine bestimmte Form bzw. Vorstellung von Männlichkeit, und während man die Merkmale des Deutschseins aus einer Wechselwirkung von Brief und Lyrik heraus interpretieren kann, ist eine Antwort auf die Frage: Wie konstituiert sich Männlichkeit im Hainbund? primär in den Gedichten zu suchen und kann von dort aus dann rückübertragen werden auf die innere Struktur der Gruppierung. Dieser Brief gibt also den entscheidenden Hinweis auf den Zusammenhang von Patriotismus und Männlichkeit, von der Gebundenheit eines vorbildlichen Charakters an das männliche Geschlecht (im Rahmen des übergeordneten Vaterlandsdiskurses) in der Lyrik der Hainbündler: Denn wenn die Merkmale aus dem gruppeninternen System auf die Lyrik übertragen werden, gilt dies auch für die Auffassung von Männlichkeit(en). Das betont männliche Herz steht als konstitutives Element über der gesamten Entwicklung des Bundes, die die Freundschaft und die Dichtkunst auf allen Ebenen mit einbezieht. Das heißt also, dass die Diskurse, die die Göttinger aufgrund ihrer gruppenspezifischen Situation in der Lyrik verarbeiten, tendenziell mit einer Pluralisierung und Dynamisierung des Männlichkeitsgedankens zusammenhängen.

Kapitel I.3
Editorische Übersicht und Auswahl des Textcorpus

Jeder, der die wissenschaftliche Auseinandersetzung mit der Dichtung der Mitglieder des Göttinger Hainbunds sucht, befindet sich in einer wenig zufriedenstellenden Situation: So wenig die lyrische Produktion der Bundesdichter das Interesse der literaturwissenschaftlichen Forschung geweckt hat, so wenig kann man von einer weiterreichenden philologischen Beschäftigung mit den überlieferten Texten sprechen. Eine verlässliche, vollständige Ausgabe aller Texte der Hainbündler fehlt völlig, und auch die Einzeleditionen der führenden Köpfe des Dichterkreises (das sind: Johann Martin Miller, Ludwig Christoph Heinrich Hölty, Johann Heinrich Voß und die Grafen Stolberg, freilich Christian Graf zu Stolberg nur mit Abstrichen) und weniger Randgestalten (Johann Friedrich Hahn; Schack Hermann Ewald; Ernst Theodor Johann Brückner) genügen heute kaum wissenschaftlichen Ansprüchen (eine Ausnahme ist Hölty). Sie stammen zu großen Teilen aus dem späten 18. und frühen 19. Jahrhundert (aus einer Zeit also, die, wie Paul Kahl sagt, der „Entwicklung des Autorgedankens"[50] entspricht) und wurden weitgehend von den Gruppenmitgliedern selbst bzw. füreinander herausgegeben. Johann Martin Miller hat die bis heute einzige Ausgabe seiner Gedichte selbst verantwortet, sie ist damit von ihm autorisiert: In *Johann Martin Millers Gedichten* (1783) veröffentlichte der Dichter einen Teil seiner Texte, eine Reihe von Gedichten schloss er ohne Begründung aus der Sammlung aus. Diese sind ‚verstreut' in unzähligen (literarischen) Zeitschriften und Almanachen erschienen. Die Gedichte Johann Heinrich Voß' sind zu Lebzeiten und später in verschiedenen Ausgaben erschienen. 1785 wird in Hamburg der erste Band der *Gedichte von Johann Heinrich Voss* verlegt, Folgebände sind nicht erhalten, in sechs Bänden fasst Voß 1802 seine *Sämmtlichen Gedichte* (Königsberg) zusammen; 1825 Jahre später erscheinen *Sämtliche Gedichte von Johann Heinrich Voß* als „Auswahl der letzten Hand" in zwei Bänden, wiederum in Königsberg. Abraham Voss gibt 1835 in Leipzig gemeinsam mit dem Halberstädter Gymnasiallehrer Friedrich Schmidt *Sämmtliche poetische Werke von Johann Heinrich Voss* als „einzig rechtmäßige Original-Ausgabe" heraus. In jüngster Zeit hat Klaus Langenfeld eine Auswahl der Gedichte Vossens nebst einer Einführung herausgebracht[51] – sie hat keinen wissenschaftlichen Wert. Eine erste Ausgabe der Gedichte der Grafen zu Stolberg hat Heinrich Christian Boie 1779 unternommen[52], 15 Jahre später erscheint, nach weiteren in den 1780er Jahren, in Karlsruhe ebenfalls von Boie eine erweiterte Ausgabe, *Gedichte der Brüder Christian und Friedrich Leopold Grafen zu Stolberg*. In 20 Bänden erschienen zwischen 1820 und 1825 in Hamburg der *Gesammelten Werke* der Brüder Christian und Friedrich Leopold Grafen zu Stolberg, parallel 1821 (Leipzig) die *Gedichte der Brüder Christian und Friedrich Leopold Grafen zu Stolberg* als „neue vermehrte Auflage" in zwei Bänden. Die *Gesammelten Werke* in 20 Bänden der Grafen Stolberg müssen also ebenso als gebräuchliche ‚Studienausgabe' gelten wie *Johann Martin Millers Gedichte* und die *Gedichte von Johann Heinrich Voss* von 1802 bzw. 1825 und 1835. Dazu gesellen sich, um auch die übrigen Hainbund-Mitglieder, die Autoren-Editionen erfahren haben, zu nennen: die *Oden* von Schack Hermann Ewald; *Gedichte* von Ernst Theodor Johann Brückner; *Gedichte und Briefe von Johann Friedrich Hahn*[53]. Die Gedichte Heinrich Christian Boies sind zu Lebzeiten nur in Almanachen erschienen, eine ver-

---

[50] Kahl, *Bundesbuch*, S. 1
[51] *Gedichte*
[52] *Gedichte der Brüder Christian und Friedrich Leopold Grafen zu Stolberg*
[53] Redlich, „Gedichte und Briefe von Johann Friedrich Hahn"

lässliche Gesamtedition fehlt bis heute. Die einzige Auswahl der Gedichte Boies hat Karl Weinhold in seiner Monographie[54] zu jenem vorgelegt. Einzig bei Hölty mag man etwas wie eine eigene ‚Philologie' und Erkenntnisfortschritte erkennen. Neben den (posthumen) Ausgaben, die durch andere Bundesdichter besorgt wurden (etwa: *Gedichte von Ludewig Heinrich Christoph Hölty; Gedichte von Ludewig Heinrich Christoph Hölty*), gibt es mindestens zwei bekannte unrechtmäßige Drucke aus 1782—1783 und 1803[55]. Über die späteren Editionen von Karl Halm[56] und Wilhelm Michael[57] sagt Kahl folgendes:

> Karl Halm edierte 1869 die Gedichte vornehmlich nach den Drucken als seien diese ein Text letzter Hand – und er kannte auch die meisten Handschriften –, Wilhelm Michael 1914/1918 nach den Handschriften, jeweils nach dem Autorwillen suchend (Michael nahm zu Recht an, die Drucke enthielten auch Bearbeitungen anderer).[58]

Unterschiedlicher könnte die Herangehensweise der beiden ersten wissenschaftlichen Hölty-Herausgeber demnach nicht gewesen sein; für Walter Hettche, der eine kritische Studienausgabe vorgelegt hat, die als wissenschaftlicher Standard für die Göttinger Hain- und Hölty-Forschung gelten muss[59], ist dies generelles Zeichen der Hölty-Philologie. Er spricht dabei von „zwei Lager[n]"[60].

Es gibt zwei Sammeleditionen der Gedichte der Hainbündler, die bis heute benutzt werden: August Sauers[61] dreibändige Sammlung der Gedichte von Voß (Band 49), Hölty (Band 50 I), J. M. Miller (ebd.), F. L. zu Stolberg (Band 50 II) und Matthias Claudius (ebd.) – letzterer war nicht Mitglied des Hainbundes – und die Ausgabe von Alfred Kelletat. Er sammelt Texte der eben genannten Autoren und ergänzt sie durch weitere von Heinrich Christian Boie, Friedrich Wilhelm Gotter, Johann Friedrich Hahn, Gottlob Dietrich Miller und Friedrich Overbeck (diese gibt er als „Beiträger des Göttinger und des Vossischen Musenalmanachs"[62] heraus; nur Boie, Hahn und G. D. Miller waren indes Mitglieder des Bundes). Beide Editionen bergen das gleiche Problem: Sie sind nicht vollständig, und sowohl bei Sauer als auch Kelletat (der

[54] *Heinrich Christian Boie*
[55] *Christ. Lud. Heinr. Höltys sämtlich hinterlaßne Gedichte*
[56] *Gedichte von Ludewig Christoph Heinrich Hölty*
[57] *Ludwig Christoph Heinrich Hölty's Sämtliche Werke*
[58] Kahl, *Bundesbuch*, S. 3
[59] Hölty, *Gesammelte Werke und Briefe*
[60] Ebd., S. 468
[61] Sauer, *Göttinger Dichterbund*, Bd. 49, 50/I, 50/II
[62] Kelletat, *Der Göttinger Hain*, S. 455

sich für Miller, Stolberg und Voß auf Sauer, für Hölty auf Wilhelm Michael (s. oben) und die übrigen auf eine alte Sammlung von Max Mendheim beruft) mutet die Auswahl recht willkürlich an. Bezeichnend für diesen Zustand ist ein Vermerk Sauers zur Edition der Gedichte Johann Martin Millers: Er hat

> in Form einer Nachlese einiges von dem zusammengestellt, was Miller zwar 1783 von der Sammlung ausschloß, was uns aber doch als Ergänzung derselben charakteristisch erschien; ferner sind einige Proben seiner späteren lyrischen Produktion bis zum Jahre 1800 mitgeteilt.[63]

Wenn Sauer „einiges [...] zusammenstellt [...] was [...] charakteristisch erschien"[64] heißt das nichts anderes, als bei dieser Ausgabe von einer teilweise ,subjektiven' Edition sprechen zu müssen, die größere Lücken aufweist. Und Kelletat stellt lapidar fest, dass bei der „Wahl der Fassungen und Lesarten [...] nicht allein historisch-philologische, sondern des öfteren ästhetische Erwägungen"[65] entscheidend waren; welche „ästhetische[n] Erwägungen" Kelletat veranlassten, von der gängigen philologischen Methode der Textedition abzuweichen, teilt er indes nicht mit. Dennoch bleibt nichts übrig, als korrespondierend zu den frühen, oben erwähnten Einzelausgaben, Sauers Bände zu benutzen; das gilt in besonderem Maße für die Gedichte J. M. Millers, die ja selbst in seiner Eigenausgabe von 1783 nur in Auswahl erhalten sind. Zumindest stellt Sauer einige dieser von Miller persönlich aus der Sammlung ausgeschlossenen Gedichte vor.

Eine wichtige editorische Arbeit, wenn nicht sogar die bisher wichtigste überhaupt, hat Paul Kahl geliefert; seine Göttinger Dissertation *Das Bundesbuch des Göttinger Hains. Edition – Historische Untersuchung – Kommentar*, erschienen: 2006, ist als nichts anderes als für die Forschung bahnbrechend zu bezeichnen. Kahl hat das Bundesbuch des Göttinger Hains, die gleichzeitig bundesinterne Lyriksammlung wie auch genuines (da nicht, bis auf hinzugefügten Seitennummerierungen, von späterer Hand verändertes) Hainbunddokument ist, erstmals und vollständig aus den Handschriften ediert und umfangreich kommentiert. Es befindet sich seit 1926 im Bestand der heutigen Niedersächsischen Staats- und Universitätsbibliothek Göttingen und besteht

---

[63] Sauer, *Göttinger Dichterbund*, Bd. 50/I, S. 127
[64] Ebd.
[65] Kelletat, *Der Göttinger Hain*, S. 323

aus dem zweibändigen Bundesbuch, dem Voß'schen Bundesbuch und dem Protokollbuch. Die im Bundesbuch enthaltenen Gedichte sind diejenigen, die die Bundesdichter während ihrer regelmäßigen Sitzungen im Kreis der Gruppe vorgetragen haben – die Niederschrift entspricht der Textvariante, die die Mitglieder gemeinsam gebilligt haben. Nachträgliche Bearbeitungen stammen vom Autor selbst oder aus seinem direkten Umfeld. Insofern lässt sich beim Bundesbuch von so etwas wie einer ‚Original-Edition' sprechen, die Texte aus dem Göttinger Hain ohne nachträgliche Variationen darstellt (diese sind, wenn vorhanden, separat gekennzeichnet):

> Die Abweichungen der genannten drei zeitgenössischen Parallelfassungen werden dagegen im Kommentar mitgeteilt zu Beginn der jeweiligen Erläuterung zu einem Gedicht. Sie sind nicht im strengen Sinne Bestandteil der Edition des Bundesbuches. Es handelt sich in dem erläuterten Sinne nicht um Entstehungsvarianten. Wiedergegeben wird der Ist-Zustand im Bundesbuch. Dies ist das Editionsziel. Ediert werden nicht Gedichte *nach* dem Bundesbuch, die dann durch genetische Ausführungen begleitet werden: Ediert wird *das Bundesbuch*, wie es vorliegt, ohne breitere diachrone Dokumentation und gleichsam wie eine Leithandschrift, aber um seiner selbst willen, als Bundesbuch, nicht als ‚Textträger'. Das Editionsziel ist weder die Darstellung von Textgenese noch die Herstellung eines Textes, wie er dem mutmaßlichen Autorwillen entspricht, sondern eine historische Abbildung.[66]

Somit: Wer immer nun diese historisch-kritische Edition benutzt, kann sich sicher sein, auf nach *wissenschaftlichen Kriterien herausgegebene Gedichte erster Hand* zurückzugreifen. Eben dies – sowie die Tatsache, mit dem Bundesbuch des Göttinger Hains „das letzte große, bislang nicht erschlossene Dokument der Lyrikgeschichte des 18. Jahrhunderts"[67] herausgegeben zu haben – macht die Edition so bedeutsam: Sie füllt eine Lücke und es ist nur wünschenswert, dass die nicht genug zu würdigende Arbeit Kahls Anstoß zu weiteren, neuen Editionen der Lyrik der Göttinger Hainbündler ist[68].

Die Hainbündler haben mit ihrem Bundesbuch die Lyrik gesammelt, die sie für den Bund von 1772 und 1775 verfasst und in den Sitzungen einander vorgetragen haben. Dieses Bundesbuch versammelt denn auch so gut wie alle

---

[66] Kahl, *Bundesbuch*, S. 385
[67] Ebd., [unpaginiert]
[68] Zur wissenschaftlichen Rezeption/Rezension der Edition s. unter anderem Haischer, „Der Hainbund ein Autorenkollektiv?"

Mitglieder des Bundes und kann so als gültige Sammlung des Göttinger Hains gelten. Dementsprechend legt diese Arbeit ihren Fokus auf die Bundesbuch-Lyrik als das ursprünglichste Zeugnis der Hainbund-Dichtung, die damit am ehesten dazu geeignet ist, als Grundlage für die Erforschung des Männlichkeitsdiskurses des Hainbunds zu dienen. Die Bundesbuch-Lyrik bildet die gesamte Schaffenszeit der Gruppe ab, von der Gründung im September 1772 bis zur Auflösung im Laufe des Jahres 1775. Die übrigen Sammlungen stellen die Einzelwerke einiger renommierterer Mitglieder vor, grenzen aber die Bundeszeit innerhalb dieser Auswahl nicht spezifisch ab. Ihnen geht es um die Sicht auf den ‚ganzen Dichter‘, nicht im Speziellen auf seine Zeit im Bund. Wenn es hier um die Bundesdichtung auf der Basis des Bundesbuches geht, hat dies nichts damit zu tun, dass das Corpus aus Arbeitsgründen eingeschränkt werden soll. Es geht vielmehr darum, die Texte als Ausweis des Bundes an sich und als geschlossene Einheit einer kurzen Zeit zu erfassen, denn ab spätestens 1776 setzt ein Paradigmenwechsel ein: Die Gedichte der (dann ehemaligen) Mitglieder, die sich überhaupt noch lyrisch betätigen – bei manchen bricht die dichterische Laufbahn nach dem Ende des Bundes ab –, sind gleichsam wie auf einen Schlag nicht mehr ‚hainbündlerisch‘ im inhaltliche Sinne. Bündisch-konstitutive Themen finden nach Ende der Vereinigung keinen Niederschlag mehr, sie sind also nicht mehr repräsentativ für die Dichtung des Hainbunds, auf den ja der Blick dieser Arbeit gerichtet ist; der Bund an sich steht im Vordergrund, nicht die einzelnen Mitglieder. Die Vorzeit des Bundes (s. auch Kapitel II) ist etwas anders zu sehen: Da dort für viele Diskurse des Hains durch die späteren Mitglieder der Grundstein gelegt wird, so dass sich Themen aus den Jahren 1770 und vor allem 1771/erstes Halbjahr 1772 auch nach September 1772 wiederfinden, wird in einem kleinen Rahmen auf Texte, die vor dem Bundesbuch entstanden sind und somit außerhalb des Bundesbuches stehen, zurückgegriffen. Diese Texte werden den Editionen der Einzeldichter bzw. den Sammelausgaben entnommen; gleiches gilt für Gedichte, die nicht im Bundesbuch verzeichnet sind, aber aus der Zeit des Bundes stammen und sich in diesen Sammeleditionen finden. Die Arbeit kann freilich nicht alle Gedichte des Hainbunds untersuchen; dafür ist das Corpus mit mehr als 350 Gedichten allein im Bundesbuch wesentlich zu umfangreich. Der Ansatz ist, die Diskurse, die wiederum in Teildiskurse unterteilt sind, auf der Folie des männlichkeitsgeschichtlichen Kerns der Arbeit mit möglichst repräsentativen Gedichten qualitativ und quantitativ zu untersuchen. Die Gedichte werden nach Relevanz bzw. hinsichtlich besonderer Schwerpunktsetzungen oder inhaltlichen Ansätzen ausgewählt. Dadurch wird ein guter Teil der Gedichte des Bundesbuches erschlossen und ein umfassendes Bild der genuinen Gruppenlyrik gezeichnet. Schließlich ist der Anspruch dieser Arbeit neben der männlichkeitsgeschichtlichen Interpretation immer auch die breiter gefasste Darstellung der Lyrik des Göttinger Hains.

Kapitel I.4
Männlichkeitsgeschichte: Ansätze und Theorien

Die Männlichkeitsgeschichte, auch *Men's Studies, Masculinity Studies, Critique of Men*, Männerforschung oder auch Soziologie der Männlichkeit genannt und damit auf unterschiedliche Ansätze und Perspektiven verweisend, kann kaum als traditionelles Forschungsgebiet der Geistes- und Gesellschaftswissenschaften bezeichnet werden. Dafür ist sie zu jung, entstand sie doch erst vor wenigen Jahrzehnten auf der Basis der allgemeinen Geschlechtergeschichte, deren Ursprung wiederum die Frauengeschichte ist.

> Die Geschlechtergeschichte ging aus der ‚historischen Frauenforschung‘ oder ‚Frauengeschichte‘ [...] hervor, die im Rahmen der Neuen Frauenbewegung zu Beginn der 1970er Jahre entstand und deren Zielen verpflichtet war. Aufdecken der Unterdrückung von Frauen in Vergangenheit und Gegenwart und Aufzeigen von Befreiungspotentialen für die Zukunft [...]. [...] Doch Ende der 1980er Jahre und zu Beginn der 1990er Jahre wurde es als zunehmend unbefriedigend empfunden, dass ‚klassisch männliche‘ Bereiche, wie etwa Staat und Öffentlichkeit, Politik, Krieg und Militärwesen, bislang kaum berücksichtigt worden waren und damit zentrale Rahmenbedingungen weiblichen Leben und Handelns unterbelichtet blieben. Infolgedessen verlagerten sich die Forschungsinteressen der hier engagierten Frauen (und wenigen Männer) in Richtung auf die ‚Geschlechtergeschichte‘. Dies bedeutete nicht nur eine Erweiterung im Hinblick auf die ‚Männergeschichte‘, sondern brachte auch eine grundlegende methodologische Neuorientierung.[69]

Der Gegenstand der Geschlechtergeschichte sei durch deren umfassenderen Ansatz viel offener als der der reinen Frauengeschichte, schließlich untersuche die Geschlechtergeschichte Beziehungen zwischen den Geschlechtern in allen denkbaren historischen Gesellschaften, geschlechtlich markierte Herrschaftsverhältnisse und Hierarchien in jeder Epoche, an jedem denkbaren historischen Ort, in jedem historischen Gebiet: „Ihr Anliegen reicht vom Nachweis geschlechtlicher Unterdrückung über die Logiken des *gendering* bis hin zur Dekonstruktion von gesellschaftlichen Ein- und Ausgrenzungsprozessen, so-

---

[69] Opitz-Belakhal, *Geschlechtergeschichte*, S. 10

weit sie geschlechtlich motiviert oder codiert sind."[70] Und die ‚Männergeschichte' wiederum – in der Forschung als „Geschichte der Männlichkeiten"[71]
bzw. „Geschichten der Männlichkeit als mehrfach relationale Geschlechtergeschichte"[72] identifiziert – verankert „Männlichkeit konzeptionell wie institu-
tionell als Untersuchungsgenstand in der Geschlechtergeschichte"[73]: „Von Beginn an war dies [die Verankerung von Männlichkeit in der Geschlechtergeschichte; Verf.] von dem Impetus bestimmt, Männlichkeit in einer relationalen Perspektive als Dimension der Kategorie Geschlecht zu betrachten und zu
analysieren", schreiben Bereswill, Meuser und Scholz in ihrer Einleitung zu
einem Sammelband über Männlichkeit[74]. Und Harry Brod hat dieses
Forschungsfeld folgendermaßen definiert:

> The most general definition of men's studies is that it is the study of
> masculinities and male experience as specific and varying social-his-
> torical-cultural formations. Such studies situate masculinities as ob-
> jects of study on a par with femininities, instead of elevating them to
> universal norms.[75]

Bereswill, Meuser und Scholz haben akzentuiert, dass die Männerforschung
aus zwei Kontexten der Geschlechtergeschichte heraus entstanden sei: „die so-
zialpsychologische Geschlechtsrollentheorie und die feministische Patriarchatskritik."[76] Bei der sozialpsychologischen Geschlechtsrollentheorie habe
die Frage im Mittelpunkt gestanden, welche Folgen der soziale Wandel der
Geschlechtsverhältnisse für Männer habe. Negative Aspekte der Männerrolle
seien in den Fokus gerückt worden, und Mannsein bedeute seit den 70er Jahren, mit einer Fülle von Unsicherheiten und widersprüchlichen Anforderungen leben zu müssen. Forschungsgeschichtlich habe dieser Ansatz aber mehr
Spuren im populären Männlichkeitsdiskurs als im wissenschaftlichen hinterlassen.[77] Deshalb soll die Spur der sozialpsychologischen Geschlechtsrollentheorie an dieser Stelle auch nicht weitergefolgt werden und zudem ist es gar
nicht nötig: Denn der Göttinger Hainbund thematisiert solche „Unsicherheiten und widersprüchlichen Anforderungen"[78] nicht. Dies wird sich im Verlau-

---

[70] Ebd. S. 11
[71] Martschukat/Stieglitz, *Geschichte der Männlichkeiten*, S. 10
[72] Ebd., S. 9
[73] Bereswill/Meuser/Scholz, „Männlichkeit als Gegenstand der Geschlechterforschung", S. 8
[74] Ebd.
[75] Brod, „The Case for Men's Studies", S. 40
[76] Bereswill/Meuser/Scholz, „Männlichkeit als Gegenstand der Geschlechterforschung", S. 8
[77] Ebd., S. 8f.
[78] Ebd., S. 9

fe der Arbeit zeigen. „Der andere Strang der sozialwissenschaftlichen Thematisierung von Männlichkeit fokussiert auf Männlichkeit in herrschaftstheoretischer und gesellschaftskritischer Perspektive"[79]; dieser Strang ist es auch, der in dieser Arbeit, sofern auf theoretische Arbeiten zurückgegriffen wird, zum Tragen kommt. Es geht in den meisten Kontexten um männliche Suprematie, die sich in allen Lebensbereichen äußert.

Kapitel I.4.1
R. W. Connell: Machtfestigung durch Hegemonie

Während das Patriarchatskonzept eher auf die vielfachen Unterdrückungsbeziehungen von Männern gegenüber Frauen ausgerichtet ist und Männer in diesem Rahmen als „gender of oppression"[80] bezeichnet werden, geht das Konzept der hegemonialen Männlichkeit, das R. W, Connell in Anlehnung an Antonio „Gramsci's analysis of class relations"[81] entwickelt hat, über die natürlichen Einschränkungen des ursprünglich feministischen Patriarchatskonzepts, das sich vor allem durch eine „fehlende Flexibilität [...] hinsichtlich der Beziehungen unter Männern"[82] auszeichnet. Die hegemoniale Männlichkeit wird neben der Patriarchatskritik bzw. den Arbeiten Hearns als „das zweite relevante Theoriemodell zur Analyse männlicher Macht"[83] angesehen. Für Connell steht weniger die Erkenntnis im Vordergrund, dass es „more than one kind of masculinity" gibt, sondern vielmehr die Tatsache, wie diese Männlichkeiten zueinander stehen: „We have to examine the relations between them."[84] Diese „gender relations among men" sind für Connell von basaler Wichtigkeit, um die Analyse dynamisch zu halten und „to prevent the acknowledgement of multiple masculinities collapsing into a character typology"[85]. Neben der „hegemony" führt Connell als Kategorien von Relationalität „subordination", „complicity" und „marginalization" auf.
Folgende Aussage fasst das hegemoniale Konzept im Kern zusammen:

> The concept of ‚hegemony', deriving from Antonio Gramsci's analysis of class relations, refers to the cultural dynamic given by which a group claims and sustains a leading position in social life. At any given time, one form of masculinity rather than others is culturally exalted. Hegemonic masculinity can be defined as the configuration of

---

[79] Ebd.
[80] Hearn, *The Gender of Oppression*
[81] Connell, *Masculinities*, S. 77
[82] Martschukat/Stieglitz, *Geschichte des Männlichkeiten*, S. 42
[83] Ebd.
[84] Connell, *Masculinities*, S. 76
[85] Ebd.

gender practise which embodies the currently accepted answer to the problem of the legitimacy of patriarchy, which guarantees (or is taken to guarantee) the dominent position of men and the subordination of women.[86]

Hegemonie ist ein überzeitliches Modell, das in die Kultur eingeschrieben ist und sich mit ihr entwickelt; wie die Kultur fortschreitet, so verändert sich die Hegemonie, passt sie sich an neue Begebenheiten an. Die Hegemonie erfasst die Dynamiken strukturellen Wandels und ist darin mit der Mobilisierung und Demobilisierung gesamter Klassen verbunden.[87] „Mit dieser Definition betont Connell erstens die Praxis, also das Handeln, als den Kernpunkt seines Konzepts."[88] Hegemonie kann aber laut Connell nur funktionieren, wenn eine Verknüpfung besteht zwischen „cultural ideal and institutional power, collective if not individual"[89]. Durch die männliche Dominanz auf den Führungsebenen der Wirtschaft, des Militärs und der Regierung, auf denen feministisch sozialisierte bzw. beeinflusste Weiblichkeiten oder Männlichkeiten, die sich abseits des vorherrschenden Konzepts positionieren, nicht stattfinden, lässt sich ein allgemeingültiges Bild männlicher Herrschaft vermitteln: Diese Männlichkeit setzt sich selbst absolut. Bei Connell klingt dies so: „It is the successful claim to authority, more than direct violence, that is the mark of hegemony (though violence often underpins or supports authority."[90] Die Hegemonie bezieht ihre Kraft und ihre Gültigkeit also aus einem „claim to authority", dem Anspruch auf Autorität. Dieser wird von den Gruppen von Männlichkeit und Weiblichkeit, die durch Unterdrückung dessen Opfer werden, auch hingenommen, eben weil eine „correspondence between cultural ideal and institutional power" besteht. Die Hegemonie ist ‚natürlich gesetzt'.

Als Hegemonie ‚im Kleinen' erläutert Connell sein Konzept der „subordination"[91]. Während Hegemonie sich immer auf kulturelle Dominanz in der Gesellschaft als solches beziehe, betone die „subordination" eine spezifische Unterdrückung zwischen verschiedenen Männlichkeiten bzw. der Gruppen, die sich durch diese Form von Männlichkeit auszeichnen bzw. zu ihrem geschlechtsinternen Merkmal erhoben haben. Als herausragendes zeitgenössisches Beispiel führt Connell die Unterdrückung von Homosexuellen durch heterosexuelle Männer an und analysiert diese Unterdrückung als Positionierung von homosexueller Männlichkeit auf der untersten Stufe der internen

---

[86] Ebd., S. 77
[87] Vgl. Connell/Messerschmidt, „Hegemonic Masculinity", S. 831
[88] Dinges, „‚Hegemoniale Männlichkeit'", S. 8
[89] Connell, *Masculinities*, S. 78
[90] Ebd.
[91] Ebd.

Hierarchie des gesamten Geschlechts. Homosexuelle würden von Heterosexuellen aus der männlichen Hegemonie ausgeschlossen, da sie keine Männer im Sinne der vorherrschenden Geschlechtsmeinung seien; der Verweis auf analen Geschlechtsverkehr ist nur ein Beispiel für die ‚Entmännlichung' dieser Gruppe, das Connell anführt. Dieser männliche Geschlechtsverkehr mit anderen Männern ist ein Zeichen für eine Verweiblichung des Geschlechts, und Connell identifiziert Schimpfwörter wie „candy ass", „cookie pusher" und „ladyfinger" als ein „symbolic blurring with femininity"[92].

„Complicity"[93], wohl am ehesten mit Teilhabe zu übertragen, bezeichnet für Connell den aktuellen Nutzen, den Männer insgesamt aus der Hegemonie ziehen – selbst wenn sie den normativen Standards, die diese den Männern eigentlich abverlangt, überhaupt nicht entsprechen: „[…] not many men actually meet the normative standards."[94] Oder anders und klarer ausgedrückt: „Masculinities constructed in ways that realize the patriarchal dividend, without the tensions or risks of being the frontline troops of patriarchy, are complicit in this sense."[95] Eine große Zahl von Männern partizipiert an der Suprematie, die durch Patriarchat und Hegemonie dem männlichen Geschlecht eingegeben ist, ohne aktiv dafür etwas zu tun. Obwohl normative Standards *nicht* eingehalten bzw. erfüllt werden, ist die Hegemonie auch bei diesen Männern als normativer Standard gesetzt: Dem Mann, der die gängigen Anforderungen des Patriarchats erfüllt, der also beispielsweise nicht homosexuell ist, ist die Überordnung über alle anderen Formen von Männlichkeit sowie natürlich der Weiblichkeit grundsätzlich gegeben.

Connells letzter Punkt in seinem Vierschritt ist die „marginalization"[96]. Damit ist die Unterscheidung in ‚gut' und ‚schlecht' innerhalb *einer* spezifischen Männlichkeit gemeint. Connell führt als Beispiel den Widerspruch zwischen farbigen männlichen Sportstars in den Vereinigten Staaten und der parallelen Vorstellung des farbigen Vergewaltigers an: „Thus, in the United States, particular black athletes may be exemplars for hegemonic masculinity. But the fame and wealth of individual stars has no trickledown effect; it does not yield social authority to black men generally."[97] Die Marginalisierung von bestimmten Männlichkeiten findet möglicherweise parallel zu dessen Vereinnahmung für das Konzept der männlichen Hegemonie statt. Während farbige Athleten

---

[92] Ebd., S. 79; dieses „symbolic blurring with femininity" lässt sich auch beim Göttinger Hainbund feststellen – aber natürlich nicht in Anlehnung an homosexuelle Verhaltensweisen, sondern die Männlichkeit wird dort auf andere Weise der Weiblichkeit angenähert.

[93] Ebd.

[94] Ebd.

[95] Ebd.

[96] Ebd.

[97] Ebd.

dazu genutzt werden, um männliche Hegemonie zu begründen (über die Merkmale Kraft, Ausdauer etc.), wird im gleichen Zug ein männliches Feindbild (das des Vergewaltigers) geprägt, um eine ganze Gruppe – in diesem Falle männliche Schwarze – zu marginalisieren und von der männlichen Hegemonie, deren kulturelles und gesellschaftliches Anwendungsrecht bei der weißen Mittel- und Oberschicht liegt, auszuschließen. Hieran zeigt sich noch einmal die Wirkungsmacht von Connells Kategorien, um die Relationalität von Männlichkeiten zu analysieren und zu beschreiben: Die Marginalisierung von Männlichkeiten durch hegemonial fundierte Männer beruht auf der Funktionalisierung einzelner Beispiele der eigentlich und grundsätzlich als marginal angesehenen Gruppe; Männlichkeit nutzt Männlichkeit aus, um die Ausprägung von Geschlecht noch zu verstärken.

Der Fokus der Arbeit liegt vor allem auf der hegemonialen Männlichkeit nach Connell, weil sie „eine in zweifacher Hinsicht relationale Kategorie [ist]: Sie steht in Relation zu untergeordneter Weiblichkeit und zu anderen, nicht hegemonialen Ausprägungen von Männlichkeit."[98] Diese zweifache Relationalität als Grundbestandteil hegemonialer Männlichkeit hatte Connell schon 1987 in *Gender and Power* betont: „'Hegemonic masculinity' is always constructed in relation to various subordinated masculinities as well as in relation to women."[99] Es ist wichtig, die Männlichkeitsdarstellung der Göttinger Hainbündler in dieses Spannungsfeld einordnen und die Fragen zu beantworten: Wie ist ihr Verhältnis zur Weiblichkeit und zu anderen Männlichkeiten? Inwiefern ist die Männlichkeit der Hainbündler hegemonial?

Kapitel I.4.2
Pierre Bourdieu: Der männliche Habitus

Ein anderer wichtiger theoretischer Ansatz ist Bourdieus Konzept des männlichen Habitus[100]. Auch er „fokussiert beide Relationen, die hetero- und die homosoziale, und sein Konzept symbolischer Gewalt entspricht der kulturtheoretischen Perspektive auf männliche Herrschaft, die er noch stärker akzentuiert als Connell"[101]. Bourdieu entwirft seine Theorie der männlichen Herrschaft auf der Basis seiner Ende der fünfziger Jahre durchgeführten ethnographischen Forschungen in der kabylischen Gesellschaft in Algerien.

Da die kabylische Gesellschaft nur ein Prinzip sozialer Differenzierung kennt, nämlich dasjenige des Geschlechts, und da die Ge-

---

[98] Bereswill/Meuser/Scholz, „Männlichkeit als Gegenstand der Geschlechterforschung", S. 11
[99] Connell, *Gender and Power*, S. 183
[100] Bourdieu, *Männliche Herrschaft*
[101] Bereswill/Meuser/Scholz, „Männlichkeit als Gegenstand der Geschlechterforschung", S. 11

schlechter zudem in einem Verhältnis starker und hinsichtlich der geschlechtlichen Praktiken deutlich symbolisierter Polarität zueinander stehen, eignet der Geschlechter- und Sozialordnung dieser Gesellschaft gewissermaßen ein besonderer heuristischer Wert, um Grundprinzipien einer auf männlicher Dominanz aufgebauten Sozialordnung zu erläutern.[102]

Bourdieu hat seinen Begriff des „männlichen Habitus", der wie Connells hegemoniale Männlichkeit mittlerweile zum Standardrepertoire der Geschlechter- bzw. Männlichkeitsforschung gehört, aus seiner Vorstellung vom „vergeschlechtlichten und vergeschlechtlichendem Habitus"[103] heraus entwickelt. Dieser männliche Habitus wird „konstruiert und vollendet [...] nur in Verbindung mit dem den Männern vorbehaltenen Raum, in dem sich, unter Männern, die ernsten Spiele des Wettbewerbs abspielen"[104]. Dieser Wettbewerb wird unter „Partner-Gegner[n]"[105] ausgetragen:

> Das Spiel und die Einsätze (re)produzieren heißt die Zugangsbestimmungen zur sozialen Reproduktion (und damit nicht nur zur Sexualität) (re)produzieren, die ein agonaler Austausch sicherstellt, der auf die Akkumulation von geneaologischem Status, von Namen von Geschlechtern oder Vorfahren, d. h. von symbolischem Kapital, also von dauerhaften Befugnissen und Rechten in bezug auf Personen, abzielt. Die Männer produzieren Zeichen und tauschen sie als Partner-Gegner aktiv aus, und zwar auf der Basis prinzipiell gleicher Ehre, die noch die Bedingung für einen Tausch darstellt, der zu ungleicher Ehre, d. h. zur Herrschaft, führen kann.[106]

Der Wettbewerb trennt die Beteiligten also nicht und er resultiert nicht nur in Hierarchien der Männer untereinander, er ist zugleich auch ein Mittel männlicher Vergemeinschaftung.[107] Für Bourdieu ist Männlichkeit ein zutiefst relationaler Begriff, der vor und für andere Männer, aber vor allem betont gegen die Weiblichkeit konstruiert ist.[108] So verknüpft Bourdieu auch die Kategorien Mut und Gewalt innerhalb seiner Analyse der symbolischen Gewalt, mittels derer unter anderem geschlechtliche Herrschaftsverhältnisse festgesetzt und

---

102 Meuser, „Männerwelten", S. 1
103 Bourdieu, „Männliche Herrschaft", S. 167
104 Ebd., S. 203
105 Bourdieu, *Männliche Herrschaft*, S. 83
106 Ebd., S. 82
107 Bereswill/Meuser/Scholz, „Männlichkeit als Gegenstand der Geschlechterforschung", S. 12
108 Bourdieu, *Männliche Herrschaft*, S. 96

sozial legitimiert werden. „Symbolische wie direkte Gewalt (auch die gegen andere Männer gerichtete) dienen demnach der Absicherung von Männlichkeit, nicht zuletzt gegenüber einer drohenden Abwertung durch symbolische Verweiblichung.“[109] Mithilfe Bourdieus Theorie soll untersucht werden, inwieweit sich die Formen männlicher Herrschaft, die bei Bourdieu als konstitutiv für die Männlichkeit angesehen werden, auf die Lyrik der Hainbündler übertragen lassen und ob sich daraus ein spezifischer männlicher Habitus im Sinne Bourdieus ableiten lässt. Definiert sich der hainbündlerische Mann durch die gleichen Charakteristika wie der Mann, den Bourdieu erforscht hat? Werden durch Gewalt geschlechtliche Herrschaftsverhältnisse festgesetzt und sozial legitimiert?

Kapitel I.4.3
Karin Hausen: Geschlechtseigentümlichkeiten als Kontrastprogramm

Ein letzter theoretischer Text, der von Bedeutung für diese Arbeit ist, ist Karin Hausens Aufsatz über die Polarisierung der Geschlechtscharaktere im späten 18. und frühen 19. Jahrhundert. In diesem für die Geschlechterforschung sehr signifikanten Aufsatz untersucht sie Männlichkeit und Weiblichkeit ausgehend von den als „Kontrastprogramm konzipierten ‚Geschlechtseigentümlichkeiten‘“[110]. Diesen

‚Geschlechtseigentümlichkeiten‘ zufolge ist der Mann für den öffentlichen, die Frau für den häuslichen Bereich von der Natur prädestiniert. Bestimmung und zugleich Fähigkeiten des Mannes verweisen auf die gesellschaftliche Produktion, die der Frau auf die private Reproduktion. Als immer wiederkehrende zentrale Merkmale werden beim Manne die Aktivität und Rationalität, bei der Frau die Passivität und Emotionalität hervorgehoben, wobei sich das Begriffspaar Aktivität-Passivität vom Geschlechtsakt, Rationalität und Emotionalität vom sozialen Betätigungsfeld herleitet. Diese Hauptkategorien finden sich mit einer Vielzahl von Zusatzmerkmalen kombiniert, so daß jeweils eine Mischung traditioneller und moderner, physiologischer, psychischer und sozialer Eigenschaften das Wesen des männlichen und weiblichen Geschlechtes ausmachen. Physis und Psyche der Frau werden primär nach dem Fortpflanzungs- bzw. Gattungszweck und der dazu sozial für optimal erachteten patriarchalischen monogamen Ehe bestimmt, die des Mannes hingegen nach dem Kulturzweck.

---

[109] Bereswill/Meuser/Scholz, „Männlichkeit als Gegenstand der Geschlechterforschung“, S. 12
[110] Hausen, „Polarisierung der ‚Geschlechtscharaktere‘“, S. 161

Marianne Weber brachte diese Beobachtung auf die zutreffende Formel, die Frau werde als das Geschlechtswesen, der Mann als der zur Kulturarbeit Bestimmte definiert. Derartige Charakterschemata, die erst in der zweiten Hälfte des 20. Jahrhunderts an Überzeugungskraft verlieren, werden im letzten Drittel des 18. Jahrhunderts ‚erfunden'.[111]

Hausen stellt dar, dass im frühen 18. Jahrhundert

> Aussagen über den Mann und die Frau Aussagen über den Stand [sind], also über soziale Positionen und die diesen Positionen entsprechenden Tugenden. Im ersten Drittel des 18. Jahrhunderts ordnet Chr. Wolff die Männer und Frauen jeweils der ehelichen, väterlichen und herrschaftlichen Gesellschaft zu und bestimmt danach die erforderlichen Tugenden der Herrschaft bzw. des Gehorsams und der Tüchtigkeit des Wirtschaftens bzw. Arbeitens.[112]

Im Gegensatz dazu wird der Geschlechtscharakter Ende des 18. Jahrhunderts als „Kombination von Biologie und Bestimmung aus der Natur abgeleitet und zugleich als Wesensmerkmal in das Innere des Menschen verlegt"[113], und „im Adelung von 1796/1801 ist der Hausstand nicht mehr das einzig verbindliche Bezugssystem"[114], wie es zuvor immer wieder der Fall in theoretischen Texten gewesen ist. Somit seien Charakter- an die Stelle von Standesdefinitionen getreten und das partikulare Zuordnungssystem des Hausvaters und der Hausmutter sei durch das universale des gesamten männlichen und weiblichen Geschlechts ersetzt worden. Mit der Anwendung des Modells des Gesellschaftsvertrages auf das System der Hausherrschaft sei das bisherige institutionelle Gefüge der Familie als hausväterliches Regiment und damit vor allem die Herrschaft des Ehemannes unter Legitimationszwang gestellt worden.[115]

> Gleichzeitig und in deutlich erkennbarem Zusammenhang mit dieser Entwicklung der theoretischen Diskussion, die mit ihrer individualrechtlichen Deutung der Familie deren ‚politische Entpflichtung' einleitet, wird die Ehe, ehemals der Zusammenschluss von Mann und Frau zum Zwecke der Sexualität, der Kinderaufzucht, des Wirtschaftens und der gemeinsamen Religionsausübung, in der Epoche der Empfindsamkeit umgedeutet als die in der Liebe vollzogene, vor al-

---

[111] Ebd., S. 161f.
[112] Ebd., S. 162
[113] Ebd.
[114] Ebd.
[115] Vgl. ebd., S. 164

lem physische Verschmelzung der Ehegatten. Wenn schließlich in der Romantik die Ehe primär in Liebe begründet und damit allein den einzelnen Mann und die einzelne Frau betreffend gedacht wird, lösen sich tendenziell Ehe und Familie als Institution auf.[116]

Man darf nun aber nicht den Fehler machen und von einer individuellen Freiheit der Frau ausgehen. Denn diese „deutlich nicht mehr dem Orientierungsmuster des ‚ganzen Hauses' verpflichteten Vorstellungen hatten vor allem hinsichtlich der Neuinterpretation der sozialen und häuslichen Position der Frauen weitreichende Konsequenzen"[117]. Eine Konsequenz, die ein traditionelles Verständnis neu aufgriff und

> gleichzeitig als Bestandteil der neuen Liebesauffassung und als Reaktion gegen unerwünschte Emanzipationsforderungen wirksam wurde, war die Suche nach einer neuen Form der Legitimation für den traditionellerweise auf die Familie eingeschränkten und dem Ehemann untergeordneten Aktionsspielraum der Frau. Es ging darum, im Falle der Frauen die postulierte Entfaltung der vernünftigen Persönlichkeit auszusöhnen mit den für wünschenswert erachteten Ehe- und Familienverhältnissen.[118]

So entwickelte etwa Fichte ein Verständnis von Liebe, dass die „völlige Hingabe der Persönlichkeit und konsequenterweise auch die Abtretung allen Vermögens und aller Rechte an den einen und einzigen Mann"[119] vorsieht. Dies ist die Basis von der „'Bestimmung des Weibes zur Gattin, Hausfrau und Mutter"[120], und allein die Frau sei ab dieser Zeit durch die Familie definiert worden; der Mann sei davon ausgenommen gewesen. Ein Übertritt der Geschlechter in das Feld des jeweils Anderes (Mann -> Haus; Frau -> Öffentlichkeit) sei nicht vorgewesen gewesen, da es als unnatürlich erachtet worden sei.[121]

Hausen kommt zu dem Ergebnis, dass die Charakterbestimmungen, aus denen sich die Geschlechtscharaktere zusammensetzen, zur „ideologischen Absicherung von Herrschaft"[122] dienen: Die Charakterbestimmungen tragen zur Fixierung der „Ungleichheit zwischen dem Manne und der Frau" bei, deren

---

[116] Ebd.
[117] Ebd.
[118] Ebd., S. 165
[119] Ebd.
[120] Zit. nach ebd., S. 165f.
[121] Vgl. ebd., S. 167
[122] Ebd.

„so große Verschiedenheit ihrer Lebensaufgaben und ihrer Kräfte, also auch ihrer Rechtsverhältnisse, schon durch die Natur selbst bestimmt" ist, und die Geschlechtscharaktere an sich stehen im „Dienste der weitere Sicherung der rechtlichen Privilegierung der Männer"[123]. Und wenn es in Welckers *Staatslexikon* aus dem zweiten Viertel des 19. Jahrhunderts heißt:

> Jene Theorien, die gleichgültig gegen die Rechte der Frauen dieselben despotisch als Mittel für die Männer und ihren Verein mißbrauchten, mußten auf das edelste Gut für die Männer und den Staat, auf ein häusliches oder Familienleben und sittliche Familienerziehung der Kinder, verzichten. Die, welche, bei einseitiger Verfolgung einer abstracten Gleichheitsregel die Gesetze und Schranken der Natur übersehend, für die Frauen mehr Rechte in Anspruch nahmen, als diese nach jenen Gesetzen und Schranken nur wollen können, zerstören die heiligste, festeste Grundlage menschlicher und bürgerlicher Tugend und Glückseligkeit aufs Neue[124],

so tritt die „Ende des 18. Jahrhunderts betonte Gleichwertigkeit von Mann und Frau […] in derartigen Argumentationen völlig zurück"[125]. Indem weibliche Herrschaftsqualität zurückgewiesen wird und Mann und Frau eindeutig durch „Aktivität-Rationalität" bzw. „Passivität-Emotionalität" identifiziert werden, so geht laut Hausen daraus hervor, dass der „Mann eindeutig und explizit für die Welt und die Frau für das häusliche Leben qualifiziert"[126] ist.

Wie die Arbeiten Connells und Bourdieus soll auch Hausens Ansatz dafür verwendet werden, hainbündlerische Herrschaftsansprüche theoretisch untersuchen und sozialgeschichtlich begründen zu können. Der Widerspruch von Öffentlichkeit und Privatheit ist dabei genauso wichtig wie die Frage, inwiefern traditionell als weiblich verstandene Charakterbestimmungen sowohl positiv für den Mann als auch negativ für ihn in der Lyrik eingesetzt werden.

---

[123] Ebd.
[124] Zit. nach ebd., S. 168
[125] Ebd. S. 169
[126] Ebd.

46

Kapitel II
Der Göttinger Hainbund: Eine Einführung

Die folgende Einführung in Struktur, Denken und Werk des Göttinger Hainbunds soll erstens die Grundlage für die anschließende männlichkeitsgeschichtliche Untersuchung des Corpus der Göttinger Bundesbrüder sein und hat zweitens den Anspruch, einen ebenso umfassenden wie kompakten Überblick von nachhaltigem Wert zu schaffen, auf den sich die zukünftige Forschung, sowohl die zur Spätaufklärung und dem Sturm und Drang im Allgemeinen als auch zum Hainbund, seinen Mitgliedern und Themen im Speziellen, berufen kann. Bei diesem Überblick geht es insbesondere um Themen, die bisher nicht oder nur in sehr geringem Maße vorgestellt wurde. Der Fokus liegt zum einen auf der Vorzeit des Bundes, in der sich die Themen und Strukturen entwickeln, und zum anderen auf der Bedeutung der Gruppe für die Literatur des 18. Jahrhunderts.

Kapitel II.1
Zur Hainbund-Forschung

Die Hainbund-Philologie steht vor dem Problem, dass die neuere Germanistik bisher weder einen großen noch einen eigenständigen, fundierten, einführenden Überblick über den Göttinger Hainbund zustande gebracht hat[127]. Dieser fehlt genauso wie verlässliche Editionen der meisten Dichter der Gruppe (s. Kapitel I). Zwar finden sich sowohl in literarhistorischen Darstellungen wie Kempers *Deutsche Lyrik der frühen Neuzeit*[128] und der *Geschichte der deutschen Literatur*[129] von Jørgensen/Bohnen/Øhrgaard als auch in Kahls Edition des Bundesbuchs[130], Sauers älterer dreibändiger Edition[131] oder Kelletats Auswahledition[132] längere Abschnitte, die auf eine Auseinandersetzung mit der Gruppe ausgerichtet sind. Dazu kommen in den drei erstgenannten Titeln

---

[127] Die Monographie von Prutz (1841) genügt nach heutigen Ansprüchen nicht mehr als Referenzuntersuchung.

[128] Kemper, *Deutsche Lyrik*, Bd. 6/III, S. 135ff.; Kemper hat im Untertitel von Bd. 6/III immerhin prominent auf den Hainbund hingewiesen: „Göttinger Hain und Grenzgänger". Aber der Gegenstand nimmt nur wenig Raum ein, nur etwa zehn Prozent seines Bandes sind dem Kapitel über die Göttinger allgemein und über Hölty und Fr. L. Stolberg speziell gewidmet. Insofern wird Kemper, zumindest quantitativ gesehen, seinem eigenen Anspruch nicht gerecht.

[129] Jørgensen/Bohnen/Øhrgaard, *Geschichte der deutschen Literatur*, Bd. VI, S. 403ff.

[130] Kahl, *Bundesbuch*, S. 281ff.

[131] Sauer, *Göttinger Dichterbund*, S. IIIff.

[132] Kelletat, *Der Göttinger Hain*, S. 401ff.

Ausführungen zu einigen Dichtern im Einzelnen. Sie alle eint aber, dass sie keine umfassende Geschichte des Hainbunds schreiben. Entweder die Untersuchung kreist aufgrund des wissenschaftlichen Kontextes, wie bei Kahl, um spezifische Themen, die über den Anspruch einer philologischen Einführung hinausgehen[133]; Haischer hat korrekt darauf hingewiesen, dass sich Kahl nur „kurz mit der Geschichte des Bundes"[134] befasst hat. Oder das Erkenntnisinteresse, zu sehen bei Kemper, ist beinahe ausschließlich fixiert auf den inhaltlichen und ‚ideologischen' Überbau der Gruppe. Dementsprechend führt er seine Untersuchung an der „ritualisierten und sakralisierten Gruppenformation"[135], dem „Enthusiasmus für alte und authentische Zeugnisse deutscher Kultur- und Literaturgeschichte [und dem] daraus entspringenden Patriotismus"[136] Klopstock'scher Provenienz entlang: „Durch Klopstocks Oden und Bardiet [*Hermanns Schlacht*; Verf.] inspiriert, gaben sich die Göttinger Freunde kurz nach ihrem Bundes-Erlebnis Bardennamen [...]."[137]

Etwas umfassender ist zwar der Abschnitt über den Göttinger Dichterbund in Bd. VI der *Geschichte der deutschen Literatur* aufgestellt – aber nur auf den ersten Blick. Denn auf die quantitative Darstellung, in der die Mitglieder und Göttinger Bezugspunkte genannt werden, folgt bereits der Hinweis auf das

> germanisierende Raunen, das die jugendliche Einbildungskraft ansprach, aber sein mythologischer Klang wurde nur als Rechtfertigung für einen patriotischen Eifer erfahren, der sich von Klopstocks Gedichten *Mein Vaterland, Thuiskon, Skulda* oder *Unsere Sprache* wie von seinem „Bardiet für die Schaubühne" *Hermanns Schlacht* (1769) beflügeln ließ.[138]

Viel mehr wird, abgesehen von einem kurzen Verweis auf die Formenvielfalt, anhand derer die ausgesprochene Themenvielfalt abgearbeitet wird, nicht zum Hainbund gesagt.

August Sauers Einführung in den Hainbund im Rahmen seiner Auswahl der Gedichte Vossens, Höltys, Johann Martin Millers, Friedrich Leopold Stolbergs und Matthias Claudius' (!) von 1886 entspricht nicht mehr heutigen

---

[133] Kahl fokussiert sich auf die Bereiche, die mit dem Bundesbuch an sich und der internen Poetik zusammenhängen; dazu zählt etwa die Verbesserungsästhetik, die auf die Forschungen von Steffen Martus zurückgehen (Martus, „Die Entstehung von Tiefsinn")
[134] Haischer, „Der Hainbund ein Autorenkollektiv?", Abs. 20
[135] Kemper, *Deutsche Lyrik*, Bd. 6/III, S. 142
[136] Ebd. S. 144
[137] Ebd., S. 145
[138] Jørgensen/Bohnen/Øhrgaard, *Geschichte der deutschen Literatur*, Bd. VI, S. 407

wissenschaftlichen Vorstellungen und Maßstäben. Sauer „erzählt"[139] die (Vor-)Geschichte des Bundes, ohne wirklich auf die Bedeutungstiefe der Lyrik einzugehen oder diese literaturwissenschaftlich zu untersuchen. Auch seine Bewertungen und Einordnungen, mit denen Sauer die Einführung öffnet und schließt, bleiben schwach: Wenn Sauer postuliert, die „Dichter des Göttinger Hains gehören der Sturm und Drang-Periode"[140] an, begründet er dies ebenso wenig wie sein Diktum der „jugendlich[en] Unreife"[141] der Lyrik. Sauer beschränkt sich darauf, die Bandbreite der Themen unverhältnismäßig kurz zu umreißen, und er wirft kaum Blicke auf das Schaffen, das sich nicht auf Friedrich Gottlieb Klopstock als überhöhten Bezugspunkt und damit auf den ostentativen, provokanten Gestus und Habitus der Gruppe bezieht.

Alfred Kelletat hat dem Bund im Anschluss an seine Auswahledition etwas mehr Raum gewidmet, kommt dabei aber nicht über eine Darstellung des Bundes an sich und eine einleitende formgeschichtliche Betrachtung hinaus. Freilich, seine „Poetik des Hains"[142] hat einen eigenen Wert und lässt sich auch heute noch überblicksartig nutzen. Aber hierin ähnelt Kelletat den späteren Beobachtungen in Bd. VI der *Geschichte der deutschen Literatur*: Auch dort geht die Beschäftigung kaum über die Formenvielfalt hinaus. Kelletat begründet dies so: „Der Beitrag der Göttinger zur deutschen Literatur ist seit der ersten Monographie des Bundes von Prutz (1841) bis heute des öfteren durch eine Beschreibung der Tendenzen, der Themen und Motive ihrer Dichtung dargestellt worden."[143] Kelletat spielt damit auf die Untersuchungen an, die im späten 19. und frühen 20. Jahrhundert entstanden sind und heute ihre wissenschaftliche Halbwertszeit ebenso überschritten haben wie die oben bereits erwähnte Studie von Hans Eduard Prutz.

---

[139] Sauer, *Göttinger Dichterbund*, Bd. 49, S. III
[140] Ebd.
[141] Ebd., S. XXXV
[142] Kelletat, *Der Göttinger Hain*, S. 421
[143] Ebd. S. 422

Kapitel II.2
„und versprachen uns ewige Freundschaft":
Zur Gruppenkonstitution
Kapitel II.2.1
Entstehung und Vorgeschichte

Der Zusammenschluss von jungen Männern, der heute sowohl von der Forschung als auch vom Publikum als Göttinger Hain bzw. Hainbund bezeichnet wird, folgte einem „enthusiastischen Einfall"[144] von sechs befreundeten Studenten, die sich allesamt von der Göttinger Universität oder aus dem direkten Umfeld derselben kannten. Kelletats Äußerung scheint emphatisch-spekulativ, aber es lässt sich anhand eines Briefes, den einer der Gründer an einen entfernt lebenden Freund im Nachgang der Gründung richtete, nachweisen, dass es sich tatsächlich mehr um einen „enthusiastischen Einfall" denn um eine geplante, strukturierte Gründung eines Bundes handelte:

Ach den 12 Sept., mein liebster Freund, da hätten Sie hier seyn sollen. Die beyden Millers, Hahn, Hölty, Wehrs und ich giengen noch des Abends nach einem nahgelegnen Dorfe. Der Abend war außerordentlich heiter, und der Mond voll. Wir überließen uns ganz den Empfindungen der schönen Natur. Wir aßen in einer Bauerhütte eine Milch, und begaben uns darauf ins freye Feld. Hier fanden wir einen kleinen Eichengrund, und sogleich fiel uns allen ein, den Bund der Freundschaft unter diesen heiligen Bäumen zu schwören. Wir umkränzten die Hüte mit Eichenlaub, legten sie unter den Baum, und faßten uns alle bey den Händen, und tanzten so um den eingeschloßenen Stamm herum; riefen den Mond und die Sterne zu Zeugen unsers Bundes an, und versprachen uns eine ewige Freundschaft. Dann verbündeten wir uns, die größte Aufrichtigkeit in unsern Urtheilen gegen einander zu beobachten, und zu diesem Entzwecke die schon gewöhnliche Versammlung noch genauer und feyerlicher zu halten. Ich ward durchs Loos zum Aeltesten erwählt. Jeder soll Gedichte auf diesen Abend machen, und ihn jährl. Begehn.[145]

Was Johann Heinrich Voß hier an Ernst Theodor Johann Brückner, später trotz räumlicher Ferne aufgenommener Bundesbruder, schreibt, fasst das Wesen des Bundes zusammen. Aus dem fast schon poetisch stilisierten naturhaften Erleben erwächst in Verbindung mit dem als ursprünglich deutsch bzw.

---

[144] Sauer, *Göttinger Dichterbund*, Bd. 49, S. 404
[145] Voß an Brückner, 20. September 1772

germanisch empfundenen Eichenhain der Impuls, die Freundschaft in eine Fassung zu gießen: völlig ungeplant und ungeordnet. Die Vorstellung des Bundes ewiger Freundschaft, geschlossen im Eichenhain, ist *movens* genug, den pathetisch anmutenden Akt zu vollziehen; mehr als diesen Einfall – denn das ist Vossens Wortwahl! –, der aus der freundschaftlichen Empfindung der Männer hervorbricht, brauchte es nicht.

Neben der Freundschaft ist das hohe Gefühl für Deutschland konstitutives Element des Hainbunds und bedeutend für die Gründung. Die ganze Szenerie ist in ihrer Anmutung ‚deutsch‘ bzw. ‚germanisch‘. Die Eiche und die damit verknüpften Elemente wie das Eichenlaub und der Hain stehen für ein genuin deutsches bzw. germanisches Empfinden bzw. Zugehörigkeitsgefühl, sind wie die Freundschaftsempfindung Katalysator der Gründung und treiben diese voran. Vossens Brief lässt wenig interpretatorischen Spielraum: „Hier fanden wir einen kleinen Eichengrund, und sogleich fiel uns allen ein, den Bund der Freundschaft unter diesen heiligen Bäumen zu schwören.“[146] Das Tempusadverb suggeriert die Unmittelbarkeit des Einfalls und ist vereint mit dem Anblick des „kleinen Eichengrunds“[147]. Die sechs Männer stoßen bei ihrem abendlichen Spaziergang, der ganz rural, ganz ländlich-bäuerlich anmutet (und damit auch schon eine Stoßrichtung der Hainbund-Lyrik vorgibt), zufällig im „freye[n] Feld“[148] auf einen Eichenhain und nutzen die Gelegenheit, berührt von der Szenerie, sogleich, um die Gründung, die mit Tanz und Anrufen des Mondes und der Sterne vonstattengeht, zu vollziehen. Auf die zufällige Entdeckung des Eichenhains folgt die spontane Gründung. Wenn die Freundschaft *movens* der Gründung ist, ist die als urtümlich deutsch empfundene Landschaft die Basis, auf der diese Freundschaft untereinander gepflanzt wird. Im Mittelpunkt steht die Eiche: Sie ist der herausragende deutsche Baum, in dem ein mythologisch fundiertes Nationalgefühl seinen Ausdruck findet:

> Im Rahmen der altergerm[anischen] Verehrung von Bäumen [...] wurden nicht nur Heilige Haine, sondern auch einzelstehende Bäume als heilig betrachtet, darunter vielleicht auch E[iche]n. Dafür spricht die vom Missionar Bonifatius Anfang des 8. Jh. gefällte E[iche], die als rubor jovis („E[iche] des Juppiter = Thor“) bezeichnet wurde und also vermutlich Thor geweiht war.[149]

---

[146] Ebd.
[147] Ebd.
[148] Ebd.
[149] Simek, *Lexikon der germanischen Mythologie*, S. 84

Diese Verbundenheit zum Hain und zur Eiche ist den Studenten vor allem von Friedrich Gottlieb Klopstock eingegeben. Durch ihn haben sie auch ihren Namen erhalten. Klopstock, sowohl patriotischer als auch religiöser Dichter, hatte 1767 in seinem Lehrgedicht *Der Hügel und der Hain* den griechischen Parnaß und den germanischen Barden im Widerstreit um das vorherrschende Dichtungskonzept auftreten lassen und dabei den germanischen Eichenhain als *locus poeticus* des Barden identifiziert.

> Dem Vorbild der griechischen Dichtung, repräsentiert durch den Musenhügel, wurde eine vaterländische Dichtung, symbolisiert durch ‚Teutoniens Hain' gegenübergestellt. Diese vaterländische Dichtung berief sich auf einen fiktiven ‚Bardengesang'.[150]

Pathetisch beseelt von diesen lyrischen Vorlagen, gaben sich die Studenten den Namen „Hainbund". Die Gruppe sollte nicht lange aus den sechs Gründern bestehen: Schnell stießen Heinrich Christian Boie, Ernst Theodor Johann Brückner, Carl Christian Clauswitz, Carl August Wilhelm von Closen, Carl Friedrich Cramer, Christian Hieronymus Esmarch, Schack Hermann Ewald, Johann Anton Leisewitz, Christian Graf zu Stolberg-Stolberg und sein Bruder Friedrich Leopold Graf zu Stolberg-Stolberg dazu, so dass der Hainbund in seiner Hochzeit 16 Mitglieder zählte. Das ist, im Vergleich zu anderen literarischen Gruppierungen, zumal im 18. Jahrhundert, eine durchaus eindrucksvolle Größe.

Man kann nicht vom Göttinger Hain sprechen, ohne die Vorgeschichte des Bundes und die Rahmenbedingungen der Gründung zu kennen. Denn die jungen Männer, die in der Nacht zum 12. September 1772 in einem Eichenhain ihren Bund konstituieren, sind schon zuvor mit mindestens einigen der Merkmale ausgestattet, die für den Bund und dessen Lyrik charakteristisch werden sollten. Als Mittelpunkt des Hainbunds wird oft Johann Heinrich Voß angesehen. Das ist richtig, gilt aber tatsächlich ausschließlich für den organisierten Bund an sich. Denn Bezugspunkt im Vorfeld war nicht Voß, der 1751 in Sommerstorf geborene uneheliche Sohn eines Zolleinnehmers und Gastwirts, sondern Heinrich Christian Boie. Er gründete nach seinem Jenaer und Göttinger Jurastudium den *Göttinger Musenalmanach* gemeinsam mit Friedrich Wilhelm Gotter, gab die jährlich erscheinende Sammlung aber bereits ab 1770 alleine heraus. Auf diese Weise lernte Boie Voß kennen, denn der damalige Hauslehrer, der aufgrund fehlender finanzieller Ressourcen nicht studieren konnte, erregte durch lyrische Einsendungen für den Almanach das

---

[150] Bahr, *Geschichte der deutschen Literatur 2*, S. 92

Interesse des Herausgebers: Vossens Gedicht *Rückkehr*[151], im Almanach auf das Jahr 1772 (erschienen: 1771) gedruckt, ist noch in einem ganz schwelgenden, süßlichen Ton gehalten, der sich an die Liebeslyrik der Anakreontik haftet. Boie ermöglichte Voß schließlich ab 1772 das Studium der Philologie in Göttingen und band ihn so an sich. August Sauer, der unter anderem die Gedichte Vossens gesammelt hat, schreibt in seinen „biographischen Notizen", das Voß Boie („diesem Freunde"[152]) „[s]ein ganzes Lebensglück verdankte"[153]; das ist zwar mehr auf die spätere Ehe mit Boies Schwester Ernestine bezogen, verdeutlicht aber den Stellenwert, den die Verbindung für Voß zu Boie bedeutete.

Diese Zusammenkunft, ausgehend von Boies Almanach-Projekt, muss als Grundstein, als Fundament des Hainbunds gelten: Der Herausgeber ist der Magnet, der die Studenten und weitere junge Männer anzieht und so die spätere Gruppe zusammenführt:

> Schritt für Schritt können wir nun vom Beginn des Wintersemesters von 1771 auf 1772 verfolgen, wie Boie talentierte junge Leute um sich versammelt, wenn wir auch nicht genau die Zeit angeben können, in der er mit jedem einzelnen in Verbindung trat. Unter dem Völkchen, das er als *parnassum in nuce* Ende Januar 1772 bezeichnet, versteht er neben Bürger: den Hannoveraner H ö l t y, der seit März 1769 in Göttingen weilte, und die beiden Ulmer Vetter M i l l e r, von denen der ältere Johann Martin am 15. Oktober 1770 als Theolog, der jüngere Gottlob Dietrich am 15. Oktober 1771 als Jurist immatrikuliert worden war. Wann Johann Thomas Ludwig W e h r s, der Sohn des Göttinger Kontrolleurs, der seit 1769 die Universität frequentierte, mit dem Kreis in Berührung kam, scheint sich nicht mehr feststellen zu lassen. Boies Ziehbruder Christian Hieronymus E s m a r c h, später der treue Freund des Vossischen Ehepaares, der seit April 1771 Theologie studierte, wird als stiller Genosse den Dichtern nahegestanden haben. [...] Gleichzeitig gewann der Gothaer Advokat Schack Hermann E w a l d, der als Hofmeister eines Herrn von Schulthes in Göttingen sich aufhielt, und der junge Carl Friedrich C r a m e r aus Lübeck mit dem Boieschen Kreise Fühlung. Im August tritt der Pfälzer Johann Friedrich H a h n der Vereinigung näher, als herrlicher Kopf aufs lebhafteste begrüßt. Man hielt wöchentliche Zusammenkünfte, in denen man die neu entstandenen dichterischen

---

[151] Sauer, *Göttinger Dichterbund*, Bd. 49, Nr. 1 [S. 167f.]
[152] Ebd., S. XLI
[153] Ebd. S. XLI

Versuche vorlas, ohne Schmeichelei beurteilte und verbesserte.[154]

Besondere Wichtigkeit besitzt wohl das Thema, das Sauer nur am Rande erwähnt: die „wöchentliche[n] Zusammenkünfte, in denen man die neu entstandenen dichterischen Versuche vorlas, ohne Schmeichelei beurteile und
verbesserte."[155] Dies findet sich so auch direkt im Hainbund wieder: „Alle
Sonnabend um vier Uhr kommen wir (Sie kennen uns ja schon) bei einem zusammen."[156] Die Bundesbrüder übernehmen also liebgewonnene und für sinnvoll und produktiv befundene ‚Rituale‘, um ihrem Bund damit einen formellen
Rahmen zu geben. Dies ist der Grundstein für das Konzept, das die moderne
Forschung – führend sind Steffen Martus[157], Paul Kahl[158] und Simon Bunke[159]
– als Verbesserungsästhetik bezeichnet und als, vor allem von Kahl, ursprüng-
liches poetisches Programm des Hainbunds identifiziert wird. Diese Tendenz
zur kollektiven Verbesserung, die in der Forschung oft mit dem Begriff der
kollektiven Autorschaft zusammengebracht wird, ist schon in den Briefen aus
der Vorzeit des Bundes dargelegt worden, unter anderem bei Voß: „Ramler hat
gegen Boie meine Ode an den Pfeifenkopf vertheidigt. Das bewog mich auf
eine Verbesserung, die ich Ihnen hierbei sende."[160] Voß hat auch in seinem
Schreiben über die Bundesgründung Brückner auf dieses Konzept hingewiesen: „Dann verbündeten wir uns, die größte Aufrichtigkeit in unsern Urtheilen
gegen einander zu beobachten, und zu diesem Entzwecke die schon gewöhnliche Versammlung noch genauer und feyerlicher zu halten."[161]
Später, als der Bund schon existierte, heißt es dann:

> Sintemalen aber die Kunst des Sanges schwer, und mancherley sind
> die Irren desselben, siehe! so ist jeglicher gehalten unter Uns, daß er
> alle und iede befrage, welches Gewichtes sein Werk sey; [...] Und
> dann ieglicher gehalten, nach sattsamem Forschen, es sey Lobes oder
> Tadels, was er gedenket, zu offenbahren; [...][162]

Die Dichtung der Studenten ist von Anbeginn auf das kollektive Verbessern
der Gedichte ausgelegt, das Schaffen daran orientiert. Texte wurden einander

---

[154] Ebd., S. IX; alle Sperrungen nach Sauer
[155] Ebd.
[156] Voß an Brückner, 26. Oktober 1772
[157] „Entstehung von Tiefsinn"
[158] *Bundesbuch*
[159] „Inszenierungen von Autorschaft und Autorisation"
[160] Voß an Brückner, 17. Juni 1772
[161] Voß an Brückner, 20. September 1772
[162] Sendschreiben des Bundes an Brückner, 14. November 1772

auf den „Versammlungen"[163] vorgetragen oder es wurde brieflich kommuniziert[164]. Hettche hat aus dieser „kollektiven ‚Verbesserungsästhetik'"[165] gefolgert, dass es im Hain eine „kollektive[.] Produktion und Autorisation der Texte"[166] und ein „Changieren zwischen individueller und kollektiver Produktion"[167] gegeben habe. Dies macht er am Beispiel Höltys fest. Dieser hatte, bereits schwer erkrankt und den Tod vor Augen, Voß „zu weitreichenden Eingriffen"[168] in sein Werk autorisiert, so dass es nicht mehr klar festzustellen sei, ob ein Text tatsächlich von Hölty stamme oder ob die Handschrift des Autors von Voß und anderen überlagert worden sei[169]. Kahl lehnt diese „Rede von der ‚kollektiven Autorschaft'"[170] als „vollends [...] nützliche[n] Irrtum"[171] ab. Ganz im Gegenteil zu Hettche, der äußert, dass sich durch diese Kollektivität „die Funktion des einzelnen Autors bereits aufzulösen"[172] beginne, konstatiert Kahl, dass die „Göttinger Dichter [...] im Gegenteil Anteil an der Entwicklung [haben], in deren Gefolge sich die Begriffe und die Größen ‚Autor' und ‚Schriftsteller' durchsetzten"[173]. Man ist geneigt, Kahl in seiner Ansicht nachzufolgen, denn der Schritt von einer kollektiven Verbesserungsästhetik zu einer kollektiven Autorschaft wird im Hain, der mit „der praktizierten Autorschaft als kollektive Praxis [...] eine nach innen gefestigte Gruppenidentität"[174] herstellt, nicht vollzogen. Die Autoren stellen ihre Werke in der Gruppe zur Disposition, gewiss, aber die Rolle des Autors bleibt unangetastet, eine Opposition zur ‚Individualität' des Dichters wird nicht eröffnet. Denn zum einen bleiben die Gedichte namentlich zuordbar (wogegen Marianne Wünsch aber grundsätzlich einwendet, dass eine „‚Namensnennung' [...] nicht einfach mit ‚Autorbewußtsein' gleichgesetzt oder a priori der Anonymität entgegengesetzt werden kann"[175]), und zum anderen operieren die Hainbündler, die sich als Sammler und Herausgeber der Lyrik der übrigen betätigen, eher als ‚Statthalter' der Erinnerung an den Autor an sich. Durch die Veröffentlichung in

---

[163] Voß an Brückner, 26. Oktober 1772

[164] Der briefliche Kontakt zwischen dem Bund und Gottfried August Bürger im Rahmen der Entstehung der *Lenore* soll hier nicht weiter beleuchtet werden (vgl. Kahl, *Bundesbuch*, S. 342ff.)

[165] Kahl, *Bundesbuch*, S. 362

[166] Hölty, *Gesammelte Werke und Briefe*, S. 471

[167] Ebd., S. 470

[168] Ebd., S. 469

[169] Vgl. ebd.

[170] Kahl, *Bundesbuch*, S. 363

[171] Ebd.

[172] Hölty, *Gesammelte Werke und Briefe*, S. 470

[173] Kahl, *Bundesbuch*, S. 363

[174] Bunke, „Inszenierungen von Autorschaft und Autorisation", S. 274

[175] Wünsch, *Strukturwandel*, S. 27

Gesamtausgaben, die unter dem Namen des Verfassers entstehen, wird ein Autorenbewusstsein belebt, das nicht nur vom Autor selbst betrieben wird, sondern explizit von Mitgliedern seines Kreises; dieser wiederum tritt in den Hintergrund, und die Lyrik lebt nicht in Form des Almanachs weiter, wie ihn der Göttinger Kreis gepflegt hat, sondern in der individualisierten Form einer namens- und identitätsstiftenden Sammlung. Dazu gesellt sich der von Simon Bunke in der Folge seiner Hölty-Interpretation eingeführte Begriff der „theatralen Selbstinszenierung" bzw. „theatralen Praxis der Autorschaft"[176], die bei aller Wirkmächtigkeit der kollektiven Praxis eben dazu führt, dass durch den Verweis auf den „Geist des Autors"[177] im Text die „Originalität der eigenen Autorschaft"[178] gewährleistet bleibt. Mit ihrer für die Ausprägung der Gruppe wichtigen Verbesserungsästhetik führen die Hainbündler das fort, was ihnen durch die Dynamik und die Struktur der Zeit als lyrischem Zirkel unter Boies Führung eingegeben worden ist. Sie verändern auch als Hainbund, der sich nur für seine Mitglieder öffnet, ihren Habitus nicht. Die jungen Männer erfinden sich, ihre Ansichten und ihre Verhaltensweisen also nicht neu, schon gar nicht poetisch. Die Gruppe ist nicht abgeschottet gegen Einflüsse von außen oder Entwicklungen, die aus der Vergangenheit stammen. Der 12. September 1772 mag Gründungsdatum des Hainbunds als formelles Bündnis gewesen sein; aber er ist nicht Gründungsdatum einer völlig neuen Geisteshaltung oder völlig neuer Vorstellungen von gemeinsamer Arbeit und lyrischer Tätigkeit, die sich nur durch das pathetische Erleben im als genuin deutsch empfundenen Eichenhain herausbilden konnten. Dies sei ein Beleg für das obige Postulat, dass eine intime Kenntnis der Gruppe sich nur aus der Vorgeschichte heraus entwickeln lässt. Der Einfluss der Vorzeit und die Fortführung des frühen Gruppenkonzeptes zeigen sich auch daran, dass die Gründung einem Impuls folgte und nicht geplant war. Es ist somit davon zu sprechen, dass der sich über einige Monate entwickelten Gruppendynamik ein spezifischer, eigener Rahmen abseits des von Boie initiierten und grundsätzlich eher ‚offenen' Kreises gegeben wurde. Die Struktur und einige eng miteinander bekannte Mitglieder (inklusive Boie, versteht sich) des Kreises wurden in den Hainbund überführt. Die Studenten mussten für die Konstitution des Hainbunds – die sich auch in Kapitel I bei der Analyse des Briefes an Brückner gezeigt hat – keine komplette Entwicklung durchlaufen, denn das, was die Gruppe im Kern ausmachte, war in Grundzügen bereits aus der Vergangenheit heraus vorhanden.

---

[176] Bunke, „Inszenierungen von Autorschaft und Autorisation", S. 276f.
[177] Ebd., S. 281
[178] Ebd., S. 275

Kapitel II.2.2
Der Göttinger Hain als Männerbund

Die folgenden Teilkapitel beschäftigen sich mit der männerbündischen Verfasstheit der Göttinger Studenten hinsichtlich ihrer internen Organisation und ihrer soziohistorischen Verortung innerhalb einer sowohl studentisch als auch freimaurerisch fundierten Kultur. Die Abschnitte fänden wohl vordergründig besser ihren Platz innerhalb der konkreten textanalytischen Kapitel; aber eben nur vordergründig, denn die Beschreibung der organisatorischen Strukturen und des Bundessystems ist losgelöst von der Lyrik an sich und gehört somit in diesen allgemein betrachtenden Rahmen. Gleichwohl finden sich in den drei Teilkapiteln bereits Vorgriffe auf das Kernthema der Arbeit, die Untersuchung des Männlichkeitsdiskurses, indem ausgehend von der bündischen Konstitution die für die Konstruktion von männlichen Geschlecht bei den Göttingern Hainbündlern bedeutenden Merkmale erarbeitet werden.

Kapitel II.2.2.1
Göttinger Hain und Freimaurerei

Das 18. Jahrhundert ist, das gilt für Deutschland wie für Frankreich und England, das Jahrhundert der Freimaurerei. Nach der Gründung dieses humanistischen Männerbundes, der nach dem Prinzip der Gleichheit (oder: *égalité*) funktioniert, durch den Zusammenschluss von vier Londoner Logen zur Ersten Großloge von England (1717) breitete sich das Gedankengut und das Logenwesen der Freimaurer rasant auf dem Kontinent aus: 1737 entstand in Hamburg die erste deutsche Loge, die seit 1743 „Absalom" heißt.[179]

> Hamburg wird zum Ursprungsort der Freimaurerei in Deutschland, weil es enge Verbindungen zu England hat [...]. 1738 wird Friedrich II. von Preußen, damals noch Kronprinz, in die Hamburger Loge mit dem Hinweis aufgenommen, daß er ‚durchaus als Privatperson zu behandeln' sei. Nach seinem Regierungsantritt 1740 veranlaßt er sogleich die Gründung einer Loge in Berlin, die in der Folgezeit zu

---

[179] Eine Geschichte der deutschen Freimaurerei im 18. Jahrhundert zu schreiben, gehört nicht hierher. Deshalb sei exemplarisch auf die wesentlichen Monographien und Sammelbände zur Freimaurerei und anderen bündischen Organisationen bzw. Geheimgesellschaften verwiesen; diese Schriften beleuchten die wesentlichen Sachverhalte korrekt und mit wissenschaftlichem Anspruch: Ludz [Hg.], *Geheime Gesellschaften*; Binder, *Die diskrete Gesellschaft*; Boos, *Geschichte der Freimaurerei*; Reinalter, *Die Freimaurer*; Dierickx, *Freimaurerei*; als Übersicht eignet sich: Lennhoff/Posner/Binder, *Internationales Freimaurer-Lexikon*. Interessanterweise verzichten die Autoren des *Internationalen Freimaurer-Lexikons* auf einen Eintrag zum Göttinger Hain; auch Einzelbeiträge gibt es nur wenige, so zu Johann Heinrich Voß.

zahlreichen Gründungen von Tochterlogen in Preußen führt; Verbindungen bestehen auch zu den Logen in anderen deutschen Staaten, die vor allem zwischen 1740 und 1750 in großer Zahl entstehen. Bemerkenswert ist wieder die Konzentration auf den Norden Deutschlands. In den katholischen Territorien dagegen bekämpft die Kirche die Freimaurerei derart, daß diese sich trotz mehrfacher Versuche nicht verbreiten kann. Häufig beteiligen sich Adlige bis hin zu regierenden Fürsten wie Friedrich II. und Kaiser Franz I.; oft geht die Initiative zur Gründung einer Loge von Adligen aus, die schon Mitglieder englischer Logen waren. Es ist deshalb nicht erstaunlich, daß die meisten Logen in den Territorialstädten zu finden sind und in manchen Residenzstädten mehrere Logen nebeneinander bestehen.[180]

Es ist nachgewiesen, dass zahlreiche Intellektuelle, Politiker und Künstler dem Bund der Freimaurer angehörten: so neben beispielsweise Lessing, Klopstock und Goethe auch zahlreiche Mitglieder des Göttinger Hainbunds – und zwar vielfach schon während des Bestehens des Hainbunds, nicht erst nach der Auflösung. Deshalb sollen diese freimaurerischen Aktivitäten in die männlichkeitsgeschichtliche Untersuchung einfließen. Denn: Die Freimaurerei war und ist (sieht man von den autonom arbeitenden Frauenlogen ab) ein reiner Männerbund, der spezifisch auf die Männlichkeit seiner Mitglieder angelegt ist und sich auch kultisch darauf bezieht. Axel Pohlmann hat diese Mitgliedschaften der Göttinger detailliert aufgeschlüsselt und dargestellt. Zwar sind seine literarhistorischen Einlassungen nicht immer genau, aber als Übersicht über die Logentätigkeit der Göttinger und der Männer, die ihnen nahestanden (zum Beispiel Bürger und Claudius) eignet sich Pohlmanns Aufsatz:

> Schon im 19. Jahrhundert merkte man, dass die Hainbund-Mitglieder und ihnen Nahestehende in großer Zahl Freimaurer waren. Von den 20 Männern [...] waren mit Sicherheit 13, vielleicht 14 Freimaurer, und die Aufnahme Höltys war beantragt, als er erkrankte und starb.[181]

Im Folgenden werden die Freimaurer unter den Bundesbrüdern in loser Folge nach Pohlmann aufgelistet; hinter dem Namen finden sich das Datum der Aufnahme und die Loge (Nahestehende des Bundes werden ausgelassen, damit ohne Bürger und Claudius; bei Boie wird vermutet, dass er Maurer war,

---

[180] Wild, „Stadtkultur", S. 125
[181] Pohlmann, „Der Hain und die Loge", S. 136

dies ist aber nicht belegt)[182]:

- Johann Martin Miller: 13. Oktober 1774, Zum goldenen Zirkel (Göttingen)
- Johann Friedrich Hahn: 11. Mai 1774, Zu den drei Rosen (Hamburg)
- Johann Heinrich Voß: 6. Juni 1774, Zu den drei Rosen (Hamburg)
- Christian Graf zu Stolberg: 1774 (Datum unbekannt), Minerva (Leipzig)
- Friedrich Leopold Graf zu Stolberg: 11. Mai 1774, Zu den drei Rosen (Hamburg)
- Carl Friedrich Cramer: 1774 (Datum unbekannt), Zum Füllhorn (1774: Fruchthorn) (Lübeck)
- Carl August Wilhelm von Closen: 3. März 1775, Zum goldenen Zirkel (Göttingen)
- Christian Hieronymus Esmarch: 1782 (Datum unbekannt), Zorobabel zum Nordstern (Kopenhagen)
- Schack Hermann Ewald: 31. Januar 1778, Zum Rautenkranz/Zum Kompaß (Gotha)
- Anton Matthias Sprickmann: 8. Mai 1776, Zum goldenen Zirkel (Göttingen)
- Christian Adolph Overbeck: 16. Oktober 1776, Zum goldenen Zirkel (Göttingen)

Der Stellenwert der Maurerei für die Hainbündler ist eindeutig: Es ist eine in sich geschlossene Organisation, die parallel zur Göttinger Gruppierung besteht, die aber nicht als Konkurrenz gesehen wird, sondern als weiteres Betätigungsfeld. Die Zugehörigkeit zum Bund schließt andere bündische Aktivitäten nicht aus. Doch welche konkreten Zusammenhänge bestehen zwischen dem Hainbund und der Freimaurerei bzw.: Lassen sich Spuren des freimaurerischen Männerbundes in der Struktur des Hainbunds finden? Und welchen Wert könnten solche Spuren, sofern sie existieren, für die Aufhellung der Männlichkeitsvorstellungen der Göttinger haben? Oder ganz konkret: Sind die Konstruktionen von Männlichkeit möglicherweise schon in der Frühzeit des Hains freimaurerisch ‚beeinflusst'? Textgrundlage dafür sind weniger die Gedichte als die Briefe, aus denen die Konstitution des Bundes hervorgeht. Schließlich haben die Hainbündler kaum freimaurerische Literatur produziert:

---

[182] Folgende Angaben ebd., S. 129ff.

Eine Suche im Werk der Hainbund-Mitglieder fördert wenig zu Tage. Wir können feststellen, daß keiner ein wesentliches Werk freimaurerischen Inhalts schrieb. Voß veröffentlichte 1776 im Anhang zum Musenalmanach freimaurerische Schriftstücke und Gedichte; es gibt von ihm ein Tafellied (1787), die beiden Grafen Stolberg schrieben 1776 je ein Freimaurerlied zur Aufnahme eines neuen Bruders [...].[183]

Dabei ist Freimaurerdichtung – also „unter dem Einfluß des Freimaurertums, meist von Ordensmitgliedern verfaßte und seine [...] Ziele spiegelnde Werke", die sich durch „Weltbürgertum, Humanität, Toleranz und aktive Nächstenliebe"[184] auszeichnen – gerade im 18. Jahrhundert nicht ungewöhnlich. Man denke nur an (literaturgeschichtlich) höchst bedeutsame Werke wie Lessings *Nathan der Weise* und seine Freimaurergespräche *Ernst und Falk*, an Goethes *Wilhelm Meister* mit der an die Freimaurerei angelehnten Turmgesellschaft oder freilich auch Mozarts *Zauberflöte* mit dem Libretto nach Schikaneder. Dazu kommen Texte wie Schillers *Lied an die Freude*, Herders *Briefe zur Beförderung der Humanität* und seine *Adrastea* und zahlreiche weitere Logengedichte von kanonisierten Autoren.[185]

Vielmehr sollen auf der Grundlage des Briefes, der in der Einleitung untersucht wurde, potenzielle Verwandtschaften der Freimaurerei und dem Hainbund herausgearbeitet werden. Es wird sich zeigen, dass die Verbindungen durchaus griffig sind und ein helles Licht werfen auf die gruppenspezifische Männlichkeitskonstitution, die sich nicht in der Lyrik fundiert, sondern expliziter Teil einer ,realen' Formation ist. Pohlmann hat in seinem Aufsatz versucht, strukturelle Ähnlichkeiten zwischen dem Hainbund und freimaurerischen Organisationsformen herauszuarbeiten. Er schreibt

> Parallelen zwischen dem Hainbund und einer Loge sind unverkennbar: eine gewisse clubmäßige Organisation, eine förmliche Aufnahme, gemeinsame Sitzungen unter halb ernster, halb spielerischer Beobachtung bestimmter Riten, Überwindung der Standesschranken, Widerstand gegen jeden Zwang, der Kult der Tugend und der Freundschaft.[186]

---

[183] Ebd., S. 136
[184] von Wilpert, *Sachwörterbuch*, S. 284
[185] Einen weitreichenden Überblick über die freimaurerische Dichtung in allen Gattungen, sowohl über die Texte „berufene[r] als auch unberufene[r] Dichter" gibt auch das *Internationale Freimaurer-Lexikon* (S. 226f.). Dort sind auch Hinweise zur Weltliteratur enthalten. Hinweise zu weiterführenden Studien bei von Wilpert, *Sachwörterbuch*, S. 284.
[186] Pohlmann, „Der Hain und die Loge", S. 136

Die Merkmale, die Pohlmann aufführt, lassen sich anhand der Biographien der Mitglieder, anhand ihrer Briefe und ihrer Gedichte belegen. Den Hainbund als „eine gewisse clubmäßige Organisation"[187] zu bezeichnen, geht wohl nicht fehl. Es gab feste Treffen, die sich beispielsweise anhand der Datierungen im Bundesbuch rekonstruieren lassen, und generell muss der Göttinger Hain als ein *geschlossener Kreis* angesehen werden, zu dem nicht jeder Zugang hatte. Die Forschung hat den Begriff des Clubs nicht gebraucht: In der Literatur taucht der Hainbund unter anderem als „Freundesrunde" und als „Grüppchen[.]"[188], als „Dichterkreis"[189] und als „Bund"[190] – abgeleitet vom Eigennamen und den lyrischen und brieflichen Selbstbezeichnungen – auf. Auch die Freimaurerei bzw. die Loge als strukturelle Einheit innerhalb der Freimaurerei kann als eine Art Club angesehen werden.[191] Der Begriff existiert auch tatsächlich in der Freimaurerei, sowohl im 18. Jahrhundert als auch noch heute. In den Ursprüngen der Freimaurerei war der Club-Begriff noch negativ besetzt, waren doch die englischen Clubs des 18. Jahrhunderts „fast ausschließlich rein gesellige Vereinigungen, die sich dann nach Stimmtischbrauch eigene, sehr oft komischen Namen gaben [...]"[192]. Das Clubwesen habe die „Entwicklungsjahre der Großlogenmaurerei teilweise sicherlich ungünstig beeinflußt"[193], heißt es weiter, und die Autoren des *Internationalen Freimaurer-Lexikons* zitieren den englischen Altertumsforscher und Freimaurer William Harry Rylands (1847—1922) mit den Worten: „Es kann kein Zweifel darüber obwalten, daß die Versammlungen der ersten Freimaurerzeit den Clubsitten der Periode sehr ähnlich waren."[194] Und auch innerhalb der geschlossenen Logenorganisation taucht der Begriff des Clubs auf.[195]

Auch die „förmliche Aufnahme"[196] lässt sich entdecken, so in dem oben untersuchten Brief an E. Th. J. Brückner. Dabei wird dem Wunsch nach Aufnahme in den Bund entsprochen, indem die zum Hainbund gehörigen Brüder ihre Zustimmung schriftlich kommunizieren. Der Brief deutet auf Parallelen von der Aufnahme in den Hainbund zu einem kultischen Aufnahmeritus in eine

---

[187] Ebd.

[188] Beck, *Zur Physiognomie einer Lebensform*, S. 70

[189] Kahl, *Bundesbuch*, unpaginiert

[190] Blitz, „Identitätskonzepte und Feindbilder", S. 98

[191] Schon 1723 wird der Begriff der Loge definiert als „ein Ort, wo Maurer zusammenkommen und arbeiten. Davon ist dann jede ordentlich eingerichtete Gesellschaft von Maurern Loge genannt und jeder Br. muß zu einer gehören." (zit. nach Lennhoff/Posner/Binder, *Internationales Freimaurer-Lexikon*, S. 521)

[192] Ebd., S.183

[193] Ebd.

[194] Zit. nach ebd.

[195] Vgl. ebd.

[196] Pohlmann, „Der Hain und die Loge", S. 136

nach außen hin mehr oder weniger abgeschirmte Organisation wie der Freimaurerei und von Brückner als neuem Mitglied und einem sogenannten Suchenden bzw. einem Neophyten hin. Als Neophyt wird in der Freimaurerei
der Neuaufgenommene bezeichnet, der Suchende hingegen begehrt noch die
Aufnahme in die Loge, gehört also (noch) nicht dazu. Bei dieser Idee des Suchenden steht das Denken vom „freien Mann von gutem Ruf"[197], der maurerischen Selbstbezeichnung, im Vordergrund: Um aufgenommen zu werden,
muss der Bewerber

> frei von Vorurteilen sein, selbständig denken und urteilen und vor al-
> lem frei von hemmenden Leidenschaften sein. Die Ableitung des
> Wortes geht auf die Suche nach Licht zurück, die der Kandidat anzu-
> treten gedenkt.[198]

Dies ist ein Merkmalskatalog, den ein Suchender erfüllen muss, um in den
Kreis der Freimaurer aufgenommen zu werden; und auch die Hainbündler haben strikte Vorgaben, die ein potenzielles Neumitglied erfüllen muss, bevor es
dem Bund beitreten kann. Das zeigt der (Tugend-)Katalog, den die Hainbündler hinter der Maske ihrer Bardennamen Brückner am 15. November
1772 mitteilen:

> Dein Geist sei des Liedes, und des Mannes Dein Herz, siehe! so sei
> der Bund zwischen Dir und Uns allen, gleich dem Bunde zwischen
> Uns. Auf daß Du aber erkennest den Sinn desselben, so wisse, daß er
> ist ein Bund der Treue nach dem Geiste unsrer Väter, und des Sanges
> nach ihrem Herzen. Das aber war fromm, und keusch, fürchtete Gott
> und liebte das Vaterland, und war rein alles Truges […].[199]

Auch bei den Hainbündlern spielen moralische Vorstellungen eine Rolle (die
Keuschheit spiegelt den maurerischen Verzicht auf die die persönliche Ver-
vollkommnung möglicherweise hemmenden Leidenschaften), die Freiheit des
Suchenden im Denken und Handeln findet ihre Entsprechung wohl in der
Beschreibung des Herzens, das „rein alles Truges"[200] sein soll: Ein reines Herz
ist ein freies Herz, das frei von allen negativen, einschränkenden Gefühlen ist,
die sich wiederum somit auch nicht negativ auf den Geist auswirken können.
Schließlich wird dafür ja auch noch auf die „Väter"[201] als bedeutende mythi-

---

[197] http://www.freimaurerei.de/faq-sonstiges.html [Datum des Zugriffs: 2. Januar 2012]
[198] Lennhoff/Posner/Binder, *Internationales Freimaurer-Lexikon*, S. 817
[199] Sendschreiben des Bundes an Brückner, 15. November 1772
[200] Ebd.
[201] Ebd.

sierte Instanz Bezug genommen. Im Geiste der Väter findet sich nicht nur die Treue, sondern auch die Freiheit, die Unabhängigkeit von sämtlichen schädigenden Einflüssen. Daraus resultiert auch die Freiheit des Charakters, und wenn die Hainbündler dies implizit zu einer Zugangsvoraussetzung erheben, rückt sie dies unweigerlich in die Nähe der Freimaurerei.

Aus der „clubmäßige[n] Organisation" gehen die „gemeinsame[n] Sitzungen unter halb ernster, halb spielerischer Beobachtung bestimmter Riten"[202] hervor: Die Hainbündler hatten feste Treffen, wie man anhand des Bundesbuches rekonstruieren und aus Briefen, die sich auf solche Sitzungen beziehen, ableiten kann. Unter dem rituellen Aspekt mag man zwei Dinge subsumieren. Zum einen gab es die Tradition, dass bei jedem Treffen des Bundes am Sonnabend die Mitglieder ein Gedicht pflichtmäßig vorzutragen hatten; zum anderen sind Treffen, die brieflich näher beschrieben wurden, durch und durch ritualisiert. Sie folgen einem bestimmten kultischen Ablauf und nehmen tatsächlich rituelle Züge an, indem einzelne Stationen in einer speziellen Reihenfolge durchgespielt werden. Zwei Beispiele:

> Seinen [Friedrich Gottlieb Klopstocks; Verf.] Geburtstag feierten wir herrlich. Gleich nach Mittag kamen wir auf Hahns Stube, die die größte ist (es regnete den Tag) zusammen. Eine lange Tafel war gedeckt, und mit Blumen geschmückt. Oben stand ein Lehnstuhl ledig, für Klopstock, mit Rosen und Levkojen bestreut, und auf ihm Klopstocks sämtliche Werke. Unter dem Stuhl lag Wielands Idris zerrissen. Jetzt las Cramer aus den Triumphgesängen, und Hahn etliche sich auf Deutschland beziehende Oden von Klopstock vor. Und darauf tranken wir Kaffee; die Fidibus waren aus Wielands Schriften gemacht. Boie, der nicht rauchte, mußte doch auch einen anzünden, und auf den zerrissenen Idris stampfen. Hernach tranken wir in Rheinwein Klopstocks Gesundheit, Luthers Andenken, Hermanns Andenken, des Bunds Gesundheit, dann Eberts, Goethens […], Herders usw. […] Dann aßen wir, punschten, und zuletzt verbrannten wir Wielands Idris und Bildnis.[203]

Und weiter:

> Einige Tage vor seiner Abreise nötigte Ewald den hiesigen Parnaß, auch Bürger von Gelinhausen [sic], zum Abschiedsschmause. Das war nun eine Dichtergesellschaft, und wir zechten auch alle, wie Anakre-

---

[202] Pohlmann, „Der Hain und die Loge", S. 136
[203] Voß an Brückner, 4. August 1773

on und Flaccus; Boie, unser Werdormar, oben im Lehnstuhle, und zu beiden Seiten der Tafel, mit Eichenlaube bekränzt, die Bardenschüler. Gesundheiten wurden auch getrunken. Erstlich Klopstocks! Boie nahm das Glas, stand auf, und rief: Klopstock. Jeder folgte ihm, nannte den großen Namen, und nach einem heiligen Stillschweigen trank er. Nun Ramlers! Nicht voll so feierlich; Lessings, Gleims, Geßners, Gerstenbergs, Uzens, Weissens usw. und nun mein allerliebster bester Brückner mit seiner Doris. Ein heiliger Schauer muß Sie den Augenblick ergriffen haben, wie der ganze Chor, Hahn, die Miller mit ihrer männlichen deutschen Kehle, Boie und Bürger mit Silberstimmen, und Hölty und ich mit den übrigen (meine Stimme kennen Sie) das feurige: Lebe! ausriefen. Jemand nannte Wieland, mich deucht Bürger wars. Man stand mit vollen Gläsern auf, und – Es sterbe der Sittenverderber Wieland, es sterbe Voltair [sic] usw.[204]

Freilich entsprechen die Gesten nicht der Freimaurerloge; es werden keine Werke verbrannt, und in hainbündlerischer Ignoranz und Arroganz haben sich die Männer mit ihrem humanistischen Selbstverständnis auch nicht geübt. Ebenso ist und war es sicherlich nicht Anliegen der Maurerei, Todeswünsche auszustoßen. Die beiden Briefstücke zeigen aber recht deutlich, welche Verbindungen hinsichtlich der Ritualisierung bestehen. Im Ablauf ist eine Struktur zu erkennen, das Aufstehen, Anstoßen, diese Gesten gehören schlicht zu den Bundestreffen dazu. Ironie ist hier kaum zu erkennen; Begriffe wie „heilige[s] Stillschweigen", „Gesundheit" und „Andenken" und die Auflistung der zu huldigenden Personen[205] lassen einen solchen Schluss nicht zu.
Unleugbar ist auch das Faktum, dass innerhalb des Hainbunds die Standesschranken überwunden werden. Die Grafen Stolberg gehören zum Bruderzirkel und bringen sich als ‚einfache' Mitglieder ohne Standesdünkel ein.[206] Der enge Zusammenhalt als Beleg für die Nivellierung der gesellschaftlichen Position zwischen den bürgerlichen und adligen Mitgliedern wird sowohl in der Lyrik als auch in einigen Briefen deutlich: wenn Friedrich Leopold Stolberg in einem seiner Widmungsgedicht an Voß (*An Voß*[207], in dem Adressat und lyrisches Sprechinstanz aufgrund verschiedener Merkmale als die realen Bundesbrüder Stolberg und Voß identifiziert werden können) Voß als „Freund" (5) tituliert; wenn Johann Martin Miller Christian Stolberg in *An Christian*

---

[204] Voß an Brückner, 26. Oktober 1772
[205] Ebd.
[206] Hier zeigt sich bereits die von Hausen postulierte Übergang von der Standes- zur Charakterdefinition: Die Stolbergs werden im Bund unabhängig ihres Standes als gleichwertige Mitglieder des eigentlich bürgerlichen Bundes akzeptiert.
[207] Kahl, *Bundesbuch*, Bd. 1, Nr. 31 [S. 33]

Graf zu Stolberg adressiert und ihm alle Ehrentitel der Hainbündler zuspricht; wenn Voß an Ernestine Boie schreibt:

> Der zwölfte September wird mir auch noch oft Tränen kosten. Er war der Trennungstag von den Grafen Stolberg und ihrem vortrefflichen Hofmeister Clauswitz. […] Der ganze Nachmittag und der Abend waren noch so ziemlich heiter, bisweilen etwas stiller als gewöhnlich; einigen sah man geheime Tränen des Herzens an. Dies sind die bittersten, Ernestinchen; bitterer als die über die Wange strömen.[208]

Freimaurerlogen waren zu allen Zeiten durchmischt von Männern unterschiedlicher Herkunft und unterschiedlichen Standes. Wie oben gezeigt wurde, waren es vielerorts Adlige, die im 18. Jahrhundert Logen gegründet haben, aber weitestgehend waren es Bürgerliche, die diese betrieben; dabei waren Adlige als Mitglieder sowohl üblich als auch willkommen. Keine Unterscheidung nach dem Stand bei der Aufnahme zu treffen, ist fest verankerte Tradition in der Maurerei: Dies entspricht den Alten Pflichten, „die eine Unterscheidung nach den religiösen Überzeugungen und Berufen ausschließen"[209], schließlich ist die Voraussetzung der Aufnahme, ein „freier Mann von gutem Ruf"[210] zu sein. Ein Beleg dafür – neben der bekannten Logentätigkeit von Friedrich Leopold Stolberg bei „Zu den Drei Rosen" in Hamburg, wo auch Johann Friedrich Hahn Mitglied war – findet sich bei Prichard, einem überzeugten Anhänger der Freimaurerei: Er bezeugt, dass „Lords und Herzöge, aber auch untergeordnete Handwerker, Lastträger nicht ausgenommen, Zutritt [zur Loge; Verf.] fanden."[211] Es ist jedoch sehr wohl auch überliefert, dass Logen sich abschotteten – gegen eine moralisch nicht integere Haltung oder Kleingeisterei, und dies ausgehend von der Masse der bürgerlichen Mitglieder.[212] Für Deutschland gilt die Aussage Schindlers, dass die Freimaurerei „einen Schmelztiegel von Adel und aufsteigendem Bürgertum"[213] darstellte.

„Widerstand gegen Zwang"[214] nennt Pohlmann als weitere Parallele zwischen Hainbund und Loge. Damit spielt er wohl auf die Ungebundenheit, auf die Freiheit der Seele und des Denkens an, worauf oben bereits hingewiesen wurde. Gerade bei den rituellen Zusammenkünften fehlt jeder Zwang: Es wird im wahrsten Sinne all' das zwanglos und frei von allen Einschränkungen des

---

[208] Voß an Ernestine Boie, 18. September 1773
[209] Lennhoff/Posner/Binder, *Internationales Freimaurer-Lexikon*, S. 802
[210] http://www.freimaurerei.de/faq-sonstiges.html [Datum des Zugriffs: 2. Januar 2012]
[211] Lennhoff/Posner/Binder, *Internationales Freimaurer-Lexikon*, S. 802
[212] Vgl. ebd.
[213] Schindler, *Freimaurerkultur*, S. 222
[214] Pohlmann, „Der Hain und die Loge", S. 136

sonstigen bürgerlichen Alltags begangen, was die Gruppe als konstitutiv und identitätsstiftend betrachtet. Dies passiert innerhalb des abgeschlossenen Rahmens des Bundes, in den die Öffentlichkeit als Außenwelt nicht eindringen kann; ähnlich verhält es sich mit der Freimaurerei, in der die Logenzusammenkünfte Beispiele für eine Nicht-Öffentlichkeit sind, in der sich über alltägliche Zwänge hinweggesetzt wird. Freundschafts- und Tugendkult, das sind zwei Schlagwörter, die existentiell wichtig sind sowohl für die bündische als auch die lyrische Konstruktion der Göttinger Gruppe. Dies wird sich an anderer Stelle der Arbeit noch detailliert erweisen. Die Parallele zur Freimaurerei ist eindeutig zuzuordnen: Es geht um die Sublimierung der Leidenschaften, die in beiden Organisationen propagiert wird. Leidenschaft, übersteigerte Sexualität, um nur zwei Beispiele zu nennen: Das sind für die Göttinger ausgewiesen negative Merkmale, die gerne äußeren und inneren Feinden zugeordnet werden und die in der eigenen Konstitution, egal ob der gruppen- oder männlichkeitsspezifischen, nicht vorkommen. Tugendhaftigkeit ist ein herausragendes Charakteristikum, das sich durch alle Bereiche zieht. Wenn Lennhoff/-Posner/Binder schreiben: „Tugend ist die Übung im Sinne der Pflicht, der auf das Sittliche gerichtete konstante Wille"[215], so erkennt man darin Losungen des Hainbunds wieder.

Die Losung der Freimaurerei, der neue Bruder müsse ein freier Mann von gutem Ruf sein, ist nicht leicht hingesagt – sie ist strenge Losung und definiert den geschlechtlichen Rahmen, in dem die Freimaurerei sich bewegt. Von Beginn an war die Freimaurerei eine ausschließlich *männliche* Angelegenheit, zu der Frauen keinen Zutritt hatten. Dies ist in den Alten Pflichten von 1723, dem ‚Grundgesetz' der Freimaurerei nach James Anderson, bereits so fixiert:

> Diejenigen, welche zur Mitgliedschaft einer Loge zugelassen werden, müssen gute, wahrhafte, frei geborene Männer von reifem und verständigem Alter, keine Leibeigenen, *keine Frauenzimmer* [meine Hervorhebung; Verf.], keine unsittlichen oder anstößigen Menschen, sondern von gutem Rufe sein.[216]

Die Freimaurerei wird allgemein und von sich selbst gesehen als „symbolische[r] Mysterienmännerbund mit ethischem Inhalt"[217]; es ist also von einem *monogeschlechtlichen Bund* zu sprechen. Wenn man nun noch einmal auf den initiatorischen Brief des Bundes an Brückner zurückkommt und

---

[215] Lennhoff/Posner/Binder, *Internationales Freimaurer-Lexikon*, S. 851
[216] http://www.sgovd.org/content/alte-pflichten#Hauptstueck:_Von_den_Logen [Datum des Zugriffs: 2. Januar 2012]
[217] Lennhoff/Posner/Binder, *Internationales Freimaurer-Lexikon*, S. 543

ebenfalls noch einmal auf die freimaurerischen Parallelen schaut, fällt eines auf: Die geschlechtliche Zugangsvoraussetzung ist bei der einen wie der anderen Gruppierung vorhanden. Während die Freimaurer einen freien Mann von gutem Ruf fordern, rufen die Hainbündler eine Person auf, dessen Herz des Mannes sein soll[218]. Die genuine Männlichkeit ist also beiden Vorgaben eingeschrieben. Die Männlichkeit des Bewerbers ist die zwingende Basis für jede Mitgliedschaft; doch um welches Geschlecht handelt es sich, um das biologische oder das soziale – oder um den Zusammenfall beider Kategorien? Ausgehend von der Forschungslage zur Begriffsgeschichte des Männlichen, den Kenntnissen über die Vorstellungen des Hainbundes und den Strukturen der Freimaurerei kommt man nicht umhin, von letzterem zu sprechen.

> Fazit: Um ein Mann zu sein, bedarf es nicht nur der Zugehörigkeit zum männlichen Geschlecht; es reicht, überspitzt gesagt, nicht aus, keine Frau zu sein, sondern es müssen andere, soziale Qualifikationen hinzutreten: eine angesehene, mit Ehre bedachte sozioökonomische Position, zumeist verbunden mit der Kompetenz, einen eigenen Hausstand zu begründen, zu heiraten und einer Familie vorzustehen.[219]

Das heißt konkret: Ein Mann wird nicht nur durch sein biologisches männliches Geschlecht zum Mann; ein Genital reicht für die Kategorisierung nicht zwingend aus. Das gilt auch für die Freimaurerei. Die biologische Zugehörigkeit zum männlichen Geschlecht, ja, die ist bedeutsam; man denke nur an die legendär gewordenen Versuche von Frauen, sich in Logen einzuschleichen, weshalb bei der Aufnahme des Suchenden in den Bund eine Brust entblößt wird. Viel bedeutsamer ist aber die *soziale Ausprägung der Männlichkeit*. Frei muss der Mann sein und einen guten Ruf haben, das deutet schon auf einen gewissen sozialen Aspekt hin, der der Debatte inhärent ist. Und auch der männliche Tugendkatalog der Spätaufklärung findet sich hier wieder, die anthropologische Basis der Männlichkeit wird damit bedient. Dies kann man nun ohne weiteres mit dem Hainbund in Verbindung setzen. Auch die Göttinger fordern die doppelte Geschlechtskategorie ein, *sex* und *gender* sind untrennbare Einheiten. Die biologische Komponente wird dabei aber gar nicht mehr explizit erwähnt, sie ist schlichtweg basale Zugangsvoraussetzung. Formuliert wird die Forderung des männlichen Inneren; das Herz, das heißt die Einstellung, die Gefühle müssen in der Männlichkeit begründet sein. Damit dies möglich ist, muss die soziale Komponenten stimmig sein: Unfreiheit, Ab-

---

[218] Sendschreiben des Bundes an Brückner, 15. November 1772
[219] Frevert, *Geschlechter-Differenzen in der Moderne*, S. 29

hängigkeit, ein unmoralischer Lebenswandel – diese Aspekte konterkarieren das Denken vom männlichen Herzen und versperren den Zugang zum Hainbund. Genauso, wie sie den Zugang zu einer Freimaurerloge versperren, denn das Motto des freien Mannes von gutem Ruf ist absolut gesetzt und unmittelbar verpflichtend. Die Lyrik der Hainbündler betont ja auch diese Vorstellungen der „sozioökonomische[n]"[220] Männlichkeit: Die Freiheit zu heiraten, die Familie zu versorgen und ihr vorzustehen, diese und mehr Merkmale aus diesem Kontext sind gängig für den Männlichkeitsdiskurs.

Freilich geht es dabei nicht direkt um die ökonomischen Hintergründe des Mannes; diese sind irrelevant, sowohl für die Loge als auch für den Hainbund. Armut und Reichtum gehören als Kategorien nicht zum Diskurs, denn darauf kommt es nicht an: Besitz ist nicht ausschlaggebend für den Eintritt in Bund und Loge. Die inneren Werte müssen der Männlichkeitsauffassung entsprechen und die Grundlage schaffen für ein Leben als Mann, das dann wiederum die Kompetenzen für die Führung einer Familie, für Glaube, Sitte und Heimat an die Hand gibt. Ein Beispiel ist Johann Heinrich Voß: Aus ärmlichen Verhältnissen stammend geht der Hainbündler und Freimaurer ohne Besitz den Göttingern voran und prägt die Philosophie des Bundes nachhaltig; sein Männlichkeitsdiskurs ist durchschlagend und deckt die gesamte Bandbreite der Vorstellungen ab. Er kann die geforderte Position einnehmen, da er „soziale Qualifikationen"[221] kraft seiner Männlichkeit mitbringt. Und zwar dergestalt, dass sein Freund und Förderer Heinrich Boie ihm seine Schwester Ernestine zur Frau gibt, lange bevor Voß eine gesicherte ‚bürgerliche' Position als Rektor der Otterndorfer Lateinschule antritt.

Die Untersuchung hat gezeigt: Nicht nur die äußeren Merkmale des Hainbunds und der Loge sind ähnlich aufgestellt; auch die innere Struktur gleicht sich. Die geschlechtliche Zugangsvoraussetzung wird gleichermaßen definiert, die Männlichkeit als basale Kategorie und indiskutables Moment steht im Vordergrund. Dabei kommt es aber auf die Männlichkeit und ihre Ausprägung an: Es reicht weder aus, keine Frau zu sein, um in die beiden Organisationen aufgenommen zu werden, noch dürfen die männlichen Charakteristika negativ besetzt sein. Die moralische, tugendhafte Männlichkeit steht im Vordergrund, Übersteigerungen – wie man anhand der Ablehnung von (sexuellen) Leidenschaften in beiden Gruppierungen festmachen kann – sind weder erwünscht noch gestattet. Die Männlichkeit muss mit den Merkmalen ausgestattet sein, die das 18. Jahrhundert als vorbildlich ansetzt: Freiheit, Unabhängigkeit, Aufrichtigkeit des Herzens und Geistes, Toleranz[222] etc. Nur dann

---

[220] Ebd.
[221] Ebd.
[222] Die Frage, die sich in diesem Kontext aufdrängt, ist die nach der systemischen Oppositi-

kann die Zugehörigkeit, kann die Gruppe überhaupt funktionieren, denn diese Merkmale bewirken, dass der Mann tatsächlich ein Mann ist, der auf sozialer Ebene seinem Geschlecht entsprechend aufgestellt sein kann. Die Zugehörigkeit zum Bund der Göttinger setzt also im gleichen Maße wie die Zugehörigkeit zum Bund der Freimaurer eine im Sinne des 18. Jahrhunderts funktionierende Männlichkeit voraus: Die Mitglieder werden in ihrer Männlichkeit anerkannt, das heißt, die Aufnahme in die Bünde impliziert, dass die Männlichkeit positiv ist. Eine Mitgliedschaft zu haben heißt damit, Männlichkeit zu haben, wie sie sein sollte, heißt, ein Mann zu sein. Die Hainbündler beweisen sich selbst, Männer zu sein, indem sie die Männlichkeit in einer spezifischen Ausprägung zur Grundbedingung des Bundes machen und den individuellen Besitz dieser Männlichkeit sich durch die Zugehörigkeit beweisen. Wie die Abgrenzung in der Lyrik zwischen ‚richtigen‘ und ‚falschen‘ Männern, so funktioniert auch die gruppenspezifische Abgrenzung. Nicht-Männer werden wie Frauen ausgeschlossen, wodurch ein Männerbund nach den Vorstellungen der Mitglieder konstituiert wird. Ohne Männlichkeit ist der Bund nichts. Dies hat der Hainbund mit der Freimaurerei gemein, und man darf den impliziten Einfluss der Maurerei nicht geringschätzen. Damit spiegeln sie ganz den Zeitgeist wider, folgt man Reinhart Koselleck: „Zwei gesellschaftliche Formationen haben das Zeitalter der Aufklärung entscheidend geprägt: die ‚République des lettres‘ und die Logen der Freimaurerei. Aufklärung und Geheimnis treten von Beginn auf als ein geschichtliches Zwillingspaar.“[223]

Kapitel II.2.2.2
Der Hainbund als (Früh)Form des Männerbundes

Doch was hat es nun mit dem konkreten Begriff des Männerbundes auf sich und wie lässt sich der Hainbund in diese soziohistorische Systematik theoretisch und praktisch einordnen? Die konkrete männliche Ausgestaltung und Konstitution des Bundes wurden umfänglich untersucht – aber wo stehen die Göttinger historisch und gesellschaftlich mit ihrem ausschließlich männlichen Gruppenkonstrukt, in dessen Vorstellungswelt Frauen keine Rolle spie-

---

on, die der Hainbund aufgrund seiner gleichzeitig freimaurerischen und national-patriotischen Struktur selbst aufwirft: Es herrscht bei den Göttingern ein offenkundiger Gegensatz zwischen ihrem vaterländischen Programm, das sowohl Lyrik als auch soziale Struktur in weiten Teilen beherrscht, und dem transnationalen Humanitätsideal der Freimaurerei. Der freimaurerische Toleranzgedanke wird vom Hainbund selbst durch die häufig schon aggressive Abrenzung gegenüber Andersdenken konterkariert.

[223] Koselleck, *Kritik und Krise*, S. 49; das Geheimnisvolle schwingt auch beim Hainbund mit, wenn die Göttinger in der nächtlichen Waldeseinsamkeit ihren Bund gründen und sich im geschlossenen Raum der studentischen Stuben zu ihren Zusammenkünften treffen.

len und das demnach kaum relationale Relevanz besitzt? Die kultur- und gesellschaftsgeschichtliche Forschung hat sich immer wieder mit Männerbünden von der Frühzeit bis in die Gegenwart hinein beschäftigt. Ein Interpret schreibt zu diesen Gruppierungen:

> Männerbünde bilden in vielen Kulturen der Welt bis heute Zentren der Machtausübung. Ob in der Kirche, den Burschenschaften, bei den Freimaurern oder unter Fußballfans: Männer vereinigen sich in Gruppen, die bewußt nach außen abschließen und im Inneren durch charismatische ‚Führergestalten‘ oder vermeintliches Geheimwissen zusammengeschweißt werden. Der Ausschluß richtet sich besonders gegen Frauen, gefährden sie doch in den Augen der Männer schon durch ihre Anwesenheit die männliche Vormachtstellung.[224]

Darin lässt sich noch nicht das Eigentliche des Hainbunds als ausgemachter Männerbund nachweisen. Zu allgemein, zu breit gefächert sind die Beobachtungen, und sie beziehen zu viele Elemente mit ein, als dass sie als theoretische Basis tragfähig wären. Aber sie weisen in die korrekte Richtung, in dem sie den Kern des männerbündischen Verständnisses herausstellen: Es geht um die Abgrenzung nach außen und eine innere Verbundenheit, die sich in der Männlichkeit begründet.

Helmut Blazek hat in seiner Studie sogenannten „Männertugenden"[225] als Merkmale der Männerbünde breiteren Raum gegeben. Als solche männlichen Tugenden bezeichnet Blazek unter anderem „Kampfbereitschaft, Tapferkeit und Härte", die „als absolute Werte"[226] vermittelt werden: Es ist nicht schwer, diese Tugenden auch innerhalb des Hainbunds als charakteristische männliche Merkmale in den bisher untersuchten Kontexten zu ermitteln, schließlich sind sie sowohl kongruent mit den Darstellungen von (patriotischer) Männlichkeit in der Lyrik als auch mit den Eigenschaften der anthropologischen Tafel der Sockelzeit, die Wolfgang Schmale aufgestellt hat. Blazek entwickelt ausgehend von diesen Beobachtungen, die für ihn einen der zwei Kernbereiche von Männerbünden darstellen (der andere gehört der Treue und dem sozialen Zusammenhalt, die natürlich ebenso im Hainbund zu finden sind) seine „Männerbund-Mentalität"[227]. Darunter fasst er drei Merkmalsgruppen zusammen, die dem Hainbund entsprungen zu sein scheinen (natürlich immer auf die zeitliche Situation abgestimmt, gerade der dritte Punkt muss von sei-

---

[224] Blazek, *Männerbünde*, Umschlag
[225] Ebd., S. 15
[226] Ebd.
[227] Ebd., S. 16

70

nen Kategorien her aus der Moderne rückübersetzt werden): Für Blazek „dominieren gefühlsbetonte, nichtrationale und teilweise auch homoerotisch besetzte Männerbeziehungen"; „[m]ännerkultische Verhaltensweisen (Potenzprahlerei, Kameraderie, antidemokratische Heldenverehrung, Trink- und Schlagfestigkeit, ausgeprägter Ehrenkodex) werden kultiviert"; „Feindbilder wie ‚Frauen', ‚Schwule', ‚Ausländer', ‚Asylanten', ‚Arbeitslose', ‚Sozialhilfeempfänger' werden aufgebaut. Der Feind wird als negatives Gegenbild zum Freund, also zum Gleichgesinnten, entworfen."[228] Die letztgenannten ‚Feindbilder' sind zeitlich und sozialgeschichtlich zu unpassend, als dass sie auf den Hainbund zutreffen könnten; aber es wird auch deutlich, dass diese verkürzte ‚Mentalitätsgeschichte des Männerbunds' von akuter Relevanz für den Hainbund ist. Die Göttinger sind durch ihren empfindsamen Gestus gefühlsbetont und stellen sich damit zu einem guten Teil der *ratio* der Aufklärung entgegen; die Göttinger pflegen genuin männliche Verhaltensweisen, zu denen unter anderem ein fast ins familiale übersteigerter Kameradschaftsgedanke gehört, die Verehrung literarischer und gesellschaftlicher Vorbilder, ein sich auf deutschen und christlichen Merkmalen begründender Ehrenkodex, den man auch als Tugendkodex fassen kann, und auch das Rauf- und Trinkbedürfnis kommt nicht zu kurz – dem Rheinwein wird in Strömen gehuldigt (literarisch und während der realen Gruppentreffen), und Gewaltbereitschaft ist ein Merkmal, das die Göttinger in ihrem Deutschsein auszeichnet und das die Gruppe gerne kultiviert und offensiv formuliert; und die Göttinger haben Feindbilder ausgemacht, die in den Fokus ihres gewalttätigen Patriotismus gestellt werden und durch sie sich selbst wiederum positiv abgrenzen können: Da sind zum einen natürlich die Franzosen, auf der anderen Seiten aber auch diejenigen allgemein, denen traditionell deutsche Tugenden fremd sind, und auch Katholiken als ‚neue Römer'. Diese moderne Lesart eines Männerbundes entspricht also auch in weiten Teilen dem Hainbund, natürlich unter der Prämisse, dass heute gängige Merkmale wie „Asylanten", eine spezifisch „antidemokratische Heldenverehrung" oder auch „Potenzprahlerei"[229] entschärft bzw. auf die zeitliche Situation kurz vor/am Beginn der Moderne angepasst werden. Thomas Schweizer analysiert Männerbünde als Institutionen, denen ein „aggressives Moment" anhaftet, die eine „räumliche und gesellschaftliche Absonderung" der Männer pflegen und eine „Dramatisierung der Männerrolle"[230] betonen. Dazu kommen laut Schweizer „männliche Überlegensheitsideologien", eine „kriegerische Ausrichtung" und auch „Einweisungs- und Einweihungsideolo-

---

[228] Ebd.
[229] Ebd.
[230] Schweizer, „Männerbünde und ihr kultureller Kontext", S. 29

gien"[231]. Treffen diese Merkmale nicht auch auf die Göttinger zu? Der Hainbund geht lyrisch aggressiv gegen Andersdenkende vor, er separiert sich räumlich und gesellschaftlich durch die ins Geheimnisvolle tendierenden abgeschlossenen Treffen, die Rolle und Funktion der (kämpfenden) Männer wird in zahlreichen Kontexten implizit und explizit als bedeutend für die allgemeine Entwicklung und sogar das Fortbestehen des vaterländischen Raumes angesehen, und auch das Rituelle, das Einweihende spielt eine wesentliche Rolle für die Struktur des Bundes. Und ein weiterer Sachverhalt spricht dafür, den Hainbund als Männerbund oder als frühe Form eines solchen ansehen zu können: der vaterländische Bezug. Dazu lassen sich die theoretischen Fundamente zweier Männergruppierungen der ersten Hälfte des 19. Jahrhunderts heranziehen. In „Über Volkshaß" schreibt Ernst Moritz Arndt:

> Ich will den Haß, festen und bleibenden Haß der Teutschen gegen die Welschen und ihr Wesen, weil mir die jämmerliche Äfferei und Zwitterei mißfällt, wodurch unsere Herrlichkeit entartet und verstümpert und unsre Macht und Ehre den Fremden als Raub hingeworfen ward; ich will den Haß, brennenden und blutigen Haß.[232]

Arndt hat sein Pamphlet 1813 geschrieben, und rezipiert wurde es besonders von der Jenaer Urburschenschaft, die eine übersteigerte Deutschtümelei pflegte und sich – wie die Hainbündler – durch Bücherverbrennungen beim Wartburgfest 1817 hervortat; auch sie übergab Schriften, in denen sie deutschen Geist und deutsche Sitte verletzt und angegriffen sah, dem Feuer. Nun, „brennenden und blutigen Haß" auf die Franzosen kultivieren auch die Hainbündler, vor allem Voß tut sich dabei hervor. Auch die Göttinger greifen die Franzosen auf einer geschlechtlichen Ebene an, indem ihre Männlichkeit zum Gegenstand der Debatte gemacht wird. Damit stehen die Hainbündler in der Mitte der Tradition enes antifranzösischen Männlichkeitsdiskurses, der weit vor ihnen begründet wurde und weithin ins 19. Jahrhundert und dessen Militarisierung ausstrahlt.

Kapitel II.2.2.3
Die Hainbündler als Träger studentischer Kultur

Marian Füssel schreibt von der „*Männlichkeit als Studienziel*"[233]. Die „studentische Kultur des 19. und frühen 20. Jahrhunderts [sei] eine ‚männerbündisch'

---

[231] Ebd.
[232] Zit. nach Jeismann/Ritter [Hg.], *Grenzfälle*, S. 332
[233] Füssel, „Studentenkultur", S. 85

verfaßte, soziale Konfiguration"[234] gewesen, aber

> [f]ragt man nach Modellen und Praktiken der Männlichkeitskonstruktion in der vormodernen akademischen Kultur im Vergleich zur Moderne, so tritt zunächst der Unterschied einer rein männlichen akademischen Lebenswelt zu einer seit dem ausgehenden 19. Jahrhundert langsam auch durch die Partizipation von Frauen geprägten modernen Hochschulwirklichkeit zu Tage[235].

Füssel folgt der Annahme,

> daß wir es auch innerhalb der akademischen Kultur nicht mit ‚dem Mann' oder ‚der Männlichkeit' zu tun haben, sondern mit unterschiedlichen, noch dazu dem historischen Wandel unterliegenden ‚Männlichkeiten'. Hier bietet die Kategorie der ‚hegemonialen Männlichkeit' meines Erachtens eine bemerkenswerte Hilfestellung, um den verschiedenen Habitusformen innerhalb männlicher akademischer Gruppenkulturen nachzugehen.[236]

Interessant ist an dieser Stelle die Fragestellung, inwiefern die Zurschaustellungen und die Implikationen von Männlichkeit(en) der Göttinger Hainbündler eine Verbindung zur Studentenkultur in diesem geschlechtlichen Bereich zulassen: Schließlich ist, neben der Männlichkeit als biologische und soziale Geschlechtskomponente, das Studium an der Universität Göttingen der kleinste gemeinsame Nenner – und der Nenner, auf dem die Hainbündler einander begegnet sind. Denn die Männlichkeit als *konstitutives Element des Bundes* ist nicht primär als Ebene der Kontaktaufnahme zu fassen; der Raum des Kennenlernens ist die Universität. Es geht darum, auf Basis der Untersuchung von Füssel Überlegungen anzustellen, welche studentischen Männlichkeitstypen auf die Göttinger zutreffen und welche Auswirkungen diese möglicherweise auf die Struktur der Gruppe haben. Dies würde klären, ob und wenn in welchem Maße der Hainbund von der zeitgenössischen Studentenkultur und deren Männlichkeitsvorstellungen beeinflusst worden ist. Füssel spricht in seinem Aufsatz von „vier idealtypischen Vertretern, deren spezifischer Habitus jeweils mit einer bestimmten Universität verknüpft war" (Göttingen gehört in dieser Aufzählung nicht dazu, Füssel verortet die regionalisierten Typen in der

---

[234] Ebd.
[235] Ebd.
[236] Ebd., S. 86

73

mitteldeutschen Universitätslandschaft[237]): der Mucker (als eher häuslich orientierter fleißiger Kandidat), der galante Typus, der sich an höfischen Formen orientiert, der Renommist als streitfreudiger Raufbold und der Trinker. In Göttingen wiederum hätte das „adlige Element im studentischen Feld [...] höfische Habitusformen begünstigt"[238]. Ohne diese Beobachtungen umfassend analysieren zu müssen, zeigt sich wohl recht deutlich und schnell, dass auf unseren Hainbund keine dieser Kategorien primär, ausschließlich oder vollständig zutrifft; der in Göttingen vorherrschende galante Typus ohnehin überhaupt nicht, da Aufhebung der Standesschranken und die Abscheu vor den als französisch verstandenen höfischen Formen immer wieder betont werden. Es stecken sonst aber sowohl der Fleiß des Muckers (die akademischen Leistungen der meisten Hainbündler sind bemerkenswert), das Renommistische (hinsichtlich des Vaterlandsdiskurses, vgl. die Beobachtungen zur Jenaer Urburschenschaft) und die Veranlagung des Trinkers (vgl. die euphorischen Gedanken zum Rheinwein in der Lyrik und die Verweise auf den Alkoholkonsum in den Briefen) in der Konstitution des Bundes – diese drei Formen sind jeweils zu einem gewissen Teil, aber nicht mit einer herausstellbaren Priorisierung vorhanden und lassen sich sowohl fiktional als auch in der realen Kommunikation nachweisen. Es lässt sich also nicht sagen, der Hainbund lasse sich hier oder dort einordnen, weder kategorisch noch regional. Die Vielfalt der Mitglieder und ihrer individuellen Lebenssituationen und -hintergründe lässt eine solche Verengung auf eine Kategorie nicht zu. Was also sagt dies nun über den Hainbund aus? Die offensichtlichen Verbindungen zur Studentenkultur zeigen, dass die Hainbündler „bestimmte Rollenmuster verkörpern"[239], die diesen akademischen Kreisen eingeschrieben bzw. für diese Kreise typisch waren. Die damit inkorporierten männlichen Leitbilder dienen zur Kennzeichnung einer eigenen, nach außen, nach oben und nach unten abgegrenzten eigenen Lebenswelt oder wie Füssel sagt: „Die vormoderne akademische, speziell studentische Lebenswelt stellt eine Kultur zahlreicher sozialer Unterscheidungen, Abgrenzungen und Formen der Über- und Unterordnung dar."[240] In dieser Lebenswelt finden sich die Hainbündler wieder, in diese Lebenswelt ordnen sie sich durch die Aufnahme geschlechtlicher Leitbilder ein: Es ist eine ausgewiesene *Männerwelt*, in der mannigfalt gestaltete männliche Ideale regieren, die sich ganz absichtlich und vor allem ganz offensichtlich absetzen von all' dem, das nicht direkt als männlich im spezifischen Sinne identifizierbar ist. Diese Inkorporierung betont männlicher Modelle und Leitbilder ist der Ver-

---

[237] Ebd., S. 88
[238] Ebd., S. 91
[239] Ebd., S. 87
[240] Ebd., S. 86

74

such, die Männlichkeit der Gruppe „zu den Vertretern des eigenen Geschlechts"[241] abzugrenzen, die sich diesen Modellen nicht anschließen, die diese Leitbilder nicht für sich aufgenommen haben. Somit ist die Verankerung
des Hainbunds in der akademischen Kultur als Verankerung in einer unmissverständlich männlichen Kultur zu verstehen.[242]

Kapitel II.3
Die Lyrik des Hainbunds: Ein Spiegel des Jahrhunderts?

Ein weiterer Beleg für die Kontinuität des Hainbunds hinsichtlich der Ge-
nese aus der studentischen Vorzeit und Gruppierung ergibt sich aus der Lyrik
und ihrer Themen: Beides liegt ebenfalls, mindestens in weiten Teilen, in der
Zeit zwischen Studienbeginn und 12. September 1772 begründet.[243] Die Lyrik lässt sich in den verschiedenen literarischen Strömungen, die das Jahrhundert der Aufklärung gesehen hat, verorten und greift die Tendenzen von der
Anakreontik bis zum Sturm und Drang auf.[244]

Kapitel II.3.1
Anakreontische Tendenzen

Beim Hainbund gilt Ludwig Christoph Heinrich Hölty als der herausragende Schöpfer anakreontischer Lyrik. An ihm erweist sich sowohl die Fortführung der Anakreontik im späteren 18. Jahrhundert als auch deren Weiterentwicklung. Ein Beispiel für die Aufnahme einer eher traditionellen, frühauf-
klärerischen Anakreontik ist sein *Trinklied im Winter*[245]. Aus dem Genuss eines guten Tropfens („edle[r] Most" (13)) folgt der imaginierte Frühling: „Der
Trinker sieht / Den Hain entblüht / Und Büsche wirbeln ihm Lieder!" (16—

---

[241] Ebd.

[242] Die Frage ist, ob sich Füssels Beobachtung, in der akademischen Welt gebe es eine hegemoniale Männlichkeit nach Connell (ebd.), auch auf die Hainbündler anwenden lässt.
Wohl kaum, denn Füssel widerlegt sich selbst: Er sagt, man habe es mit Männlichkeiten
und verschiedenen Habitusformen (ebd.) innerhalb der männlichen Studentenkultur zu
tun. Wenn das so ist, funktioniert Connells Theorie nicht, denn „[a]t any given time, one
form of masculinity rather than others is culturally exalted" (Connell, *Masculinities*, S. 77).
Also kann es keine verschiedenen Formen von hegemonialer Männlichkeit innerhalb dieses
geschlossenen kulturellen Raumes geben, so dass die Zugehörigkeit zu einer studentischen
Gruppe nicht hegemoniale Männlichkeit an sich ausdrücken kann.

[243] Abgesehen von der patriotischen Lyrik haben sich alle großen Bereiche der Lyrik in der
Vorzeit des Bundes konstituiert.

[244] Vgl. Kelletat, *Der Göttinger Hain*, S. 422; besonders geeignet als konzise Überblicke der
Lyrik im 18. Jahrhundert sind Proß, „Lyrik in der ersten Hälfte" und Promies, „Lyrik in der
zweiten Hälfte"

[245] Kelletat, *Der Göttinger Hain*, S. 122f.

18). Der Wein, der an den Hängen des „edle[n] Rhein[s]" (10) wächst, weckt die Phantasie des Konsumenten und versetzt ihn in eine idyllische Landschaft, die durch typisch anakreontische Elemente gekennzeichnet sind: „Er hört Gesang, / Und Harfenklang, / Und schwankt durch blühende Lauben; / Ein Mädchenchor / Rauscht schnell hervor, / Und bringt ihm goldene Trauben!" (19—24). Ähnliches findet sich bei Gleim, einem der führenden deutschen Anakreontiker zur Mitte des Jahrhunderts, in Versen wie „Anakreon, mein Lehrer, / Singt nur von Wein und Liebe; / Er salbt den Bart mit Salben, / Und singt von Wein und Liebe"[246] (*Anakreon*) oder auch „Seht den iungen Bacchus an! / Seht doch! wie er trinken kann; / Seht die Augen, die Geberden / Sollen unsre Muster werden, / Wenn die Gläser, voll von Wein, / Aug' und Herz und Geist erfreu'n"[247] (*Trinklied*). Doch Hölty vermochte auch anderes zu schaffen: Poetik und Sprache mancher seiner anakreontischen Proben sind bisweilen wesentlich elaborierter und führen weg von den standardisierten Topoi und Themen, die mit einem festen Fundus an Begriffen operieren, tändelnd um Liebe, Wein und Geselligkeit kreisen und die er selbst ausgiebig genutzt hat. Laut Völker folgt Hölty den „Ausdrucksmuster[n] der Rokokolyrik", deren Teil die anakreontische Strömung ja ist, betreibt aber zugleich eine „charakteristische Umformung"[248]. Dies lässt sich gut an Höltys *Der Winter*[249] darstellen. Es ist in der Sammlung von Hettche als erstes Gedicht verzeichnet, muss also als das früheste bekannte gelten; es ist 1769 entstanden, also zu einer Zeit, in der Hölty bereits in Göttingen studierte, aber von einem Hainbund noch nicht die Rede sein konnte. In seinem Winterlied schildert ein lyrisches Subjekt, das als lyrisches Ich auftritt, die schöne Landschaft um es herum aus einer winterlichen Perspektive. „Ströme und […] Bäche" (5), „Wälder" (9), der „Wiesenbach" (12): Alle diese betont anakreontischen Merkmale, die eine pastorale ‚Idylle' (auch auf die „Herde" (23) wird Bezug genommen, damit der schäferliche Boden bereitet) erschaffen, werden vom lyrischen Ich zur Beschreibung der Landschaft herangeführt — aber dabei metaphorisch unter die Decke des Winter gelegt. Des „wilden Winters kalte Hand" (6) regiert in der Landschaft und bedeckt all die schönen Elemente die „bunte[n] Scenen" (17), wie sie sich im „jungen Frühling" (14) darstellen. Und dennoch bleibt die Landschaft für das lyrische Ich erstrebenswert, denn als Alternative zum Winter auf dem Lande bleibt nur die städtische Lebensform und -welt. Die „Stadt, von der die Ruhe wich" (28) mit ihrem „Flitterprunk [und] Gedränge" (27) ist keine adäquate Umgebung für das Ich, vielmehr

[246] Gleim, *Versuch in scherzhaften Liedern*, S. 4
[247] Ebd., S. 39
[248] Völker, *Studien zum Melancholie-Problem*, S. 30
[249] Hölty, *Gesammelte Werke und Briefe*, S. 7f.

zieht es das „fahle Hüttendach / Des Landmanns" (10—11) und die „Harmonie der Schättengänge / Des Waldes" (25—26) der Stadt vor. Dies lässt sich an den Worten „Sey mir, du Flur, du weißgeschleyrte Erde / Gegrüßet! (Deine Majestät / Bezaubert mich, wiewohl jetzt keine Herde / Auf deinen öden Triften geht)" (21—24) ganz eindeutig belegen: Jede ländliche Umgebung, ganz gleich wie unwirtlich sie sein mag, ist der städtischen vorzuziehen. Zumal das städtische Personal – die „Schönen" (29), die „Stutzer" (32), der Mann mit „Lockenbau und Weste" (41) – für ihn keinen Reiz hat; pastoral muss die Umgebung sein, pastoral müssen die Menschen sein, mit denen sich das Ich umgeben mag. Der junge Dichter schafft mit dem am Anfang der Gedicht-Chronologie verzeichneten Text die Grundlage für seine spätere Beschäftigung mit einer pastoral-ländlich grundierten Anakreontik, die dann auch Teil der Gruppe wird. In zahlreichen anderen Gedichten befassen sich andere Mitglieder mit anakreontischen Themen und Motiven, vor allem die von Hölty vorgelegte Bevorzugung einer amönen, idyllischen Landschaft, die im Gegensatz zur als flatterhaft und sittenlos verstandenen Stadt konstituiert wird und die der bevorzugte Lebens- und Liebesraum für die lyrischen Subjekte ist. Der an Rousseau angelehnte Primitivismus[250] steht bei den Göttingern generell hoch im Kurs und leitet schon fast in die Empfindsamkeit über (s. unten), und dieses Gedicht von Hölty ist nur ein Beispiel dafür, wie sich der Bund aus der Vorzeit heraus entwickelt hat: Höltys Motivik ist grundlegend für ein späteres Dichtungskonzept, das von allen Mitgliedern der Gruppe aufgegriffen werden sollte.[251] Ganz programmatische Beispiele für die Rezeption einer konventionellen Anakreontik der Gruppe sind beispielsweise auch einige Trinklieder Johann Martin Millers. Liebe und Wein sind dabei die vorherrschenden klassischen Themen, Verse wie „O Brüder schenkt mir ein, mir ein! / Daß ich von neuem euren Wein / In vollen Zügen trinke" (*TrinkLied*[252], 1—3) oder auch „Elise, die noch schöner ist, / Und feuriger, als Venus küßt, / Hat nun mein Herz gewonnen" (*TrinkLied*, 19—21) belegen diese Tendenz. „Die Anakreontik […] verherrlicht den heiteren Lebensgenuß"[253]: Dann ist die Dichtung des Hainbunds in vielen Teilen anakreontisch.

---

[250] Rousseau, *Abhandlung*
[251] Dazu tritt folgender Befund: In einer (idealisierten) Landschaft zeigt sich bereits die opposition zu städtischen Strukturen, die mit einem generellen höfischen Gestus parallelisiert und dementsprechend negativiert werden. Damit setzt die ‚anakreontische' Motivik Höltys später auch innerhalb der Gruppe in die patriotische Lyrik über.
[252] Kahl, *Bundesbuch*, Bd. 1, Nr. 90 [S. 82f.]
[253] Kaiser, *Aufklärung, Empfindsamkeit, Sturm und Drang*, S. 89

Kapitel II.3.2

Perspektiven der Empfindsamkeit

Wie die Anakreontik wird auch die Empfindsamkeit innerhalb der Gruppe fortgeschrieben. Dabei nehmen die Bundesbrüder verschiedene empfindsame Perspektiven ein, denn so heterogen wie die Strömung an sich selbst in ihrer Blüte in der Hochaufklärung, so heterogen ist auch die spätaufklärerische haindbündlerische Wiederaufnahme der vor allem aus England stammenden Empfindsamkeit, in der „Gefühl und Empfindung [...] Grundlage der moralischen und ästhetischen Anschauung der Welt, der sittlichen und ästhetischen Erziehung des Menschen"[254] sind:

> In Dtl. geht die Entwicklung über den Freundschaftskult der PYRA und LANGE zu der erhabenen Kunstlyrik KLOPSTOCKS. Der Göttinger Hain pflegt daneben auch volkstümlichere Liebeslyrik und Freundschaftskult. Als schlichte Idyllik erscheint sie bei HALLE, E. v. KLEIST, UZ, GESSNER, GELLERT, GLEIM, HÖLTY und F. JACOBI. Im Epos erreicht KLOPSTOCK den Höhepunkt an Naturnähe und relig. Tiefe im *Messias* (1748—73) und wirkt durch die Kraft seiner Empfindung und Sprache in weite Kreise.[255]

Wie von von Wilpert dargestellt, steht im Hainbund die Freundschaftsdichtung hoch im Kurs. Diese manifestiert sich in einem dreifachen Diskurs: Es werden sowohl Bundesbrüder von lyrischen Sprechinstanzen, die mit den jeweiligen Autoren identifiziert werden können, freundschaftlich adressiert als auch Männer, die nur aus dem Umkreis des Bundes stammen. Zudem gibt es Gedichte, die mit völlig fiktivem Personal operieren und um dieses herum den Freundschaftskult der Empfindsamkeit lyrisch erfahrbar machen. Johann Friedrich Hahns *Erinnerung*[256] wird auch im Hauptteil unter einem anderen Aspekt untersucht. *Erinnerung* ist ein Widmungsgedicht an den Bundesbruder Carl August Wilhelm von Closen. Fiktive Sprechsituation und Realität nähern sich hier an: Der Adressat Closen (5) scheint sich räumlich verändert zu haben, das lyrische Ich, in dem sich der Autor Hahn darzustellen scheint, bleibt zurück und trauert dem Verlust des Freundes nach.[257] Diese Freund-

---

[254] Ebd. S. 30

[255] von Wilpert, *Sachwörterbuch*, S. 209

[256] Redlich, „Gedichte und Briefe", S. 247

[257] Auch wenn die Sprechinstanz wohl als der Autor zu anzusehen ist und besprochene Situation und Sprechsituation zusammenfallen, gilt keine absolute Gleichsetzung, denn der Text nimmt keine explizite Identifikation des Ichs mit Hahn vor (vgl. Wünsch, *Strukturwandel*, S. 98). Zudem bleibt generell die Trennung von Sprecher und Autor bestehen: „[D]er Autor ist Produzent des Textes, ob der Text nun einen Sprecher hat oder nicht, und

schaftsklage wird in einem tränenreichen Ton vorgetragen, der Geist der asklepiadeischen Ode ist ganz empfindsam und schwärmerisch und bildet den Habitus und die Diktion hochempfindsamer Freundschaftsgedichte vorbildlich ab. Das lyrische Ich „schluchzt" (12) und weint (4; 12), sinkt ganz seinen freundschaftlichen Empfindungen hingegeben „an des stärkeren brust" (13) und empfängt seinen Freundschaftskuss (13). Diese Schilderung der emotionalen Ergriffenheit des lyrischen Ichs angesichts der Trennung vom seelisch-geistig geliebten Freund (die Adresse „geliebtester" (10) suggeriert, dass von Liebe durchaus geschrieben werden darf!) steigert sich bis in eine zeitgenössische Todessehnsucht hinein: Das Ich sieht sein Leben am Ende, es erfleht sogar den Tod, um dem Elend der Welt, das sich im räumlichen Abschied von Closen manifestiert und begründet hat, zu entkommen: „O gebeugt ist mein geist! Brich dein gewölk, o mond! / Bis zum grabe gebeugt! Strahle mir hell den trost / Ach! des todes, und Edens, / Wo die liebe nicht länger weint." (17—20). Diese sentimentale Todesstimmung, hier hervorgerufen durch die räumlich zerrissene Freundschaft, ist konstitutives Merkmal für die Empfindsamkeit – und findet ihren Höhepunkt in der Friedhofsdichtung, auch als Gräberromantik bezeichnet.

„Der gesamte Umkreis des Todes – Friedhof, Begräbnis, Ruinen, Grab, Nacht, Unsterblichkeit, die Beziehung zwischen den Lebenden und den Toten – wird zu einem Gemeinplatz des Erlebens und Dichtens"[258], schreibt Gerhard Kaiser zu diesem empfindsamen Motiv, das aus der englischen Literatur herrührt. Begründer dieser Tendenz innerhalb des *sentimentality* als Teil des englischen *enlightenment* ist der Pfarrer Edward Young, der unter dem Eindruck des Todes seiner Frau die berühmten *Night Thoughts on Life, Death, and Immortality*, verfasst hat, dessen „appeal lay in its concentration on death, on its macabre detail"[259]: „In this respect *Night Thoughts* „on life, death, and immortality", among other things, won European fame for a century."[260] Darin konstituiert sich die Hinwendung der Empfindsamkeit zu ihrem großen Thema des Todes. Für den nachhaltigsten Einfluss in Deutschland im Bereich der Friedhofsdichtung aber hat ein anderer englischer Poet gesorgt: Thomas Gray hat den Friedhof literarisch und emotional salonfähig gemacht und damit auch den Göttinger Hain, insbesondere Hölty, nachhaltig beeinflusst.

> The greatest of Gray's poems – possibly the greatest of his century – is his *Elegy Written in a Country Churchyard*. Though perhaps motivated

---

der Sprecher ist nicht der Autor, sondern eine Rolle, eine Figur im Text." (ebd.)
[258] Kaiser, *Aufklärung, Empfindsamkeit, Sturm und Drang*, S. 30
[259] Baugh, *Literary History*, Bd. III, S. 945
[260] Ebd.

in part by sorrow over the death of West, the poem ist not ‚particular‘: it is an Elegy for Man, or at least for all ‚average‘ and obscure men. Both in its attempt to work thus in universal terms and in its unrivaled purity, propriety, and harmony of diction the poem is a great realization of the ideals of its day: in its placid melancholy and its rustic setting it is perhaps slightly romantic. In its treatment of the common man it is heroic and even majestic [...].[261]

Thomas Grays *Elegy Written in a Country Churchyard*[262] ist, wie der Titel eindeutig ausdrückt, auf einem Dorfkirchhof, i. e. der dazugehörige Friedhof, lokalisiert. Ein lyrisches Ich kommt am „Churchyard" des Titels vorbei und stoppt einen Moment, um über die Toten, die dort begraben sind, nachzudenken. Das Ich ist von Tod und dem Gedanken an denselben umgeben, und in den ersten sieben Strophen finden sich zahlreiche Bilder, die den Gegensatz von Leben und Tod herstellen (zum Beispiel: „The cock's shrill clarion, or the echoing horn / No more shall rouse them from their lowly bed" (19—20)). Der Friedhof an sich erscheint in Grays Elegie als klassischer Topos des *memento mori*. Daran erinnert sich auch das Ich: Der Friedhof ist für ihn das Zeichen, sich seines unvermeidlichen Sterbens bewusst zu werden und nicht Wert auf sein irdisches Leben zu legen. Eine weitere wesentliche Bedeutungsebene ist die Gegenüberstellung von arm und reich bzw. von armen und reichen Begrabenen: Die einfachen, die simplen Tugenden der ärmlichen und ungebildeten Landbewohner sind für das Ich mehr wert als zum Beispiel „Honor" (43) und „Flattery" (44). Am Ende des Gedichtes ist das Ich so weit, sich von der wohlhabenden und gebildeten Welt („Knowledge" (49) ist für das Ich besonders wichtig. Es sieht die Armut der Landleute als Blockade auf dem Weg zu hoher Bildung und Wissen an und entscheidet sich dafür, sich ob seiner Bildung nicht für etwas Besseres zu halten) loszusagen und mit den ärmlichen Begrabenen zu identifizieren. Deshalb wird das Ich auch auf diesem Friedhof begraben. Hölty konnte sich der gewaltigen poetischen Macht von *Elegy Written in a Country Churchyard* nicht entziehen und dichtete in der Tradition Grays seine *Elegie auf einen Dorfkirchhof*[263]. Hölty sagt selbst, dass es keine Nachahmung sei, sondern eine „Ausführung derselben Idee" (Untertitel) und setzt die Themen Grays in seinem typisch schwermütigen Elegienton um. Der Text ist ungereimt und in freien Versen verfasst. Das lyrische Ich wird in einer Abendszenerie, an einer Linde sitzend und „die Epheuranken / Dort am

---

[261] Ebd., S. 1014

[262] http://www.thomasgray.org/cgi-bin/display.cgi?text=elcc [Datum des Zugriffs: 4. März 2012]

[263] Hölty, *Gesammelte Werke und Briefe*, S. 50ff.

Kirchthurm" (11—12) malend, präsentiert, die vor allem durch die hereinbre-
chende Dunkelheit bestimmt wird und dadurch sowie durch die Wortwahl
und Gestaltung der Bilder eine düstere und traurige Stimmung entstehen
lässt; und auch die Aussage des wehmütigen (19) Ichs, dass die „Abendglocke
[...] den jungen Maytag / Weinend jetzt zu Grabe läutet" (1—3), trägt zu dieser Stimmung bei. Hölty verfolgt zwei Ansinnen mit seiner Elegie. Zum einen
macht er mehrfach deutlich, dass der Tod nichts Finsteres, Furchtbares ist.
Vielmehr verschafft er seinen Empfängern „süße Ruhe" (15) durch das immerwährende Entschlafen aus der Welt. Der Tod wird damit als etwas Erlö-
sendes empfunden, und es scheint, als beneidete das lyrische Ich den Landmann um eben diese „süße Ruhe" (15), also seinen Tod. Mit der Figur des
„Landmanns" (16), dessen Asche in der „Urne" (16) ruht, definiert Hölty die
gesellschaftliche Schicht, aus der sein Personal des Friedhofsgedichtes stammt
(und ist damit ganz nah bei Gray!). Der Landmann wird stellvertretend eingeführt für die einfachen Menschen, die ihre letzte Ruhestätte auf dem Dorfkirchhof gefunden haben. Hohe Personen – Adlige, reiche Bürgerliche etc. –
haben keinen Platz auf diesem Friedhof. Dies wird implizit durch die Auswahl der Figuren deutlich und explizit durch die elfte Strophe: „Keine In-
schrift, die von Ordensbändern, / Langen Ehrentiteln, / Die von Ahnen und
von Würden strotzet, / Rufet hier den Wandrer." (41—44). Hölty will, wie
oben angedeutet, zeigen, dass eine einfache Lebensweise zum persönlichen
Glück führen kann, man keinen Reichtum und eine hohe soziale Ebene dafür
benötigt. Besonders, da im Tod alle gleich sind, wie das Ich in der 13. Strophe
formuliert: „O was nützt der Marmor? Schläft man etwa / Einen süßern
Schlummer / Unter Ehrensäulen, als der Landmann / Unter seinem Rasen?"
(49—53). Der Hainbund steht auch dem Pietismus und seiner empfindeln-
den, tränenreichen Schwärmerei[264] nahe. Er lebt dessen sentimentalen Gefühlsüberschwang, immer rückgekoppelt an ein göttlich-religiöses Empfinden,
poetisch aus. Plakatives Beispiel für diese Aufnahme des Pietismus (und
gleichzeitig eines empfindsamen Freundschaftskultes), den Schrader als Initi-
alzündung des Sturm und Drang und seiner „revolutionierend neuartige[n],
auf die individuelle Schöpferkraft und die von starren Kunstregeln entbunde-
ne Originalität des Genies gegründete Dichtungskonzeption"[265] bezeichnet,
ist Johann Martin Millers *An die Grafen Stolberg*[266]. Gegenstand ist die innige
Freundschaft Millers zu den Brüdern Stolberg, die zu der Zeit schon in der
Abreise nach Dänemark begriffen waren. Die zweite Strophe des jambischen
Vierhebers indes steht ganz im Zeichen einer göttlichen Gefühlsoffenbarung

---

[264] Kaiser, *Aufklärung, Empfindsamkeit, Sturm und Drang*, S. 34f.
[265] Schrader, *Literaturproduktion und Büchermarkt*, S. 23
[266] Kahl, *Bundesbuch*, Aus Vossens Bundesbuch, Nr. 194 [S. 242f.]

und des intendierten Erlebens göttlicher Wirkung: „Ach Gott! auf der verlass-nen Bahn, / Von keinem Freund begleitet, / Nimm du dich eines Jünglings an / Den trübe Schwermut leitet! / Hilf meiner Leiden Schwere mir, / Du Gott der Liebe, tragen! / Ihr Engel Gottes, lindert ihr / Durch Mitleid meine Klagen!" (9—16). Das Ich ist in der Tiefe seiner Seele erschüttert, breitet die-ses Leiden aus und ergeht sich darin, die emotionale Ergriffenheit wird ins Himmlische projiziert und Gott als Mittler angerufen, der die arme Seele von ihrem Leid erlösen soll; Frömmigkeit und Schwermut gehen eine untrennbare Verbindung ein. Es ist ein doppelter Gefühlsüberschwang: der Freundschafts-kult und die direkte Auswirkung der Einsamkeit auf das Seelenleben des Ichs auf der einen Seite und die religiöse Empfindung auf der anderen Seite. Das Ich erwartet in seinem Leiden den göttlichen Eingriff, den Eingriff der himmlischen Sphäre in die weltliche. Gott wird als nahbares Geschöpf erfah-ren, das dem pietistisch-empfindsamen Ich in größter Not zur Seite steht und die Leiden lindert. Was Nikolaus Ludwig von Zinzendorf, der die kirchliche Reformbewegung in die Literatur eingeführt hat, als pietistisches Bekenntnis fordert, nämlich dass Gott im Herzen des Menschen sei, findet hier seinen Ausdruck: Aus der Fülle des Herzens entspringt die emotionale, fern aller for-malen Regeln gehaltene Ansprache Gottes, der Glaube ist eine ganz individu-elle, gefühlsmäßige und gefühlvolle Angelegenheit. Der Glaube, dass sich Gott direkt in den Alltag und die Herzenangelegenheiten des Ichs einschaltet, hat diese Verse durchdrungen.

Kapitel II.3.2.1
Der Hainbund und der Sturm und Drang

In den einschlägigen Literaturgeschichten wird eine Verbindung des Hainbunds zum Sturm und Drang, trotz des offensichtlichen zeitlichen Zu-sammenfalls, kaum hergestellt. Natürlich wäre es auch übertrieben, festzustel-len, die Hainbündler seien Stürmer und Dränger oder führende Exponenten dieses sich aus einem poetischen und gesellschaftlichen Paradigmenwechsel herausbildenden Denk- und Literatursystems gewesen. Das waren sie nicht, und die Lyrik gibt keinerlei Anhaltspunkte für eine solche Aussage her. Kaum etwas liegt den Bundesbrüdern ferner als der herausragende Ansatz des Sturm und Drang, gegen in seinen Augen überkommene bürgerliche Moralvorstel-lungen literarisch und philosophisch zu Felde zu ziehen. In ihrer moralischen Tugendhaftigkeit sind die Hainbündler sehr weit vom Sturm und Drang und seiner Auffassung, das Natürlich-Triebhafte als gesellschaftliches Ideal zu ver-ankern, entfernt. Aber dennoch finden sich in der Bundesdichtung Themen und Motive, die dem Sturm und Drang zuzuordnen sind und damit ganz zeitgenössisch sind. Abgesehen von Friedrich Leopold Stolbergs *Der Felsenstrom*[267], das später noch ausführlicher untersucht wird, bricht Stürmerisches und Drängerisches unter anderem in dessen Widmungsgedicht *An Johann Martin Miller*[268] durch. Der Text setzt mit einer Emphase des Sturm und Drang ein: Die Epoche wird als Ganzes in den ersten beiden Abschnitten – von Strophen lässt sich aufgrund der formalen Regellosigkeit kaum sprechen – umgesetzt.

> Ueber Gotthards heil'ge Höhen / Schwingt der Adler sich empor, / Hört, mit stolz entzücktem Ohr, / Unter sich die Wipfel wehen; / Strebet weiter, sonder Grausen / Hört er neuer Stürme Brausen, / Sieht der höchsten Wolcke Schooß / Wo, noch Schuldlos, der Genoß / Künft'ger Donner, seiner Glut / Macht verkennt, noch stille ruht. // Wunderbar, o Freund! und groß / Ist des hohen Dichters Looß, / Der, gleich ihm, auf Adlers Schwingen, / In die Wolcken-Bahn kann dringen, / Sein Gesang besiegt die Zeit, / Strömet in die Ewigkeit! (1—16)

Ein fast heiliges Dichtungskonzept, unterstrichen von den im wahrsten Sinne natürlichen Merkmalen der Stürmer und Dränger, wird hier aufgerufen. Der Adler als Tier Jupiters strebt „heil'ge[n] Höhen" (1) entgegen und erhebt den genialischen Dichter, dem die Urgewalt der entfesselten Natur innewohnt und der so als „schöpferischer Genius […] ein Gott im kleinen und das höchste Bild des Menschen"[269] ist. „Der ‚stillen Größe' und Ruhe des klassizistischen Werkes werden 'Sturm' und ‚Strom' als Ausdruck höchster Bewegung im Hervorbringen gegenübergestellt. Die alte Inspirationstheorie wird aktualisiert, wenn der poetische ‚furor' als ‚Feuer' und ‚Feuergeist' charakterisiert wird"[270]: Die einleitenden Abschnitte seines Widmungsgedichtes an den innigen Freund Johann Martin Miller sind enthusiastischer Ausdruck des neuen Denksystems und seiner naturhaften Übersteigerung künstlerischer Existenz. Stolberg nimmt das stürmisch-genialische Streben in die höchsten Höhen der Dichtung auf und metaphorisiert das gesamte Thema des Sturm und Drang. Sturm, Feuer, Höhe, Stolz, Erschütterung des Traditionellen, der Griff ins Überzeitliche: Alles findet sich in *An Johann Martin Miller* wieder. Behrens sagt: „Das Gedicht umschreibt, teilweise ironisch übertreibend, die Spannung zwischen himmelsstürmendem Pathos des Sturm und Drang und idyl-

---

[267] Kahl, *Bundesbuch*, Aus Vossens Bundesbuch, Nr. 128 [S. 271f.]
[268] Kahl, *Bundesbuch*, Bd. 1, Nr. 167 [S. 143ff.]
[269] Pascal, *Sturm und Drang*, S. 170
[270] Sauder, „Geniekult im Sturm und Drang", S. 329

lisch-innigem Ton, der von den Göttingern, insbesondere von Miller und Hölty, aber auch von Stolberg selbst, gepflegt wurde."[271]

Meines Erachtens liegt Behrens aber mit seiner Einschätzung, Stolberg hätte ironische Distanz zu seinem Thema gehabt, hier nicht richtig. Stolberg lässt in keinem dieser Verse Ironie durchbrechen, der Flug des Adlers den „heil'ge[n] Höhen" (1) entgegen wird nicht gehemmt, vielmehr angetrieben durch die konzeptionellen Charakteristika der Epoche. Und nimmt man den Einstieg in den Blick, aus dem man die Verbundenheit zu Klopstocks Konzept der heiligen Poesie ableiten kann, verringert sich noch einmal die Möglichkeit, von Ironie sprechen zu können.

Kapitel II.3.2.3
Zur Themenvielfalt des Bundes

Die Nähe der Hainbündler zu den verschiedenartigen literarischen Traditionen ab der Mitte des 18. Jahrhunderts bedingt auch die Vielfalt ihrer Themen: Das, was im Jahrhundert der Aufklärung literarisch bearbeitet wird, findet sich weitgehend im Corpus der Hainbündler wieder. Ihr Schaffen ist primär konventionell, selten entledigen die Göttinger sich der ‚Vorgaben' der lyrischen Bereiche, denen sie sich zuwenden und denen sie sich aufgrund ihrer zahlreichen literarischen Vorbilder – von Gleim über Ramler und von Kleist bis hin zu Klopstock – inhaltlich verpflichtet fühlen: „Der Inhalt der ersten Almanache hat den wahllosen durch die zeitgenössische Lyrik gezeigt, von dem man ausging […]."[272] Lübbering hat zwei Drittel der Gedichte den Themenkomplexen „Freundschaft, Geselligkeit" und „Liebe, Minne" zugeschlagen; rund ein Fünftel fallen unter die Rubrik „Vaterland, Freiheit, Tugend, Bardentum".[273] „Dazu tritt der literarische Gegensatz von Stadt und Land, das Lob des Landlebens als des Ortes alter deutsche Sitte und Biederkeit […], schäferliche Reminiszenzen, Idylle, Volkston usw."[274]

Die Kategorisierung nach Lübbering und der Zusatz von Kelletat geben einen quantitativen und qualitativen Überblick über das Schaffen und verorten die zentralen Anliegen der Hainbündler (einzig der Bereich der Religiosität ist nicht genannt). Allein Lübberings Zählung fasst mehr als vier Fünftel der gesamten Lyrik; nimmt man Kelletats Ausführungen dazu, wird die lyrische Bandbreite beinahe vollständig abgedeckt. Natürlich: Themen wie Tod und Vergänglichkeit, Männlichkeit und Weiblichkeit, Kindheit und Alter spielen

---

[271] Behrens, *Der Göttinger Hain*, S. 27
[272] Kelletat, *Der Göttinger Hain*, S. 423
[273] Vgl. Lübbering, *An Klopstock*, S. 139
[274] Kelletat, *Der Göttinger Hain*, S. 423

ebenso eine Rolle – aber dies beinahe ausschließlich auf sekundärer Ebene. [275]

Kapitel II.3.4.1
Vaterland, Freiheit, Tugend und Bardentum

Der Bereich „Vaterland, Freiheit, Tugend, Bardentum"[276] ist zwar quantitativ nicht der stärkste der Hainbündler, hat aber großen Einfluss auf zahlreiche Diskurse, denn, wie die Arbeit zeigen wird, sind andere wesentlichen Themenkreise damit verknüpft. Die Vaterlandsdichtung, die in dieser Arbeit als ein konstitutives Element der gesamten Hainbund-Lyrik identifizieren werden wird[277], ist dem Bund aber nicht von Beginn an eingegeben: Bei den Zusammenkünften des Boie-Kreises spielt der spätere Patriotismus keine Rolle, und auch innerhalb des Kreises nach Gründung und Erweiterung hat der vaterländische Eifer nicht alle Bundesbrüder gleichermaßen entflammt:

> Längst nicht alle im Bund verfolgten diese Richtung mit dem gleichen Enthusiasmus. Friedrich Leopold Stolberg und Voß profilierten sich als Barden des Vaterlandes; Hahn genoß innerhalb des Bundes den Ruf patriotischer Gesinnung. Johann Martin Miller und Hölty verstanden sich demgegenüber eher als Minnedichter denn als Vaterlandskünstler.[278]

Lüchow hat festgestellt, dass sich durch die Einflussnahme Klopstocks auf den Bund, vermutlich auch vor dem Hintergrund der Ausrufung der „heilige[n] Cohorte"[279] (s. unten) in der *Gelehrtenrepublik*, eine Verschiebung der lyrischen Akzente zu beobachten ist; die Produktion verschiebe sich von

---

[275] Auf die Poetik des Hains soll hier nicht weiter eingegangen werden. Alfred Kelletat hat den „Formenschatz, […] die lyrischen Dichtarten des Hains" (ebd.) ausführlich zusammengefasst. Nur so viel soll dazu gesagt werden: Es gibt kaum eine Dichtungsform, die die Hainbündler auslassen. Die bekannten lyrischen Gattungen finden sich bei den Göttingern wieder, sich verzichten weder aus poetischen noch aus ideologischen Gründen auf die eine oder andere Form, so dass die Strömungen und Gattungsgruppierungen des 18. Jahrhunderts auch auf formaler Seite Eingang in das Corpus des Hainbunds gefunden haben.

[276] Vgl. Lübbering, *An Klopstock*, S. 139

[277] Vgl. Blitz, „Identitätskonzepte und Feindbilder", S. 100: „Geblieben sind literarische Zeugnisse einer patriotischen Einstellung, welche den Göttinger Hain mehr geprägt hatte, als die Anzahl der in diesem Tenor verfaßten Gedichte vermuten läßt."

[278] Ebd.; Blitz' Beobachtung zu Johann Martin Miller ist wohl diskutabel. Freilich, quantitativ überwiegen bei ihm die Minnelieder, aber qualitativ liegt der Fokus der patriotischen Literatur. Diese Texte sind poetisch ausgereifter, haben mehr inhaltliche Tiefe und sind keine rein rezeptiven Nachahmungen ,altdeutscher' Kunst. Dies gilt es zu beachten, will man J. M. Millers patriotische Tendenz richtiggehend beurteilen.

[279] Klopstock an den Göttinger Hain, 4. Februar 1774

Minneliedern und Balladen hin zur Vaterlandslyrik.[280] Blitz fasst den lyrischen Patriotismus der Hainbündler, ausgehend vom „Hamburger Vorbild"[281] Klopstock, anschaulich zusammen:

> Zum festen Inventar gehörten für die Hainbündler der Rückbezug auf Hermannslegende und Germanentradition ebenso wie die Aufwertung des Dichters zum prophetischen Barden. Die Göttinger grenzten sich vom westlichen Feind ab und beschworen eine durch Freundschaft, Treue sowie Tugend zusammengehaltene Gemeinschaft jenseits politischer Prinzipien. Abstraktes Freiheitspathos und Tyrannenhaß symbolisierten ihre anti-despotische und absolutismuskritische Einstellung, Todessehnsucht und Hingabe des einzelnen für ein geheiligtes Vaterland komplettierten die Anleihen der Göttinger bei ihrem Hamburger Vorbild.[282]

Der Ereiferung für das Vaterland hat Klopstock

> die Bahn gebrochen. In seinem Aufsatz ‚Von der heiligen Poesie' forderte er den großen Gegenstand als unabdingbare Voraussetzung für bedeutende Dichtung und dekretierte: ‚So ist der höchste sittliche Wert, den der religiöse Sänger zu verkünden hat, neben Gott das Vaterland [...].' Er lieferte für das nötige National-Bewußtsein des deutschen Bürgertums die ‚interessante' Mythologie einer germanischen Dichter-Tradition, die bekanntlich ebenso fiktiv, aber auch ebenso wirksam war wie der ‚Ossian', schrieb klassizistische Dithyramben, mit denen er ‚des Dichters Freunde' feierte, zu ‚kühnerem Bardenliede' und ‚Haingesang' um, dem er den Namen ‚Wingolf' gab.[283]

Paul Kahl hat sich in seiner Edition näher mit der „Aufwertung des Dichters zum prophetischen Barden"[284] auseinandergesetzt:

> Bald nach der Gründung hatte man sich im Bund ‚Bardennamen' gegeben. Diese wurden spielerisch gebraucht, d.h. vor allem im Gedicht. Die Bardennamen sind zeitmodischer Ausdruck von literarischer

---

[280] Lüchow, „Die heilige Cohorte", S. 169
[281] Blitz, *Aus Liebe zum Vaterland*, S. 380
[282] Ebd. S. 379f.
[283] Promies, „Lyrik in der zweiten Hälfte", S. 592
[284] Blitz, *Aus Liebe zum Vaterland*, S. 379

Selbsstilisierung in den ersten Wochen des Bundes.[285]

So wurde Hölty Haining genannt, Voß *Gottschalk* und Hahn *Teuthard*, Johann Martin Miller agierte als *Minnehold*, Johann Thomas Ludwig Wehrs war *Raimund*, Gottlob Dietrich Miller *Bardenhold*, Boie trug den Namen *Werdomar*, Brückner *Mannobard*. Cramer und die Stolbergs hatten offenbar keine Bardennamen. Das mag daran liegen, dass sie erst spät nach der Gründung zum Bund stießen. Für Paul Kahl ist der Ursprung dieser bardischen Bezeichnungen klar: „Die meisten Bardennamen lassen sich als unmittelbare Rezeption von Klopstocks ‚germanischer Wende' und als mittelbare Ossianrezeption verstehen."[286] In die Forschung hat diese Tendenz zum Bardischen hin und wieder Einzug erhalten, aber nicht immer sind die Ergebnissen optimal entwickelt worden: So manche Beobachtung zur Göttinger Bardenmode erweise sich als nicht haltbar und fern der Quellen, wie Kahl zeigt. Wenn beispielsweise Gerecke in ihrer Gerstenberg-Monographie „die gegenseitige Anrede mit Bardennamen"[287] konstatiere, sei dies genauso wenig haltbar wie die Aussage Hans Julius Potts, „die bardischen Gedichte machten ‚einen großen Teil der Werke der Bundesbrüder' aus"[288].

Anhand eines Gedichtes soll die patriotische Welt der Hainbündler aufgezeigt werden, ohne den Text anschließend allerdings zu untersuchen; das ist nicht nötig, sein Habitus spricht für sich. Er ist nicht das einzige, das man dafür anführen könnte, aber es kann als exemplarisch für den Diskurs gelten. Alle wesentlichen Inhalte des vaterländischen Bereichs finden sich in Vossens Widmungsgedicht *An Hahn*[289]; einzig die konkrete Anrede mit dem Bardennamen fehlt, dafür wird aber metaphorisiert auf den Barden Bezug genommen.

> Schlag lauter deine Saiten an,
> Du Sohn des Vaterlands,
> Und sing dem Britten Trotz, und Hohn
> Dem Gallier!
> Viel sind der Enkel Hermanns noch,
> Sind bieder, edel, gut,
> Und unsers hohen Stolzes werth,
> Werth unsers Bunds!
> Hast du's gehört, wie heiß, wie laut
> Er Freyheit! Freyheit! rief?

---

[285] Kahl, *Bundesbuch*, S. 285
[286] Ebd., S. 287
[287] Gerecke, *Transkulturalität*, S. 305
[288] Kahl, *Bundesbuch*, S. 289
[289] Ebd., Bd. 1, Nr. 30 [S. 32]

Wie feil die goldne Feßel ihm
Des Höflings klirrt?
O sag's dem Britten an, sag's an
Dem schielen Gallier,
Wie Stolberg Freyheit! rief; wie ihm
Die Feßel klirrt!
Sag's allen ihren Sängern kühn,
Wer Freyheit! Freyheyt! rief;
Und allen ihren Feldherrn kühn,
Wer Freyheit! rief!
Ach! Nah ich mich dem edlen Mann?
Ich zittr'! Umarm ich ihn,
Den Freyheitsrufer? Ich? Den Mann,
Den Klopstock liebt? –
Ich thu's, und sag's umarmend ihm,
Nicht fein, nach Franzenbrauch!
Nein! frey und deutsch: Dich liebt mein Herz,
Und ist dein werth! (1—28)

Kapitel II.3.4.2

Freundschaft und Geselligkeit

Gedichte, die dem Themenkreis Freundschaft/Geselligkeit zuzuordnen sind, bieten einen Querschnitt des Jahrhunderts, das als „Jahrhundert der Freundschaft"[290] bezeichnet worden ist, und Rasch hat die immer noch grundlegende Arbeit[291] zu diesem Aspekt geschaffen. Bei ihm erscheint Freundschaft als „Grundsubstanz einer neuen Gemeinschaftskultur, die ‚von innen heraus' auf eine neue staatliche Struktur zuwächst (ohne sie im 18. Jahrhundert zu erreichen), sich gegen bloß rationalistische Organisation der Gesellschaft wendet"[292]. Zudem hat Rasch im Freundschaftskult des 18. Jahrhunderts „eher Privatisierung, Individualisierung, die Konstitution kleinräumiger sozialer Lebensformen, bedingt durch den Zerfall der alten ständischen, hierarchischen Lebensordnung"[293] entdeckt. Der Göttinger Hainbund hat die Freundschaft in grundverschiedenen Kontexten aufgegriffen, von denen einige späterhin näher untersucht werden. Bei ihnen taucht häufig die hoch empfindsame, durch und durch emotionalisierte ‚Einzel-Freundschaft' auf, bei der die freundschaftliche Verbindung auf die sprachliche Ebene der Liebe geho-

---

[290] Meyer-Krentler, „Freundschaft im 18. Jahrhundert", S. 1
[291] Rasch, *Freundschaftskult und Freundschaftsdichtung*
[292] Meyer-Krentler, „Freundschaft im 18. Jahrhundert", S. 5f.
[293] Ebd., S. 6

ben wird, um ihren Stellenwert deutlich zu machen (s. oben). Auch Voß beschwört in seinem Widmungsgedicht an Christian Hieronymus Esmarch (*An Esmarch*[294]) die „Glut unserer Liebe" (5) und die „selige Lust, welche wir kosteten" (6), die der Freundschaft eignet. Freundschaft ist ein vom Gefühl gesteuertes Konzept/Programm, in dem der Verstand keine Rolle spielt. Die Trennung von einem Freund ist ein Grund zur ehrlichen Trauer (26) und kann nicht so leicht verarbeitet werden; schon die Anzeichen einer solchen Trennung werden weit vor dem eigentlichen Akt als virulente Bedrohung wahrgenommen, bei Voß im Naturbild „Wie ein nahender Sturm hinter der Wolke" (1) düster und schwermütig metaphorisiert. In Vossens Widmungsgedicht *An den Oboenspieler Barth*[295] klingt die empfindsam beeinflusste Akzentuierung des Freundschaftsgedankens so: „Hab Dank für diese Thräne, / Die noch in meinem Auge steht, / Den wärmsten Dank, / Den je mein Herz geopfert hat!" (1—4). Die Träne ist konstitutiv für ein empfindsames Freundschaftsgefühl, nur die Träne kann das Gefühl ausdrücken – so suggeriert die empfindsame Semantik. Ein weiteres Segment der Freundschaftsdichtung ist die Freundschaftsadresse innerhalb des geschlossenen Kreises. Hainbündler adressieren direkt andere Hainbündler[296], indem sie die persönliche Beziehung im Kontext typischer Themen der Gruppe ausführen (und dabei häufig ein empfindsames Verständnis einfließen lassen). Konkret heißt das: Betont hainbündlerische Freundschaft ist eingefasst in den grundlegenden, konstitutiven Rahmen des Bundes und bildet damit vor allem Patriotismus, traditionelle Tugendhaftigkeit, Frankreichhass und ein Dichtungskonzept, das wiederum auf diesen Merkmalen beruht, ab.[297] Johann Martin Millers *An meinen Boie*[298] ist ein Beispiel für dieses spezifische Konzept der Freundschaftsdichtung:

> Mein Boie, wenn an's Schilf des DonauStrandes / Mich wieder einst mein Schicksal bringt, / Und, unbehorcht vom Sohn des Vaterlandes, / Im Stillen meine Klage klingt. // Dann werd' ich weinend deiner auch gedenken, / Der du mein Lied, und Herz gekannt, / Und traurig meinen Blik ans Ufer senken, / Das Walthern einst zum Sänger fand. (1—8)

Die ersten beiden Strophen bringen dieses auf den Bund bezogene Dichtungskonzept bereits auf den Punkt: Es geht um das Verhältnis zweier Bun-

---

[294] Kahl, *Bundesbuch*, Bd. 1, Nr. 12 [S. 18f.]
[295] Ebd., Nr. 34 [S. 35f.]
[296] S. dazu oben die Anmerkungen im Kontext der Forschungen von Marianne Wünsch.
[297] S. dazu die Beobachtungen in diesem Kapitel und in den Hauptteilen der Arbeit.
[298] Kahl, *Bundesbuch*, Bd. 1, Nr. 166 [S. 142.]

desbrüder zueinander (Johann Martin Miller und Boie), das sich auf der Basis eines gemeinsames Interesses, im Hainbund begründet, gefunden hat. Das deutsche Vaterland und die historisch damit zusammengebrachte Dichtung (Walther von der Vogelweide) werden in den Mittelpunkt gestellt und funktionieren als bindendes Glied zwischen den Männern. Die Kenntnis der hainbündlerischen Dichtung im Allgemeinen und der patriotischen im Besonderen weist auf die tieferliegenden Ebenen dieser Merkmale hin, so dass die ersten beiden Strophen als *pars pro toto* für das gesamte Gedicht stehen; denn im Verlaufe der weiteren zehn Strophen wird der Impetus der ersten beiden eingehend erläutert. Jemanden als „Sohn des Vaterlandes" (3) zu bezeichnen, bezeugt die genuin deutsche Verfassung dieses Mannes, und genuin deutsch zu sein heißt, dem Vaterland und seinen traditionell eingeschrieben Werten alles unterzuordnen. Zu diesen Werten gehören unter anderem männliche Körperlichkeit und die Bereitschaft, für die Heimat in den Krieg zu ziehen („Wo Ritter ihre Waffen aufgehangen" (9)), edle Dichtkunst (13), herausragende Tugendhaftigkeit und rigide Moral, die sich wiederum so implizit von Frankreich absetzt (21ff. u. ö.), und eine beständige Aufrichtigkeit (29ff.). Diese sind einige der Merkmale, auf denen Freundschaft aufgebaut wird bzw. die die Grundlage der Freundschaft zwischen Hainbündlern sind. Ohne diese Eigenschaften, die sich auf diese oder andere Art semantisiert in vielen Gedichten wiederfinden, kann Freundschaft nicht bestehen; denn die freundschaftliche Empfindung kann nur wachsen, wenn beide Partner nach diesen konstitutiven Vorgaben leben.

Die ‚anakreontische' Freundschaft beruht auf den typischen Merkmalen dieser Strömung und stellt damit konventionell antike Verbundenheit, pastorale Idylle, Weinseligkeit und das ‚Laubengefühl' in den Vordergrund. Freundschaft in diesen Texten entwickelt sich kaum ausgehend von den ‚Empfindungen' oder anderen spezifischen Merkmalen des beteiligten lyrischen Personal, sondern ist standardisiertes, literarhistorisches Programm. Es gibt im Hainbund eine begrenzte Anzahl an literarhistorisch tradierten Figuren, die für den anakreontischen Freundschaftsdiskurs herangezogen werden und die mit den Figuren anderer anakreontischer Lyriker der Zeit (und der jüngeren Vergangenheit) kongruent sind.

> Zu kurz ist dieses Leben, um zu klagen,
> Und viel der Freuden sind noch ungefühlt;
> Drum laß uns Damon! jeden Gram verjagen
> Der in der Seele wühlt!
> Zur Freude schuf uns die Natur den Lenzen,
> Und tausend bunte Frühlingsblumen blühn

Im Garten sich, sie allesamt zu Kränzen
Um unser haupt zu drehn.
Komm in die kühle Nacht der Sommerlaube,
Wo lieblicher Jesmin bey Rosen blüht;
Und feuriger der Saft der Rhein'schen Traube
Im Dekkelglaße glüht.
Manch Rosenblättchen schwimmt herabgerissen
Im edlen Wein' und ruft uns warnend zu:
Eil Jüngling! deine Tage zu geniessen,
Denn sterblich bist auch du.
(Johann Martin Miller, *Einladung in die Laube*[299], 1—16)

Weinselige Lebensfreude in einer frühlingshaften Lauben-/Gartenidylle ist die Basis der Freundschaft zwischen dem lyrischen Ich und Damon, der stereotypen Figuren, die in ihren literarisch-,natürlichen' Rollen streng verhaftet bleiben. Der Freundschaftsdiskurs ist konventionell anakreontisch und somit literarisches Programm. Leicht lassen sich für Motive und Sprache Parallelen in der Literatur der Zeit finden.[300]

Kapitel II.3.4.3
Liebe und Minne

Liebe und Minne sind ein weiterer großer Bestandteil des Werkes der Hainbündler. Auch bei der lyrischen Verarbeitung dieser Themen lassen sich der Einfluss ihrer Zeit und der Einfluss ihrer Gemeinschaft entdecken. Der größte Teil der Gedichte ist konventionell und bildet je nach Ausrichtung die Denksysteme der Strömungen, derer sie sich verpflichtet fühlen, ab.[301] Die

---

[299] Kahl, *Bundesbuch*, Bd. 1, Nr. 80 [S. 74f.]
[300] Vgl. allgemein die Beobachtungen von Zeman, *Die deutsche anakreontische Dichtung*, S. 140ff.
[301] Das hat auch Marianne Wünsch festgestellt, wenn sie, ausgehend von den Liebessituation der Lyrik des 18. Jahrhunderts, „'traditionell'" als „'anakreontisch'" (Wünsch, *Strukturwandel*, S. 67) identifiziert. Gleichzeitig erweitert sie aber auch den Blick in die Richtung der ,Originalität', die sie insbesondere bei den beiden großen Liebeslyrikern Hölty und Johann Martin Miller erkennt, indem sie „individuellere Varianten" (ebd.) der Liebessituationen bei beiden identifiziert, die sich vor allem durch eine besondere Textpragmatik auszeichnen, indem sie beispielsweise wie bei Miller „in irgendeiner Form mit der Abwesenheit des Partners spielen" (ebd., S. 75) oder bei Hölty in der von Wünsch als „'Traumgedichte'" bezeichneten Textgruppe sich durch „ein Ich als Sprecher [auszeichnen], das sich einer vergangenen Liebessituation erinnert oder eine neue sich ersehnt, wobei in diesem Falle die Partnerin ebenfalls eine nicht schon bekannte, nur eben noch nicht erreichte ist, somit dem Modell der künftigen Geliebten, d.h. einer noch unbekannten Geliebten, angehört" (ebd., S. 81). Diese Modelle führen dazu, dass sich die Relationen von besprochener

Gedichte beziehen Stil und Inhalte zum einen aus der Anakreontik, zum anderen aus der Empfindsamkeit, und beide Strömungen haben die jeweiligen Gedichte so geprägt, dass auf den ersten Blick die Stoßrichtung deutlich wird. Anakreontisch tändelnd, unverbindlich, mit allen typischen Versatzstücken der Strömung ausgestattet ist beispielsweise Johann Martin Millers *Der Traum*[302]. Lob des einfachen Landlebens, antike Götterwelt, eine einprägsame Sprache mit stereotyper anakreontischer Wortwahl und die simple Liebe der männlichen Sprechinstanz zu „Eliße" (25) prägen das Gedicht; die Natur bildet den räumlichen Rahmen der Liebesbetrachtung, das lyrische Ich wandelt vom „hain" (4) zum „Bache" (7) und wandert dann in seinem Traum, der eine Parallelebene eröffnet, durch „Fluren / Voll Seeligkeit" (17—18). Boies *Die kleine Braune*[303], konzipiert als Dialog zwischen Daphnis und Daphne, dem programmatischen Personal der anakreontischen Dichtung, das seine Namen aus einer arkadischen Schäferwelt bezieht[304], steht zwischen einer traditionellen Anakreontik und empfindsamen Gedankengut. Die antikisierende Schäferwelt von Daphnis und Daphne ist der stereotype anakreontische Rahmen, aber das Gedicht gewinnt nach und nach an inhaltlicher Tiefe, wenn die vordergründig leichte Tändelei Daphnis' („Kleine Braune, scheint die Liebe / Dir noch immer nur ein Scherz? / Scheue nicht die süßen Triebe!" (1—3)) von Daphne aufgenommen und in einen empfindsamen Bereich überführt wird: „Oefters, wenn dein Auge flehte, / Wenn du batest: Liebe mich! / Sagte meiner Wangen Röthe, / Meine Thrän': ich liebe dich!" (21—25). Das Tränenreiche ist Ausweis einer empfindsamen Haltung, mit der die Liebe hier zusammengebracht wird. Für Daphne spricht aus der emotional berührenden Empfindung, die sich in der Träne materialisiert, die wahre Tiefe der Liebe, die ohne Tränen nichts für sie ist; Liebe wird zur tränenreichen Schwärmerei. Das rückt die Verse in die nächste Nähe der Empfindsamkeit, aber das Gedicht verliert nicht seine anakreontische Grundierung; arkadische Namen und

---

und Sprechsituation zueinander wandeln und damit auch bestimmte Formen des lyrischen Sprechens etablieren, beispielsweise durch die sprachliche Reduzierung des zeitlichen und räumlichen Abstandes im Modell der Absenz (ebd., S. 82). Zudem weist Wünsch darauf hin, dass die in den 1770er Jahren „nicht mehr selbstverständliche Literatur des ‚originellen' Literatursystems […] in verschiedener Weise implizit den Verweis auf eine außertextliche Realität ein[führt], innerhalb derer dem Autor eine privilegierte Stellung zukommt" (ebd. S. 88). Damit entsteht ein neuer Typus der Liebessituation bei Miller und Hölty auf verschiedenen Ebenen, der ‚Originalität' bedingt und spezifische Textgruppen von der ‚Traditionalität' und ‚Konventionalität' anakreontischer Versuche scheidet. Es ist gleichzeitig Ausweis der ‚Originalität' solcher Texte, dass sie mit ‚traditionellen' koexistieren und das Corpus der Dichter parallel füllen.

302 Kahl, *Bundesbuch*, Bd. 1, Nr. 79 [S. 73f.]
303 Ebd., Nr. 97 [S. 88f.]
304 Vgl. Meyer-Sickendiek, *Affektpoetik*, S. 224

Wortwahl gerade des ersten Teils sprechen dafür. In den empfindsamen Liebesdiskursen ist die Stimmung strömungsabhängig emotional, rührselig und sentimental-traurig. Die Schönheit, die Wonne der Liebe ist zwar spürbar, aber Kern der Gedichte ist doch immer die triste Stimmung der lyrischen Sprechinstanz, hervorgerufen durch eben diese Liebe. Die Liebe war einmal schön und hat für emotionale Wonne gesorgt, aber ein Ereignis hat diese Liebe jäh beendet. Dies kann der Tod der geliebten Person sein, aber auch deren Hinwendung zu einem oder einer anderen. Ersteres liegt beispielsweise in Johann Martin Millers *Klagelied einer Bäuerinn*[305] vor. Sie hat ihr „hänschen[.]" (7), ihre große Liebe, verloren. Die ersten beiden Strophen fassen das Zusammenspiel von Liebe und Empfindsamkeit, die zum Traurigen hin tendiert, gut zusammen:

> Zween volle RosenSträuche blühn
> In meinem kleinen Garten;
> Da gieng ich alle Tage hin,
> Ihr Blühen abzuwarten.
> Die schönste Rose dacht' ich mir
> Aufs KirmesFest zu pflükken,
> Und meines hänschens huth mir ihr
> Beym Ringeltanz zu schmükken.
> Ach! aber keines pflükk' ich ab,
> Auf seinem hut zu blühen;
> Ihr Röschen! nur auf seinem Grab
> Sollt' ihr ein Creuz umziehen.
> Du gutes hänschen! dachten wir
> Dies wohl vor wenig Tagen,
> Als wir den ganzen Abend hier
> Auf Klee und Blumen lagen? (1—16)

Naturgefühl, subjektiver Gefühlsüberschwang und Regungen der inneren Seele zeichnen diese Verse aus. Die Erfahrung der Natur, symbolisiert in den Rosensträuchern des kleinen Gartens, ist die Grundlage für den Erinnerungsdiskurs der weiblichen lyrischen Sprechinstanz; die Rosen hätten als Zeichen der Liebe zum Lebenden fungieren sollen, jetzt haben sie die Aufgabe, die Liebe zum Verstorbenen auszudrücken. Die Natur ist der Raum, in dem subjektive Gefühle geäußert werden, in dem diese Gefühle Platz finden. Und diese Natur gibt im vergangenheitsbezogenen Liebesdiskurs – schließlich ist die geliebte Person verstorben – den Rahmen für den gefühlvollen, traurigen Mono-

---

[305] Kahl, *Bundesbuch*, Bd. 1, Nr. 88 [S. 80f.]

log. Schaut man auf die weiteren Strophen von *Klagelied einer Bäuerinn*, wiederholen sich Topik, Sprache und Gestus und formen das fast elegienhafte Liebesgedicht zu einem Exponenten der empfindsamen Zeit und zu einem guten *exemplum* für die Tendenz der Hainbündler, sich in vielen Kontexten grundsätzlich sehr nah an den poetischen Vorgaben einer Strömung zu bewegen. Der Liebesdiskurs der Hainbündler wird in manchen Gedichten auch innerhalb eines übergeordneten patriotischen Themas gezeichnet. Diskurse, in denen die Liebe als ein Teil des positiven Vaterlandsgedankens gepflegt wird, stellen Liebe und Zuneigung zwischen Männern und Frauen (hier bricht häufig auch der Geschlechter- als relationaler Diskurs der Hainbündler durch) aus einer höchst moralischen, der impliziten und expliziten Tugendhaftigkeit des deutschen Vaterlands zugehörigen Perspektive dar. Dabei geht es nicht um die metaphysische Tiefe von Liebe, um innige Gefühlsseligkeit, sondern darum, zu zeigen, wie patriotisches Gefühl und deutsche Tugend zu einem wesentlichen Momentin der Liebesverbindung zwischen den Geschlechtern wird – und auch darum, wie die Liebe zerstört wird, wenn die Tugend nicht kultiviert wird. Der Vaterlandsdiskurs in *An meinen Boie* ist zeitlich in einem als genuin deutsch verstandenen Mittelalter zu verorten,

> Wo Kayser noch, und Fürsten Lieder sangen, / Um einen süssen Habedank / Vom Mündlein ihrer Frauen zu empfangen, / Der ihre süsse Weise klang; // Wo gute Frauen noch die Lieder lernten, / Und das Gezier der Sprödigkeit / Das unsre Mädchen nun entehret, fernten / Und sich beym ReigenTanz gefreut. (17—24)

Man erkennt leicht die verschiedenen Ebenen des Diskurses, der die Liebe zwischen Mann und Frau gestern und heute darstellt. Während in der Vergangenheit, explizit zur Zeit der minnenden Kaiser und Fürsten, die Liebe sich aus der vaterländisch-deutschen, betont moralischen Kunst des Minnesangs entwickelte und darin bestand, dass sich die Männer als Belohnung für ihren keuschen Sang einen „süssen Habedank / Vom Mündlein ihrer Frauen" (18—19), also einen Kuss, abholen. Es geht rein um einen Kuss, der Kuss, nicht einmal als solcher bezeichnet, sondern entschärfend metaphorisiert als „süsse[r] Habedank" (18), aber dadurch umso existenzieller, verpflichtender, verbindlicher und inniger, ist das körperliche Zeugnis der ‚deutschen' Liebe zwischen Mann und Frau. Ganz anders stellt sich die Situation der Erzählzeit dar. Die Mädchen, als jüngeres Äquivalent zu den Frauen des idealisierten Mittelalters und damit als unverheiratet markiert, sind der Sittenlosigkeit der Zeit verfallen und lassen sich von deutschen Jünglingen (Miller, Boie etc.) nicht so lieben wie die Ritter ihre Frauen in der guten alten Zeit. Sie sind „entehr[t]" (23) durch negatives Liedgut, das, keuschem deutschen Sang entgegengesetzt, insbesondere aus dem französischen Feindesland herübergekommen ist und von sitten- und vaterlandslosen Gesellen (s. unten) kultiviert und dem Publikum nahegebracht wird. Davon sind die deutschen Mädchen der Erzählzeit höchst negativ beeinflusst, so dass eine keusche, tugendhaft-moralische Liebe wie im idealen deutschen Mittelalter überhaupt nicht möglich. Insofern entscheidet sich die Zukunft einer Liebesbeziehung im Vaterlandsdiskurs: Lässt sich die (weibliche) Person durch ihren fehlerhaften Charakter nicht in das fixierte patriotische Weltbild einpassen, kann keine Liebe zustande kommen.

Besondere Bedeutung hat die ‚Erneuerung' bzw. Wiederentdeckung der mittelhochdeutschen Minnedichtung: Viele Gruppenmitglieder haben sich an dieser Gattung versucht und einiges zustande gebracht. Damit sind sie zur ihrer Zeit literarisch hochaktuell, ist doch die Minnedichtung seit den 1760er Jahren durch Breitinger und Bodmer wieder ins Gedächtnis bzw. ins Blickfeld von Künstlern und Intellektuellen gerückt und Gegenstand tiefergehender sowohl literarischer als auch ‚philologischer' Beschäftigung geworden. Bisher hat sich kein Wissenschaftler der Rezeption der Minnedichtung durch die Hainbündler in einer eigenständigen Monographie angenommen, nur in manchen Übersichtsmonographien finden sich Bemerkungen dazu.

Es ist den Schweizern Johann Jakob Bodmer und Johann Jakob Breitinger zu verdanken, dass die mittelhochdeutsche Dichtung wiederentdeckt wurde; sie schufen mit ihren ‚Editionen' die Grundlagen für die philologische Arbeit mit der mittelalterlichen deutschen Literatur. Bernd Weil bezeichnet diese Renaissance des Mittelhochdeutschen als zweite nach der des Humanismus'[306]:

> Die sogenannte zweite Wiederentdeckung des deutschen Minnensangs setzte Mitte des 18. Jahrhunderts ein, als sich – vor allem während und nach dem Siebenjährigen Krieg (1756-1763) zwischen Preußen, Österreich und Sachsen – in Deutschland allmählich ein erwachendes Nationalgefühl abzeichnete. Die aufkommende patriotische Stimmung begünstigte das geistige Zusammengehörigkeitsgefühl, das sich unter anderem in einer Hinwendung zu einer gemeinsamen Vergangenheit ausdrückte. Philosophie und Geschichtsschreibung, aber auch die Dichtkunst blieben davon nicht unbeeinflusst. Obwohl man sich zunächst mehr dem ‚germanischen Erbe' zuwandte, da das (katholische) Mittelalter in der nach-reformatorischen Zeit als „finster" galt, begann man in der zweiten Hälfte des 18. Jahrhunderts, die Lieder der Minnesinger in grundlegenden Sammlungen erstmals

---

[306] Weil, *Rezeption des Minnesangs*, S. 71

einer breiten Öffentlichkeit zugänglich zu machen.[307]

Besonders ab 1743 widmen sich Bodmer und Breitinger dem Minnesang (und dem *Nibelungenlied*). Aus dieser intensiven Beschäftigung entspringt denn schließlich auch die älteste aller „'Gesamtausgaben'"[308], in welcher erstmals alles Texte der Großen Heidelberger Liederhandschrift C versammelt sind (1758/1759). Zuvor hatten die Schweizer 1748 eine Auswahl unter dem Titel *Proben der alten schwäbischen Poesie des Dreyzehnten Jahrhunderts. Aus der Maneßischen Sammlung* publiziert und darin ausgewählte Strophen von 81 Autoren[309] gesammelt. Die Motivation gerade für Bodmer, sich so exzessiv mit der mittelalterlichen Literatur zu befassen, hat Leibrock unter dem Schlagwort „Bodmer und die Gefahr des ‚tödtlichen Vergessens'"[310] zusammengefasst.
Bei den Hainbündlern findet sich eine Kombination aus beiden Motivationen, einmal die Furcht vor dem Vergessen, einmal die patriotische Stimmung, die ins als genuin deutsche verstandene Mittelalter zurückgreift. Als Beispiel lässt sich vor allem Vossens sehr passend mit *Der Minnesang*[311] benannte Text anführen, den Paul Kahl als einen „Lobpreis Bodmers, der mit seinen Veröffentlichungen des Minnesangs die Minnesangnachahmungen im Göttinger Hain ermöglichte"[312] bezeichnet. Voß geht direkt in den ersten Versen *in medias res* und führt den Zeitgeist vor: „Lange traurte der Geist Walthers in Ludewigs / Büchersäälen, wo Staub hüllte den Minnesang / Jener goldenen Zeiten, / Da noch Heinriche herrscheten." (1—4). Es ist ein Aufruf gegen das Vergessen und ein Glücksempfinden darüber, dass „Walthers" (1) Lieder, hier meiner Auffassung nach als *pars pro toto* für den Minnesang an sich – der ja als umfassender Gattungsbegriff denn auch im zweiten Vers auftaucht – zu sehen, wiederentdeckt und zugänglich gemacht wurden. Die zeitliche Dimension wird im klagenden Auftaktadverb „lange" (1) verdeutlicht, die Bewertung des Zustandes folgt direkt mit dem zweiten Wort, dem Präteritum „traurte" (1): Dies ist fast aus der Perspektive der Lieder geschrieben, die unentdeckt jahrhundertelang ‚geschlafen' haben und deshalb trauern. Voß macht damit klar, welchen Stellenwert der Minnesang – von dem ja nur ein kleiner Teil tatsächlich durch Bodmer und Breitinger bekannt gemacht worden war – für ihn (und somit vermutlich für die Gruppen generell hat, ist *Der Minnesang* doch vor der Gruppe deklamiert und ins Bundesbuch aufgenommen worden) hat.

---

[307] Weil, *Rezeption des Minnesangs*, S. 71
[308] Schweikle, *Minnesang*, S. 62
[309] Felix Leibrock sagt, es seien „insgesamt 82 Dichter" gewesen (*Aufklärung und Mittelalter*, S. 17)
[310] Ebd., S. 69
[311] Kahl, *Bundesbuch*, Bd. 1, Nr. 114 [S. 103f.]
[312] Kahl, *Bundesbuch*, S. 456

Er – hier wird bewusst Autor und Sprechinstanz gleichgesetzt – betrauert, dass diese literarischen Zeugnisse „Jener goldenen Zeiten" (3) – als eine quasi ‚homerische' Epoche – nicht schon früheren Generationen offen gelegt worden sind und kritisiert, dass niemand „des Ahnen Gesang kümmerte" (10). Hier bricht auch eine prä-romantische Liebe für das Mittelalter durch, das als „goldene[.] Zeiten" (3), nicht als dunkel und finster betrachtet wird – und das ohne die für den Hainbund typischen anti-katholizistischen Attacken. Es ist ein spezifisch *deutsches* Erbe, das „Bodmer" (13) dem „Lande Teuts" (16) wiedergegeben hat und das sich gegen den „unheiligen Gallier[.]" (8) mit seinem „weicher Franzen Gesang, und der Ausonische / Schmerz in rasenden Opern" (46—47) wendet. Der Minnesang wird dementsprechend als eine frühe Form patriotischer Kunst verstanden, die ganz parallel verläuft zu den als deutsch verstandenen und in vielerlei anderen Kontexten ebenfalls formulierten Verhaltens- und Tugendmerkmalen: „Sittsam ist es und keusch; nie wird ein Buhlerscherz, / Wenn ihrs singet zur Laute, / Schnell mit Röthe die Wang' umziehn!" (42—44).

Die Minnesang-Rezeption der Hainbündler ist nicht nur durch Bodmer und Breitinger vorgegeben, sondern passt auch in den zeitgenössischen Kontext, denn viele der Poeten, die die Studenten bewunderten und zu ihren literarisch-gesellschaftlichen Vorbildern erhoben, versuchten sich ebenfalls an Nachdichtungen des Minnesangs bzw.n an Texten, die auf dem Minnesang aufbauen oder ihn zum Thema haben. Ein Beispiel ist Klopstock, Übervater des Hains, der mit seiner Ode *Kaiser Heinrich* (erste Fassung 1764, Überarbeitung 1771) seine Periode der vaterländischen Gesänge eingeleitet habe[313]. Thema des Textes ist „das Verhältnis der mittelalterlichen deutschen Kaiser von Karl dem Großen (742—814) über Friedrich Barbarossa (1121—1190) bis hin zu Heinrich dem VI. (1165—1197) zur Dichtkunst"[314]. Klopstock feiere die „Vereinigung von Kaisertum und Dichtertum bei Heinrich dem VI., aus dessen Minneliedern er zitiert [...], als Ideal"[315]. Laut Schmid habe Klopstock beabsichtigt, „den deutschen Fürsten das nationalliterarische Interesse anzutragen, indem er ihnen das Bild einer höfischen Nationaldichtung im Mittelalter"[316] vor Augen führte. Seit den 1760er Jahren befasste sich auch Johann Wilhelm Ludwig Gleim intensiv mit dem deutschen Minnesang und ist laut Bernd Weil mit der Nachdichtung des zweiten Liedes des Herrn von Trosberg einer der ersten deutschen Autoren gewesen,

---

[313] Weil, *Rezeption des Minnesangs*, S. 174f.
[314] Ebd., S. 175
[315] Ebd.
[316] Schmid, *Mittelalterrezeption*, S. 228

die nachdichtend den mittelhochdeutschen Minnesang den Lesern des 18. Jahrhunderts nahezubringen versuchten: 1773 veröffentlichte er seine ,Gedichte nach den Minnesingern'. Dieser erste umfangreichere poetische Nachahmungsversuch enthält insgesamt 46 Lieder, wobei Gleim die fürstlichen Sänger (Kaiser Heinrich VI., König Wenzel (II.) von Beheim (Böhmen), Markgraf Otto von Brandenburg ,mit dem Pfeile', Heinrich von Meißen, Herzog von Anhalt, Herzog Johans von Brabant und Herzog Heinrich von Pressela (Breslau)) an den Anfang stellt und die übrigen unter der Überschrift ,Nach verschiedenen Minnesingern' subsumiert (Albrecht von Johannsdorf, Gottfried von Straßburg, Reinmar von Zweter, Walther von Klingen, Walther von der Vogelweide, Ulrich von Lichtenstein, Konrad Schenk von Landegg (Landeck) u. a.).[317]

Von *direkten* und vor allem guten Nachdichtungen oder auch Zitaten aus mittelhochdeutschen Texten kann bei den Hainbündlern kaum die Rede sein. Zwar kommen bekannte Motive vor (s. unten), und auch Namen von Minnesängern werden genannt (Walther von der Vogelweide (1, *Der Minnesang*), bei Johann Martin Miller der „Schenke von Landegg" (24, *An die Donau*), aber keiner der am Minnesang angelehnten Texte der Hainbündler kommt über Anspielungen oder Anklänge hinaus, so Höltys *Maylied*[318], in dem Dietmars von Eist *Ahy nu kumt uns dú zit*[319] anklingt, oder auch sein *Minnelied*[320], das von Walthers von der Vogelweide *Sô die bluomen ûz deme grase dringent*[321] angeregt ist. Dass dies nicht gelungen ist, hat Kemper folgendermaßen formuliert:

> Das Lied bezeugt auf nahezu groteske Weise die naive Verkennung der hochartifiziellen Kunstform des höfischen Minnesangs. Von daher bleibt dessen Aneignung durch den Göttinger Hain oberflächlich und verständnislos, auch wenn sich immer wieder konkrete Anspielungen auf mittelalterliche Lieder- und Sangspruchdichter wie Walther von der Vogelweide [...], auf Frauenlob [...] oder die Lieder Oswalds von Wolkenstein [...] erkennen lassen. Die verschiedentlich eingestreuten Archaismen [...] wirken eher kurios denn ,authentisch'. Dennoch ist dieser neubelebte ,Minnesang' interessant als Zeugnis für die durch Bodmer und Breitinger, Gleim, Klopstock und Herder nach dem Vor-

---

[317] Weil, *Rezeption des Minnesangs*, S. 176
[318] Hölty, *Gesammelte Werke und Briefe*, S. 147
[319] *Des Minnesangs Frühling*, 33,15
[320] Hölty, *Gesammelte Werke und Briefe*, S. 166
[321] Kuhn, *Die Gedichte Walthers von der Vogelweide*, 45,37

bild der Briten inaugurierten Hinwendung zur kulturellen Vergangenheit des eigenen Volkes. Die Rückkehr zu den geschichtlichen Ursprüngen der Poesie geschah in der Erwartung, auf ‚Volkspoesie‘ im Sinne Percys, Macphersons und Herders zu treffen […]. In diesem Sinne verstanden die Hainbündler deshalb den Minnesang, und als Volkslieder sind auch Höltys ‚Minnelieder‘ konzipiert! Von daher sind sie als Experimente zur Wiederbelebung volkstümlicher Dichtung nicht weniger interessant als die ‚Kunstballade‘. Zitathaft anknüpfend an eine große Tradition, von deren Würde sie zu profitieren suchen, propagieren die Minnelieder Höltys gleichwohl die aktuellen bürgerlichen Tugenden, bei denen sich […] ‚ein reines Weib / Von Seele gut, und schön von Leib‘ als besonders begehrtes und zugleich schützenswertes Gut erweist. So ließ sich der Minnesang des Göttinger Hains und auch Höltys als Ausdruck der Vaterlandsliebe, der bürgerlichen Tugendliebe und der Volksverbundenheit gleichermaßen inszenieren.[322]

Kapitel II.4
Freund und Feind des Bundes: Klopstock und Wieland

Konstitutiv für den Göttinger Hain sind die Verehrung Klopstocks und die Feindschaft zu Christoph Martin Wieland. Wie Bahr schreibt, hatte Klopstock den Männern „nicht nur Namen und Motto, sondern auch ein Programm"[323] geliefert: „Teutomanie und moderne Empfindsamkeit verbanden sich zu einer Ideologie, die nicht nur der Antike, sondern auch bestimmten Figuren der französischen Aufklärung, wie z. B. Voltaire, entgegengesetzt war."[324] Klopstock ist ideologischer, poetischer und intellektueller Ankerpunkt des Hainbunds. Von ihm bereits bearbeitete lyrische Themen und Motive werden für das eigene Schaffen übernommen, regelrecht kopiert oder neu ausgeführt; der Dichter des *Messias* wird in zahlreichen Gedichten adressiert, namentlich positiv erwähnt oder auch ‚passiv‘, also ohne konkrete Nennung, aber dennoch offensichtlich glorifiziert; und die von Klopstock auf dem germanischen Erbe begründete (Wunsch-)Vorstellung des einigen deutschen Vaterlandes, die er unter anderem in seinen germanischen Gedichten, Hermann-Bardieten und seiner *Gelehrtenrepublik*, als dessen bedeutenden Teil er übrigens die Hainbündler ansah („Im vierzehnten Morgen [in der Druckfassung im Abschnitt des zwölften Morgens; Verf.] werden Sie eine heilige Co-

---

[322] Kemper, *Deutsche Lyrik*, Bd. 6/III, S. 177f.
[323] Bahr, *Geschichte der deutschen Literatur 2*, S. 92
[324] Ebd.

horte fnden"[325]), ist euphorisch aufgenommen worden, um der patriotisch-nationalen Struktur den letzten Schliff zu geben (vgl. dazu unter anderem die Bardennamen und die Verehrung Hermanns als dem Stammvater des deutschen Volkes).

Ein Schreiben Vossens an Brückner verdeutlicht die Reichweite und das Doppelspiel von Verehrung und Hass:

> Seinen Geburtstag feierten wir herlich. Gleich nach Mittag kamen wir auf Hahns Stube, die die größte ist (es regnete den Tag) zusammen. Eine lange Tafel war gedeckt, und mit Blumen geschmückt. Oben stand ein Lehnstuhl ledig, für Klopstock, mit Rosen und Levkojen bestreut, und auf ihm Klopstocks sämtliche Werke. Unter dem Stuhl lag Wielands Idris zerrissen. Jezt las Cramer aus den Triumfgesängen, und Hahn etliche sich auf Deutschland beziehende Oden von Klopstock vor. Und darauf tranken wir Kaffe; die Fidibus waren aus Wielands Schriften gemacht. Boie, der nicht raucht, mußte doch auch einen anzünden, und auf den zerrissenen Idris stampfen. Hernach tranken wir in Rheinwein Klopstocks Gesundheit, Luthers Andenken, Hermanns Andenken, des Bunds Gesundheit, dann Eberts, Goethens (den kennst du wol noch nicht?), Herders u.s.w. Klopstocks Ode der Rheinwein ward vorgelesen, und noch einige andere. Nun war das Gespräch warm. Wir sprachen von Freiheit, die Hüte auf dem Kopf, von Deutschland, von Tugendgesang, und du kannst denken, wie. Dann aßen wir, punschten, und zulezt verbrannten wir Wielands Idris und Bildnis. Klopstock, er mag's gehört oder vermutet haben, hat geschrieben, wir sollten ihm eine Beschreibung des Tags schicken.[326]

Wieland, zu der Zeit „geschmacklich noch tonangebende[r] herzoglich-weimarische[r] Hofrat"[327], wurde von den jungen Burschen schlicht verabscheut. Er personifizierte für sie alles das, was das Vaterland und das Deutschtum schädigte, er wurde als Sittenverderber und Mädchenverführer gebrandmarkt und als das große Übel schlechthin hingestellt. Freilich, die Hainbündler waren leicht zu reizen und schnell in negativen Urteilen, aber die (publizistische) Hetzjagd auf Wieland, der vor allem mit seinem seit langem kanonischen romantischen Gedicht *Idris* den Zorn der moralisch sehr konservativen, äußerst

---

[325] Klopstock an den Göttinger Hain, 4. Februar 1774; s. auch Lüchow, „Die heilige Cohorte"; s. unten ausführlicher
[326] Voß an Brückner, 4. August 1773
[327] Schrader, „Kreuzzug der Hainbündler", S. 325

biederen Studenten erregt hatte, sucht ihresgleichen und ist, innerhalb des Kreises, nur mit dem unbändigen Hass auf alles Französische zu vergleichen – mit dem Wieland natürlich identifiziert wurde. Schon Lichtenberg hatte zeitgenössisch auf die „Differenz der jeweiligen ästhetischen Grundvorstellungen"[328] hingewiesen: „Wieland ist aber weit über alles was ich kenne in den Schilderungen der sinnlichen Wollust, so wie sich einer schönen Einbildungskraft entkörpert, und sie in den geistigen Genuß unendlicher Wonne versenkt."[329]

Schrader hat diese Ausfälle gegen Wieland als „Vernichtungskampagne"[330], „Rufmord"[331] und sogar „Kreuzzug"[332] bezeichnet. Dies geschieht vor allem unter dem Eindruck des negativen und beispiellosen Höhepunkts der Hasstiraden: der Bücherverbrennung an Klopstocks Geburtstag.[333] Schrader tut den Hainbündler wohl zu viel der Ehre an, denn, so unangenehm ihre Ausfälle gewesen sein mögen, lässt sich kein strukturiertes Vorgehen erkennen. Zum einen nahmen nicht alle Mitglieder schriftlich Anteil an den Attacken, und zum anderen sind die Anfeindungen willkürlich, zeitlich nicht kongruent und mehr zufällig als geplant. Es werden, abgesehen von den zwei Sitzungen, auf denen gegen Wieland in der Gruppe gesprochen wird, keine gemeinsamen Aktionen unternommen: Wer mag, verfasst eine Kleinigkeit, um sich damit gegen Wieland zu stellen. Diese Beobachtungen zeigen, dass es den Hainbündlern an Einigkeit mangelte. Vielleicht standen grundsätzlich alle Göttinger Wieland negativ gegenüber, geäußert wurde es aber nur von einem kleinen Kern. Die Brüder Stolberg beispielsweise stimmen nicht in die Hassgesänge mit ein, obwohl gerade Friedrich Leopold zu blutrünstigen Rasereien durchaus in der Lage war; dies hat er lyrisch nachgewiesen. Einen „Kreuzzug"[334], wie Schrader dem Hainbündler attestiert, hat es aber nicht gegeben. Dafür fehlte es an fester Organisation und einer regelmäßig und kollektiv ausgelebten Kultur des Hassens. Auch die zeitliche Begrenzung spricht gegen eine groß angelegte „Vernichtungskampagne"[335]: Nach Friedrichs Rechnung „beginnt der literarische Kampf der sogenannten Hainbündler gegen Christoph Martin Wieland, der als der Antipode ihres Mentors Friedrich Gottlieb Klopstock aus dem Parnaß verjagt wird"[336], am 3. Oktober 1772 aus Anlass von

---

[328] Friedrich, „Wieland und der Göttinger Hain", S. 195
[329] Zit. nach ebd.
[330] Schrader, „Kreuzzug der Hainbündler", S. 325
[331] Ebd., S. 326
[332] Ebd., Untertitel
[333] Der entsprechende Brief Vossens an Brückner wurde oben ausführlich zitiert.
[334] Schrader, „Kreuzzug der Hainbündler", Untertitel
[335] Ebd., S. 325
[336] Friedrich, „Wieland und der Göttinger Hain", S. 189

Bürgers Abschied. Und bereits ab 1774 enden die Attacken wieder, als der Bund beginnt, sich nach und nach aufgrund des Wegzuges seiner Mitglieder aus Göttingen, aufzulösen. Zudem: Der Hass ist kurzlebig, einige Hainbünd-ler suchten gerade einmal ein Jahr nach den hässlichen Angriffen wieder Kon-takt zu Wieland[337]. Vor allem trägt eines zur Entschärfung der Attacken bei: Den Hainbündlern ist ihr kindisches Verhalten peinlich. Beispielhaft sei Brückner zitiert, er schreibt schon am 29. September 1773 an Voß: „Was mei-ne Schmähverschen gegen Wieland betrifft, so muß ich gestehen, so sehr es der Venerische Dichter verdient, so schäme ich mich doch insgeheim dersel-ben."

Auf den Olymp hatten die Hainbündler hingegen Friedrich Gottlieb Klop-stock erhoben; sein Einfluss auf die Lyrik ist oben bereits dargelegt worden. Für sie war der Dichter, rund 25 Jahre älter als die meisten Bundesbrüder, der Abgott ihres gesellschaftlichen und lyrischen Denksystems. Klopstock hatte das germanisierende Gefühl mit seinem starken vaterländischen Impetus in die Köpfe und Herzen der jungen Männer gepflanzt (s. oben) und ist Mittel- und Ankerpunkt für die Gruppenkonstitution und weite Teile des Schaffens, das immer wieder um dessen Gestalt kreist. Ein bedeutender Brief wurde schon zitiert; dieser belegt, wie fanatisch die Hainbündler Klopstock und sei-nem auf hohe Moral und nationalen Pathos ausgelegten (literarischen) Habi-tus nachgefolgt sind. Schließlich setzt erst die emotionale Feier zu Klopstocks Geburtstag – man erinnere sich: Der Jubilar war nicht anwesend – die Bü-cherverbrennung in Gang. Auch in anderen Kontexten ist Klopstock inner-halb der Gruppe gehuldigt worden, zum Beispiel sehr ausführlich bei Ewalds Abschied:

> Das war nun eine Dichtergesellschaft, und wir zechten alle, wie Ana-kreon und Flaccus; Boie, unser Werdomar, oben im Lehnstuhle, und zu beiden Seiten der Tafel, mit Eichenlaube bekränzt, die Barden-schüler. Gesundheiten wurden auch getrunken. Erstlich Klopstocks! Boie nahm das Glas, stand auf, und rief: Klopstock! Jeder folgte ihm, nannte den großen Namen, und nach einem heiligen Stillschweigen trank er. Nun Ramlers! Nicht voll so feierlich; Lessings, Gleims, Geß-ners, Gerstensbergs, Uzens, Weissens usw. und nun mein allerliebster Brückner mit seiner Doris.[338]

Dies zeigt auf verschiedenen Ebenen, welche Rolle Klopstock für den Bund auch nach der Gründung noch spielte. Auf der einen Seite erfährt man

---

[337] Vgl. ebd., S. 191
[338] Voß an Brückner, 26. Oktober 1772

plastisch den Einfluss Klopstocks, indem die Hainbündler ihren germanisch-bardischen Habitus offen zur Schau stellen. Das Eichenlaub, die Bardennamen, die Orientierung am altgermanischen Sänger – all' das wurde ihnen von Klopstock eingegeben. Ohne seine Ode *Der Hügel und der Hain* wäre dieser Rahmen nicht möglich gewesen, hätten die Hainbündler nicht ihre an der ‚deutschen Vergangenheit' orientierte Vorstellungswelt erschaffen und sich darin lyrisch und innerhalb der Gruppe getummelt. Zum anderen hebt das Ritual auf Klopstocks zeitgenössische literarhistorische Stellung ab, die über das rein Patriotische hinausgeht. Er wird an den Beginn einer Reihe bedeutender lebender Literaten des 18. Jahrhunderts gestellt, von denen alle in diesen frühen 1770er Jahren sich in ihrem vollen Glanze befinden bzw. als herausragend rezipiert werden. Aber welcher Unterschied! Wie weit findet sich Klopstock von Ramler, der in der Lobesreihe auf ihn folgt, abgesetzt, wie exponiert ist er! Es ist schon keine ‚normale' Ehrerbietung mehr, die Klopstock zu Teil wird: Seine Rolle für Gesellschaft und Literatur wird als so hoch eingeschätzt, dass die Hainbündler und ihr engerer Umkreis in „heilige[s] Stillschweigen" verfällt, wenn dem „großen Namen"[339] die Gesundheit getrunken wird. Dies liegt semantisch ganz nah am Konzept der heiligen Poesie, das Klopstock in seinem Text *Von der heiligen Poesie*[340] dargelegt hat.

Auch in der Lyrik wird die Klopstock-Verehrung gespiegelt. In Vossens *An André*[341] wird Klopstock in den Mittelpunkt gestellt, indem er als Vorbild für tugendhafte Dichtung und aller bardischen Sänger identifiziert wird: „Daß nur Tugend, die Glut zärtlicher Unschuld nur, / Unsrer Barden Gesang füllet, und Ramlers und / Klopstocks göttlicher Schwung zu den Olympiern / Die bezauberten Seelen reißt!" (25—28). Klopstock ist das völlige Gegenteil von Wieland: Während jener der urböse „Wollustsänger" (Hölty, *Der Wollustsänger*[342]) ist, wird dieser fast sakralisiert als hehre Lichtgestalt dargestellt, dem alles außer der Tugend fremd ist. Wie oben bereits beschrieben, steht diese Tugend auch bei den Hainbündlern im Zentrum: Sie ist eine Zier, während jedes nicht-tugendhafte Verhalten als schreckliches Laster, das sogar den Fortbestand der Nation gefährden kann, hingestellt wird. Eine solche Differenz, in der Klopstock den Platz des ursprünglich Deutschen und Tugendhaften einnimmt, wird auch in Vossens Nekrolog *Auf Michaelis Tod*[343] entworfen. Dort werden Klopstock und Voltaire – ebenfalls ein von ganzem Herzen gehasster Feind des Bundes – gegeneinander ausgespielt: „Doch unwerth dieses Jünglinges warst du, Land, / Das seines Volkes Ehre verkennt, voll Durst / Nach

---

[339] Ebd.
[340] Klopstock, *Ausgewählte Werke*, S. 997ff.
[341] Kahl, *Bundesbuch*, Bd. 1, Nr. 16 [S. 22f.]
[342] Hölty, *Gesammelte Werke und Briefe*, S. 108
[343] Kahl, *Bundesbuch*, Bd. 1, Nr. 2 [S. 10f.]

Arouets Geklingel lechzet, / Daniens Königen Klopstocks Lied gönnt!" (29—32). Der Dichter des *Messias* ist der gute, auf Ehre (= Tugend!) bedachte Deutsche, der aber von seinem eigenen, durch französische Einflüsse negativ belastete und vom Pfad der Tugend abgekommenen Volk nicht angenommen wird. Dieses Volk ist vielmehr von Voltaire („Es sterbe der Sittenverderber Wieland, es sterbe Voltair [sic] [...]"[344]) so beeinflusst, dass es genuin deutsche Sitte und Ehre weder wahrnimmt geschweige denn auslebt. Die Rolle Klopstocks für das hainbündlerische Verständnis der deutschen Nation wird ebenfalls von Voß, seinem fanatischsten Nachfolger, lyrisch expliziert. Voß setzt in seinem Widmungsgedicht *An Boie*[345], das wenige Wochen nach der Gründung entstanden ist, Klopstock und Deutschland auf eine Ebene und spricht dem Dichter die Rolle des Nationalpoeten zu:

> Erfahren seiner mancherley Wirren, (zeugt's, / Itzt Tugendlehrer, Liebesverkünder itzt, / Stets Meistertöne seines Spieles!) / Führest du selbst mit erhobner Fackel / / Uns des Gesanges Pfad, zu der lichten Höh, / Wo, alle Sänger aller Jahrhunderte / Weit überragend, Deutschlands Klopstock / Stralt mir die Sonn', und aus Wolken blicket. (17—24)

Zu der programmatischen Verehrung kommt die konkrete poetische Nachahmung. Klopstock ist Vorbild in der Geisteshaltung, gewiss, aber ebenso ist er gattungs- und motivgeschichtlich Vorbild. Viele Dichtungen des Hains, vor allem die, die germanische Motive in den Vordergrund stellen und das Bardische beschwören, wären ohne Klopstocks Vorlagen nicht möglich gewesen. Dies gilt in besonderem Maße für die Gedichte, die sich mit Hermann dem Cherusker befassen:

> Studiert man die Dokumente des Göttinger Bundes in seinen Briefen, Sendschreiben, Urkunden und beobachtet die Vorstellungen und Attribute, so erkennt man schnell ihre literarische Quelle. Im Herbst 1771 hatte Klopstock nach langem Zögern die erste öffentliche Sammlung seiner Gedichte vorgelegt. Das ‚dritte Buch' dieses Bandes enthält die Oden der sechziger Jahre; hier, und in den letzten der Jahre 1767 und 1768 wie ‚Die Kunst Tialfs', ‚Der Hügel und der Hain', ‚Hermann' und ‚Mein Vaterland' besonders, treffen wir jene poetische Vorstellungswelt, welche die Göttinger Jünglinge in begeisterter Anlehnung nachahmten. Und in ‚Hermanns Schlacht', Klopstocks ers-

---

[344] Voß an Brückner, 26. Oktober 1772
[345] Kahl, *Bundesbuch*, Aus Vossens Bundesbuch, Nr. 64 [S. 222f.]

tem ‚Bardiet für die Schaubühne' von 1769. Es war also jüngste literarische Vergangenheit oder besser Gegenwart, der sie sich anschlossen.[346]

Aber auch Klopstock hatte Interesse am Bund, die Zuneigung war nicht einseitig. Dies hat vor allem Annelen Kranefuss herausgestellt. In seiner Ode *Weissagung*[347], die Klopstock den mit ihm lange bekannten Grafen Stolberg gewidmet hatte, „spricht [er] die politischen Hoffnungen aus, die Klopstock an den Göttinger Hain und die beiden Brüder darin knüpft"[348]:

> Was die Ode für die Stolbergs poetisch verkündet, das wird in der 1774 erscheinenden Reformschrift *Deutsche Gelehrtenrepublik* zum Programm: die Überwindung der nationalen Zersplitterung der bürgerlichen Schichten Deutschlands mit Hilfe der Organisation der ‚Gelehrten', also der wissenschaftlichen und literarischen Produzenten. Mit der Übertragung einer politischen Aufgabe an die Wissenschaft trägt Klopstock in realistischer Einschätzung der politischen Verhältnisse seiner Zeit dem Umstand Rechnung, daß der gesellschaftliche Emanzipationsprozeß vorerst ohne seine eigentliche Grundlage – eine ökonomisch wie ideologisch gefestigte bürgerliche Klasse – vor sich gehen mußte.[349]

Kapitel II.5
Eine Frage der Epoche: Der Hain zwischen Anakreontik und Sturm und Drang

Eine letzte Frage ist die zur ‚Epochen'zugehörigkeit des Hainbunds. Obwohl sich parallel zum erwachsenden Sturm und Drang findend und begründend, wurde und wird der Hainbund in der Forschung landläufig unter dem literarhistorisch in diesem Falle etwas schwammigen Epochenbegriff der Aufklärung subsumiert, will heißen, die Lyrik scheint primär ‚aufgeklärt' bzw. ‚aufklärerisch' zu sein und verteilt sich dann in einem zweiten Schritt auf die Strömungen des 18. Jahrhunderts, die weithin ebenfalls der Aufklärung, manchmal als ‚Spielart' bezeichnet, zugeschlagen werden. Aber schon dieser zweite Schritt bedeutet eine Diversifikation der Themen, Motive und poetischen Sprechweisen, die es kaum zulässt, von einer einheitlichen Stoßrichtung, geschweige denn von einer festen ‚Epochen'zugehörigkeit zu sprechen.

---

[346] Kelletat, *Der Göttinger Hain*, S. 407
[347] Klopstock, *Oden*, Bd. 2, S. 6ff.
[348] Kranefuss, „Klopstock und der Göttinger Hain", S. 135
[349] Ebd.

Das kaum zu übersehende Textcorpus des Bundes, das zwischen 1772 und 1775 entstanden ist – von der Vielzahl der lyrischen Proben, die die Mitglieder des Bundes in der Vor- und direkten Nachzeit hinterlassen haben, ganz zu schweigen –, bietet kaum die Möglichkeit, das Schaffen literarhistorisch zu kategorisieren und vom Bund als dem Teil *einer* Richtung zu sprechen. Vielmehr besteht eine Nähe zu den verschiedenen Epochen und Gattungsgruppierungen, die das Jahrhundert kennt.

Vor diesem Problem scheint auch die Forschung zu stehen. Bahr et al. sprechen beispielsweise Klopstock zu, „der Lyrik [der Hainbündler] die Kontinuität der Aufklärung"[350] eingegeben zu haben, als ob ohne Klopstock die Lyrik gerade nicht ‚aufgeklärt‘ bzw. ‚aufklärerisch‘ gewesen wäre. Wenige Zeilen später verbinden sich „Teutomanie und moderne Empfindsamkeit [...] zu einer Ideologie"[351], wobei man sich sowohl fragen muss, weshalb das Schaffen der Hainbündler auf diese zwei Kategorien verengt wird, als auch, was denn nun eigentlich die „moderne Empfindsamkeit" sein soll. Empfindsamkeit, die jünger ist als die erste Phase im früheren 18. Jahrhundert? Diese rein quantitative Feststellung wird nicht intendiert sein. Oder etwa Empfindsamkeit, die ursprüngliche Tendenzen überarbeitet und modernisiert im Sinne von: der zeitlichen literarischen Umgebung anpasst? Dann wäre es falsch, denn die Empfindsamkeit der Hainbündler ist so empfindsam, wie die von Gleim, Haller etc. 30 bis 40 Jahre zuvor nur sein konnte. Allein mag die Weiterentwicklung gemeint sein: In ihrer Empfindsamkeit sind die Hainbündler gleichzeitig progressiv, indem sie sich nicht ausschließlich auf die großen Vorlagen beziehen, sondern auch zeitgenössischere Themen und Motive aufgreifen; ein Beispiel ist Hölty, der von der englischen Empfindsamkeit beeinflusst seine große Friedhofsdichtung schuf, als deren bedeutendstes Produkt die *Elegie auf einen Dorfkirchhof* gelten darf. Aber ob von moderner Empfindsamkeit zu sprechen ist, scheint fraglich, und es wird nicht klar, auf was Bahr eigentlich hinauswill. Eine Klärung der Epochenfrage leistet er in jedem Falle nicht, eher verkompliziert er durch seinen Drang, die Hainbündler als eine „literarische[.] Avantgarde"[352] zu definieren, die Sachlage. Eine weitere Aussage, an der man die Schwierigkeit der Zuordnung erkennt, ist, dass Ehrhard Bahr die Wendung gegen die Antike als konstitutives Moment der Hainbündler als Klopstock-Nachfolger identifiziert haben will, aber gleichzeitig spricht er davon, dass Ode, Elegie, Idylle und Hymne, also die großen antiken Gedichtformen, zu den beliebtesten und häufigsten Formen der Göttinger gehört hätten.[353]

---

[350] Bahr, *Geschichte der deutschen Literatur 2*, S. 92
[351] Ebd.
[352] Ebd.
[353] Vgl. ebd. S. 93

Diese Ver(w)irrungen bei der Zuordnung und die Übersicht über das vielfältige lyrische Schaffen der Hainbündler sollten gezeigt haben, dass es kaum möglich ist, die Gruppe verengt einer Richtung zuzuschlagen; auch die ausschließliche Fokussierung auf Klopstock führt nicht zum Ziel, denn selbst wenn dieser unzweifelhaft einen großen Einfluss auf die Studenten ausgeübt hat, so ist er nicht die Sonne, zu der er gerne erhoben wird. Die Bundesbrüder sind literarisch trotz aller Anbindung an Klopstock weitgehend autonom und nehmen die verschiedenartigen Strömungen, Gattungsgruppierungen und Einflüsse des 18. Jahrhunderts vollumfänglich auf. Es lässt sich – das muss betont werden – keine Strömung ihres Jahrhunderts finden, die sie nicht ernsthaft aufgegriffen hätten: Ihr Spektrum reicht von der Anakreontik der Frühaufklärung über die (pietistisch beeinflusste) Empfindsamkeit und vaterländische Lyrik der 1760er Jahre bis hin zum Sturm und Drang[354], der sich parallel zu ihnen selbst herausbildet. Auch seine Motive greifen die Hainbündler auf, Geniestrom und Adler sind gängige Utensilien einer ,geniehaften' Lyrik, die sich an ganz aktuellen Tendenzen orientiert. Insofern sind die Hainbündler im Großen und Ganzen im 18. Jahrhundert verankert und haben in den verschiedenen Stilrichtungen und Themen eine Heimat gefunden, ohne ihrer Dichtung jedoch ein verbindliches Etikett zu geben. Die vorherrschenden Denk- und Literatursysteme der Zeit werden aufgegriffen, und die Nutzung des einen bedingt überhaupt nicht den Ausschluss des anderen. Dazu kommt die Hinwendung zu einer präromantischen Stufe durch die Aufnahme der mittelhochdeutschen Dichtung bei der gleichzeitigen positiven Aufnahme eines als ,deutsch' verstandenen Mittelalters. Eine strikte Zuordnung zu einer Epoche oder Strömung ist beim Göttinger Hainbund damit zu kurz gegriffen und missversteht den Radius von Denken und Schreiben der Gruppe. Dies wird sich auch im Rahmen der männlichkeitsgeschichtlichen Untersuchungen erweisen.

---

[354] Vgl. dazu Kelletat, *Der Göttinger Hain*, S. 435

Kapitel III
Der „deutsche Mann": Geschlechtsidentität und Nationalität im Vaterlandsdiskurs

Kapitel III.1
Grundlagen: Patriotismus, Militarismus und Männlichkeit

Obgleich der Vaterlandsdiskurs der Göttinger Hainbündler, gemessen am Vorkommen des Themas in den Gedichten, nicht den höchsten Stellenwert einnimmt[355], beherrscht er doch die Hainbund-,Forschung' und das Bild, das von dieser Gruppierung geschaffen worden ist. Ihr Patriotismus, der vor allem in der Tradition von Friedrich Gottlieb Klopstock steht, ist zum konstitutiven Moment des Bundes und der gesamten Lyrik erhoben worden, was zum Resultat hat, dass andere Themen kaum beachtet worden sind.[356] Für Blitz geht die Entwicklung der Göttinger zu einem vaterländischen Dichterbund mit der „Verehrung für Klopstock"[357] einher, die eine nachhaltige Veränderung des Selbstverständnisses mit sich gebracht habe[358]:

> Schon im November 1772 ist im Sendschreiben an das neue Mitglied Brückner wenig von literarischen Zielsetzungen die Rede. In der aus Klopstocks Dichtung entlehnten Rolle germanischer Barden legen die Göttinger ihre bürgerliche Identität ab und ‚verkünden', welcher moralisch-vaterländischen Mission sich ihr Bund verpflichtet fühlt.[359]

Es scheint, als würde dieser Aspekt über Gebühr verhandelt, denn weder sind die Gedichte, die sich mit vaterländischen Themen befassen, poetisch und ästhetisch auffallend originell oder anspruchsvoll noch kommt den Hainbündlern mit ihren Rekursen auf ein glorreiches deutsches Vaterland, eine salbungsvolle heidnisch-germanische Vergangenheit und der signifikanten Explikation eines ständigen Freiheitskampfes gegen römische Usurpatoren (sowohl im Rückbezug auf den historischen Konflikt zwischen Germanen und Römern als auch religionsgeschichtlich mit Martin Luther als neuem Armini-

---

[355] Vgl. die Zählung von Lübbering, *„Für Klopstock"*, S. 139
[356] Wesentlich sind die beiden Studien von Blitz, „Identitätskonzepte und Feindbilder" und *Aus Liebe zum Vaterland*, die relativ allein auf dem Feld der Hainbund-Forschung stehen.
[357] Blitz, „Identitätskonzepte und Feindbilder", S. 98
[358] Vgl. ebd.
[359] Ebd.; dieses „Sendschreiben" war oben Gegenstand der Untersuchung. Es wurde dort nachgewiesen, dass die „moralisch-vaterländischen" Zielsetzungen sehr wohl literarische Bedeutung haben.

us) eine besondere literarhistorische Stellung zu, beispielsweise im Sinne eines Alleinstellungs- oder schöpferischen Merkmals. Dies hat schon Hans Peter Herrmann festgestellt, wenn er die Entwicklung patriotisch geprägter Literatur im deutschsprachigen Raum darstellt:

> Im zeitlichen Ablauf hat offenbar der Siebenjährige Krieg [1756-1763; Verf.] eine Verbreiterung, Aktualisierung und Intensivierung patriotischen Denkens und patriotischer Dichtungsproduktion bewirkt; 1770/76, also während des poetischen „Sturm und Drang", finden sich gehäuft Zeugnisse einer patriotischen Literaturmode; eine dritte Konjunktur erlebt der Patriotismus nach 1790 – sie geht in die durchweg als ‚früher Nationalismus' bezeichnete literarisch-politische Bewegung der Befreiungskriege über.[360]

Dies zeigt, dass die Hainbündler keineswegs nur innovativ in ihrer Themenfindung waren. Sie sind vielmehr mit ihrem lyrischen Patriotismus Exponenten einer „Literaturmode"[361], und ihr Hang zu bardischem Gebaren als Ausdruck einer Besinnung auf eine genuin deutsche, den Mythos streifende Geschichte ist ebenfalls als eine Mode im Rahmen einer sich ab der Mitte des 18. Jahrhunderts immer weiter verbreitenden Deutschtümelei identifiziert worden. Schöne hat durchweg negativ auf diesen deutschtümelnden Vaterlandsdiskurs der Göttinger reagiert.

> Und ihre prahlende, ins Bardenkostüm lächerlich verkleidete Deutschtümelei ermuntert heute zur Denkmalspflege so wenig wie der wüste Franzosenhaß, der sich durchsetzte unter den Haingenossen, wie die Heiligenverehrung ihres peinlichen Klopstock-Kultes, wie die erste Göttinger Bücherverbrennung, die sie den unsittlichen, unchristlichen, undeutschen Schriften Wielands angedeihen ließen.[362]

Da aber der patriotische Diskurs der Hainbündler eng mit geschlechtsspezifischen Vorstellungen verbunden ist, also Männlichkeit und Vaterland sich auf einer Ebene im Diskurs bewegen, ist der Patriotismus der Gruppe von zentraler Bedeutung für diese Arbeit. Schon Hans Peter Herrmann[363] hat auf die genustheoretische Bedeutung der Figur des „deutschen Mannes" hingewiesen, die von mehreren Mitgliedern des Bundes innerhalb des Vaterlandsdiskurses

---

[360] Herrmann, „Einleitung", S. 16f.
[361] Ebd., S. 17
[362] Schöne, *Gedichte aus dem Göttinger Hain*, unpaginiert
[363] Vgl. Herrmann, „Arminius und die Erfindung der Männlichkeit", S. 173

genutzt wird.[364] Diese Figur wird als Beitrag zu einer (patriotisch fundierten) Männlichkeitsgeschichte der 1770er Jahre in den Mittelpunkt der folgenden Untersuchung gestellt, um davon ausgehend die männlichkeitsbasierte Vaterlandsdarstellung der Göttinger als virulenten Teil des patriotischen Diskurses zu interpretieren und in diesem Zuge zu bewerten. In einem zweiten Schritt werden ausgehend von diesem primären Diskurs, der sich um die Figur an sich dreht, die weiteren Bedeutungsebenen des patriotischen Themenkreises untersucht und mit der Männlichkeit in Verbindung gebracht. Dabei wird sich zeigen, dass sämtliche Bereiche des vaterländischen Diskurses auf ihre ganz spezifische Art und Weise mit einer Männlichkeitsvorstellung verknüpft sind. Das gilt sowohl für die eigenen Merkmale als auch für die der Fremden: Gerade im Kontext der expliziten Fremdenfeindlichkeit der Göttinger Hainbündler werden männlichkeitsspezifische Eigenschaften des Deutschen zu Felde geführt gegen die dann als unmännlich verstandenen charakterlichen/-körperlichen Ausprägungen anderer Nationalitäten, vor allem der Franzosen.

Ute Frevert hat nachgewiesen, dass es um 1800 zu einem anthropologischen Wandel in der Vorstellung vom Mann kam. Im frühen und mittleren 18. Jahrhundert war das Bild des Mannes vor allem von seiner Funktion als Ehemann bestimmt[365]. Frevert beruft sich auf Johann Heinrich Zedlers *Grosses Vollständiges Universal-Lexicon aller Wissenschaften und Künste*, anhand dessen sie den Mann der Früh- und Hochaufklärung als Wesen definiert, dessen Aufgabe in der Welt es ist, das Haus (sprich: die Familie) zu führen und Gewerbe zu treiben. „So lieget auch dem Manne", zitiert Frevert Zedler, „die Sorge vor den Erwerb am meisten ob."[366] Der Mann müsse verdienen, während die „Weiber theils bey Erzeugung der Kinder, indem sie schwanger gehen, theils bey ihrer Erziehung, mehr zu thun haben als die Männer"[367]. Dies bezeugt das Verständnis von Männlichkeit und Weiblichkeit als strikt *relational*: Beide Kategorien existieren nur im Austausch und in der Konkurrenz miteinander, sie unterscheiden sich „mehr im Sozialen [...] als im Körperlich-‚Natürlichen'"[368]. Freverts Fazit ist:

> Um ein Mann zu sein, bedarf es nicht nur der Zugehörigkeit zum männlichen Geschlecht; es reicht [...] nicht aus, keine Frau zu sein, sondern es müssen andere, soziale Qualifikationen hinzutreten: eine

---

[364] Die Göttinger verwenden diese Figur auch in Abwandlungen, so zum Beispiel Johann Martin Miller mit seinen „deutschen Brüdern" (*Deutsches Trinklied*, Kahl, *Bundesbuch*, Bd. 1, Nr. 38 [S. 38f.]). Andere Varianten wird die Interpretation aufzeigen.

[365] Vgl. Frevert, *Geschlechter-Differenzen in der Moderne*, S. 26f.

[366] Zit. nach ebd., S. 27

[367] Zit. nach ebd.

[368] Ebd., S. 26

angesehene, mit Ehre bedachte sozialökonomische Position, zumeist verbunden mit der Kompetenz, einen eigenen Hausstand zu begründen, zu heiraten und einer Familie vorzustehen.[369]

In Kontrast dazu steht ein Eintrag von Johann Georg Krünitz in der *Ökonomisch-technologischen Encyklopädie* von 1806. Er hebt unter dem Stichwort „Mann" vor allem Begriffe wie „Stärke", „Herzhaftigkeit", „gesetzte[s] Betragen[.]", „Muth" und „Tapferkeit" hervor und klassifiziert den „Mann" zudem als „Soldat"[370]. In diesem Kontext nun stellt Frevert fest: Die

hausväterliche Dimension ist in der Aufzählung [...] deutlich an den Rand gerückt; im Mittelpunkt steht nun unübersehbar der soldatisch-männliche Tugendkatalog. Soziale Beziehungen oder Kontexte, in denen Tugenden erworben, entfaltet und praktiziert werden, bleiben ausgeblendet; die Eigenschaften selber gewinnen kraft dieser Abstraktion einen gleichsam universellen Status, werden unmittelbar an das Geschlecht selber geknüpft.[371]

Frevert hat in ihrem wichtigen Aufsatz zur „historischen Konstruktion von Männlichkeit"[372] diesen Ansatz weiter verfolgt. Sie zeigt anhand historischer Quellen, wie eng Männlichkeit spätestens ab dem zweiten Jahrzehnt des 19. Jahrhunderts mit einer soldatischen Existenz verknüpft war. Vor allem die Legitimation, überhaupt als Staatsbürger gelten und als solcher die Vorzüge des (preußischen) Staates nutzen zu dürfen, wird in zeitgenössischen Texten immer mit Wehrdienst und Soldatentum in Beziehung gesetzt: Frevert führt unter anderem das Beispiel des Majors von Lossau an, der bereits 1808 davon schrieb, es sei

die ‚wesentlichste' Pflicht eines jeden ‚Staatsbewohners', ‚mit allen seinen Kräften persönlich den Staat im Kriege zu verteidigen ... Dieser Pflicht entledigt zu sein, heißt aus der Gesellschaft des Staatsvereins heraustreten. Nur Verbrecher werden hiermit bestraft. Derjenige, welcher verurteilt wird, dem Staate nicht mehr im Kriege zu dienen, ist seiner staatsbürgerlichen Ehre beraubt'.[373]

---

[369] Ebd., S. 29
[370] Alles zit. nach Frevert, *Geschlechter-Differenzen in der Moderne*, S. 30
[371] Ebd.
[372] Frevert, „Soldaten, Staatsbürger", Untertitel
[373] Zit. nach ebd., S. 78f.

Der Mann, der den Kriegsdienst für sein Vaterland verweigert, macht sich also eines Verbrechens schuldig und wird aus der Gemeinschaft der Staatsbürger ausgeschlossen. Er verliert seine öffentliche Position und kann sich dementsprechend nicht mehr seinem männlichen Geschlechtscharakter, der ja auf öffentliche Repräsentation hin ausgerichtet war, bewähren. Dadurch gleicht er sich, das ist wohl die implizite Aussage von von Lossau, der nicht-öffentlichen, der genuin häuslichen Rolle der Frau an und wird dadurch effeminiert. Ute Frevert hat den Militärdienst weiterhin als „politisches Initiationsritual"[374] bezeichnet und dadurch die politische Sphäre genderisiert – das heißt: Erst durch das (temporäre) soldatische Leben kann der Mann zum Staatsbürger werden. Der Militärdienst ist eine Schule der Männlichkeit, die den männlichen Geschlechtscharakter dahingehend ausbildet, dass er überhaupt in seine festgelegte Rolle als Mann eintreten kann. Diese Schlussfolgerung erweist sich als haltbar, schaut man auf eine Regelung von 1813, die ebenfalls in Freverts Aufsatz aufgeführt ist: Männern, die sich dem Kriegsrecht entzogen, wurde im Gegenzug Bürgerrecht und Gewerbeschein verweigert. „Außerdem sollten sie ihre bürgerlich-männliche Selbständigkeit einbüßen und unter Vormundschaft gestellt werden. Von staatlichen und kommunalen Ämtern blieben sie selbstverständlich auch ausgeschlossen."[375] Der Aufsatz schließt mit der Vorstellung von neun zugespitzten Thesen. Unter anderem schlussfolgert sie, die „Anfang des 19. Jahrhunderts in Preußen eingeführte allgemeine Wehrpflicht [habe] das traditionelle Männlichkeitsbild [revolutioniert]", indem sie die „Funktion des Mannes als Krieger [universalierte] und [...] den Soldaten als ehrenvolle und Ehre vermittelnde Verbindlichkeit jedes einzelnen Mannes [aufwertete]"[376]. Das Militär war laut Frevert sowohl „Medium männlicher Vergemeinschaftung [und] nahm darüber hinaus für sich in Anspruch, den rekrutierten Jüngling überhaupt erst zum Manne zu bilden"[377]. Soldat sein heißt also, ein Mann zu sein[378], das Militär bzw. der Militärdienst wird vermännlicht und damit zu einem geschlechtlichen Konstrukt. Und dieses Konstrukt gibt seine inhärente Männlichkeit an die Menschen weiter, die an seiner Existenz teilhaben. Es scheint, als sei kurz nach der Jahrhundertwende, im Zeichen der Napoleonischen und der Befreiungskriege, Männlichkeit ohne Militär und Krieg gar nicht denkbar. Es gibt kein Männlichkeitsmodell, das mit dieser rein militärisch verstandenen Männlichkeit konkurriert. Auch die Literatur des frühen 19. Jahrhunderts, allen voran Lyrik und Prosa der Befreiungskriege, hat sich dieses neuen (soldatischen) Geschlechterdiskur-

---

[374] Ebd., S. 79
[375] Ebd.
[376] Ebd., S. 81
[377] Ebd., S. 82
[378] Vgl. ebd., S. 81

ses bedient und ihn in der Wortwahl sogar noch verschärft. Das hat Hagemann in ihrem Aufsatz[379] nachgewiesen und in ihrer Habilitation[380] hinsichtlich der Publizistik noch einmal ausgebreitet. Der „Federkrieg"[381] ist ihr Schlagwort für diesen Diskurs. Sie führt Textbeispiele, unter anderem von Ernst Moritz Arndt, an, um zu illustrieren, mit welchen Formulierungen sich die zeitgenössische Literatur in ihren nationalen, kriegerischen und betont antifranzösischen „Männlichkeitsrausch"[382] hineinsteigert.

> „In den Jahren vor und während der Befreiungskriege 1813-15 wurden im Zuge der ideologischen Mobilmachung für den Kampf gegen die französische Fremdherrschaft die verschiedensten Bilder von patriotischer Männlichkeit entworfen. In deren Mittelpunkt stand [...] meist die immergleiche Forderung nach männlicher ‚Wehrhaftigkeit'. Darunter wurde allgemein die Bereitschaft und Fähigkeit eines Mannes verstanden, die ‚Freiheit' des ‚Vaterlandes' mit der Waffe in der Hand zu verteidigen und dabei sein Leben zu riskieren."[383]

Diese literarischen Umsetzungen sind das Ergebnis eines „neue[n] patriotisch-militärische[n] Männlichkeitsentwurf[es]", dessen Inhalt sich aus Begriffen wie Ehre, Freiheitssinn, Frömmigkeit, Kraft, Kameradschaft, Mannszucht, Mut, Ruhm, Treue, Patriotismus und Wehrhaftigkeit speist.[384] Dieser neue Entwurf ist auch in die Polarisierung des Geschlechterdiskurses eingeflossen:

> Als zentrale Merkmale des Mannes schlechthin galten jetzt Aktivität, Aggressivität, Kraft, Kreativität, Leidenschaftlichkeit, Mut, Stärke und Tapferkeit. Der Frau wurden demgegenüber die ‚Charaktereigenschaften' Friedfertigkeit, Fürsorglichkeit, Schönheit, Sanftheit, Sittlichkeit und Passivität zugeschrieben.[385]

Hagemann untersucht Arndts *Vaterlandslied*[386] hinsichtlich des zeitgenössischen Männlichkeitsdiskurses und stellt dar, inwiefern darin ein „Zusammen-

---

[379] Hagemann, „Entwürfe patriotisch-wehrhafter Männlichkeit", S. 51
[380] Hagemann, *Nation, Militär und Geschlecht*
[381] Ebd., S. 129
[382] Schulz, *Geschichte der deutschen Literatur*, Bd. 7/2, S. 76
[383] Hagemann, „Entwürfe patriotisch-wehrhafter Männlichkeit", S. 51
[384] Vgl. ebd., S. 52
[385] Ebd., S. 53
[386] Arndt, *Werke*, Teil 1, S. 100f.

hang von Patriotismus, ,Wehrhaftigkeit' und Männlichkeit lyrisch hergestellt"[387] wird. Schlussendlich fasst sie Arndts *Vaterlandslied* als einen „Prototyp
der ,Befreiungslyrik'"[388] auf: Die Auffassung einer soldatischen Männlichkeit
ist marktgängig und schlüssig geworden und wird von einer der vorherrschenden literarischen Strömungen – die „politische Lyrik der Epoche […] über-
tönte auf den Höhepunkten des Kampfes gegen Napoleon sämtliche andere
Tendenzen"[389] – umfassend genutzt. Sie durchzieht eine Gattung, die auch
oder die gerade öffentlichkeitswirksam war. So erreichte Arndts *Katechismus
für den teutschen Kriegs- und Wehrmann* eine Auflage zwischen 60.000 und
80.000 Stück[390], und Theodor Körners Lieder gehörten zum „alltäglichen Ge-
sangsrepertoire der Freiwilligen"[391] während der Befreiungskriege.
Es liegt also, nach dem Ende der Aufklärung und am Start des ,militaristi-
schen' 19. Jahrhunderts, eine neue Auffassung von Männlichkeit vor, die sowohl geschlechter- als auch literaturgeschichtlich verankert ist. Diese ist vor
allem mit der Vorstellung von einem soldatisch-kraftvollen männlichen Charakter verknüpft. Das Hausväterlich-Private hat seine Vormachtstellung im
anthropologischen Geschlechterdiskurs verloren; Männlichkeit ist nunmehr
eine öffentliche Angelegenheit geworden, in der physiologische und psychische Eigenschaften von allgemeinem Interesse (immerhin muss zum Beispiel
der Soldat als eine Figur der Öffentlichkeit identifiziert werden) eine herausgehobene Rolle spielen: „Jetzt aber erhob auf einmal der Staat Ansprüche auf
jeden einzelnen seiner männlichen Untertanen; er löste sie aus ihren familialen und sozialen Bezügen heraus und stellte sie in ein neues, vollkommen ab-
straktes Referenzsystem hinein."[392] Aus dem ,kleinen' Versorger ist der starke,
militaristische Kerl, der frühere Hausvater ist zum Soldaten im weiteren Sinne
geworden.[393]
Im Folgenden sollen die Männlichkeitssemantiken, die mit dem Vaterlandsdiskurs explizit und implizit zusammenhängen, untersucht werden. Da dieser
Diskurs eine enorme Bandbreite abdeckt und Themen von (familialen) Erbbe-
ziehungen über die Freiheit bis hin zu einem Tod- und Wundenkult streift,
nimmt auch dieses Kapitel breiten Raum ein. In einem ersten Schritt sollen
den Oberbegriff des ,deutschen Mannes', der bei den Hainbündler vielfach

---

[387] Hagemann, „Entwürfe patriotisch-wehrhafter Männlichkeit", S. 57
[388] Ebd.
[389] Ueding, *Klassik und Romantik*, S. 760
[390] Vgl. Hagemann, „Entwürfe patriotisch-wehrhafter Männlichkeit", S. 57
[391] Ebd., S. 59
[392] Frevert, „Soldaten, Staatsbürger", S. 80
[393] Die Figur und Form des Soldaten steht auch Gleim im Mittelpunkt seiner *Grenaderlie-
der*. Darauf weist Peters hin: Der Grenadier wird bei Gleim zur „imago des preußischen
Bürger-Soldaten" (Peters, *Der zerrissene Engel*, S. 110) aufgewertet.

Verwendung findet, untersucht und die damit korrelierten Merkmale gesammelt werden. Anschließend stehen die ‚sekundären' Modelle im Vordergrund, also die (Sub)Diskurse, die zur patriotischen Lyrik gehören und in denen mit Männlichkeit bzw. Vorstellungen männlichen Geschlechts operiert wird. Das heißt: sowohl primärsemantische Äußerungen über den ‚deutschen Mann' als auch die Verknüpfungen von Geschlecht und Freiheitsemphase, die Männlichkeit der Hermannsfigur, geschlechtliche Phantasien deutscher Jünglinge etc. pp. Dazu gehört auch, zu zeigen, dass die Hainbündler in manchen Ansätzen eine militarisierte Männlichkeit pflegen und soldatisch-militärische Eigenschaften sowie die Einflüsse einer militärischen Gruppenstruktur auf die Männlichkeit eine Rolle spielen.

Kapitel III.2
Die Einheit von Geschlecht und Vaterland

In der Bundesbuch-Sammlung ist Vossens Gedicht *An André*, eine Erinnerung an einen befreundeten Briten, das erste Gedicht, dass die „deutschen Männer" als Kollektiv auf- und zusammenruft. Die ganze Grundstimmung, obgleich sie den Briten verabschieden soll, ist vom Deutschen/von Deutschland geprägt, die Bezüge zum Vaterland sind allzu deutlich: „Und gieb Botschaft von dem, was du gesehen hast: / Daß noch immer bey uns heimisch die Tugend ist, / Die der Angel euch gab; daß noch die Jünglinge / Treue, Keuschheit die Mädchen ziert!" (13—16). Mit solchen patriotischen Emphasen ist das ganze Gedicht durchsetzt, jede Strophe bringt ein Lob auf einen anderen Vorteilsbereich des Vaterlands vor (unter anderem ist das der Kunstfertigkeit der Dichter geschuldet, die, in ein bardisches Kostüm gekleidet, selbstverständlich nur von „Tugend [und] zärtlicher Unschuld" (25) singen). Die bedeutendste Strophe ist aber die fünfte, in der es heißt: „Daß der heilige Rath unserer Greise noch / Alte Redlichkeit übt; unserer Männer Arm / Noch, mit blitzendem Schwerdt, Freyheit und Vaterland / Und den himmlischen Glauben schützt!" (17—20).

Die Männlichkeitskonstitution steht hier wahrlich auf einem betont physischen Fundament: Die Kerneigenschaft der deutschen Männer (das Deutsche ist im Possessivpronomen „unserer" enthalten) besteht in der Stärke ihrer Arme, d. h. in der konkreten physischen Macht, die sie somit von allen Nicht-Männern (Frauen und ‚schwachen' Männern) unterscheidet und damit als Symbol für die Männlichkeit überhaupt steht. Durch ihren Arm wird alles andere abgeleitet: Kampfesfertigkeiten, persönliche und religiöse Freiheit, Patriotismus. Diese Merkmale sind eine Kombination aus der neuen Anthropologie, die mit der Jahrhundertwende die alte Vorstellung der Hausväterschaft ablöst, und der Hainbundvorstellung des Briefes: Der soldatische Mann der

Anthropologie trifft den religiösen Verteidiger eines tugendhaften Vaterlandes, dem Keuschheit und die Sitten der Alten viel bedeuten. Voß führt somit vor, wie eigene und zeitgenössisch-moderne Vorstellungen von Geschlecht zusammenfließen und welche literarische Konstitution von Männlichkeit sich daraus entwickeln kann: nämlich eine, die eine zutiefst öffentliche Aufgabe besitzt und ihre Qualität erst dadurch findet, dass sie sich kraft ihres Leibes/ihrer Männlichkeit für das Vaterland und alle Belange des nationalen Lebens einsetzt. Männlichkeit ist nicht privat, sie existiert auch, aber bei weitem nicht nur, im geschützten Raum des familialen Hauses – denn um diesen Schutzraum überhaupt erst zu schaffen, muss die Männlichkeit ihre Potenziale beweisen.[394] Es geht also bei dieser Darstellung von Männlichkeit um die genuine Schutzfunktion, die der (soldatisch) geprägte Mann erbringt, um das Vaterland als Überbau für Bevölkerung, Tugend, Religion usw. vor äußeren und inneren Feinden zu behüten. Und diese Schutzfunktion ist strikt militaristisch gedacht: Nur durch den männlichen Arm – eine Körperbeschreibung, die auch in Füsslis Hermannsoden begegnen wird – ist es möglich, das Vaterland nachhaltig so zu gestalten, wie Voß es sich denkt und das lyrisches Ich dem Freund André als eine utopisch-‚phantastische‘ *descriptio* Deutschlands mitgibt.

Einen anderen Denkansatz vertritt Johann Martin Miller. In seinem Widmungsgedicht *An meinen Ludwig, in Ulm*[395] trennt er – das lyrische Ich korreliert mit dem Dichter, die fiktionale Textebene wird weitestgehend aufgelöst, so dass sie sich mit der Wirklichkeit trifft – so weit dies möglich ist die Konstitution von Männlichkeit von einer primären Vaterlandsdarstellung, so dass der Mann, bei ihm explizit als der „deutsche[.] Mann" (3) bezeichnet, und seine geschlechtlichen Parameter im Mittelpunkt des lyrischen Diskurses stehen. Dabei ist vor allem auffällig, dass Miller neue Merkmale der Männlichkeit einführt, die so (für die Hainbündler) nicht bekannt sind, weder im Hinblick auf das Vaterland noch auf ihre kollektivistische Konstitution. Die erste Strophe bringt (scheinbar) Erstaunliches zu Tage: Das Unfehlbarkeitspostulat, das Land und Männern in anderen Texten anhaftet, wird hypothetisch aufgelöst! Der deutsche Mann bei Johann Martin Miller macht „Fehler" (1), er begeht „Fehl" (5) und ist nicht perfekt: Das sind eigentlich die Merkmale, die dem äußeren Feind zur Abgrenzung zugesprochen werden: Dieser ist alles andere als unfehlbar und unterscheidet sich so vom biederen, tugendhaften Deutschen, der in seiner Perfektion frei allen negativen Merkmalen ist. Doch gerade aus dieser Fehlbarkeit des deutschen Mannes ersinnt Miller eine Tugend, ein Vorzug im Charakter ist das Resultat einer negativen ‚Vorbelastung‘: „So

---

[394] Vgl. Frevert, „Soldaten, Staatsbürger", S. 78f.
[395] Kahl, *Bundesbuch*, Bd. 1, Nr. 142 [S. 123f.]

recht! den Fehler frey gestehn, / So bald, als man ihn eingesehen, / Dies ziemt dem deutschen Mann!" (1—3). Die Offenheit des Herzens – „offenherzig" (6) ist die textliche Entsprechung dazu – ist also eine Tugend des deutschen Mannes, der sich nicht verbissen auf (s)eine (falsche) Position zurückzieht, sondern sich freimütig zu Fehlverhalten und Fehlern bekennt. Auch wenn es nicht im gleichen Kontext angesiedelt ist, erinnert dieses Merkmal an die briefliche Forderung, des Bundesbruders Herz solle „rein alles Truges"[396] sein. Diese Reinheit ist korreliert mit Ehrlichkeit, und diese Ehrlichkeit ist die Basis, auf der der deutsche Mann handeln soll bzw. in der hainbündlerischen Konstitution handeln muss. Überhaupt hat das Verbum „ziemen", mit dem Miller das Eingestehen von Fehlern bewertet, einen strengen Klang: Die Offenheit des Herzens, mit seinen Fehlern umzugehen, ist keine freiwillige Entscheidung, sondern eine Pflicht, die ihm von außen zu erfüllen angewiesen wird. Schließlich hat „sich ziemen" die Bedeutung von „passend sein", „erlaubt sein" und „sich gehören", wie die Brüder Grimm in ihrem *Deutschen Wörterbuch*[397] festhalten. Es *gehört sich* also für den deutschen Mann, seine Fehler einzugestehen! Es ist nicht die Rede von einem ‚fakultativen' Merkmal, das den Geschlechtscharakter noch weiter verbessert, wie der Duktus es beim ersten Wahrnehmen vermuten lassen könnte. Durch die Verwendung von „ziemen" eröffnet sich das Verständnis in folgendem Sinne: Der deutsche Mann *muss* wie beschrieben agieren, um seiner Konstitution gerecht zu werden – die charakterliche Zuschreibung „deutscher Mann" und das Merkmal des freien Eingestehens sind aneinander gebunden. Die offenherzige Anerkennung der eigenen Fehlbarkeit ist somit genauso Aufgabe des deutschen Mannes wie ein vorbehaltloser Einsatz für das Vaterland, wie Tugendhaftigkeit und Frömmigkeit.

Diese sprachliche Ebene der Verpflichtung setzt sich auch in der zweiten Strophe fort. „Dann ziemt es sich" (7) lautet der Einstieg in den zweiten Diskurs über das richtige Verhalten deutschen Mannes: Durch das „dann" verdeutlicht Miller sein Stilmittel der Aufzählung, indem die zweite Strophe in einem logischen Konnex mit der ersten steht. Diese zweite Strophe knüpft somit thematisch an den Einstieg an, zeigt dies „dann", vor allem durch die neuerliche Verwendung des Verbums „ziemen". Miller formuliert dadurch eine zweite Pflicht, die der ersten nicht untergeordnet ist, sondern sich auf gleicher Bedeutungsebene mit ihr befindet. Sie rührt von einem ähnlichen Grundsatz her, denn auch bei dieser zweiten Pflicht stehen Fehler, Einsicht und ein großes, offenes Herz ganz oben auf der Werte- und Bedeutungsskala. Nur dass in diesem programmatischen Beispiel für die charakterliche Größe des

---

[396] Sendschreiben des Bundes an Brückner, 15. November 1772
[397] Bd. 31, Sp. 1103

deutschen Mannes nicht der Fehler von ihm, sondern von „dem Freunde" (9) begangen worden ist: „Dann ziemt es sich nach *altem* [meine Hervorhebung, Verf.] Brauch / Bey deutschen BiederSeelen auch, / Dem Freunde zu verzeyhn. / Komm her in meinen offnen Arm! / An diese Brust, noch ist sie warm, / Noch ganz, o Ludwig, dein." (7—12). Man sieht: Miller rekurriert hier wie seine Bundesbrüder in zahlreichen Gedichten auf die Zeit der Altvorderen, die als exemplarisch für ein ‚gutes Vaterland' phantasiert wird. Aus dieser alten Zeit entstammt für ihn das obligatorische Merkmal des Verzeihens und der Nachsicht für die Verfehlungen eines anderen Mannes; dieser andere, nicht näher konkretisierte, indes als „Freunde" (9) beschriebene Mann, wird dabei mit dem gleichen Merkmal markiert wie der deutsche Mann im Mittelpunkt des Diskurses. Denn, so scheint Miller ausdrücken zu wollen, sind das Verzeihen und Vergeben eines Fehlers die männliche Antwort auf das männliche Prinzip des Eingestehens der eigenen Fehlbarkeit.

In einem seiner wenigen patriotischen Gedichte hat sich auch Hölty zum vaterländischen Männlichkeitsdiskurs seiner Gruppierung geäußert. Die zweite Strophe seines haufengereimten *Vaterlandsliedes*[398] befasst sich mit den „Männer[n]" (4) als einer nicht näher konkretisierten Gruppe, die an das Vaterland, welches das lyrische Ich als „mein Vaterland" (1) darstellt, gebunden ist bzw. als Teil dessen figuriert wird.[399] Man muss nicht spekulieren, um das Vaterland mit Deutschland gleichzusetzen. Hölty beginnt seinen emphatischen, glorifizierenden Diskurs (das gesamte Gedicht ist einem fröhlichen, fast feierlichen Ton gehalten) mit dem Hinweis, dass die Männer des Vaterlandes „Heldenmuth" (4) haben.[400] Das Standardmerkmal „Mut" wird hier im Kompositum um „Held" erweitert, womit eine spezifische Form von Mut und Tapferkeit beschrieben werden soll. Hölty erweitert ein genuines Merkmal im Rückbezug auf die deutschen Vaterlandshelden der Hainbündler, die für die Nation aufgestanden sind; insbesondere auf den idolisierten Cheruskerfürsten Hermann trifft dies zu. Die direkte Verbindung zwischen Männlichkeit und Patriotismus wird im zweiten Vers dieser Strophe, „Verströmen Patriotenblut" (5), dargestellt. Blut, in der Vorstellung des Sturm und Drang noch immer der Saft, der massiv auf die physische und psychische Konstitution des Mannes

---

[398] Kahl, *Bundesbuch*, Bd. 1, Nr. 164 [S. 140]

[399] Dies ist eine Form der Egalisierung und Vergemeinschaftung, die man bereits von Gleim kennt. Beim ihm sorgt der Kampf für „egalisierende Gemeinschaftsphantasien" (Blitz, *Aus Liebe zum Vaterland*, S. 270) und Peters hat formuliert, dass in den Kriegsliedern des Dichters „Grenadier und König als Akteure eines Dramas" (Peters, *Der zerrissene Engel*, S. 111) auftreten.

[400] Mut ist auch in Stolbergs Ode *Mein Vaterland* (Sauer, *Göttinger Dichterbund*, Bd. 50 II, Nr. 22 [S. 55ff.]) die Kategorie, die Männlichkeit am ehesten auszeichnet: „O Land der alten Treue! Voll Muts / Sind deine Männer, sanft und gerecht" (1—2).

Einfluss nimmt, wird auch hier stellvertretend für den gesamten Charakter der deutschen Männer Höltys genutzt. Daraus kann man deduzieren, dass die Männer an sich patriotisch sind, denn das Blut beherrscht bzw. steht für ihr Wesen. Auffällig ist das Verbum „verströmen" in diesem Kontext: Wenn Blut strömt, deutet das immer auf eine Wunde hin, die, im gängigen Sprachgebrauch, von einem Kampf herrührt. Es wird sich in Kapitel III.5 zeigen, was es mit diesem Blut- und Wundenkult auf sich hat. Der letzte Vers des Dreisatzes greift dann noch einmal allgemein zwei Merkmale auf, die dem deutschen Mann innerhalb der moralisch-ethischen Werteskala der Hainbündler konsequent zugesprochen werden: „Sind edel auch dabey, und gut." (6).

Es lohnt, noch einmal auf die unspezifische Gruppe der „Männer" (4) einzugehen. Unspezifisch ist sie deshalb, weil eine massive Verallgemeinerung vorliegt: Die Gruppe wird nicht eingegrenzt, zum Beispiel, indem die Merkmale, die dem Mann hier zugesprochen werden, als Voraussetzung für die Bezeichnung „deutscher Mann" gelten. Vielmehr besitzen alle deutschen Männer grundsätzlich diese Merkmale, *gerade weil* sie deutsche Männer sind. Die Gesamtheit der Männer wird in die Darstellung eingeschlossen, weil es niemanden gibt, der nicht in die Gruppe gehört. Denn die Merkmale ihrer Männlichkeit gehen aus der offenen Gruppe hervor, das Gebilde ist konstitutiv für den Charakter des Kollektivs und des Individuums. Das heißt: In diesem Gedicht ist die Männlichkeit dem Vaterland untergeordnet. Das Vaterland bewirkt durch *seine* Konstitution die Merkmale, die die Männer prägen. Deshalb lautet die kausale Kette: Vaterland -> Männer -> Merkmale. Die Männer sind durch ihre Zugehörigkeit zum Vaterland; dieses Vaterland *erschafft* die Männlichkeit, indem es dem Geschlechtscharakter spezifische Merkmale einschreibt und diese explizit mit Männlichkeit in Verbindung setzt. Somit schmälert dieses Ergebnis nicht die Männlichkeitsdarstellung aus *Vaterlandslied*, zeigt aber auf, wo und wie Männlichkeit in diesem Kontext entsteht, wie sie gesteuert wird und welche Priorität sie in der textinternen Bewertungsskala einnimmt. Friedrich Leopold Stolbergs vaterländische Utopie *Mein Vaterland* beschwört altdeutsche Tugenden, die eng mit der Geschlechterthematik verknüpft sind. In der Mitte des Gedichtes ruft der Dichter die deutschen Männer auf den Plan und exemplifiziert Tugenden, die für ihn genuin deutsch sind, anhand der geschlechtlichen Gruppe:

O Land der alten Treue! Voll Muts / Sind deine Männer, sanft und gerecht; / Rosig die Mädchen und sittsam; / Blitze Gottes die Jünglinge! / In deinen Hütten sichert die Zucht / Den Bund der Ehe! Rein ist das Bett / Zärtlicher Gatten, und fruchtbar / Ihre keuschen Umarmungen! (13—20)

Neben den typischen Männlichkeitsmerkmalen der Hainbündler wie Treue und Mut führt Stolberg hier auch einen in der Bundeslyrik kaum bekannten Diskurs über die Sexualität der Deutschen. Züchtigkeit ist bedeutendes Merkmal in den deutschen Hütten, in denen der „Bund der Ehe" (18) quasi heiliggehalten wird; Wollust und Unzucht, anderenorts gerne im Begriff des Buhlerischen subsumiert und immer wieder Frankreich zugeschrieben, sind dort, im Herzen des Vaterlands – seinen Hütten –, nicht vorhanden. Deutschland definiert sich über eine ‚aktive' Keuschheit, die hier nicht nur implizit als Produkt einer antifranzösischen Wollustkritik erscheint, sondern als genuin vaterländische Tugend identifiziert wird. Ganz klar ist dementsprechend der geschlechtliche Bezug: Stolberg abstrahiert nicht, er verwendet ein praktisches Beispiel, um die Zucht in den Hütten zu verdeutlichen. Mann und Frau stehen als Ehe- und Geschlechtspartner im Mittelpunkt des Diskurses, sie illustrieren im rein ehelichen Vollzug von Sexualität, was Deutschland konstituiert und implizit vom amoralischen französischen Nachbarn abgrenzt. Innerhalb des sexuellen Diskurses muss deutlich sein, dass sich dieser eheliche Vollzug im Zusammenspiel von Männlichkeit und Weiblichkeit abspielt und dass geschlechtliche Kategorien, wie bereits gesagt, nicht davon abzulösen sind. Wenn die sexuelle Zurückhaltung als vaterländisches Merkmal und die eheliche Treue als hohes Gut proklamiert werden, ist die Einhaltung dieser moralischen Forderungen das Verdienst der beiden Geschlechter. Für den Männlichkeitsdiskurs bedeutet das, dass die Merkmalsliste des deutschen Mannes um einen gewichtigen Punkt erweitert werden muss. Er steht nicht nur in brüderlicher und patriotischer Treue zu Volk und Vaterland, seine Treue bezieht sich auch bzw. gerade auf den ehelichen Bereich, der von Stolberg hier als Kern des nationalen Zusammenlebens vorgestellt wird. Seine „Hütten" sind die einzige räumliche Konkretisierung eines menschlich-gesellschaftlichen Lebensraumes und damit Symbol für diesen Lebensraum an sich. Der „Bund der Ehe" (18), der die „fruchtbar[en] / [...] keuschen Umarmungen" (19—20) der Ehepartner zustande bringt, sichert das Fortbestehen der Nation.
Stolberg desexualisiert das Zusammenleben von Mann und Frau: „Umarmungen" ist die Bezeichnung für das sexuelle Verhältnis der Ehepartner, das dadurch enorm entschärft wird. Ein sexueller Diskurs, wie er ab den 1770er Jahren in Deutschland durch die Vordenker des Sturm und Drang virulent wird, wird hier nicht geführt. Mit dem Aufruf zur Keuschheit wendet sich der Hainbündler gegen die Auffassung des Sturm und Drang von der freien Entfaltung aller Leidenschaften, zu denen natürlich auch die Sexualität gehört. Dieser Auffassung ist beispielsweise Hamann: „Wagt euch also nicht in die Metaphysick der schönen Künste, ohne in den Orgien und Eleusinischen Geheimnissen vollendet zu seyn. Die Sinne aber sind Ceres, und Bacchus die

Leidenschaften; – alte Pflegeeltern der Natur."[401] Für die Philosophie des Sturm und Drang, hier personifiziert durch Hamann, die das Denkgebilde der 1770er Jahre konstituiert, hat Sexualität also einen hohen Stellenwert: Wer an der „Metaphysick der schönen Künste"[402], i. e. unter anderem Literatur und Ästhetik, teilhaben will, muss seine Sexualität anerkennen und sie ebenso frei herrschen lassen wie die Leidenschaften, die beispielsweise den kraftgenialischen Kerl vor sich durchs Leben treiben und alle seine Taten, sein ganzes Wesen beherrschen. Der „Disziplinierungsdruck einer sexualfeindlichen Tugendmoral"[403] ist Hamann zuwider, denn da er Leidenschaften und Sexualität als Bestandteile einer nachahmenswerten Natur anerkennt, muss er diese im Hinblick auf die Schöpferkraft des Sturm und Drang zwingend aufwerten: „Die Natur würkt durch Sinne und Leidenschaften. Wer ihre Werkzeuge verstümmelt, wie mag der empfinden?"[404]

Da es die Aufgabe der Kunst ist, die Natur als „Ort unverstellter Identitätsstiftung"[405] nachzuahmen, müssen Leidenschaften und Sexualität zugelassen und gelebt werden; „Sinne und Leidenschaften" als die „Werkzeuge" der Natur dürfen nicht „verstümmelt" werden[406], sonst kann der Anschluss der Kunst an die Natur nicht gelingen und die Abkehr von allen Regeln mit der gleichzeitigen Hinwendung zur Natur als Grundgedanke der Kunstkonzeption der Strömung nicht gelingen. Diese Beherrschung durch die (sexualisierten) Leidenschaften lehnt Stolberg in seinem Text ganz klar ab. Sexualität wird ausgesperrt, um eine Formulierung Niklas Luhmanns zu benutzen[407]. In seiner Untersuchung über die Semantik der Liebe im 17. und 18. Jahrhundert führt Luhmann zudem aus, dass etwa ab 1760 „moralische Konventionen […] als solche angegriffen"[408] werden:

> Zugleich erweitert die Liebe ihr Repertoire: Liebe zu dritt, Rollentausch, freie Disposition über den eigenen Körper, Inzest – was immer die Zustimmung des Partners findet, ist erlaubt; und die Vernunft kann nur noch verbieten, was anderen schadet.[409]

---

[401] Zit. nach Luserke, *Sturm und Drang*, S. 91; „Mit Ceres- bzw. Demeter- und Bacchusbzw. Dionysos-Orgien sind weibliche und männliche Sexualität gemeint" (ebd., S. 91).

[402] Zit. nach Luserke, *Sturm und Drang*, S. 91

[403] Ebd.; somit mag dies bedeuten, dass die Moral des Sturm und Drang ausgewiesen sexualfreundlich ist, damit diese „sexualfeindliche[.] Tugendmoral" aktiv konterkariert.

[404] Zit. nach Luserke, *Sturm und Drang*, S. 92

[405] Ebd., S. 89

[406] Zit. nach ebd., S. 92

[407] Luhmann, *Liebe als Passion*, S. 146

[408] Ebd., S. 122

[409] Ebd.

Stolberg geht, wie gezeigt wurde, einem gänzlich anderen Ansatz nach. Für ihn beschränkt sich die Liebe gerade auf ihre keuscheste, untadeligste Grundlage, die in den „Umarmungen" (20) der Ehepartner ihren Ausdruck findet. In der Zeit eines neuen Sexualverständnisses ist *Mein Vaterland* von einem durchdringenden moralischen Konservatismus geprägt, der selbst das eheliche Verhältnis[410] semantisch vollständig desexualisiert; dass überhaupt zwischen den treuen Eheleuten sexuelle Handlungen vorgenommen werden, lässt sich nur aus dem biologischen Verweis der Fortpflanzung entnehmen. Das wirft natürlich ein besonderes Licht auf das Männlichkeitsverständnis Stolbergs: Die Desexualisierung des Mannes, dessen Ruf am Ende des 18. Jahrhunderts bereits beschädigt ist, wie Kucklick nachgewiesen hat[411] und wie zu zeigen sein wird, ist für Stolberg in diesem Kontext zentral für die betont unzeitgemäße Zeichnung des Geschlechts.

Ein besonderes Zeugnis vaterländischer Männlichkeit legt Johann Martin Millers Text *Der deutsche Jüngling, an sich selbst*[412] ab. Das lyrische Ich des Gedichtes, der „deutsche Jüngling", führt einen Monolog über seine Situation; dabei steht die individuelle Freiheit des lyrischen Ichs im Vordergrund. Der Jüngling scheint ein Gefangener zu sein, mindestens symbolisch, wenn er sich selbst zuruft: „Ermanne dich mein Geist! Sey frey! / Und brich das Sclaven-Joch entzwey, / Das deutschen Nacken schändet!" (1—3). Wesentlicher Hinweis auf die Stoßrichtung dieses Freiheitsgesanges ist der „deutsche[.] Nacken" (3): Der Jüngling stellt von Beginn an klar, dass es sich bei ihm um einen Deutschen/deutschen Mann handelt, dem jegliche Sklaverei aufgrund seines vaterländisches Verständnisses abgrundtief zuwider ist, der dadurch ge-

---

[410] Über die Ehe als Gemeinschaft der Geschlechter haben die Philosophen des ausgehenden 18. Jahrhunderts eingehend gearbeitet, so unter anderem Immanuel Kant (*Die Metaphysik der Sitten*) und Johann Gottlieb Fichte (*Grundlage des Naturrechts*). Für die von Stolberg geführte Diskussion ist gerade eine Äußerung von Kant von Bedeutung; immerhin erkennt Stolberg in seinem Gedicht *Mein Vaterland* die Aufgabe des ehelichen Zusammenlebens in der so keusch als möglich betriebenen Fortpflanzung. Kant hingegen schreibt im Kapitel „Des Rechts der häuslichen Gesellschaft": „Der Zweck, Kinder zu erzeugen und zu erziehen, mag immer ein Zweck der Natur sein, zu welchem sie die Neigung der Geschlechter gegeneinander einpflanzte; aber daß der Mensch, der sich verehelicht, diesen Zweck sich vorsetzen m u ß e, wird zur Rechtmäßigkeit dieser seiner Verbindung nicht erfordert; denn sonst würde, wenn das Kinderzeugen aufhört, die Ehe sich zugleich von selbst auflösen." (Kant, *Metaphysik*, § 24). Natürlich, Kant hat seine Philosophie später entwickelt (1797), aber man erkennt recht eindeutig, auch durch die Behandlung von Sexualität, wie unzeitgemäß Stolberg in seiner Darstellung vorgeht. Sein Mann zeichnet sich somit nicht nur als keuscher, treuliebender Ehemann aus, sondern auch durch seinen durch und durch anachronistischen Charakter, der jeglichen zeitgenössischen Tendenzen entgegensteht und sich bewusst auf die vorgebliche Position des Altdeutschen zurückzieht.

[411] Kucklick, *Negative Andrologie*, Klappentext

[412] Kahl, *Bundesbuch*, Bd. 2, Nr. 4 [S. 170]

schändet wird. Diesen Freiheitsgedanken hat vor allem F. L. Stolberg lyrisch ausgeführt: In seinem Gedicht *Die Freiheit*[413] setzt er jeden, der für die Freiheit des deutschen Vaterlandes streitet, mit ‚historischen' Freiheitskämpfern („Brutus! Tell! Hermann! Cato! Timoleon!" (18)) gleich und spricht ihm zu, dass er im „Blute" (14) leuchte wie „der Blitz des Nachtsturms" (15). Und in seinem *Freiheits-Gesang aus dem zwanzigsten Jahrhundert*[414] phantasiert er eine entscheidende Schlacht, in der der „Tyrannen Blut" (29) und das seiner „Knechte" (28) und „Sklaven" (58) von den „Söhne[n] Deutschlands" (47) für die Freiheit des Vaterlandes vergossen wird. Das soll zeigen: Freiheit und Patriotismus gehen bei den Hainbündlern Hand in Hand, der dem „Sclaven-Joch" (2) trotzende „deutsche[.] Nacken" (3) ist also keine singuläre Vorstellung Millers in diesem Gedicht. Ebenfalls von Interesse ist das Befehlsverbum „ermanne" (1), mit dem der Jüngling seinen Geist anruft. Neben der geläufigen Bedeutung „stärken" bzw. „aufrichten" (die im *Deutschen Wörterbuch* an zweiter Stelle steht[415]) steht es im Wortsinne auch für „ein Mann sein" oder „ein Mann werden"[416]. Dem Befehl der Stärkung, der Aufrichtung ist also ein geschlechtsspezifisches Moment inhärent, das den Bedeutungsgehalt des ersten Verses verdoppelt. Die Lesart muss nicht nur sein: „Richte dich auf, mein Geist", sondern auch: „Werde zum Mann", „Sei ein Mann" oder „Sei der Geist eines Mannes". Diese Interpretation eröffnet nun verschiedene Zugänge zu diesem Vers. Zum einen lässt sich fragen, in welchem Verhältnis die beiden Ebenen zueinander stehen. Stehen Männlichkeit und Stärke des Geistes nebeneinander? Sticht das eine das andere aus? Es scheint, dass die Männlichkeit des Geistes eine wichtigere Rolle spielt als der Imperativ des Stärkens/Aufrichtens. Der Kontext deutet darauf hin (deutscher Jüngling = deutscher Mann), und ein Merkmal der Männlichkeit ist ja die beschworene Stärke. Insofern gewinnt der Geist an Merkmalen/Potenzialen durch die geschlechtsspezifische Zuschreibung. Sie eröffnet mehr Möglichkeiten als der ausschließliche Ruf nach Stärke, denn indem der Geist männlich wird, gehen alle Charakteristika, die der Mann in der Sicht der Hainbündler besitzt, auf den Geist über, so dass dieser mit wesentlich mehr als ausschließlicher Stärke operieren kann.

Das vom lyrischen Ich benannte „SclavenJoch" (2) ist das Liebesverhältnis zu einer Frau. Diese Beziehung, so lässt sich dem Text entnehmen, ist auf schlechtem Grund gebaut: Der Jüngling hat sich in eine Frau verliebt – von „Herzensliebe" (5) ist die Rede –, die diese Liebe aber nicht erwidert, mehr

---

[413] Kahl, *Bundesbuch*, Aus Vossens Bundesbuch, Nr. 29 [S. 299]
[414] Sauer, *Göttinger Dichterbund*, Bd. 50 II, Nr. 32 [S. 67ff.]
[415] Bd. 3, Sp. 912
[416] Ebd.

noch: von ihr weiß und sich trotz alledem „zu Buhlen wendet" (6)[417]. Seine „Herzensliebe" (5) ist ein programmatischer Begriff für Tugendhaftigkeit, Reinheit, Anstand, Würde etc.; somit werden genuin deutsche Merkmale in diesen negativen Liebesdiskurs eingeführt, die Liebe an sich wird mit dem Vaterländischen verknüpft. Auf dieser patriotischen Ebene ist auch die Negativität des Diskurses angesiedelt: Das explizit Undeutsche der Frau – „Nicht deutsch ist sie" (4) – bedingt die Unwürdigkeit der Liebe des Jünglings und deren negative Folgen für seine deutsche Persönlichkeit, nämlich seine gefühlte Unfreiheit. Durch die falsche Liebe zu einer betont nicht tugendhaften, unkeuschen etc. Frau hat er sich selbst in sein „SclavenJoch" (2) gefügt, aus dem er sich nun nur durch Wiedererlangen deutscher Stärke, Tapferkeit und Mut befreien kann.[418] Es ist ein Freiheitskampf, der hier tobt bzw. zu dem der Jüngling sich selbst aufruft (immerhin muss er sich selbst aus den selbst verschuldeten Fesseln lösen). Doch die Schilderung einer Schändung und der Aufruf zur Freiheit lassen keine andere Beurteilung zu. Der Jüngling befindet sich in einem Kampf, in dem für ihn alles auf dem Spiel steht: seine individuelle Freiheit, seine Würde als Deutscher – und seine Männlichkeit. Denn auch diese Geschlechtsebene sieht das lyrische Ich durch seine bittere „Herzensliebe" (5) zur wertlosen, undeutschen „sie" (4) gefährdet. Dies wird in der zweiten Strophe deutlich: „Sey Deutsch mein Geist! o Vaterland, / Ich habe lange dich verkannt, / Und MännerRuhms entbehret" (7–9). „MännerRuhm[.]" ist eine Begrifflichkeit, die sonst nicht in der Lyrik der Göttinger auftaucht. Sie hat nichts mit der „Männerwürde", die Schiller einige Jahre später prägen sollte, gemein, sondern kann nur im Einklang mit den lyrischen Konstruktionen von Vaterland der Hainbündler verstanden werden. Darauf deutet schon die syntaktische Verknüpfung der Verse hin. Die Konjunktion „und" (9) verbindet die beiden Gedanken „Vaterland" (7) und „MännerRuhm[.]" (9) zu einer Einheit und darf somit nicht als Aufzählungszeichen verstanden werden. Das lyrische Ich wirft sich vor, das Vaterland und *damit* auch die Männlichkeit für die Zeit der fehlerhaften „Herzensliebe" (5) verkannt zu haben; es geht nicht um eine Aneinanderreihung der Fehlnisse, sondern um eine konsekutive Darstellung, wie aus dem einen das andere folgt. Mit seinem undeutschen Verhalten, bedingt durch die Liebe, hat sich das lyrische Ich in einem sozialen Sinn entmännlicht, indem es sämtliche männlichen Verhaltensweisen bzw. Merkmale, die den deutschen Mann prägen, abgelegt bzw. durch die verfehlte „Herzensliebe" (5) verloren hat. Diese Männlichkeit versucht er nun zurückzuge-

---

[417] Diese Wendung ist aus der frankophoben Lyrik der Hainbündler bekannt und wird dazu benutzt, unkeusches Verhalten zu identifizieren (was im Gruppenverständnis von Frankreich ausgeht).

[418] Damit zeigt sich einmal mehr, dass Deutschsein pauschalierend als positiv, Nicht-Deutschsein im Gegenzug als negativ verstanden wird.

winnen, indem er sich von der Frau, an die er seine Liebe vergeudet, löst; darum auch der Ruf an den Geist, sich zu ermannen. Er korrespondiert mit dem beinahe gleichlautenden Imperativ „Sey Deutsch mein Geist!" (7): Beide Befehle haben den gleichen Inhalt, sie deuten auf die Überlegenheit des Charakters hin, durch den der Jüngling dann sein „SclavenJoch" (2) abzuschütteln vermag. Vaterland und Männlichkeit bewegen sich hier auf einer Ebene. Die Merkmale des Deutschen sind auch die der Männlichkeit und umgekehrt; für den Jüngling bedeutet Deutschsein auch Männlichsein, und Männlichsein bedeutet Deutschsein. Alle Eigenschaften, die dem deutschen Vaterland inhärent sind (und wohl vom generellen Verständnis der Hainbündler ausgehend auch auf diesen Text übertragen werden können), gelten für die Männlichkeit, „MannesRuhm" (9) ist die männlichkeitsgeschichtliche Spiegelung des Vaterlandes im Subjekt. Ein Aspekt von Männlichkeit ist damit also auch eine unbedingte Freiheitsliebe und der absolute, unerschütterliche Hass auf jede Form von Sklaverei, sei sie politisch bedingt oder von fehlgeleiteter Liebe.

Auch in anderen Texten wird die Verbindung von (deutscher) Männlichkeit und Freiheit kenntlich gemacht. Ein Beispiel ist Höltys *Der befreite Sklave*[419]. Das lyrische Ich, ein Rudersklave aus Deutschland (das Ich identifiziert seine Heimat anhand des Rheins (17), der bei den Hainbündler ein zutiefst deutsches Symbol ist), beschreibt in eindringlichen Worten die eigene Situation direkt nach seiner Befreiung von der „Eisenkett'" (15) der „Ruderbank" (16): „Der ganze Himmel schwebt um mich, / Die Schöpfung ist mir neu! / Dich hab' ich, süße Freiheit, dich! / Gott, frei bin ich, bin frei!" (5—8). Dieses Freiheitsgefühl steht im Mittelpunkt des Diskurses, den das Ich führt: Ihm ordnet es alles andere unter, und zwar in der Reihenfolge Vaterland, Frau, Freund (s. 17—20). Dabei werden zudem noch Frau und Freund unter die Kategorie des Vaterlandes subsumiert und damit auf eine gewisse Weise aus dem Diskurs herausgeführt, der sich somit nur auf den Ebenen Freiheit und Vaterland abspielt. Liebe und Freundschaft gehören für das lyrische Ich zum Vaterland, aber sie sind nur sekundär von Interesse. Sie tauchen nur als Inhalte einer Aneinanderreihung von positiven Merkmalen des Vaterlandes auf, zu denen auch die „Ruh" (19) gehört. Virulent ist das Vaterland nach dem Wiedererlangen der Freiheit, und insofern bleibt die Darstellung unpersönlich, auf Distanz von jeder Menschlichkeit: „Weib [und] Freund" (20) sind selbst als Elemente des individuellen Glücks nur peripher. Als dieses höchste Glück der Freiheit wird nur das Vaterland des Freien anerkannt, in der man so manchen anderen „braven Mann" (25) findet, „[d]eß Herz für Freiheit schlägt" (26). Daraus entwickelt sich dann ein zweiter Freiheitsdiskurs. Während auf der ersten Ebene die Freiheit als Grundvoraussetzung für die Rückkehr ins Vaterland angesehen

---

[419] Sauer, *Göttinger Dichterbund*, Bd. 50 I, Nr. 28 [S. 94]

wird, führt die zweite Ebene einen radikal antityrannischen Diskurs, der sich auf Freiheit begründet und diese als oberstes Ziel eines jeden männlichen Lebens setzt – immer in Verbindung mit dem eigenen Vaterland gesehen: „Und trink' aus meinem Taumeltrug, / Mit Weinbeerblüt' umlaubt, / Und trinke jedem Fürsten Fluch, / Der uns die Freiheit raubt, / Und Segen jedem braven Mann, / Deß Herz für Freiheit schlägt, / Der gerne wider dich, Tyrann, / Die Freiheitsfahne trägt!" (21—28). Der Aufruf zum Krieg ist unüberhörbar. Das Kollektiv der aufrechten, freiheitsliebenden Deutschen wird in einer Schlacht gegen den Tyrannen[420] zur Rückgewinnung der Freiheit phantasiert; diesen Männern kommt der Segen des lyrischen Ichs zu, das als Apostel der Freiheit auftritt und die genuinen Wünsche der Deutschen in seinen aggressiven Trinkspruch einarbeitet. Er ist der große Rufer, der als Vorbild für das Kollektiv eintritt, er spiegelt sein eigenes Freiheitspathos auf ganz Deutschland und stellt seine antityrannische Manier als sinnbildlich für die Nation dar. In dieser Selbststilisierung ist er vor allem eines: ein deutscher Mann. Der (national-patriotische) Freundschaftsduktus, in dem der Segen ausgesprochen wird, das Fürstenfeindliche und die im phantasierten Angriff implizierte Macht und (soldatische) Stärke rufen für die Hainbündler typische Merkmale auf, mit denen Männlichkeit sonst in Verbindung gebracht wird. Somit gilt auch die Lesart einer vaterländischen Männlichkeit, die aber ganz stark hin zu einem übergeordneten Freiheitsverständnisses im Rahmen des standardisierten patriotischen Diskurses tendiert: Männlichkeit ist Freiheit, zu jedem Mann gehört der Wunsch und Ruf nach Freiheit, und gerade der deutsche Mann muss bei jedem Freiheitskampf, der das eigene Land betrifft, an der Spitze stehen. Wie schon in der vorhergehenden Interpretation des Textes von Johann Martin Miller *Der deutsche Jüngling, an sich selbst* zeigt sich damit auch in diesem Text, welchen Stellenwert die politisch-nationale Freiheitsliebe für den Mann der Hainbündler besitzt.

Das konventionell gestaltete *Deutsche[.] Lied*[421] (vierhebiger Jambus, Paarreime) Johann Martin Millers führt noch einmal neue Ebenen der Männlichkeitskonstitution vor. Miller beginnt mit einem Aufruf, der später bei Bürger und Schiller zu „Ich bin ein Mann" werden wird und so jeweils ein Gedicht bestimmen soll. Das lyrische Ich bezeichnet sich in einer jubelnden Männlichkeitsemphase als „deutscher Mann" (1) und setzt damit seine Geschlechtlichkeit für sein Wesen absolut. Seine Männlichkeit, in der er sich ergeht,

---

[420] Von verschiedenen Interpreten wurde auf die In-tyrannos-Manier der Göttinger hingewiesen, und ein Blick in die Lyrik belegt diese Beobachtungen. Zahlreiche Texte behandeln den Kampf gegen einen Tyrannen, so bei Voß, *Trinklied für Freie* (Sauer, *Göttinger Dichterbund*, Bd. 50 I, Nr. 12 [S. 237ff.], Stolberg, *Die Freiheit* (Sauer, *Göttinger Dichterbund*, Bd. 50 III, Nr. 1/2 [S. 33ff.].

[421] Kahl, *Bundesbuch*, Bd. 2, Nr. 6 [S. 172]

steht für ihn als ein umfassendes hohes Gut da, an dem sein „Sinn" (2) sich erfreut; sie ist also ein Merkmal, das Freude bringt. Männlichkeit ist ein konstitutives charakterliches Merkmal, das in ständiger Bewegung das Leben positiv beeinflusst und stimuliert. Die Freude an der Männlichkeit ist nicht einmalig oder kurzfristig: Für das lyrische Ich ist sein Geschlecht eine Konstante, die kontinuierlich implizit und explizit arbeitet und rundum glücklich macht. So ist der Ausruf der ersten Verse nicht nur als Ausdruck einer persönlichen Freude zu lesen, mit der der vorbildlich-männliche Charakter des lyrischen Ichs betont werden soll. Es ist ein Lob der Männlichkeit an sich, die zeitlich nicht konkretisierte Generalisierung „deutscher Mann" (1) deutet darauf hin. Wie wichtig diese Emphase für Miller ist, zeigt die poetische Klammer, die er setzt. Abgesehen von der Konjunktion „deß" (2), die er, dem Kontext geschuldet, durch „drum" (11) ersetzt, spiegelt er die ersten beiden Verse „Daß ein deutscher Mann ich bin, / Deß erfreuet sich mein Sinn" (1—2) in „Drum erfreuet sich mein Sinn, / Daß ein deutscher Mann ich bin!" (11—12). Er wiederholt die geschlechtsspezifische Kernaussage des Gedichtes, indem er den Text an sich zwischen den Rahmen, die jeweils vom Ausdruck „deutscher Mann" geprägt sind, abbildet. Dies zeigt die Dringlichkeit und Signifikanz, die die Emphase für Miller haben muss: Er erhebt sie durch die Technik der Wiederholung zu einem Leitmotiv für seinen Text, der lyrische Diskurs gewinnt an interner Kohärenz durch die Wiederaufnahme der Eingangsverse. Dementsprechend muss der offensichtliche Männlichkeitsbezug als konstitutiv für das *Deutsche[.] Lied* Millers gelten: Ohne die Emphase gelingt das Gedicht nicht, die gesamte Komposition ist von der Glorifizierung des „deutsche[n] Mann[es]" (1) abhängig. Infolgedessen passt sich die poetische Struktur dem Wohlgefühl des lyrischen Ichs an. So wie der deutsche Mann als erzählerische Instanz seine Freude durch die Männlichkeit gewinnt, lebt das Lied von seinem ‚männlichen' Leitmotiv. Form und Inhalt sind damit kongruent, beide hängen an den Aus- und Eindrücken der Männlichkeit.

Als neue Kategorie der Konstitution von Männlichkeit muss hier das Christsein gelten. Damit erläutert das lyrische Ich konkret, weshalb sich sein Sinn an seiner Männlichkeit „erfreut": „Denn ein ächter Deutscher ist / Immer auch ein guter Christ." (3—4). Es wird eine kausale Kette eröffnet, an deren Anfang das Geschlecht und an deren Ende der Glaube bzw. die Religiosität steht. Es ist nicht verwunderlich, dass Miller als Hainbündler auf die Religion als wesentliches Merkmal eines männlichen Geschlechtscharakters rekurriert. Zu einem lutherischen Theologen mit einem im Kollektiv ausgelebten Hang zur Glorifizierung Martin Luthers, in der Nachfolge Klopstocks stehend und als Anhänger seines Konzeptes der heiligen Poesie, innerhalb derer der „Dichter als Priester"[422] auftritt und den „höchsten Gegenstand der Menschheit, ihre Erlösung durch Jesus Christus"[423] besingt, passt die Einschreibung einer betont christlichen Fundierung des Charakters. Männlichkeit und Christsein sind somit in ein Verhältnis gesetzt, in dem das eine vom anderen abhängig zu sein scheint: Wenn ein Grund für die Freude an der Männlichkeit die christliche Religiosität ist, so gehören Geschlecht und Christsein dergestalt zusammen, dass dieses Christsein aus dem Geschlechtscharakter entspringt und somit jeder deutsche Mann auch immer ein guter Christ ist. Weil das lyrische Ich ein deutscher Mann ist, ist er automatisch ein guter Christ, ist die Kernaussage. Diese Deduktion erscheint als allgemeingültig und muss somit als wesentlicher Teil eines Männlichkeitsverständnisses bei den Hainbündlern gelten. Miller folgt mit seiner Darstellung genauestens den Forderungen, die die Hainbündler in ihrem Brief an Brückner stellen. Ein konstitutives Moment ist ja, dass der Hainbündler fromm sei und an Gott glaube. Dies erfüllt sich, indem das Christsein ein ursprünglicher Teil von Männlichkeit ist. Die der Wendung „deutscher Mann" (1) inhärente Generalisierung findet ihre Fortsetzung in den Versen „[u]nd als Bruder zugethan / Ist ihm jeder gute Mann" (9—10), die den Diskurs über die Schönheit des Christseins abschließen. Er bleibt dem religiösen Duktus verhaftet, indem er den Gemeindebegriff „Bruder" (9) einführt. Indes: Es ist nicht der Bruder der Gemeinde gemeint, sondern der des hainbündlerischen Sinnes. Dadurch bekommt der religiöse Diskurs den Impetus der Bundesdichtung.

Doch was hat es mit dem „gute[n] Mann" (10) auf sich, weshalb dieser qualitative Bezug? Dies soll eine gewisse Gegenseitigkeit suggerieren: Im Attribut „gut" sind alle Merkmale versammelt, die den Mann, im Verständnis des Bundes, prägen, also Nationalstolz bzw. eine nationale Gesinnung und Religiosität, um einmal auf die Merkmale, die in diesem Text dargestellt werden, zu rekurrieren. Das lyrische Ich baut diesen Teil des Textes von sich ausgehend auf: Das Personalpronomen „ihm" bezieht sich auf das lyrische Ich in seiner Rolle als „guter Christ" (4), die man als Teil des „gute[n] Mann[es]" (10) ansehen muss. Es wurde gezeigt, wie aus dem genuin deutschen Charakter des männlichen lyrischen Ichs das Christsein erwächst – und diese Eigenschaften sind gut. Insofern stellt sich das lyrische Ich als einen guten Mann dar, der den „gute[n] Mann", der sich brüderlich zu ihm hingezogen fühlt, spiegelt. Der „gute Mann" findet zu einem guten Mann, oder anders: Das Gute findet sich immer, ist die Aussage dieses Textteils, und alle Männer, die sich als Patrioten und Christen erweisen, sind gut. Dies ist ebenso zwingend notwendig wie die Tatsache, dass ein „ächter Deutscher [immer auch] ein guter Christ" (3—4)

---

[422] Kaiser, *Aufklärung, Empfindsamkeit, Sturm und Drang*, S. 106
[423] Ebd., S. 108

ist. Das zeigt interessanterweise aber auch, dass (biologische) Männlichkeit nicht *per se* gut zu sein scheint: Es bedarf einer reinen Konstitution des männlichen Charakters, um als Mann gut zu sein und durch seine Männlichkeit Brüderlichkeit erwirken zu können. Denn gerade dieses qualitative Moment prägt die Männlichkeitsdarstellung des Textes. Es wurde unausgesprochen die Wendung „ächter Deutscher" (3) mit der des ersten Verses „deutscher Mann" gleichgesetzt, um den Zusammenhang von Geschlecht und Religiosität aufzudecken. Es muss aber auch gezeigt werden, in welchem Zusammenhang Geschlecht und Vaterland hier stehen – und ob nicht das Vaterland, wie bereits in anderen exemplarischen Texten, den höheren Stellenwert besitzt. Die Geschlechtsbezeichnung „Mann" wird an drei Stellen gebraucht: im ersten und letzten Vers sowie in der Wendung „gute[r] Mann" (10). Während in letzterer das Vaterland implizit als Kategorie innerhalb der Wertung „gut" vorhanden ist, leben die Bezeichnungen „deutscher Mann" – als bereits dargestelltes Leitmotiv des Textes – mehr von ihrem vaterländischen Bezug als von der Geschlechtszuschreibung. Die Betonung liegt in diesen Fällen auf dem nationalen Attribut, das die Männlichkeit prägt: Der national-patriotische Impetus füllt das Geschlecht aus, die Männlichkeit existiert immer nur in Verbindung mit der Nationalität. Den Mann bzw. die Männlichkeit prägt nichts mehr als das Deutschsein, seine Konstitution kann nur auf einem vaterländischen Fundament gedacht werden.

Kapitel III.3
Vergangenheit, Vaterfiguren und männliches Erbe

Kapitel III.3.1
Vergangenheitsdiskurs und Männlichkeit

Vossens Gedicht *An Hahn*[424] gehört zu den frühen Texten, die im Rahmen der Bundesgemeinschaft entstanden sind; im Bundesbuch ist der siebenstrophige, ungereimte Vierheber für den 4. Dezember 1772 verzeichnet. Gleich in den ersten beiden Strophen adressiert er sowohl den deutschen Mann als auch eine Gruppe deutscher Männer: Er nennt den „Sohn des Vaterlands" (2) und die „Enkel Hermanns" (5). Die quasi-familiale Darstellung der ersten Strophe bewegt sich innerhalb der engen Grenzen des Bundes. Der „Sohn des Vaterlands" ist der Bundesbruder Johann Friedrich Hahn, den der Titel des Gedichtes ebenfalls nennt. Bei dieser Adresse spielen mehrere Faktoren und Schichten von Männlichkeit eine Rolle. Zum einen ist es die generelle Abstammung Hahns als Mann vom Vaterland. Der Bundesbruder ist als Deutschlands Kind nicht nur Kind allgemein, sondern in einem geschlechtss-

---

[424] Kahl, *Bundesbuch*, Bd. 1, Nr. 30 [S. 30]

pezifischen Sinne Sohn, somit wird Hahn als explizit männlicher Abkömmling dargestellt. In seiner Rolle als „Sohn des Vaterlands" (2) nimmt er eine wichtige Funktion ein, und zwar die eines Verteidigers im künstlerischen Sinne. Der Sprecher des Gedichtes, der als Voß zu identifizieren ist, adressiert Hahn als Sänger, der als Sohn Deutschlands für das Vaterland seine Saiten anschlägt, um dem „Britten Trotz, und Hohn / Dem Gallier" (3—4) zu singen. Eintreten fürs Vaterland und künstlerische Betätigung werden hier zu einer Einheit verbunden. Hahn ist als vaterländischer Sänger aber im gleichen Maße auch Mann, denn er ist Sohn, was eine biologische und soziale Ebene beinhaltet: Die Männlichkeit ist im körperlichen Bereich gegeben und drückt sich in der Liebe zum Vaterland und dem Wunsch, für dieses zu kämpfen, aus. Die Fähigkeit, als Künstler vor das Vaterland zu treten und es gegen die äußeren Feinde im kulturpatriotischen Sinne zu verteidigen, ist hier nur dem Mann gegeben, die Verteidigung des Vaterlandes ist der Männlichkeit vorbehalten. Aus der Rolle des Sohns ergibt sich damit auch die familiale Rolle des Vaterlands, das, so hat Hans Peter Herrmann postuliert, bei den patriotischen Dichter seit der Hochaufklärung „eindeutig patriarchal bestimmt[.]"[425] war, als Symbol für einen Vater. Dieser ist natürlich nicht biologisch zu bestimmen, sondern steht als eine Art geistige Vaterfigur da, die auf ihre Nachkommen, die Söhne Deutschlands, einwirkt und ihnen den Weg weist zu ihrer Bestimmung als Mann. Dem Sohn steht also der Vater gegenüber, aus dem vermännlichten Symbol des Vaterlands entspringt der grundsätzlich männliche irdisch-reale Sohn. Und tatsächlich wird eine Familienbande konstruiert: Der Sohn erweist dem Vater durch seine männliche Aktivität und Tatkraft die Ehre, die ihm als „Stellvertreter Gottes"[426] zukommen muss. Somit steht der Adressat nicht nur anthropologisch in der Tradition des 18. Jahrhunderts, die dem Mann eben solche körperlich-moralischen Werte zuschreibt, sondern wird auch in einen ausschließlichen „Männerraum"[427] integriert, den er gemeinsam mit dem Vater Vaterland besetzt im Sinne einer Vater-Sohn-Beziehung. Der vaterländische Gesang, der sich gegen Briten und Franzosen richtet, wird so zu einer familial fundierten Männlichkeitsemphase des Sohnes vor den Augen des Vaters.

Von „des Vaterlandes Söhnen" (35) spricht auch Johann Martin Miller in seinem jambischen Fünfstropher *Deutsches Trinklied*. Dort wird die Wendung im Rahmen eines in das patriotische Thema integrierten Liebesdiskurses verwendet. Das Deutschsein dieser Söhne macht sie für die „Schönen" (33), das heißt für die deutschen Frauen, begehrenswert, sie weihen den Männern deshalb ih-

[425] Herrmann, „Arminius und die Erfindung der Männlichkeit", S. 179
[426] Quabius, *Generationsverhältnisse im Sturm und Drang*, S. 15
[427] Schmale, *Geschichte der Männlichkeit*, S. 146

ren „keuschen Busen" (36). Die Liebesverbindung zwischen Mann und Frau kann also nur insofern aufgebaut werden und bestehen, wenn der männliche Part ausschließlich als *deutscher Mann* existiert: Die Liebesweihe ist an einen umfassenden Patriotismus gekoppelt, ohne die ewige Verbundenheit zum deutschen Vaterland kann auch die Verbindung zu einem deutschen Mädchen nicht funktionieren. Dieses Diktum führt eine wesentliche Bedeutung für die Männlichkeitskonstitution des deutschen Mannes mit sich: Der Mann, der in der (familialen) Gemeinschaft mit der Frau seine originären männlichen Eigenschaften einbringen und sich als potenter, fortpflanzungsfähiger *creator* darstellen kann, muss zwingend von einem patriotischen Grundverständnis geprägt sein. Denn ohne diesen Schulterschluss mit dem Vaterland kommt der Mann nicht auf die Ebene der Männlichkeit, die eine Beziehung zu einer Frau zulässt. Das Vaterland formt also die Männlichkeit in biologischer und sozialer Hinsicht und erzieht den Mann zu einem *deutschen Mann*, der erst als eben solcher überhaupt geschlechtliche Kompetenz im Sinne der Hainbündler besitzt. Wahre Männlichkeit und Vaterland sind als Einheit derart miteinander verbunden, dass das männliche Wesen jegliche Form verliert, sobald es sich nicht im patriotischen Diskurs positiv einbringt. Schaut man sich die Charakteristika des Deutschseins an, so fällt vor allem die ständige Beschwörung der umfassenden Tugendhaftigkeit auf, was zu dem Schluss kommen lässt, dass nur Vaterlandsfreunde, also deutsche Männer im ursprünglichsten Sinne, tugendhaft und moralisch gefestigt und somit wert sind, dass deutsche Frauen ihnen ihren „keuschen Busen" (36) weihen. Voß formuliert in *Mein Vaterland*[428] das Gegenteil dieser Vorstellung: „Nach Wollust schnaubt der lodernde Jüngling jetzt, / Der Mann nach Gold; im dämmernden Myrtenhain / Lustwandeln frecher Mädchen Chöre, / Schmachtend in Galliens geilen Tönen." (29—32). „Jüngling" und „Mann" sind alles andere als tugendhaft, sie vertreten keine mit Deutschland in Verbindung gebrachten Ideale: Wollust und Gier, zwei der Todsünden, sind die Haupteigenschaften des männlichen Personals der Strophe, das damit völlig entwertet wird und dessen Abkehr vom deutschen Vaterland im Verlauf des Gedichtes klar gemacht wird. Die Abkehr von Deutschland bedingt die Degeneration der Männer zu unwerten und unwürdigen Geschöpfen, die sich sündhaftem Leben hingeben – wohingegen ein Leben in einem deutschen Sinne zu dem hohen Charakter führt, der im Initiationsbrief an Brückner entworfen worden ist.

Eine Männlichkeitsphantasie, die in schwermütigem, verlangendem Ton vorgetragen wird, sich auf das Verhältnis von Enkel- und Vätergeneration bezieht und gleichzeitig eine Gegenwartsklage führt, findet sich auch in Friedrich

---

[428] Ebd., Nr. 32 [S. 34f.]

Leopolds Stolbergs *Das Rüsthaus*[429]. Mit einem doppelten Ausruf von körperlichem und seelischem Schmerz beginnt das lyrische Ich dieses Lied: „Das Herz im Leibe" (1) tut ihm weh, und sein Blick ist „nass[..]" (3), wenn er im Rüsthaus „der Väter Rüstung" (2) sieht und „In unsrer Väter Zeit" (4) zurückschaut. Diese Zeit der Vorväter ist eine martialisch-kriegerische, die in der lyrischen Gegenwartssituation so nicht mehr zu finden ist, und die Rüstungen und Waffen, die im Rüsthaus ausgestellt sind und vom lyrischen Ich als „Speer und Schwert" (6), „Bogen" (8), „Panzer[.] und [...] Helm[..]" (9), „Schild" (10) und „Banner" (14) benannt werden, sind deren typischen Elemente. Typisches schweres Kriegsgerät, das für den Einsatz in der „Schlacht" (14) konzipiert ist. Das lyrische Ich stellt also die Zeit seiner Väter als Zeit großer Kriege dar, in der die Vorfahren einem betont kämpferischen Handwerk nachgegangen sind und der „Burgunder Heeres-Macht" (23) aus der Schweiz vertrieben und damit ihre Unabhängigkeit bewahrt haben (25ff.). Das lyrische Ich will diese Zeit wieder aufleben lassen und in die Fußstapfen der Väter als kriegerischer Freiheitsheld treten. Doch dies ist nicht möglich, wie die Sprechinstanz selbst erkennt und in traurigen Worten, die sich auf die Schilderung des eigenen Schmerzen in der ersten Strophe beziehen, schildert: „Ich greife gleich nach Schwert und Speer, / Doch Speer und Schwert sind mir zu schwer! / Ich lege traurig ungespannt / Den Bogen aus der schwachen Hand." (5—9).

Die unerreichbare und unerreichte Zeit der Vorväter ist eine Zeit der unerreichbaren und unerreichten Männlichkeit: Den Vätern wird eine „Riesen-Kraft" (12) zugesprochen, der geschlechtliche Gestus der Kraft damit ins Gigantische gesteigert. Die Männlichkeit ist martialisch überhöht, sie findet im Kriegsgerät, das das lyrische Ich nicht führen kann, ihren Ausdruck. In einem gewissen Sinne aus dem Bereich des Menschlichen entrückt – die „Riesen-Kraft" weist in die germanische Mythologie – steht diese vergangene Zeit in einem unauflöslichen Gegensatz zur Jetzt-Zeit des lyrischen Ichs, das als Symbol für ein Kollektiv, nicht als betont singuläre Sprechinstanz angesehen werden kann (s. auch „Enkel-Dankes" (31)). Das Gedicht drückt eine kollektive Malaise aus: Die aktuelle Männlichkeit versagt angesichts des historischen Erbes. Die Leistungen der Männer der Vergangenheit können nicht wiederholt werden, da die körperlichen Potentiale dafür fehlen. Alles, was das lyrische Ich anführt, fällt in den Bereich der rein körperlichen Kraft: das Tragen der schweren Panzerungen, das Spannen des Bogens, das Führen von Schwert, Speer und Schild, das Schwenken der Standarte. Die körperliche Kraft, diese Kraft der Riesen, die die Vorväter hatten, ist im lyrischen Heute nicht mehr existent. Dies erkennt das lyrische Ich und breitet seine Klage an-

---

[429] Sauer, *Göttinger Dichterbund*, Bd. 50 II, Nr. 36 [S. 77f.]

gesichts der Macht der Väter im Rüsthaus zu Bern auf dieser Folie aus. „Riesen-Kraft" (12) gibt es nicht mehr, die gesteigerte, verdoppelte Männlichkeit der Väter, die als Kriegsvolk für die Freiheit der Schweiz und gegen die Franzosen gekämpft haben, lässt sich heute nicht mehr finden. Für dieses Heute steht das lyrische Ich: als Repräsentant einer Gruppe, der die körperliche Männlichkeit der Väter nicht zuteil geworden ist und die deshalb nicht als kriegerisch-martialische Männer im vergangenheitsbezogenen Sinne sich darstellen können.

Dies ist aber nur ein Teil des Männlichkeitsdiskurses, der nicht negativ verstanden werden sollte. Denn die positiven Implikationen sind ebenso deutlich wie die negativen im Kontext der männlichkeitsspezifischen Zeitenklage. Die erste Stufe des Positiven ist das Erkennen des eigenen Makels. Das lyrische Ich ist sich der Malaise bewusst und kritisiert diese offen und ehrlich. Dies erinnert an die Darstellung der vorbildlichen deutschen Männlichkeit in *An meinen Ludwig, in Ulm*, in dem es heißt (s. oben): „So recht! den Fehler frey gestehn, / So bald, als man ihn eingesehen, / Dies ziemt dem deutschen Mann!" (1—3). Einsehen und Gestehen sind auch in diesem Rüsthaus-Gedicht gültige Kategorien: Das Ich sieht die mangelnde körperliche Männlichkeit und erkennt ihr Fehlen klagend an. Das Fehlen ist der Fehler, die Artikulation der Klage das „frey [G]estehn" (1), das Miller vom deutschen Mann fordert. In der Erkenntnis und im Eingestehen der eigenen Schwäche definiert sich die Männlichkeit. Diese hat Miller zwar auf primärer Ebene explizit an das Deutschsein gebunden, aber es scheint zulässig, auch im lyrischen nicht-deutschen Kontext auf dieses Verständnis zurückzugreifen. Partielle Unmännlichkeit ruft also Männlichkeit hervor, wie sie sein sollte; dadurch definiert sich das lyrische Ich als Träger einer solchen Männlichkeit und erscheint trotz des Verlusts der Macht der Vorväter als vorbildlicher Mann, der sich seines Geschlechts und den Verpflichtungen bewusst ist. Die zweite Stufe ist die Männlichkeitsphantasie an sich. Der Fehler wird schließlich nicht nur eingesehen und schmerzlich eingestanden, sondern die Gedanken des lyrischen Ichs sind auf die Ebene der Väter-Kraft entrückt. Trotz der Erkenntnis, dass in der realen Situation das lyrische Ich nicht wie die Männer der Vergangenheit sein kann, stellt das Ich die Vorväter, ihr Kriegsgerät und ihre soldatischen Leistungen in den Mittelpunkt seines Gedankens. Um sie kreist sein zeitlicher und gleichzeitig auch vergeschlechtlicher Diskurs, sie sind das Zentrum seiner Verehrung. Die oben als Männlichkeitsphantasie bezeichnete Darstellung ist also gleichermaßen auch rühmende Männlichkeitsemphase. Das kommt abschließend in der letzten Strophe heraus: „Es focht der Väter Helden-Mut, / Es floß für uns ihr teures Blut! / Sie sind des Enkel-Dankes wert, / Wohl dem, der sie durch Thaten ehrt!" (29—32). Diese aktuellen Generationen müssen die Männlichkeit der Vorväter rühmen, die durch ihr Geschlecht für den freiheitlichen Zustand der Nation gesorgt haben.

Die Strophe greift noch einmal das Gestern und Heute auf und spielt mit dem Wandel von der Zeit der Väter zur aktuellen Zeit: Während in der Vergangenheit noch Blut geflossen ist als Ausweis männlichen Verhaltens, muss in der Gegenwart Dankbarkeit herrschen für diese Taten. Die beinahe überweltliche und lange entrückte Männlichkeit der Vorväter ist Fixpunkt jeder Vergangenheitsverehrung, jedes Erinnerns.[430] Dieses Bewusstsein und das feierliche Bewusst-Werden ist der positive Habitus der Männlichkeit des lyrischen Ichs bzw. der Gruppe, die es repräsentiert. Die Männlichkeit der Vorfahren wird von der Gegenwart feiernd aufgenommen, wodurch die Männlichkeit der Enkel definiert wird. Die Enkel *wollen* etwas tun, das der vergangenen Männlichkeit zur Ehre gereicht, und diese „Thaten" (32) für die Männlichkeit können nur durch Männlichkeit ausgeführt werden – selbst wenn die „Riesen-Kraft" (12), die diese vergangene Männlichkeit definiert hat, verschwunden ist. Das lyrische Ich fokussiert sich also im Besonderen auf den Akt des Erinnerns, durch den die Männlichkeit der Vorfahren hervorgehoben werden soll. Diese Gedächtnis-Männlichkeit, die durch das Kriegsgerät im Rüsthaus greifbar ist, wirkt sich auf die Männlichkeit der lyrischen Gegenwart aus: Indem es für das Bewusstsein der eigenen Schwäche sorgt, aus der dann wieder eine Auseinandersetzung mit der eigenen Männlichkeit entspringt. Diese Auseinandersetzung mündet nun darin, dass sich die Männlichkeit, auch wenn ihr die „Riesen-Kraft" der Vorfahren fehlt, als solche dennoch darstellen kann. Denn männliches Geschlecht zeigt sich, zumindest gilt dies für dieses Gedicht, im Erkennen und Eingestehen der eigenen Schwäche und in der Verehrung der großen männlichen Vergangenheit.

---

[430] Dieses Erinnern kann man wohl mit Assmanns „kulturellem Gedächtnis" (Assmann, *Das kulturelle Gedächtnis*) vergleichen: Es bezeichnet „die Tradition in uns, die über Generationen, in jahrhunderte-, ja teilweise jahrtausendelanger Wiederholung gehärteten Texte, Bilder und Riten, die unser Zeit- und Geschichtsbewußtsein, unser Selbst- und Weltbild prägen" (Assmann, *Thomas Mann und Ägypten*, S. 70). In Stolbergs *Rüsthaus* ist die Männlichkeit die Tradition, die das Selbst- und Weltbild des lyrischen Ichs und der Gruppe, die es repräsentiert, prägt.

Kapitel III.3.2
Väter als Mittler der Männlichkeit
Kapitel III.3.2.1
Männlichkeit durch den Phallus: *Lied eines deutschen Knaben*

Friedrich Leopold Stolberg hat auch eine direkte Vater-Sohn-Verbindung in den Mittelpunkt eines patriotischen Gedichtes gestellt und eine juvenile Männlichkeitsphantasie ausgestaltet. Sein *Lied eines deutschen Knaben*[431] handelt von der bislang unerfüllten Sehnsucht eines Jungen, für sein Vaterland einzutreten und sich als „Vaterlandsheld profilieren zu können"[432]. Dieser Einsatz fürs Vaterland ist der virulente Unterschied zwischen Männlichkeit und Unmännlichkeit (also in diesem Falle auch Kindheit/Jugend), im patriotischen Eifer konstituiert sich männliches Wesen. Das lyrische Ich des Textes kann als dieser Knabe identifiziert werden, der sein „Lied" mit einem männlichkeitskonstitutiven Moment einsetzt: „Mein Arm wird stark, und groß mein Muth; / Gieb, Vater, mir ein Schwert!" (1—2). Insgesamt drei Komponenten einer typischen Männlichkeitsvorstellung des späten 18. Jahrhunderts ruft das lyrische Ich hier auf: Der starke Arm und großer Mut sind von der Genderforschung in den Bereich des natürlichen Seins des Mannes in der Anthropologie um 1800 eingeordnet worden. Das Schwert ist Symbol und Zuspitzung des genuin männlichen Verhaltens, in dem sämtliche Momente der Männlichkeit, biologisch wie sozial, zusammenlaufen: vom Freiheitsdrang bis zum aktiven Leben, das Schwert in der Hand des Mannes symbolisiert alle Aspekte der Virilität. Als Phallus – als solches wird das Schwert in den Literatur- und Kulturwissenschaften sowie der Psychologie/Psychoanalyse angesehen – ist die Waffe Ausdruck einer spezifischen Männlichkeit, die sich selbst absolut setzt und aus sich heraus einen Machtanspruch ableitet. Denn den Phallus zu haben bedeutet für den Knaben, eine männliche Position einzunehmen und diese gegenüber „männlich markierten Wesen"[433], die die Position nur scheinbar haben, abzugrenzen. Und wenn im Verständnis der Renaissance die Hervorhebung des Phallus' auf die „Erhabenheit des Menschen"[434] verweist, verstärkt das diese Lesart: Der Knabe fasst das Schwert in der Hand als Zeichen für seine besondere Stellung innerhalb der Gesellschaft auf, die ihm als Mann zukommt, und präfiguriert durch die Waffe eine neue Qualität in seinem Leben, die ihm bisher fehlte, da ihm das Schwert fehlte.

Die Übergabe des Schwertes durch den Vater ist gleichbedeutend mit dem Eintritt in die Welt der Männer, der Erhalt des Phallus ist der Erhalt der

---

[431] Sauer, *Göttinger Dichterbund*, Bd. 50 II, Nr. 17 [S. 49f.]
[432] Blitz, „Identitätskonzepte und Feindbilder", S. 103
[433] Butler, *Körper von Gewicht*, S. 97
[434] Schmale, *Geschichte der Männlichkeit*, S. 80

Männlichkeit. Der Vater ist der Mittler zwischen dieser männlichen und der unmännlichen Welt, der mit dem Schwert die Männlichkeit an den Sohn überreicht; so wird aus dem Knaben ein Mann, der seine Männlichkeit als Vaterlandsheld beweisen kann. Der Vater gibt Männlichkeit an seinen Sohn weiter und *macht* ihn damit zum Mann. Es ist eine Art von Empfängnis, die sich dort vollzieht und der männlichen Schöpferkraft eine neue Bedeutungsebene einhaucht: Der Vater als Mann erschafft durch das Schwert als männlicher Phallus einen neuen Mann in der Figur seines durchaus als juvenil, also biologisch eigentlich nicht an der Schwelle zur Männlichkeit stehenden, zu bezeichnenden Sohnes. Männlichkeit hat die Kraft, neue Männlichkeit hervorzubringen, da sie „ganz auf das Erzeugen, auf das Schöpferische"[435] ausgerichtet ist. Dies ist sowohl biologisch (Gattungsreproduktion) als auch sozial/kulturell (Vaterlandsbegeisterung und angestrebte -verteidigung) zu sehen.

Das phallische Schwert nimmt somit eine natürlich einsetzende Männlichkeit vorweg, indem es den Knaben als Mann markiert, da er die Waffe in der Hand hält. Damit wird das Schwert auch zum (erigierten) Penis, um das auf Freud zurückgehende und von Lacan und Butler aufgegriffene Begriffspaar in diese Untersuchung einzuführen: Freud hat in *Über den Traum* (1901) „scharfe Waffen [als] männliche Genitale"[436] markiert; und William Clark sieht den studentischen Stammbuchspruch „Penna non facit nobilitatem, sed penis" als „Beleg für die Homologie zwischen Phallus, Degen und Feder"[437] an. Hier liegt der *Zusammenfall* von Phallus und Penis als zwei Bereiche im Schwert vor, was eine Verschärfung des männlichkeitsrelevanten Potentials des Schwertes bewirkt; ob eine aktuelle *Verschmelzung* von Phallus und Penis – wie Freud sie in *Die Traumdeutung* vorschlägt – stattfindet, lässt sich nicht beurteilen[438]. Das Schwert ist als Phallus Symbol für eine umfassende Männlichkeit, die dem Knaben in seinem Phantasma von außen durch den (männlichen, d.h. anthropologisch positiv markierten) Vater herangetragen wird – und zwar in einer biologischen Vorzeit, die eigentliche Männlichkeit nicht zulässt. Männlichkeit geht überein mit dem Schöpferischen, Erzeugenden im Menschen, weshalb der Phallus *per se* als Symbol für Männlichkeit zu betrachten

---

[435] Ebd., S. 140

[436] S. 113

[437] Füssel, „Studentenkultur", S. 94

[438] Butler lehnt diese Gleichsetzung an verschiedenen Stellen von *Körper von Gewicht* ab: „Wenn Freud an dieser Stelle die phallische Funktion zu umschreiben versucht und eine Verschmelzung des Penis mit dem Phallus vorschlägt, dann würden die Genitalien zwangsläufig in doppelter Weise fungieren […]. Insofern die männlichen Genitalien zum Ort eines textuellen Schwankens werden, inszenieren sie die Unmöglichkeit, die Unterscheidung zwischen Penis und Phallus zusammenfallen zu lassen." (S. 95). „Tatsächlich ist der Phallus weder die imaginäre Wertigkeit, für die der Penis teilweise eine Annäherung ist." (S. 96).

ist. Die Schöpferkraft im Sinne einer Gattungsreproduktion und Bereiche der männlichen Übersteigerungen wie ungezügelte Sexualität und Onanie sind indes nur mit einem entwickelten Genital möglich, weshalb Männlichkeit in einem engen Zusammenhang mit dem Vorhandensein des funktionierenden Penis zu betrachten ist (man denke an Schiller und seinen Kastratendiskurs, der genau dieses Fehlen des männlichen Genitals zum Kern seiner lyrischen ‚zweiten' Entmännlichung des Kastraten macht[439]). Der Penis macht den Menschen zum Mann, ohne den Penis kann der Mann nicht bestehen. So ergibt sich der Zusammenfall von Phallus und Penis im Schwert: Die die Waffe umfassende Männlichkeitsvorstellung weitet sich auf das männliche Genital aus, indem der Phallus als symbolisches Substitut die Männlichkeit an sich markiert, der Penis aber als Verweis auf die reine Körperlichkeit zu lesen ist, die den Knaben vom Mann, also den Nicht-Mann vom Mann, unterscheidet. Der Knabe phantasiert sich den Penis förmlich an seinen kindlichen Körper und sieht sich so zum Mann wachsen – das Schwert in der Hand zu halten bedeutet für den Jüngling, sowohl Phallus als auch Penis zu besitzen, die hier zu *einem* Symbol für Männlichkeit zusammengehen. Denn wenn das Schwert kulturgeschichtlich aus sich heraus Phallus ist und in diesem Kontext auch Penis, muss die Annahme eines Zusammenfalls von Phallus und Penis als doppelte Funktionalisierung des Schwertes statthaft sein.

Doch weshalb eine Verschärfung des männlichkeitsrelevanten Potentials? Das Schwert wird als Penis zu einem körperbezogenen Moment, das sich in die biologische Männlichkeit integrieren muss, währenddessen der Phallus für die allgemeine Fähigkeit des Mannes steht, dieses und jenes zu bewirken. Als Penis ist die Waffe eine konkretisierte Körperzone, die als das Zentrum der Kraft des Mannes gilt und damit aus der Ebene des Symbolischen herausgelöst. Während der Phallus dasjenige ist, das „Bedeutung verleiht"[440], *ist* der Penis die Bedeutung für die Männlichkeit. Ohne das Vorhandensein des Penis' existiert keine Männlichkeit; der Phallus kann sie zwar repräsentieren und nach außen hin darstellen, das Genital aber beschreibt das Geschlecht, wie der Phallus es nicht kann. Mit dem Phallus werden für den patriotischen Diskurs relevante Komponenten der Männlichkeit in den Diskurs eingeführt, derer sich der Knabe durch das Schwert bemächtigen will, um als Vaterlandsheld aufzutreten. Der Penis indes markiert die eigentliche Männlichkeit am Körper des Knaben, indem es neben den „symbolisch codierten Phallus"[441] tritt und von dort aus die Phantasie des Knaben, in die Sphäre der Männlichkeit aufzusteigen, mit dem Phallus gemeinsam steuert. Um diese These vom Pe-

---

[439] Vgl. Kapitel VII.2.1.1
[440] Butler, *Körper von Gewicht*, S. 95
[441] Ebd., S. 94

nis-Schwert zu untermauern, kann man einen weiteren Gedanken Freuds aufgreifen, den er in *Das Ich und das Es* gefasst hat: „Das Ich ist vor allem ein körperliches, es ist nicht nur ein Oberflächenwesen, sondern selbst die Projektion einer Oberfläche."[442] Vor allem der erste Teil dieser Aussage ist hier von Interesse. Wenn die „Herausbildung des Ichs mit der externalisierten Idee, die vom eigenen Körper gebildet wird"[443] verknüpft wird, so heißt dies konkret, dass das Ich und der Körper bzw. die Körperlichkeit desselben mit diesem zusammenfallen und das eine vom anderen nicht zu trennen ist. Auf den Wunsch des Knaben, von seinem Vater ein Schwert zu erhalten, angewendet, bedeutet dies nichts anderes, als dass die von der Männlichkeit hervorgebrachte und geprägte Persönlichkeit an einen männlichen Körper geknüpft ist, über den sich das Ich dementsprechend selbst definiert. Dieser männliche Körper ist für den Knaben als Nicht-Mann nur durch die Genitalisierung des Schwertes möglich. Das Schwert wird also als körperliches *symbolon* Teil des Ichs des Knaben, das Männlichkeit in den Jungen hineinleitet und ihm so die Möglichkeit eröffnet, die Gestaltung seiner männlichen Persönlichkeit (die der Phallus repräsentiert) auch körperlich durch den Erhalt des männlichen Genitals auszuspielen.

Die Herausbildung des Freudschen Ichideals, das mit einer spezifischen Form von Körperlichkeit zusammenfällt, ist dem Psychoanalytiker zufolge an die Figur des Vaters gekoppelt: „Dies führt uns zur Entstehung des Ichideals zurück, denn hinter ihm verbirgt sich die erste und bedeutsamste Identifizierung des Individuums, die mit dem Vater der persönlichen Vorzeit."[444] Wenn das Ich, wie oben gezeigt wurde, nicht nur an ein körperliches Konzept, das heißt an die Existenz des Penis gekoppelt ist, sondern auch zur Herausbildung seiner selbst die Identifikation mit dem Vater sucht, führt dies die familiale Verbindung vom Sohn zum Vater auf eine genuin männliche Ebene herüber. Wenn der Vater als Geber von Männlichkeit fungiert durch das Überreichen des Schwertes, der Sohn aber im gleichen Augenblick auch die Identifikation mit dem Vater sucht, dessen sich der Knabe durch diesen Akt „bemächtigt"[445], will er sich mit der Männlichkeit des Vaters vereinigen bzw. sich darüber definieren. Der Ruf nach dem Schwert ist der Ruf nach der Öffnung der väterlichen Männlichkeit in die Richtung des Knaben als Ausdruck eines Wunsches nach engem familial-männlichen Zusammenhalt. Im Vater sieht der Knabe eine positive Erscheinung von Männlichkeit, die den traditionell hochgeschätzten Vater[446] im Kontext des vaterländischen Phantasmas zu einem

---

442 Freud, *Das Ich und das Es*, S. 382
443 Butler, *Körper von Gewicht*, S. 92
444 Freud, *Das Ich und das Es*, S. 382
445 Ebd.
446 Vgl. Wild, *Die Vernunft der Väter*, S. 221

Männlichkeitsidol erhebt: Der Knabe will an dieser geschlechtlichen Ausprägung des Vaters partizipieren und dadurch selbst zum Mann werden. Vater- und Männlichkeitsidentifizierung sind hiermit in diesem Kontext gleichgesetzt, jeder ödipale Komplex als Grenzziehung zwischen den Generationen im Freudschen Sinne ist aufgelöst worden. Dadurch erfährt „die Männlichkeit im Charakter des Knaben eine Festigung"[447]. Die Geschlechtlichkeit des Kindes wird also nicht allein durch das Schwert bedingt – erst durch den Vater als identifikatorisches Moment wird die Männlichkeit im Sohn wirklich aktiviert, da er im Alten das Vorbild findet, was er zur Ich-Konstitution benötigt. Der Junge holt symbolisch durch das Schwert bei seinem Vater die Männlichkeit ab, die er sich wünscht und die er durch den Vater in seiner Vorbildfunktion repräsentiert sieht. Der Junge beobachtet an seinem Vater das Zusammenspiel von Penis und Phallus, von biologischer und sozialer Männlichkeit, die im Vatersein und im Einsatz für das Vaterland als Zeichen für hohen Mut („Ich stürb', o Vater, stolz wie du, / Den Tod fürs Vaterland!" (7—8)) gleichermaßen Ausdruck finden.

Parallel zu dem Vorgriff auf das später einsetzende anthropologische Konzept des Mannes als patriotischem Soldaten weist Stolberg sich als Anhänger einer von Christian Wolff[448] geprägten staatsphilosophischen Idee aus, indem er das „Modell der Hausväter-Gesellschaft"[449] in seinem Diskurs verwertet und vom Partikularen auf das Ganze erweitert. Wenn das Haus ein Herrschaftsraum ist, vollzieht sich darin eine Idee des Staates, des Vaterlands, im Kleinen. Dieser Raum ist eindeutig männlich dominiert und hat spezifisch männlichen Charakter, da er vom Vater als Hausvater, der als Oberhaupt des geschlossenen Systems „Haus" fungiert, geführt wird. Die Bezeichnung „Vater" ist also nicht nur familial zu verstehen, sondern auch gesellschaftlich, die Kategorien *sex* und *gender* finden sich zu gleichen Teilen in dieser Figur wieder: Der Mann steht als Vater und der Vater steht als Mann einer Gemeinschaft vor, die in ihrer Gesamtheit funktionieren muss. Die Männlichkeit des beschränkten häuslichen Rahmens überträgt sich bei Stolberg auf ein gesamtstaatliches System, durch die häusliche Führerschaft – im Gedicht ist es ja eindeutig, dass der Knabe den Vater als eine Art Führer, als den Hausvater Christian Wolffs ansieht – entwickelt der Mann den Herrschaftsanspruch, das Ganze des staatlichen Systems zu leiten; so erhält der Staat sein „männliches Geschlecht[.]"[450]. Wenn nun der Knabe vom Vater fordert, dass er ihm durch die Gabe des Schwertes zu Männlichkeit verhelfen soll, die für das Vaterland eingesetzt

---

[447] Freud, *Das Ich und das Es*, S. 383
[448] Vgl. grundlegend Grimm, „Christian Wolff und die deutsche Literatur der Frühaufklärung"
[449] Frevert, *Geschlechter-Differenzen*, S. 67
[450] Zit. nach ebd., S. 61

werden soll, so geschieht das in dem Wissen, dass auch der Vater seine Männlichkeit, die *grundsätzlich* und *gefestigt* ist, für das Vaterland einsetzt. Diese spezifische Aufgabe von Männlichkeit ist gegeben durch das Verständnis der herrschaftlichen Hausväterschaft, die der Knabe als untrennbar mit dem Vater verknüpft im täglichen Leben sieht.

Der Text ist auf einer vaterländischen Ebene verortet und lässt sich deshalb als Teil des patriotischen Diskurses ansehen: Die Erweiterung von männlicher hausväterlicher Herrschaft zu einer staatlichen Männlichkeit ist nur ein natürlicher Schritt auf der poetischen Stufenleiter. An anderer Stelle wurden die Verse „Ich stürb', o Vater, stolz wie du, / Den Tod fürs Vaterland!" (7—8) bereits zitiert, und auch hier sind sie wichtig für die Interpretation. Sie belegen den erweiterten Herrschaftsanspruch, den Stolberg dem Vater angedeihen lässt. Der familiale Vater ist als Oberhaupt des geschlossenen Hauses automatisch Vaterlandsheld, da beides durch die Männlichkeit bedingt ist. Insofern formuliert Stolberg hier, eingebettet in das Phantasma des Knaben, das gängige männliche Programm des Hainbunds, das in einem patriotischen Diskurs Männlichkeit und Vaterland zu *einem* Bereich verschmelzen lässt: Die Männlichkeit des Vaters ist also *automatisch* gleichbedeutend mit dem Vaterlandsbezug desselben und lässt den Mann im Sinne der Schwertsymbolik des Knaben grundsätzlich aus der häuslichen Ebene in eine ,nationale' aufsteigen. Das Programm ist nur als Bedeutungsanteil innerhalb des Diskurses des Knaben vorhanden. Dessen Vorstellung ist implizit, nicht explizit, denn der Vater gehört nicht zum aktiven Personal des Gedichtes, er ist vielmehr übergeordnetes Element im ,Weltbild' des Knaben, der sich an ihm orientiert. Das entwertet diesen Beitrag zur Männlichkeitskonstitution aber nicht, im Gegenteil: Indem die väterliche Männlichkeit unausgesprochen im Kontext eines vaterländischen Kraft- und Heldenphantasmas in den lyrischen Diskurs über die heldischen Sehnsüchte des Knaben integriert wird, erscheint sie als ein *natürliches* Element, dessen explizite Erwähnung redundant ist. Männlichkeit und Patriotismus gehen eine ursprüngliche Verbindung ein und bedingen sich gegenseitig. Das eine ist ohne das andere nicht möglich, das macht Stolberg in diesem Gedicht klar: Der Knabe sieht die Erfüllung des Wunsches, sich „als Vaterlandsheld profilieren"[451] zu können, an den vorzeitigen Erhalt von echter Männlichkeit geknüpft; der Vater wird unausgesprochen als *Mann* identifiziert, dem eine patriotische Verbundenheit innewohnt (vgl. noch einmal 7—8). Es wurde oben darüber referiert, dass um 1800 eine anthropologische Wende greift, in deren Zuge die Hausväterschaft vom hegemonialen Soldatismus abgelöst wird, und dass die Hainbündler bereits zu ihrer Zeit diesem neuen Verständnis Vorschub geleistet haben. Wenn hier nun Stolbergs Vorstellun-

---

451 Blitz, „Identitätskonzepte und Feindbilder", S. 103

gen partikularistisch mit Christian Wolffs „Modell der Hausväter-Gesell-schaft"[452] in Verbindung gesetzt werden, heißt das: Der doppelte Kursus von Hausväter-Tradition und neuer, hegemonial-soldatischer Männlichkeit zeigt vielmehr das Changieren der Hainbündler, die nicht auf ein Modell einge-schrieben sind, sondern die zeitgenössisch bekannten Tendenzen nutzen, um ihre Männlichkeit(en) zu konstituieren.

Reiner Wild hat in seiner Arbeit zur Kinderliteratur der Aufklärung auf die Konstruktion der väterlichen Vorbildfunktion hingewiesen: „Infolge ihrer zen-tralen Position werden die Väter zum maßgeblichen Vorbild, an dem sich die Kinder ausrichten sollen."[453] Er bezieht das Motto aus dem *Krebsbüchlein* des Theologen Christian Gotthilf Salzmann „Faciam, mi papule, si te idem facien-tem prius videro" (etwa: „Ich werde es tun, mein Väterchen, wenn ich dich vorher dasselbe werde tun sehen") zunächst „auf die Verrichtung des Vaters, auf seine alltäglichen Beschäftigungen und die dazu erforderlichen Fertigkei-ten" und stellt die These auf, dass sich dieses Motto auf „das auf Imitation be-ruhende Erlernen der künftigen beruflichen Fähigkeiten und der entsprechen-den Erwachsenenrolle"[454] bezieht. Diese zeitgenössische Auffassung der Va-terrolle scheint auch in Stolbergs Text umgesetzt: Indem der Junge seinen Wunsch, sich als Vaterlandsheld beweisen zu können, implizit und explizit auf den Vater (zurück)bezieht, figuriert er den Vater als Vorbild, von dem die Mo-tivation, patriotisch tätig zu werden, ausgeht. Wenn bei Salzmann die Imitati-on des Vaters im Hinblick auf die Rolle des Kindes „in der großen Haushalts-familie"[455] (i. e. in einem quasi-privaten Raum) geschieht, öffnet und erweitert Stolberg dieses Prinzip. Er führt die Imitation des Vaters durch das Kind in den öffentlichen Raum und überdeckt gleichzeitig den ‚praktischen' Bezug der Nachahmung durch die Selbstwidmung des Knaben an das Vaterland. Stol-bergs Vaterfigur ist nicht das *exemplum* eines Handwerkers o. ä., der seinen Sohn zum praktischen Nachfolger im Rahmen einer familialen Unterstützung erziehen will; die alltägliche, mithin sogar profan-banale Tätigkeit wird durch den patriotischen Wunsch abgelöst. Ein anderes Konzept von Salzmann – der sein *Krebsbüchlein* freilich erst 1780 verfasst hat – wird bei Stolberg ebenfalls aus einem anderen Winkel betrachtet. Wenn der Autor schreibt: „Von allen Fehlern und Untugenden seiner Zöglinge muß der Erzieher den Grund in sich selbst suchen"[456], so kann dies nicht für Stolbergs Knabenlied gelten. Denn „Fehler und Untugenden"[457] gibt es in der Darstellung des Knaben und

---

[452] Frevert, *Geschlechter-Differenzen*, S. 67
[453] Wild, *Vernunft der Väter*, S. 243
[454] Ebd.
[455] Ebd.
[456] Zit. nach ebd., S. 244
[457] Zit. nach ebd.

seines Vaters nicht, nur aufrichtige Vaterlandsliebe und Männlichkeit, die von oben nach unten weitergegeben wird. Insofern ist nicht das „Fehlverhalten der Kinder [...] im schlechten ‚Exempel' der Eltern zu suchen"[458], sondern das Positive des kindlichen Charakters, das sich auf der Grundlage eines väterlichen Vorbildes ausgeprägt hat. Damit ist der Vater nicht für die Schwächen des Kindes, sondern für dessen Stärken verantwortlich und kann sich selbst für seine ‚Vererbung' in dem Maße rühmen, wie die schlechten Väter sich als negative Beispiele Vorhaltungen gefallen lassen müssen.

Das Konzept des guten Sohnes ist damit auch das Lob des guten Vaters, der sich seiner Verantwortung als Erzieher sowohl im häuslichen als auch im öffentlichen Bereich bewusst ist und den Knaben im Hinblick auf einen vollständig dem Vaterland ergebenen – also umfassend positiven, gelungenen – Charakter zu erziehen. Das Gedicht mag also – hinsichtlich der florierenden Kinder- und Jugendliteratur der Aufklärung – gleichzeitig auch als pädagogischer Text verstanden werden: Es figuriert beispielhaft eine gelungenen Erziehung, durch die ein junger Mensch seine individuelle Ausprägung für das Vaterland erfährt und damit dem großen Ganzen dienlich wird. Anstoß für diese Entwicklung ist der Vater, der für den Jungen als vaterländisches Vorbild fungiert und als wesentliches Moment in die Erziehung eingebunden wird durch die Bitte: „Gieb, Vater, mir ein Schwert!" (1). Der Vater ist damit nicht nur individuelles Vorbild für den jungen Sohn, der sich über ein erwachsenes Idol dem Vaterland annähert und darin seine Motivation findet, sondern gleichzeitig tatsächlich auch *pädagogisches Vorbild*, indem der Sohn die gleiche, als explizit vorbildlich aufgefasste Geisteshaltung vorführt wie der Vater als Resultat einer geglückten *imitatio* väterlichen Verhaltens. Mit Blick auf die Theorien Salzmanns heißt das: Der Sohn sieht die beispielhafte Vaterlandsliebe des Vaters, nimmt das Verhalten auf und ahmt es nach – getreu dem Motto: „Faciam, mi papule, si te idem facientem prius videro". Der Vater kann sich also rühmen, selbst ein vorbildlicher Charakter als Freund des Vaterlands zu sein und dadurch erzieherisch tätig geworden zu sein und seinen Sohn in die gleiche, die richtige Richtung gelenkt zu haben.

Kapitel III.3.2.2
Jugendliche Träume kriegerischer Männlichkeit: *Philotas. Ein Trauerspiel*

In diesem Kontext ist auf einen bedeutenden Referenztext der Hochaufklärung zu verweisen, der ebenfalls eine frühkindliche Männlichkeits- und Kriegsphantasie und die daraus resultierende Beziehung zum Vater zur Handlung eines literarischen Textes erhebt: Lessings nach dem Helden benannter Einakter *Philotas. Ein Trauerspiel*. In acht Auftritten stellt Lessing den jungen

---

[458] Ebd.

Königssohn Philotas in den Mittelpunkt; im Gegensatz zu Stolbergs Knaben hat Philotas das Schwert bereits von seinem Vater empfangen und dient als eine Art Kommandeur bzw. als Anführer einer Einheit im Heer seines Vaters – das aber nur, weil Philotas seinen Vater sieben Tage auf Knien „gebeten, gefleht, beschworen" (2. Auftritt) hat, ihn an der Schlacht teilhaben zu lassen. Damit wird deutlich gemacht, dass die Zeit des Krieges für Philotas in den Augen des Vaters noch nicht reif war. Das Drama greift hochverdichtet den letzten Lebensabschnitts Philotas' heraus, der sich zu Beginn des Textes in der Gefangenschaft wiederfindet.[459] Philotas Rede ist geprägt von einer geschlechter- und alterssemantischen Durchmischung, die im Kontext von Philotas juvenaler Kriegsphantasie explizit wird. Krieg ist für den jungen Mann ein konstitutives Merkmal des (männlichen) Lebens, ohne das sich keine echte männliche Existenz erreichen lässt. Denn im Krieg kann der Mann das „Feuer der Ehre" (2. Auftritt) lodern lassen, womit Philotas Männlichkeit und Ehre in Wechselverhältnis zueinader stellt. Schwert und Rüstung sind für in „männliche Toga" (2. Aufritt), durch die er seine kindliche Kriegs- und Männlichkeitsphantasie zur geschlechtlichen Realität erhoben hat.

Philotas hat das ausgeführt, was sich der Knabe bei Stolberg in seinem Lied nur erträumt hat. Interessant ist aber, dass beide Figuren sich den Weg zu dieser neuen, männlichen Existenz teilen. Der Knabe wünscht sich von seinem Vater ein Schwert, um als Soldat für das Vaterland zu kämpfen, um so seine Phantasien einer spezifischen und kriegerisch bedingten Männlichkeit zu erfüllen. Philotas hing, so lassen die Rückblicke in den Reden des Königssohns schließen, den gleichen Vorstellungen nach. Wenn der Knabe das Schwert fordert, um mit diesem äußeren Symbol der Männlichkeit dieselbe zu erlangen, so hat Philotas diese Waffe bereits erhalten und wurde so ‚zum Mann gemacht'. Die Auswahl des Schwertes ist die letzte Handlung im symbolischen Prozess des Männlichwerdens, den Philotas nach langem Kampf mit seinem Vater im Moment seiner fertigen Ausstattung als Krieger abschließt. Aus dem Jüngling ist der Mann geworden, das Schwert markiert die Grenze zwischen der kindlichen Geschlechtslosigkeit bzw. weiblich-weibischen Unmännlichkeit und der kriegerischen Männlichkeit, die Philotas um jeden Preis (in Lessings historischem Drama ist es sein Leben) zu überschreiten wünscht. Das Schwert ist der nach außen hin sichtbare, erhöhende und den Träger erheben-

---

[459] Zur Rezeptionsgeschichte und den verschiedenen Deutungsansätzen des *Philotas* s. Blitz, *Aus Liebe zum Vaterland*, S. 233ff. Blitz stellt den Wandel in der wissenschaftlichen Rezeption dar und kommt zu dem Schluss, dass die Fokussierung auf die „heldenhafte[.] preußische Gesinnung" (zit. nach Blitz, *Aus Liebe zum Vaterland*, S. 233) des Philotas und das Diktum, das Drama sei eines über den „Opfertod für das Vaterland" (zit. nach Blitz, *Aus Liebe zum Vaterland*, S. 233), eindeutig zurück ins 19. Jahrhundert verweisen und heute nicht mehr haltbar seien.

de Teil der „männliche[n] Toga": Männliche Macht und Gewalt, die Möglichkeit, sich symbolisch und real als Mann zu konstituieren und gegenüber anderen diese Geschlechtlichkeit auszuspielen, dies alles steckt im Schwert. Bei Philotas äußert sich diese Auffassung in seinem Verhalten gegenüber seinem Untergebenen Parmenio und dem König Aridäus, dessen Gefangener er ist: Er transportiert den „Habitus des rauen Kriegers" und geriert sich als „Befehlshaber" (bei Parmenio) und „Feind"[460] (bei Aridäus), wiewohl der König, ein alter Freund seines Vaters, ihm keinerlei Grund für ein solches abweisendes und aggressives Verhalten gibt. Dies formuliert Lessing ganz offen im 7. Auftritt im Gespräch zwischen dem Gefangenen und Aridäus: „Sieh, König, ich habe kein Schwerd, und ich möchte nicht gern, ohne dieses Kennzeichen des Soldaten, unter Soldaten erscheinen." Hier vervollständigt sich, wie Hans-Martin Blitz schreibt, der „Habitus des rauen Kriegers [...] durch das Schwert, das Philotas verlangt, um seine erschreckend authentisch vorgetragene soldatische Lebensform nach außen zu symbolisieren"[461]. Das Schwert ist der öffentliche Ausdruck von Philotas' Männlichkeit; ohne dieses kann er nicht sein, da er sonst ‚nackt', ohne sein Geschlecht vor die anderen Krieger (= Männer) treten müsste. Philotas gewinnt und verliert seine Männlichkeit durch das Schwert. Und dieser Verlust der Männlichkeit, das sich Umkehren seines lebenslangen Traumes, fürchtet Philotas zutiefst. Beleg dafür ist seine Frage: „Ein weibischer Prinz, hat mich die Geschichte gelehrt, ward oft ein kriegerischer König. Könnte mit mir sich nicht das Gegenteil zutragen?" (7. Auftritt). So wie der Erhalt der Männlichkeit der große Traum des Lebens war, so ist der Verlust derselben der große Albtraum für Philotas. Seine Sorge gilt nicht seinem Leben – das ist er hinzugeben bereit, wie er beweist –, sondern einzig der Männlichkeit in Verbindung mit seinem Vaterland.

Bei Stolberg gibt es einen solchen Konflikt nicht, denn der Knabe kommt innerhalb der besprochenen Situation nicht über sein Wunschdenken hinaus. Er kann seinen Traum nicht in die Realität umwandeln, wie es Philotas geschafft hat. Beim Knabe bleibt also bei reinen Vorstellungen, ohne dass daraus negative Konsequenzen für ihn und den Vater erwachsen. Frappierend wird der Unterschied zwischen den Darstellungen, wenn man sich noch einmal den Umgang mit dem Vater während des Prozesses der Mannwerdung anschaut. Philotas ist durch Betteln zu seinem Schwert gekommen; das Schwert hat er sich selbst ausgesucht unter denen seines Vaters, es wurde ihm nicht überreicht. Philotas wurde von seinem Vater die Erlaubnis erteilt, sich selbst durch das Umgürten des Schwertes gefühlt zu einem Mann zu machen. Der Vater existiert nicht als Ratgeber, Mentor oder Lehrmeister: Seine Rolle beschränkt sich

---

[460] Ebd., S. 243
[461] Ebd.

in den Rückblenden Philotas' darauf, seinem Sohn die praktische Umsetzung der Mannwerdung theoretisch gestattet zu haben. Ganz anders bei Stolberg: Der Vater ist dort eine bedeutende Instanz im Wunschdenken des Sohnes, der ja formuliert: „Gieb, Vater, mir ein Schwert!" (1). Der Vater reicht das Symbol der Männlichkeit von oben an den Sohn herunter. Ohne den Vater kann der Knabe seine erträumte Männlichkeit nicht erlangen. Philotas hingegen bittet nicht den Vater darum, dass dieser aktiv werde und ihn in die Männlichkeit erhebe – er braucht nur die Erlaubnis des Vaters, für sich selbst den Phallus zu erwählen. Diese Entscheidung behält Stolbergs Knaben wiederum seinem Vater vor, ganz im Sinne der Anthropologie des Hausvaters und der Vorbildfunktion. Während für Philotas sein Vater nur auf negativer Ebene Mittel zum Zweck ist, erscheint der Vater des Knaben als Mittler bzw. Überbringer der Männlichkeit, die Philotas sich selbst nimmt. Daraus folgt: Eine positive männlichen Existenz hängt ab vom Verhältnis zum Vater, der als übergeordnete und ältere männliche Instanz zu gegebener Zeit dafür sorgt, dass der Sohn die Männlichkeit aus seinen Händen erhält. Die Anthropologie des Hausvaters und seine Vorbildfunktion sind also, trotz der allmählichen Hinwendung zu einem militärischen Verständnis der Männlichkeit, entscheidend für das Leben des Sohnes als Mann. Ohne den Vater kann der Sohn nicht als Mann existieren.

Kapitel III.3.2.3
Das Modell der Altersklassen: *Philotas. Ein Trauerspiel* und *Lied eines deutschen Knaben*

Immer wieder ist auf den vergangenen Seiten auf die Differenz der Altersklassen in den Männlichkeitsdiskursen und deren impliziten Widerstreit hingewiesen worden. Dieser entzündete sich vor allem an dem vorzeitigen Verlangen der jungen Protagonisten, in die Männlichkeit der Vätergeneration (im weitesten Sinne) einzutreten und ihre Kindheit, die grundsätzlich negativ besetzt zu sein scheint, schnellstmöglich abzulegen, ohne die rechte Zeit dafür abzuwarten. Unter anderem Michael Titzmann[462] und Wolfgang Lukas[463] haben das anthropologische Modell des Altersklassensystems in ihren Arbeiten rekonstruiert; ausgehend von ihren Arbeiten werden die Rolle der Söhne bei F. L. Stolberg und G. E. Lessing untersucht. Anhand von Schnitzlers Texten hat Wolfgang Lukas deutlich gemacht, dass
1. die terminologische Unterscheidung zwischen „Lebensphase und Altersklasse" nötig ist, da „nicht jeder Lebensphasenwechsel [...] auch einen Alter-

---

[462] Titzmann, „Die 'Bildungs'-/Initiationsgeschichte der Goethezeit"
[463] Lukas, *Das Selbst und das Fremde*

sklassenwechsel"[464] bedeutet;

2. das „biologische natürliche Alter und die kulturelle, d. h. die von den Texten und/oder der Kultur, der sie angehören, vorgenommene Klassifikation"[465] unterschieden werden muss;

3. „jede Kultur/Gesellschaft [...] nun eine Altersklassen-Einteilung vor[nimmt] und [...] das biologische Kontinuum in diskrete Phasen ein[teilt]. Dabei gehen die von der Natur vorgegebenen Zäsuren – Erwerb der Geschlechtsreife in der Pubertät und Verlust der Zeugungsfähigkeit und sexuellen Potenz im Alter als die im wesentlichen einzigen Zäsuren – in die kulturelle Klassifikation stets mit ein, aber lediglich als notwendige, nicht jedoch bereits als hinreichende Kriterien. D. h. sie werden letztlich von dominanten kulturellen Kriterien überlagert, und bei der Einteilung in Altersklassen handelt es sich immer nur vordergründig und scheinbar um eine ,natürliche'."[466]

Lukas' Ergebnisse können in Abwandlung auch für diesen Kontext nutzbar gemacht werden: Seine Termini „Lebensphase" und „Altersklasse" changieren in den zuvor genannten Beispieltexten. Für den Knaben und Philotas fallen das Leben als Soldat und das männliche Lebensalter zusammen. Das Lebensalter der Männlichkeit, das sich radikal von der des Kindes absetzt, bedingt die neue Lebensphase, den Übergang vom ,Zivilisten' zum Soldaten, bzw. bildet eine Einheit mit dieser; das heißt, dass das eine ohne das andere in diesen Gewährstexten nicht möglich ist. Bezug nehmend auf Wolfgang Lukas' Postulat, dass „nicht jeder Lebensphasenwechsel [...] auch einen Altersklassenwechsel"[467] bedeutet, muss gesagt werden, dass gerade hinsichtlich der Transition von Zivilist/Kind (= Nicht-Mann) zu Soldat/Mann die Unterscheidung aufgehoben wird. Eine Unterscheidung, die man von Wolfgang Lukas' Gewährstexten ohne Einschnitte auf die Konstellation Lessing/Stolberg übertragen kann, ist die aus Punkt 2: Natürliches Alter und kulturelle Klassifikation sind strikt voneinander zu trennen, da sie möglicherweise in einem Widerspruch zueinander stehen können. Dies kann man an den fiktiven Situationen der beiden Dichter ganz leicht exemplifizieren: Bei den jungen Männern steht das Alter ihren Vorstellungen der individuellen betont männlichen Lebenssituation im Weg. Auch der dritte Punkt, den ich ausgehend von Lukas' Untersuchung rekonstruiert habe, lässt sich auf *Philotas* und *Lied eines deutschen Knaben* anwenden. Das biologische Alter spielt natürlich insofern eine Rolle, als dass es als Barriere bei der gewünschten Entwicklung zum

---

[464] Ebd., S. 83
[465] Ebd.
[466] Ebd.
[467] Ebd., S. 83

Mann fungiert; die Bezeichnungen „Kind" (*Philotas*) und „Knabe" (*Lied eines deutschen Knaben*) sind die treffenden Belege dafür. Die biologische Zäsur, die den Knaben vom Mann trennt, ist aber nicht das Thema, da die biologische Männlichkeit (*sex*) wenn überhaupt eine untergeordnete Rolle spielt (das Schwert als Phallus/Penis wird an dieser Stelle ausgeklammert). Die soziale Männlichkeit (*gender*) und ihre Ausprägungen, die sich zum Beispiel in der Lebensform des patriotischen Soldaten konstituieren, überlagern alle möglichen natürlichen Zäsuren, indem die kulturelle Differenz in den Vordergrund gestellt und ‚Kultur' mit ‚Biologie' vermengt wird – wie sonst käme Philotas darauf, eine Opposition von ‚Kindheit' und ‚Männlichkeit', die aber strikt mit einer soldatischen Lebensform kongruiert, zu eröffnen?

Michael Titzmann nun hat die „Lebensalter im anthropologischen Diskurs der Epoche [Goethezeit; Verf.]"[468] untersucht, die für diesen Kontext sehr nützlich sein können; vor allem, um die Männlichkeitsphantasien der Protagonisten einordnen und letztendlich bewerten zu können. Laut Titzmann weisen die „ein- und mehrdimensionalen Systeme […] mit wenigen Ausnahmen eine Klassifikationsebene auf, bei der das Gesamtleben in *vier Altersklassen* zerlegt ist: ‚Kindheit' – ‚Jugend' – ‚Mannesalter' – ‚Greisenalter'"[469]. In seinem so genannten „System der Altersstufen"[470] hat Titzmann in einem detaillierten Schema insgesamt 17 Modelle – von Rousseau (1762) bis zu Meyer (1874) – überblicksartig gesammelt. Daraus geht ganz klar hervor, wie ‚Männlichkeit' als Altersklasse definiert wird: nämlich als eine Phase, die auf die Jugend bzw. das Jünglingsalter folgt und in der Regel, sofern sie überhaupt datiert wird, zwischen 20 und 35 Jahren andauert. Mit den Altersstufen sind spezifische Merkmale verknüpft, die in dieser Zeit den Menschen auszeichnen. In der ‚Jugend' sind dies laut Titzmann „Einbildungskraft/Phantasie", „Pubertät", „Leidenschaft", „Liebe", „Plan" und eine gewisse Zukunftsbezogenheit[471]; im „Reife[n] Alter" – also dem Alter, das heutzutage landläufig als das der Männlichkeit gilt – prägen „Verstand", „Vernunft", „Urteilskraft", „Geschlechtsreife", „Zeugungskraft", „Liebesgenuß", „Tat/Erwerb" und eine Gegenwartsbezogenheit[472] den Charakter. Damit unterscheidet es sich gewaltig von der Jugend. Bezieht man diese Merkmalsausprägungen zurück auf die beiden jungen Protagonisten, so lässt sich feststellen, dass Anthropologie und literarische Gestaltung sich sehr nah beieinander befinden: Die Charaktergestaltungen Philotas' und des Knaben spiegeln die Aufzählung Titzmanns wie-

---

[468] Titzmann, „Die ‘Bildungs'-/Initiationsgeschichte der Goethezeit", S. 34
[469] Ebd., S. 35
[470] Ebd., S. 36f.
[471] Alle Merkmale Titzmann, „Die ‘Bildungs'-/Initiationsgeschichte der Goethezeit", S. 39
[472] Ebd.

der.[473] Vor allem die Zukunftsbezogenheit, das Planen und die Phantasie finden sich in den Figuren wieder, deren Blick nach vorne weist in die Zeit der Männlichkeit, die sie mit dem soldatischen Leben parallelisieren. Und wenn im Schwert der Phallus repräsentiert wird, deutet dies von der Pubertät als Bezugspunkt für die erwachende Sexualität auf die Geschlechtsreife des erwachsenen Mannes und eröffnet so den Blick auf eine quasi-biologische Kategorie, die im symbolischen Sinne hinter der kulturellen Ebene verborgen wird. Das Erbeten des Schwertes ist das Erbeten einer vorzeitigen symbolischen biologischen Zäsur, um die Schwelle zur Männlichkeit zu überschreiten, ohne sie tatsächlich überschritten zu haben. Das Schwert als Phallus nimmt die biologische Männlichkeit, die sich in der Geschlechtsreife und Zeugungsfähigkeit konstituiert, vorweg, um den Jugendlichen damit vor seiner Zeit zum Mann werden zu lassen; und zwar aus dem Grund, um der patriotisch bedingten Rolle als Soldat gerecht zu werden. Somit kann zugespitzt vom Schwert als der Männlichkeit des Soldaten gesprochen werden.

Sowohl Philotas als auch Stolbergs Knabe sind der Jugend zuzuordnen; sie sind nicht mehr ,Kind', aber auch noch nicht Mann. Wobei dies für das Anliegen dieses Abschnitts keine Rolle spielt, denn die Position eines jungen Menschen innerhalb der Hausgemeinschaft, der der Vater laut der Staats- und Rechtsphilosophie des 18. Jahrhunderts vorsteht, ändert sich nicht durch den Wechsel vom Lebensalter ,Kindheit' bzw. ,Knabenalter' zum Lebensalter ,Jugend'. In beiden Lebensalter untersteht der Mensch in jedem Falle der väterlichen Gewalt, denn erst mit dem Eintritt in die Männlichkeit vollzieht sich auch der Schritt in die individuelle Mündigkeit. Bis zu diesem Zeitpunkt, der je nach Gesetz – Titzmann bezieht sich auf das *Allgemeine Landrecht für die Preußischen Staaten* (1794), das *Gesetzbuch über Verbrechen und schwere Polizey-Übertretungen* (1803), den *Code Civil* (1804) und *Code Pénal* (1810), das *Allgemeine bürgerliche Gesetzbuch für die gesammten deutschen Erbländer der Österreichischen Monarchie* (1811) und das *Strafgesetzbuch für das Königreich Baiern* (1813)[474] – unterschiedlich definiert wird, ist der Mensch in allen Entscheidungen vom Vater abhängig und erhält keine eigene Entscheidungsfreiheit. Zu den Rechten, die mit der Mündigkeit/Volljährigkeit gewährt werde, gehört zudem unter anderem „die Erlangung der staatsbürgerlichen Rechte"[475]. Der Knabe untersteht durch sein Alter der väterlichen Gewalt und besitzt dadurch keine Autonomie; eine solche „totale[.] juristisch-personale[.] Autonomie"[476]

---

[473] Obwohl es das Knabenalter in den anthropologischen Schemata gibt, wird Stolbergs Knaben der Jugend zugeordnet, da seine Merkmalsausprägungen keineswegs für die Typologie des Knabenalters zutreffend sind.

[474] alle nach Titzmann, „Die 'Bildungs'-/Initiationsgeschichte der Goethezeit", S. 29

[475] Ebd.

[476] Ebd.

gibt es nicht einmal automatisch mit der Volljährigkeit, wie Titzmann feststellt. Deshalb stehen gewünschtes männliches Leben und Altersklasse (bzw. die Bedeutung der spezifischen Altersklassen für die Autonomie und Entscheidungsfreiheit des Subjekts) stehen somit in einem impliziten und expliziten Widerspruch: Männliche Selbstverwirklichung, die nicht von anderen abhängt und sich schon nicht unterordnet, hat im anthropologischen und Rechtssystem der Altersklassen, das von altersbedingter Abhängigkeit und Subordination und dem Verdikt des familialen Vorstehers ausgeht, keinen Platz. Der frühzeitige Erwerb von Männlichkeit und das Erfüllen der Rolle des abhängigen Kindes schließen sich aus.

Kapitel III.4
Der Mann Hermann[477]

Im Kontext einer (männlichen) Erbvorstellung bzw. als Fortsetzung der Untersuchung derselben ist es geboten, auf Hermann/Arminius und die Verwertung dieser mythisierten historischen Figur in lyrischen Diskursen der Hainbündler einzugehen. Bezüge zum germanischen Kriegsfürsten und legendären Bezwinger Roms sind in der patriotischen Lyrik häufig; im Gegensatz aber zum Beispiel zum ebenfalls in der Tradition Klopstocks stehenden Johann Heinrich Füssli[478] haben die Hainbündler die Hermanns-Figur nie zum Mittelpunkt eines Textes gemacht bzw. ihr einen Texte gewidmet. Sie ist immer integriert in ein breiteres, sich auf das Vaterland beziehende Thema. Die Verbindung von Hermann und der Männlichkeit ist zwar in der Lyrik nicht immer explizit fassbar, kann aber logisch bzw. aus Codes deduziert werden: Wenn das Vaterland als männliches Wesen identifiziert wird, wird Hermann als der personifizierte Gründungsmythos dieses Vaterlandes und als nationales Symbol erkannt. Somit liegt die Schlussfolgerung nahe, dass der Kriegsfürst für die Konstitution von Männlichkeit bei den Göttinger Hainbündlern eine tragende Rolle spielt; dies vor allem in seiner Rolle als Urvater der Deutschen. Im Anschluss wird in einem Exkurs die hochaufklärerische Darstellung Hermanns bei Johann Heinrich Füssli untersucht, um zu zeigen, wie eine Generation vor den Hainbündlern mit dem Cherusker als betont männlichem Helden umgegangen worden ist.

Hans Peter Herrmann hat in seinem Aufsatz „Arminius und die Erfindung der Männlichkeit im 18. Jahrhundert" als erster auf die männlichkeitsgeschichtliche Bedeutung dieser „historisch verbürgte[n] Persönlichkeit von ei-

---

[477] Diese Kapitelüberschrift ist Freuds Text *Der Mann Moses und die monotheistische Religion* entlehnt. Während sich indes bei Freud die Bezeichnung „Mann" auf das Menschsein bezieht, wird sie hier explizit auf das Geschlecht weisend verwendet.

[478] Vgl. den *Exkurs* in diesem Kapitel III

niger Geschichtsmächtigkeit"[479] hingewiesen. Für Herrmann gehört Arminius im 18. Jahrhundert in die Reihe der literarischen Figuren, die als „unterschiedliche Formen männlicher Identität" ihren Beitrag zu einer „Formierung bürgerlicher Männlichkeitsvorstellungen" im Kontext eines „historisch neue[n] Männlichkeitsdiskurs[es]"[480] geleistet hätten. Die Arminius-Dramen, so fasst Herrmann seinen Ausgangsgedanken zusammen, rückten

> das binäre Schema des Gegensatzes männlich-weiblich […] ins Zentrum und radikalisieren es in fortschreitendem Maße. So entwickeln sie bereits an der Schwelle zum Sturm und Drang das Bild einer aggressiven und frauenfeindlichen, männerbündlerischen und machtbetonten Männlichkeit, die 100 Jahre später, im soldatischen Mann des Wilhelminismus und der Nationalsozialisten, historische Breitenwirkung entfalten sollte."[481]

Abgesehen von der Feststellung, dass sich der übersteigerte Militarismus zwischen 1870 und 1945, grob gesagt, in der männlichkeitsgeschichtlichen Literatur der zweiten Hälfte des 18. Jahrhunderts konstituiert habe, sind Herrmanns literarhistorische Beurteilungen in dieser Form nicht vollständig zutreffend, wenn man beispielsweise auf die Göttinger Hainbündler schaut. Die Studenten, die von ihm sogar erwähnt werden[482], fallen aus der Argumentation heraus: Ihr Arminiusbild beruht nicht zuvorderst auf der Trennung in die Kategorien „männlich" und „weiblich" oder auf der Darstellung männlicher Macht, die gegenüber einem schwachen weiblichen Geschlecht ausgespielt wird, wie es beispielsweise bei Klopstock der Fall ist[483]. Es geht ihnen nicht darum, männliche Macht, die sich im Privaten und im Öffentlichen äußert, in der nationalen Hermann-Symbolik zu konstruieren. Solche Momente – Gesellschaft, privater Raum, Weiblichkeit – sind in der Hermann-Lyrik der Hainbündler uninteressant: Konstitutive Kategorie ist die *exklusiv vaterländische* Männlichkeit, das spezifisch männliche Geschlecht des Patrioten und nationalen Symbols Hermann.

Es ist auffällig, dass Hermann in einigen Gedichten als ‚biologische' Vaterfigur dargestellt wird. Der germanische Fürst steht in der lyrischen Situation am Anfang einer bis in die Gegenwart reichenden Erbfolge. Heutige Vaterlandshelden gelten als ‚Söhne' Hermanns, ihre Anlage als äußerst mutiges patriotisches Personal ist in der Vorstellung einer legendären Stammvaterschaft des

---

[479] Herrmann, „Arminius und die Erfindung der Männlichkeit", S. 161
[480] Ebd., S. 163
[481] Ebd.
[482] Vgl. ebd., S. 173
[483] Vgl. ebd., S. 174

Nationalsymbols begründet. Wenn Voß in *An Hahn* die deutschen Männer in einem Kollektiv zusammenfasst, das er als die „Enkel Hermanns" (5) bezeichnet, so geht es ihm darum, die Verbindung aufzudecken zwischen dem Gestern und dem Heute und den Geist Hermanns in einer Zeit, die die Hainbündler kulturell und gesellschaftlich als verloren/verkommen ansehen, heraufzubeschwören. In diesem Kontext der Beschwörung greift Voß für die lyrische Beschreibung der wahren deutschen Männer auf die Ideen zurück, die im Brief an Brückner entworfen worden sind: Die „Enkel Hermanns [...] / Sind bieder, edel, gut" (5–6). Da Hermann als Nationalsymbol wahrgenommen wird, werden mit seiner Person und seinem Erbe die für den Hainbund typischen positiven Merkmale (von Männlichkeit) verknüpft, die hier in einem Dreischritt als „bieder, edel, gut" gruppiert bzw. zusammengefasst werden und genuin zu den Enkeln gehören. Das heißt, dass die Merkmale des Deutschseins von Hermann ausgehen und seine Erben, die Voss'schen „Enkel" (5), in ihrer Rolle als vaterländische Männer prägen. Anhand des Briefes wurde gezeigt, dass Männlichkeit – sowohl biologisch als auch ‚sozial‘ im weitesten Sinne – die Grundlage ist für eine Aufnahme in den Bund: Das Herz des Neophyten muss „des Mannes"[484] sein, lautet die bedeutungsvolle Stelle. Daraus geht hervor, dass in dem Erbe, das von Hermann ausgehend innerhalb einer spezifischen Gruppe kursiert, die ‚deutschen‘ Merkmale enthalten sind und dass dieses Erbe ausschlaggebend ist für die Konstitution des einzelnen als deutscher Mann. Somit ist das Erbe, das in den Merkmalen konkretisiert wird, ebenfalls männlich, denn sie prägen als eigenständige Elemente eine Person, die „des Mannes [...] Herz"[485] hat, somit eindeutig als männlich wahrgenommen werden und sich präsentieren muss. Das Männliche dieser Erbmerkmale hat damit eine doppelte Struktur, indem es auf der Seite in der lyrischen Gegenwart konkretisiert wird und gleichzeitig in einer mythisierten, legendenhaften Vorzeit einen Eingang findet zur Ausgestaltung einer impliziten Vermännlichung des Nationalsymbols Hermann. Beide Ebenen, also die Gegenwart der Enkel-Generation und die Urzeit Hermanns, wirken aufeinander, was die Konstitution von Männlichkeit angeht: Die als männlich markierten Merkmale werden den Enkeln aus einer Urzeit, die von der Figur Hermanns abhängig bzw. geprägt ist, vererbt. Diese Generation ‚gewinnt‘ also an männlichem Potenzial durch die Männlichkeit ‚von oben‘, von Hermann. Und Hermann wiederum wird ‚von unten‘ konstituiert, indem sein Erbe als männlich definiert wird und er somit als Mann, der solche Merkmale weitergeben kann, identifiziert wird. Damit erinnert diese Darstellung an Stolbergs Knabenlied.

---

[484] Sendschreiben des Bundes an Brückner, 15. November 1772
[485] Ebd.

In Johann Martin Millers *Deutsches Trinklied* wird das Erbe Hermanns personifiziert. Miller bezeichnet den „Kayser Joseph" (21) – genauer: Joseph II., von
1765 bis 1790 Kaiser des Heiligen Römischen Reiches – als „Enkel" (24) des
Cheruskers. Das ist erst einmal nicht weiter interessant, ist es doch auf Primärebene die bloße lyrische Huldigung einer zeitgenössischen Person durch
die Beisprechung einer direkten Abstammung vom deutschen Nationalhelden
Hermann und eine Form, dem Wunsche Ausdruck zu verleihen, „Hermanns
hoher Schatten schwebe / Immer um den Enkel her" (23—24). Auf diese
Weise erhält der „Kayser Joseph" betont vaterländisches Format und wird zu
einem nationalen Helden erhoben, der in der Tradition Hermanns steht. Die
von den Hainbündlern sonst gerne genutzte nationale Ahnengalerie wird so
um Joseph II. erweitert. Kurz gesagt wird durch die Verbindung Hermann-Joseph die betont nationalpatriotische Ebene eröffnet und der Kaiser in
diese geführt, um ihn zu einem nationalen Symbol, das in direkter Nachkom-
menschaft Hermanns steht, zu stilisieren.[486] Männlichkeitsgeschichtlich relevant und interessant wird der ‚hermannische' Charakter Josephs II. erst im
Kontext der ganzen Strophe, in die die Konkretisierung eingebettet ist: „Ihrer
spotten – aber Brüder! / Stark und deutsch, wie unser Wein / Sollen alle unsre
Lieder / Bey Gelag und Mahlen seyn. / Unser Kayser Joseph lebe! / Biedermann, und deutsch ist Er. / Hermanns hoher Schatten schwebe / Immer um
den Enkel her!" (17–24). Miller ist hier ein poetischer Griff geglückt, um die
beiden Bedeutungseinheiten, die durch das beschließende Satzzeichen hinter
„seyn" und die unterschiedlichen Kreuzreime eigentlich getrennt sind, doch zu
einer zusammenzufassen und den Inhalt der ersten Einheit sich auf die zweite
auswirken zu lassen. Der formale Aspekt der achtzeiligen Strophe spielt eine
wesentliche Rolle: Durch diese Konzeption der ‚Doppelstrophe' werden in
diesem Text Inhalte von eigentlich zwei Strophen zusammengeführt. Damit
werden die beiden inhaltlich grundsätzlich eigenständigen Bedeutungseinheiten formal zu *einer* gemacht, was wiederum Auswirkungen auf die Bedeutung
der Josephs-Thematik auf Sekundärebene hat. Stärke und Deutschsein sind
durch diese Zusammenlegung der Strophe – übrigens ein nicht selten verwen-
detes Mittel der Hainbund-Strophik – nicht mit der vom Sprecher als „Brüder" bezeichneten Männergruppe verbunden; die Form der Strophe fasst
Joseph II., obgleich er eigenständig adressiert wird, mit ein.
Im Hinblick auf die durch den Sprecher und seine „Brüder" (17) von Joseph

---

[486] Die Joseph II. zugedachte nationale Rolle wird in der vierten Strophe des Textes deutlich. Die Forderungen, die in der Form des Trinkliedes an ihn gerichtet ist, lauten: „Daß er
unsre freyen hütten / Für des Fremdlings Übermacht, / Aber mehr für fremde Sitten / Unser Vaterland bewacht." (25—28). Erhalt von Freiheit und Schutz vor einem ausländisch
bestimmten Sittenverfall sind somit die Hauptaufgaben, die Joseph II. als national über-
höhter Kaiser ausfüllen muss.

II. geforderten Maßnahmen der Freiheits-, Eigentums- und Tugendverteidigung scheinen die Merkmale, die hier vom Wein ausgehend über das Liedgut auf die Männer an sich ausgeweitet werden, bestens zu passen: Joseph II. braucht, um die für ihn vorgesehene bzw. von ihm geforderte Rolle auszufüllen, sowohl Stärke als auch einen gehörigen vaterländischen Impetus. Ohne das eine wie das andere ist die Erfüllung der patriotischen Mission, auf dessen Pfad er sich hier lyrisch durch das situative Kollektiv gesetzt sieht, nicht möglich. Und da Joseph diese Eigenschaften (wie der Wein, die Lieder und die Männergruppe selbst) besitzt, kann ebendiese Funktion von ihm ausgefüllt werden. Dass diese Merkmale mit dem bestimmten hainbündlerischen Männlichkeitsbild korrelieren, dürfte selbstverständlich sein. Deutsches Vaterlandsgefühl und Stärke sind zwei der wesentlichen Elemente, die männliches Geschlecht in der spezifischen Auffassung des Kollektivs prägen. Das heißt konkret: Joseph II. wird in der vorliegenden lyrischen Situation vom Sprecher des Gedichts auf der Ebene einer sekundären Textsemantik vermännlicht, indem er mithilfe eines formalen Griffs mit zwei gängigen Merkmalen hainbündlerischer Männlichkeit zusammengebracht wird. Nun spielt zudem die bereits betonte Verbindung Hermann-Joseph wieder eine gewichtige Rolle. Dadurch, dass Joseph II. als Auserkorener des Cheruskers figuriert wird, empfängt nicht nur der Kaiser eine vaterländische Weihe; auch Hermann partizipiert an den Merkmalen des zeitgenössischen deutschen Idols. So wie Joseph II. durch den Segenswunsch, „Hermanns hoher Schatten" (23) möge ihn immer begleiten, in einen exponierten Rang, was das Vaterland angeht, erhoben wird, nimmt Hermann Teil an der auf Sekundärebene formulierten Männlichkeit Josephs. Der Adressat ist als vaterländischer Mann positives Urbild des hainbündlerischen Diskurses über Patriotismus und Geschlecht; doch ohne Hermann bzw. dessen Geist funktionieren diese Diskurse nicht. Hermann, der nur auf metaphysischer Ebene in diesem Text greifbar ist, erhält sein männliches Potential dadurch, dass der von ihm bewachte bzw. geweihte Joseph II. männlich ist: Als direkt von ihm Abstammender, als „Enkel" (24), wird in Joseph II. ein potentielles Erbe des deutschen Nationalsymbols sichtbar, das sich in Merkmalen äußert, die durch die Zeit weitergegeben worden sind. Indem Joseph II. mittels einiger als männlich zu identifizierender Eigenschaften eben als männlich dargestellt wird, bezieht sich diese Männlichkeit auf Hermann, der durch dieses verwandtschaftliche Verhältnis als vorzeitlicher Auslöser für diese Männlichkeit angesehen wird. Die Männlichkeit Josephs ist immer gleichzeitig auch die Männlichkeit Hermanns, die sich über die Zeit hinweg erhalten hat und noch immer in ihrer Kombination mit einem patriotischen Habitus als für das Vaterland vorteilhaft und sinnvoll erscheint.

Hermann als Erbender und Vererbender wird in Friedrich Leopold Stolbergs

Ode *Der Harz*[487] gleichsam dargestellt. Im ersten Teil des umfangreichen Textes wird ein emphatisches Bild von „Cheruscien" (1) als dem Heimatland des Nationalsymbols Hermann in einer ‚gegenwärtlichen' Situation entworfen bzw. phantasiert.[488] Darin eingebettet stellt er die Einwohner dieses imaginierten und glorifizierten Cheruskerlandes und ihre Eigenschaften vor:

> Herzlich sey mir gegrüst, werthes Cheruscien! / Land des nervigten Arms und der gefürchteten / Kühnheit, freyeren Geistes / Denn das blache Gefild's umher. / Dir gab Mutter Natur aus der vergeudenden / Urne, männlichen Schmuck, Einfalt und Würde dir! (1—6)

Stärke, Mut, geistige Unabhängigkeit prägen die Einwohner dieses freien Landes im Harz – und es gibt einen textlichen Hinweis darauf, dass diese Merkmale mit einer Vorstellung von Männlichkeit verbunden sind: Sie sind der „männliche[.] Schmuck" (6). Sie sind aber kein ‚schmückendes Beiwerk', sondern sind notwendig für die deutschtümelnde Figuration von Männlichkeit, die aus dem phantasierten Cheruskerland das „Land des nervigten Arms und der gefürchteten / Kühnheit, freyeren Geistes" (2—3) macht. Und dennoch passt der „männliche[.] Schmuck" (6) in die Darstellung: Preziosen gleich werden diese markanten Merkmale von den Männern zur Schau getragen, ihre physische und geistige Kraft ist der Schmuck ihrer selbst. Ihre Männlichkeit ist damit sowohl sozusagen Schild des Reiches[489] – im kollektiven Sinne – als auch persönlicher Reichtum, mit dem sie sich von anderen abheben können, die diese die Männlichkeit konstituierenden Merkmale nicht besitzen. Diese anderen sind die äußeren Feinde, die in der geographischen Umschreibung „blache[s] Gefild[.] umher" (4) zusammengefasst werden. „Männlichen Schmuck" (6) findet man in „Cheruscien" (1), nicht in den umliegenden Ländern, nur der ‚deutsche Mann' kann sich rühmen, die dem Text zugrunde liegenden Merkmale in sich zu tragen und nach außen im doppelten

---

[487] Kahl, *Bundesbuch*, Bd. 1, Nr. 105 [S. 95f.]

[488] Wie man dem Kommentar (Kahl, *Bundesbuch*, S. 453) entnehmen kann, entstand dieser Text anlässlich einer Reise Stolbergs in den Harz, der unter anderem ihm und Klopstock als eben dieses „Cheruscien" (1) galt. Insofern ist anzunehmen, dass die Beschreibung bzw. die Vorstellung des Hermann-Landes sich auf den Harz bezieht und somit, zumindest auf Sekundärebene, so gestaltet ist, dass Harz und Cheruskia gleichsam eines sind und damit Stolbergs Darstellung wohl als latent gegenwärtig angesehen werden kann.

[489] Die Merkmale des Männlichen werden ja von Stolberg auch von den Personen auf „Cheruscien" (1) überführt; das konkrete Vaterland erhält damit männliches Potenzial, so dass sich die bereits angeführte traditionelle Lehrmeinung eines männlichen Vaterlandes auch hier bewahrheitet.

Sinne – persönlich und im Kollektiv, also für das Vaterland – darstellen zu können. Die verallgemeinernde Vermännlichung der Cherusker ist also gleichsam der Versuch, Deutschland – bzw. das vergangenheitsbezogene Wunschbild des deutschen Vaterlandes – nach außen hin abzugrenzen, indem den äußeren Feinden diese Merkmale abgesprochen werden. Die Stilisierung des Vaterlandes beruht damit auf zwei Säulen: auf der eigenen Männlichkeit, konkretisiert als Stärke, Mut und Freiheit, im Inneren als ‚anthropologische Bastionen' des Vaterlandes und der Annahme einer eben fehlenden Männlichkeit außerhalb Cheruskiens in den „blache[n] Gefild[en] umher" (4). Dass diese Männer immer auch Verteidiger des Vaterlandes sind, dürfte selbstredend klar sein.

Im Hinblick auf die bereits dargestellte Thematik eines väterlichen Erbes lässt sich die Männlichkeit der Cherusker, ausgehend von der eher ‚banalen' Feststellung einer Vaterlandsverteidigung durch die Männer, hier auch auf diesen Bereich erweitern: Dem Vaterland wird der Verdienst zugesprochen, das „Erbe der Väter" (20) zu schützen. Da dieses Vaterland männlich ist, steht der Schutz des väterlichen Erbes – das sich wohl mehr auf die ‚anthropologischen' Komponenten, nicht so sehr auf materielle Güter bezieht – als genuiner Teil einer Männlichkeitskonstitution da. Damit erweitert sich der von mir gezeichnete Horizont: Das Erbe der Väter ist nicht nur ein notwendiger Bestandteil der Männlichkeit, durch den diese erst letztendlich zustande kommt; die Männlichkeit schützt in die andere Richtung erst das Erbe der Väter, sorgt für seinen Fortbestand, indem die geerbten Fähigkeiten, die hier unter den Schlagworten Stärke, Mut und Freiheit zusammengefasst werden, für das Vaterland und gegen die „blache[n] Gefild[e] umher" (4) eingesetzt werden. Männlichkeit ist also Erbe der Väter und Verteidigung dieses Erbes zugleich und immer in allen drei Zeiten gleichermaßen vertreten: Sie entsteht in der Vergangenheit; sie wird in der situativen Gegenwart figuriert und von dort aus eingesetzt, um damit alle Zeiten zu schützen: die Gegenwart selbst, die Vergangenheit (indem das väterliche Erbe als zeitliche Periode formuliert wird) und die Zukunft (indem das Erbe und das daraus gewachsene für die Zukunft erhalten wird); sie trägt sich selbst in die Zukunft und lebt dort weiter. Männlichkeit ist damit die Konstante in der mythisierten Entwicklung der deutschtümelnden Kosmologie der Hainbündler, indem alle Epochen an ihre Existenz angebunden werden, und klar ist, dass nur die Männlichkeit alle Zeiten überstehen und das Vaterland in seiner Form, die von den Vorvätern begründet und über die Jahre weitergegeben wurde, bewahren kann.

Im zweiten Teil der Ode wird Hermann in die Situation eingeführt. Auch hier steht wieder die Erbthematik im Mittelpunkt:

Dir giebt reinere Luft und teutonische / Keuschheit, Jugend von Stahl; moossigten Eichen gleich, / Achten silberne Greise / Nicht der eilenden Jahre Flucht. / Deinen dichtrischen Hain liebt die Begeisterung, / Felsen halten umher wenn der melodische / Barde, Thaten der Väter, / Und die himlische Freiheit sang. / Ist nicht Herman dein Sohn? Sturm war sein Arm, sein Schwerd / Gab uns Freiheit und Sieg, Graun wie die TodtenGruft / Sendet, schreckte den Römer / Wenn ihm Herman entgegen zog. (24—36)

Das Thema der Vererbung ist hier indes anders umgesetzt als noch in der ersten Strophe. „Herman" (33; 36) ist Sohn des Vaterlands, das heißt, es wird nicht auf die Zeit der Vorväter Bezug genommen, um den Helden zu konstituieren, sondern es wird die direkte ‚Abstammung' vom cheruskischen Vaterland festgestellt. Die Zwischenperiode, in der die Väter als heroische Ahnen die Grundlagen schaffen für die physische und mentale Ausgestaltung der nachfolgenden Generationen bis in die lyrische Gegenwart, ist ausgeschaltet und auch nicht notwendig für die Darstellung Hermanns. Konkret heißt das: Hermann ist nicht von der Väterzeit abhängig, sondern bezieht seine gesamte Konstitution direkt vom Vaterland. Das, was das Vaterland ausmacht, ist auch Hermann eigen. Deshalb auch die natürlich rhetorische Frage: „Ist nicht Herman dein Sohn?" (33). Cheruskia hat sich selbst fortgepflanzt und Hermann ‚produziert': In ihm ist die Idee, auf der das Vaterland fußt, personifiziert, Hermann ist das Vaterland in all' seinen Inhalten. Die Konstitution des phantasierten Vaterlandes ist ja sowohl der Ursprung als auch der Gipfel jeder patriotischen Vorstellung der Hainbündler, insofern ist Hermann als Sohn, als Abbild des Vaterlandes, personifiziertes Vorbild über alle Maßen. Es scheint also, als seien lyrische Charakterisationen Hermanns nicht mehr nötig: Sind die positiven Ausprägungen des Vaterlandes bekannt, gelten diese auch für den ersten Sohn. Es ist deutlich geworden, dass alle bedeutenden Elemente des Deutschseins immer auch für das Vaterland gelten; damit steht fest, dass alles das, was die Hainbündler imaginieren und von sich und anderen Söhnen des Vaterlands fordern, in Hermann vorhanden ist. Körperliche und moralische Stärke, Mut, geistige Unabhängigkeit, Keuschheit, Sittlichkeit etc., all' diese Inhalte, die im Verständnis des Hainbunds das deutsche Vaterland ausmachen, gelten als positive Charaktermerkmale für Hermann, den Sohn „Cheruscien[s]" (1) und den Vater eines deutschen Reiches. Dies gilt auch für jede Konstruktion von Männlichkeit. Hermann kann als deutscher ‚Ur-Mann' angesehen werden, der durch die grundsätzliche Männlichkeit des Vaterlands bestimmt ist. Er ist in seiner Geschlechtlichkeit unverdorben und kann das, was ihm durch seine ungemischte Abstammung eingegeben wurde, völlig ausleben und anwenden – für den ‚Vater' Vaterland. Wenn Cheruskia allgemein als „Land des nervigten Arms und der gefürchteten / Kühnheit [...]" (2—3) konstruiert wird, ist dies nur schwach im Hinblick auf die Beschaffenheit Hermanns. Sein Arm ist „Sturm" (33), sein – also tatsächlich possessiv – Schwert gibt Freiheit und „schreckt[.]" (35) den römischen – also absolut historisierend-konkreten – äußeren Feind: Aus dem „nervigten Arm[.]" (2) wird der Vergleich mit dem „Sturm", der „freyere[.] Geist[..]" (3) wird übersteigert zu einer umfassend-allgemeinen Freiheit, die Unterscheidung von einem äußeren Feind wird nicht mehr schwammig gefasst, indem die Länder als „blache Gefild[e] umher" (4) umschrieben werden, sondern konkretisiert: Der Feind ist Rom! Das suggeriert Macht, militärische Stärke – und weist noch einmal auf das Gründungsphantasma ‚Deutschlands' hin, dem die Hainbündler anhängen. Kurz gesprochen: Hermann ist durch die Merkmale, die ihm in diesen Versen hinsichtlich seiner direkten Abstammung ohne Unterbrechung durch Zwischengenerationen vom vordeutschen Cheruskia zugesprochen werden, mehr Mann als das Kollektiv, das sich in einer Zeit nach Hermann gefunden hat.

In eine kritische Auseinandersetzung mit dem zeitgenössischen Deutschland ist die Erbthematik auch bei Johann Martin Miller, in seinem kreuzgereimten, trochäischen Text *An Christian Graf zu Stolberg*[490], im Kontext einer Hermann-Emphase eingelassen. Miller führt einen raumzeitlichen doppelten Diskurs: Sein lyrisches Ich ist in der Gegenwart verankert, in der es im „heilgen Eichenhain" (10) als geographische Chiffre für Deutschland keine „Ehrlichkeit, und Treue" (9) und keine „Unschuld" (13) mehr gibt. Dafür herrscht „Verläumdung" (15), und „Geifer [zischt] auf die Tugend" (16). Alle Merkmale, die die Hainbündler als positiv, also deutsch ansehen, fehlen in ihrer heutigen Zeit, die in Millers doppeltem Diskurs des „Vorfahrs goldne, deutsche Zeiten" (6) gegenübergestellt wird. In diesen Zeiten, die man als die Epoche des deutschen Gründungsmythos rund um Hermann und sein Cheruskerland identifizieren kann, weihten sich nicht nur „Greise der Gerechtigkeit" (8), sondern sie war auch „ungeblendet vom Gewinn" (7). Somit läuft in der Gegenwartskritik und in der Vergangenheitsemphase die, abgesehen von wenigen Merkmalen, Konstitution des Hainbunds zusammen, wie sie im Brief an Brückner niedergelegt worden war. Die lyrische Klage endet mit einem strophischen Wunsch: „O beym Vaterland beschwör' ich dich, / Bring' uns wieder in der Väter Schaaren! / Die, wie du, so deutsch, und brüderlich / Gegen jeden Enkel Herrmanns waren!" (25—28). Das lyrische Ich macht deutlich, was seine Gegenwart (und damit wohl auch die Zukunft) allein retten kann: die Wiedergeburt alter Väter Sitten, eine teutonische Renaissance. Sein „uns" (26)

---

[490] Kahl, *Bundesbuch*, Bd. 1, Nr. 140 [S. 122]

bezieht sich auf ein gegenwärtiges Kollektiv, das nach den Vätern lebt, aber diese Gruppierung – man muss davon ausgehen, dass es als Bundesgedicht direkt auf den Hainbund bezogen ist und sich die reale Gruppierung in dieser Darstellung wiederfinden soll – nicht groß genug ist, um in den dunklen Zeiten der „Verzweifelung" (19) ein wahres Deutschland prägen zu können.

Dafür braucht es mehr Personal, freibleibend beziffert als „der Väter Schaaren" (26). Es geht dem lyrischen Ich und seinen Brüdern nicht um 100, 1000 oder 10000 Gleichgesinnte, sondern um eine Konstitution, wie sie die deutschtümelnd-mythisierte Vergangenheit gesehen hat. So wie Zeit, Raum und Tat Mythos sind, so ist auch die Zahl quasi mythisch und soll nur als Emphase der Vergangenheit gesehen werden unter dem Motto: Damals war es gut, und das Heute soll wie die Vergangenheit werden. „Uns" (26) – das sind auch die „Enkel Herrmanns" (28), die Miller im letzten Vers seines Textes nennt. Somit wird Hermann wiederum als ein deutscher Stammvater in einem konkreten patriotischen Kontext figuriert, dessen Konstitution sich auf alle Deutschen im hainbündlerischen Sinne nach ihm auswirkt. Denn: Der quasi-familiale Bezug soll eine spezifische Form von Physis und Charakter suggerieren, der direkt auf Hermann zurückgeht bzw. mit den Ausprägungen des Nationalhelden verglichen werden kann. Hermann *ist* das Cheruskerland in der lyrischen Vaterlandsphantasie, damit sind alle Merkmale, die das ‚frühe Deutschland' ausprägen, auch Hermanns Merkmale. Das bedingt wiederum einen doppelten Kursus im Text: So wie das Vaterland als männlich zu identifizieren ist, erscheint auch die Männlichkeit als patriotisch bzw. vaterländisch besetzt. Damit können, wie bereits beschrieben, alle Merkmale, die in diesem Gedicht als Kennzeichnung für des „Vorfahrs goldne, deutsche Zeiten" (2) verwendet werden, auf Hermann übertragen werden.

Damit ist Hermann Träger folgender Merkmale: Freiheit von monetären Interessen; Gerechtigkeit; Ehrlichkeit; Treue; Glaube; Milde; Unschuld; Tugendhaftigkeit; Patriotismus; Verbundenheit zu den Vätern und zur eigenen Vergangenheit; Freude am Sang; Freundschaft/Brüderlichkeit. Dies sind die typischen Merkmale eines männlichen Charakters, wie man sie in anderen Texten der Hainbündler, ob freibleibend oder im direkten Bezug zu Hermann selbst, kennenlernen kann. Die Konstitution der Männlichkeit Hermanns erfolgt also nicht direkt, sondern sozusagen subsidiär: Das Vaterland hat ersten Rang in der lyrischen Darstellung, der Charakter Hermanns ist, auf der primären Bedeutungsebene, dem Vaterland nachgeordnet. Es wurde aber darauf hingewiesen, dass durch diese Kulmination der Merkmale in Hermann dieser zu einem genderisierten Spiegel des Vaterlandes wird; somit entsteht aus der nachgeordneten Vorstellung Hermanns auf Primärebene eine echte Nähe zum Vaterland und dessen Eigenschaften auf Sekundärebene. Dass diese Gleichsetzung sogar noch sich zu einer Überlagerung der Signifikanz Hermanns im Vergleich zum Vaterland steigert, wird klar, wenn die „Enkel Hermanns" (28) in den Diskurs mit eintreten. Die ‚menschliche' Komponente, der Erbgedanke, überwiegt die grundsätzliche Komposition des Vaterlandes: Die Gruppe, die sich als die „Enkel Herrmanns" (28) bezeichnet, sieht ihren Ursprung ja nicht im mythischen urdeutschen Cheruskerland, sondern in Hermann! Hermann ist damit Bezugspunkt für eine kollektive Konstitution, die sich in der Tradition des „Vorfahrs goldne, deutsche Zeiten" (2) sieht, um eben diese Zeiten in der verrohten und tugendlosen Gegenwart wieder aufleben zu lassen. Diese alten Zeiten, geprägt von der Väter Sitte, sehen sie in Hermann personifiziert. Aus dieser Figur bezieht die „Enkel"-Generation (28) ihre Kraft, denn ihr Verständnis von sich selbst und dem deutschen Vaterland geht auf Hermann zurück. Durch die Identifikation des vaterländischen Projektes mit Hermann wird deutlich, dass sich das gedichtinterne Kollektiv am Cheruskerfürsten und seinen Merkmalen ausrichtet. Hermann hat die männlichkeitsspezifischen Merkmale, die das Vaterland konstituieren, in sich und gibt diese an das Kollektiv weiter. Indirekt konstituiert die Enkelgeneration damit ihre Männlichkeit: Es ist der Versuch, die (phantasierten) Merkmale Hermanns nutzbar zu machen, um sich als Nachfolger Hermanns in jederlei Hinsicht zu präsentieren, sowohl patriotisch als auch geschlechtlich. Walter Erhart hat in anderem Kontext darauf hingewiesen, dass der „Ahnenstolz" zu den „vornehmsten Insignien"[491] der Männlichkeit gehört und deren Bedürfnisse nach Kontinuität, Vergangenheit und Unsterblichkeit[492] zum Ausdruck bringt.

Es zeigt sich damit, dass die männlichkeitsspezifische Darstellung Hermanns zum Teil einen doppelten Anspruch hat. Auf der Primärebene geht es immer darum, Männlichkeit und Vaterlandsliebe zu verknüpfen und daraus die patriotische Männerphantasie einer mythischen Vorzeit zu konstruieren. Person und Vaterland sind nicht getrennt, die Merkmale beziehen sich aufeinander und prägen sowohl die eine wie die andere Kategorie. Auf einer sekundären Bedeutungsebene scheint es aber auch Ziel dieser Darstellungen zu sein, über die konstante Erbthematik eine Verbindung von gestern und heute aufzubauen und so eine spezifische Gruppe der Gegenwart betont männlich zu konstituieren. Die Merkmale Hermanns, die fest in einer Männlichkeitsvorstellung der Hainbündler, wie ich anhand des Briefes nachgewiesen habe, verankert sind, werden von den lyrischen Ichs und den von ihnen in den Texten repräsentierten Gruppen aufgenommen bzw. bestimmten Einzelpersonen zugesprochen. Die ‚verwandtschaftliche' Verbundenheit von Männern in der Gegenwart und dem Cheruskerfürsten führt eben diese Männer im lyrischen

---

[491] Erhart, *Familienmänner*, S. 119; Erhart übernimmt „Ahnenstolz" von Otto Weininger.
[492] Vgl. ebd.

Verständnis auf eine neue Ebene, durch die sie sich absetzen und abgrenzen können. Sie partizipieren in ihrer Vorstellung somit an der vorbildlichen Männlichkeit, die von Hermann vorgegeben ist. Hermann erscheint als Vater, von dem die Kinder, also das lyrische Kollektiv, lernen und seine Verhaltensweisen nachahmen. Es geht um Aufnahme und Wiederholung von vorgelebten Eigenschaften, die ihren Wert bereits erwiesen haben. Die Funktion ist jeweils die gleiche: In beiden Kontexten geht es um ein pädagogisches Programm, durch das eine nachrückende Generation an das Vaterland und damit an die Männlichkeit, die dieser Vaterlandsvorstellung beigestellt ist, herangeführt werden soll, indem die Merkmale der Vätergeneration als exemplarisch und vorbildlich dargestellt und als höchstes Gut aufgenommen werden. Diese männlich-patriotische Selbstkonstitution der Kinder/Enkel ‚von unten‘ ist damit auch Lob der Alten; es ist inhaltlich erwiesen, dass aktuelle Männlichkeit und Vaterlandsliebe nur im Rückgriff auf eine Vätergeneration zu erlangen sind – die Vergangenheit, ob nah oder weit entfernt, prägt die zeitgenössischen lyrischen Situationen, in denen solche Konstellationen exemplifiziert werden.

Exkurs:
Hermann und die Männlichkeit in der Hochaufklärung (um 1760): Johann Heinrich Füsslis *Hermann und Thusnelde*, *Thusnelde und Germanicus. Thusnelda*

Dieser Abschnitt der Arbeit befasst sich mit drei Gedichten des Schweizer Theologen, Malers und Poeten Johann Heinrich Füssli (1741 bis 1825). Als Maler (der sich besonders mit Literatur auseinandergesetzt hat, unter anderem mit Shakespeare und John Miltons Epos *Das verlorene Paradies*[493]), Graphiker, Illustrator und später, unter dem Namen Henry Fuseli, auch als Kunsthistoriker bekannt[494], gehört seine dichterische Arbeit hingegen zu Unrecht zur

---

[493] Weitere Beispiele in Füssli, *Gedichte*, S. 103
[494] Mit Füsslis Namen „verband und verbindet sich […] die Vorstellung von der kühnen Phantastik seiner Bildkunst, die er mit proteisch fruchtbarer Erfindungsgabe bis ins hohe Alter ununterbrochen geschaffen hat und mit einem Erfolg, der gelegentlich – man denkt vor allem an die mancherlei Fassungen des ‚Nachtmahr‘ – einer Sensation gleichkam. *Diesen* Füssli hat Lavater im Auge, wenn er ihn 1773 seinen Weimarer Freunden brieflich vorzustellen versucht: „Füßli in Rom ist eine der größten Imaginationen. Er ist in allem Extrem – immer Original; Shakespeares Maler […] [meine Auslassungen; Verf.]. Reynolds weissagt ihn zum größten Maler seiner Zeit. Er verachtet alles. Er hat mich, der erste, mit Klopstock bekannt gemacht. Sein Witz ist gränzenlos. Er handelt wenig, ohne Bleistift und Papier – aber wenn er handelt, so muß er hundert Schritte Raum haben, sonst würd' er alles

weitgehend vergessenen der Literaturgeschichte. Sein schmales literarisches Werk – Füssli hat ein Corpus von 46 lyrischen Texten hinterlassen – hat nur eine vollständige Edition gesehen (Zürich 1973); für diese ist Martin Bircher und Karl S. Guthke zu danken.[495] Trotz seiner Bedeutung für seine Zeitgenossen hat er bei weitem nicht die Aufmerksamkeit anderer Dichter der Aufklärung erfahren, auch wenn es seinem Rang als Lyriker durchaus angemessen wäre. Eine modernen Forschungsstandards entsprechende Monographie über den Dichter Füssli steht noch aus; es ist Aufgabe der Germanistik, diese Lücke in der Forschung über die Literatur zwischen 1760 und 1820 zu schließen.

Füssli hat 1760, zu Beginn seiner dichterischen Laufbahn, drei „germanische" Oden geschrieben: *Hermann und Thusnelde, [Thusnelde]* und *Germanicus. Thusnelde*, die allesamt in der Tradition Klopstocks stehen.[496] In seinen Texten greift der nicht einmal 20 Jahre alte Theologiestudent den „bardisch-patriotischen Stoff auf, den Klopstock 1752 in seiner Ode ‚Hermann und Thusnelda' gestaltet hatte"[497]. Thusnelde steht jeweils im Mittelpunkt der ungereimten Texte, die dialogisch aufgebaut sind (zwei Mal wird ein Gespräch zwischen Thusnelde und Hermann entworfen, einmal zwischen der Germanin und dem römischen Feind Germanicus). Zeitlich passen die drei Oden Johann Heinrich Füsslis nicht in den Rahmen, den sich diese Arbeit durch den Fokus auf den Sturm und Drang gesetzt hat. Trotzdem nehmen sie einen wichtigen Platz ein: Die Oden sind Beispiele dafür, wie in der Lyrik parallel zu Klopstocks einsetzende Teutomanie, vor den Hainbündlern und nach den das Hermann-Bild prägenden dramatischen Entwürfen der 1740er und 50er Jahre,

---

zertreten. Alle Griechischen, Lateinischen, Italiänischen und Englischen Poeten hat er verschlungen. Sein Blick ist Blitz, sein Wort ein Wetter – sein Scherz Tod und seine Rache Hölle. In der Nähe ist er nicht zu ertragen. Er kann nicht *einen* gemeinen Odem schöpfen." (ebd.)

[495] Martin Bircher stellt die Widrigkeiten der Erstellung der Edition wie folgt in seinen Anmerkungen zum Text dar: „Johann Heinrich Füsslis Gedichte werden hier erstmals komplett veröffentlicht. Ihre Texte sind in ganz unterschiedlich zuverlässigen Fassungen überliefert. Ihre Edition wird einerseits stark durch das Fehlen einer vom Dichter autorisierten Form erschwert, andererseits verdunkeln der oft eminent schwierige Satzbau und Stil das Verständnis von Stellen, die nur in verderbter oder schlecht leserlicher Form überliefert sind. Schon bei den zeitgenössischen Setzern und Abschreibern verursachten diese Umstände Mißverständnisse und Fehler." (Füssli, *Gedichte*, S. 119) Eine Auflistung der Handschriften und Drucke, in denen Füsslis Gedichte überliefert sind, findet sich dort ebenfalls (S. 120ff.)

[496] Ebd., S. 16f., S. 20f. und S. 22f.; Füsslis Klopstock-Verehrung wird auch in seinem überhaupt ersten lyrischen Werk, der *Ode an Meta*, deutlich, die er in der „Person Klopstocks gedichtet" (ebd., S. 9) hat.

[497] Füssli, *Gedichte*, S. 111

Männlichkeit im spezifischen Kontext des literarischen Umganges mit Hermann als Nationalheld, im Spannungsfeld des Geschlechterdiskurses auf der Folie vaterländischer Lyrik und über das weibliche lyrische Ich konstruiert wird. Zudem werden darin die Unterschiede zwischen Füsslis Hermann-Lyrik und jener der Göttinger Hainbündler deutlich: Füssli füllt die Figur mit Leben, lässt sie aktiv gestalten und nicht nur, wie die studentischen Barden, als bloßes nationales Symbol stehen, an dem die individuellen und kollektiven Vaterlands- und Machtphantasien abgearbeitet werden. Insofern hat Füssli einen wichtigen Beitrag zur literarischen Ausgestaltung der Figur geleistet, der von der Forschung bisher nicht gewürdigt worden ist.

Hermann und Thusnelde

THUSNELDE
Wo verziehet der Held, sein trunknes Schwert, wo?
Welkt der Eichenkranz nicht, der um sein Haupt hin
Seine Schatten zu schlingen,
Auf meinem Schoße noch harrt?

DER CHOR DER JUNGFRAUEN
Muß er nicht an dem Quell die Hand, das Antlitz,
Von dem Blute der Erdeobrer farbigt
Waschen und von dem Schlachtstaub
Reiner zum Küssen atmen?

THUSNELDE
Nein! Ich will ihn befleckt! vom Römerblute
Ganz die Locke durchklebt! das Aug' entflammter,
Wie im Haindunkel Opfer,
Mitten aus Blut herblitzend!

DER CHOR
Ha! wer reißt sich hinauf am Eichenhügel?
Komm! komm! sieh' ihn, er glüht, wie du ihn wünschtest!
Komm! wie treibt er's! Er ist schon
Hier! und Roms Adler mit ihm!
Wie du fliegest! Dein Kranz ist dir entfallen!
Seht! Sie ist schon bei ihm! Schon küßt sie nach ihm!
Hebet Siegmar hinweg dort,
Über den Vater flog sie!

HERMANN

Küsse mich jetzo nicht! ich bin noch unrein,
Und der Vater liegt dort! Doch vierzigtausend
Für ihn Niedergewürgte
Mögen's nun Pluto sagen,
Daß Augustus ein Gott ist! weg! wie blickst du,
Auge, ganz durch mich ein! und du, du Lippe,
Laß mich! sonst wird' ich mutig,
Du so befleckt wie ich!

THUSNELDE

Einen! einen Kuß doch! doch, bei Hertas Gottheit,
Will ich! Schöner bist du, als wenn dich Odin
Mit umschaffendem Nektar
Über und über begöss'!

Die erste Ode der germanischen Reihe, *Hermann und Thusnelde*, setzt mit Thusneldes klagender Frage über den Verbleib ihres Mannes Hermann ein, der sich mit den römischen Besatzern im Krieg befindet. Historische Grundlage der lyrischen Situation ist die Varusschlacht 9 nach Christus, Hermann kann zweifellos mit dem Cherusker-Fürsten Arminius identifiziert werden. Sprechsituation und Besprochene Situation fallen zusammen, Thema ist die Wiederkehr Hermanns aus der Schlacht gegen die Römer. Schon im ersten Vers Thusneldes wird deutlich, dass es sich kaum um eine klassische Sehnsuchtsformel der verlassenen Geliebten handelt, sondern es eine andere Wertigkeit besitzt: „Wo verziehet der Held, sein trunknes Schwert, wo?" (1). Zum einen fällt daran auf, dass Hermann nicht beim Namen genannt, sondern als „der Held" bezeichnet wird (überhaupt fällt sein Name in der konkreten Sprechsituation des Textes nicht!). Der bestimmte Artikel stellt die Bezeichnung in einen größeren Kontext: Es handelt sich bei Hermann nicht allein um den Helden Thusneldes im persönlich-possessiven Sinne, sondern um einen Helden der Allgemeinheit, nämlich den, um die von Tacitus geprägte Formel zu gebrauchen, „Befreier Germaniens" (*liberator haud dubiae Germaniae*)[498]. So wird der Vorstellung Hermanns als nationale Mythen- und Symbolfigur genüge getan und seine herausragende Rolle im vaterländischen Diskurs prägnant beschrieben.

In diesen Zusammenhang fügt sich auch das Bild des Eichenkranzes ein, der „auf [Thusneldes] Schoße noch harrt" (4), um um Hermanns „Haupt hin / Seine Schatten zu schlingen" (2—3). Das ist deutschtümelnd und soll den äu-

---

[498] Tacitus, *Annalen*, 2, 88, 2

ßeren Feind abwerten. Spätestens seit Klopstock galt die Eiche als deutscher Nationalbaum, der daraus geflochtene Kranz ist somit ein genuin deutsches Ehrensymbol und dadurch Symbol für das Vaterland. Wie schon durch die Bezeichnung „der Held" (1) stilisiert Thusnelde Hermann so zum allgemeinen deutschen Volkshelden, auf dessen Haupt sich vorbildliches Deutschsein *und* seine Funktion als Verteidiger deutscher Ehre in Form des Kranzes für jedermann sichtbar materialisieren. Dass der Eichenkranz in der Antike als römische Bürgerkrone genutzt wurde, war im 18. Jahrhundert durchaus bekannt. Die Umdeutung und Überführung des Eichenkranzes als römische Bürgerkrone in der Antike in den germanischen Kulturkreis nimmt hier den Sieg über den äußeren Feind[499] und seine anschließende Erniedrigung vorweg. Die Frage Thusneldes bezieht sich zudem nicht nur auf den Verbleib ihres heroisierten Hermanns. Sie hängt auch mit der Tätigkeit Hermanns an diesem Ort zusammen. Denn Thusnelde fragt „Wo verziehet der Held, sein trunknes Schwert, wo?" (1). Hermann wird so als Krieger beschrieben, das „trunkne[.] Schwert" muss als blutgetränktes Schwert angesehen werden und ist sein Werkzeug. Es ist der Akt der Gewalt und Brutalität, mit dem Thusnelde Hermann hier in Verbindung setzt, und diese blutrünstige Gewalt im Namen des Vaterlandes spielt für Thusnelde eine herausragende Rolle. Diese Stelle lässt sich als erstes Zeichen einer Gewaltphantasie Thusneldes ausdeuten, die den Text wie ein roter Faden durchzieht und auffälligstes Merkmal der Charakterkonzeption der Germanin und des Hermann zugesprochenen Charakters ist. Diese Gewaltphantasie geht mit einer Körperphantasie und einem auf Macht und Gewalt basierenden Bild von Männlichkeit einher.

Vor allem in Kapitel III.3 wurde auf das Schwert als phallisches bzw. betont körperliches und als Symbol für offensive Männlichkeit, Gewalt und Machtausübung verwiesen. Es scheint wohl angemessen, aufgrund des ähnlichen vaterländisch-deutschtümelnden Kontexts, dies auch auf Füsslis Text anzuwenden. Das Schwert in der Hand des Hermann ist Zeichen für seine Männlichkeit, mit der bzw. durch die er dem Vaterland dient und den äußeren Feind bezwingt. Mit dem Schwert (als Phallus) korrespondiert der Schoß als Symbol für Weiblichkeit, der Eichenkranz, der körpertopographisch mit dem Schoß verbunden ist, soll dem Phallus-Träger aufgesetzt werden. Dies deutet auf eine geplante, aber nicht explizit ausgesprochene, körperliche Vereinigung des Männlichen und Weiblichen hin. Es ist Thusneldes Wunsch, diese körperliche Vereinigung von Schoß und Phallus mit Hermann zu vollziehen, die (klagende) Frage nach dem Verbleib des „Held[en]" (1) ist in diesem Fall dem Wunsch nach Körperlichkeit/Sexualität geschuldet. Indem das Schwert mit

---

[499] Zur Konstruktion und Gegensätzlichkeit des äußeren und inneren Feindes s. Lukas, *Anthropologie und Theodizee*, S. 25ff.

dem Phallus identifiziert wird, ist Sexualität schon implizit mit Gewalt verknüpft und andersherum. Das „trunkne[.] Schwert" (1) hat für Thusnelde erotisches Potenzial, der in der Schlacht gegen den römischen Feind kämpfende (und siegende) Hermann ist in dieser kriegerisch-gewalttätigen Atmosphäre sexuell-körperlich attraktiv und anziehend. Thusnelde lässt sich somit von ihren Trieben und Phantasien leiten und positioniert sich dabei selbst auf einer latent amoralischen Ebene, wie sich am Text zeigen lässt.

In der zweiten Strophe spricht der „Chor der Jungfrauen". Er stellt die Frage: „Muß er nicht an dem Quell die Hand, das Antlitz, / Von dem Blute der Erderobrer farbigt, / Waschen und von dem Schlachtstaub / Reiner zum Küssen atmen?" (5—8). In der Wendung „zum Küssen" geben sie dem erotischen Wunsch Thusneldes eine sprachliche Form, wobei das Küssen an dieser Stelle nicht nur wörtlich verstanden werden sollte. Es steht wohl vielmehr als Symbol für Sexualität und erotische Phantasien an sich. Die Formulierungen der ersten Strophe lassen den Schluss zu, dass Thusnelde unter der von ihr gewünschten Körperlichkeit mehr versteht als diese Art der Annäherung, die nicht umsonst hier von einem Jungfrauen-Chor formuliert wird. Durch ihre Frage geben die Jungfrauen Thusnelde Antwort auf ihre Frage nach dem Verbleib Hermanns: Er müsse sich schließlich noch vom Blut der Feinde und vom Schmutz der Schlacht reinigen, bevor er Thusnelde entgegentreten kann. Für die Jungfrauen ist, auch auf der sexuellen Ebene, körperliche Reinheit wichtig. Eine erotische Zusammenkunft, die unter dem Zeichen einer brutalen Schlacht steht, können die Jungfrauen nicht dulden. Der Inhalt der Rede der Jungfrauen ist damit dem der Rede Thusneldes entgegengesetzt, und aus ihrer Frage spricht somit der Versuch, Thusnelde zur Selbstbeherrschung zu bewegen.[500] Der Chor ruft das typisch weibliche Verhalten des 18. Jahrhunderts auf, in dem die „Schamhaftigkeit als ‚allerbeste Leib-Wache der Ehre des Frauenzimmers'"[501] angesehen wurde. Der Chor formiert sich als Gegenpart zu Thusnelde als moralische Instanz und nimmt so eine weibliche Position ein, die sich moralisch vorbildlich verhält und in Zurückhaltung übt.

Der Versuch der Jungfrauen, Thusneldes erotischen Wunsch qua moralischen Appell zu relativieren, misslingt gründlich: Für die Germanin kommt der Verzicht auf ihr Begehren nicht in Frage. Im Gegenteil liest sich die dritte Strophe wie eine Steigerung der ersten, in welcher der Zusammenhang von sexueller Begierde und blutrünstiger Gewaltphantasie offen formuliert wird: „Nein! ich will ihn befleckt! vom Römerblute / Ganz die Locke durchklebt!

---

[500] Dies kann man mit Gottfried August Bürgers Gedicht *Männerkeuschheit* vergleichen (Kapitel VII.2.2): Auch dort erscheint die sublimierte Wollust (= Keuschheit) als eine Art von Affektkontrolle. Und diese Keuschheit wird jetzt von den Jungfrauen gefordert.
[501] Zit. nach Weigel, *Topographien der Geschlechter*, S. 129

[…]" (9—10). Thusnelde definiert hier in ihrer Hypolepse männliche Attraktivität, zumindest partiell, durch heroische Bewährung in der Schlacht, durch das massenhafte Töten von Feinden und die eigene Aufopferung. Das eigene und fremde Blut stimuliert Thusnelde, ihr Sexualwunsch ist ganz offensichtlich an das Vorhandensein von Merkmalen einer kürzlich vollzogenen Kampfhandlung gebunden. Die erotische Funktion des Blutes ist unübersehbar. Weitgehend Deckungsgleiches beobachtet Bernd Fischer: „Töten, Sterben und Leiden, insbesondere das Verbluten, werden […] deutlich erotisiert. Für das Vaterland zu sterben, wird zum sexuellen Akt und bisweilen in eine direkte Analogie zur Hochzeitsnacht gerückt."[502] Dies ist aber nur ein Teil: Thusnelde stellt sich Hermanns „Aug' entflammter, / Wie im Haindunkel Opfer, / Mitten aus Blut herblitzend!" (10—12) in der lyrischen Situation vor. Daraus kann man eine Aufteilung in innere und äußere Attraktivität ableiten, die miteinander harmonieren müssen, um ein für Thusnelde anziehendes Ganzes zu schaffen. Hermann wird nicht allein durch das „Römerblut" in seinem Haar, das primär ein Resultat körperlicher Stärke und Macht ist, allein zum Objekt sexueller Begierde gemacht. Er hat seine Feinde erschlagen und sich dabei mit ihrem Blut befleckt, was ein konkretes Bild von seiner Leistung abgibt. Hermanns Blick, der hier explizit männlich besetzt ist durch das komparative Feuer-Adjektiv, ist für Thusnelde genauso wichtig wie der durch die Kraft des Schwertarms Blut besudelte Körper. Aus seinem Blick spricht eine innere Stärke, sein „Mitten aus Blut herblitzend[es]" Auge ist Symbol für Macht und Gewalt wie die Vorstellung der Schlacht eine Konkretisierung derer ist; in Hermann lodert das Feuer des Kampfes, welches sich in seinem Blick manifestiert. Im Sinne des seit dem Mittelalter verankerten Glaubens, das Auge sei der Spiegel zur Seele, spricht somit aus dem Auge/Blick Hermanns sein Seelenleben bzw. seine innere Verfassung und Einstellung: Kampf und Opferbereitschaft für das Vaterland. Dies korreliert mit bzw. geht seinen äußeren/körperlichen Taten voraus, wodurch Hermanns doppelte Attraktivität bedingt ist. Thusnelde stellt in diesem Kontext vergleichend Blut und Dunkelheit gegenüber: So wie Hermanns Auge „Mitten aus Blut" (12) blitzt, sind auch die Augen von potentiellen Menschenopfern, die im Hain den germanischen Gottheiten dargebracht werden sollen, sichtbar. Die Gegenüberstellung Blut-Dunkelheit ist gleichbedeutend mit Sieg-Niederlage/Leben-Tod/Stärke-Schwäche etc. und als weiteres Element der Darstellung von Hermanns Macht und Stärke zu lesen. Umgekehrt kann man aus diesen Versen auch ableiten, dass Hermann für Thusnelde, zumindest in der vorgegebenen Textsituation, keine Attraktivität und Anziehungskraft mehr besitzt, sobald er vom Blut gereinigt ist und das Feuer des Kampfes erloschen ist. Das ist das, was die Jungfrauen for-

---

[502] Fischer, *Das Eigene und das Eigentliche*, S. 163

dern und Thusnelde ihnen versagen muss. Von Affektenkontrolle und würdigem Verhalten kann spätestens hier keine Rede mehr sein. Thusneldes Wunsch bricht unkontrolliert aus ihr heraus, der moralische Appell des Chores wird von ihr mit einem „Nein!" (9) beinahe aggressiv zur Seite geschleudert. Für rationale Argumente ist Thusnelde nicht mehr zugänglich, zu sehr in sie unter die Kontrolle ihrer Triebe (die weit über das normale Maß an *emotio* hinausgehen) geraten. Sie hat keine Herrschaft mehr über ihr Fühlen, Denken und, wie sich zeigen wird, Handeln.

Hier liegt wenigstens implizit eine *descriptio corporis* vor. Der Körper Hermanns wird von Thusnelde beschrieben; aber *nicht* wie in der mittelalterlichen Literatur, in der diese Beschreibungen gezielt Kleidungsstücke und einzelne Körperpartien in den Blick nehmen und ausgehend von diesen dann der Charakter beurteilt wird. Beispiele sind die Beschreibung Enites in Hartmanns von Aue *Erec*[503], die „*schoene* und *saelekeit*"[504] signalisiert, und die den Eneas in Heinrichs von Veldeke *Eneasroman*[505] einführende „*personae descriptio* spiegelt nach den Regeln der topischen *inventio* das ‚Urbild' des Helden als Herrscher und Liebender"[506]. Laut Johannes Spicker dienen „Personenbeschreibungen [...] in erster Linie dazu, Glanz und Vollkommenheit der Protagonisten zu veranschaulichen"[507]. Bei Thusneldes Beschreibung des von der Schlacht gezeichneten Körpers Hermanns geht es nicht um die Darstellung von „Glanz und Vollkommenheit" des Helden, und ebenso wenig ist für die Germanin, um bei Spickers Beispielen zu bleiben, ein durch die *descriptio* zu spiegelndes „Urbild"[508] interessant. Hermanns Körper ist ja ohnehin nur auf abstrakter Ebene in den Äußerungen vorhanden, von Torso, Armen, Beinen usw. ist keine Rede. Dementsprechend kann auch nicht die Rede davon sein, dass Füssli das auf Horaz fußende und zeitgenössisch durchaus beliebte Verfahren des *ut pictura poesis* als „Verfahren der Deskription"[509] aufgegriffen hat. Vielmehr konstruiert sich ein spezifisches Körperbild durch die Postulate einzelner besonderer Eigenschaften, die allesamt mit vorbildlicher Männlichkeit verknüpft sind. Das sind unter anderem Macht, (kriegerische) Stärke, unnachgiebige Gewaltausübung gegen den (äußeren) Feind und darin enthalten die Verteidigung des Vaterlands mit dem eigenen Leib. Im Körper kulminieren also alle Charakteristika, die Männlichkeit bedingen und den Körper somit für Thus-

---

[503] V. 323ff.

[504] Spicker, „Körperbeschreibungen in der spätmittelalterlichen Liebeslyrik", S. 115; siehe dort auch weitere Verweise auf die entsprechende Forschung.

[505] *Eneasroman*, V. 49ff.

[506] Spicker, „Körperbeschreibungen in der spätmittelalterlichen Liebeslyrik", S. 115

[507] Ebd.

[508] Ebd.

[509] Kemper, *Deutsche Lyrik*, Bd. 6/I, S. 40

nelde begehrenswert machen. Als übergeordnetes äußeres Zeichen, als Über-Symbol der Männlichkeit Hermanns bzw. des männlichen Körpers fungiert in der Rede Thusneldes und der darin implizit enthaltenen *descriptio* des Helden die Vorstellung des von der Schlacht gezeichneten Körpers[510], der „befleckt" ist (9) und „vom Römerblute / [...] durchklebt" (9—10). Karl Heinz Bohrer hat in seiner Studie *Großer Stil* im Kontext seiner *Ilias*-Interpretation den Begriff des „Kriegskörper[s]"[511] geprägt, der als Bezeichnung für den Leib Hermanns in *Hermann und Thusnelde* übernommen wird: Thusnelde identifiziert Hermanns Körper mit diesem Kriegskörper, da sie über die Zeichen der siegreich überstandenen Schlacht die Ästhetik des Hermannschen Körpers definiert bzw. die Ästhetik des Körpers mit diesen Zeichen identifiziert. Der männliche Körper Hermanns ist damit gleichzeitig immer auch ein Kriegskörper, und die geäußerte Imagination der Tötungsakte im Angesicht der Schlacht „die Spitze der Intensität"[512]. Im siegreichen Bestehen des Mannes im Krieg/in der Schlacht/vor dem Feind offenbart sich seine Männlichkeit und die damit gleichgesetzte Schönheit und (körperliche) Anziehungskraft. Diese Männlichkeit, die aus dem Kriegskörper spricht, bedingt die verlorene Zügelung und fehlende Affektkontrolle Thusneldes, die das weibliche Ich in diesem Text definieren.

In den Strophen 4 und 5 spricht wieder der Chor der Jungfrauen. Sie beobachten die Handlungen Thusneldes und beschreiben diese und die Szenerie allgemein angesichts der in der aktuellen Situation angedeuteten Rückkehr bzw. des Erscheinens Hermanns.[513] In der Ankündigung des Erscheinens Hermanns durch den Chor ist eine Zustands-Beschreibung des Germanen enthalten: Wie Thusnelde „ihn wünsch[t]" (14), erscheint er in der Szenerie, die Vorstellung der körperlichen und geistigen Konstitution Hermanns, an die Thusnelde ihren sexuellen Wunsch knüpft, erfüllt sich damit. Damit gelingt Füssli ein besonderer Griff: Die Äußerung des Chores belegt, dass Thusnelde den vorbildhaften männlichen Kriegskörper Hermanns gerade *nicht* nur in einem sexuellen Wahn phantasiert hat, sondern ihn in Voraussicht so schilderte, wie er tatsächlich erscheint. Damit mildert Füssli die subjektiv-individuell anmutende Wahrnehmung des weiblichen Ichs schlagartig ab und lässt die Heldenfigur durch die Bestätigung des Männerbildes durch den moralischen einwandfreien Chor in der lyrischen Situation real werden. Durch die Bestätigung gewinnt Thusneldes Schilderung an Gewicht und Wahrheit für diese Situation; es wird deutlich, dass Hermann tatsächlich all die Eigenschaften be-

---

[510] Und als Zeichen innerer Männlichkeit das entflammte Auge!

[511] Bohrer, *Großer Stil*, S. 109

[512] Ebd.

[513] Bohrer hat solches Auftreten in anderem Kontext als „epiphan-erhabene[.] Erscheinung" (ebd., S. 108) bezeichnet.

sitzt, die zuvor von der lüsternen Frau imaginiert worden sind. Dies ist umso wichtiger, als dass die Beschreibung der Charakteristika nicht wiederholt bzw. wieder aufgenommen wird. Die vorbildliche Konstitution des Männlichen und seiner kraftstrotzenden Ästhetik aus der Sicht der begehrenden Frau ist die einzig gültige, weil eben einzige Beschreibung des Textes. Diese Schilderung wird durch den Chor, der zuvor noch als mahnendes Korrektiv in Erscheinung getreten ist, verifiziert. Wenn Hermann sich „[hinaufreißt] am Eichenhügel" (13), verweist diese Verbindung von vaterländischer Topographie und dem wirkungsmächtigen, kraftvollen Bewegungsverbum noch einmal auf die generelle Konstruktion der Figur als männlich, mächtig und patriotisch. Dass Hermann zudem „Roms Adler"[514] (16) mit sich in den abgeschlossenen genuin germanischen Raum trägt, verstärkt diese spezifische Figuren-Konzeption noch einmal: Es ist Zeichen seines Sieges über den übermächtigen Gegner und damit gleichzeitig Entehrung des Symbols römischer Stärke. Damit wird gleichzeitig auf die germanische Götterwelt hingewiesen und diese symbolisch überhöht: Der Adler ist eines der Tiere des Hauptgottes Wotan/Odin, und der römische Legionsadler wird diesem durch Einführung in den Raum des Cheruskerfürsten zugesprochen. Das Symbol Roms wird zum Symbol Deutschlands gemacht, im Adler wird die Niederlage des äußeren Feindes gegen Hermann und die germanischen Stämme figuriert. Füssli geht damit auch auf den Aspekt der Macht ein. Wie Karl Heinz Bohrer im Rückgriff auf Homer feststellt, steht der Adler als Symbol für Macht, die Hermann hier durch die Standarte direkt mit sich trägt.[515] Seine individuelle Macht wird damit durch den römischen Adler noch einmal übersteigert, die impliziten Verweise auf die Macht durch das explizite Symbol bekräftigt.

Die Jungfrauen enthalten sich jeglicher Kommentierungen des Verhaltens der Thusnelde und nehmen explizit keine ermahnende, moralisierende Position ein wie noch in der zweiten Strophe. Nur an einer Stelle lässt sich aus den neutralen Beschreibungen, in denen noch einmal die Handlungen Thusneldes, die einzig auf die Durchsetzung ihres Sexualwunsches mit Hermann fixiert sind, etwas wie Kritik an der Handlungsweise Thusneldes herauslesen: „Wie du fliegest! Dein Kranz ist dir entfallen?" (13). Indem Thusnelde das deutschtümelnd-germanische Ehren- und Siegeszeichen aus ihrem Schoße verliert bei ihrer plötzlichen Bewegung Hermann entgegen[516], verliert sie in ihrem erotischen Begehren das Symbol des Vaterlandes, das den siegreichen Hermann schmücken sollte. Das hat Konsequenzen für den Vaterlandsdiskurs:

---

[514] Damit ist der Legionsadler gemeint.

[515] Bohrer, *Imaginationen des Bösen*, S. 214

[516] Hast und Eile Thusneldes werden im Bewegungsverbum deutlich: In den Worten des Chores „flieg[t]" (13) sie Hermann und damit dem Objekt ihrer sexuellen Begierde entgegen.

Thusnelde lässt in ihrem erotischen Begehren das Vaterland im wahrsten Sinne des Wortes fallen, es wird hinter ihre persönlich-körperlichen Wünsche zurückgestellt und büßt an Wertigkeit ein, indem es dem sexuellen Bereich untergeordnet wird. Überhaupt ergibt sich nun ausgehend von dieser Stelle eine neue Sichtweise auf die „Römerblut"-Stelle. Es scheint, als sei dem Blut als solches (als Merkmal für einen vollzogenen gewalttätigen Akt) höhere Wichtigkeit eingeräumt als der Tatsache, dass es von den römischen Feinden stammt. Thusnelde gilt der Akt der Blutvergießens als Zeichen einer übersteigerten männlichen Stärke und Macht mehr als die Verteidigung der Germanen vor den Römern: Die sexualisierte Gewaltphantasie bzw. auf Gewalt basierende sexuelle Phantasie, die sie aus der Männlichkeit Hermanns extrahiert, überwiegt für Thusnelde das Vaterländische. Auch familiäre Bindungen bzw. Gefühle halten Thusnelde in ihrer beinahe rasenden erotischen Begierde nicht auf. Wie der Chor darstellt, fliegt sie nicht nur Hermann entgegen, sondern auch über den Leichnam seines Vaters Siegmar hinweg. Für Trauer ist in der Welt Thusneldes in dieser Situation kein Raum, sie wird nicht nur nicht zugelassen, sondern nicht einmal in Erwägung gezogen. Wie die vaterländische Bindung – symbolisiert durch den selbst verantworteten Verlust des Eichenkranzes – wird auch familiäre Bindung dem Wunsch nach sexuellem Kontakt untergeordnet. „Schon küsst sie nach ihm!" (18), spricht der Chor in dieser Szene. Dies zeigt noch einmal deutlich, wie sehr Thusnelde unter der Herrschaft ihrer Triebe steht, wie wenig Kontrolle sie angesichts ihres unerfüllten sexuellen Wunsches über sich selbst hat. Sie stolpert förmlich, um das „flieg[t]" (17) des Chores einmal zu übersetzen, über den Leichnam ihres Schwiegervaters in ihrem übersteigerten sexuellen Wahn, um Hermann ohne ein Wort – denn gesprochen wird in der Darstellung des Chores nicht – zu küssen und den erotischen Akt zu beginnen inmitten von Blut, (männlichem) Triumph und dem Toten.

Genau die drei Elemente, die die Konstitution der Thusnelde in diesem Text bedingen, führt Hermann als Begründung für seine Ablehnung des sexuellen Wunsches an, in allem wird er als *Gegenpart* zu Thusnelde konstruiert: „Küsse mich jetzo nicht! ich bin noch unrein, / Und der Vater liegt dort! Doch vierzigtausend / Für ihn Niedergewürgte / Mögen's nun Pluto sagen, / Daß Augustus ein Gott ist!" (21—23). Hermann verweigert die Annäherung erstens, weil er sich für „unrein" (21) hält. Was für Thusnelde sexuell anregend, empfindet Hermann als Makel, der keine Körperlichkeit zulässt. Das von ihm vergossene römische Blut ist für Hermann kein Mittel zur Ästhetisierung seines Körpers bzw. seiner Person, er sieht seine Attraktivität dadurch nicht gesteigert. Vielmehr sind sein Körper und damit seine Männlichkeit befleckt von den Zeichen der Schlacht. Zumal man die Selbstbezeichnung von der physischen auch auf die psychische Ebene überführen kann. Damit nimmt er die Position des Chores ein, der in der zweiten Strophe genau diese Reinigung als dem körperlichen Akt vorausgehend bei Thusnelde anmahnt. Rückblickend mag man auch hier im Bild der Quelle, die der Chor in der zweiten Strophe anführt, eine Art Akt der inneren Reinigung entdecken: Wie sich im Wasser die körperlichen Verschmutzungen lösen, empfängt die Seele an der Quelle symbolisch Reinigung. Sowohl biblisch als auch in der nordischen Mythologie ist die Quelle als Ursprung des Heils – und als den impliziten Wunsch nach (seelischem) Heil lese ich Hermanns „Ich bin noch unrein!" – fundiert. Die nordische Mythologie – die ab der Mitte des 18. Jahrhunderts aufkommende Bardenmode regte zur Beschäftigung damit an – kennt drei Quellen, die aus der Welteneesche Yggdrasil entspringen: die Quelle der Urd, die Quelle Hvergelmir und Mimirs Quelle.[517] An der Quelle der Urd leben die Nornen, die mit dem Wasser aus dieser Quelle die Wurzeln der Esche tränken, um den vom Drachen Nidhöggr angerichteten Schaden auszugleichen.[518] In der Bibel ist die Quelle „ein Bild für Gott als Geber des Heils"[519] und in dieser Form unter anderem in Psalm 36 und dem Buch Jeremia verzeichnet. Dieser ‚doppelte Diskurs', also die Annahme gleichzeitiger christlicher und heidnischer Ideen, ist durchaus statthaft. Schließlich wollte Klopstock, in dessen Nachfolge sich Füssli als sein „Epigone"[520] sieht, angeregt

durch Teildruck und lateinische Übersetzung der *älteren Edda* (1750) und sowie durch die Übersetzung der *jüngeren Edda* ins Deutsche (1765) auf dem Weg übers Französische (1756) [in der] Bardenlyrik die Gesänge der altgermanischen Dichter und ihre Götterwelt wieder[zu]beleben und fort[zu]setzen und damit *die Unmittelbarkeit des Deutschtums zum Christentum* [meine Hervorhebung; Verf.] demonstrieren, die alle antiken Vermittlungen überspringt.[521]

Hermann bezieht somit eindeutig Position gegen Thusnelde: Er macht sich die bereits vorher formulierte (moralisierende) Haltung des Chores zu Eigen, und in der Ablehnung der Einstellung bzw. Geisteshaltung seiner Gattin wird er nicht nur als Gegenpart zu dieser formiert. Seine Charakteristik als Mann im Diskurs und in der Differenz der Geschlechter gewinnt dadurch auch an Profil und Schärfe. Der Gegensatz zu Thusnelde tut sich auch im Umgang mit dem Tod des Vaters auf. Hermann ist in seiner Rolle als germanischer Held

[517] Vgl. Simek, *Lexikon der germanischen Mythologie*, S. 211, S. 281f., S. 451f., S. 494
[518] Vgl. ebd., S. 300
[519] *Reclams Bibel Lexikon*, S. 415
[520] Füssli, *Sämtliche Gedichte*, S. 111
[521] Kaiser, *Aufklärung, Empfindsamkeit, Sturm und Drang*, S. 112f.

und Freiheitskämpfer immer auch Sohn, dem die familiäre Bindung zum Vater Siegmar heilig ist und der dementsprechend die körperliche Verbindung mit Thusnelde seiner Trauer über den Verlust des Vaters unterordnet. Wo Verlust-Schmerz, da keine sexuelle Regung, lautet wohl die Gleichung, die Hermann in seinem Ausruf „Und der Vater liegt dort!" (22) ausdrücken möchte.

Die Vater-Sohn-Verbindung und die Rolle des Vaters aus der Perspektive Hermanns lassen sich zudem aus dem besitzanzeigenden „ihn" (23) in den Worten „Doch vierzigtausend / für ihn Niedergewürgte" (22—23) herauslesen. Zwei Arten des Verständnisses bieten sich hier an: Die römischen Toten der Schlacht werden zu Ehren des Gefallenen angeführt, er ist „vierzigtausend […] Niedergewürgte" (22—23) wert, die sein Sohn Hermann ihm als eine Art Totengabe mitgibt. Eine Alternative wäre, die Bezifferung[522] als Ausgleichsrechnung zu sehen. Hermann stellt die Zahl der feindlichen Gefallenen dem toten Vater gegenüber, 40.000 Tote des äußeren Feindes gleichen einen aus der Familie aus. In beiden Lesarten werden Position und Wertigkeit deutlich, die Siegmar in den Augen seines Sohnes einnimmt: Der Vater bekommt implizit den Status eines Helden zugesprochen, er ist derjenige, dem die Opfer der Schlacht – und damit der Sieg! – als Ausgleich bzw. Lohn für seinen Tod gehören. Siegmar wird durch diese Konstruktion namentlich mit eingebunden in den Akt der Vaterlandsverteidigung, die zuvor in der Darstellung Thusneldes einzig Hermann zugeschrieben worden war und der ja im Kontext des Kriegskörpers für Thusneldes Wunsch nach Körperlichkeit von Bedeutung ist. Schließlich ist Hermann für sie singulärer Schlachtenheld.

Die Rolle des Vaters und das Vater-Sohn-Verhältnis in Füsslis Text sind damit zur generellen Darstellung dieses familiären Verhältnisses in der deutschtümelnd-vaterländischen Lyrik jener Jahrzehnte parallel gesetzt. Wie in vorhergehenden Abschnitten dargestellt wurde, werden Väter (bzw. männliche Vorfahren) in den nationalen Gedichten immer wieder als heldische und teils mythisch überhöhte Figuren gezeichnet, die von ihren Söhnen als vorbildliche Gestalten generell und für ihre Leistungen für das Vaterland, die Ehre etc. im Speziellen verehrt werden. Dabei kann grundsätzlich noch einmal auf die Untersuchung Richard Quabius' Bezug genommen werden, der ausgehend von der „bürgerlichen Morallehre" in der ersten Hälfte des 18. Jahrhunderts Familie als „göttliche Einrichtung" und den Vater in diesem Konstrukt als „Stellvertreter Gottes"[523] definiert. Dem Vater fällt die Rolle des Verehrungswürdigen zu, der oberhalb und in der Mitte der familialen Konstellation angesiedelt

---

[522] Die Zahl ist wohl symbolisch zu verstehen. Es sind bei der Schlacht im Teutoburger Wald drei Legionen, sechs Kohorten und drei *alae* vernichtet worden. Das sind, geht man bei allen Einheiten von der Soll-Stärke aus, maximal 23 000 römische Soldaten.
[523] Quabius, *Generationsverhältnisse im Sturm und Drang*, S. 15

ist; diesem Anspruch, der an die Familie gestellt wird, wird Hermann als Sohn gerecht. Dementsprechend einschneidend scheint auch das Erlebnis des Todes des Vaters zu sein. Die Intensität der betont männlichen Beziehung Vater-Sohn kann auf das weibliche Familienmitglied nicht übertragen werden, und die Bindung an den Vater als „Stellvertreter Gottes" ist höher bewertet als die zur die Ehefrau.

An die Verse, in denen der Kaiser Augustus ironisch verhandelt wird, schließt sich ein spontaner Aggressionsausbruch Hermanns an, der gegen Thusnelde gerichtet ist. In den Versen „[…] weg! wie blickst du, / Auge, ganz durch mich ein! und du, du Lippe, / Laß mich! sonst werd' ich mutig, / Du so befleckt wie ich!" (25—28) formuliert er, nach dem „Küsse mich jetzo nicht!" (21) zu Beginn seiner Doppelstrophe, noch einmal in aller Schärfe seine Ablehnung des Sexualwunsches. Dabei ändert sich indes die Intensität: Mit „Küsse mich jetzo nicht!" (21) hält Hermann Thusnelde sprachlich auf Abstand, um dann zu seiner Erklärung anzusetzen, weshalb die Erfüllung der Begierde in dieser aktuellen Situation für ihn nicht umsetzbar ist. Zumal limitiert er durch das „jetzo" (21) seine Ablehnung auf den Moment, die Gründe sind ja von ihm bereits vorgebracht. Die Erfüllung des sexuellen Wunsches ist nicht verwehrt, sondern verschoben, mag man herauslesen. Doch mit dem „weg!" (25) verjagt er Thusnelde förmlich, er drängt sie weg von sich, wie man es mit einem Bedränger tut, vor dem man sich fürchtet. Hermann nimmt Thusnelde und ihre Rolle plötzlich anders war als noch wenige Verse zuvor: Was er zu Beginn seiner Rede mit einem kurzen Befehl und einer anschließenden Begründung glaubte klären zu können, hat eine kurzfristige Entwicklung genommen, die ihn schaudern lässt. Im „weg!" (25) ist dementsprechend eine Aktion auf das Verhalten Thusneldes dargestellt. Sie hat sich eben nicht vom Befehl ihres Mannes hindern lassen, sondern dringt weiter auf ihn, will Füssli ausdrücken. Seine Anweisung hat keinen Wert für Thusnelde. Sie nimmt ihn in diesem Augenblick der höchsten körperlichen Begierde, in der mehr als jemals die Wollust den Verstand regieren, nicht mehr als Mann und Herrschenden wahr, wie sie vorher in ihren Reden konstituiert hat, sondern nur noch als sexuelles Objekt, an dem sie ihre individuellen Triebe ausleben kann.

Es kommt so vor, als wollte Füssli im Weiteren die plötzliche Angst Hermanns vor dem Verhalten seiner Gattin, die schon im „weg!" (25) durchscheint, noch weiter fokussieren und sprachlich intensivieren. Die eigentliche Frage „wie blickst du, / Auge, ganz durch mich ein!" (25—26) ist mit einem Rufzeichen versehen und erhält so den Gestus des Angstvollen, Furchtsamen. Das Ursprüngliche dieser Rede, die erstaunte Äußerung über den Blick seiner Gattin, von dem Hermann sich durchdrungen fühlt, weicht hier dem plötzlichen Schrecken! Füssli gelingt hier im Übrigen eine feine poetische Klammer:

In der dritten Strophe, also dem zweiten Redebeitrag Thusneldes, bezieht sich die Germanin auf das entflammte Auge Hermanns, an dem sie, wie ich darge- stellt habe, seine innere Macht und Stärke korrespondierend zur äußeren, kör- perlichen festmacht. Hermanns Auge ist wie sein Kriegskörper Symbol für das, was Thusnelde begehrt: seine positive Männlichkeit. Im Gegensatz dazu Thusneldes Auge! Nichts an der Darstellung des Auges/des Blickes der Thus- nelde ist positiv im Sinne des „entflammte[n]" (10) männlichen Blickes Her- manns. Der Schrecken, der zuerst im „weg!" (25) Ausdruck findet, konstituiert sich in der Durchdringung durch den Blick seiner Frau, deren Auge rheto- risch als *pars pro toto* für das Verhalten Thusneldes formuliert wird und gleich- zeitig durch die Anrede „du" (25) personifiziert. Hermanns mächtiger Kriegs- körper als äußeres Zeichen seiner vorbildlich-vaterländischen Männlichkeit kann dem Blick, zumindest auf symbolischer Ebene, nicht standhalten. Zwar kann Hermann bzw. Hermanns Körper dank seiner Konstitution in der Schlacht erfolgreich bestehen; im durch die lüsterne Begierde definierten Blick seiner Frau hingegen formiert sich für ihn etwas Bedrohliches, Schädli- ches, Gefährliches, gegen das er kaum Widerstand zu leisten vermag. Er muss seine Frau im Wortsinne verjagen, von sich fernhalten.

Es scheint zudem, als seien Blick und Klinge hier semantisch korreliert im Bild des Durch- bzw. Eindringens. Insofern wird das Auge Thusneldes auf Metaebene mit einer Waffe gleichgesetzt und erhält dadurch phallisches Po- tential. Und wie eine Waffe dringt der Blick Thusneldes „durch" die Panze- rung des gewappneten männlichen Körpers[524] in diesen „ein" (26). Als weitere Bedeutungsebene tut sich in diesem Zusammenhang die des Todes auf. Indem Auge und Klinge korreliert sind und vom Durchdringen des Körpers die Rede ist, das bei Hermann Schrecken hervorruft, wird dem Auge die Fähigkeit zu töten zugewiesen. Es soll hier die Bezeichnung „Megäre"[525] für Thusnelde be- müht werden, die Karl S. Guthke bereits gebraucht hat. Dies trifft den Sach- verhalt recht genau: Im mythologischen Sinne tritt Thusnelde in der Beschrei- bung Hermanns tatsächlich erinyenhaft auf und dringt auf Hermann mit ra- biater Wucht und vor Verlangen rasend geworden ein, so dass er sie sprachlich zurückwerfen muss. Das Megären- bzw. Furienhafte bei Thusnelde ist indes nicht ihrer Boshaftigkeit, sondern ihrer Zügellosigkeit geschuldet: Sie will Hermann nichts anhaben aus Rache oder anderen Motiven, sondern nur bei ihm die Erfüllung ihres Wunsches erlangen.

In der Anrede „du, du Lippe" (26) – einer weiteren *personificatio* innerhalb der *pars pro toto* Formel, die für Thusnelde steht – wird zurückgegriffen auf Thus- neldes Kuss-Versuch, der im ersten Vers der Rede Hermanns mit „Küsse mich

---

[524] Im „mich" (26) findet der Körper seine textliche Entsprechung.
[525] Füssli, *Gedichte*, S. 111

174

jetzo nicht!" (21) abgelehnt wurde. Hier bestätigt sich die Vermutung, dass schon im Befehl „weg!" (25) implizit die Beschreibung einer weiteren Aktion Thusneldes über das direkt Dargestellte in den Worten des Chores enthalten war und sich somit parallel zur Rede Hermanns Thusnelde ihr aktives Zudringen zur Erfüllung des sexuellen Wunsches fortsetzt. Interessant ist, dass die Beschreibungen von „Auge" (26) und „Lippe" (26) von Befehlen des Beendens im weitesten Sinne eingeklammert sind. Die Sinneinheit wird vom „weg!" eingeleitet und endet im „Laß mich!" (27), das auf die begierige, nach Hermann küssende Lippe (vgl. 18) Thusneldes bezogen wird.[526] Somit stehen die lyrischen Beschreibungen der personifizierten Gesichtsteile als abgeschlossene Einheit innerhalb der Rede Hermanns da, aus denen der Held die mögliche Konsequenz für Thusnelde im Falle eines weiteren Versuches des Küssens und des durchbohrenden begehrenden Blickes folgert. Dabei bedroht er Thusnelde im Sinne einer Wenn-Dann-Folgerung: Sofern Lippe und Blick nicht von ihm ablassen, wird etwas passieren. Diese Schlussfolgerung ist im „sonst" (27) von „sonst werd' ich mutig, / Du so befleckt wie ich!" (27—28) enthalten, mit dem die letzte syntaktische Einheit der Rede Hermanns beginnt. Es scheint eindeutig, dass Hermann hier Thusnelde körperliche Gewalt androht. Er gibt ihr den mit Feindesblut verschmierten eigenen Körper als Sinnbild für ihr Ende, sofern sie nicht von ihm ablässt. Auch sie wird mit Blut besudelt sein, und zwar mit ihrem eigenen. In letzter Instanz wird hier die Todesmetaphorik wiederholt: Hermann zieht sich auf die Position der körperlichen Macht und Überlegenheit zurück, um Thusnelde mit seinen (archaisch-männlichen) Fähigkeiten auf Abstand zu halten; und sei es mit dem Tod.

So führt die Interpretation der Strophe zur Untersuchung von Füsslis Weiblichkeits- und Männlichkeitsprojektionen über. Hermann fühlt sich von Thusnelde bedrängt und sieht, sollte seine Frau nicht von ihm ablassen, keinen Ausweg als den der massiven körperlichen Gewalt, bei der er auch den Tod der Thusnelde in Kauf nehmen würde. Thusneldes Zudringen auf Hermann als Angriff auf seine Position ist als Angriff auf seine Männlichkeit zu lesen. Hermanns eigene Vorstellung seiner Männlichkeit unterscheidet sich nicht von der Thusneldes: Auch er sieht seinen Körper und seinen Geist als kriegerisch-mächtig an und es als seine Aufgabe, das ‚deutsche' Reich und Volk gegen den äußeren römischen Feind zu verteidigen. Auf die Zahl der Gefallenen – auch als Blutzoll für seinen in der Schlacht tot zurückgebliebenen Vater Siegmar – ist er stolz und verbindet die symbolische Zählung der toten Römer mit einem Angriff auf die hybrische Überhöhung Augustus' auf der Folie des

---

[526] Dadurch wird der Kuss bzw. der Versuch des Kusses als stellvertretend für das körperliche Begehren hingestellt, dessen greifbare Konsequenz, der Wunsch nach Körperlichkeit, von Hermann auf allen Ebenen abgelehnt wird.

deus Caesar. Darin kommt seine ureigene männliche Kraft zum Ausdruck, die er stolz, deshalb wohl auch die bei weitem zu hohe Zahl von 40.000 er- schlagenen Feinden, zur Schau trägt. Dass aus dieser Macht und Kraft sich auch das Thusnelde konstituierende Moment der ungezügelten Begierde er- gibt, wurde gezeigt. Insofern geht es Füssli nicht darum, die Projektion von (Hermanns) Männlichkeit als diametrale Positionen zu formulieren, die von- einander zu trennen wären. Es dreht sich vielmehr alles um die *Ausfüllung* bzw. *Besetzung* und *Wahrnehmung* des Männlichkeits-Gedankens (in Worten und Taten): Während Männlichkeit bei Thusnelde zu negativer Handlung ge- reicht, da sie Hermanns *sex* und *gender* vollkommen anders wahrnimmt und besetzt als er, ist sie aus Hermanns Sicht dem Vaterland zu widmen und zu seinem Besten einzusetzen. Patriotismus, ursprüngliche *deutsche* Tugend wie (äußere und innere) Reinheit[527] und unverbrüchliche Vaterliebe und vaterlän- discher Krieg sind bei Hermann nicht von der eigenen Konstitution von Männlichkeit zu trennen. Männlichkeit steht bei ihm nicht für sich oder ist Mittel zum individuellen Zweck, sie ist als Teil des Ganzen (i. e. das Vater- land) aufzufassen. Dieses für Hermann natürliche Konstrukt versucht Thus- nelde durch ihren ungehemmten Sexualwunsch zu zerschlagen und attackiert damit direkt Hermanns Männlichkeit. Denn sein Standpunkt, den er in der Ablehnung des sexuellen Wunsches erläutert und begründet, ist gleichzeitig und immer auch ein Verweis auf seine Männlichkeit und die individuelle Wahrnehmung von Männlichkeit. Damit erhalten Ausrufungen wie „weg!" (25) und „Laß mich!" (27) oder auch die Androhung von körperlicher Gewalt in den Schlussversen der Strophe eine neue Qualität: Sie sind Merkmale der Verteidigung der Männlichkeit gegen den Angriff der Weiblichkeit auf seine ursprüngliche Konstitution und ursprünglichen Inhalte. In der Sicht des Mannes auf seine Männlichkeit zeichnet sich somit die Gegensätzlichkeit in der Wahrnehmung von Männlichkeit der beiden Geschlechter ab. Der Mann erkennt den wahren Sinn seiner Männlichkeit auf der Folie eines urtümlichen, tugendhaften Patriotismus und dem Wunsch nach Verteidigung des Vaterlan- des; die Frau sieht über diese wesentlichen Inhalte hinweg und nimmt Männ- lichkeit als Auslöser für Begierde und Wollust wahr. Die originäre Aufgabe des männlichen Mannes wird in der Konstellation des Gedichtes also aus- schließlich vom Mann selbst erkannt und bleibt für die Frau verschlüsselt: Unter dem Einfluss von Wollust wird die Frau zum ausschließlich sexuell be- gehrenden Weib.

Thusnelde lässt sich von Hermanns bedrohlich-aggressiven vorgetragener Antwort und der explizit formulierten Androhung von körperlicher Gewalt in ihrer körperlichen Begierde nicht zügeln und weicht von ihrer Position, die sie

---

[527] Darauf verweist der Halbvers „[...] ich bin noch unrein" (21).

sich selbst geschaffen hat, nicht zurück. Sie widerspricht Hermann durch ihr forderndes „Einen! einen Kuss doch! doch, bei Hertas Gottheit, / Will ich!" (29—30). Ihre Darstellung korreliert mit dem Wort Diderots, die Frauen seien „weniger Herr ihrer Sinne als wir [die Männer; Verf.]"[528], die Unbeherrschtheit und Zügellosigkeit ist unübersehbar. Konkret wird hier, nachdem schon in der Strophe Hermanns der Gegensatz von männlich und weiblich aus der Sicht des biologischen und sozialen Mannes postuliert wurde, die Widersprüchlichkeit der Geschlechter bzw. der Geschlechtscharaktere deutlich. Während in der Figur Hermanns durch das würdevolle und vaterländisch-tugendhafte Auftreten des Helden das Bild eines vorbildlichen und idealen männlichen Charakters geschaffen wird, ist Thusnelde mit negativer Weiblichkeit identisch. Sigrid Weigel fasst Diderots „Topos von der weiblichen Verstellung"[529] folgendermaßen zusammen: „außen zivilisiert, innen wild, außen unschuldig oder schamhaft, innen wollüstig und verderbt".[530] Bei Füssli verändert sich diese Konzeption der durch Verstellung[531] absichtlich herbeigeführten *Dichotomie von Innen und Außen* in eine *Homologie von Innen und Außen*:

Thusneldes Wollust und Verderbtheit formiert sich auch in der Konstitution ihrer Körperlichkeit bzw. ihres körperlichen Verhaltens. Thusnelde *verstellt sich nicht*: Sie lässt ihr inneres Empfinden ungefiltert an die Oberfläche, so dass die von Diderot postulierte Trennung in ihr aufgehoben ist. Durch ihre Triebfixierung und die Unfähigkeit, ihre Wollust zu beherrschen, ist sie nicht in der Lage, ihr Äußeres im Sinne Diderots zu verstellen, um von der Konstitution ihres Inneren abzulenken. Ihr egoistisches und auflehnendes Unverständnis für die Situation (ihres Gatten) und die ablehnende Haltung ihres Mannes und somit ihre frappierende charakterliche Schwäche werden zudem deutlich in der Anrufung der heidnisch-germanischen Gottheit „Herta" (29), die sich eigentlich „Hertha" schreibt und eher unter ihrem südgermanischen Namen Frigg als unter dem nordischen Hertha bekannt ist.[532] Ihr Ausruf „doch, bei Hertas Gottheit, / Will ich!" (29—30) ist mehr als der versprachlichte Ausdruck eines wilden und ungehemmten Trotzes. Es klingt fast nach einer mystischen bzw. magischen Formel, in der eine Göttin für die eigene Sache (in diesem Falle: die Erfüllung des Sexualwunsches) eingenommen werden soll. Es mag an der Oberfläche als Zeichen für Thusneldes Wild- und Verderbtheit gesehen werden, dass sie das Göttliche profanisiert bzw. profanisieren möchte, um damit die individuelle Wunscherfüllung zu erreichen. Darüber hinaus of-

---

[528] Zit. nach Weigel, *Topographien der Geschlechter*, S. 122
[529] Ebd., S. 136
[530] Ebd.
[531] Zur Verstellung generell s. Geisenhanslüke, *Masken des Selbst*
[532] Simek, *Lexikon der germanischen Mythologie*, S. 118f.

fenbart der Ausruf auch eine massive Ich-Bezogenheit: Thusnelde kreiert sich förmlich einen eigenen Lebens- bzw. Existenzkosmos, in dessen Mittelpunkt sie steht, und sie fordert von der Außenwelt die völlige Konzentration auf ihre Position und Person. Wirkliche Gestalt nimmt die Anrufung der Hertha/Frigg aber erst an, wenn man erstens die Rolle der Göttin in der Mythologie betrachtet und die Verse zweitens mit dem Schluss und dem darin enthaltenen Bezug zu Odin[533], dem Göttervater des germanischen Pantheons, in Verbindung setzt. Frigg ist als Göttin der Ehe definiert[534], und wenn Thusnelde diese in der von dem Wunsch nach Körperlichkeit geprägten lyrischen Situation anruft, ist es ein Hinweis auf das Eheverständnis der Figur. Der Stand der Ehe ist für Thusnelde auf die sexuelle Ebene und die (individuelle) Trieberfüllung reduziert. Damit entwertet sie den traditionellen Ehebegriff, der auf einem streng christlichen Fundament fußt und die Frau sich dem Mann unterordnen lässt. Auch das zeitgenössisch-empfindsame „Verständnis von Ehe und Familie als Liebesgemeinschaft"[535] wird in einem gewissen Sinne konterkariert: Die ungehemmte Wollust herrscht in Thusneldes Ansicht vor und hat nichts von hohen Werten oder einer freundschaftlichen Gefühlskultur[536]. Ihre Auffassung von Ehe sieht Thusnelde indes durch den Verweis auf die Göttin Frigg gedeckt. Es ist in den Augen der Figur nicht eine individuelle Haltung zum Ehestand, die postuliert wird, sondern eine ganz natürliche bzw. allgemein gültige, deren Richtigkeit durch den Beistand der göttlichen Figur bestätigt wird. Zudem erpresst sie Hermann implizit durch den Verweis auf Frigg bzw. setzt ihn damit unter Druck. Im Ausruf „bei Hertas Gottheit" (29) formuliert Thusnelde einen Zwang, durch den sie Hermann zur Befriedigung ihrer Triebe bringen will, was sie als seine eheliche Pflicht empfindet! Da sie ihr individuelles Eheverständnis als göttlich legitimiert ansieht bzw. vor Hermann und sich selbst in ‚häretischer' Berufung auf Frigg eigenmächtig legitimiert, Hermann die Körperlichkeit als Kern dieses Verständnisses aber durchweg mit Verweisen auf seine Unreinheit und die familiäre Tragödie durch den Verlust des Vaters ablehnt, wirft sie ihm ein Vergehen am Stand der Ehe und damit der Göttin, die diese ‚Institution' bewacht, vor. Hermann bewegt sich damit, in den Augen Thusneldes, auf der Ebene eines Lästerers, der göttliche Gebote aus individualistischen Gründen nicht befolgt.

Dabei stellt sich die Sachlage genau andersherum dar: Thusnelde projiziert in ihrer von ihren Trieben kontrollierte Verfassung ihre eigenen Verfehlungen auf Hermann – schließlich ist sie der Lästerer, der den göttlich geschützten Stand

---

[533] Ebd., S. 310ff.
[534] „Frigg ist über die Ehe gesetzt." (Golther, *Handbuch der Germanischen Mythologie*, S. 517)
[535] Kemper, *Deutsche Lyrik*, Bd. 6/I, S. 129
[536] Vgl. ebd.

der Ehe zu ihren Gunsten und zum Erreichen eines persönlichen, rein körperlichen Ziels unter Berufung auf die laut Mythologie zuständige Gottheit umdefiniert. Thusneldes Vergehen an ihren Göttern setzt sich in der Einbindung Odins in den Kontext der Körperlichkeit fort: „Schöner bist du, als wenn dich Odin / Mit umschaffenden Nektar / Über und über begöss'!" (30—32). Durch ihre Steigerungsformel erhebt Thusnelde die ausschließlich menschliche bzw. reale Schönheit und Ästhetik Hermanns bzw. seines Körpers über eine von Odin gegebene. Der durch das Gemetzel der Römerschlacht, durch das Blut der erschlagenen äußeren Feinde ästhetisierte Leib gilt für Thusnelde mehr als der göttlich gesegnete; von Hermann vergossenes Römerblut hat auf seinen Körper (und demnach auf Thusnelde!) mehr verschönernden Einfluss als göttlicher Nektar, der durch den Göttervater selbst an bzw. auf den Helden ausgeschenkt würde. Der profane Körper bezwingt in Thusneldes triebgesteuerter Perspektive den göttlichen, sofern ersterer in der spezifischen Situationen der brutalen Schlacht die ästhetisierende ‚Segnung' durch Blut, das die „Locke durchklebt" (10), erfahren hat und grundsätzlich, wie Thusnelde brutalst offen formuliert, „befleckt" (9) ist vom Beweis der männlichen Stärke und Macht, den der siegreiche Hermann in der gerade vergangenen Römerschlacht erbracht hat. Die Ästhetik des Kriegskörpers blendet Thusnelde, die Körperlichkeit der Schlacht ruft bei ihr solche körperlich-sexuellen Emotionen hervor, durch die sie nicht nur das Vaterland vergisst und die ursprünglich weibliche Moralität der „fraulich-würdige[n] Germanin"[537] einbüßt, sondern auch zur Ketzerin wird.

Die Interpretation hat erwiesen, dass das Verhalten Thusneldes durch die Figur Hermanns konstituiert wird, ganz gleich, ob sich dieser innerhalb der Besprochenen Situation befindet oder nur auf sprachlicher Ebene vorhanden ist. Ihr ganzes Sein in der lyrischen Situation wird von der Vorstellung Hermanns im Anschluss an die Schlacht und seine körperliche Ästhetik definiert, Thusnelde existiert ausschließlich als Begehrende und Verlangende, die Moral, Ehe, Vaterland etc. Wollust und Körperlichkeit unterordnet. Ohne die Figur Hermanns ist Thusnelde nicht denkbar, in letzter Konsequenz existiert die Germanin des Gedichtes nur durch den Germanen, ganz gleich ob er anwesend ist, wie in der zweite Hälfte des Textes, oder eben nicht. Wie Thusnelde agiert, was sie sagt und wie sie das Gesprochene formuliert, hängt an ihrer Vorstellung des Helden Hermann. Ihre individuelle Imagination des Zustandes des Mannes bzw. ihre Phantasie von seiner Situation und ihre Reaktion auf diese bedingen ihren Zustand und ihre Situation und damit auch die Wahrnehmung ihrer Person durch die Außenwelt (in diesem Falle sind dies der Chor der Jungfrauen und Hermann, deren Reaktion auf das Verhalten und

---

[537] Füssli, *Gedichte*, S. 111

die Äußerungen Thusneldes dargestellt wurden). Daraus leitet sich ab, dass Thusneldes Weiblichkeit bzw. die Darstellung Thusneldes als Trägerin von biologischer und sozialer Weiblichkeit bedingt ist durch die Vorstellung von Hermanns Männlichkeit bzw. der Figuration von Hermann als Träger biologischer und sozialer Männlichkeit. Damit ist, verknappt gesprochen, die Konstitution von Weiblichkeit an die von Männlichkeit geknüpft: Die Weiblichkeit Thusneldes und die impliziten geschlechtlichen Verhaltensmuster werden ausgefüllt durch die Männlichkeit Hermanns.

Das ist *ein* Ergebnis der Interpretation. Wichtiger indes ist, dass gezeigt wurde, wie Männlichkeit aus zwei Blickrichtungen konstituiert und beschrieben wird: aus der Perspektive des weiblichen Ichs und der selbstreferentiellen des männlichen. Hermann wurde durch die Äußerungen Thusneldes als betont männlicher Mann, der seine durch Geschlecht konstituierte Stärke und Macht in der Schlacht einsetzt und sich im blutigen Gemetzel beweisen kann. Daraus resultiert, dass der Mann eben durch seine Männlichkeit Wollust und sexuelle Begierde bei der Frau erweckt. Männlichkeit erscheint in der Darstellung der Frau somit als Grund für weibliche Radikalität hinsichtlich Sexualität und wird somit aus dem Bereich des für das Vaterland Nützlichen in die (negative) Ebene der Körperlichkeit überführt. Ganz anders die selbstreferentielle Projektion von Männlichkeit durch den Mann! Die männlichen Eigenschaften, die von der Frau als sexuell anregend angenommen werden, gelten dem Mann selbst nur als Mittel zum vaterländischen Zweck. In der eigenen Wahrnehmung wird Männlichkeit nicht als Möglichkeit zur Erreichung persönlicher Interesse gewertet, sondern als bestimmter Wert für das Wohl des Vaterlandes als solches. Damit steht Männlichkeit als Teil des (männlichen) Patriotismus dar, auf den das Leben des Mannes ausgerichtet ist. Das Geschlecht ist in diesem vaterländischen Diskurs nicht ohne seinen Bezug zur *patria* zu denken, und so ist Hermann als Mann gleichzeitig immer *deutscher* bzw. *patriotischer* Mann, nichts weniger. Ohne diese spezifische Zuweisung funktioniert die Männlichkeitskonzeption in diesem Text nicht. Füssli hat damit vorweg genommen, was Klopstock späterhin perfektionieren und salonfähig machen sollte: die „Koppelung von Männlichkeit und Deutschtum"[538]. „Männliches Handeln und Hingabe an das Vaterland sind die miteinander verbundenen Werte dieses Dramas [Klopstocks *Hermann's Schlacht*; Verf.]"[539], sagt Herrmann über Klopstock und es ist eindeutig, dass eben dieser Fall auch bei Füssli vorliegt. Zur Geschlechterdifferenz lässt sich Folgendes formulieren: Mann und Frau, männliche und weibliche Kategorien, sind explizit voneinander abgegrenzt, die Männlichkeit (Hermanns) steht im betonten Widerspruch

---

[538] Herrmann, „Arminius und die Erfindung der Männlichkeit", S. 177
[539] Ebd.

zur Weiblichkeit (Thusneldes). Das, was Hermanns männlichen Charakter ausmacht – Liebe zum Vater und Vaterland, den Wunsch nach körperlicher und seelischer Reinheit –, ist für Thusnelde gerade unerheblich. Auf der Folie der offensichtlichen Binarität der charakterlichen Ausprägungen der Geschlechter werden die Geschlechter, und damit die Männlichkeit Hermanns, in dieser ersten germanischen Ode Johann Heinrich Füsslis konstituiert.

[Thusnelde]

THUSNELDE
Hier, bei Wotans Altagr, wo zehen Mädchen,
Jedes kommende Jahr mutig verbluten,
Wie die rötliche Traube,
Hermann! so sprudelt ihr Blut!
Hier, Geliebter, will ich fest stehen, nicht weichen,
Bis dein schäumendes Roß mit dir zurückbebt,
Des Arminius' Adler
Siege mir entgegenblitz.

HERMANN
Einen, nur einen Kuß entwend' ich dir noch!
Meine Teure! Vielleicht schwingt bald das Schlachtschwert
Eines munteren Römers
Um meine Schläfe den Tod.

THUSNELDE
Herta, höre den Schwur! nicht eher, Hermann,
Wirst du einen Kuß mir entlocken, eh' du
Meinen Vater gerochen
Mit sieben Jünglinge Blut.
Unverletzet bring sie, daß ich selbst ihnen
Um ihre Schläfe des Kranz spreite, jetzt wenn sie
Bei dem Blutaltar Wodans
Unter dem Barden sich krümm'n.

HERMANN
Ich will eilen, Tusneld', daß ich dich räche;
Ruhm lockt mich in das Feldm, doch mehr Thusnelde!
Ich will gehen und siegen;
Meine Thusnelde, leb' wohl.

THUSNELDE

Eil' ins rühmliche Feld, feuriger Hermann!
Kehrst du wieder zurück, vom Blut die Locken
Trunken und voller Beulen
Deines Hauptes blinkender Schmuck,
Ein Kuß von deinem Mund, an dem noch Blut klebt,
Wird dann süße mir sein. Eile, dir winket
Hespers leuchtender Schimmer
Jetzt und die Schatten der Nacht.

In der zweiten Germanen-Ode Füsslis, die von den Herausgebern mit *[Thus-nelde]* überschrieben wurde, findet sich eine ähnliche Situation wie im Text *Hermann und Thusnelde*. Thusnelde und Hermann treten als Sprecher in diesem dialogischen Gedicht auf, die Situation zeigt das Ehepaar im Angesicht des Aufbruchs Hermanns in eine Schlacht im römisch-germanischen Krieg; ein Chor fehlt. Gegenwart und Zukunft werden von beiden Dialogteilnehmern gleichwertig thematisiert, beide Zeitperioden sind im Grunde zu einer untrennbaren Einheit verbunden. Die Szene ist bei einem germanischen Heiligtum lokalisiert, bei „Wodans Altar" (1). Thema der ungereimten Ode ist eine bevorstehende Schlacht der Germanen gegen die römischen Invasoren. Der patriotische Grundgedanke mit seinen Verweisen auf den germanischen Götterglauben und die damit verknüpften archaischen Rituale[540], die von, in Lessings Worten, der „Wildheit und Verhärtung"[541] der Barbaren zeugen, und der Glorifizierung Hermanns als großem Widersacher des Kaisers Augustus, wie sie von J. E. Schlegel und Chr. O. v. Schönaich über eben Füssli bis hin zu den Göttinger Hainbündlern Standard gewesen ist, ist der Bereich, den das Gedicht auf Primärebene verhandelt. Im Kontext der ersten germanischen Ode Füsslis *Hermann und Thusnelde* tut sich aber ein weiteres Thema auf, das sich durch alle Strophen zieht und das Gedicht zumindest auf der sekundären Bedeutungsebene fest in seinem Griff hält: Projektionen von Weiblichkeit und Männlichkeit und die daraus erwachsende Konstitution der Geschlechterdif-

---

[540] Im Text wird dies deutlich in der ersten Strophe im Anschluss an die Bekanntgabe des *loci* durch Thusnelde, wenn es heißt: „[...] wo zehen Mädchen / Jedes kommende Jahr mutig verbluten, / Wie die rötliche Traube, / Hermann! so sprudelt ihr Blut!" (1—4). Darin kommt auch der Unterschied zwischen Germanen und Griechen heraus, den Lessing in seiner Ästhetik-Schrift *Laokoon* formuliert: Während der Grieche „sich keiner der menschlichen Schwachheiten" schämte, „verbeißen" sich die „Barbaren [...] alle Schmerzen" (Lessing, *Laokoon*, S. 14). Ein ähnlicher Hinweis auf die germanische Ritualistik findet sich auch in der Ode *Hermann und Thusnelde*, wenn Thusnelde über die „Opfer" (11) im „Haindunkel" (11) spricht.

[541] Ebd.; s. dazu auch Schulz, *Die Überwindung der Barbarei*, S. 3

ferenz. Beide Ebenen unterscheiden sich von der Darstellung in *Hermann und Thusnelde* und werfen ein anderes Licht auf die Vorstellung von *sex* und *gender* und dem Verhältnis der Geschlechter in den frühen patriotischen Texten Füsslis.

Schon in den ersten beiden Strophe wird die neue Rolle, die Füssli Weiblichkeit zukommen lässt, deutlich. Thusnelde stellt sich in ihrem ersten Redeblock selbst als liebende Gattin auf und gibt das Versprechen ab, geduldig auf die Rückkehr Hermanns aus der Varusschlacht zu warten: „Hier [...] Geliebter, will ich fest stehen, nicht weichen, / Bis dein schäumendes Roß mit Dir zurückbebt" (5—6). Füssli greift hier auf das Muster der treuen Ehefrau zurück, dass wohl auf die Darstellung der wartenden Penelope in Homers Epos *Odyssee*[542] zurückgeführt werden kann. Wie Penelope ist Thusnelde von einer unverbrüchlichen Treue gegenüber ihrem Gatten beseelt, die sie in der Aussage „Hier [...] will ich fest stehen" (5) äußert. Mit dem Treueschwur eng verbunden ist der genaue Hinweis auf den Ort des Wartens. Es ist nicht zufällig „bei Wodans Altar" (1), wo die Situation lokalisiert ist und Thusnelde sich befindet: Die Szene wird so aus dem Profanen entrückt und durch ihren rituell-kultischen Bezug auf eine quasi-göttliche Ebene gehoben. Wotan tritt damit zum einen als Zeuge von Thusneldes Treueschwur auf an dem Ort, wo ihm „zehen Mädchen / Jedes kommende Jahr" (1—2) geopfert werden. Zum anderen definiert Thusnelde damit ihre eigene Position: Wenn sie bereits als wartenden Gattin und treue, fest an den Gatten gebundene Ehefrau erscheint, so verstärkt sich hier ihr (selbst geschaffenes) positives Bild mit dem Verweis auf die göttliche Ebene, indem sie sich direkt beim göttlichen Platz räumlich positioniert. Ihr Schwur erhält so göttliche Bindung und Bestätigung, Wotan ist Zeuge ihres Treueversprechens; sie bindet sich förmlich an den geweihten Raum des germanischen Hauptgottes und damit an die sakrale Ebene des gesamten Ortes. Ihr Versprechen ist kein Lippenbekenntnis, sondern ein unter göttlicher Aufsicht beim Opferaltar gesprochenes Wort, das ewige Gültigkeit besitzt. Somit unterscheidet sich Thusneldes Darstellung sehr deutlich von jener der ersten Ode. Sie wird als religiös fest verankert vorgestellt[543] und erscheint auch „gesellschaftlich", in ihrer Rolle als Ehefrau, anders besetzt. Das sexuell Gierige, Wollüstige, das Thusnelde in *Hermann und Thusnelde* negativ ausgezeichnet und ihre Weiblichkeit konstituiert, findet sich hier ersetzt durch die Selbstdarstellung im Penelopenischen Sinne als Ehefrau, die ihren Mann in die Schlacht mit einem Treueschwur und dem Hinweis auf geduldiges Warten verabschiedet.

---

[542] I. Gesang u. ö.

[543] Man darf vor diesem Hintergrund nicht vergessen, dass die Thusnelde in *Hermann und Thusnelde* durch eine doppelte Gotteslästerung negativ aufgefallen ist.

Wie sich Thusnelde selbst konstituiert, formuliert sie auch die Rolle, die Hermann aus ihrer Sicht und der des Textes einnimmt. Ihm wird das typisch Heldische des deutschen Nationalhelden zugesprochen, der gegen den römischen Feind zu Felde zieht. Wenn Thusnelde sagt, dass sie warten wird, bis „Des Arminius' Adler / Siege entgegen mir blitzt" (7—8), geschieht das freilich auf der Folie des sicheren Wissens. Für Thusnelde versteht sich von selbst, dass Hermann die Schlacht siegreich bestehen wird, die Möglichkeit der Niederlage oder des Todes ist nicht vorstellbar[544]. Insofern wird in den Äußerungen der Germanin der Sieg der ‚Deutschen' gegen Rom vorweggenommen, Hermann als Vater des Erfolges hingestellt. Wie in der Ode *Hermann und Thusnelde* bezieht sich Thusnelde hier auf das Adler-Symbol, wenn sie Hermann zukünftige Rückkehr imaginiert. Während der Adler in der antiken Mythologie als Tier des Zeus/Jupiters erscheint und durch die Verwendung als Wappen der römischen Kriegsstandarten (Legionsadler) weithin sichtbares Zeichen für die militärische und Eroberungsmacht des Imperium Romanum ist, hat er ja auch in die germanischen Mythologie Eingang gefunden. So hat Wotan/Odin einen Adler, der in der Welteneesche Yggdrasil lebt und täglich von Neuen gegen den Drachen Nidhöggr streitet. Zudem heißt es im eddischen *Grímnismál* (Strophe 17): „Rund ist er allen, / Die zu Odin kommen, / Den Saalbau zu sehn: / Ein Wolf hängt / Westlich vom Tor, / Ein Aar schwebt über ihm."[545] Insofern ist der Adler als Tier dem germanischen Hauptgott zuzuordnen. Nun deutet der besitzanzeigende Genitiv „Des Arminius' Adler" (7) auf eine enge Verbindung zwischen Hermann und dem mythologischen Göttertier hin. Es ist einmal Zeichen des Sieges über den äußeren Feind, wie es bereits in der ersten germanischen Ode vom Chor formuliert wird: Hermann überführt symbolisch den römischen Adler in den germanischen Herrschafts- und Glaubensraum und führt so beispielhaft die Niederlage des Imperium Romanum vor. Zugleich findet sich darin auch eine enge Verbindung zwischen Hermann und dem germanischen Götterfürsten. Der Konnex zwischen Asgard und Midgard, der in der Selbstlokalisierung Thusneldes direkt beim Altar Wotans seinen Anfang gefunden hat, wird hier verstärkt, indem er personalisiert bzw. personifiziert wird: Der Adler wird zum Symbol für den heroischen Sieg des Hermann über den äußeren Feind, das Mythologem wird adaptiert und in die menschliche Ebene (herunter)geführt. Hermann wird zum göttlich Gesegneten stilisiert, dessen Symbol des imaginierten Sieges an den Schmuck des Westtores Walhallas, an den ewigen Kampf zwischen Gut und Böse (in der Mythologie vor den Ragnarök stellvertretend ausgefochten zwischen Wotans Adler und dem Drachen Nidhöggr,

---

[544] Es wird sich zeigen, dass dies für Hermann sehr wohl gilt.
[545] *Edda*, Bd. 2, S. 82

der an den Wurzeln der Weltenesche nagt) in der germanischen Vorstellung gemahnt. Somit ist Hermann zugleich auch eingebunden in diesen mythischen Kampf: Durch das Adler-Mythologem ist das lyrische Ich das Gute, während der in der Imagination Thusneldes zukünftig besiegte Gegner das Böse ist.

Hermann fordert daraufhin einen Kuss, auf die Ansprache bzw. Verabschiedung Thusneldes. Diese Kussforderung wirft interpretatorische Fragen auf, bedingt sie doch den weiteren Verlauf des Dialoges. Auf der primären Bedeutungsebene stellt Hermann den Kuss vor den Hintergrund des Abschieds von der Gattin, die sich ja qua ihrer ersten Rede als treue, beinahe heilige Ehefrau positioniert hat. Mit Blick in die Zukunft verweist Hermann auf seinen möglichen „Tod" (12) durch das „Schlachtschwert / Eines munteren Römers" (10 —11). Insofern scheint Hermann den „Kuß" (9) als Abschiedskuss zu definieren, der nicht erotisiert bzw. sexualisiert ist und als Symbol für die intensive eheliche Verbindung erscheint, die Thusnelde in den ersten beiden Strophen bereits in ihrem emphatischen Treue- und Standhaftigkeitsschwur postuliert hat. Im Gegensatz zur Darstellung im ersten Gedicht, wo Hermanns männliche Macht und Stärke im Grunde in einem Unbesiegbarkeitspathos des Kriegskörpers kulminierte, weist Hermann hier andere Züge auf. Zwar deutet Thusnelde auf die kriegerische (= männliche) Gewaltigkeit Hermanns hin, wenn sie seine Rückkehr aus der siegreichen Schlacht als selbstverständlich voraussagt. Beim Nationalhelden nimmt sich dies anders aus. Hermann kalkuliert den eigenen Tod in der Schlacht als Konsequenz im Bereich des Möglichen („vielleicht" (10)) ein, ohne seine Unbesiegbarkeit als Symbol seiner Männlichkeit als ultimativ zu setzen. Der Hermann aus *[Thusnelde]* ist nicht der aus *Hermann und Thusnelde*: Für jenen Hermann gibt es aus der rückblickenden Perspektive nur eigene Glorie und stolze Verweise auf seine überzeichnete Männlichkeit; dieser Hermann hingegen geht in seiner besonnenen Rede so weit, den eigenen Untergang in der großen vaterländischen Schlacht einzukalkulieren und somit seine eigene Männlichkeit nicht mehr *eo ipso* als Unbesiegbarkeitspostulat zu sehen. Auch der Blick auf den äußeren Feind scheint weniger ideologisch gefärbt: Hat der Hermann der ersten Ode nur Spott für den (besiegten) Feind übrig – selbst den Toten begegnet er respektlos –, erkennt das lyrische Ich dieser zweiten Germanen-Ode die Kriegskunst bzw. Kampffertigkeiten des Feindes eindeutig an und bleibt mit „muntere[r] Römer[.]" (11) sprachlich auf einer positiven Ebene. Die Äußerungen des männlichen Ichs zeugen somit nicht nur von der Erkenntnis der eigenen Sterblichkeit und möglichen Unterlegenheit in der Schlacht, sondern auch von einem vorbildhafter Männlichkeit innewohnenden Respekt vor dem Kriegsfeind und der vorstellbaren Leistung des grundsätzlich eigentlich qua deutschtümelnder Ideologie negativ eingefärbten römischen Widersachers. Ein völlig neuer Wesenszug von Männlichkeit, den Füssli hier Hermann ausgestaltet.

Thusneldes Rede überrascht. Wie in der ersten Ode wird auch hier wieder auf die germanische Göttin Hertha Bezug genommen als Wächterin über den Stand der Ehe. Diese wird als Zeugin für den zweiten „Schwur" (13) Thusneldes in diesem Text angerufen. Dieser Schwur ist ihre Antwort auf den Kuss-Wunsch Hermanns: Sie verweigert dem Germanen die Körperlichkeit in erster Instanz aufgrund des familiären Schicksales, Thusnelde beklagt ihren Vater[546]; dieser ist bislang am römischen Feind nicht gerächt worden:

> Herta, höre den Schwur! nicht eher, Hermann, / Wirst du mir einen Kuß entlocken, eh' du / Meinen Vater gerochen / Mit sieben Jünglinge Blut. / Unverletzet bring sie, daß ich selbst ihnen / Um ihre Schläfe den Kranz spreite, jetzt wenn sie / Bei dem Blutaltar Wodans / Unter dem Barden sich krümm'n. (13—19)

Die Gewährung des Kusses wird in einem zweiten Schritt an diese noch ausstehende Rache[547] gebunden. Wichtig scheint zu sein, dass Thusnelde Hertha als Ehegöttin zur Zeugin ihres Schwurs anruft, verweigert sie doch ihrem Mann eine körperliche Berührung, die, so kann man den Text durchaus verstehen, als Abschiedskuss gelten darf. Wäre dies der Fall, so täte Thusnelde Hermann ein großes Unrecht, verweigerte sie ihm doch den legitimen letzten Kuss des Ehegatten vor dem möglichen endgültigen Abschied. Dann wieder-

---

[546] Es ist fraglich, was Füssli hier meint: Thusneldes Vater Segest lebte während des gesamten Germanen-Römer-Konfliktes und ist nicht durch Römer, die hier ja klar als die Feinde schlechthin klassifiziert werden, zu Schaden gekommen. Segest hatte historisch vielmehr seine Tochter als Gefangene an den Feldherrn Germanicus ausgeliefert und Arminius nach der Varusschlacht, vor der er den Cherusker an Varus erfolglos verraten wollte, bekämpft. Insofern lässt sich die Rache höchstens als Rache stellvertretend am Vater verstehen; aber auch das kann am Text nicht belegt werden.

[547] Thusneldes Rachephantasie ist wieder an eine sakral-rituelle Ebene gekoppelt. Die „Jünglinge" sollen nicht von Hermann stellvertretend für Thusnelde in der Schlacht erschlagen werden (wie Hermann indes die Rache für seinen Vater in *Hermann und Thusnelde* vollzogen hat), sondern im traditionellen archaisch-religiösen Ritual geopfert. Diese Menschenopfer werden eindeutig als Gaben an „Wodan" dargestellt, und insofern vollzieht Thusnelde in ihrer Rachephantasie eine erneute Hinwendung zum germanischen Pantheon und eine Intensivierung des individuellen Verhältnisses von Profan und Sakral. In ihrer Rolle als Rachsüchtige könnte Füsslis Thusnelde Vorbild für Klopstocks Darstellung der Bercennis, Hermanns Mutter, in *Hermann's Schlacht* gewesen sein: Bercennis „fordert von Hermann den Tod von über zweihundert Kriegsgefangenen als Rache für die gefallenen Germanen", zudem sind sie und die Frauen generell „zuständig für die ungebändigte und fantasierte Emotion der Rache" (Fischer, *Das Eigene und das Eigentliche*, S. 168f.).

um stünde diese Hertha-Anrufung da wie in der ersten Ode, in der die inhärente Häresie nachgewiesen worden ist, schließlich würde die Ehegöttin dann als Zeugin für etwas (die Verweigerung des Abschiedskusses) herangezogen, was die Institution der Ehe konterkariert. Vielmehr scheint es, als sei aufgrund des Verbs „entwenden" (vgl. 9) und Thusneldes parallel zu lesender Erwiderung „entlocken" (14) der von Hermann geforderten Kuss negativ besetzt. Thusneldes Ablehnung, die im „entlocken" ihren Ausdruck findet, deutet auf ungebührliches Verhalten Hermanns bzw. auf eine Negativität der Kuss-Forderung hin. Insofern ist man geneigt, den Kuss, den Hermann entwenden will, nicht wörtlich zu verstehen. Es ist mehr als ein Kuss im herkömmlichen Sinne, es scheint eine sexuelle Avance zu sein angesichts des bevorstehenden Abschiedes. Hermann sucht gezielt den sexuellen Akt mit Thusnelde mit dem Wissen, dass es der letzte sein könnte. Diese Avance, nicht den fälligen Abschiedskuss, lehnt Thusnelde mit dem Hinweis auf das Schicksal des Vaters und der bisher ausstehenden Rache, die mit familiärer Pflichterfüllung gleichgesetzt wird, ab. Es ist die Erfüllung des sich hinter dem Kuss verbergenden sexuellen Wunsches, der an die Rache gebunden ist; für diese hat explizit der Mann die Basis zu schaffen, bevor die Frau wiederum ihrer Pflicht, um bei dieser Wortwahl zu bleiben, in Form der sexuellen Wunscherfüllung nachkommen wird. Indem Hermann die Aufgabe übernehmen muss, für Thusnelde den Boden für ihre Rachephantasien zu bereiten, wird ein neuer Bereich seiner Männlichkeit definiert. Er hat als (Ehe)Mann einen festgefügten Aufgabenbereich, den er ausfüllen muss: Dazu gehören eben nicht nur Verpflichtungen gegenüber dem Vaterland, sondern explizit auch der Familie. Hermann ist an dieser Stelle neben seiner Rolle als Nationalheld auch Familienmann, und seine Männlichkeit muss auf der öffentlichen und nicht-öffentlichen Ebene funktionieren.

Die darauffolgende Strophe, in der Hermann wieder als Sprecher fungiert, macht dann schließlich klar, dass es sich bei dem „Kuß" (14) nicht um den des Abschieds handeln kann. Die Aussicht, nach vollzogener Rache dafür von Thusnelde sexuell belohnt zu werden, motiviert ihn, schnell in die Schlacht zu ziehen. Dies spiegelt sich im „Ich will eilen" (21) wider: Er formuliert den Anspruch an sich selbst und verspricht Thusnelde, die Rache zügig zu vollziehen, damit danach sein Wunsch erfüllt werde. Dieser Individualismus und sein eigensinniger Hedonismus, werden deutlich im Vers „Ruhm lockt mich in das Feld, doch mehr Thusnelde!" (22). Die hierarchische Platzierung der Körperlichkeit, deren Befriedigung Hermann als höchstes Gut ansieht, ist hier evident: „Ruhm" (22), den es in der Schlacht zu erlangen gilt, ist dem Nationalheld hier weniger wert als Thusnelde, die in diesem Kontext als *personificatio* für das Sexuelle angesehen werden muss bzw. von Hermann damit gleichgesetzt wird! Zwar besitzt Ruhm für Hermann eine Wertigkeit. Ebenso klar ist aber gleichzeitig auch, dass der Ruhm sekundär ist, primäre Motivation ist Thusnelde, somit das Körperlich-Sexuelle an sich.

Die Positionierung des Sexuellen an erster Stelle der individuellen Werteskala sagt viel aus über die Konstitution der Hermann-Figur: Indem Ruhm nach Sallust[548] aus der Tugend eines Helden erwächst und zugesprochen wird als Anerkennung für richtiges Handeln und Verdienste an der Allgemeinheit, sollte es Hermann als das Gute im Sinne des höchsten Guten gelten. Schließlich ist Ruhm die logische Konsequenz aus tugendhaftem Verhalten (ein wichtiges Merkmal für die Konstitution des deutschen Mannes) und Leistungsbereitschaft für das Vaterland. Indes wird *gloria* als sekundär angesehen und explizit dem Interesse an sexueller Wunscherfüllung untergeordnet. Hermann legt also den ihm als nationaler Heldenfigur klassischerweise zugesprochenen Habitus (zu einem Teil mindestens) ab und steuert seine Männlichkeit primär in die Ebene des Körperlichen. Immerhin, so weit gleicht Füssli die Charaktere dann in letzter Instanz nicht an, existiert für Hermann die Kategorie „Ruhm" (22) mit seinen Bestandteilen wenigstens noch (wenn auch nicht als höchstes Gut): Es spielt für ihn eine Rolle, er vergisst das Vaterland (als Teil des Ruhm-Konzeptes) nicht, wie Thusnelde es im Bild des fallenden Eichenkranzes tut. Es hat nur eben eine sekundäre Wertigkeit. Sein beinahe hingeworfen wirkendes kurzes „Ich will gehen und siegen" (23) beschreibt dann noch einmal Hermanns Wahrnehmung der Situation. Es sind für ihn zwei Schritte bis zur Erfüllung seines Wunsches: Er muss Thusnelde und den germanischen Raum verlassen („gehen" (23)), und er muss in der Schlacht bestehen („siegen" (23)), sonst kann er die Rache als Voraussetzung für sexuelle Aktivität nicht bewerkstelligen.

Jeder Vers dieser Strophe enthält mindestens einen Bezug zur Konzeption von Hermanns Männlichkeit. Hermann nimmt in seiner Antwort die Vorgabe Thusneldes, dass er den Boden für die Rache zu bereiten habe, auf. Es wurde gezeigt, dass diese Forderung auf einem spezifischen Verständnis von Männlichkeit basiert, nämlich auf deren Funktion für den häuslichen Bereich. Sie ist nicht nur konzentriert auf Leistungen fürs Vaterland (= Öffentlichkeit), sondern auch für die Familie (= Privatheit/Nicht-Öffentlichkeit). Indem Hermann jetzt ohne Bruch, ohne Gegenwehr sofort die Forderung annimmt und deren angestrebte Erfüllung im „ich [...] räche" (21) formuliert, geht er direkt auf Thusneldes Verständnis dieser häuslichen Männlichkeit ein. Er rezipiert damit die weibliche Männlichkeitskonzeption und legitimiert sie aus der Sicht des Mannes. Der häusliche Bereich der Männlichkeit wird ihm von weiblicher Seite her, von außen, aufgezwungen, und dennoch hat diese fremddefinierte

---

[548] Sallust, *De coniuratione Catilinae*

Ausprägung seiner Geschlechtlichkeit für Hermann, so wird aus seiner prompten Antwort deutlich, keinen negativen Beigeschmack. Die männliche Verpflichtung, die er in der ersten Ode (und bei anderen Autoren, zum Beispiel später bei Klopstock in *Hermanns Schlacht*) gegenüber seinem Vater verspürt, wird hier seiner Ehefrau und ihrem (familiären) Anliegen zuteil. Zudem mag man Hermanns Eile so verstehen, dass er seine Männlichkeit präsentieren will, er will den Beweis erbringen, dass seine Männlichkeit so ausgeprägt ist, wie Thusnelde sie sieht bzw. verlangt zu sein. Hermann kann für sich selbst nicht schnell genug darin sein, die Konstitution seines biologischen und sozialen Geschlechts zu demonstrieren, um sich Thusnelde als begehrenswerter Mann in ihrem Sinne hinzustellen.

Seine Männlichkeit formuliert er auch im zweiten Vers, „Ruhm lockt mich in das Feld, doch mehr Thusnelde!" (22). Zum einen wird die grundsätzliche Verbindung zwischen Vaterlandsliebe bzw. Krieg fürs Vaterland und Männlichkeit deutlich. Mit seinem mächtigen Kriegskörper tritt er in die Schlacht gegen den äußeren Feind ein, um „Ruhm" (22) zu erlangen und seinen Status als Nationalheld zu festigen. Dieser Ruhm, der gleichbedeutend ist mit Sieg, ist logische Konsequenz seiner Männlichkeit. Zum anderen spielt er durch „doch mehr Thusnelde" (22) auf seine eigene Körperlichkeit als Mann an. Er ist geschlechtlich (i. e. sexuell) zu Thusnelde und ihrer Weiblichkeit hingezogen, wodurch sich, im Kontext traditioneller Heterosexualität, seine Männlichkeit auch biologisch konstituiert. Eine Zusammenfassung des für die Hermanns-Figur typischen Schemas von Männlichkeit ist auch dem Vers „Ich will gehen und siegen" (23) zu Eigen. Es ist eine lakonische Kommentierung sowohl des Aufbruchs als auch eine Prophezeiung des Endes des Schlacht. Hermann sieht hier, ganz im Gegenteil zur dritten Strophe, seinen Sieg und seine siegreiche Rückkehr als logische Konsequenz seines Eintritts in die Schlacht an. Durch seine männliche Macht und Stärke und den Einsatz dieser Macht und Stärke im Konflikt mit dem äußeren Feind sind *victoria* und *gloria* determiniert. Insofern sind das Eilen und das Rächen nicht nur die zwei notwendigen Schritte für Hermann auf dem Weg zur sexuellen Wunscherfüllung, sie – und die übrigens Aussagen dieser sechsten Strophe – können auch als Postulat für Hermanns Selbsteinschätzung als Mann gelten. Wie er von außen, das heißt durch andere wahrgenommen wird, so sieht er sich selbst; Selbst- und Fremdwahrnehmung korrelieren. Das, was ihm von seiner Frau als positive Eigenschaften, die allesamt mit seiner Männlichkeit verbunden sind, beigelegt wird, nimmt er auf und beschreibt sich damit selbst, zusammengefasst im kurzen Vers „Ich will gehen und siegen" (23). Diese doppelte Wahrnehmung verstärkt die Konstitution von Hermanns Männlichkeit, denn beide Geschlechter haben die gleiche Sicht der Ausprägung von Hermanns Geschlecht. Es ist dabei augenfällig, dass Hermann sich seiner Frau unterordnet. In der ersten Ode noch gab er zu verstehen, dass eine weitere Grenzüberschreitung Thusneldes für sie blutige Konsequenzen haben werde – hier ist es andersherum. Das Wort Thusneldes hat für ihn verbindliche Gültigkeit. Hermann übergibt die Erfüllung des sexuellen Wunsches, seines körperlichen Triebes also, in den Herrschaftsbereich seiner Frau. Diese entscheidet darüber, sie hat die Macht bzw. nimmt sich unwidersprochen die Macht heraus, zu geben und eben auch abzulehnen oder Forderungen im Sinne eines kausalen „Wenn-Dann"-Gefüges zu stellen. Hermann opponiert nicht dagegen. Das traditionelle Machtgefüge ist damit im Rahmen dieser lyrischen Situation aufgehoben und verschiebt sich vom herrschenden Mann auf die herrschende Frau. Thusnelde setzt ihre Ziele vor Hermann durch, während dieser sein persönliches Verlangen zurückstellen muss; die Hierarchisierung der Geschlechter im Diskurs und zwischengeschlechtlichen Umgang verändert sich zugunsten der Frau. Insofern wird dieses Gedicht auch zum programmatischen Gegenbeispiel für das konstitutive Moment des Geschlechterverhältnisses, das Kate Millett beschrieben hat. Eine „männliche Machtbestätigung"[549] im Zuge des Geschlechtsaktes gibt es hier ebenso wenig wie die Einengung der Frau „auf ihre biologische Funktion"[550] aufgrund eines geschlechtsspezifischen Verhaltenskodexes, der auf den der Weiblichkeit zugeordneten Eigenschaften wie „Passivität, Unwissenheit, Gelehrigkeit, ‚Tugend' und Untüchtigkeit"[551] beruht. Milletts Kernaussage, für die sie sich auf den Soziologen Max Weber beruft, ist, dass

> eine objektive Untersuchung unseres Systems zu dem Schluss kommen [muss], daß die Beziehungen zwischen den Geschlechtern sowohl heute als auch früher stets ein Phänomen aufwiesen, das Max Weber mit *Herrschaft* bezeichnete. Obwohl es in unserem Sozialgefüge tief verankert ist, wird das Geburtsvorrecht, nach dem das Männliche über das Weibliche regiert, in unserer sozialen Ordnung durchaus unkritisch betrachtet. Es wird nicht einmal erkannt, daß dieses System eine äußerst kluge Art ‚innerer Kolonisation' ist.[552]

Das Prinzip der männlichen Herrschaft, um den Ausdruck Bourdieus zu verwenden, der genau das trifft, was Millett hier meint, kommt bei Füssli in *[Thusnelde]* keinesfalls zum Tragen. Schließlich gibt es faktisch keine Herr-

---

[549] Millett, *Sexus und Herrschaft*, S. 15
[550] Ebd., S. 41
[551] Ebd.
[552] Ebd., S. 39

schaft oder befehlendes Auftreten der männlichen Figur; Hermann steht als Vertreter des biologischen und sozialen männlichen Geschlechtes hinter der Frau zurück.

Thusnelde nimmt in ihrer Antwort, die gleichzeitig der letzte Teil der Ode ist, die Wortwahl Hermanns auf. Mit „Eil' ins rühmliche Feld, feuriger Hermann!" (25) bestärkt sie ihn in seiner selbstverordneten Eile und damit seinem Vorhaben, schnell zu Felde und in die Schlacht zu ziehen. Damit verbindet Thusnelde die Anrede „feuriger Hermann" (25). Das Adjektiv ist eine Chiffre für Männlichkeit, und aus der Verknüpfung von „feurig[..]" (25) und Hermanns Namen entsteht die Anrede „männlicher Hermann", die synonym zur vorliegenden Formulierung ist. Durch die Integration des Geschlechtercodes in die Bestärkung, zügig die Schlacht zu suchen, entsteht der Eindruck, Hermanns Männlichkeit sei, zumindest partiell, durch seinen Eifer, gegen den römischen Feind zu ziehen, definiert: In seiner Eile, auf dem Weg in den Kampf, scheint Hermann Feuer zu erlangen, feurig, also männlich, zu werden. Der Weg ist Teil seiner Geschlechtskonstitution, sein Wille, sich dem Krieg und möglichem Sterben auszusetzen, ist Zeichen für seine Männlichkeit. Wenn Thusnelde das „Feld" als „rühmlich[.]" bezeichnet, ist das selbstverständlich ebenfalls ein Verweis auf die Aussage Hermanns, Ruhm locke ihn in das Feld und dass er in der bevorstehenden Schlacht Ruhm ernten werde.

Der Unterschied zur Rede Hermanns ist aber folgender: Während der Mann nur implizit das Erlangen von Ruhm und sein Geschlecht verknüpft, formuliert die Frau diesen Zusammenhang explizit. Aus Thusneldes Sicht gehen Ruhm und Männlichkeit zusammen, *gloria* ist ohne *virtus* für sie nicht denkbar. Auch ist für sie klar, dass Hermann zurückkehren wird; die (frühe) Sorge ihres Gatten, er könnte in der Schlacht den Tod finden, teilt sie nicht. Da er „feurig" ist, ist seine Wiederkehr aus ihrer Sicht ausgemacht, sie sieht keinen Grund für Sorge um Leib und Leben. Im Anschluss lässt Füssli Thusnelde ihre inhaltliche Position der ersten Ode wiederholen, die im sexuell-körperlichen Bereich angesiedelt ist. Sie imaginiert noch vor Hermanns Aufbruch in die Römerschlacht, in seiner Anwesenheit, seinen Zustand nach derselben. Sie sieht seinen zukünftigen Körper (den männlichen Kriegskörper, der schon in *Hermann und Thusnelde* imaginiert worden ist) vor sich und beschreibt ihn folgendermaßen: „[…] von Blut die Locken / Trunken und voller Beulen / Deines Haupts blinkender Schmuck, / Ein Kuß von deinem Mund, an dem noch Blut klebt, / Wird dann süße mir sein" (26—30). Die Wortwahl der Körperphantasie entspricht weitgehend der in *Hermann und Thusnelde*, insofern sollen darüber keine Worte mehr verloren werden. Die erotische Anziehungskraft, die Hermann auf Thusnelde, wie sie phantasiert, ausüben wird, entspringt der Ästhetik der Schlacht und des Kriegskörpers, Erotik und Blut sind hier wieder nicht voneinander zu trennen. Diesen Zustand wird Hermann durch seine Männlichkeit, durch das Feuer, das in ihm lodert, erreichen; insofern wird Thusnelde sexuell auf etwas reagieren, das seinen Ursprung in Hermanns *virtus* hat. Sie verspricht Hermann damit ausdrücklich, auf seinen früher formulierten sexuellen Wunsch einzugehen, ohne sich selbst und ihrer Vorgabe untreu zu werden: Sie hat die Erfüllung des sexuellen Wunsches an die Rache an ihrem/für ihren Vater gekoppelt, und der für Hermann siegreiche (= ruhmreiche) Ausgang der Schlacht korrespondiert für Thusnelde mit dem Vollzug ihrer Rachephantasie.

Der Blick auf Hermanns Männlichkeit findet wieder von zwei Seiten statt, sowohl der Mann selbst als auch die Frau definieren die Ausfüllung des männlichen Geschlechts. Dabei ist die Darstellung weitgehend spiegelverkehrt zu der in *Hermann und Thusnelde*: Während in der ersten Ode Hermann sich selbst als vorbildlichen Mann ansieht und dementsprechend solche Positionen auch formuliert, legt er diese Art der Selbstdarstellung und Selbstwahrnehmung in dieser Ode ab. Sein Verlangen, dem Vaterland seine (männliche) Kraft zur Verfügung zu stellen und gegen den äußeren Feind für *patria* und *gloria* in die Schlacht zu ziehen, ist sexueller Begierde untergeordnet. Thusnelde, als Chiffre gebraucht für die körperliche/sexuelle Anziehung, steht in seiner Hierarchie an höherer Stelle als die deutsche ‚Nation‘, die er in seiner Funktion als Führer der vereinigten germanischen Stämme zu verteidigen hat. Damit übernimmt Hermann in diesem Text die Verhaltensweise der Thusnelde in der ersten germanischen Ode: Die Positionierung des Körperlichen *vor* dem Patriotischen ist vom weiblichen Ich auf das männliche übergegangen, Hermann hat ein Verhaltensmuster, das von Füssli zuvor dem Weiblichen zugesprochen war, für sich als Mann übernommen. In der ersten Ode noch wird Hermann nach dem klassischen Muster des vorbildlichen Mannes und Vaterlandshelden gezeichnet, für den der Verlust des Vaters als Erschütterung der männlich-emotionalisierten Vater-Sohn-Bindung die Liebe zur und das Begehren der Frau und die eigene Körperlichkeit bei Weitem überwiegt, bis hin zur unverhohlenen Gewaltandrohung gegenüber seiner unnachgiebigen Frau. Thusnelde ist es, für die die Hauptaussage von Hermanns Männlichkeit in der Definition eines anziehenden männlichen Kriegskörpers liegt und diesem Aspekt die übrigen Funktionen des Geschlechts egoistisch und hedonistisch unterordnet. Nun ist Hermann von den sexuellen Trieben seines männlichen Körpers gesteuert und will diese vor dem Eintritt in die Schlacht erfüllt wissen für den Fall, diese nicht zu überleben. Durch Thusneldes Verweigerung und die Bindung der sexuellen Wunscherfüllung an die Rache für bzw. am Vater in der Schlacht wird er erst motiviert, ins Feld zu ziehen; schließlich sieht er im Anschluss an den Kampf und den darin enthaltenen Vollzug der

Rache die Basis für den erotischen Akt mit Thusnelde.[553] Das bedeutet folgendes für die Konstitution von Männlichkeit bei Füssli, zumindest in *[Thusnelde]*: Hermann wird durch die Darstellung des Gedichtes nicht zu einem schlechteren Mann bzw. weniger männlichen Mann gemacht; alle Bestandteile des Männlichkeitsbildes, die dem literarischen Hermann traditionell inhärent sind, gelten auch hier. Hermann ist explizit mächtiger Krieger (als Bezwinger Roms), er ist „feurig[..]" (25) und kann die Rachephantasien seiner Frau erfüllen. Damit steht auch diese Hermanns-Figur bzw. ihre Männlichkeits-darstellung grundsätzlich in bekannter Tradition.

Ist der sexuelle Wunsch angesichts der Schlacht und dem möglichen Ende Hermanns nicht zwingend verwerflich, so werfen aber sein weiteres Verhalten und die neue Priorisierung anderes Licht auf die Konstitution von Männlichkeit: Die Umkehrung der männlichen Wertehierarchie erscheint, auf der Folie des klassischen Männlichkeitsbildes, das in der Figur des Hermann transportiert wird, als negativ behaftet. Die Unterordnung des Vaterlandes unter die individuelle Trieberfüllung ist ein Verhalten, das erstens generell als unheroisch und lasterhaft erscheinen muss im Kontext der überzeichneten patriotischen Stimmung der vaterländischen Literatur in Hoch- und Spätaufklärung und zweitens im ersten Text der germanischen Oden-Trilogie der Frau zugewiesen ist. Dennoch sehe ich in dieser spezifischen Zeichnung des Geschlechts keine Kritik an (Hermanns) Männlichkeit. Es ist vielmehr ein Beispiel für die Wandelbarkeit des Mannes, der seine Ziele (die Ausformung derselben sei dahingestellt) verfolgt. Was als negative Darstellung von Männlichkeit dem Rezipienten auf Primärebene erscheinen könnte, entwickelt sich aus dem Dialog und dem Verhalten des weiblichen Ichs und ist keine ureigene männliche Kategorie. Es ist eine Reaktion auf das Verhalten des Weiblichen. Die eigene Geschlechtsprojektion verändert sich somit im dynamischen

---

[553] Die von Füssli seinen Figuren eingeschriebene Sexualisierung und emotional-erotische Radikalisierung wirft die Frage nach der Nähe zu Positionen des Sturm und Drang dessen theoretische und literarische Modelle freilich erst später geschaffen werden. Thusnelde und Hermann zeichnen sich durch eine gewisse erotische Radikalität und Aggressivität aus, wobei Thusnelde diese Rolle viel stärker einnimmt als Hermann und dabei aus ihrer anthropologisch gesetzten weiblich-passiven Rolle herauszutreten versucht. Füssli greift dabei in einem gewissen Sinne den „Leidenschften" vor, mit denen sich Hamann später grundlegend für den Sturm und Drang gegen den „Disziplinierungsdruck einer sexualfeindlichen Tugendmoral" (Luserke, *Sturm und Drang*, S. 91) wenden sollte. Die von Hamann für das Denksystem geforderte erotische Öffnung und Freisetzung der Sexualität findet sich bereits bei Füssli, wenn auch nur in Form eine Annäherung: Schließlich werden Sexualiät und emotionale Radikalisierung nicht freigesetzt, da der jeweilige Adressat der Öffnung nicht zustimmt. Es wäre wohl Aufgabe der Forschung, diese Frage zu konkretisieren und das Verhältnis von Füsslis frühen Gedichten zum Sturm und Drang und dessen Denksystem zu beschreiben.

Gleichschritt mit der Entwicklung des Dialoges zwischen Hermann und Thusnelde: Hermann präsentiert seine Männlichkeit als anpassungsfähig, nicht als statisches Programm. Die Ausprägung seines *gender* ist (in diesem Text) weder determiniert noch völlig gradlinig, wie es bei anderen literarischen Konzeptionen des Nationalsymbols, zum Beispiel bei Klopstock, gängig ist. Hermann ist sich seiner Männlichkeit und der dem Geschlecht innewohnenden Dynamik bewusst und passt deshalb seine geschlechtsgebundenen Verhaltensweisen an die Situation an – die Projektion von Männlichkeit ist damit, zumindest gilt dies für diesen Füssli-Text, kontextabhängig. Die Ausformungen von Geschlecht sind nicht starr und unflexibel, sondern dynamisch, sie unterliegen Wandlungen. Männlichkeit ist keine gefestigte Größe, sie ist wandelbar und nicht frei von äußerlichen Einflüssen.

Es wurde auch gezeigt, wie das Programm der vielfach unterstellten männlichen Herrschaft von Füssli ausgesetzt wird. Hermann ist als Mann nicht gleichzeitig und selbstverständlich Patriarch bzw. Vertreter des Patriarchats, um im Duktus von Kate Millett zu bleiben[554]. Er übt keine Macht über Thusnelde aus, die freilich auch nicht „auf ihre biologische Funktion"[555] eingeengt ist; vielmehr übernimmt die Frau im Geschlechterverhältnis die Machtposition, zumindest wenn es sich um die Erfüllung des sexuellen Verlangens Hermanns handelt. Und um genau diese betont negative Verbindung von Sexualität und Herrschaft, Unterdrückung der Frau durch den Geschlechtsakt, geht es ja auch Kate Millett. Dass dies Ergebnis somit keine Allgemeingültigkeit besitzt, sollte infolge der Textinterpretation deutlich geworden sein.

Germanicus. Thusnelde

GERMANICUS
Bist du, wie es dein Blick, dein stolzer Anstand
Mir verkündet, bist du Armins Gemahlin,
Der zum Lande der Cherusker
Vom Kapitole den Donner rief?
Der traf! Du bist's zuerst, die nun Augustus
Zum Sühnopfer ergreift! Die allgerechten
Götter schlagen den Mann nun,
Der zum Verderben den Segner zwang.
Du antwortest mir nicht? Wie dieser Busen
Vom verhehlten Stolz schwellt! Was blickst du drohend
Auf den Schoß? Itzt noch stolzer!

---

[554] Vgl. Millett, *Sexus und Herrschaft*, S. 40
[555] Ebd., S. 41

Sieh mich an – rede, Cheruskerin!

THUSNELDA

Daß nicht, Römer, das Kind hier unterm Herzen
Dieses Prahlen vernimmt! Der Adlersieger,
Der mit fünf Legionen,
Hermann, ha! deine Thusnelde fing!
Fing? Ach nein, steht er nicht dort, der gebunden
Uns dir brachte, du Held? Er war, ach, einst war
Er mein Vater! O Herta,
Räche die einzige Träne nicht!

GERMANICUS

Wahrlich, du hast ein Herz, ein Römer sagst's dir,
Einer Römerin wert! Laß dieses sprechen.
Wär' ich Armins Gefangner,
Sage, was würd' der Cherusker tun?

THUSNELDA

Dich erwürgen! Ich dacht', du hätt'st den Altar,
Am Altar die Trophäen, da, die Gebeine
Der Tribunen gesehen,
Die von den Opfern Odins zeugen!

GERMANICUS

Hier sprachst du dein Urteil! Jedoch vernimm mich!
Es sagt Cäsar, durch ihn die Götter, welche
Rom verehret: „Ich siege,
Wohl dem Besiegten zu tun!" Sei frei!
Sag, kömmst du zu Armin: „Was wütest du doch
Wider dich und dein Volk? Germanicus gibt
Deinen Küssen mich wieder,
Wieder den Sohn! Sei ein Freund von Rom!"

THUSNELDA

Weg mit Freiheit von dir! Fluchst du dem Gott nicht,
Der Augustus hieß und zwölf Legionen
Sandt', ein Volk zu zerstören,
Das seinen Namen nie hörete?
Und ich sollte dieses Volk, weil du mich frei gibst,

Zu Anbetern von ihm erniedrigen? Nein!
Ich sei deine Gefangne,
Bis mich mein Hermann (er wird's!) erlöst!

Füsslis dritte germanische Ode *Germanicus. Thusnelde* bildet den Abschluss seines frühen, von bardisch-patriotischen Themen geprägten Schaffens. Die lyrische Situation ist in Rom angesiedelt, der Titel ist gleichzeitig Programm: Germanicus, der römische Feldherr und Hermanns Widersacher, und Thusnelde prägen die wiederum dialogische Ode. Füssli hat hier auf eine gesicherte historische Begebenheit zurückgegriffen und seinen Text darauf aufgebaut: Thusnelde wurde von ihrem Vater Segest, der sich bereits vor dem Aufstand der germanischen Stämme gegen die römische Fremdherrschaft an Varus gewendet hatte, um ihn vor Hermann zu warnen und sich danach offen gegen den Cheruskerfürsten gestellt hatte, an Germanicus als Gefangene nach Rom ausgeliefert. Zu diesem Zeitpunkt war sie bereits von Hermann schwanger; auch dies thematisiert Füssli. Insofern öffnet der Dichter einmal mehr den fiktionalen Raum für tatsächliche Ereignisse und füllt das realhistorisch orientierte Grundschema literarisch aus. Thema der Ode ist die Gefangenschaft Thusneldes, die in einem Streitgespräch zwischen Thusnelde und Germanicus Niederschlag findet. Besprochene Situation und Sprechsituation fallen nur zum Teil zusammen, schließlich wird im zweiten Teil des Textes der abwesende Hermann von Germanicus in das Gespräch eingeführt. Damit wird eine neue Situation geschaffen, in der der Raum des Gedichtes zum einen erweitert wird und zum anderen angefüllt mit einer Person, die in der konkreten textlichen Situation nicht vorhanden ist und nun in die Besprochene Situation einzieht. Wie die übrigen germanischen Oden ist auch *Germanicus. Thusnelde* ungereimt und in freien Versen geschrieben.

Der Dialog thematisiert in der Figurenkonstellation Germanicus/Thusnelde den Konflikt Rom/Germanien auf der personalen Stellvertreterebene; Römer und Germanin müssen so stilistisch sowohl als *personificatio* ihrer ‚Nationen‘ gelten als auch als *pars pro toto* derselben. Wenn Füssli nun die unterschiedlichen Positionen der beiden Vertreter formuliert – wozu neben patriotischen Programmen auch Gedanken zur Freiheit und Großzügigkeit/Gnade gegenüber dem Unterlegenen gehören –, referiert er darüber auch immer gleichzeitig seine Auffassung der jeweiligen Konstitution der beiden ‚Nationen‘.[556]

---

[556] Es ist an der Zeit, dass sich die Patriotismus-Forschung diesem Text annimmt und die Rolle Roms bzw. die Charakterzeichnung des römischen Feldherrn Germanicus untersucht. Schon beim oberflächlichen Lesen des Textes wird deutlich, dass Füssli in der Figur des Germanicus keinen niederträchtigen, moralisch verwerflichen und tugendlosen Feind entwirft, der zu einem völlig wertlosen Volk gehört. Dieses Römerbild will nicht so recht in den zeitlichen literarischen Kontext passen: Weder in der Arminius-Dichtung vor Füssli

Thusnelde erscheint in diesem Dialog einmal mehr als „Megäre"[557], die für die Gnade des römischen Feindes und seine Züge von Menschlichkeit nur Spott und Häme übrig hat. Sie ergeht sich in Gewaltphantasien und der Imagination ungezügelter Brutalität, Germanicus ist für sie völlig wertlos und das Einzige, was ihm in den Händen der Germanen widerfahren würde, wäre der Tod. Thusnelde ist als in allen Belangen völliger Gegenpart zu Germanicus gezeichnet, und die Frage, die sich stellt, ist: Was bewegt Thusnelde, sich auf die von ihr gewählte Position zurückzuziehen, woraus bezieht sie Anspruch und Mut, Germanicus zu schmähen und alle seine Angebote und Worte direkt zurückzuweisen? Thusnelde bezieht ihre ganze Stärke und ihren Mut, Germanicus als seine Gefangene zu trotzen, aus dem abwesenden Hermann. Es ist seine Männlichkeit, die für Thusnelde Ausschlag dafür gibt, sich offensiv gegen den Römer zu stellen und seine ‚Humanität' an sich abprallen zu lassen: Die Frau gewinnt durch ihren Mann das Format, sich gegen den feindlichen Mann zu wenden, von dem ihr Leben und das ihres ungeborenen Kindes abhängig sind. Auch ihre Hoffnung für bzw. ihre Sicht auf die Zukunft, in der sie sich in Freiheit sieht, wird durch ihr Vertrauen auf Hermann geprägt; sie übergibt ihr Leben in seine Hände. Ohne den abwesenden Mann ist Thusnelde nichts, sie besitzt als Frau kein eigenes Format oder eine Position, die losgelöst von der Konstitution des Cherusker-Fürsten zu sehen wäre.[558] Die männliche Geschlechtsprojektion in *Germanicus. Thusnelde* ist nicht relational, Männlichkeit wird nicht im Spannungs- und Wechselfeld beider Geschlechter konstituiert, vielmehr liegt hier der Fall vor, dass Weiblichkeit aufgegeben wird. Darin formuliert sich die Sicht, dass das Weibliche aufgrund seiner geschlechtsspezifischen Eigenschaften nicht in der Lage ist, sich in einer solchen Situation, in der der Mann seine Macht über die Frau ausübt, gegen diesen

---

noch in der nach seinen germanischen Oden (Klopstock, Göttinger Hain) findet man eine solche wenig bis kaum ideologisch negativ gefärbte Darstellung und eine solche Hervorhebung des Guten im römischen Feind. Im Gegensatz dazu erscheint Thusnelde negativ überzeichnet. Im Dialog mit Germanicus wird deutlich, dass sie sich von archaischen Positionen nicht trennen kann, selbst wenn das Gegenüber sich auf die Position einer beginnenden, sanften Humanität zurückzieht. Thusnelde bleibt in „roher Tierheit [und] Brutalität" (Dritte Sammlung, 27. Brief), wie Herder in seinen *Briefen zur Beförderung der Humanität* mehr als 40 Jahre später diese Einstellung fassen wird, verhaftet. Auch die *bellum iustum*-Diskussion wird angestoßen; diese ist unter anderem ebenfalls aus Klopstocks Bardieten bekannt. Thusnelde bezieht die klassische germanische Position in dieser Diskussion und stellt den Krieg der Römer gegen die Germanen als Unrecht dar. Auch dies ein Moment des Textes, um das die Patriotismus-Forschung sich bemühen sollte.

[557] Füssli, *Gedichte*, S. 111

[558] Nur auf ihre biologische Weiblichkeit wird Bezug genommen: „Daß nicht, Römer, das Kind hier unterm Herze […]" (13) deutet auf ihre Schwangerschaft und damit auf ihr natürliches Frausein hin.

geschlechtlichen Feind zu erwehren bzw. Leib und Leben kraft ihrer ihr durch ihre biologisches und soziales Geschlecht zugewiesenen Fähigkeiten zu schützen. Dazu muss das Männliche herhalten, selbst wenn Virilität in der konkreten Situation nicht anwesend ist.

Hermanns Männlichkeit wird auch in diesem Text fremdperspektivisch konstituiert, d. h. dass Hermann als Träger des biologischen und sozialen Geschlechts nicht sich selbst in seiner Männlichkeit darstellt, sondern ausschließlich Beschreibungen und Projektionen vorliegen. Thusneldes Sicht von Hermanns Geschlecht ist immer auch Antwort auf die Rede Germanicus', schließlich konstituiert sie ihre Rolle im Konflikt über ihren Mann. Den ersten Verweis, den Thusnelde auf Hermann gibt, findet sich in ihrer ersten Strophe: „Daß nicht, Römer, das Kind hier unterm Herze / Dieses Prahlen vernimmt! Der Adlersieger, / Der mit fünf Legionen, / Hermann, ha! deine Thusnelda fing!" (13—16). Thusnelde stellt sich zum einen als Hermanns Frau dar, sie spricht ihren abwesenden Mann in der Stunde großer Not an. Doch etwas anderes fällt auf: das besitzanzeigende Pronomen „deine" (16). Selbst in den Oden, in denen körperliches Begehren offen Thema war, fällt diese Eigenbezeichnung durch Thusnelde nicht; nur Hermann nennt sie einmal „meine Thusnelde" (*[Thusnelde]*, 24). Das Possessivpronomen ist wohl als Verweis auf ein Besitzverhältnis zu betrachten. Thusnelde gibt ihr Leben aus ihren Händen und legt es in die des abwesenden Mannes. Das wird vor allem am Ende deutlich, wenn Thusnelde sagt: „Ich sei deine Gefangne, / Bis mich mein Hermann (er wird's!) erlöst!" (43—44).

Thusnelde begibt sich durch ihre Äußerungen in einen ausgesprochenen Status der Leibeigenschaft.[559] Sie ist Hermanns Eigentum, der somit als Leibherr figuriert wird. Damit hat Hermann aber auch implizit und explizit die Verpflichtung, für Thusnelde zu sorgen und ihr Schutz zu gewähren (wie der Leibherr seinem Leibeigenen militärischen und juristischen Schutz schuldig war). Auf diese Schutzfunktion rekurriert Thusnelde durch das besitzanzeigende Fürwort. Das bedeutet natürlich auch, dass Hermann in seiner geschlechtlichen Rolle als Mann von Thusnelde als Herr angesehen wird. In seiner Männlichkeit übt er sich im Verhältnis der Geschlechter als Überlegener, dem die Frau untergeordnet ist bzw. sich selbst wie selbstverständlich unterordnet. Thusnelde spricht Hermann hier aber auch als Ehefrau an, und somit ist der Cherusker in seiner Funktion als Leibherr immer auch Ehemann; ein Ehemann, der die Aufgabe hat, seiner Familie (i. e. Thusnelde und das Unge-

---

[559] Das ist nicht aus der Luft gegriffen, sondern erweitert nur ein Diktum Justus Mösers: Er setzt „die Kinder den Leibeigenen" (Quabius, *Generationsverhältnisse im Sturm und Drang*, S. 62) gleich; darauf aufbauend erscheint die ehefrauliche Selbstdarstellung Thusneldes in diesem Kontext ebenfalls als Leibeigenschaft.

borene) Vorsteher und Beschützer zu sein. Dies Konzept des familiären Mannes hat Füssli schon in der Ode *[Thusnelde]* aufgriffen; Thusnelde fordert darin ja von Hermann, ihr den Boden für ihre Rache zu bereiten und knüpft die Erfüllung des sexuellen Wunsches an die Erfüllung der ehelichen Pflicht. Diese Verpflichtung des Mannes ihr gegenüber ruft sie auch hier auf. Da dieses explizit als Antwort auf Germanicus formuliert wird, hat das Ganze eine *Droh-Funktion*: Dem römischen Feind wird mit dem Verweis auf Hermann gedroht, der Cherusker wird in seiner Männlichkeit, die die Leibherrenschaft und den ‚Besitz‘ der Frau bedingt, aufgerufen, die Verletzung des Verhältnisses zwischen ihm und Thusnelde an Germanicus zu rächen. Thusnelde versucht durch den Verweis auf die männliche Rolle Hermanns eine Barriere zwischen sich und Germanicus zu errichten, um sich damit zu verteidigen. Diese Verteidigung kann sie selbst nicht übernehmen, sie *muss* sich dafür auf ihren Mann stützen und sich auf seine soziale Funktion als Hüter der Frau verlassen. Darauf wird auch im letzten Vers noch einmal Bezug genommen: Darin bildet das Possessivpronomen „mein" (44) eine schöne Klammer mit dem „deine" (20) der dritten Strophe. Die Zusammengehörigkeit von Thusnelde und Hermann wird damit noch einmal veranschaulicht, und der bevorstehende Akt der Pflichterfüllung durch Hermann verdeutlicht. Thusnelde gehört (zu) Hermann, und Hermann ist ebenfalls an Thusnelde gebunden. Das ist, über das angedeutete Prinzip der Leibeigenschaft und ihrer Schutzfunktion hinaus, ein weiterer Verweis auf die Ehe bzw. Partnerschaft und somit ein Teil der *Droh-Funktion* gegenüber Germanicus.

Der Höhepunkt der Männlichkeitsemphase findet sich in der siebten Strophe, der zweiten Redeeinheit Thusneldes. Sie antwortet auf Germanicus' Frage, was denn Hermann mit ihm als Gefangenen tun würde, mit dem wütenden Ausruf: „Dich erwürgen!" (25). In diesen zwei Worten fasst Thusnelde die Männlichkeit Hermanns, wie sie bereits in den ersten beiden Oden ausgebreitet worden ist, als weitere Drohung gegen Germanicus zusammen. Sie hält den von ihr gezeichneten Gewaltausbruch für eine logische Tat Hermanns, sollte Germanicus in seine Gefangenschaft geraten; sie belegt dies mit dem Verweis auf die „Gebeine / Der Tribunen [...], / Die von den Opfern Odins zeugen!" (26—28). Auch die Tribunen als höhere Offiziere im römischen Heer, also Kommandeure und Befehlshaber, wurden als Repräsentanten des äußeren Feindes „am Altar" (26) hingerichtet/geopfert. Gleiches würde auch mit Germanicus geschehen. Es ist für Thusnelde völlig selbstverständlich, dass der römische Feldherr zu sterben hat, sobald er in germanische Gefangenschaft geraten ist; der Ausdruck „Ich dacht', du hätt'st [...] gesehen" (25—27), weist deutlich auf diese Selbstverständlichkeit hin. Es gibt aus der Sicht Thusneldes keinen anderen Ausdruck für die Männlichkeit Hermanns als die Tötung des

Gefangenen, will Füssli sagen. Das männliche Geschlecht des Cheruskers definiert sich somit zu einem bedeutenden Teil über die gewaltsame Vernichtung des römischen Feindes und seiner (militärischen) Repräsentanten. Hermann übernimmt mit seinem Kriegskörper, in dem seine männliche Macht und Stärke sich bündelt, durch die Tötungen die Rolle des Rächers an Rom und den Führern seines Kriegsapparates, die einen ungerechten Krieg über die germanischen Stämmen gebracht haben. Seine ungeheure Stärke wird auch in der Beschreibung der Hinrichtung deutlich: Hermann erwürgt die Feinde, wird auch Germanicus erwürgen. Am Altar Odins fallen die Römer nicht durch das Schwert als Werkzeug des Mannes, sondern durch seine Hand, im wahrsten Sinne des Wortes! Hermann legt Hand an den Feind und nutzt sein Feuer, seine Stärke, um ihn zu töten. Der Hinweis auf die am Altar getöteten Tribunen ist auch einer auf die Leistungen Hermanns im Krieg: Die Gefangenschaft und Opferung der römischen Offiziere deutet auf den umfassenden Sieg und die Schlachtenhoheit der Germanen und speziell Hermanns hin, in der Tötung der Gefesselten vollzieht sich die endgültige Niederlage des Imperium Romanum und seines seine Macht konstituierenden militärischen Apparats. Über die durchgeführte Vernichtung der militärischen Macht des äußeren Feindes (symbolisch: Tribunen am „Altar" (26); real: römische Streitmacht in der Varusschlacht) wird denn auch auf Hermanns Männlichkeit verwiesen: Diese bedingt seine kriegerische Kraft und Macht und konstituiert seinen Kriegskörper, durch den diese Schlachtenleistungen zustande kommen und mit dem Thusnelde Germanicus droht. Denn Hermanns männlicher Körper fungiert als eine Art Motor für den Tötungsakt von Hand, das Erwürgen.

An einer Stelle des Textes wird Männlichkeit konstituiert, ohne dass auf einen biologischen und/oder sozialen Träger rekurriert wird. Thusnelde antwortet auf Germanicus' Angebot, ihr die Freiheit zu schenken, mit rigoroser Ablehnung: „Weg mit Freiheit von dir!" (37). Grund dafür scheint ein Angriff auf die Männlichkeit Hermanns durch Germanicus zu sein; immerhin imaginiert der Römer das Wiedersehen zwischen Thusnelde und Hermann, das dann durch seinen Großmut, den er auf „Cäsar" (30) und dessen Verständnis von „'Ich siege, / Wohl dem Besiegten zu tun'" (31—32) zurückbezieht, zustande gekommen wäre und stellt Thusnelde die Frage nach der Reaktion Hermanns auf seine, Germanicus', großherzige Geste der Freilassung der schwangeren Gattin. Es ist wohl eindeutig, dass Füssli mit der Situations-Imagination Germanicus' folgendes ausdrücken wollte: Der Römer erwartet, dass Hermann, von Thusnelde auf die Freilassung und das darin enthaltene Friedensangebot mit der Frage „'Was wütest du doch / Wider dich und dein Volk?'" (33—34) hingewiesen, positiv, also in Germanicus' Sinne, reagiert. Germanicus appelliert in seiner Imagination an ein familial gesteuertes Dankbarkeitsgefühl

Hermanns, um dadurch sein Ziel zu erreichen. Dieser Appell wird von Thusnelde negativ beschieden, wie sich aus der wütenden Reaktion auf sein Freiheitsangebot herauslesen lässt. Thusnelde will die Gnade Germanicus' nicht; aber nicht aus Gründen des Stolzes, sondern aufgrund des politischen Abkommens, das Germanicus dadurch erreichen will. Thusnelde lehnt ihre persönliche Freiheit ab, damit Hermann und das Volk, das er als Fürst repräsentiert und anführt, sich Rom nicht beugen müssen. Der individuelle Freiheitsgedanke wird dem kollektiven untergeordnet.

Der oben formulierte Gedanke, ein Angriff auf Hermann und die von Thusnelde vorgenommene Definition seines Geschlechts sei erkennbar, lässt sich am Text nachvollziehen: Germanicus schenkt Thusnelde die Freiheit, um Hermann zu einem Pakt mit Rom zu bewegen, ihn zu einem „Freund von Rom" (36) zu machen. Darin ist natürlich enthalten, dass Hermann seine exponierte Position als unnachgiebiger Kämpfer für die Freiheit seines Volkes aufgeben soll für die Freilassung seiner Frau; das Individuelle soll das Kollektive überwiegen, für die Rückgewinnung der Gattin sollen die Freiheit des Volkes und seine Stellung als Vorkämpfer für diese Freiheit geopfert werden. Diese Sicht auf die Person des Cherusker-Fürsten konterkariert völlig die sonstige Konstitution Hermanns: Selbst an Textstellen, an denen er seine körperlichen Interessen dem Wunsch nach Schlacht und Krieg unterstellt, wird deutlich, dass Hermann es ausschließlich bringen kann zu *victoria* und *gloria*, da seine Männlichkeit nichts anderes zulässt. Diese ist vorbildlich und definiert seinen Charakter und dessen Stärke und Macht. Diese charakterliche Stärke nimmt Germanicus durch seine Rede hinweg: Er unterstellt, dass Hermann für das familial-persönliche Wohl unter anderem *victoria*, *libertas* und *gloria* aufgeben würde. Dass er damit einen wesentlichen Teil seiner Männlichkeit als solches ablegen muss, ergibt sich von selbst. Diesen Angriff auf die Männlichkeit Hermanns erwidert Thusnelde durch ihre rabiate Absage des römischen Angebots: Indem sie sich auf eine männliche Position (Betonung des Freiheitsgedankens, für den Hermann als Führer der germanischen Stämme in die Schlacht gezogen ist) zurückzieht, verteidigt sie dadurch die Geschlechtlichkeit Hermanns, die von einer gewissen Aufweichung durch Germanicus bedroht ist. Was Germanicus von Hermann als Dank für die Freilassung Thusneldes erwartet, kann Hermann aufgrund seiner Stellung und der Definition seines Charakters, der von genuin männlichen Verhaltensweisen getrieben ist, zumal im Hinblick auf die Freiheit des Volkes, nicht geben; das weiß Thusnelde und kann deshalb aus der Sicht des Mannes, dessen logische und konsequente Verhaltensweise sie aufnimmt, antworten. Thusnelde bezieht ihre eigene Stärke, mit der sie ihre Position verteidigt, aus der Männlichkeit, die Hermann trägt und von der er in seinem Verhalten und im Kampf gegen Rom geleitet wird. Sie reagiert in Stellvertretung ihres Gatten, indem sie die für ihn wohl stereotype Reaktion auf die Reden Germanicus' aufnimmt und gegen den Römer wendet. Frau, im Sinne von *gender*, ist Thusnelde nur in den beiden letzten Versen: „Ich sei deine Gefangne, / Bis mich mein Hermann (er wird's!) erlöst!" (43—44). Hierin stellt sie sich selbst als Ehefrau dar, die auf ihren Gatten wartet und in ihm ihren Erlöser aus jeder Not erkennt. Insofern ist zu postulieren, dass sie ihr Leben völlig aus ihren Händen gibt und in (blindem?) Vertrauen auf ihren von seiner Männlichkeit getriebenen Mann darauf setzt, befreit und zurückgeführt zu werden. Sie ist Ehefrau, die auf ihren legitimen Gatten wartet; damit wird Hermann durch den Schlussvers als Ehemann konstituiert.

Hermanns Männlichkeit hat in diesem Text zwei Formen angenommen: die öffentliche und nicht-öffentliche, wie es bereits in *[Thusnelde]* der Fall war. Im öffentlichen Bereich wird Hermann bzw. seine Männlichkeit durch die emphatische Betonung von Freiheit und die Überordnung von kollektiver Freiheit über die individuelle gekennzeichnet. Über der Freiheit und dem freien Leben des Volkes steht nichts, nicht einmal die Freilassung der Gattin. Käme dieser Gedanke auf, würde Hermann ein für seine Männlichkeit stark definitorisch wirkendes Moment aufgeben und den Anspruch, das germanische Volk vor dem römischen Feind zu schützen, ihm ergo seine Freiheit zu erhalten, nicht mehr gerecht werden. Er würde dann das Kollektiv entwerten und das Wohl des Einzelnen bzw. einer kleinen Gruppe (= seine Familie) dagegen eintauschen. In letzter Konsequenz müsste sogar von einem Verkauf des Volkes für das familiale/eheliche Heil Hermanns/Thusneldes die Rede sein. Durch die Ablehnung, die Thusnelde in Stellvertretung ihres Gatten formuliert, wird dann schließlich deutlich, dass diese öffentliche Funktion von Männlichkeit in ihrer ganzen Schärfe und allen Konsequenzen wahrgenommen wird; es gibt keine Aufweichung der Gleichung Männlichkeit = Freiheitsemphase bzw. -kampf aufgrund eines (möglichen) persönlichen Dilemmas.

Dem steht die nicht-öffentliche, private Ausprägung von Männlichkeit gegenüber. Diese ist durch die soziale Rolle des Ehemanns definiert. Da Hermann seine Frau nicht in seiner öffentlichen Funktion als Führer der germanischen Stämme freikaufen bzw. eintauschen kann gegen die kollektive Unfreiheit, muss er in seiner Funktion als Ehemann für ihre Freiheit sorgen und sie dementsprechend aus den Händen Roms, als dessen Stellvertreter Germanicus repräsentiert wird, befreien. Im Bereich des Nicht-Öffentlichen ist Individualismus durchaus gestattet, da Hermann kein kollektives, öffentliches Opfer bringen muss. In der partnerschaftlichen Lebenswelt darf die individuelle Freiheit an erster Stelle stehen, da sie die kollektive nicht beeinträchtigt. Und schaut man auf die Definition Hermanns als Ehemann, wie Füssli sie in der Ode *[Thusnelde]* aufgebracht hat, wird klar: Die Männlichkeit Hermanns in dieser privatsozial-familialen Konstellation dient grundsätzlich individuellen Zwecken! Sollte Hermann Thusneldes Rache vorbereiten, hatte dies den Hintergrund, dass körperlicher *Eros* damit bedient werden sollte; jeder Ehepartner hat eine Pflicht dem jeweils anderen gegenüber zu erfüllen, die für das Kollektiv wertlos ist. Im Falle dieser Ode besteht die Verpflichtung, wie gezeigt wurde, darin, dass Hermann, um seine Funktion als Ehe*mann* in einem angemessenen Rahmen zu erfüllen, Thusnelde aus der Gefangenschaft, in die sie durch die familiäre Tragödie des Verrats durch den Vater geraten ist, zu befreien. Dass Hermann dieser Tat, der er qua seiner Männlichkeit verpflichtet ist, nachkommt, ist für Thusnelde logisch.

Hermanns spezifisch geschlechtliche Darstellung als Ehemann, Kriegsfürst und Freiheitskämpfer wird von Füssli auch in Abgrenzung zu Germanicus betrieben. Germanicus' Charakter wird ganz klar im Sinne eines Anti-Hermann konstruiert: Was den Römer auszeichnet, ist auf der einen Seite seine grundsätzliche Vorstellung im Caesarischen Sinne, mit Gefangenen gut zu verfahren, also „'Wohl dem Besiegten zu tun'" (32). Dies konterkariert die kraftstrotzende und blutrünstige Männlichkeit, die Hermann zur Schau trägt. Der Cherusker, so wird von Thusnelde formuliert, tötet exponierte römische Gefangene am Altar der germanischen Hauptgottheit, indem er sie erwürgt; durch der Hände Kraft konstituiert sich damit ein Teil von Hermanns Männlichkeit. Diese Ausprägung von Männlichkeit besitzt Germanicus explizit nicht. Körperliches Geschlecht wird nicht ausgewiesen. Vielmehr definiert Germanicus seine Rolle als Feldherr über sein Verständnis von gutem Umgang mit der Gefangenen. Es ist *Menschlichkeit*, die Germanicus ausgebildet hat und zur Schau trägt, und die gute Behandlung der Gefangenen gehört zum humanistischen Programm. Bei aller Nächstenliebe ist Germanicus' Menschlichkeit aber kein Wesenszug, der auf rein menschenfreundlichem Altruismus beruht; dies wird aus der „politischen" Strophe deutlich. Dies ist auch die andere Seite seines Charakters. Der Römer ist ein von seinem Verstand, seiner *ratio* getriebener politisch denkender Mensch, der durch seine Verstandesentscheidung Ziele erreichen will. In diesem Falle ist das Ziel ein Frieden mit Hermann und die (unblutige) Unterwerfung der germanischen Stämme. Männlichkeit ist für Germanicus also auch eine besondere Stärke des Verstandes, was es für Hermann freilich in keiner Weise ist.

Man muss sich nun fragen, ob diese Konstitution von Männlichkeit möglicherweise eine spezifisch ‚germanische' ist. Die ungezähmte Wildheit, die „Barbarei" der Germanen ist in theoretischen Texten der Aufklärung immer wieder Thema gewesen, auch in Abgrenzung bzw. Gegenüberstellung zu den

„zivilisierten" Griechen. In den drei Oden, die Füssli als junger Mann unter dem Eindruck des Klopstock-Textes *Hermann und Thusnelde* verfasst hat, trifft man außer Hermann als männlichen Repräsentanten eines kämpferischen, kraftstrotzenden Germanentums (= wilder, ungehemmter Männlichkeit) als weiteren Träger von Männlichkeit nur den Römer Germanicus, der sich völlig anders präsentiert als der Germane. Die Blutgier des mächtigen Kriegers, der *Eros* und die die Weiblichkeit sexuell erregende Ästhetik des von der Schlacht und dem Morden gezeichneten (oder muss man sagen: ausgezeichneten?) Kriegskörpers und die bedingungslose Unterordnung jeglicher Individualität unter familiäre Bindungen (s. *Hermann und Thusnelde*) oder die kollektive Freiheit des Volkes (s. *Germanicus. Thusnelde*) sind Kennzeichen des *germanischen Mannes* Hermann, nicht des Geschlechtscharakters Hermann an sich. Das Ungebändigte ist in jeder Hinsicht Merkmal für Hermanns Konstitution in der literarischen Darstellung Johann Heinrich Füsslis: Wenn es sich nicht in einem brutalen Schlachtenwahn ausdrückt, dann in körperlicher Lüsternheit, die ihn antreibt, zu Felde zu ziehen und dort seine Männlichkeit im Vorgriff auf den sexuellen Akt unter Beweis zu stellen.

Wenn Germanicus als Symbol für einen beginnenden Humanismus mit dem Ideal der Menschenliebe in der Ode *Germanicus. Thusnelde* auftritt, ist dann in seinem männlichen Gegenpart Hermann und der ihm inhärenten „Wildheit und Verhärtung"[560] der Barbaren eine anti-humanistische Position formuliert, durch die der Mensch sich „zur rohen Tierheit, zur Brutalität"[561] zurückentwickelt? Ist Hermanns Männlichkeit damit tierisch, roh und brutal? Wohl kaum kann man an Hermann mit den Maßstäben Herders Humanismus' aus seiner Weimarer Zeit messen: Hermann, und damit die Ausprägung seiner Männlichkeit, ist streng im mythisierenden Germanenbild der Früh- und Hochaufklärung verhaftet; die Darstellung bricht nicht aus der kämpferischen National-Symbolik aus, auf deren Folie ja Hermann als Held figuriert wird. Insofern bleibt auch der Charakter des Geschlechts an die archaisch-kriegerische Vorstellungswelt der deutschtümelnden Autoren gebunden. Keinesfalls darf die Männlichkeitsprojektion als negativ angesehen werden, sie ist raum-zeitlich schlicht anders konstituiert: Die Charakteristika, die Hermann prägen und sein Geschlecht bedingen, fügen sich ein in das Bild, das von den Germanen als den Vorvätern des deutschen Volkes gezeichnet wird. Die germanische Welt ist eine abgeschlossene, die in eine stilisierte und mythisierte Vergangenheit eingebettet ist und nicht mit Kategorien der Gegenwart beurteilt werden kann. Hermanns Männlichkeit ist ebenso eine stilisierte und mythohistorische Vorstellung wie die germanische Vergangenheit eine ist – seine spezifische

---

[560] Lessing, *Laokoon*, S. 14
[561] Herder, *Briefe zur Beförderung der Humanität*, Dritte Sammlung, 27. Brief

Geschlechtskonzeption ist das Konstrukt einer literarischen Projektion der untergegangenen Väterwelt.

Es ist noch einiges zur „Polarisierung der Geschlechtscharaktere" zu ergänzen. Das Frauenbild, das Füssli präsentiert, ist von tiefer Zerrissenheit geprägt: Thusnelde tritt auf mit verschiedenen Geschlechtsprogrammen. In *Hermann und Thusnelde* erscheint sie als blutversessene „Megäre"[562], die vor dem Hintergrund der schlachtgeschwängerten Szenerie und der Kriegskörper-Ästhetik Hermanns ihre sexuellen Wünsche an Hermann heranträgt, dabei das Vaterland, im Symbol des Kranzes, völlig aus den Augen verliert und sogar das Vater-Sohn-Verhältnis – Hermanns Vater ist in der lyrischen Situation des Textes kürzlich gestorben – ihrem rein körperlichen Begehren unterordnen will. In *[Thusnelde]* ist die Germanin der archaische Rachedämon, der an wehrlosen römischen Gefangenen im germanischen Opfer-Hain als Gottesstätte des Odin blutige Phantasien vollziehen möchte. Die Erfüllung eines sexuellen Wunsches, der von Hermann angesichts der nahenden Schlacht geäußert wird, bescheidet sie negativ und knüpft daran die Bedingung, dass Hermann den Boden ihrer Rache bereiten möge. Dies wird als Pflicht des Gatten vor der Göttin Hertha formuliert und gefordert; ohne diese Erfüllung der familiären männlichen Pflicht wird Thusnelde ihrer ehelichen weiblichen Pflicht (= Sexualität) nicht nachkommen. In der dritten germanischen Ode konstituiert Thusnelde ihre Position im Diskurs mit Germanicus als Repräsentanten des äußeren Feindes über die Männlichkeit ihres Gatten und tritt im gleichen Schritt in die Rolle der völlig abhängigen, unter dem Mann stehenden Ehefrau ein.

Hermanns Rolle im Verhältnis der Geschlechtscharaktere ist nicht in den Kategorien zu fassen, wie sie in der deutschtümelnden Literatur vor allem Klopstocks gängig sind. Folgt man den Ausführungen Herrmanns, so ist bei Klopstock das „markanteste Merkmal der [...] inszenierten Männlichkeit [...] die Polarisierung der Geschlechtscharaktere, die den Mann idolisiert und ihm die Frau unterordnet"[563]. Thusnelde ist dabei für Hermann ein „Anhängsel ihres Ehemanns"[564], deren Rolle darin besteht, Furcht um ihren Gatten zu haben. Wenn Hermann sich vor dem Hintergrund der „Trennung von beruflich-öffentlicher und privat-familialer Sphäre" erst im Haus seiner Frau zuwendet, sieht Herrmann darin den Beleg, dass die „Potenzierung einer sich selbst setzenden Männlichkeit bei Klopstock [...] an die Depotenzierung der Frauen gebunden ist".[565] Dieses Konstrukt gibt es bei Füssli nicht. Zwar ist

---

[562] Füssli, *Gedichte*, S. 111
[563] Herrmann, „Arminius und die Erfindung der Männlichkeit", S. 174f.
[564] Ebd., S. 175
[565] Ebd. S. 176

Thusnelde, wie bei Schlegel, nicht in der Lage, sich selbst zu verteidigen – immerhin braucht sie Hermann, um Rache zu üben und sich aus der Gefangenschaft zu befreien –, sie ist aber keineswegs störendes Beiwerk, das erst in der Abgeschiedenheit des nicht-öffentlichen Raumes gnädige Beachtung durch den siegreichen und sich seiner Männlichkeit bewussten Ehemann findet. Thusnelde hat eigenen Charakter, zumal in *Hermann und Thusnelde* und *[Thusnelde]*, und entwickelt konträr zu Hermann eigenständiges Format, mit dem sie in das Verhältnis und das Spannungsfeld der Geschlechter eintritt. Hermann definiert sich nicht selbst, indem er sich über die Weiblichkeit setzt. Zwar ist die Darstellung seiner Männlichkeit eingebunden in die Geschlechter-Polarität und grenzt sich durch die spezifischen Charakteristika von der Weiblichkeit ab; dies passiert aber eben nicht, indem das Weibliche, sprich: die Frau, im gleichen Schritt depotenziert wird, um die Ausdrucksweise Hans Peter Herrmanns nochmals zu bemühen. Vielmehr steht das Weibliche als ein zu umsorgender Partner in den Gedichten da. Hermann wird in seiner Rolle als Ehemann in die Pflicht genommen, für die Frau zu sorgen, ohne dabei jedoch als Patriarch aufzutreten. Thusnelde wird, so erscheint es in *[Thusnelde]*, als gleichwertiger Mensch wahr und ernst genommen. Hermann setzt sich nicht im Sinne eines patriarchalischen Denkens gegen Thusnelde in Szene und gegen sie durch, sondern formuliert seine Position als Mann im Spannungsfeld der Geschlechter, wo er es als notwendig empfindet (= Vater-Sohn-Verhältnis vs. sexuellen Wunsch der Frau in *Hermann und Thusnelde*), gibt Thusnelde und ihren Ansprüchen als Frau aber auch nach. Hermann sieht seinen Vater in der Rolle des „Stellvertreter[s] Gottes"[566] an und bewertet dementsprechend seine familiale Bindung als Sohn höher als die als Ehemann. Hermann überträgt aber diese Funktion, die dem Vater als Oberhaupt der Familie, zumal in der ersten Hälfte des 18. Jahrhunderts, aus der Füssli stammt, zugesprochen wird, explizit nicht auf sich. Von männlicher Herrschaft, wie Bourdieu sie feststellt, oder der Einengung der Frau „auf ihre biologische Funktion"[567] aufgrund eines geschlechtsspezifischen Verhaltenskodexes, der das Prinzip von Sexus und Herrschaft nach Millett bestimmt, ist ebenfalls nichts zu lesen.

Hermann erscheint also als vaterländischer Held, der im Kampf gegen den römischen Feind seine Macht und Stärke, seine inneren und äußeren Fähigkeiten, damit seine Männlichkeit konstituiert. Die „Koppelung von Männlichkeit und Deutschtum [i. e.: vaterländisches Verhalten; Verf.]"[568] ist eines der bestimmenden Elemente in der Geschlechter-Darstellung bei Füssli, vor allem

---

[566] Quabius, *Generationsverhältnisse im Sturm und Drang*, S. 15
[567] Millett, *Sexus und Herrschaft*, S. 41
[568] Herrmann, „Arminius und die Erfindung der Männlichkeit", S. 177

ist dies in der ersten Ode, *Hermann und Thusnelde*, zu erkennen: Hermann kann seine Männlichkeit nicht vom nationalen Triumph des Sieges über den römischen Feind ablösen, sein (mythisches) Geschlecht ist grundsätzlich an die patriotische Ebene gebunden.

Kapitel III.5
„Das Vaterland hat ein Recht auf Dein Leben": Blut, Tod und Männlichkeit

Im Rahmen des sich verändernden anthropologischen Konzeptes der Männlichkeit, das hinführt zu einer ‚militärischen' Konstitution des Geschlechtscharakters, findet sich der Mann der Hainbündler immer öfter wieder in einem bewaffneten Kampf fürs Vaterland. Der Kampf ist also männlich, oder, um einen Gedanken Klaus Theweleits zu nutzen: „Real ist nur der Kampf. (Ohne Kampf kann man nicht Mann sein, und Mann-Sein ist die einzige Form des Lebendigseins.)"[569] Dieser Kampf ist zwangsläufig verknüpft mit Vorstellungen von Verletzung und Tod – womit diese Kategorien dementsprechend auch zu Merkmalen von Männlichkeit werden.

Es ist sinnvoll, mit einem Referat über Kaisers Überlegungen zu einem patriotischen Blut- und Wundenkult zu beginnen, wie er in *Pietismus und Patriotismus im literarischen Deutschland* ausgeführt hat.[570] Kaiser beginnt seinen Diskurs mit der „Kriegs- und Kampfdichtung des Klopstock-Kreises", deren „Blut- und Wundenkult die aus dem Nacherlebnis der Passion entspringende sinnenhaft-gefühlvolle Konzentration auf Blut und Wunden des Heilands" sei, aus der Barockmystik stamme und sich im Pietismus, auf dessen Denksystem ab der Hochaufklärung nicht nur Klopstock und seine Jünger fußen, „in großem Umfang"[571] entwickelt. Dies exemplifiziert Kaiser an Texten von August von Zinzendorf, auf den im letzten Kapitel noch einmal eingegangen werden soll, der sich in einer emphatischen Blut- und Wundenverehrung im strikt pietistisch-religiösen Raum ergeht. Doch der pietistische Zugang allein genügt Kaiser nicht. Er entwickelt aus dem „Prozeß der Säkularisation des Motivs"[572] heraus eine neue „Ausbildung eines patriotischen Blut- und Wundenkults [...]: [den] Komplex des Leidens und des Opfers":

> In drei zentralen Motiven kommt dieser Gedanke im Christentum zum Ausdruck – als Tötung und Darbringung des Opfertieres im Al-

---

[569] Theweleit, *Männerphantasien*, Bd. 1, S. 410
[570] S. 124ff.
[571] Kaiser, *Pietismus und Patriotismus*, S. 125
[572] Ebd., S. 126

ten Testament, als Opfertod Jesu Christi im Neuen Testament und als Leiden und Auferstehung der Märtyrer in der Geschichte der verfolgten Kirche. Alle drei Vorstellungskreise sind in den poetischen Schlachtschilderungen unserer Patrioten sehr häufig.[573]

Sowohl eigene Krieger als auch Feinde werden als Opfer einer zur sakralen Handlung stilisierten Schlacht figuriert, Begriffe wie Blut/bluten, Wunde und Tod stehen als Schlagworte der lyrischen/dramatischen Darstellungen da. Bemerkenswert ist für Kaiser die „Begierde", mit der sich die Krieger selbst zum Opfer in ihren großen vaterländischen Schlachten machen und die seiner Auffassung nach weit über das „literarisch immer wieder rezipierte ‚dulce et decorum est, pro patria mori' hinausgeht"[574]. Er erkennt darin eine Art ‚Verliebtheit' in Martyrium und Tod. Damit einher geht die Ästhetisierung von Schlacht und Tod, auf die bereits bei der Interpretation der Füssli-Gedichte hingewiesen wurde. Klopstock benennt die „Märtyrer in ihrem Blute als dahinsinkende Purpurblumen", und in den „Hermannsdramen ist von Jünglingen mit leichten Blumenschilden und schönen Wunden' die Rede, und die vom Todesblut benetzte Blume des Schildes wird sogar mit der Schönheit der Göttin verglichen".[575] Diese Ästhetisierung bedingt auch eine Erotisierung, auf die ebenfalls oben hingewiesen wurde: „Die Reize der Passion Christi und der Patrioten werden mit einem verliebten Entzücken genossen [...]."[576]
Das Referat soll als wissenschaftlicher Bezugs- bzw. Ausgangspunkt für die Untersuchung von Blut- und Todesthematik bei den Hainbündler gelten, die dann um die geschlechtergeschichtliche Ebene erweitern wird. Eine Ebene, auf die Kaiser nicht eingeht, obwohl er geschlechtliche Kategorien aufruft, wenn er die ins Erotische tendierende Ästhetisierung aus Sicht Thusneldes bzw. der germanischen Frauen generell interpretiert[577]. Sexuelle Momente gibt es bei den biederen Bundesbrüdern zwar nicht; sehr wohl aber eine, die erotische Tendenz von Klopstock und Co. berührende Ästhetisierung des Leidens für das Vaterland, die insbesondere durch ihren patriotischen Kontext immer auch geschlechtergeschichtlich zu verstehen ist. Gleiches gilt für das Bluten und Leiden für das Vaterland generell: Durch die geschlechtsspezifische Ein- und Zuschreibung des Vaterlands wird auch diesen Bezugsgrößen ‚Geschlecht' in dem Sinne zugewiesen, als dass sie schließlich an eine explizit männliche Kategorie bzw. an eine Kategorie, die nur im Kontext von Männlichkeit zu denken ist, angebunden werden.

---

[573] Ebd., S. 127
[574] Ebd., S. 128
[575] Ebd., S. 134
[576] Ebd.
[577] Vgl. die Beobachtungen im Exkurs zu Füssli

In Höltys *Vaterlandslied* „verströmen [die Männer] Patriotenblut" (5). Syntax und Semantik deuten ganz klar auf eine Wunden- bzw. Todesvorstellung hin. Schon im *Deutschen Wörterbuch* ist das Verbum „strömen"[578] in der Verbindung mit Flüssigkeiten, das heißt auch Blut, bekannt, und wenn der Eintrag im Wörterbuch sagt, im 18. Jahrhundert sei das strömende Blut hauptsächlich poetisch in Gebrauch[579], so stützt das noch die Deutung, es handele sich hier um einen klaren Bezug zu Wunde und Tod: Das Patriotenblut, das die Männer verströmen, ist natürlich ihr eigenes, ihr Körper verliert die lebenswichtige Flüssigkeit und zwar durch eine Wunde. Von Blut haben, das heißt leben, zu Blut verströmen, das heißt mindestens verwundet sein, wenn nicht gar sterben, ist es nur ein kleiner Schritt; die Wunde ist sogar grundsätzlich vorhanden und muss nicht geschlagen werden. Die Männer „verströmen [ihr] Patriotenblut" (5) aus sich heraus, ohne dass es einer Verwundung auf Primärebene bedarf. Die Wunde, die den Blutfluss bedingt, beinhaltet also zusätzlich noch die Bedeutung vom Kampf fürs Vaterland. Es scheint, als sei dieses Moment – das kriegerische Eintreten für die Nation – für Hölty selbsterklärend. Mit keinem Wort erläutert der Autor, woher die Wunde stammt. Strömendes Patriotenblut weist möglicherweise also auf eine grundsätzliche, immerwährende Schlacht hin, in der die „Männer" (4) Deutschlands sich befinden. Und die Darstellung suggeriert, dass dieses Blut fließen *muss*; es besteht keine andere Möglichkeit, das Blut kann nicht anders, als aus den Wunden der Männer für das Vaterland zu strömen. Das hat mit einer unspezifischen Opfermentalität zu tun, die das Gedicht in der deutschen Nation erkennt: Für das Vaterland wird das eigene Blut nicht zurückgehalten, es wird gerne geopfert. Im Grunde ist die lapidare Darstellungsweise, das locker dahinspringende Versmaß der Schwere der Thematik nicht angemessen: Hinter dem Jambus und in der Aufzählung der Eigenschaften, die den deutschen Mann prägen, verschwindet das Blutopfer und verliert in der primären Wahrnehmung seine Eindringlichkeit. Es wird in die Kette, die aus Tugend, Mut und edlem Verhalten besteht, eingefügt, ohne dabei diese wirklich einschneidende Forderung formal zu beschweren: Sie wird aufgezählt, wie das lyrische Ich die anderen Eigenschaften der Männer und seiner selbst aufzählt. Es wird kein Unterschied gemacht zwischen Tugendhaftigkeit im moralisch-ethischen Sinne und einem körperlichen Opfer für das Vaterland. Damit wendet sich Hölty, zumindest, was Sprache und Form angeht, von den Vorbildern der Hochaufklärung ab: Bei Klopstock und den übrigen patriotischen Dichtern ist der Ton tragend, preisend, fast hymnisch, das Blutopfer wird sakralisiert. Bei Hölty erhält es indes keinen gesteigerten Wert, einen Lobpreis im hymnisch-tragenden Ton gibt es

---

[578] Bd. 20, Sp. 52
[579] Bd. 20, Sp. 52

nicht. Das Blutopfer ist in Höltys Vorstellung völlig *normal*, es hat keine besondere, exaltierte Stellung im Diskurs über die vaterländischen Merkmale. Dieses Verströmen von eigenem patriotischen Blut ist ein generelles Merkmal der Männlichkeit deutscher Männer: Es ist schon syntaktisch eingebunden in einen nicht-codierten Männlichkeitsdiskurs. „Die Männer haben Heldenmuth, / Verströmen Patriotenblut" (4—5) heißt es, und man sieht, dass Männlichkeit, Nation und Blut/Blutopfer eine Einheit bilden. Der fest im Vaterländischen verankerte Mann ist selbstverständlich Träger von „Patriotenblut", er bzw. sein Lebenssaft ist geprägt von der Nation und erhält dadurch ihre markante Stellung und ihr Potential. „Patriotenblut" fließt nicht nur als biologischer Prozess durch den Körper, vielmehr *verteilt* es sich in seiner Spezifität im gesamten Mann und prägt somit diesen Mann. Das Vaterland wird so auf eine biologische Ebene zugespitzt und erhält damit einen doppelten Charakter: als Konstitution von *gender* und als Beeinflussung von *sex*. *Patria* ist im Blut verankert und steuert den Körper. Das „Patriotenblut" ist damit immer auch *Männerblut* in einem vaterländischen Kontext: Als absolut vitale Flüssigkeit wird sie als positiv prägender Bestandteil einer spezifischen Vorstellung von Männlichkeit wahrgenommen. Das Blut des Mannes ist durchsetzt von der hainbündlerischen Auffassung von Nation und Vaterland, die ja eine durchaus männliche ist. Im Körper des wahren deutschen Mannes ist das Blut Transporteur von Merkmalen, die den Mann ausmachen und ihm seine Männlichkeit *schenken*. Dies geschieht, indem das Blut den gesamten Körper durchfließt und keinen Punkt auslässt. Blut hält den Menschen am Leben, ohne Blut ist kein Leben – und in diesem Gedicht ist ohne das „Patriotenblut" keine Männlichkeit.

Der Strom suggeriert eine gewisse Menge, und wer viel Blut verliert, stirbt oder ist mindestens dem Tode nahe. Die Aufzählung der Merkmale wurde bereits formal untersucht, insofern lässt sich hier festhalten, dass die Inkaufnahme des Todes als Zeichen von Männlichkeit generell gelten muss. Es ist nicht nur, wie oben dargestellt, im Rahmen einer Opfer- und Kampfesbereitschaft im Allgemeinen für das Vaterland anzusehen, sondern in letzter Konsequenz als die Aufgabe des männlichen Lebens auf einer patriotischen Folie. Mit dem Verströmen des Blutes leert sich der männliche Körper, der vom Vaterland geprägt und getrieben wird, die Flüssigkeit, die sowohl patriotisch ist als auch männlich, verlässt den Mann; damit verlässt ihn auch das Leben. Ariès sagt zum Diskurs über den toten Körper im 17. und 18. Jahrhundert: „Im Schlaf und im Tod konzentriert sich die Seele außerhalb des Körpers, anstatt über den ganzen Körper verteilt zu sein."[580] Das Blut ist bei Hölty Sitz aller Eigenschaften des Patrioten – nicht zuletzt deshalb bezeichnet Hölty es eben pos-

---

[580] Ariès, *Geschichte des Todes*, S. 453

sessiv als „Patriotenblut" – und schafft dadurch männlich-vaterländische Identität, eben so, wie es die Seele in philosophischen und religiösen Auffassungen tut. Der tote Körper des Mannes, der für das Vaterland hingegeben wurde, gibt seine männlich-vaterländische Identität im Blut als Opfer für das Vaterland nach außen ab. Die Auslöschung des Mannes hat zur Folge, dass sein Blut, also sein Inneres, sein männlicher, vom Patriotismus geprägter Charakter, vom vaterländischen Boden aufgenommen wird. In diesem Kontext passt eine Aussage von Theweleit: „Mehr noch als heldischer Geist härtet heldisches Blut. [...] Soldatisches Blut ist ‚phallisches' Blut [...]."[581] Im Bild des phallischen Blutes wird der Zusammenhang von Blut und Männlichkeit deutlich und ebenso, dass Blut, das Männlichkeit in sich trägt, mithin männlich *ist*. Natürlich bezieht sich Theweleit auf ein historisch völlig anderes Textcorpus, das nicht mit der Lyrik Höltys vergleichbar ist. Aber wenngleich die Kontexte andere sind, so lässt sich dennoch der Impetus des ‚phallische[n]' Blut[s]" zumindest grundsätzlich auf Höltys Einschätzung transferieren, denn Theweleits Hinweis auf das „heldische[.] Blut", das den Soldaten noch mehr härte als der „heldische[r] Geist", deutet die Brücke ins späte 18. Jahrhundert an, ohne dass aber dabei bei Hölty tatsächlich von solchem „phallische[n] Blut" zu sprechen wäre, denn Theweleit hat seinen Begriff aus der klinischen Erkenntnis des frühen 20. Jahrhunderts entwickelt, „dass soldatische Männer tatsächlich oft unter Dauererektionen litten"[582]. Das ist natürlich nicht der Kontext, in dem Höltys Einschätzung zu situieren ist, denn diese explizite Sexualisierung und betont physische Männlichkeit spielt keine Rolle bei dem Hainbündler, weshalb der Begriff an sich nicht auf Höltys Lyrik applizierbar ist. „Patriotenblut" oder eben „heldisches Blut" bzw. „phallisches Blut" ist in jener und dieser Epoche das herausragende biologische Merkmal des Mannes, der erst durch dieses Blut zu wahrer Größe sich aufrichten kann und in ihrem Streben für das Vaterland zu einer Art von „Fels"[583], der sich gegen äußere und innere Feinde in Stellung bringt. Das strömende „Patriotenblut" errichtet sich zum männlichen Bollwerk Deutschlands, und in diesem Bollwerk findet sich die im Tod nach außen getretene Identität des Mannes wieder.

Das Ergebnis kann also lauten, dass der Tod fürs Vaterland nicht nur nötig und für den Patrioten Ausweis seiner ausnahmslosen Vaterlandsliebe ist, sondern auch immer *männlich*. Der Tod bekommt Geschlecht, indem die Verbindung von männlichem Patriotismus und einem vaterländischen Blut- und Opferkult hergestellt wird und der Mann mithin als Opfer geschlechtlich figuriert wird. Hölty lässt nicht sprechen von einem Patrioten oder Deutschen,

---

[581] Theweleit, *Männerphantasien*, Bd. 1, S. 254
[582] Ebd.
[583] Ebd.

der sein Blut gibt: Es sind die „Männer" (4), *die* „Männer" generell, deren vitale Flüssigkeit fließt, um das Vaterland und alle damit verbundenen Kategorien zu behüten. Der vaterländisch verankerten Männlichkeit wird somit die Aufgabe zugesprochen, sich zu opfern und in den Tod zu gehen. Der freiwillige (Opfer-)Tod ist also eine Kategorie, die sich in der Konstitution von Männlichkeit wiederfindet und die als Merkmal derselben angesehen werden muss. Mannsein heißt für Hölty auch dazu bereit sein, sein vorbildliches männliches Leben für das Vaterland hinzugeben.

Die gleiche Aussage gilt auch für Friedrich Leopold Stolberg, dessen oben bereits erwähnter *Freiheits-Gesang aus dem zwanzigsten Jahrhundert* hier als zweites Beispiel untersucht werden soll. Der *Gesang* ist lang – er umfasst 193 Verse –, ungereimt und weist kein festes Metrum auf; durch die chaotische Syntax und die insgesamt 42 Enjambements entsteht der Eindruck eines wirren, völlig ungeordneten Gedankenstroms, der aber kaum genialisch-musisch ist, sondern eher wirkt, als habe Stolberg „eine Furie heimgesucht"[584]. Und es scheint wirklich, schaut man auf die Aussagen des Autors bezüglich der Textentstehung, als sei, wie Kemper sagt, Stolberg „von allen guten Geistern verlassen"[585]: Sein Blut habe bei der Erstellung des Gesangs „mit Ungestüm [gewallt und sein] Herz laut geschlagen"[586]. Der *Freiheits-Gesang* ist ein blutrünstiger Schlachtgesang, „der in zum Teil grausamen Details den Kampf um die Befreiung Deutschlands darstellt und sich dabei phasenweise in eine Art Blutrausch steigert"[587].

In einem ersten Schritt soll untersucht werden, welche Bedeutung der „Blutrausch" Stolbergs und die Wunschvorstellung des eigenen Todes und dem des Bruders für die Konstitution von Männlichkeit haben und ob sich Überschneidungen mit Hölty ergeben. Zwölfmal schreibt Stolberg „Blut" oder „blutig"; metaphorisiert, wie in „So bedeckte lang und breit den Strom / Des Sklavenheeres Leichnam!" (71—72), um einiges öfter. Das Blut nimmt einen bedeutenden Rang in Stolbergs Dichtung ein; der Diskurs über Tod und Sterben ist beinahe gleichwertig mit dem Ruf nach Freiheit, der ja das eigentliche Grundgerüst des Textes bildet. Die Verwendung von Blut ist nicht immer wieder eingestreut, vielmehr massiert Stolberg an wenigen Stellen sein „Blut-Gebrüll"[588]. Es ist das Blut des Feindes und des Freundes und das eigene, das dort in Strömen fließt, alle Beteiligten der Schlacht setzen ihr Leben für den Sieg ein. Während die Kämpfer der „Tyrannen" (27 u. ö.), im diffamierenden,

---

[584] Kemper, *Deutsche Lyrik*, Bd. 6/III, S. 159
[585] Ebd.
[586] Zit. nach Hempel, *Stolberg*, S. 60
[587] Kemper, *Deutsche Lyrik*, 6/III, S. 159
[588] Ebd.

da Unfreiheit suggerierenden Begriff des „Sklavenheeres"[589] (72) zusammen-gefasst, für die schlechte Sache ihrer bösartigen Herren eintreten, nämlich die „Freien" (25) unfrei zu machen und damit in den gleichen Zustand wie sie selbst sind zu überführen. Ziel des Angriffs auf „Deutschland" (160) ist die vollständige Unterjochung eines „freie[n] Volk[es]" (7) und die Einbindung desselben in die Masse der „Sclaven Völker[.]" (9). Dass dieses Blut der un-freien Soldaten der Tyrannen schlecht ist, ergibt sich von selbst. Es hat aber auch eine Entsprechung im Text: „Das Schilfblatt troff / Und die Erle von der Erschlagnen Blut! / Um den krausen Dornstrauch wickelte sich das Gewand / Der Toten, wirrte sich in ihm der Toten Haar!" (34—36). Der Tod der Feinde ist nicht glorreich oder heldenhaft, sondern unästhetisch. In Massen liegen die Erschlagenen herum, haben sich in Dornengestrüpp verheddert, ihr Blut trieft von Pflanzen und Bäumen, ist also nicht nur vergossen, sondern scheinbar auch auf unangenehme Weise verspritzt worden. Das *Deutsche Wörterbuch* bie-tet als Erläuterung für „triefen" unter anderem an, dass „dickflüssige[.] sub-stanzen [...] langsam[..] fallen[.]"[590]. Das Blut der erschlagenen Feinde fällt in Tropfen langsam von Bäumen und Blättern, es ist somit nicht nur einmalig verspritzt worden, sondern verteilt sich durch das Triefen weiter, es vermischt sich und kann nicht mehr zugeordnet werden.

Bei Hölty hat sich gezeigt, wie das Blut als Flüssigkeit männliche Identität beinhaltet und männliche Identität markiert: Diese Identität im und durch das Blut wird hier genommen, die Feinde verlieren ihre Identität als sie selbst und damit ihre Männlichkeit. Sie werden nicht nur durch ihren Tod, das Er-schlagen- und Zerhacktwerden, entkörperlicht, sondern auch vollständig de-personalisiert. Es bleibt nichts mehr übrig, was noch an den einzelnen erin-nert, wenn sogar das Blut sich überall verteilt und nicht ‚sauber' verströmt wird wie von Höltys Patrioten.[591] Die Erinnerung an den Krieger wird ausgelöscht, die Krieger selbst werden ausgelöscht bzw. gelöscht durch die vollständige Vernichtung, die durch eine Dematerialisierung des Körpers/die Entkörperli-chung vollzogen wird. Diese Darstellung erinnert an das Konzept des *damna-tio memoriae*, das besonders aus dem Alten Ägypten und der römisch-griechi-schen Antike bekannt ist.[592] Kern dieses Konzeptes ist die endgültige Tilgung des Andenkens an eine Person durch die Nachwelt, sei es durch Zerstörung

---

[589] Diesen Begriff scheint Stolberg von Klopstock übernommen zu haben. In *Hermann's Schlacht* fordert die Mutter des Hermann, Bercennis, den Tod aller gefangenen Römer als „Tyrannensklaven" (VIII. Szene).

[590] Bd. 22, Sp. 469

[591] Mit einem konkreten Feind, „Karl" (39), geht der Dichter noch grausiger um. Er lässt ihn drei Tage erbarmungslos in seinem Blut leiden, bis der Tod ihn erlöst. Die Folter im Angesicht des Todes scheint die einzig angemessene Behandlung für den Feind.

[592] zur *damnatio memoriae* unter anderem Boochs, *Echnaton*, S. 30 u. ö.

von Bildnissen und Inschriften oder Löschung aus Annalen und anderen Schriften. Bei Stolberg funktioniert diese Auslöschung nicht ästhetisch über die Vernichtung von Inschriften, Bildern etc., sondern im Kampf durch einen ‚unsauberen' Tod, der sich anders ausnimmt als der der Deutschen, wie im Folgenden gezeigt wird: Es kann keine Erinnerung geben, da es nichts mehr zu erinnern gibt. Jede Form, derer man hätte gedenken können, ist vernichtet; das gilt sowohl für den Körper als auch für die Identität. Dass damit auch, nimmt man Höltys Darstellung als Maßstab, das männliche Geschlecht ausgelöscht ist, versteht sich dann von selbst. Es handelt sich um eine endgültige, unwiderrufliche Zerstörung, die alles, was den Mann sonst ausmacht – also Körper und Identität, mithin als seine Männlichkeit – vernichtet und nichts übrig lässt, an das sich die Nachwelt erinnern könnte. Der Grund für diese finale Auslöschung ist die Bestrafung der unfreien Soldaten des Tyrannen, die diese Unfreiheit auch über das phantasierte, zukünftige Deutschland bringen wollen. Diese Strafe wird vollzogen von der *freien deutschen Männlichkeit*, die durch die Zerstörung von Körper und Identität der Feinde ihre Überlegenheit ausspielt; die Überlegenheit eben einer *freien deutschen Männlichkeit*. Die Krieger des Feindes bekommen diese Überlegenheit zu spüren, indem sie nicht nur getötet werden, sondern indem ihnen auch ihr Geschlecht und Zukunft im Tod genommen werden, auf die sich die deutschen Krieger freuen können, da ihr Körper und ihre Identität eben nicht getilgt werden. So figuriert Stolberg durch die Verwendung des Konzeptes des *damnatio memoriae* auch eine Differenz zwischen dem eigenen und dem fremden Geschlecht: Das Eigene überlebt, indem man sich daran erinnert; das Fremde stirbt, da keine Erinnerung zugelassen wird. Zentrale Aussage dieses Männlichkeitsdiskurses ist also: Männlichkeit kann ausgelöscht bzw. gelöscht werden, indem die Attribute derselben vernichtet werden. Ohne Körper und Identität keine Erinnerung – und keine Männlichkeit!

Die bevorstehende Freiheitsberaubung zu verhindern, dafür setzt sich wiederum die anonyme Gruppe, die als „Wir" (17) bezeichnet wird, kämpferisch ein: „Du bist frei! du bist frei! / Deutschland, frei!" (159—160), ruft die Sprechergruppe nach dem endgültigen Sieg aus. Durch das Schlachtopfer und die Macht der deutschen Krieger erlebt das Vaterland eine Art Wiedergeburt. Die Unfreiheit durch die Besetzung der Tyrannen wandelt sich zu einer kollektiven, emphatischen Freiheit, sie erneuert sich „aus dem Blutbad der nationalen Befreiungsschlacht"[593]. Doch wie anders ist dies Blut figuriert als das der Feinde! Schon die lyrische Beschreibung des Todes ausgewählter Personen – einem „Heinrich" (56) und den Brüdern „Stolberg" (104) – unterscheidet sich frappierend von der Darstellung des Ablebens der Feinde: „Es fiel, ach! es

[593] Herrmann, „Patriotismus oder Nationalismus", S. 36

fiel, / Heinrich fiel, / Jüngling und Held! Es weinte die Mutter, Weinten die Schwestern; / Im Grame starb sein junges Weib! / Ach, in ihrem keuschen Schoße / Starb mit ihr ein Heldenkind!" (55—62). Der Tod Heinrichs ist pure Tragödie für die Familie, nicht völlig unpersönlich oder blutgierig wie bei den Feinden. Es ist der Tod eines vaterländischen Ehrenmannes, der für die Freiheit seines Landes und seiner Familie eingetreten ist. Und es ist ein ‚sauberer' Tod: kein verspritztes Blut, keine Entkörperlichung, sei es durch Zerstückelung oder „nächtlicher Wölfe Raub" (54). Heinrich fällt schlicht in der Schlacht, er gibt sein Blut und Leben für die Freiheit. Dabei, und das ist wohl das Entscheidende, *bleibt* er Heinrich: Er verliert zwar sein Leben, aber weder die Form seines Körpers noch seine Identität werden durch den Prozess des Sterbens angetastet. Sein verströmtes Blut, das interessanterweise gar nicht Gegenstand des Diskurses ist, ist zwar ursächlich für die Trauer von Mutter und Schwestern sowie den Tod von Frau und ungeborenem Kind; es führt aber nicht zum *Vergessen*, zur *damnatio memoriae*. Denn diesem Vergessen werden die Feinde anheimgestellt, die keinen Körper und keine Identität mehr durch das Grauen von deutschem Schwert und germanischem Tier (= Wolf) haben. Heinrich hat Menschen in seinem Umkreis, die sein Tod betrübt, ob Mutter, Schwester oder Frau. Sein Tod ist von *Interesse*, ist menschlich – diesen Vorteil haben die Feinde nicht, die verstümmelt und gequält und im Ganzen vernichtet werden.

Während der Tod Heinrichs nur *en passant* hingestellt wird, ohne Blut, Leichenteile und Kampfhandlung, ja sogar sprachlich nur auf der militarisierten Ebene des Fallens, nimmt der Tod der Stolbergs einen anderen Raum ein. „Stolberg fochten und sanken dahin / Den schönen Tod, / Den blutigen Tod, / Den Freiheitstod!" (104—107), schreibt der Dichter pathetisch aufgeladen. Der Tod ist hier der Höhepunkt, alles ist zugespitzt auf das Sterben der Helden für die Freiheit des Vaterlands. Und dieser Tod ist groß, er hat das Potential, glorifiziert zu werden: Heinrich stirbt natürlich durch die Hand des Feindes, deshalb die Begrifflichkeit des Fallens, still, hörbar ist nur die Reaktion der Familie des Gefallenen, die weint und den Gram ebenfalls mit dem Tod bezahlt. Das ist anders bei den Stolbergs! Ihr Tod ist laut, kämpferisch, sie „fochten und sanken dahin" (104). Die Brüder finden ihr Ende im bewaffneten Kampf gegen den Feind, bis zum letzten Atemzug stehen sie nebeneinander den Reihen des Feindes gegenüber. Im Kampf offenbart sich ihr Charakter, der sich durch das „Eintreten für die Sache der Freiheit als männliche Tugend und selbstbestimmte Aktivität"[594] geprägt ist. Im Kampf und noch im Tod wird dem Gegner das Freiheitspathos entgegen geworfen: Während die sklavischen Soldaten des Tyrannen ihr Leben gegen müssen, *wollen* die deut-

---

[594] Ebd., S. 42f.

schen Männer, allen voran die Stolbergs, kämpfen und sterben. Es ist die *frei-willige* Entscheidung, für die Freiheit des Vaterlandes das eigene Leben zu ge-ben, der große Freiheitsgedanke bekommt seine Form im *letzten Gefecht* für „Volk, Vaterland und nationale Freiheit"[595]. Und der Tod ist dreifach, er wird in einem Dreischritt gesteigert bis zum Höhepunkt des Sterbens und hat da-durch verschiedene Inhalte und Ausformungen.

Die Stolbergs sterben schön, blutig und für die Freiheit (vgl. dazu, dass in Hermannsdramen die blutige Blume des Schildes mit der „Schönheit der Göttin verglichen"[596] wird). Der Tod wird auf einer sakralen Ebene ästhetisiert und zu einem Wunschgebilde ausgebaut; er ist nicht nur schön, sondern es *ist* schön zu sterben. Das *dulce et decorum est, pro patria mori* aus den *Carminae* Horaz' könnte nicht prächtiger ausgestaltet werden: Süße und Ehre verspricht der Tod und es ist klar, dass für den Autor, die erzählerische Instanz des *Frei-heits-Gesangs* und gerade die lyrischen Projektionen der Grafenbrüder dieser Satz die Erfüllung des Lebens verheißt. Man darf nicht übersehen, dass ihr Tod nicht in die Ebene des Privaten rückgeführt wird, wie es bei Heinrich der Fall ist; sein Tod hat, zumindest für die Familie, kaum Süßes oder Schönes. Bei den Stolbergs indes trifft dieses Diktum zu, als wäre es spezifisch für die-sen Kontext geschaffen worden: Das Leben ist schön, gewiss, in den Zügen des patriotischen Kampfes, aber wenn es für das Vaterland gegeben wird, er-setzt der Tod das Leben in seiner Schönheit. Das Leben des Stolbergs ist ge-macht für den Tod in „Schlachten der Freiheit" (118); der Tod wird zum Hö-hepunkt, zur absolut gesetzten Übersteigerung des Lebens. Deshalb kann er nur „schön[.]" (105) sein. Nach der Schönheit steht das Blut. Darin setzt sich die Konstitution des Todes in der Schlacht fort, indem der Inhalt des ersten Verses des Abschnittes noch einmal aufgegriffen und mit dem strömenden Patriotenblut identifiziert wird.

Der „blutige[.] Tod" (106) ist das sichtbare Resultat der Kampfhandlung, in der die Stolbergs ihr Leben gelassen haben. Die Schönheit des Todes ist das unsichtbare, sakral ästhetisierte, das Blutige setzt auf der irdisch-ästhetisierten Ebene auf, die fassbar und eben sichtbar ist. Im Blut spiegelt sich die Leistung der Patrioten wider, die ihren Lebenssaft abgeben im selbstlosen Kampf für die Freiheit. Dies sagt schon Hölty: Das große vaterländische Opfer bekommt seine Gestalt im Blut des Mannes, das zum Wohl Deutschlands vergossen wird. Man ist an die Darstellung Klopstocks erinnert: Seine Märtyrer sinken in ihrem Blut als „Purpurblumen"[597] hin, sie sterben in der Schlacht, mit bluti-gen Wunden. Das Blut bewirkt damit auch eine Ästhetisierung des Körpers,

---

[595] Ebd.

[596] Kaiser, *Pietismus und Patriotismus*, S. 137

[597] Ebd., S. 134

der zum befleckten und ausgewiesenen „Kriegskörper"[598] wird und so an spezifischem Potential gewinnt: Der von blutigen und tödlichen Wunden gezeichnete Körper des Mannes ist sein Beweis für den persönlichen Kampf fürs Vaterland. Man kann den Blutgedanken auch erweitern und auf die Ebene führen, die Klopstock seinen Hermann einnehmen lässt. Er bezeichnet sich in *Hermann's Schlacht* als „blutige[r]" (VIII. Szene) Mann; aber dieses Blut ist nicht sein eigenes, sondern das der Feinde[599]. Hermann – in seiner Rolle als deutscher Mann – macht seine römischen Feinde im Freiheitskampf in einem blutigen Gemetzel nieder, jede Form der Gewalt ist ihnen gegenüber erlaubt (man erinnere sich an die völlig entkörperlichten namenlosen Soldaten und an die Leiden Karls). Neben der Aufgabe, ihr Blut als Krieger zu opfern, werden die deutschen Männer in der Schlacht dazu aufgefordert, Mord und Hass auf den zu projizieren, der dem deutschen Volk Unrecht tut[600]: Im Namen von „Volk, Vaterland und nationale[r] Freiheit [darf] gehaßt und gemordet werden"[601].

Den spezifischen Aspekt von Männlichkeit dieser Tötungssituationen hat Peter Sloterdijk herausgestellt. Er lässt das 20. Jahrhundert mit dem ersten Einsatz von Giftgas im Ersten Weltkrieg bei der Ypern-Schlacht beginnen und stellt in diesem Kontext den Wandel in der Kriegsführung dar, der in der Intensität seines Bruches dem anthropologischen Wandel, der ab spätestens 1800 greift, ähnelt. Dabei analysiert und beschreibt er den Gestus des Tötens von Soldat zu Soldat folgendermaßen:

> Seit es Artillerien gibt, gehört es zum Metier von Schützen und Kriegsherren, sich mit unmittelbaren Schüssen an den Feind und seine Abwehrschilde zu wenden. Wer einen Gegner nach den Regeln soldatischer Ferntötungskunst ausschalten will, muß mittels eines Geschützlaufs eine *intentio directa* auf dessen Körper herstellen und den angezielten Gegenstand durch hinreichend genaue Treffer mobilisieren. Vom späten Mittelalter bis zum Beginn des Ersten Weltkriegs machte es die Definition des Soldaten aus, daß er in sich diese Intentionalität aufzubringen und zu ‚hegen' vermochte. Während dieser Zeit ist Männlichkeit mitcodiert durch die Fähigkeit und Bereitschaft, mit eigener Hand und eigener Waffe ursächlich-direkt einem Feind den Tod zu geben. Das Zielen auf den Gegner ist gleichsam die Fortsetzung des Zweikampfs mit ballistischen Mitteln. Daher bleibt

[598] Bohrer, *Großer Stil*, S. 109
[599] Vgl. den Exkurs zu Füssli
[600] Gesa von Essen ist dem *bellum iustum*-Diskurs bei Klopstock nachgegangen (von Essen, *Hermannsschlachten*, S. 124ff. u. ö.)
[601] Herrmann, „Patriotismus oder Nationalismus", S. 42

die Geste des Tötens von Mann zu Mann mit der vorbürgerlichen Vorstellung von Mut und möglichem Heldentum so eng verknüpft, daß sie selbst unter Bedingungen des Distanzkampfs und der anonymen Materialschlacht wie immer auch anachronistisch weiterwirkte. Wenn Armeeangehörige des 20. Jahrhunderts der Meinung sein konnten, sie übten noch ein „mannhaftes" und unter Kriegsprämissen „ehrliches" Handwerk aus, dann mit Berufung auf das Risiko der unmittelbaren Tötungsbegegnung. Deren waffentechnische Manifestation ist das Gewehr mit aufgepflanztem Bajonett: Sollte die (bürgerliche) Ausschaltung des Feindes durch Fernschüsse aus irgendeinem Grund mißlingen, deutet diese Waffe die Möglichkeit an, zur (adligen und archaischen) Direktdurchbohrung aus der Nähe zurückzukehren.[602]

Die dritte Bezeichnung des Todes ist der „Freiheitstod" (107). Darin kulminiert der ganze Diskurs, den der Autor mit seiner Phantasie, in dem er „wie ein Prophet die Zukunft als vergangne Zeit"[603] vorstellt, führt: Tod und Freiheit sind die beiden konstitutiven Merkmale des Textes, sie stehen neben- und bedingen einander. Ohne den Tod vieler Männer, die als „Krieger für die ‚Freiheit des Vaterlandes' [...] eo ipso [...] gerechte[.] Krieger"[604] sind, entsteht keine Freiheit; in ihrer Opferung für die Freiheit der Nation und der weiterhin dort Lebenden offenbart sich, das wurde oben bereits dargestellt, ein nationales Freiheitspathos, das absolut gesetzt über alles andere regiert. Das Leben ist nur die Vorstufe zum freiwilligen und vor allem *freudig erwarteten* Tod, und gerade der Tod in Freiheit überwiegt bei weitem das Leben in (vermeintlicher) Knechtschaft. Das Sterben im Kampf fürs Vaterland ist somit fester Bestandteil der Konstitution eines Patrioten, denn oberstes Ziel einer solchen Existenz, die als vorbildlich wahrgenommen werden soll, ist die nationale Freiheit. Und es ist, mehr noch, das oberste Ziel des *Mannes*, sich so auszuzeichnen. In diesem Tod für die Freiheit des Vaterlands finden sich die wesentlichen Inhalte der Männlichkeitskonstitution der Hainbündler wieder: Mut, Opferbereitschaft, Freiheitsdrang, Kampfeskraft, Patriotismus etc. Dieser Tod kann nur als Fixpunkt, als großes Ziel eines männlichen Lebens angesehen werden, da der Mann so die Chance hat, sich und seinen Geschlechtscharakter hinlänglich zu beweisen und als wahrhaftiger Mann darzustellen. „Bereits 1749 werden [...] ‚Nation', ‚Vaterland', ‚Deutschland', ‚Staat' als oberster Wert und zentraler Argumentationshorizont quer durch die Parteiungen ge-

---

[602] Sloterdijk, *Luftleben*, S. 11f.
[603] Zit. nach Sauer, *Göttinger Dichterbund*, Bd. 50 II, S. 67
[604] Herrmann, „Patriotismus oder Nationalismus", S. 46

setzt, wird der ‚Tod für das Vaterland' als Erfüllung des (Männer-)Lebens propagiert."[605] Damit fasst Herrmann zusammen, was bis in die späten 1770er Jahre hinein Bestand haben sollte: Sein Diktum von der Erfüllung des Lebens (des Mannes) im patriotischen Schlachtentod gilt dergestalt für die Hainbündler!

Wie oben dargestellt, fasst der Tod zahlreiche Merkmale der Männlichkeit zusammen und lässt diese in einer Art ‚Erfüllungsgedanke' münden: Der Tod, geht man von dieser Merkmalszusammenfassung aus, *ist* die Männlichkeit als höchstes Gut eines männlichen Lebens, der Mann ist nirgends und niemals so sehr Mann wie im Tod für das Vaterland. Er stellt in einem Moment alle Eigenschaften dar, die ihm sonst singulär zugeschrieben werden: Er ist Patriot (= Vaterlandsliebe); er tritt als starker Mann in die Schlacht (= körperliche und mentale Stärke; Entschlusskraft); er hat Mut im Angesicht des Feindes und seines möglichen Todes (= Mut; fester Wille); er ist frei und es dürstet ihn nach Freiheit (= Freiheitsgedanke); er steht in der Schlacht als einzelner für das Ganze (= Verantwortung gegenüber bzw. Beschützer von Bruder, Weib, Kind etc.); sein Körper wird durch die Wunden ästhetisiert (= körperlich-sexuelle Anziehung); seine Name bleibt in Erinnerung (= Ruhm/Ehre) – man könnte diese Listung wohl noch einige Zeit fortsetzen, ohne sich zu wiederholen. Im literarischen Tod (der Göttinger Hainbündler) wird sich die Vorstellung der Männlichkeit um 1800 widergespiegelt: Nimmt man Wolfgang Schmales *mind map* der „Komponenten der Männlichkeit gemäß der Anthropologie der Aufklärung um 1800"[606] als Grundlage, so erkennt man, dass aus fast allen Bereichen seines Baumes, also aus „Übersteigerungen/stellen männliches Sein in Frage", „Natürliches Sein des Mannes/körperlich-moralisch", „Körper", „Gesellschaft", „Männliche Symbole" und „Männliche Attribute"[607], solche Komponenten im Kontext von Tod aufgegriffen werden. Somit wird klar, dass der Tod nicht nur *per se* männlich ist, sondern auch eine genuin männliche Angelegenheit; Frauen haben mit dem Tod an sich nichts zu tun, sie werden bloß als Hinterbliebene figuriert, die im familialen Raum um den Mann trauern, während der Mann ja als Person der Öffentlichkeit sowohl diesen als auch den privaten (= familialen) Raum schützt. So kann zum Abschluss diese doppelte Gleichsetzung stehen: Der Tod ist männlich und die Männlichkeit findet sich wieder im Tod, sowohl im eigenen als auch in dem, den ein Mann an seinem Gegner herbeiführt, wie anhand der Ausführungen Sloterdijks gezeigt wurde.

Und die Hainbündler sind zeitgenössisch ganz nah bei Thomas Abbt, der

---

[605] Ebd., S. 44
[606] Schmale, *Geschichte der Männlichkeit*, S. 175
[607] Ebd.

1761 „unter ausdrücklichem Bezug auf den bewunderten Tod Ewald von Kleists die neue, im Heldentod jedes Einzelnen ‚Patrioten' sichtbare Allmacht des Vaterlandes"[608] rechtfertigte: Abbts „Das Vaterland hat ein Recht auf Dein Leben"[609] ist eine Vorstellung, die sich ganz leicht auf die Vaterlandslyrik der Hainbündler applizieren lässt. Unter dem Eindruck des Siebenjährigen Krieges formuliert Thomas Abbt, der sich mit dem Verweis auf seine Funktion als „Gräfl. Schaumburg Lippischer Hof- und Regierungsrath"[610] eindeutig als Mitglied des preußischen Staatsbetriebs positioniert, den Tod für das Vaterland als „Pflicht", die aus der „Liebe für das Vaterland"[611] erwächst. Diese Liebe zum Vaterland – abgesehen von der Religion – ist das einzige Mittel, die Angst vor dem Tod zu bezwingen, und nur das Hingeben des eigenen Lebens kann einen Mann zu wahrem Ruhm für die Nation führen. Abbt stellt heraus, dass der Wille, einen solchen Tod zu erleiden, wenn das Vaterland (bzw. in Stellvertretung der König) dies fordert, das herausragende Merkmal des Patrioten ist, und indem er diesen Glaubenssatz formuliert und damit viele für den Tod fürs Vaterland begeistern will, spiegelt er darin seinen schriftstellerischen Anspruch , „zum Nutzen des Staats, darin er lebt, gedacht und geschrieben zu haben"[612]. *Vom Tode für das Vaterland* formuliert ein theoretisches Modell, das als eine Art Handbuch für „Mitbürger" konzipiert ist, die damit zu Menschen „edler patriotische[r] Gesinnung"[613] heranreifen sollen. Abbt hat damit ein Regel- bzw. Verhaltensmodell entwickelt, dass die Bürger des preußischen Staates noch enger an König und Vaterland binden soll, indem suggeriert wird, dass es das höchste Gut ist, das Leben fürs Vaterland zu geben. Insbesondere soll dies wohl in Zeiten des Krieges gelten, aber die Hinweise sind eher allgemeiner Natur: Es geht um einen räumlich und zeitlich unabhängigen Appell, das Sterben fürs Vaterland innerhalb eines staatsbürgerlichen Grundverständnisses zu konstituieren und das Konzept positiv zu etablieren. Zwar gibt es keine direkten intertextuellen Bezüge des Hainbundes zu Thomas Abbts Text, aber es wird wohl recht deutlich, dass sich die Göttinger ‚ideologisch' bzw. theoretisch-historisch an Abbt orientieren und ihren eigenen Vorstellungen bei ihm (vor)formuliert finden. Sie modellieren lyrisch das, was Abbt in den Diskurs eingebracht hat.

[608] Blitz, *Aus Liebe zum Vaterland*, S. 262
[609] Abbt, *Vom Tode für das Vaterland*, S. 10
[610] Ebd.
[611] Ebd., S. 4
[612] Ebd., S. 6
[613] Ebd.

Kapitel III.6

Das Geschlecht der Anderen:
Emphase durch Abgrenzung und die Binnendifferenz der Männlichkeit

Der deutschsprachige literarische Vaterlandsdiskurs hat seit seiner Frühzeit Feindbilder gepflegt und die Abgrenzung zu einem (äußeren) Feind gesucht. Als wesentlicher Opponent wurde Frankreich ausgemacht, das spätestens seit den 1640er Jahren als Erbfeind eines deutschen Reiches galt. Hans-Martin Blitz zufolge hat dieses antifranzösische und dabei immer auch konfessionell geprägte Feindbild seinen Ursprung im Dreißigjährigen Krieg und bezog sich, „angesichts der Erfolge der katholischen Liga", nicht mehr nur auf „höfische und kulturelle Dominanz":

> Darüber hinaus ließen sich Beschwörungen der vergangenen germanischen Tugendhaftigkeit angesichts gegenwärtigen Sittenverfalls und Gottlosigkeit in Beziehung setzen zu den erlebten Verwüstungen des ‚Vaterlands' durch unzählige Truppen, die als Plünderungen und Zerstörungen der alltäglichen Lebenswelt vielfach erlebt worden waren.[614]

Aus diesen Abgrenzungen von einem äußeren französischen Erbfeind entsteht in einem zweiten Schritt ein Vaterlandsphantasma, das ein über das Germanien der Humanisten hinausgehendes Deutschland imaginiert und ‚inhaltlich' entwirft, indem die Merkmale, die dieses Deutschland prägen sollen, formuliert werden.[615]

Auch die Mitglieder des Göttinger Dichterbundes finden sich in der Reihe der Autoren, die antifranzösische Feindbilder literarisch ausgestaltet und darüber ihr Vaterland entworfen haben, wieder. Sie stehen mit ihren frankopho-

---

[614] Ebd., S. 61

[615] Hinsichtlich des Umgangs mit Frankreich war das literarische Deutschland, vor allem ab Beginn der Aufklärung um 1700, zerrissen. Denn parallel zum antifranzösischen Diskurs findet die Glorifizierung Frankreichs als nachahmenswerte Kulturnation statt, infolge dessen die „Ansicht von der Inferiorität der deutschen Kultur und Gelehrsamkeit in der ersten Hälfte des 18. Jahrhunderts" (Kemper, *Deutsche Lyrik*, Bd. 5/II, S. 1) populär wird und sich immer mehr eine *imitatio franciorum* (vgl. ebd.) durchsetzt. Als Begründer dieses Denkens wird von Kemper Christian Thomasius zu Felde geführt: In seinem *Discours Welcher Gestalt man denen Frantzosen im gemeinen Leben und Wandel nachahmen sollte* „fordert er […] zur vernünftigen Aneignung der französischen Gelehrsamkeit und Kultur auf, um auf diesem Wege ‚bel esprit' und ‚bon goût' zu erwerben und damit ein den Franzosen ebenbürtiger ‚parfait homme galant' zu werden" (ebd.).

ben Tendenzen in einer literarischen Tradition, die, durch den Ursprung im Dreißigjährigen Krieg, aus ihrer Zeit fast 150 Jahre zurückreicht. Mix hat das deutsche Frankreichbild des 18. Jahrhunderts als das eines „ganz und gar reformbedürftigen, abgewirtschafteten, höfisch-frivolen Absolutismus" identifiziert und postuliert, dass „auch die vielbeachtete, rabiate Frankophobie der Göttinger Hainbündler [sich] von einem abstrakten antihöfischen Moralismus bestimmt"[616] zeigt, der sich unter anderem gegen Wieland, von den Studenten als „Franzosennachäffer"[617] verdammt, richtete. Mix' Bewertung der Göttingen'schen Frankophobie als „rabiat[.]"[618] bewahrheitet sich angesichts der zeitgenössischen Reaktionen auf einen Text von Voß, *An die Herrn Franzosen*[619], den Mix als „provokativ-narzistische Selbstinszenierung mit antihöfischem Tenor"[620] bezeichnet. Voß schreibt in einem Brief an Brückner, sein Gedicht mache „viel Aufsehens. In Hannover, doch nur unter den Höflingen, und hier, doch nur unter den Stuzern, nimt man's sehr übel, daß ein junger Mensch sich's herausnimmt, eine ganze Nation *anzuschnauzen*"[621]. Voß ist nicht nur selbst von seinem Text überzeugt, sondern sieht auch die Bevölkerung auf seiner Seite, ausgenommen von „Höflingen [und] Stuzern"[622], die er als frankophil entlarvt und abwertet.[623]

Es geht im Folgenden nicht darum, den frankophoben Diskurs der Hainbündler nachzuvollziehen. Vielmehr wird sich auf den Aspekt der Männlichkeit konzentriert, denn die antifranzösische Lyrik ist zu einem guten Teil genderisiert: Die Abgrenzung von Deutschland zu Frankreich bzw. Deutschen zu Franzosen in körperlicher und moralischer Hinsicht ist immer auch eine innergeschlechtliche Ausdifferenzierung und Opposition zwischen Männlichkeiten, die Hervorhebung des eigenen Geschlechts wird konstruiert auf Kosten einer Abwertung des Geschlechts der Anderen. Damit stehen die Hainbündler innerhalb der vaterländischen Literatur seit dem Dreißigjährigen Krieg nicht alleine. Blitz hat in seiner Dissertation auf das (frühe) Beispiel Johann Michael Moscheroschs und seines Romans *Philander* verwiesen. Nicht nur macht Moscherosch, angesichts der damals sich konstituierenden Erb-

---

616 Mix, „Kulturpatriotismus", S. 162

617 Friedrich, „Wieland und der Göttinger Hain", Titel

618 Mix, „Kulturpatriotismus", S. 162

619 Sauer, *Göttinger Dichterbund*, Bd. 50 II, Nr. 16 [S. 184f.]

620 Mix, „Kulturpatriotismus", S. 163

621 Voß an Brückner, 17. Oktober 1773

622 Ebd.

623 Solche Abgrenzungen gibt es schon bei Gleim fast 20 Jahre zuvor: „Immer wieder werden die Feinde Preußens bei Gleim verspottet: als hinterhältig und feige, überheblich und dumm. Ausführlich schildert Gleim im ‚Siegeslied nach der Schlacht bei Roßbach' die Flucht der Franzosen und der Reichsarmee [...]" (Blitz, *Aus Liebe zum Vaterland*, S. 277).

feindideologie, die Franzosen zu den „offenbahre[n] feinde[n]"[624] des Vaterlandes. Er betont laut Blitz auch „Männlichkeitsideale der ‚Teutsche[n]
starke[n] Leiber"', die für Moscherosch die „ersehnte nationale Wehrhaftigkeit
[symbolisieren] und [...] so Träume von militärischer Stärke gegenüber der
französischen Nation" artikulieren: „Anstelle der verlorengegangenen Macht
des Reiches tritt die moralische Größe und männliche Stärke eines imagi-
nären ‚Teutschlands'."[625] Moscherosch selbst spricht von der „ehrlichen Teutschen Mannheit und Dapfferkeit", von „Aufrichtigkeit und Treue" und stellt
diesen genuin deutschen Bereichen Diffamierungen wie „eitel forchtsame Ver-
zagte Weychlinge" oder die Identifikation von frankophilen Deutschen als
„Effaeminatissima Virorum pectora [...] welche kein eigenes Hertz, kein eigenen Willen, kein eigene Sprach haben"[626] entgegen. Diese „Bedeutung von
Männlichkeitsidealen verschärft [die] Fremdabgrenzungen" und immer wieder „ist es der unmittelbare Zeitbezug zum Kriegsgeschehen, der eine altstän-
dische Absolutismus- und Hofkritik in Imaginationen eines deutschen, sitten-
reinen, männlich-starken und von Frankreich unabhängigen Vaterlandes münden läßt"[627]. Blitz demonstriert anhand seiner Quellenbeispiele deutlich, inwiefern Moscherosch innerhalb seines im Vaterlandsphantasma verhafteten
antifranzösischen Diskurses eine *Binnendifferenz der Männlichkeit*[628] aufbaut,
um Deutsche und Franzosen gegenüberzustellen und gegeneinander auszuspielen. Alles Französische wird – immer parallel gesetzt zum vaterländischen
Impetus – als unmännlich angesehen und damit radikal entwertet; im Gegenzug erscheint das Deutsche im Allgemeinen als Ausweis einer vorbildlichen
Männlichkeit, das „imaginäre[.] „Teutschland" des barocken Autors ist auf
„moralische[r] Größe" und „männliche[r] Stärke"[629] aufgebaut. Männlichkeit
und Nation gehen somit im Übrigen auch bei Moscherosch eine untrennbare
Verbindung ein.
Diese Übertragung der Binnendifferenz der Männlichkeit auf die deutsch-
französische Feindschaft und darin inkludierte Nationalisierung von Geschlecht sollen nun anhand einiger Gedichte der Hainbündler untersucht und
die Ebenen der Bedeutung dieser Genderisierung bzw. Anthropologisierung
herausgearbeitet werden. Dabei ist zu beachten, dass nicht nur in Texten, die
dem patriotischen Diskurs zuzuordnen sind, solche Tendenzen sichtbar wer-

---

[624] Zit. nach ebd., S. 66
[625] Ebd.
[626] Zit. nach ebd.
[627] Ebd. S. 67
[628] Eine Binnendifferenz findet sich auch in den literarischen Kontrastierungen vom empfindsamen Mann und dem Kraftkerl des Sturm und Drang, wie exemplarisch im letzten
Kapitel gezeigt wird.
[629] Blitz, *Aus Liebe zum Vaterland*, S. 66

den; auch andere Kontexte (Liebe, Kunst) kennen diese Thematik. Die einschlägigen Sammlungen weisen 18 Gedichte der Hainbündler aus, die sich mit dem Thema „Frankophobie" auseinandersetzen. In einem ersten Schritt werden die verschiedenen Schichten der lyrischen Angriffe auf den verhassten Nachbarn dargestellt, um dadurch zum eigentlichen Erkenntnisinteresse vorzudringen. Die Hälfte der frankophoben Gedichte stammt von Voß, fünf sind von J. M. Miller, drei wurden von Hölty verfasst, eines ist aus der Feder von F. L. Stolberg. Man kann die lyrischen Angriffe auf Frankreich in zwei große Bereiche segmentieren: Kultur und Moral. Auf beiden Ebenen geht es den Hainbündlern um eine unmissverständliche Darstellung deutscher Suprematie, entweder durch den Entwurf eines überlegenen Deutschland oder aber durch die Abwertung des Französischen.

Ein immer wieder erhobener Vorwurf ist, das Französische sei bzw. die Franzosen seien buhlerisch. Dieser Begriff findet sich häufig, auch in Abwandlungen wie „verbuhlt" oder „Buhlerscherz". Dieses „buhlerisch" identifiziert das *Deutsche Wörterbuch* als negativ: Es wird synonym gesetzt zu „freierisch" und „ehebrecherisch", in Zitaten findet sich der Begriff wieder in einer Reihe mit „schmeichelhaft" und „unehelichverliebt [sic]", der „buhlerknecht" erscheint als Liebhaber einer als Hexe figurierten Frau, und die „geilen [brünstigen; Verf.] buhlerlügen des frechen Amadis" bedürfen kaum noch einer Erläuterung.[630] Man erkennt unschwer die negative sexuelle Konnotation, die dem Adverb „buhlerisch" und allen Abwandlungen anhaftet. Das Buhlerische hat immer etwas zutiefst Fragwürdiges, Anrüchiges, und wird in keinem Kontext von seiner negativen Grundbedeutung getrennt. Der Buhler bzw. die Buhle kann nicht gut sein, da er/sie gegen jegliches Sittengesetz verstößt und seine/ihre individuelle, freizügige und ungezügelte Sexualität in den Vordergrund stellt. Je nach Anwendung erfährt der Begriff zudem noch eine Verschärfung, zum Beispiel im eben zitierten „geilen buhlerlügen des frechen Amadis"[631]: Hier fügt sich das Buhlen als Kompositum in die Reihe der moralischen Abwertungen Amadis' ein, die Bedeutung als Verweis auf die verkommene Lüsternheit der Figur ist eindeutig. Ein ganzes Arsenal an schlechten Eigenschaften wird hier aufgefahren, um Amadis zu charakterisieren, und im Zentrum stehen die „buhlerlügen"[632] als doppelt negatives Kompositum. Es geht somit, bei jeder Verwendung von „buhlerisch" und seinen Abwandlungen, um die Fokussierung auf eine immanent schlechte Eigenschaft im Bereich des Moralisch-Sexuellen. Durch diese Charakterisierung soll die Abwertung einer Figur oder Gruppe betrieben werden, indem auf Sitte, Tugend und

---

[630] Alle Zitate *Deutsches Wörterbuch*, Bd. 2, Sp. 505ff.
[631] Ebd.
[632] Ebd.

Moral rekurriert wird. Stilistisch kann man davon sprechen, dass der Begriff „buhlerisch" synekdochisch als *pars pro toto* angesehen werden kann: Die Merkmalszuweisung wirkt sich auf die Darstellung einer Figur im Ganzen aus, obwohl sie eigentlich nur einen Teil der figuralen Konstruktion, nämlich die moralisch-sittliche Ebene, berührt. Nun sind die Fragen: Wie sieht es in den beiden Texten von Voß aus, und welche Bedeutung für die Geschlechterfrage lässt sich daraus schlussendlich ziehen?

Voß formuliert in seinem jambischen, kreuzgereimten Gedicht *An den 1773ger Musenalmanach*[633] die Aufgaben dieser Gedichtsammlung. Dazu gehört unter anderem, dass der „deutsche Sang[.]" (2), der den Almanach ausmacht, „jedes freche Lied, / Das vom ungezähmten Feuer / Verbuhlter Franzen glüht" (14—16) als undeutsch markiert und vernichtet. Hier finden sich zwei Begriffe, die so im Zitat „geilen buhlerlügen des frechen Amadis" im *Deutschen Wörterbuch* vorkommen. Die Franzosen werden als „frech" (14) und „verbuhlt[..]" (16) charakterisiert, wodurch der Blick auf die moralische Verkommenheit einer ganzen Nation gelenkt wird. Es geht nicht mehr um betont vaterländisch-deutschnationale Tugenden wie Stärke, Macht und Mut, sondern allein um die Zuspitzung auf den Bereich Moral und Sitte: Der französische Lüstling, der auch die Kunst nur dazu nutzt, seiner Sexualität Vorschub zu leisten, ist *vollkommen* verdorben, indem er (sexuell) aufdringlich bzw. aggressiv ist und als Buhler durch die Welt geht. Es muss hier klar sein, dass Voß gar nicht *en detail* das positive Gegenteil dieser moralischen Anklage formulieren muss; ein doppelter Diskurs, der deutsche Vorzüge aufzählt und französische Roheiten dagegenstellt, ist nicht nötig. Der Verweis auf die symbolische Nationalität des „Sangs" (2) ist hinreichend, denn darin ist die moralische Überlegenheit des Deutschen enthalten. Deutsch ist moralisch, französisch unmoralisch – diese Gleichung, die schon bei Moscherosch gute 130 Jahre früher Gültigkeit hat, wird hier einmal mehr aufgestellt. Interessant ist die Tatsache, dass die Kunst in diesem Text anthropologisiert wird, um die Unterscheidung der beiden Völker zu demonstrieren: Auf das Liedgut, das auf deutscher Seite der zu jener Zeit noch von Boie herausgegebene Musenalmanach darstellt, werden menschliche Charakteristika übertragen, um davon ausgehend eine nationale Bewertung vorzunehmen. Die Kunst hat bei Voß den Nutzen, das Volk zu repräsentieren, und zwar auf einer gleichsam menschlichen Ebene, so dass der Rückschluss von Kunst auf Nation statthaft wird. Wie die Kunst, so der Mensch, so die Nation: Der Mensch steht zwischen den beiden Kategorien, die er durch seine Anlage prägt. Gleichzeitig eröffnet Voß einen ungewöhnlichen Männlichkeitsdiskurs: Wenn er schreibt, das Lied glühe vom „ungezähmten Feuer / Verbuhlter Franzen" (15—16) liegt ganz

---

[633] Kahl, *Bundesbuch*, Bd. 1, Nr. 69 [63f.]

eindeutig eine geschlechtliche Kodierung vor, die unbedingt untersucht werden muss, da sie von immens wichtiger Bedeutung für das bündische Männlichkeitsverständnis ist. Feuer ist, so hat unter anderem Wolfgang Schmale nachgewiesen, eine natürliche Komponente von Männlichkeit und gehört laut seiner Männlichkeitsgeschichte zum körperlich-moralischen Bereich des Geschlechts[634].

Doch was heißt das, wenn die körperlich-moralische Männlichkeit der Franzosen, symbolisiert im Feuer, von Voß negativiert wird? Heißt es, dass Männlichkeit generell als französisches Merkmal figuriert wird, während dem Deutschen die Männlichkeit abgeht und die Lieder stattdessen „honigsüß[..]" (6) und harmonisch (vgl. 8) sind? Wird eine Opposition eröffnet zwischen negativer feuriger Männlichkeit und süßlichem Verhalten, das nicht männlich semantisiert ist, vielmehr durch die Fokussierung auf das Weiche und Süße des Honigs nach einer weiblichen Chiffre klingt? Der Text gibt einen deutlichen Hinweis darauf, weshalb die französische Männlichkeit defizitär ist: Die nicht näher konkretisierte Sprechinstanz, die den Musenalmanach adressiert, bezeichnet das Feuer, also die Männlichkeit, als „ungezähmt[..]" (15) und verweist so auf die Ausprägung von Männlichkeit, nicht das Geschlecht an sich. Die Übersteigerung von Männlichkeit, ein ungehemmter männlicher Habitus, der sich auf dem Wunsch nach Sexualität, nach Buhlerei begründet, wird kritisiert. Es geht ausschließlich um die moralische Ebene, auf der körperlich-geistige Tugenden angesiedelt sind; diese Tugenden beziehen sich vor allem auf eine konservative Sexualmoral, die jede Lüsternheit der frankophilen „Wollustsänger"[635] ausgeschaltet hat und keinesfalls in diese Richtung tendiert. Das heißt konkret: Die Männlichkeit des Franzosen ist eine falsch verstandene Männlichkeit, die ungezügeltes sexuellen Verlangen zum Maßstab nimmt, um sich auf dieser Basis und für dieses Aspekt allein zu konstituieren. Männliches Feuer wird somit dann zu einem Problem, wenn es falsch verstanden wird und nur auf die Erfüllung körperlicher Phantasien ausgerichtet ist. Im männlich-weiblichen Diskurs, den die Franzosen der lyrischen Sprechinstanz zufolge führen, bewirkt „ungezähmte[s] Feuer" (15) die Verrohung der Weiblichkeit, indem es „Mädchen [zu] Abentheuer[n]" (13) motiviert, die sich für die traditionell tugendhafte deutsche Frau nicht gehören. Schließlich sind „Treu' und Redlichkeit" (J. M. Miller, *Sittenverderb*[636], 11) genuin und althergebrachte deutsche Tugenden, die durch der „Franzen […] Lasterthaten" (13 —16) gefährdet sind. Unter diese „Lasterthaten" (16) wird unter anderem die Buhlerei subsumiert, so dass das Deutschsein, um wieder auf Vossens Text zu-

---

[634] Schmale, *Geschichte der Männlichkeit*, S. 175

[635] Hölty, *Der Wollustsänger*, in: Hölty, *Gesammelte Werke und Briefe*, S. 108

[636] Sauer, *Göttinger Dichterbund*, Bd. 50 I, Nr. 52 [S. 192]

rückzukommen, durch die falsch verstandene französische Männlichkeit bedroht wird. Das „ungezähmte[.] Feuer / Verbuhlter Franzen" (15—16) hat das Potential, Deutschland und seine traditionelle Tugendhaftigkeit mitten ins Mark zu treffen und es zu einem Land zu machen, in dem, wie es in Vossens F. L. Stolberg gewidmeten „kulturpatriotische[n] Ode"[637] *Mein Vaterland* heißt, „nach Wollust schnaubt der lodernde Jüngling [und] / Der Mann nach Gold" (29—30) und in dessen urgermanischen „Myrtenhain[en] / Lustwandeln frecher Mädchen Chöre, / Schmachtend in Galliens geilen Tönen"[638] (30—32).

Männlichkeit wird nicht ausschließlich als hohes Gut angesehen. Sofern der Träger der Männlichkeit sein Geschlecht durch seine sittenlose Verkommenheit falsch einsetzt, entsteht aus dieser Männlichkeit nur Schlechtes, Schädliches; das Geschlecht entwickelt das Potential, eine Nation zu verrohen und nachhaltig zu beschädigen. Das ist die explizite Bedeutungsebene dieses Geschlechterdiskurses, den Voß hier führt. Auf der impliziten Ebene entwickelt er eine oppositive Männlichkeit zwischen Frankreich und Deutschland. Wenn die Franzosen durch ihr Feuer nur darauf aus sind, ihre eigene sexuelle Phantasie auszuleben, schützen die Deutschen kraft ihrer Männlichkeit Frau und Land vor diesem Unheil. Deutsche Männlichkeit ist tugendhaft und vaterländisch markiert, das erkennt man sowohl an den geographischen Einlassungen („Der fernste Winkel Deutschlands" (5)) als auch an der germanophil-vergangenheitsseligen Bezeichnung „Der edle Bardensohn" (20): Der neue Barde als zeitgenössisch ‚germanischer' Dichter und Sänger, der direkt auf Hermann den Cherusker zurückgeht, wird vom Musenalmanach zu seinem sittsam-patriotischen (künstlerischem) Dasein inspiriert, und ganz Deutschland ist erfüllt vom „honigsüße[n] Lied" (6). Diese Verbindung steht in Opposition zur buhlerischen Männlichkeit der Franzosen und verteidigt das deutsche Vaterland in seiner Ganzheit, vor allem aber die Tugend der Weiblichkeit. Dies wird deutlich, wenn der Almanach personifiziert und genderisiert wird, um Belinden, einem Symbol für Weiblichkeit, zu behüten; damit bekommt Kunst eine eindeutig *männliche* Position und Schutzfunktion zugewiesen:

---

[637] Fischer, *Ode*, S. 28

[638] Hier finden sich einige der Aspekte, die unter anderem auch in *An den 1773ger* verarbeitet werden: die Charakterisierung unsittlicher Verkommenheit durch die Begriffe „Wollust" (29), „frech[..]" (31) und „geil[..]" (32) und der Verweis auf eine falsch verstandene Männlichkeit („der lodernde Jüngling"), die hinführt zu dem beschriebenen Zustand der Verkommenheit. „Lodernd[.]" (29) ist synonym zum „Feuer" und deutet auf eine falsche Männlichkeitskonzeption hin, die ausschließlich auf sexuellem Verlangen sich begründet; das Geschlecht wird bzw. die Potenziale des Geschlechts werden nur zur Erlangung dieser negativen, da undeutschen Ziele eingesetzt.

Läßt dich in Rosenseide binden, / Den Schnitt mit Gold' umziehn, / und bringet freudig dich Belinden / Zu einem Opfer hin. / Dann wirst du stets ihr folgen müßen, / Geliebtes Büchelchen; / Ihn denkend, wird sie oft dich küßen, / Und schüchtern um sich sehn. (21—28)

Dieses „honigsüße[.] Lied" (6) nun ist Beschreibung von deutscher Kunst, die, das wird die Arbeit noch erweisen, fast ausschließlich männlich kodiert ist (was, wie soeben gezeigt wurde, auch in diesem Gedicht gilt), und man muss sich fragen, weshalb ‚weibliche' Chiffrierungen genutzt werden, um den männlichen Musenalmanach zu charakterisieren. Es ist zu vermuten, dass Voß bewusst eine semantisch unmännliche Opposition geschaffen hat, um den fatalen Unterschied zwischen der deutschen und französischen Männlichkeit zu illustrieren. Die französische Männlichkeit ist schäbig und schädlich, sie ist „verbuhlt[..]" (16) und verführt die generell eigentlich tugendhaften, da deutschen Mädchen zu unsittlichen „Abentheuer[n]" (12). Damit tritt diese Männlichkeit nicht nur zutiefst amoralisch, sondern auch ehrabschneidend und destruktiv auf, indem die keuschen Frauen, der Stolz Deutschlands, angegriffen und in ihrer „Lieb' und Treu" (*Sittenverderb*, 6) gegenüber den deutschen Männer beschädigt werden. Männlichkeit steht also nicht nur traditionell der Weiblichkeit binär gegenüber, sondern wird für gezielte Angriffe gegen das andere Geschlecht eingesetzt, um damit Weiblichkeit und infolgedessen auch die Nation in aller Schärfe zu treffen. Ganz anders stellt sich die deutsche Männlichkeit dar. Ihr Anliegen ist es, die Weiblichkeit gegen die falsch verstandene, da ungezähmte Form von Männlichkeit zu schützen, die die Franzosen ausleben. Dadurch bleibt Voß dem klassischen Muster der männlichen Schutzfunktion verhaftet, führt sie gleichzeitig aber auf eine neue Ebene: Der deutsche Sang, der von Voß an anderer Stelle als tugendhaft und zärtlich-unschuldig (*An André*, 25) markiert wird, steht mit solchen Charakteristika für die Weiblichkeit ein, die sonst dieser zugesprochen werden.

Damit positioniert sich die deutsche Männlichkeit doppelt: in der klassischen Rolle des vorgeschalteten und übergeordneten Beschützers und auf gleicher Ebene. Dies widerspricht auf beiden Bedeutungsstufen „dem ungezähmten Feuer / Verbuhlter Franzen" (15—16), denn die Franzosen sind in ihrer Männlichkeit böswillige Angreifer (erste Ebene) und leben in einer geschlechtlich geschaffenen Suprematie gegenüber der Frau (zweite Ebene). Die ungezügelte französische Männlichkeit hat keine Elemente der Weiblichkeit, weil sie diese sich unterordnet und für ihre sexuell-amoralischen Zwecke missbrauchen will. Sie ist damit ein anti-weiblicher Entwurf und in ihrem eigenen Geschlecht isoliert. Diese Isolation bricht die deutsche Männlichkeit durch ihre Anbindung an das Weibliche, was durch die Identifikation als „honigsüß[..]" (6) deutlich gemacht wird, auf: Die national geprägte Männlichkeit, symbolisiert im „deutschen Sang[.]" (2) des Musenalmanachs auf das Jahr 1773, ist, trotz des generell traditionellen Geschlechterentwurfs, der die Männlichkeit als kraftvolle Schutzposition figuriert, pro-weiblich und gerade durch diese Pro-Weiblichkeit anti-französisch. Männlichkeit erscheint durch diese Ausprägungen als zweischneidiges Schwert: richtig verstanden, schützt sie Vaterland und Weiblichkeit, Moral und Tugend; ist sie ungezähmt, verkehrt sie sich ins negative Gegenteil und wertet sich durch ihre anti-tugendhafte und amoralische Haltung, die sich gegen Vaterland und Weiblichkeit der Deutschen richtet, selbst ab.

Immanuel Kant hat in seinen 1764 erschienen *Beobachtungen über das Gefühl des Schönen und Erhabenen* von der Differenz des Schönen und Edlen bei den Geschlechtern gesprochen: Während die Frauen einen „s c h ö n e [n] V e r s t a n d " und eine „s c h ö n e T u g e n d" haben, zeichnet sich der Mann durch einen „t i e f e [n] V e r s t a n d" und eine „e d e l e T u g e n d" [639] aus. Vossens Männlichkeitsdarstellung greift durch ihre doppelte Struktur auf beide Ebenen der kantischen Überlegungen zurück. Die ,männliche' Männlichkeit bekommt ihre edle und tiefe Bedeutung, indem das Geschlecht zur Verteidigung von Moral und Tugend und damit Weiblichkeit und Vaterland eingesetzt wird. Das „E r h a b e n e [ist] das Kennzeichen" dieser Männlichkeit, und das Erhabene und Edle definiert ihre Talente, die sich von denen der Frau abheben und durch die sie seinen „Mangel[.] von Büchergelehrsamkeit und [...] anderer Mängel"[640] kompensieren muss. Gleichzeitig weist Voß das männliche Geschlecht des Musenalmanachs als eine Art ,weibliche' Männlichkeit aus, und das nicht nur, indem er diese Männlichkeit als ,sanften' Gegenpol zur ungehemmten Virilität der Franzosen artikuliert. Kant definiert die Weiblichkeit in ihrer „s c h ö n e [n] T u g e n d" als Trägerin eines „feine[n] Gefühl[s] für Anständigkeit" und Anhängerin „sittlich schön[er]" Handlungen"[641]. Diese schöne Sittlichkeit schließt sexuelle Abenteuer, begründet durch das ungezähmte Feuer der Franzosen, aus, zumal die Ehe „wesentlich Monogamie"[642] ist. Der „honigsüße[.]" (6) Musenalmanach enthält diese Vorstellung von Sittsamkeit in seiner weiblichen Semantisierung, vergisst dabei aber nicht die Zuweisung der männlichen Erhabenheit.[643]

---

[639] *Philosophische Geschlechtertheorien*, S. 199ff.

[640] Ebd., S. 200

[641] Ebd.

[642] Hegel, *Grundlinien der Philosophie des Rechts*, Dritter Teil, Erster Abschnitt, § 168

[643] Auch Friedrich Schiller hat diesen Diskurs geführt und in seinen theoretischen Schriften ausgearbeitet. Kyeonghi Lee hat in ihrer Dissertation auf die „Konstruktion der Geschlechterdifferenz" (Lee, Weiblichkeitskonzeptionen, S. 33) hingewiesen, die auf dem „Be-

Die Vorstellung tugendhafter deutscher Kunst, die gegen der „Franzen Ge-sang" (46), der als „Buhlerscherz" (42) identifiziert wird, antritt, um deutsche Weiblichkeit in ihrer Sittsamkeit zu behüten, findet sich auch in Vossens *Der Minnesang*[644]. Die „Töchter Germaniens" (41) sollen das „schmachtende Lied" (41), das urdeutsche Minnelied, einüben, um sich nicht durch der „Franzen Gesang, und der Ausonische / Schmerz in rasenden Opern [zu] entheiligen" (46—48). Vossens „entheiligen" (48) steht parallel zu Millers „entehre[n]" (2), das sein weibliches lyrisches Ich in *Das deutsche Mädchen an ihr Clavier* an-führt, um die negativen Potentiale Frankreichs und Italiens zu enthüllen. Auch hier sticht die Genderisierung der Kunst ins Auge: Fasst man den Kunstgedanken innerhalb der Hainbundlyrik als männlich auf, hat die deut-sche Kunst eine Schutzfunktion für die Weiblichkeit, wohingegen die romani-sche auf die Schädigung der deutschen Weiblichkeit abzielt. Zwei Männlich-keitskonzepte – tugendhaft vs. amoralisch – stehen sich dementsprechend auch hier gegenüber, und somit wird durch den Hinweis auf das Buhlerische die Opposition zwischen dem Geschlecht der Deutschen und dem der Fran-zosen auf der Basis eines Tugenddiskurses eröffnet und exemplifiziert. Die beiden Positionen innerhalb eines biologischen Geschlechts stehen sich dia-metral gegenüber und sind unvereinbar.[645]

---

griffspaar ‚Anmut und Würde' oder ‚Schönheit und Erhabenheit' projiziert wird" (ebd.): „Im Gegensatz zu den Überlegungen zur Anmut, in denen die Frau durch statische und passive Charaktereigenschaften beschrieben wird, entwickelt sich die Konzeption der Wür-de zu einem repräsentativen Modell der aktiven und selbständigen Männlichkeit. Die Wür-de bezeichnet durch die geistige Widerstandskraft gegen die Naturgewalt eine erhabene Haltung." (ebd., S. 24f.) Die männliche Würde bzw. Erhabenheit steht der weiblichen An-mut gegenüber, und Schillers Verständnis der Begriffe trennt die Geschlechter voneinander. Damit befindet er sich nahe bei Kant.

[644] Kahl, *Bundesbuch*, Bd. 1, Nr. 114 [S. 103f.]

[645] In Vossens *Mein Vaterland* nimmt sich der Vorwurf der sexuellen Ruchlosigkeit und da-mit moralischen Verkommenheit der Franzosen anders aus (vgl. insbesondere die Interpre-tation oben): „Nach Wollust schnaubt der lodernde Jüngling jetzt, / Der Mann nach Gold; im dämmernden Myrtenhain / Lustwandeln frecher Mädchen Chöre, / Schmachtend in Galliens geilen Tönen." (29—32). Hier wird die antifranzösische Parole aus anderer Sicht formuliert: Die gegenwärtige Verkommenheit des Deutschen bzw. der Deutschen basiert auf der Übernahme französischer Lebensart. „Galliens geile[.] Töne[.]" (32) ist die Chiffre für das umfassend Negative, das Frankreich ausmacht und nach Deutschland hinüber-strahlt. Beide Geschlechter sind davon betroffen, Sitte und Moral sind dem Verfall anheim-gestellt. Johann Martin Miller führt den negativen Einfluss, den Frankreich auf deutsche Frauen und damit die Nation an sich hat, folgendermaßen aus: „Nicht Flittergold und Pup-pentand liebe sie, / Den, mit dem Keim des Lasters, Lutetien / Zuerst dem deutschen Mädchen sandte, / Eh es der Unschuld Gewand verschmähte!" (*Die Geliebte*, 5—8 (Sauer, *Göttinger Dichterbund*, Bd. 50 I, Nr. 26 [S. 169]). Diese Verse enthalten eine Belehrung, wie das „deutsche Mädchen" (7) nicht sein sollte; und diese negative Verhaltensweise entsteht

Eine ebenfalls unleugbare geschlechtsinterne Opposition wird in der Kategorie „(zwischenmenschliches) Verhalten" eröffnet.[646] Deutsche Wesensart im Umgang mit Freunden, zumeist selbstreferentiell exemplifiziert in den gruppenspezifischen Bundesgedichten, wird folgendermaßen beschrieben: „Der Busen schlug, es schwieg der Mund, / Wir drükten hand in hand, / Und schwuren feierlich den Bund / Zu lieben unser Land. [...] Dem Jüngling lach' er immer schön, / Der treu und bieder ist! / Mit bleicher Schande dekk' er den, / Der seines Schwurs vergißt!" (Johann Martin Miller, *Der Bund*[647], 1—4; 13—16); „Ein Mann ein Mann! Ein Wort, ein Wort! / So schwur der Väter Mund. / Dann gieng ein jeder ruhig fort; / Und hielt auf seinen Bund." (*Sittenverderb*, 1—4); „Ich thu's, und sag's umarmend ihm, / Nicht fein, nach Franzenbrauch! / Nein! frey und deutsch: Dich liebt mein Herz, / Und ist dein werth!" (*An Hahn*, 25—28); „So schwuren wir; und drükten / Uns allen brüderlich die Hand; / Und nannten drauf / Uns Brüder. – waren's auch dabei" (Johann Martin Miller, *Bundes-Lied*[648], 29—32). Man erkennt aus dieser Aufstellung den Ansatz, den die Hainbündler verfolgen: Das deutsche Verhalten unter Männern ist immer von einer in einem gewissen Sinne einfachen Ehrlichkeit geprägt. Händedruck, Umarmung, reduzierte Rede, ein umfassender Bundesgedanke – das sind die Rahmenbedingungen, unter denen sich die Männer in den Gedichten begegnen und die als Elemente zu einem konstitutiven Teil ihrer genuinen Geschlechtlichkeit werden. Das völlige Gegenteil davon wird zur Beschreibung der französischen Wesensart auf dieser Ebene formuliert. Im Kontext einer bei den Hainbündlern virulenten Primitivismusdebatte, die die Abkehr von ‚höfischen' Verhaltensweisen, materiellem Besitz und städtisch-gesellschaftlichen Lebensformen an sich proklamiert und die Einfachheit des Lebens, zum Beispiel auf dem Lande, preist, wird Frankreich mit diesen abgewerteten Bereichen in Verbindung gesetzt bzw. identifiziert (damit fällt es ab von jedem Bundesgedanken), während das Deutsche in seiner Einfachheit einer positiven Bewertung unterzogen wird. Die damit korrespondierende Stelle in Rousseaus *Discours sur l'origine et les fondements de l'inégalité parmi les hommes* lautet:

Alle natürlichen Eigenschaften sind nun in Aktivität versetzt, der Rang und das Schicksal eines jeden Menschen sind festgelegt, nicht

durch französischen Einfluss. Damit kann die grundsätzliche Negativität des Französischen deduziert werden.

[646] Zwar gibt es in dieser Arbeit ein eigenes Kapitel zum Freundschaftsdiskurs, aber die folgenden Gedanken beziehen sich auf die geschlechtlich begründete Opposition zwischen Deutschland und Frankreich; deshalb gehören sie zwingend an diese Stelle.

[647] Kahl, *Bundesbuch*, Bd. 1, Nr. 86 [S. 78f.]

[648] Ebd., Bd. 1, Nr. 1 [S. 9f.]

nur in bezug auf die Menge der Güter und die Macht, zu nützen oder zu schaden, sondern auch in bezug auf den Geist, die Schönheit, die Kraft oder die Geschicklichkeit, in bezug auf das Verdienst oder die Talente; und da diese Eigenschaften die einzigen waren, die jemandem Achtung eintragen konnten, so wurde es bald notwendig, sie zu besitzen oder sie vorzutäuschen; man mußte sich nun um seines Vorteils willen anders zeigen, als man wirklich war. Sein und Scheinen wurden zu zwei völlig verschiedenen Dingen, und aus dieser Unterscheidung erwuchsen der überwältigende Prunk, die täuschende List und alle Laster, die deren Gefolge bilden.[649]

Gerade der letzte Gedanken über „Sein und Scheinen" spiegelt sich im Diskurs über die (verlogene) französische Lebenskunst der Hainbündler wider: Sie stehen im völligen Gegensatz zur Einfachheit der Deutschen, die hier als eine Form des Naturzustandes nach Rousseau aufgefasst wird, um die Opposition deutlich zu machen. Die Göttinger setzen die Elemente aus dem *Discours* in anderer Wortwahl um, um die Verkommenheit der Franzosen aus ihrer deutschnationalen Sicht abzubilden: „Hohn gesprochen allen denen, / Die mit Galliens Gezier / Unsre NervenSprache höhnen! / Ihrer spotten wollen wir!" (*Deutsches Trinklied*, 13—16); „Ich thu's, und sag's umarmend ihm, / Nicht fein, nach Franzenbrauch! / Nein! frey und deutsch: Dich liebt mein Herz, / Und ist dein werth!" (*An Hahn*, 25—28); „Sie miskennet mein Herz, wähnet mich kalt und dumm, / Weil kein goldener Prunk mir vom Gewande blitzt, / Und mein Fuß die Talente, / Die Lutetien lehrt, nicht hat." (Hölty, *Sehnsucht nach Liebe*[650], 21—24); „Es war kein Schwur; es war ein Blick, / Und drauf ein Druck der Hand, / Der, Freund, im ersten Augenblick, / Mein Herz an deines band. / Der Deutsche kennt den Deutschen bald, / Am offenen Gesicht, / Am Feuer, das vom Auge wallt, / Am Ton, worin er spricht. / So kannt' ich dich! Es sprach dein Ton / In wenig Worten viel; / Dem leeren Franzen sprach er Hohn, / Und in mein Herz Gefühl." (Johann Martin Miller, *Minnehold an Teuthard*[651], 1—12). Es geht den Hainbündlern nicht nur um die ‚wasserdichte' Abgrenzung vom Deutschen zum Französischen im Allgemeinen, sondern um die Darstellung virulenter Unterschiede im Kontext eines deutschen Bundesgedankens, die sie zum konstitutiven Element ihrer Vereinigung, der Lyrik und auch des Männlichkeitsdiskurses erhoben haben! Es wird anhand der Textbeispiele deutlich, dass das Feine, der höfische Gestus des Franzosen im Widerspruch zu den Empfindungen der Hainbündler steht,

---

[649] Rousseau, *Abhandlung*, S. 88
[650] Sauer, *Göttinger Dichterbund*, Bd. 50 I, Nr. 1 [S. 40]
[651] Ebd., Nr. 12 [S. 150f.]

welche durch die Verwendung von Substantiven wie „Mann", „Väter", „Bund" und „Brüder" oder auch durch die Situierung im Liebesmonolog einer männlichen lyrischen Sprechinstanz als grundsätzlich genderisiert erscheint.

Insofern kann man konstatieren: Wenn die deutsche Männlichkeit, in diesem Kontext, auf einem ehrlichen, treuen und schlicht simplen Verhalten basiert, so steht das französische männliche Geschlecht dazu im Widerspruch. Diese antimännliche Tendenz des Französischen kann als zutiefst weiblich identifiziert werden, indem Rousseaus Geschlechterdiskurs, den er in seinem Text *Emile* entwickelt, aufgegriffen wird. Rousseau setzt die List, die Kunst der Verstellung, als eines der weiblichen Elemente schlechthin: „Die List ist die Naturgabe dieses Geschlechts."[652] Freilich sieht Rousseau diese weibliche List nicht als schlecht an, da für ihn „alle Naturgaben gut und richtig sind"[653] – in diesem Untersuchungskontext gilt dies nicht. Es ist klar, dass aus deutscher Perspektive die französische List schlecht ist, und wenn durch diese Merkmalsinversion die französische Männlichkeit auf sekundärer Ebene durch Weiblichkeit ersetzt wird, steht man vor dem Ergebnis einer Abwertung dieser fremden Männlichkeit auf ganzer Linie. Die beiden Männlichkeiten sind zueinander in Opposition gesetzt und das nicht nur aus geschlechtsinterner, sondern zugleich aus geschlechtsdifferenter Sicht; der Widerspruch wird aus doppelter Sicht aufgebaut, die französische Männlichkeit damit doppelt vorgeführt und negativiert. Sie steht aus männlicher deutscher Sicht sowohl als Zeichen für verdorbene Männlichkeit als auch für Unmännlichkeit (= Verweiblichung) da. Dem Mann, dem List und Verstellung beigelegt wird, kann nichts Gutes daraus erwachsen.

Im antifranzösischen Diskurs wird parallel zur Abwertung der französischen Männlichkeit damit freilich auch ein deutsches Männlichkeitsprogramm entworfen. Eine Form dieser Entwicklung ist innerhalb der vorangegangenen Untersuchung bereits dargestellt worden: Deutsche Männlichkeit ist immer nicht-französische Männlichkeit, da implizit und explizit immer eine Binarität entwickelt wird, sowohl zwischen den Nationen und deren Ausprägungen als solches als auch zwischen den Geschlechtern. Also gilt: Der Gegensatz der als französisch definierten Merkmale von männlichem Geschlecht prägt die deutsche Männlichkeit. Ist der Franzose listig, ist der Deutsche ehrlich; setzt der Franzose seine (übersteigerte) Männlichkeit, sein Feuer, für moralisch Fragwürdiges ein, erscheint der Deutsche als besänftigter Mann, dessen Geschlechtsausprägung weibliche Merkmale einschließt und damit auf eine Art symbolisch zwischen den Geschlechtern changiert. Im Folgenden werden zwei Texte untersucht, in der deutsche Männlichkeit aktiv formuliert und an

---

[652] Rousseau, *Emile*, S. 401
[653] Ebd.

Frankreich gemessen wird. Bisher war es Anliegen, die Darstellungen eines negativen französischen männlichen Geschlechts aufzuzeigen und innerhalb der daraus entstandenen Binarität auf spezifisch deutsche Männlichkeitsmerkmale hinzuweisen.

Der von Hölty selbst als Idylle bezeichnete Text *Das Feuer im Walde*[654] modelliert in einer realhistorischen Situation die soldatische Männlichkeitsphantasie eines Knaben, die sich am Franzosenhass entzündet. Interessant an der Idylle ist der Widerspruch, der vom Autor aufgebaut wird, um zur *conclusio* zu gelangen. Der „alte[r] Kriegsknecht" (26), ein „preußischer Soldat" (31), dem die beiden „Knaben [im] Hayn" (1) begegnen, muss „vor fremden Thüren betteln" (34), da er „in der Schlacht bey Kunnersdorf / Das Bein verlor" (32—33). Dieses Bild des verkrüppelten Bettlers, der erst durch den Soldatenstand dazu geworden ist, schreckt den Knaben Hans, die zweite Sprechinstanz in *Das Feuer im Walde* (der andere Knabe Töffel bleibt stumm und nur Adressat); er entscheidet nach diesem Anblick und der kümmerlichen Rede des ehemaligen Soldaten, dass er bei „[s]ein[er] Seel" (43) kein Soldat werden will (43). Lieber „wandre [er] hintern Pflug" (44): „Da sing ich mir die Arbeit leicht, / Und spring und tanze wie ein Hirsch, / Und lege, wann der Abend komt, / Mich hintern Ofen auf die Bank." (45—48). Hans zieht also das mühselige, aber betulich-einfache Leben eines Bauern – die Mühsal ist symbolisiert im Pflug und dem Beständigkeit und Wiederholung suggerierenden Bewegungsverbum „wandern" (vgl. 44), die ländliche Einfachheit im Phantasma des Tagesablaufs – dem des Soldaten vor. Wie unterschiedlich doch diese Darstellung im Vergleich zu Stolbergs Knaben! Diesem vermeintlichen Bürgerssohn erscheint nichts höher als der Waffendienst für sein Vaterland, den er von seinem Vater vorgelebt bekommen hat. Stolbergs deutscher Knabe will seine zivile Existenz und seine Kindheit aufgeben für das Leben als Soldat. Dieser Auffassung steht Höltys Hans völlig entgegen. Falls, dies wird nicht herausgestellt, dass Leben als Soldat für ihn überhaupt je zur Disposition gestanden hätte, die Begegnung mit dem bettelnden Krüppel, dem anonymen Opfer einer Schlacht des Siebenjährigen Krieges, hat ihn in jedem Falle vollständig desillusioniert. Und zwar dergestalt, dass er spontan, unter dem Eindruck der konkreten Situation („Lieber Gott! / Sprach Hans, und sahe Töffeln an" (41—42)) den völligen Gegenentwurf zum Soldatentum wählt. Hans lehnt damit das Männlichkeitsmodell, das die Hainbündler innerhalb ihres Vaterlandsdiskurses zum Leitmodell erheben, ab – aber mit einer Einschränkung. Denn Hans macht klar: Sein Leben als Bauer wandelt sich in dem Moment zu einem soldatischen, wenn der „Schelmfranzos […], / Der uns die besten Hüner stahl" (49—50) zurückkommt. Dann nimmt er „einen rothen Rock / Und auf den Puckel

---

[654] Hölty, *Gesammelte Werke und Briefe*, S. 190f.

[s]ein Gewehr" (52—53) und zieht gegen den „Schelmfranzos" (54) ins Gefecht, den er sich mit den Worten „Dann komm nur her" (54) in seinem durch den Gedanken an Frankreich erweckten Furor herbeiphantasiert. Der Franzose, der als Verbrecher und Bedrohung dargestellt wird (der angehende Bauer fürchtet durch die westlichen Hühnerdiebe um seine Lebensgrundlage und Existenz!), ist der Motor für die Männlichkeitsphantasie des Knaben: das Schultern des (möglicherweise als Phallus figurierten) Gewehrs, die blutrote soldatische Uniform, der imaginierte Kampf gegen den französischen Feind in einer lyrischen Eins-gegen-Eins-Situation[655]. Höltys Idylle verdeutlicht also, inwiefern das französische Feindbild zu männlichem Denken und Handeln animiert: Die Männlichkeit des Knaben wird nur dadurch aktiviert, dass er den Einfall französischer Soldaten imaginiert, gegen die es zu kämpfen gilt. Er tritt, angesichts dieser Situation, aus der geschlechtsneutralen Existenz des Bauern[656] hinaus und in die männliche Existenz des Soldaten hinein. Der fremdenfeindliche Diskurs ist damit Grundlage für eine spezifische Konstitution von Männlichkeit; einer Männlichkeit, die ihren einzigen Zweck darin sieht, gegen Frankreich ins Gefecht zu ziehen, um diesen Feind zu besiegen. Ist dieser Auftrag erfüllt, wird die Männlichkeit wieder zugunsten der geschlechtsneutralen Existenz abgestreift.

Wiewohl schon einmal daraus in diesem Abschnitt zitiert, ist Millers Widmungsgedicht *Minnehold an Teuthard*, in dem er aus bardischer Perspektive seinen Bundesbruder Hahn adressiert, einen weiteren Blick wert. Vor allem die zweite und dritte Strophe eröffnen abseits des gruppeninternen, freundschaftsgetriebenen Bundesgedankens eine neue Kategorie der Textbedeutung. Das lyrische Ich bezieht sich in seiner emphatischen Anrede auf einen Männlichkeitsgedanken, den es in der Gestalt Teuthards (Hahn) bestätigt sieht:

---

[655] Die Bezeichnung „Schelmfranzos" kann *pars pro toto* stehen, muss sie aber nicht. Sie kann wohl auch tatsächlich singulär verstanden werden, um den Konflikt Mann gegen Mann zu verdeutlichen, in dem sich der Knabe zur Verteidigung von Haus und Hof wiederfinden will, zu verdeutlichen. Diese Verteidigung von Haus und Hof ist für den Knaben in seinem Kampfeswahn das eigentlich Bedeutsame: Es geht primär weniger um das Vaterland als übergeordnete Kategorie, sondern vielmehr um das eigene Leben, dass der Knabe als Soldat gegen die französischen Räuber und Diebe zu verteidigen gedenkt. Dass die Idylle aber einen vaterländischen Impetus hat, ist durch den frankreichfeindlichen Inhalt hinreichend begründbar.

[656] Der Begriff der „geschlechtsneutralen Existenz" wird im Kontext der vaterländischen Männlichkeitsdarstellung verstanden, die ihre Inhalte aus den typischen männlichen Merkmalen, wie Schmale sie darstellt und sie bei den Hainbündlern ebenfalls zu finden sind, bezieht. Der Bauer hat keine solchen männlichen Merkmale, zumindest nicht in dieser Imagination des Knaben (und auch sonst sind keine Texte bekannt, in denen ein Bauer anthropologisch als Mann gezeichnet wird).

Der Deutsche kennt den Deutschen bald / Am offenen Gesicht, / Am Feuer, das vom Auge wallt, / Am Ton, worin er spricht. / So kannt' ich dich! Es sprach dein Ton / In wenig Worten viel; / Dem leeren Franzen sprach er Hohn, / Und in mein Herz Gefühl." (5—12)

Der Geschlechterdiskurs wird hier durch den Verweis auf das „Feuer, das vom Auge wallt" (7) eröffnet: Das Feuer ist Zeichen für die Männlichkeit, wird aber, im Gegensatz zur Verwendung in *An den 1773ger Musenalmanach*, hier ausschließlich positiv betrachtet. Dem Deutschen steht die Männlichkeit also förmlich ins Gesicht geschrieben, sie spricht aus seinen Augen und gibt ihn so vor anderen als wahren Deutschen zu erkennen. Damit ist auch in diesem Kontext Vaterland und Männlichkeit korreliert, Deutschsein geht mit dem positiv verstandenen männlichen Geschlecht einher; die Ebenen sind nicht voneinander zu trennen. Wenn Vaterland und Männlichkeit korreliert sind, heißt dies auch, dass die übrigen Merkmale des wahren Deutschen, die die Sprechinstanz Minnehold in Teuthard (und damit Teuthard selbst als deutschen Mann!) erkannt haben mag, im Fahrwasser des Geschlechts zu sehen sind: Das „offene[.] Gesicht" (6) ist ein Symbol für die ehrliche Aufrichtigkeit, die sich ohne Falschheit im Gegensatz zur französischen Lebenskunst präsentiert.

Gleiches gilt für den „Ton" (8), die deutsche Zunge spricht schnörkellos und aufrecht und ohne feine Windungen. Dieser Ton spricht dem „leeren Franzen […] Hohn" (11) und zeichnet sich somit nicht nur durch seine geradlinige Ehrlichkeit aus, sondern auch durch einen zutiefst antifranzösisch-fremdenfeindlichen Impetus. Ein aufrichtiger deutscher Ton muss immer den Anspruch haben, gegen die französischen Lüstlinge anzusprechen und ihnen für ihre gesamte Existenz nur „Hohn" (11) entgegenzubringen. Dies zeichnet einen Deutschen aus, und anhand dieses Merkmals – also einer ostentativ antifranzösischen Einstellung – wird der wahre Deutsche von Seinesgleichen erkannt. Doch was sagt dies jetzt für unser Erkenntnisinteresse aus? Wohl zum einen, dass eine spezifische Form von Männlichkeit und Frankophobie im Verständnis der Hainbündler eine Verbindung eingehen und dass das Geschlecht sich in einem frankophoben Diskurs wohl nicht ohne einen antifranzösischen Gestus konstituieren kann. Zudem sind die Merkmale des Deutschen denen des Franzosen diametral gegenübergestellt. Doch viel wesentlicher ist die Tatsache, dass der Ausgangspunkt des Geschlechterdiskurses, nämlich das Feuer, hier zur positiven Charakterisierung des Deutschen verwendet wird, währenddessen Voß in seinem schon mehrfach angeführten Widmungsgedicht das Feuer als Chiffre für die falsch verstandene französische Männlichkeit, die sich in amoralisch-sexualisierten Verhaltensweisen ausdrückt, ansieht.

Die Hainbündler messen somit mit zweierlei Maß: Was für den Deutschen ohne weitere Erläuterung schlichtweg gut ist und seinem Charakter zuträglich, verkehrt sich beim Franzosen ins Gegenteil (dieses Gegenteil wird von Voß hinsichtlich der daraus erwachsenden moralischen Verkommenheit ja exemplifiziert). Und das gilt, das sollte mit diesem Beispiel bewiesen werden, nicht für die Merkmale der Männlichkeit, die in diesem spezifischen Diskurs in den Bereichen Moral und Kultur angesiedelt sind, sondern für die Männlichkeit an sich. Feuer ist kein Symbol für ein spezielles männliches Charakteristikum, sondern das ganze Geschlecht; Feuer *ist* Männlichkeit. Damit wird die deutsche Männlichkeit grundsätzlich positiv, die französische grundsätzlich negativ verstanden.[657] Das Geschlecht der Anderen ist also ein umfassend schlechtes, das keine positiven Merkmale hat.

Was mit diesen Beispielen illustriert werden soll, ist, dass die Göttinger in ihren Darstellungen auf einen ganzheitlich deutschen Lebensentwurf aus sind, der in jederlei Hinsicht unfranzösisch ist. Dies gilt dementsprechend natürlich auch für die Männlichkeitskonstitution in den Texten: Die Eigenschaften des Deutschen werden auf lyrische männliche Charaktere bezogen, die sich dadurch national abgrenzen. Zum wiederholten Male, dies wurde bereits an anderen Stellen gezeigt, werden Geschlecht und Vaterland damit auf eine Stufe gehoben. Die französische Männlichkeit ist schlichtweg schlecht und verkommen: Sei es, weil sie genuin männliche Merkmale des 18. Jahrhunderts vermissen lässt (unter anderem militärische, das heißt körperliche Macht, s. dazu unter anderem Voß, *Trinklied für Freie*, 17—20); oder weil sie die Auffassung von Deutschsein und damit deutscher Männlichkeit massiv konterkariert; oder weil sie Männlichkeit falsch versteht und diese in ihrer Übersteigerung nicht mehr männlichkeits-, das heißt moralkonform einsetzt; oder weil sie mit Weiblichkeit identifiziert und damit als unmännlich entlarvt wird.

Die Kategorien, in denen das Geschlecht der Anderen, um die Kapitelüberschrift hier aufzugreifen, konstituiert wird, sind also nicht eng zu fassen: Die Hainbündler operieren auf vielen, nicht immer zusammenhängenden Ebenen, um ihre als genuin deutsch verstandene Männlichkeit von der französischen abzugrenzen und damit im nächsten Schritt hervorzuheben. Die Negativierung des Anderen ist gleichbedeutend mit der Positivierung des Eigenen; das gilt selbst dann, wenn der als schlecht verstandenen Übermännlichkeit eine latent weibliche Männlichkeit, so in *An den 1773ger Musenalmanach*, gegenüber gestellt wird. Zu diesem Versuch der Positivierung durch Abgrenzung kommt

---

[657] Dies zeigt auch noch einmal, wie eng der Geschlechterdiskurs mit dem Vaterlandsdiskurs zusammenhängt.

eine weitere Ebene, die in der Untersuchung von Millers Widmungsgedicht an Hahn dargestellt wurden: Die Hainbündler treffen bei der Männlichkeit an sich nationale Unterscheidungen, ganz abseits aller Merkmalsdiskussionen – nur die deutsche Männlichkeit ist eine gute Männlichkeit, die französische ist auch aus einem nationalen Feindbildgedanken heraus grundsätzlich schlecht und verkommen und wird ausschließlich mit negativen Konsequenzen identifiziert. Der hainbündlerische antifranzösische Diskurs beschreibt „Manifestationen des Bösen": „Zu den dunklen Leidenschaften, die Treibsätze des Bösen bilden, gehören Haß und Ehrgeiz, Gier und Wollust, Argwohn und Wut. Sie lassen sich jedoch nicht nur als Auslöser übler Taten, sondern zugleich als deren konstitutive Elemente betrachten."[658] Überträgt man diese Beobachtungen, die Peter-André Alt ausgehend von Heinrich von Kleists Dichtungen gemacht hat, auf die Frankophobie der Hainbündler, so kommt man zu dem Schluss, dass die Franzosen durch die Gleichsetzungen mit unter anderem „Gier und Wollust"[659] systemisch böse sind. Es sind nicht einfach zwei oder mehr Merkmale, die negativen Impetus besitzen – es ist eine umfassende, eine generelle, eben eine konstitutive Schlechtigkeit, die sich durch die Charakteristika, die die Hainbündler anführen, definiert. Damit muss man auch anerkennen, dass die französische Männlichkeit eine „Manifestation[..] des Bösen"[660] ist.

Kapitel III.7

Imaginierte (vaterländische) Männlichkeit bei Frauen: Johann Martin Millers *Das deutsche Mädchen an ihr Clavier* als Beispiel für ‚vaterländisches' Cross-Dressing

Es wurde gezeigt, dass die lyrischen Imaginationen des Vaterlandes der Hainbündler mit einem geschlechtsspezifischen Konzept (Männlichkeit) verknüpft sind. Die Protagonisten der patriotischen Diskurse sind immer Männer, bei denen nicht zwischen biologischer und sozialer Männlichkeit unterschieden wird.

Es ist wichtig, dies noch einmal in aller Deutlichkeit festzustellen, denn ohne diese Voraussetzung ist die Umkehrung des Konzeptes, wie sie im Folgenden nachgewiesen werden soll, nicht denkbar: In *einem* Text, in J. M. Millers *Das deutsche Mädchen an ihr Clavier*[661], wird die Korrelation Vaterland-Männlich-

---

[658] Alt, *Ästhetik des Bösen*, S. 215
[659] Ebd.
[660] Ebd.
[661] Kahl, *Bundesbuch*, Bd. 1, Nr. 57 [S. 50f.]; als Vorlage bzw. Inspiration muss wohl Klopstocks *Vaterlandslied zum Singen für Johanna Elisabeth von Winthem* gelten, s. dazu ebd., S.

keit und die Allgemeingültigkeit der Verknüpfung vom Dichter selbst aufgehoben. Es ist weibliches Personal, das in diesem Gedicht und eng auf den vaterländischen Diskurs beschränkt eine sonst männlich dominierte bzw. als genuin männlich definierte Rolle einnimmt. Die Frau agiert in diesem Text –
und ausschließlich in diesem patriotischen Text – explizit wie bzw. als Mann,
da sie als Vertreter eines als männlich definierten Diskurses eingesetzt wird,
und adaptiert männliche Verhaltensmuster – ohne jedoch ihre weibliche Geschlechtsidentität aufzugeben oder aus ihrer Weiblichkeit heraus und in eine
spezielle Form von Männlichkeit hineinzutreten. Wie sich diese Überschreitung der Gender-Grenzen darstellt, was sie über die Vaterlandsphantasien der
Hainbündler aussagt und welche Rolle diese Idee für die Konstitution von
Männlichkeit spielt, soll in der folgenden Interpretation des entsprechenden
Gedichtes geklärt werden.

Kein welches Lied voll OpernSchmerz
Entehre dich Clavier!
Kein buhlerischer AfterScherz
Des Franzen schall' auf dir!
Deutsch war dein Meister, deutsch bin ich,
Und liebe hohen Sang,
Drum mischen deutsche Lieder sich
In deinen ersten Klang!
Dein Lächeln, Schwester Unschuld, sey
Des Spieles bester Lohn!
Und dir, und meinem Jüngling weyh',
Ich künftig jeden Ton.
Dein vaterländisch' Lied sing' ich
Ihm dann o Winthem! zu.
Dein Klopstock sang es auch für mich,
Denn deutsch bin ich, wie du.
Der Jüngling werde stolz, daß ihn
Ein deutsches Mädchen wählt;
Und sink' an meinen Busen hin,
Den gleicher Stolz beseelt.

Die Sprechsituation von Millers jambischem, kreuzgereimten Fünfstropher ist
leicht bestimmbar: Das Sprecher-Ich, das eindeutig als weiblich identifiziert
werden kann (unter anderem: Konkretisierung im Titel als „Das deutsche
Mädchen", Selbstnennung in Strophe 5 als „deutsches Mädchen"), sitzt, tem-

poral unbestimmt, in einem nicht näher konkretisierten Raum an seinem Klavier. Das Instrument ist auch erster Adressat des Gedichts: „Kein welsches Lied voll OpernSchmerz / Entehre dich Clavier!" (1—2); später im Text gesellen sich dann noch ein „Jüngling" (11) und eine Person „Winthem" (14)[662] als weitere Adressaten dazu. Mit der Person Friedrich Gottlieb Klopstocks, der im Kontext der Adresse an Winthem in den Text eingeführt wird, wird ein Bezug zu einem Punkt in der Vergangenheit hergestellt: „Dein Klopstok [sic] sang es auch für mich, / Denn deutsch bin ich, wie du." (15—16). Der Text fügt sich, darauf wurde bereits hingewiesen, ohne inhaltliche Überraschungen (bezogen auf den patriotischen Gehalt) in den vaterländischen Diskurs der Göttinger ein. Thematisch ist er in mehrere Einheiten unterteilt, die zwar ineinander übergehen, aber dennoch mit den unterschiedlichen Adressaten des Textes korreliert sind.

In der ersten Strophe steht allein das „Clavier" (2) des Ichs im Mittelpunkt, einen Hinweis auf die Existenz des Sprechers gibt es nur durch die direkte Anrede desselben wie oben zitiert. Und so ist das Klavier auch erster Bezugspunkt für den vaterländischen Diskurs des weiblichen Sprecher-Ichs: Die Verquickung von, auf Primärebene, Kulturpatriotismus und Fremdenhass prägen den Einstieg in *Das deutsche Mädchen an ihr Clavier*. Das Ich verachtet offen das „welsche[.] Lied voll OpernSchmerz" (1) und den „buhlerischen After-Scherz / Des Franzen" (3—4). Italien und Frankreich werden auf diese Art und Weise Teil der Besprochenen Situation. Beide Nationen werden mit jeweils einem kulturellen Gut, das vermutlich als charakteristisch angesehen wird, in Verbindung gesetzt, und genau dieses Gut wird mittels eines moralischen Klischees zur Abwertung Frankreichs bzw. Italiens genutzt. Das französische Lied, das keinesfalls auf dem Klavier des Mädchens erschallen darf, wird als „buhlerisch[.]" (3), also als unzüchtig, verrucht, lüstern, charakterisiert. Das, die Gleichsetzung des Französischen mit moralisch verwerflichem, schmeichlerischem, also dem Deutschem völlig entgegengesetzten Tun, ist ein Grundtenor der frankophoben Texte der Hainbündler und deren Selbststilisierung über die Abgrenzung vom äußeren französischen Feind (s. auch unten in anderem Kontext). Dabei ist die Abwertung geschlechtsneutral. Auch die Verbindung von negativen Verhaltensweisen mit einem künstlerischen Aspekt zur offensichtlichen Abgrenzung von deutscher Kunst ist eine in mehreren Gedichten zu beobachtende Technik. Als neue Dimension des Kulturpatriotismus' erscheint der Anti-Italianismus. In einem zynischen Duktus wird die italienische Liedkunst abgewertet: „voll OpernSchmerz" (1) sei diese. Der Be-

---

[662] Johanna Elisabeth Winthem (richtig: von Winthem) ist die Nichte der ersten Frau Klopstocks und seine spätere Ehefrau. „Die Winthem war auch von den Hainbunddichtern als Sängerin verehrt." (ebd.)

griff ist bisher in der Forschung nicht beachtet worden, auch gehört er wohl nicht zum gängigen lyrischen Repertoire der Zeit. Miller wird sein Kompositum, damit wird es im Grundsatz der frankophoben Äußerung ähnlich, als Gegensatz zum Deutschsein komponiert haben. Der „OpernSchmerz" (1) suggeriert etwas Verweichlichtes, etwas Weinerlich-Dramatisches und Künstlich-Unaufrichtiges; so erscheinen dem Mädchen des Gedichtes Lieder aus Italien, die einer völligen Verallgemeinerung anheimgestellt werden. Sie sind völlig undeutsch, haben nicht die hohe Qualität deutscher Art und Kunst, wie sie in anderen Gedichten entworfen wird, und entsprechen nicht dem kunstpatriotischen Verständnis des lyrischen Ichs.[663] Wie stark die Abscheu des Ichs vor italienischer Kunst ist, macht das personifizierende Verb „entehren" (vgl. 2) deutlich. Das italienische Lied bzw. das Italienische an sich hat die negative Macht, das (deutsche) Instrument und damit übertragen gesprochen das Deutsche zu entehren, das heißt zu schänden, zu missbrauchen. Deutsche Kultur ist durch das „welsche Lied" gefährdet, heißt die vaterländische Botschaft des Texteinstiegs. Der Hintergrund ist eindeutig: Wie in vielen patriotischen Texten jener Jahrzehnte, in deren Tradition sich die Hainbündler sehen, passiert die nationale Selbststilisierung auch hier in Abgrenzung zum äußeren Feind. Indem italienische Kultur so aufgefasst wird, dass sie einen Gegenpart zur deutschen bildet, hat sie das Potential, als Grundlage für die patriotische Abgrenzung nach außen hin zu fungieren. Deutsche Kultur wird durch ihre moralische etc. Überlegenheit über die italienische gesetzt und steht somit als ein Teil der generellen Superiorität von Deutschland bzw. Deutschsein da.

Die negative sprachliche Ebene der Gewalt, die durch das Verb in den Text eingeführt wird, rückt den lyrischen Angriff auf das „welsche[.] Lied" (1) aus der Dimension der vordergründig spöttisch-bissigen Kunstkritik überdies hinein in eine geschlechtsspezifische. Denn das Klavier wird nicht nur personifiziert, sondern auch verkörperlicht durch das Verbum entehren. Das Instrument erhält damit eine neue Qualität: Es ist Körper und hat somit zugleich auch Geschlecht. Zwar kann weder von *sex* noch *gender* im herkömmlichen Sinne gesprochen werden; und dennoch ist das Geschlecht des Klaviers bestimmbar. Es ist ein symbolisches Geschlecht, das hier konstruiert wird, und diese Konstruktion ist ein Symbol für das Weibliche. Das Paar Körper-Weiblichkeit gilt als „kulturelle Assoziation"[664] und damit als kulturell anerkannter

---

[663] Johann Martin Miller eröffnet durch diese Darstellung eine implizte Kunstdiskussion, indem die Opposition zur Gattung Oper, besonders italienischer höfischer Opernkunst angezeigt wird. Dies passiert analog zum zeitgenössischen deutschen Singspiel, das sich ebenfalls „gegenüber der aristokrat[ischen] Gesellschaft abgrenzt" (von Wilpers, *Sachwörterbuch*, S. 757).

[664] Butler, *Das Unbehagen der Geschlechter*, S. 31

und bekannter Gegensatz zu Geist-Männlichkeit. Um Weiblichkeit auf abstrakter Ebene zu schaffen, ist es damit nur folgerichtig, Körperlichkeit einzubeziehen. Das Gedicht erhält seinen weiblichen Tenor damit nicht nur aus der Weiblichkeit des Sprecher-Ichs, sondern auch aus der ‚Vergeschlechtlichung' des Klaviers. Er ist als weiblicher Symbolkörper Ort der Entehrung/Schändung durch das italienische Lied, das zu *das Italienische* generalisiert wird.[665] Somit erfährt das Italienische eine Abwertung auf moralischer Ebene, die weit über die Primärebene des Künstlerischen bzw. der impliziten Zurschaustellung deutscher charakterlicher Überlegenheit hinausgeht. Durch den Angriff auf Italien stilisiert sich das Sprecher-Ich zur Verteidigerin nicht nur des Vaterlandes im Allgemeinen, sondern auch der (deutschen) Weiblichkeit im Besonderen. Zudem weist das befehlsartig vorgetragene „Kein welsches Lied voll OpernSchmerz / Entehre dich Clavier!" (1—2) auch auf ein aktionales Ich hin. Im Ausruf wird eine Aktion zur Verteidigung der Weiblichkeit vorweggenommen, die auf symbolischer Ebene mit der Verteidigung des Vaterlandes durch Kampf und Tod von männlichem Personal, wie es in anderen Gedichten erscheint, gleichzusetzen ist. Das weibliche Sprecher-Ich wird so auf dieser Textebene zum Kämpfer erhoben.

Der Adressat ändert sich in der zweiten Strophe nicht, das Klavier bleibt im Mittelpunkt. In Abgrenzung zur Kunst der Italiener und Franzosen werden vom Ich jetzt „deutsche Lieder" (7) eingeführt, die als „hohe[r] Sang" (6) gekennzeichnet sind. Hier hat man es mit ‚klassischen' kulturpatriotischen Tendenzen der Hainbündler zu tun. So wie in der ersten Strophe fremdländische Kunst abgewertet wird, erscheint das deutsche Lied hier als das höchste Gut, dass auf dem Klavier gespielt werden kann. Das ist eine konventionelle Einschätzung weiblicher Kunstausübung: Das Klavierspiel ist ja keine schöpferische, sondern eine reproduktive künstlerische Tätigkeit, und somit fügt Miller seine Darstellung in den zeitgenössischen Verständnisrahmen ein, der diese Reproduktion als typische weibliche Aktivität auffasst. Aber eine andere, im Kontext der Vaterlandslyrik befremdliche Aussage in dieser Strophe scheint Beleg zu sein für eine zumindest vorsichtige Überschreitung der sobst fest bestimmten *gender*-Grenzen: Das *Mädchen* bezeichnet sich selbst als „deutsch" (5). Diese Nationalitätsangabe hat Gewicht im Hinblick auf die Geschlechterkonstruktion und die Fragestellung, inwiefern die Frau eine sonst männlich besetzte Rolle einnimmt. Bereits in der ersten Strophe wird mit der männlichen Dominanz in allen vaterländischen Angelegenheiten implizit gebrochen, wenn das Mädchen als weibliches Ich sowohl Verteidigerin des Vaterlands als auch der Weiblichkeit ist und sie vor Entehrung schützt. Diese Brechung setzt

---

[665] Generalisierungen (im Positiven wie im Negativen) sind eine oft gesehene Technik der Hainbündler.

sich hier fort, indem das Ich sich selbst zum deutschen Mädchen, wie bereits von Miller im Titel beschrieben, macht. Das ist eine völlig neue sprachliche Regelung in den Bundestexten: In keinem anderen Gedicht wird einer Frau, ob als Adressat oder Ich, das Adverb „deutsch" beigestellt. Miller überträgt ein sonst an Männlichkeit gebundenes Adverb auf das Mädchen und bricht somit auch explizit mit der gruppeninternen tradierten geschlechterspezifischen Besetzung von „deutsch". Die Nationalitätsemphase wird von der Männlichkeit abgekoppelt und auf das andere Geschlecht übertragen. Wie für den Mann in anderen vaterländischen Texten, so ist auch für die Frau in Millers Gedicht ihre deutsche Herkunft eine prominente Erwähnung wert und gleichzeitig wesentlicher Bestandteil der Selbstdarstellung. Der Halbvers, in der sie ihr Deutschsein einführt, ist zudem die Stelle des Gedichts, in der sie als lyrisches Ich erstmals direkt auftritt und sich selbst als solches durch das Personalpronomen „ich" (5) identifiziert; vorher konnte man die Anwesenheit eines Ichs nur aus der Anrede des Klaviers herauslesen. Damit fällt der erste „ich"-Auftritt des Mädchens mit der Nennung der Nationalität zusammen. Das heißt, dass die Position des Ichs und seine Nationalität nicht zu trennen sind. Das Ich gewinnt seine Wertigkeit und Legitimation als Sprecher dieses Textes erst durch seine Nationalität, sein Deutschsein.

Mit der dritten Strophe werden neue Adressaten in den Text eingeführt: „Schwester Unschuld" (9) und ein „Jüngling" (11). Mit dem Jüngling löst eine männliche Figur (die erste in diesem Text) das Klavier als Adressat des Mädchens ab. Sprachlich bleibt die Ebene der Kunst bzw. der Musik aber fürs Erste bestehen, und somit ist die weitere Rede des Mädchens an diese Ebene gebunden. Die Art und Weise der Verbindung/des Verhältnisses zwischen den beiden wird vom Mädchen nicht weiter konkretisiert; man kann bzw. muss aber davon ausgehen, dass zwischen den Figuren eine persönlich-emotionale Bindung, ziemlich sicher im Sinn eines zwischengeschlechtlichen Verhältnisses, bereits besteht oder in Folge der lyrischen Situation aufgebaut werden soll. Diese Lesart ergibt sich durch die possessive Beschreibung des Jünglings durch das Ich als „mein[...]" (11); damit ist die Wahl des Jünglings als Partner artikuliert. Auch die Ankündigung des Mädchens, dem Jüngling (und „Schwester Unschuld" (9)) „künftig jeden Ton" (12) zu weihen und ihm ein „vaterländisch Lied" (13) zu singen, deutet auf eine intime Beziehung hin. Schließlich ist die Liedweihe bei den Hainbündlern ein gängiges Instrument bei der Darstellung intimer Verhältnisse und ein Zeichen von Wertschätzung. Ein Beispiel ist Cramers Trinklied *An Biester*[666]: Darin ist die Weihe durch „ein preisend Lied" (5) Voraussetzung für „geselliges Lächeln" (7), das dem Adressaten, der als „o Freund" (6) angesprochen wird, „Auge" und „Mund" (8)

---

[666] Kahl, *Bundesbuch*, Bd. 1, Nr. 169 [S. 146f.]

erheitern soll. Das Lied an sich ist in Cramers Text also *delectatio*, durch die Weihe als Gabe des Liedes wird der Empfänger unterhalten. Dass die Weihe ein Beweis der Freundschaft ist und an diesen Zustand gekoppelt, ist ebenso eindeutig den Versen zu entnehmen. Derart konkret wird das Ich in Millers Text nicht, der Grund für die bzw. das Resultat der Weihe wird nicht thematisiert. Über ihre Funktion wäre deshalb nur zu mutmaßen; deshalb sei es an dieser Stelle dabei belassen, die Weihe, wie bereits festgestellt, schlicht als Symbol für eine intime Beziehung zwischen dem Mädchen und dem Jüngling zu betrachten. Von Bedeutung ist die Nennung von „Schwester Unschuld" (9), die sogar zweimal adressiert wird: einmal wie gesehen, und einmal durch das „dir" (11) im Kontext der Liedweihe. Eine wesentliche Tugend des vaterländischen Diskurses der Hainbündler wird so personifiziert, doppelt funktionalisiert und in der dritten Strophe noch vor das Auftreten des Jünglings gesetzt. Dies suggeriert eine besondere Wertigkeit und herausgehobene Bedeutung. Schließlich erscheint der Jüngling auch nur als passiver Empfänger (s. unten) des Spiels, während die Unschuld dem Mädchen etwas zurückgeben kann, sofern sie es verdient (diese Einschränkung ist im Konjunktiv „sey" (9) enthalten): ein „Lächeln" (9), das als „[d]es Spieles bester Lohn" (10) begriffen wird. Als Voraussetzung für diesen Lohn muss das Spiel unschuldig, züchtig sein – und damit den Liedern „des Franzen" und der Entehrung des Klaviers durch ein „welsches Lied" entgegenstehen, um die Verbindung zur ersten Strophe deutlich zu machen. Somit erhält das vaterländische Lied des Mädchens auch eine moralische Ebene. Obwohl es nicht gesagt wird, ist klar, dass die Kunst des Mädchens diese Vorgaben erfüllt und dass ihm der Lohn von Schwester Unschuld gewiss ist. Vom Jüngling ist ein solcher Lohn nicht zu erwarten, das Mädchen formuliert nicht einmal eine Erwartung an ihn; im Vergleich zur Unschuld fällt die Figur höchstens durch Passivität (s. auch weiter unten) auf und bleibt dementsprechend blass und in der stropheninternen Hierarchisierung hinter der Tugend zurück. Auch dass die Unschuld als erste Empfängerin des Liedes des Mädchens („Und dir […] weyh' / Ich künftig jeden Ton" (11–12)) erscheint, ist ein Zeichen für diese Hierarchisierung. Zudem setzt sich in der Unschuld die weibliche Dominanz, die den Text untergründig durch das Verhalten des Mädchens (und die besondere geschlechtliche Rolle des Klaviers, das als weiblicher Symbolkörper in den Vaterlandsdiskurs integriert wird) bestimmt, fort: Durch die Beschreibung als Schwester wird die Unschuld verweiblicht. Mit einem klassischen Sinnbild wie das von Mutter Erde hat die *personificatio* der Tugend nichts zu tun, insofern hätte der Dichter auf die weibliche Konkretisierung „Schwester" (9) durchaus verzichten können. Er hat es nicht getan: Deshalb muss die Unschuld im Hinblick auf den dem Text innewohnenden Geschlechterdiskurs als Vergeschlechtlichung und demnach als symbolische Konstruktion von Weiblichkeit gelten dürfen. Damit spiegelt sich in der geschlechtlichen Symbolik der Unschuld die des Klaviers. Und insofern tritt der Jüngling als Mensch nicht nur hinter der Tugend Unschuld zurück, sondern auch die Männlichkeit hinter die Weiblichkeit: Das Männliche hat keine Rolle, keine aktive Position, während das Weibliche als (bei Erfolg!) entlohnende und wesentliche Instanz im Diskurs des Mädchens beschrieben wird. Dem Jüngling fällt eine solche Rolle nicht zu.

Die an die Kunst gebundene Nationalitätsemphase wird noch einmal in der vierten Strophe angeführt, diesmal mit Bezug zu Klopstock und Johanna Elisabeth von Winthem. Mit dem „vaterländisch Lied" (13), welches das Mädchen ihrem Jüngling und der Unschuld widmet bzw. zusingt, ist, wie Paul Kahl in seinem Kommentar feststellt, „Klopstocks *Vaterlandslied zum Singen für Johanna Elisabeth von Winthem*"[667] gemeint. Beim ersten Lesen ist die Vielzahl von Personal- und Possessivpronomen der vierten Strophe ein wenig verwirrend; hat man diese dem Personal zugewiesen, ergibt sich die dahinterliegende Bedeutung: Mit „Dein" ist das der Winthem qua Titel gewidmete Lied Klopstocks gemeint; „ich" (13) ist die Selbstbezeichnung des Mädchens; „Ihm" (14) steht für den Jüngling; als Adresse an Winthem muss „Dein Klopstock" (15) gelten; mit „mich" (15) meint das Mädchen sich selbst, ebenso mit „ich" (16); „du" (16) ist wieder an Winthem gerichtet. Interessanterweise stellt sich das Mädchen auf eine Stufe zu jener Winthem: Das Ich relativiert die Personalisierung der Klopstock'schen Vaterlandsode und generalisiert den Titel zugleich. Als Begründung wird die Nationalität angeführt, das Mädchen hält sich für ebenso deutsch wie die Winthem („Denn deutsch bin ich, wie du" (16)). Die Frau Klopstocks, durch ihre Verbindung zum Übervater des Hains und Tätigkeit als nationale Dichterin bewundertes Beispiel für (deutsche) Weiblichkeit[668], wird es in der Lesart des Gedichtes zu einem sprachlichen Symbol für das *deutsche* Mädchen schlechthin, und somit darf sich jedes *deutsche* Mädchen von Klopstock angesprochen fühlen und sein *Vaterlandslied* singen, so wie es das Mädchen tut. Diese Bedeutungsmöglichkeit nutzt denn auch das Ich für sich, um den Vers „Dein Klopstock sang es auch für mich" (15) an Winthem zu adressieren. Das Mädchen macht sich dadurch zum idealen deutschen Mädchen, das die Wertschätzung Klopstocks und seines Liedes wert ist. Zeitgleich bedeuten diese Verse aber auch, dass sich das Mädchen mit ihrem Lied dem verehrten Dichter Klopstock geschlechtlich annähert. Die Beziehungen Klopstock-Winthem und Mädchen-Jüngling werden hier parallelisiert, und insofern spiegelt sich auch die Richtung der Liedweihe. Klop-

---

[667] Kahl, *Bundesbuch*, S. 435

[668] „Sie hat bei mir gewonnen, je mehr ich sie kenne. Die anderen *witzigen* Damen haben fast alle verloren", schreibt Boie am 30. Januar 1774 an Stolberg.

stock adressierte das Vaterlandslied an seine Frau, das Mädchen adressiert ihr Vaterlandslied an ihren Jüngling. Damit nimmt das Mädchen, parallel zur Gleichsetzung mit Winthem im Rahmen des Deutscheins, zum wiederholten Male die Position des Mannes ein und vereinigt in seinem Gestus männlich und weiblich, indem es eine typischerweise männlich konnotierte Verhaltensweise oder Rolle dauerhaft übernimmt, sich aber gleichzeitig selbst zum Abbild einer im Göttinger Hainbund verehrten deutschen Frau stilisiert. Welches Geschlecht das Ich in diesem Falle präferiert, wird indes nicht deutlich. Die geschlechtliche Position des Jünglings indes ist durch die doppelte Geschlechtlichkeit des Mädchens schwer zu fassen. Schließlich ist das männliche Geschlecht bereits besetzt. Zwischen diesen intertextuellen Beziehungen, der Frage nach dem doppelten Geschlecht des Mädchens und der Nationalitätsemphase verliert der Jüngling an Gewicht. Die Fokussierung der Strophe wendet sich schnell von ihm weg auf das Mädchen, das über die Zurschaustellung seines Deutschseins die Beziehung zwischen den beiden zur Seite schiebt. Dieser offensive Nationalitätsgestus lässt auf eine massive Ich-Bezogenheit des Mädchens schließen. Zwar ist der Jüngling Movens für den Sprachakt des Mädchens, aber es wird aber nur einmal vom Mädchen auf ihn („Ihm" (14)) Bezug genommen, und das in einem Kontext, der einzig dazu dient, zum inhaltlichen Höhepunkt der Strophe, eben der Nationalitätsemphase des Mädchens, hinzuführen und der eng mit der patriotischen Kunst verknüpft ist. Der Jüngling wird vom Mädchen in die Ansprache an Winthem eingeschoben, damit es durch seine Person die eigene Position artikulieren und *sich selbst* darstellen kann. Die Funktion, die dem Jüngling durch den weiblichen Sprecher in dieser Situation zugewiesen wird, ist es, dem Mädchen einen Themenbereich, in dem es sich darstellen kann, zu eröffnen. Es ist auch offensichtlich, dass der Jüngling im Verlauf der Strophe keine Rolle (mehr) spielt und es ausschließlich um das lyrische Ich geht. Die Bedeutungslosigkeit des Jungen setzt sich in der letzten Strophe des Textes fort: „Der Jüngling werde stolz, daß ihn / Ein deutsches Mädchen wählt; / Und sink` an meinen Busen hin, / Den gleicher Stolz beseelt." (17—20). Es geht hier nicht um eine wechselseitige Liebesbeziehung, wie sie in anderen Gedichten der Hainbündler und der (frühen) Goethezeit generell thematisiert wird, und in der über die lyrische Glückseligkeit des Paares berichtet wird. Das Mädchen in *Das deutsche Mädchen an ihr Clavier* gibt sich dem Jüngling nicht in gegenseitiger harmonischer Liebe hin, sondern erhebt sich über seine Position.[669] Denn scheint dem Jüngling die herausragende Charaktereigenschaft, durch das sich Mädchen selbst definiert und seine Stellung im Gedicht (und für das Vaterland) bedingt ist, nämlich das emphatisch-begeisterte Deutschsein, zu fehlen; diese

---

[669] Das Substantiv „Liebe" taucht im Text im Übrigen überhaupt nicht auf.

charakterliche Wertigkeit, die schließlich viel gilt in der lyrischen Welt der Hainbündler, ist ausschließlich dem Mädchen (und der Kunst, die es schafft) und der Winthem als spätere Gattin Klopstocks beigelegt. Der Jüngling hat sich nicht, zumindest nicht in dem Maße, in dem sie das *deutsche Mädchen* besitzt. Insofern begegnen sich Frau und Mann nicht auf der gleichen Ebene, und der Wert der Nationalitätsemphase wird über den Menschen gestellt. Der Jüngling soll Stolz empfinden, dass er von einem „deutsche[n] Mädchen" (18) ausgewählt wurde, dass er mit ihm zusammen sein *darf*; schließlich bringt er nichts in die Beziehung mit ein. Der Jüngling hat sich dem Mädchen, das durch sein sprachlich und aktional zur Schau getragenes Deutschsein einen höheren Wert als Mensch besitzt, unterzuordnen; eben so, wie er sich dem deutschen Vaterland unterzuordnen hat. Seinen Nationalstolz macht das Mädchen im letzten Vers des Gedichtes noch einmal unmissverständlich klar: Wie der Jüngling sich stolz fühlen darf, an den Busen eines deutschen Mädchens zu sinken, so stolz ist das Mädchen eben darauf, einen deutschen Busen zu haben (20)! Miller ordnet in diesem Gedicht die Liebe dem Vaterland unter, das Zwischenmenschliche – und somit das Zwischengeschlechtliche – wird in der internen Hierarchisierung der Werte bzw. auf der internen Bedeutungsskala durch das Mädchen auf einen unteren Platz verbannt. Nichts ist wichtiger als das Vaterland, und das Persönliche (zum Beispiel Liebe) wird so eng mit Patriotischem/patriotischen Gefühlen verwoben, dass eine Trennung nicht möglich scheint und Letzteres keinesfalls ausgeschaltet werden kann – auch wenn es heißt, dafür in einer Beziehung zwischen Mädchen und Jüngling die zwischenmenschliche Liebe, radikal gesprochen, zu verbannen. Und wenn diese Liebe doch existiert, dann ist sie an das richtige Nationalgefühl gekoppelt. Der Jüngling, die entsprechende Stelle wurde bereits zitiert, „werde stolz, daß ihn / Ein *deutsches* [meine Hervorhebung, Verf.] Mädchen wählt" (17—18): Die Wahl durch ein anderes Mädchen hätte ihn nicht stolz machen müssen, für diese Empfindung wäre dann kein Raum gewesen; und zwar weil es keinen Grund dafür gegeben hätte. Stolz darf der Jüngling auf die Partnerwahl nur sein, wenn das Mädchen Wertigkeit im Hinblick auf das deutsche Vaterland besitzt (wie in diesem Text). Ist das Mädchen nicht deutsch (im deutschtümelnden Sinn des Hainbunds), hat die Gemeinschaft keinen Wert, weil die Person als solches kaum Wert hat, da ihr die herausragende charakterliche Eigenschaft bzw. der herausragende personale Wert fehlt: das Deutschsein. Es wurde gezeigt, dass das patriotisch gestimmte Mädchen in bestimmte habituelle Kategorien eindringt, die sonst spezifisch männlich codiert sind – zum Beispiel, indem das Mädchen die aktive Rolle besetzt und der Jüngling die Passivseite zugewiesen wird. Zudem wurde, auch im Vergleich zu Herder, darauf hingewiesen, dass das Vaterland ausschließlich als männlich anzusehen ist und keine Formen von Weiblichkeit besitzt. Somit ist eine Verbindung zu sehen zwischen der ostentativen Geschlechtlichkeit des Vaterlandes und dem Habitus des Mädchens, das zusätzlich zu seiner Weiblichkeit männliche Verhaltensweisen aufnimmt. Aus diesem Grund scheint das partielle *border crossing* des Mädchens weniger wichtig als der geschlechtliche Einfluss des Vaterlandes auf das Personal. Das Vaterland erscheint in diesem Text als eine Art Über-Männlichkeit, und Männlichkeit ist als *vaterländische Männlichkeit* zu werten, schließlich wird der Geschlechterdiskurs in letzter Instanz über das übergeordnete Moment des Vaterlands geführt. Das Mädchen bewegt sich nicht auf die patriotisch bedingte Männlichkeit zu, sondern das männliche Vaterland kommt auf sie hernieder. Mann und Frau können sich gleichberechtigt und gleichermaßen darin wiederfinden, sofern sie den Anforderungen, die das Vaterland an den Menschen stellt, gerecht werden und diese erfüllen. Im Hinblick auf die männliche Lesart des Vaterlandes kann jeder Mensch, auch wenn er weder durch Geburt noch Erziehung männlich ist, ‚Männlichkeit' erlangen; *vaterländische Männlichkeit* eben, die ausschließlich an patriotisches Verhalten und den ewigen Streit für die Würde des Deutschseins gegen feindliche Einflüsse gebunden ist. Das männliche Vaterland bedingt männlichkeitsspezifisches Benehmen, das somit freilich geschlechtsneutral ausgeprägt sein kann. Damit ist hervorzuheben, dass *sex*, also der Körper des Mädchens, als Kategorie der Geschlechtsbeschreibung nicht angetastet wird und in seiner Stabilität[670] verharrt. Das soziale Geschlecht, *gender*, hingegen wird geprägt vom Vaterland, die patriotisch-nationalistisch bedingte Männlichkeit wird so in das Mädchen eingeschrieben. *Sex* und *gender* verschmelzen nicht, die basalen Unterscheidungskategorien bleiben bestehen: Im Gegensatz zu Butlers Meinung[671] sind die „Materialität der Körper und die regulierenden Normen"[672] im Kontext dieses Gedichtes sehr wohl voneinander zu trennen – das sozio-kulturelle Geschlecht beeinflusst nicht die Konstruktion des Körpers! Millers Konstruktion ist mit keinem Begriff aus der *gender theory* angemessen zu beschreiben; deshalb ist von einer vaterländischen Über-Männlichkeit, die auf das Mädchen abstrahlt zu sprechen. Zwar liegt in einem gewissen Umfang eine *habituelle Form des cross dressing* vor. Dies relativiert sich aber dadurch, dass dieser betont männliche Habitus durch das Vaterland vorgegeben wird. Somit stellt sich das Mädchen nicht auf genuin geschlechtlicher Ebene als Mann dar, sondern als *persona patriae*, und das gender-unspezifische Verhalten des weiblichen lyrischen Ichs geschieht aus ausschließlich patrioti-

---

[670] zur Kritik an der stabilen Kategorie *sex* generell vgl. Butler, *Das Unbehagen der Geschlechter*
[671] Butler, *Körper von Gewicht*, S. 53
[672] Martschukat/Stieglitz, *Geschichte der Männlichkeiten*, S. 23

schen Gründen. Das Mädchen ist also mehr deutscher *Mensch* bzw. *Deutscher* ohne spezifische geschlechtliche Zuweisung. Ohne die geschlechtlich codierten Vorgaben des Vaterlandes wäre das Mädchen nicht in Ebenen von Männlichkeit eingedrungen. Zudem wird durch die reproduktive Kunstausübung von Miller deutlich gemacht, dass die Frau anthropologisch auf der Ebene der Weiblichkeit bleibt und nicht vermännlicht wird. Man muss sich demnach dagegen entscheiden, in Millers Text eine Art von *transgender* als Abweichung von zugewiesenen sozialen Geschlechtsmerkmalen bzw. der zugewiesenen sozialen Geschlechtsrolle entdecken zu wollen. Schließlich verlässt die Frau weder ihre soziale Identität noch sucht sie ihre biologische auszuschalten, eine *gender identity disorder* gibt es nicht. Es ist dem weiblichen Personal dieses Gedichtes nicht daran gelegen, eine fehlende Identifikation mit seinen primären oder sekundären Geschlechtsmerkmalen dadurch ausdrücken zu wollen, dass es sich im Umfeld des vaterländischen Diskurses durch sein Verhalten ‚zum Mann macht‘; es bleibt ja auf mehrfacher Ebene weiblich. Ebenso wenig kann *gender* hier als eine „dekonstruierbare, verhandelbare Größe"[673] gelten, da die ‚natürlichen‘ Grenzen des (kulturellen und noch weniger des biologischen) Geschlechts nicht angetastet bzw. überschritten werden; die Sozialisation der Frauen als Frauen im Sinne des ‚Weiblich-Werdens‘[674] wird schließlich nicht in Frage gestellt. Von d*econstructing gender*, von der Dekonstruktion im Sinne Jacques Derridas[675], ist also nicht zu sprechen. Die klassische Trennung der Geschlechtscharaktere wird ebenfalls nicht angetastet, da *sex* und *gender* im ursprünglichen Sinne ihrer Bedeutung verhaftet bleiben. Auch eine Theorie Judith Butler kann hier keine Anwendung finden: In *Das Unbehagen der Geschlechter* stellt die Philosophin dar, dass „die Geschlechtsidentität selbst zu einem freischwebenden Artefakt"[676] wird, wenn der „kulturell bedingte[.] Status der Geschlechtsidentität als radikal unabhängig vom anatomischen Geschlecht"[677] gesehen wird. Zwar scheinen die Ausprägung der Geschlechtsidentität und das Geschlecht an sich, also *sex*, voneinander getrennt. Die Geschlechtsidentität in Johann Martin Millers Text ist aber nur vordergründig als sich verschiebendes Phänomen zu sehen: Das Mädchen bleibt schließlich Frau, anatomisch wie von der Identität her, nur ihr Habitus im Bereich des Patriotismus ist männlich beeinflusst. Insofern ist die partielle männliche Identität des Mädchens in einem solchen Maß durch das Vaterland bedingt, dass man kaum von einer allgemein kulturellen Bedingtheit der Identität sprechen kann.

---

[673] Frey-Steffen, *Gender*, S. 20
[674] Vgl. ebd.
[675] Vgl. unter anderem ebd., S. 126
[676] Butler, *Das Unbehagen der Geschlechter*, S. 23
[677] Ebd.

III.8

Zusammenfassung

Die Interpretationen der Gedichte hatten zum Ziel, die Merkmalszuschreibungen der Männlichkeit herauszuarbeiten, um damit ein zusammenhängendes Bild einer genuin deutschen Männlichkeit innerhalb der vaterländischen Hainbund-Lyrik schaffen zu können.

Es wurde gezeigt, dass die Hainbündler in ihrem patriotischen Männlichkeitsdiskurs sowohl physische als auch psychische Bereiche streifen, um ihren idealen Mann zu modellieren. Auf der körperlichen Ebene geht es vor allem darum, die militärische Macht des Mannes, der sich in einem ständigen Kampf für sein Vaterland befindet, darzustellen. Physische Fähigkeiten grenzen ihn von schwächlichen Konkurrenten ab, denn nur der Starke kann für die Nation im bewaffneten Kampf gegen Sittenverderb, Räuber und Mörder eintreten. Gerade die Männlichkeitsphantasien von Stolberg beweisen, auf welche Art und Weise ,erwachsene' Männlichkeit mit körperlicher Stärke gleichgesetzt werden: Es ist der Wunsch des Knaben, endlich erwachsen zu werden, um das Schwert für das Vaterland zu schwingen und gegen die äußeren Feinde anzutreten. Und in *Das Rüsthaus* beweint das lyrische Ich, angesichts der mächtigen Waffen, mit denen seine Vorväter den Freiheitskampf gegen Frankreich geführt haben, die akute körperliche Schwäche seiner eigenen Generation. Die Männer der lyrischen Gegenwart sind nicht mehr in der Lage, Waffen und Rüstungen der Altvorderen in die Schlacht zu tragen, die betont körperliche Männlichkeit ist verloren gegangen. Darin zeigt sich die Bedeutung von männlicher Physis: Der Besitz solcher Stärke ist positives Merkmal bestimmter Gruppen innerhalb lyrischer überzeitlicher Männlichkeitskonstellationen, wodurch diese von anderen Kollektiven abgegrenzt werden. Körperliche Männlichkeit ist konstitutiv für das Geschlecht, das die Hainbündler in ihren Diskursen beschreiben. Denn mit der körperlichen Männlichkeit ist die Rolle im vaterländischen Kampf aufs Engste verknüpft, und dieser Kampf gehört zu den bedeutenden Aufgaben des deutschen Mannes. Ein weiteres Merkmal der Männlichkeit, das von der körperlichen Ebene auf die psychische führt, ist: das Bewusstsein des Kampfes in einem vaterländischen Kontext. In den pathetischen Schlachtgesängen der Hainbündler konstituieren sich echte Vaterlandsliebe und männliches Geschlecht in der Bereitschaft, mit der Waffe in der Hand gegen den Feind anzutreten und dabei auch den Tod zu finden. Es gehört sich für den deutschen Mann, diesen Weg zu gehen; nur so kann er vor den Freunden, der Familie, den Nachfahren und natürlich dem Vaterland Ruhm und Ehre gelangen. Das Leben aus den Händen zu geben und für Deutschland zu opfern, sind typische Attribute des Mannes. Seine Männlichkeit dadurch erhält erst abschließend Form, indem das Weggeben des eigenen Körpers als Höhepunkt der emphatischen männlichen Körperlichkeit, als Höhepunkt des „Kriegskörpers"[678] überhaupt, betrachtet wird. Das Sterben im Rahmen der Schutzfunktion für das Vaterland ist männliche Lebenserfüllung und kommt in der positiven Art und Weise, wie die Hainbündler sie zeichnen, nur vorbildlichen deutschen Männern zu, die dadurch dem Höhepunkt ihrer männlichen Existenz entgegensehen. Wenn der Kampf für die Nation geführt wird, wird die Gegnerschaft oftmals als französisch oder als tyrannisch identifiziert. Franzosen und nicht näher konkretisierte Tyrannen sind häufige Feinde der deutschen Männer, die sich im Widerstreit mit diesen Parteien als Männer beweisen können. Überhaupt sind eine unbedingte (patriotisch fundierte) Freiheitsliebe und eine glühende Frankophobie wesentliche Merkmale jedes deutschen Mannes, der sich auf diesen Gebieten auszeichnen muss, um als solcher gelten zu können: Tyrannen- und Franzosenhass müssen stattfinden, damit sich das Bild eines echten Mannes formen kann. Das heißt auch: Solche ‚politischen' Sphären werden genderisiert. Wenn solche rein abstrakt-politischen Kategorien mit dem Geschlecht zusammenfallen, heißt das, dass ein zutiefst politischer Diskurs, der ausgehend von der Anthropologie der Geschlechter durchaus geschlechtsneutral ist bzw. sein kann, ausschließlich männlich ist. Männlichkeit konstituiert sich, indem die Merkmalsträger freiheitsliebend und frankophob sind; diese beiden Kategorien sind dann in vielen Fällen der Auslöser für den Beweis der Männlichkeit auf psychisch-physischer Ebene, indem angesichts einer Bedrohung der Freiheit oder durch die Franzosen der Kampf mit all' seinen Konsequenzen gesucht wird. Und in diesem Kampf zeigt sich die Männlichkeit hinsichtlich körperlicher Eigenschaften und dem bewussten Umgang mit dem Tod.

Männlichkeit hat auch mit Abstammung zu tun. Das haben sowohl die Gedichte gezeigt, in denen auf Hermann[679] den Cherusker Bezug genommen

---

[678] Bohrer, *Großer Stil*, S. 109

[679] Wie oben bereits angedeutet, ist die Männlichkeit Hermanns für die Göttinger mythisierter Bezugspunkt ihres lyrischen Personals. Hermann verfügt über eine Männlichkeit, die ein Beispiel sein soll für die ‚heutige' Männergeneration; aber Hermann erhält kein eigenes lyrisches Gewicht, so dass man an Hermann kaum einen Männlichkeitsdiskurs nachvollziehen kann. Bei Füssli indes ist dies möglich und es wurde gezeigt, mit welcher Tiefe der Schweizer die Geschlechtermerkmale auf biologischer und sozialer Ebene in seinen Gedichten ausspielt und dadurch die Inhalte steuert und prägt. Insofern lässt sich sagen, dass der frühe Klopstock-Nachfolger Füssli Hermann mehr Aufmerksamkeit gönnt und einen übergeordneten Diskurs an dieser Figur entwickelt. Dies ist beim Göttinger Hain nicht der Fall. Hermann gibt die Männlichkeit den späteren Generationen vor, immer ausgehend vom Konzept der vaterländischen Männlichkeit – aber Hermann entwickelt keine Männlichkeit mit eigenem Profil. Füssli ist den Hainbündlern um einiges voraus: Er ist zwar konzeptionell ebenso von Hermann als historischem Idol überzeugt, aber er spiegelt in Hermann nicht einfach patriotische Ideen und Merkmale. So entsteht ein diversifizierter

wird, als auch die, in denen in der lyrischen Gegenwart eine Enkelgeneration oder ein Einzelner sich auf die Männlichkeit seiner (Vor-)Väter zurückbezieht und dadurch sein eigenes Geschlecht definiert. Männlichkeit ist vom Erbe abhängig oder wird mindestens davon beeinflusst: Die „Enkel Hermanns [...] / Sind bieder, edel, gut" (5—6) heißt es zum Beispiel in Vossens Widmungsgedicht *An Hahn*. In direkter Linie werden hier Merkmale, die dem deutschen Mann eignen, mit dem legendären Rombezwinger und Freiheitsabgott der Deutschen in Verbindung gesetzt. Erstens kommt so die direkte Abstammung von einer Figur heraus, deren männlichkeitsspezifischen Implikationen von Hans Peter Herrmann herausgearbeitet worden sind; zweitens wird die Männlichkeit durch die spezifischen Eigenschaften herausgestellt.

Damit liegt ein doppelter Männlichkeitsdiskurs vor, der durch die Vererbungsthematik angefacht wird: Die Hermannsenkel sind *per se* männlich, da sie von dem als Mann markierten Hermann abstammen und ihre Männlichkeit durch ihn und durch seine Männlichkeit begründet ist, und sie sind durch eigene Merkmale männlich, da ihnen typische Charakteristika als Erläuterung zugesprochen werden (die Beschreibung „Sind bieder, edel, gut" (6) weist darauf hin, es sind ihre originären Merkmale, die exemplifiziert werden, aber gleichsam auf Hermann zurückgehen). Das heißt also, dass man durch die Existenz als Enkel – dazu muss man durch vaterländisches Verhalten werden, das ist man nicht einfach so; die Abstammung von Hermann ist ein hohes symbolisches Gut innerhalb des patriotischen Diskurse – gleichsam zum Manne wird; die Erbthematik wird genau wie die Freiheit oder die Frankophobie mit gendersiert. Aus der Vergangenheit in die Gegenwart hinein wird die Männlichkeit, an deren Spitze Hermann steht, weitergegeben, und indem die Männer der lyrischen Gegenwartssituationen es sich verdient haben, als Enkel Hermanns zu gelten, kommt ihnen auch implizit die Männlichkeit des großen Vorbildes zu.

Eine ähnliche Situation liegt in den Vätergedichten, wie Stolbergs *Lied eines deutschen Knaben*, vor. Auch dort erscheint die Männlichkeit als durch eine Vorgängergeneration gegeben, sie muss nur aktiviert werden. Der Knabe als lyrische Sprechinstanz will diese Aktivierung durch den Kriegsdienst, symbolisiert im Schwert (als Phallus), erreichen; durch dieses männliche Symbol glaubt er, Männlichkeit erlangen zu können. Die Männlichkeit wird am Vater festgemacht, von dem er erstens das Schwert, das ihn initiieren soll, erhalten will und den er zweitens als Beispiel für seinen Wunsch anführt: Er will werden wie sein Vater, der sich und damit seine Männlichkeit im vaterländischen Krieg bewiesen hat.

Männlichkeitsdiskurs, der bei den Hainbündlern überhaupt nicht stattfindet, von dem die Hainbündler keine Idee haben.

Im Kontext der männlichen Vererbungsthematik kommt man quasi zwangsläufig auf Stolbergs bemerkenswerten Sexualdiskurs und Ehebegriff in *Mein Vaterland*, der sich nicht anhand der Abgrenzung zu den als moralisch verkommenen und verabscheuungswürdig-wollüstigen Franzosen entzündet, sondern innerhalb einer altdeutschen Tugendutopie ausgespielt wird. Stolberg blendet Sexualität als Bestandteil der Ehe semantisch völlig aus und beschreibt die Körperlichkeit der sich in gegenseitiger Liebe treu ergebenen deutschen Ehepartner keusch als „Umarmungen" (20), die allein der Fortpflanzung dienen, um die tugendhafte Männlichkeit weiterzugeben. Stolbergs Auffassung führt nicht nur neue, auf primärer Ebene vorgestellte Elemente der deutschen Männlichkeit in den Diskurs ein, sondern widerspricht den zeitgenössischen Tendenzen der Entfaltung von Sexualität, wie bei der Interpretation mit Verweisen auf Luhmann und Hamann zu verdeutlichen versucht wurde. Ebenfalls wurde in diesem Rahmen festgestellt, dass Stolberg seinen Mann damit anachronistisch zeichnet. Das passt in die Darstellung: Stolberg beschwört ja altdeutsche Tugenden, um damit ein utopisches, vergangenheitsbezogenes Bild des Vaterlandes zu schaffen und passt sein Männlichkeitsbild daran an.

So wie das Vaterland seine althergebrachte Struktur behält, die allen gegenwärtigen Strömungen und Tendenzen entgegengesetzt ist, so gilt dies auch für die Männlichkeit, die betont unzeitgemäß aufgestellt ist. Das gilt sowohl für das Merkmal der brüderlichen, patriotischen Treue als auch für das Verhältnis zur Sexualität. Das neue Verständnis, das Luhmann beschreibt, das Hamann proklamiert, das zum neuen Denksystem des Sturm und Drang gehört, wird absichtlich ausgeblendet, um seine Negativität zu beschreiben: Das Aufgreifen des ‚alten' Diskurses und die Missachtung des neuen suggerieren das Vorbildliche des Vergangenen, das sich auch in den Männern findet. Wer im Alten verhaftet ist und sich dem Neuen nicht aussetzt, um das Althergebrachte nicht zu gefährden, kann auch im Heute bestehen und wird, in einem strikten vaterländischen Rahmen, als positiv wahrgenommen. Implizit und explizit ist Männlichkeit im patriotischen Gedicht mit Gewalt und Gewaltanwendung korreliert; aber nicht bzw. nicht ausschließlich im Sinne der Durchsetzung männlicher Macht- und Herrschaftsverhältnisse zur Unterdrückung[680] von „Frauen, Kindern, jungen Menschen und anderen Männern"[681]. Vielmehr ist die Gewalt, wie sie von männlichen literarischen Figuren ausgeübt wird, ein Ausdruck von Männlichkeit: Bourdieu hat dies in der „Bereitschaft zum Kampf und zur Ausübung von Gewalt"[682] erfasst. Gewalt ist ein Ausdruck da-

---

[680] Vgl. Hearns, *Gender of Oppression*
[681] Bereswill/Meuser/Scholz, „Männlichkeit als Gegenstand der Geschlechterforschung", S. 9
[682] Bourdieu, *Die männliche Herrschaft*, S. 92f.

von, als „'wahrhafte[r] Mann' [...] alle Möglichkeiten, die sich ihm bieten, auszuschöpfen, um seine Ehre dadurch zu mehren, daß er Ruhm und Auszeichnung im öffentlichen Bereich sucht"[683]. Dies trifft auf diese Texte zu: Gewalt ist ein Weg zur öffentlichen Anerkennung, da sie sich in einem patriotischen Rahmen manifestiert und den Zweck hat, das Vaterland (mit allen seinen zugehörigen Kategorien) vor Unbill zu bewahren und so in der Öffentlichkeit als Hüter des Vaterlandes aufzutreten. Gleichzeitig gilt auch eine andere Beobachtung Bourdieus:

> Wie die Ehre – oder ihre Kehrseite, die Scham, die bekanntlich im Unterschied zur Schuld *vor den anderen empfunden wird* – muß die Männlichkeit in ihrem wahren Wesen aktueller oder potenzieller Gewalt von den anderen Männern bestätigt und durch die anerkannte Zugehörigkeit zur Gruppe der ‚wahren Männer' beglaubigt werden.[684]

Gewalt wird tatsächlich häufig in der Gruppe der patriotisch gesinnten Männer ausgeübt bzw. vor den Augen anderer Männer. In Friedrich Stolbergs *Freiheits-Gesang* beispielsweise sterben die Stolbergs Seite an Seite, bei Hölty sind es die Männer, die ihr Patriotenblut im Kampf (= Gewalt) verströmen – der Plural ist deutlich.

Der Mann der Göttinger Hainbündler des vaterländischen Diskurses ist also körperlich stark, mutig, jeder Angst abhold, freiheitsliebend, tugend- und ehrenhaft, bereit, für das Vaterland zu sterben, frankophob, vergangenheitsbezogen bzw. auf alter Väter Sitte bedacht, dabei häufig auch gewaltverherrlichend, auf bündische Brüderlichkeit bedacht, sittsam und keusch; und das männliche Personal, das noch nicht in der physischen und psychischen Verfassung ist, diese Männlichkeit zu präsentieren, ergeht sich in Geschlechtsphantasma und sehnt die Zeit, in der auch es zu dieser erlauchten Gruppe der patriotischen Männer, deren primäres Ziel Kampf und Sieg fürs Vaterland ist, gehört. Diese Ergebnisse sind weitestgehend deckungsgleich mit der „Männlichkeit um 1800 in der Anthropologie der Aufklärung"[685], die Schmale in seinem *mind map* überblicksartig dargestellt hat. Auf der positiven Seite gibt es nicht vieles, das der Historiker über die Darstellung der Hainbündler hinaus erkannt hat; es ist dabei maximal von sekundären Merkmalen wie „Naturbeherrschung", „Reflexion" und „Unternehmungsgeist"[686] zu sprechen. Selbst die negativen Ausprägungen, die Schmale unter dem Oberbegriff „Übersteigerungen/stellen

---

[683] Ebd., S. 93
[684] Ebd., S. 94
[685] Schmale, *Geschichte der Männlichkeit*, S. 175
[686] Ebd.

männliches Sein in Frage"[687] subsumiert, können in der Regel auf den Diskurs der Hainbündler übertragen werden. Wenn die Anthropologie der Sockelzeit es will, dass „Härte", „Gefühllosigkeit", „Herrschaft", „Hitze der Leidenschaft" und „Ungezügelte Sexualität"[688] als ausgesprochen schlechte Merkmale von Männlichkeit angesehen werden, erkennt man darin die Kritikpunkte, die auch die Hainbündler anführen, um Männlichkeit zu negativieren und gegen die gute, weil die deutsche abzugrenzen. Der deutsche Mann definiert sich besonders bei Friedrich Leopold Stolberg, aber auch bei anderen Autoren des Kollektivs über seine Keuschheit, die der französischen Wollust entgegengesetzt ist. Das Nicht-Vorhandensein der Merkmale der Übersteigerungen bezeugt ihre Negativität und hebt die Positivität der binären Charakteristika hervor. Und wenn die äußeren und inneren Feinde der deutschen Nation mit all' ihren Werten (Tugendhaftigkeit, Familie, Treue etc.) mit solchen Merkmalen identifiziert werden, verstärkt das noch das Bild der Einhaltung der gängigen anthropologischen Vorstellung von Männlichkeit. Gerade auf Frankreich bzw. die Franzosen werden diese schlechten Eigenschaften appliziert.

In Vossens Gedicht *An die Herrn Franzosen* wird die Klage über die „Gefühllosigkeit" und „Härte", um bei Schmales Terminologie[689] zu bleiben, der Franzosen aufgebaut: „Billig schielet ihr Grimm über den Rhein in das abscheuliche / Land, wo Höchstädt vom Mord, Roßbach vom Mord feiner Franzosen / raucht!" (12—14). Es wurde zudem gezeigt, wie die „Hitze der Leidenschaft"[690] lyrisch bewertet und abgeurteilt wird, und zwar ebenfalls bei Voß. Sein Gedicht *An den 1773ger Musenalmanach* stellt das „freche Lied, / Das vom ungezähmten Feuer / Verbuhlter Franzen glüht" (14—16) vor und wertet diese falsch, da rein sexuell verstandene Männlichkeit der Franzosen ab, was allein über die Wortwahl, die eine typische Chiffre für Männlichkeit, das Feuer, und eine zutiefst negative moralische Bewertung, das Freche und Buhlerische, zusammenführt, deutlich wird. Die Männlichkeit, die von den Franzosen falsch verstanden wird, ist also keine Männlichkeit im eigentlichen Sinne, da sie die Regeln des Geschlechts, wie die Hainbündler sie in ihrem Vorstellungskosmos definieren, nicht beachtet. Aus der Übersteigerung von Männlichkeit folgt also die Entmännlichung durch Abwertung. Martschukat und Stieglitz haben die Funktionalisierung des Sexualdiskurses zur Abgrenzung in Form anhand eines Beispiels aus dem US-amerikanischen 18. Jahrhundert modelliert: „Nichtsdestoweniger konnten etwa im Boston des 18. Jahrhun-

---

[687] Ebd.
[688] Ebd.
[689] Ebd.
[690] Ebd.

derts Anspielungen auf sodomitische Praktiken zur ‚Entmännlichung‘ und somit zur politischen Diffamierung ganzer Gruppierungen, wie zum Beispiel
der Freimaurer, instrumentalisiert werden.“[691] Auf die Positivierung des eigenen Geschlechts durch Abgrenzung lässt sich eine Beobachtung Butlers übertragen. Gerade die Aussage zur „männliche[n] Geschlechtsidentität“[692] und
der Versuch, ein eigenes, streng männliches „totalisierendes Ziel“[693] zu erreichen, sind fruchtbar, um die tiefere Bedeutung der geschlechterzentrierten
Frankophobie der Göttinger Hainbündler zu ermessen, die einen Teil des
Männlichkeitsdiskurses prägt:

> Im Gegensatz zu Beauvoir, für die die Frauen als ‚Andere‘ existieren,
> behauptet Irigaray also, daß beide: Subjekt wie Objekt, männliche
> Stützen einer geschlossenen phallogozentrischen Bedeutungs-Öko-
> nomie sind, die ihr eigenes totalisierendes Ziel durch die Ausschlie-
> ßung des Weiblichen überhaupt vollendet. Während nach Beauvoir
> die Frau das Negativ der Männer, der Mangel ist, gegen den sich die
> männliche Identität selbst abhebt, bildet diese partikulare Dialektik
> für Irigaray ein System, das eine ganz andere Bedeutungs-Ökonomie
> ausschließt.[694]

Die Darstellung des Konzeptes des soldatischen Mannes sollte die Grundlage
für die Bewertung bzw. Einordnung der hainbündlerischen vaterländischen
Männlichkeitsvorstellung bilden. In der Wissenschaft wurde und wird darauf
hingewiesen, dass der soldatische Mann eine Erfindung des (frühen) 19. Jahrhunderts ist. Nun, der Hainbund-Diskurs, der Männlichkeit und Patriotismus
zusammenfügt, führt dieses Konzept nicht in ein; aber die Modellierung des
Mannes als militärischen Kämpfer fürs Vaterland kann wohl als ein Vorläufer
dieses Konzeptes angesehen werden, ohne jedoch echten Einfluss das spätere
System ausgeübt zu haben. In der *Geschichte der Männlichkeiten* zu diesem
Diskurs heißt es: „Die Rhetoriken von ‚Nation‘ und ‚Vaterland‘ verbanden sich
mit geschlechtlich aufgeladenen Vorstellungen von ‚Beschützern‘ und ‚Beschützten‘, von ‚Opfern‘ und ‚Helden‘.“[695] Der Waffendienst wird als „exklusiv-
männliche[.] Angelegenheit“[696] angesehen, das Militär als „männlich-homoso-
zial[..]“[697] identifiziert. Es ist nun nicht von der Hand zu weisen, dass die Dar-

---

[691] Martschukat/Stieglitz, *Geschichte der Männlichkeiten*, S. 146
[692] Butler, *Unbehagen der Geschlechter*, S. 28
[693] Ebd.
[694] Butler, *Unbehagen der Geschlechter*, S. 28
[695] Martschukat/Stieglitz, *Geschichte der Männlichkeiten*, S. 124
[696] Ebd.
[697] Ebd., S. 125

stellungsweisen der Hainbündler durchaus an die beschriebenen Praktiken angenähert sind. Das Zusammenspiel bzw. gar der *Zusammenfall* von Männlichkeit und Vaterland wurde im Rahmen der Interpretationen *en detail* nachgewiesen, so dass auf dieser Ebene keine Zweifel an der Verwandtschaft der Denksysteme bestehen können: In den lyrischen Vaterlandsdiskursen wird immer auch mit Geschlecht operiert und die Bedeutung desselben als vaterländischer ‚Merkmalsträger' deutlich gemacht. Daraus folgt die genuin männliche Beschreibung des Vaterlandes, das von Wilhelm Heinrich Riehl noch in der Mitte des 19. Jahrhunderts als „rein *männliches* Wesen"[698] definiert wurde, und auch ein Diktum Georg Simmels erfüllt sich für den Göttinger Hain: Der „Patriotismus [ist in seiner] historischen Gestaltung durchaus männlich."[699] Millers Mädchen ist da keine Ausnahme, sondern verdeutlicht diesen Ansatz sogar: Die Verhaltensweisen der Frau im vaterländischen Kontext sind ‚männlich'. Auch die Funktion dieser militarisierten Männlichkeit ist parallel zu dem zu verstehen, was Martschukat/Stieglitz für die Zeit nach 1800 formulieren. Der Mann tritt, wie mehrfach ausgeführt, als *heldenhafter Beschützer des Vaterlands* mit seinen nicht-männlichen Einwohnern (den „Beschützten"), in die das gesamte Vaterlandskonzept mit seinem Tugendprogramm eingeschrieben ist, auf. Man erinnere sich zudem an den bereits zitierten Gedanken des Majors von Lossau, der sagt, es sei „die ‚wesentlichste' Pflicht eines jeden ‚Staatsbewohners', mit allen seinen Kräften persönlich den Staat im Kriege zu verteidigen"[700], und es lässt sich eine weitere unmissverständliche Parallele aufdecken, die den patriotischen Mann der Hainbündler ganz stark mit dem soldatischen Mann in Verbindung setzt.

Es soll nicht gesagt sein, dass die Hainbündler bereits weit vor 1800 und später mit dem Denkkonzept des soldatischen Mannes dergestalt operieren, wie es später in der Literatur der Befreiungskriege der Fall sein wird; die neue Anthropologie der Sockelzeit haben die Göttinger wohl nicht vorweggenommen. Aber anhand ihrer Lyrik lässt sich zeigen, dass die Idee dieses soldatischen Mannes und seines „soldatisch-männliche[n] Tugendkatalog[es]"[701] keine völlige Neuerung oder anthropologische Umwälzung für die Literatur nach 1800 bedeutet: Die inhaltlichen und sogar sprachlichen Parallelen zwischen den publizistischen und literarischen Äußerungen aus dem ersten Drittel des 19. Jahrhunderts und den lyrischen Produktionen des Hainbunds sind schlicht unverkennbar und nicht zu leugnen. Die Konstellationen nach 1800 – also die Rolle und Funktion kämpfender, genuin männlicher Männer für das Vater-

---

Zit. nach Frevert, *Geschlechter-Differenzen*, S. 61

Simmel, *Schriften zur Philosophie und Soziologie der Geschlechter*, S. 200

Zit. nach Frevert, „Soldaten, Staatsbürger", S. 78f.

Frevert, *Geschlechter-Differenzen in der Moderne*, S. 30

land und dessen schutzbedürftiger Einwohner – sind bereits vorher gegeben, auch wenn sie theoretisch nicht ausformuliert sind. Implizit bzw. sekundär ist die Vorstellung des „Mannes als Krieger"[702] und des Soldatentums „als ehrenvolle und Ehre vermittelnde Verbindlichkeit jedes einzelnen Mannes"[703] im Denken und im Vaterlandsdiskurs der Göttinger Patrioten verankert – selbst wenn es keine theoretischen Grundlagen gibt, auf die sich die Dichter beziehen können. in diesem Zusammenhang wurde auf die These von Ute Frevert und den anthropologischen Bruch um 1800 verwiesen, den sie am Wechsel von der Hausvater-Funktion des Mannes, die im 18. Jahrhundert virulent ist, hin zur soldatischen Existenz festmacht. Frevert hat die geschlechtsspezifische Hausvater-Konzeption, wie oben bereits zitiert, folgendermaßen zusammengefasst:

> Um ein Mann zu sein, bedarf es nicht nur der Zugehörigkeit zum männlichen Geschlecht; es reicht […] nicht aus, keine Frau zu sein, sondern es müssen andere, soziale Qualifikationen hinzutreten: eine angesehene, mit Ehre bedachte sozialökonomische Position, zumeist verbunden mit der Kompetenz, einen eigenen Hausstand zu begründen, zu heiraten und einer Familie vorzustehen.[704]

Diese Rolle als Familienvorstand füllt beispielsweise der Vater in Friedrich Leopold Stolbergs *Lied eines deutschen Knaben* aus; er regiert das Haus und ist Vorbild für den Knaben. „Infolge ihrer zentralen Position werden die Väter zum maßgeblichen Vorbild, an dem sich die Kinder ausrichten sollen."[705] Insofern ist Stolberg, was sein Grundgerüst angeht, ganz nah an der Hausvater-Philosophie, die auf Christian Wolff zurückgeht, orientiert, indem er seinen Vater eindeutig als Herrscher des ganzen Hauses und Oberhaupt der Familie ansieht, an dem der Knabe sich orientiert und den er auch als übergeordnet anerkennt. Von diesem Oberhaupt der Familie will der Knabe seine Männlichkeit empfangen, das heißt also, dem Vater wird implizit die Männlichkeit zugesprochen, die der Junge ebenfalls erlangen möchte. Dieses Konzept ist aber zur Zeit der Hainbündler geschlechtergeschichtlich schon nicht mehr explizit vorherrschend, sondern stammt aus dem „ersten Drittel des 18. Jahrhunderts"[706] und befindet sich in der sukzessiven Ablösung durch ein neues Denksystems. Werden früh im 18. Jahrhundert „die Männer und Frauen jeweils der

---

[702] Frevert, „Soldaten, Staatsbürger", S. 81
[703] Ebd.
[704] Frevert, *Geschlechter-Differenzen in der Moderne*, S. 29
[705] Wild, *Vernunft der Väter*, S. 243
[706] Hausen, „Polarisierung", S. 162

ehelichen, väterlichen und herrschaftlichen Gesellschaft"[707] zugeordnet, werden, je mehr sich das Jahrhundert auf die Sockelzeit zubewegt, „statt des Hausvaters und der Hausmutter [...] jetzt das gesamte männliche und weibliche Geschlecht und statt der aus dem Hausstand abgeleiteten Pflichten [...] jetzt allgemeine Eigenschaften den Personen zugesprochen"[708]. Stolberg, als ein Beispiel für die Hainbündler, fixiert die Familie aber noch ganz deutlich auf den männlichen Hausvorstand. Diesen theoretisch-konzeptionellen Überbau verbindet Stolberg aber gleichzeitig mit dem neuen Gedanken eines militärisch geprägten Mannes: Immerhin will der Knabe nicht die Rolle des Vaters als Familienvorstand und Herrscher im Kleinen ausfüllen, sondern die des Kriegers, der fürs Vaterland das Schwert schwingt und dabei sein Leben riskiert. In der Generation des lyrischen Ichs gilt die Hausvater-Philosophie kaum noch etwas, maximal die Funktion des Vaters als Lehrmeister, auf den man sich in seinem Heranwachsen bezieht. Diese Lehrfunktion ist bei Stolberg aber ganz klar auf den militärisch-kriegerischen Bereich beschränkt, die innerhäusliche Position ist für den Knaben irrelevant bzw. wird nur am Rande berührt; nämlich in der Hinsicht, dass dieser schnell daraus herauswachsen will, um den Dienst an der Waffe für die Nation zu tun. Beim Knaben ist die Ebene der Hausvaterschaft damit ausgeschaltet, für ihn gilt nur das neue Denken vom Mann als Krieger. Beim Vater hingegen ist es teilweise anders. In seiner Zeichnung changieren die Kategorien, indem er in erster Instanz das typische Bild des Vaters als Vorsteher des Haushalts, Erzieher des Kindes und Vorbild für den Nachwuchs präsentiert, in zweiter Linie aber schon von dem Wunschbild seines Sohnes geprägt ist: Der soldatische Habitus des Vaters, der sich laut lyrischer Schilderung schon in vaterländischen Schlachten bewährt hat, ist das, wozu der Junge aufschaut und auf was sich die Rolle als Vorbild bezieht. Diese doppelte Darstellung verbindet die alte, aufklärerische Anthropologie mit dem Vorgriff auf die neue, zukünftige Vorstellung des Mannes als vaterländischer Krieger. Im Vater vollzieht sich diese Doppelung schließlich auf bemerkenswerte Art und Weise, da er ganz offensichtlich und ohne Diskussion beide Rollen für den Sohn einnimmt – und damit zeigt, dass es, zumindest in diesem Gedicht, keinen Konflikt zwischen neuem und altem Denken gibt. Für den Sohn ist zwar die Priorität eindeutig, aber kritisch steht er dem alten Modell nicht gegenüber; es wird eingebunden in die neue Sache. Die Männlichkeitsvorstellungen changieren also, und die Darstellung an sich zieht ihre positiven Inhalte aus zwei, grundsätzlich von einander verschiedenen Systemen. Stolberg führt, um seinen Männlichkeitsdiskurs auszufüllen, diese beiden Systeme zusammen, indem er die für seine Konstellation günsti-

---

[707] Ebd.
[708] Ebd., S. 163

gen Bereiche wählt, um zwei Generationen von Männern in ihren disparaten Verständnissen, die ein Spannungsfeld und -verhältnis bedingen, darin unterzubringen. Der doppelte anthropologische Diskurs führt in letzter Instanz somit zu einem doppelten Männlichkeitsdiskurs.

Abschließend lässt sich, ausgehend vom Vaterlandsdiskurs und stellvertrend für die beinahe ganze Lyrik, dass die Hainbündler gängige anthropologische Vorstellungen von Männlichkeit (unter anderem Stärke/Muskelkraft, Freiheit, Mut, Beschützer, Öffentlichkeit, um nur die Hauptmerkmale zu nennen) in ihren Texten anführen und sie um eigene Ausarbeitungen des Bundes erweitern. Zu den zeitgenössischen Merkmalen treten die hainbundspezifischen, die sich insbesondere in der Keuschheit und ewigen Treue äußern. Aber auch diesen liegt ein Basismerkmal, das Schmale identifiziert hat, zugrunde: Begierdebeherrschung ist das Merkmal des Mannes, das die Hainbündler ausgehend von ihrem eigenen Ansatz ausweiten und mit zu einem unabänderlichen Grundsatz erheben. Der Phallus als männliches Symbol findet sich bei Stolberg: In *Lied eines deutschen Knaben* stellt er das Schwert als Phallus in den Mittelpunkt. Dieses Schwert als Phallus ist Symbol und Zuspitzung des genuin männlichen Verhaltens, in dem sämtliche Momente der Männlichkeit, biologisch wie sozial, zusammenlaufen: vom Freiheitsdrang bis zum aktiven Leben, das Schwert in der Hand des Mannes symbolisiert alle Aspekte der Virilität. Den Phallus zu haben bedeutet für den Knaben, eine männliche Position einzunehmen und diese gegenüber „männlich markierten Wesen"[709], die die Position nur scheinbar haben, abzugrenzen. Es ist ebenfalls Stolberg, der in seinem Text *Der Harz* körperliche Eigenschaften des Mannes und dessen Willen zum Kampf aufruft: „Herzlich sey mir gegrüst, werthes Cheruscien! / Land des nervigten Arms und der gefürchteten / Kühnheit, freyeren Geistes / Denn das blache Gefild's umher. / Dir gab Mutter Natur aus der vergeudenden / Urne, männlichen Schmuck, Einfalt und Würde dir!" (1—6). Die zeitgenössische Männlichkeitsanthropologie spricht aus diesen Versen.

[709] Butler, *Körper von Gewicht*, S. 97

Kapitel IV
Männliches Sprechen und Singen

Dieses Kapitel befasst sich mit der impliziten und expliziten Umsetzung von Männlichkeitsvorstellungen in Kontexten, die die Kunst an sich zum Thema machen. Lyrik, die sich wiederum mit Lyrik auseinandersetzt, hat einen durchaus beachtenswerten Rang im Corpus der Hainbündler. Dabei muss man aber die verschiedenen Kontexte voneinander trennen. Dichtung über Dichtung ist zum einen vielfach in einen größeren Diskurs, sprich: den patriotischen, eingebettet. Insofern setzt sich zum Teil innerhalb des Kunstdiskurses der Hainbündler ihr Vaterlandsdiskurs fort und zwar in dem Sinne, als dass ‚gute‘ Kunst als etwas zutiefst Deutsches angesehen wird und dementsprechend klassische Merkmale der hainbündlerischen Vaterlandsvorstellung (und damit auch der patriotisch bedingten Männlichkeit) bekommt. Dies ist Gegenstand des ersten Abschnitts dieses Kapitels: Texte aus der Früh- und Spätzeit des Bundes und von verschiedenen Dichtern werden untersucht, die Merkmale des Männlich-Deutschen in ihrer spezifischen Verbindung zum Denken und Sprechen über Lyrik herausgearbeitet. Es soll gezeigt werden, dass die Kunst durch ihren Zusammenfall mit dem genderisierten Vaterlandsdiskurs und dessen ureigener Konstitution wiederum selbst genderisiert wird. Die Bundesbrüder nehmen aber auch das zeitgenössische Geniekonzept für ihre eigene Arbeit auf und interpretieren es für sich: Zwar wird es nicht inflationär genutzt, aber dennoch ist der Einfluss dieses neuen Denkens in der Lyrik sichtbar. Zumal unter seinem starken männlichkeitsgeschichtlichen Aspekt, denn immerhin lässt sich nachweisen, dass das Genie grundsätzlich ausschließlich männlich besetzt ist, wie gezeigt wird. Diese genuin männlichen Merkmale der Genieästhetik lassen sich auch in einigen Geniegedichten der Hainbündler finden; diese werden untersucht. Ein letzter Punkt in diesem Kapitel ist das Konzept der Bardendichtung. Eng verwoben mit den vaterländischen Vorstellungen einer glorreichen germanischen Vergangenheit, in der sich das phantasierte Deutschland der Hainbündler begründete, stehen die Barden als *männliche* Träger einer spezifisch deutschen Kunstrichtung dar, die zum Teil noch enger als die fiktive Kunst mit den Merkmalen der Vaterland-*gender*-Debatte zusammenhängt.

Kapitel IV.1
Die Vergeschlechtlichung der Kunst

Die Dichter des Göttinger Hainbunds operieren mit impliziten und expliziten Verweisen auf die grundsätzliche Ausschließlichkeit einer von Männlichkeit durchdrungenen Dichtungsvorstellung. In einem ersten Schritt soll die Lyrik einer knappen quantitativen Analyse unterzogen werden, um die angenommene Dominanz der Männlichkeit bei jedem Sprechen über Dichtung und künstlerische Schaffenskraft darzustellen. Ausgangspunkt der Überlegung ist, dass Weiblichkeit in der Sprechinstanz nur dort vorliegt, wo es auch expliziert wird (so durch geschlechtliche Konkretisierung im Titel oder auch geschlechts-relational Tendenzen in den Texten). Es wird dementsprechend weiterhin davon ausgegangen, dass es kein ‚implizites‘ weibliches Sprechen gibt, sondern dass in den Texten, in denen die lyrische Sprechinstanz nicht offensichtlich geschlechtlich markiert ist, diese grundsätzlich männlich ist. Denn die Texte sind so strukturiert, dass sie zum größten Teil ohnehin keine Zweifel an der Geschlechtlichkeit des Ichs lassen, sei es durch direkte semantische Bezüge, die Bindung an genuin männliche Themen oder die Kenntlichmachung von zwischengeschlechtlichen Liebesdiskursen, in denen ein männliches Ich seine Verbundenheit zu einer Frau darstellt.

Eine Untersuchung der einschlägigen Sammlungen und damit der Hinterlassenschaften der bedeutenden Exponenten Voß, J. M. Miller, Hölty und F. L. Stolberg ergibt, dass die lyrischen Sprechinstanzen weitgehend nur zu einem Bruchteil nicht männlich sind.[710] Für Friedrich Leopold Graf zu Stolberg bedeutet dieser Befund beispielsweise, dass von den von Sauer überlieferten rund 50 Texten, die zwischen 1770 und 1776 – also im zeitlich weitesten Dunstkreis des Bundes – entstanden sind, nur *einer* eine weibliche Sprechinstanz aufweist. Dies ist das anakreontische *Daphne am Bach*[711], in der im antikisierenden Kontext das in der Überschrift als Daphne namentlich benannte und damit eindeutig als weiblich identifizierte lyrische Ich am Bach einen traurigen Liebesdiskurs mit sich selbst führt. Bei Hölty lässt sich in seinem gesamten Corpus von etwa 90 Texten von dreien sprechen, in denen eine weibliche Sprechinstanz auszumachen ist; auch dort macht der Autor den Bezug zur Weiblichkeit direkt im Titel klar: *Lied eines Mädchens*, *Klagen einer Nonne* und *Klagelied eines Mädchens*[712]. Alle drei Texte haben Trauer und Abschiednahme

---

[710] Bei Christian Stolberg gibt es kein Gedicht mit einer weiblichen Sprechinstanz, bei Ernst Theodor Johann Brückner ist es mit *Glyce an die Venus* (Kahl, *Bundesbuch*, Aus Vossens Bundesbuch, Nr. 90 [S. 235f.]) wie bei F. L. Stolberg ein anakreontisches Gedicht im antiken Gewand, und auch bei Johann Friedrich Hahn lässt sich keines finden.

[711] Sauer, *Göttinger Dichterbund*, Bd. 50 II, Nr. 29 [S. 64f.]

[712] Alle Hölty, *Gesammelte Werke und Briefe*, S. 202f., S. 32f., S. 215f.

zum Inhalt, sind in dem für Hölty typischen elegischen Ton gehalten und lassen keinen Zweifel daran, dass es für die Frau, die die Sprecherrolle einnimmt, keine Freude mehr gibt. Bei Voß gibt es dieses weibliche Sprechen in der Sauer-Sammlung gar nicht. Im Bundesbuch hingegen sind vom Dichter der *Luise* die *Nachtgedanken eines Mädchens*[713] verzeichnet – ein Vierzeiler, der wieder das Leiden der einsamen Frau in den Mittelpunkt stellt – und die traurige Idylle *Der Morgen*[714], in der die Rede eines weiblichen Ichs von der Erzählung einer nicht näher konkretisierten Instanz eingebunden ist. Auch dabei geht es wieder um weibliche Einsamkeit. Boies *Das Mädchen von Dreyzehn*[715] lässt das weibliche Ich seine Jugendlichkeit in moralischer Hinsicht preisen, und stellt gleichzeitig wieder eine weibliche Instanz dar, die an ihrer Einsamkeit hinsichtlich einer zwischengeschlechtlichen Partnerschaft leidet. Quantitativ (und qualitativ) anders nimmt sich die Situation bei Johann Martin Miller aus; er nimmt so etwas wie eine Sonderrolle innerhalb der Bundeslyrik ein, schaut man auf den Parameter des weiblichen Sprechens bzw. der weiblichen Sprechinstanz. In der Sammlung nach Sauer finden sich 20 Lieder, die zu diesem Segment gehören; das ist wesentlich mehr als bei seinen Bundesbrüdern. Den vaterländischen Impetus des weiblichen Sprechens im Text *Das deutsche Mädchen an Clavier* ist bereits an anderer Stelle untersucht worden, und auch in anderen Gedichten nimmt Miller von der beständig tragischen Ausformung der Inhalte im Kontext einer weiblichen Sprechinstanz, wie sie die anderen Hainbund-Autoren vorführen, Abstand. Natürlich, das *Klaglied eines Mädchens*[716], das *Trauerlied einer Braut* oder auch das *Klagelied einer Bäuerin*, um nur drei Titel zu nennen, führen das Elend der einsamen Frau vor, der entweder die Untreue oder der Tod den Geliebten genommen haben. Es gibt aber auch andere Modellierungen. Sein Mädchen in *Lobgesang eines Mädchens*[717] ist in bester männlicher Manier euphorisch und gottgläubig und führt bei der Vorstellung ihres zukünftigen Geliebten die positiven Merkmale des Mannes vor, die die Hainbündler ihren Männerfiguren auch sonst zur Geschlechteremphase zusprechen[718]: „Ich sah ihn! – Nicht durch Buhlerscherz / Und schmeichlerische Mienen, / Durch Tugend sucht' er nur mein Herz, / Und Thaten zu verdienen" (16—20), lautet beispielhaft eine Strophe.

---

[713] Kahl, *Bundesbuch*, Bd. 1, Nr. 10 [S. 13]

[714] Kahl, *Bundesbuch*, Aus Vossens Bundesbuch, Nr. 89 [S. 233ff.]

[715] Kahl, *Bundesbuch*, Bd. 1, Nr. 139 [S. 121]

[716] Alle Sauer, *Göttinger Dichterbund*, Bd. 50 I, Nr. 111 [S. 261f.], Nr. 1 [S. 278f.], Nr. 17 [S. 300f.]

[717] Ebd., Nr. 85 [S. 227f.]

[718] Das heißt konkret: Der Mann wird aus der Sicht der Frau als guter Mann im Sinne des hainbündlerischen rigiden Moralismus dargestellt; das findet man sonst nur als direkte Darstellung der Männlichkeit ohne den Umweg über eine weibliche Sprechinstanz.

Neben dieser kurzen quantitativen Analyse, die zeigt, wie unwichtig die Frau als Träger lyrischer Diskurse ist und wie sehr ihre Themen, im Gegensatz zum Mann, auf einen bestimmten Bereich beschränkt sind, steht nun die Verbindung von Geschlecht und Kunst generell im Vordergrund. Es geht dabei weniger um eine lyriktheoretische Untersuchung als darum, festzustellen, inwiefern Kunst als Thema in der Lyrik und das Erschaffen derselben spezifisch geschlechtlich begrenzt ist: Welche Rolle spielt das Geschlecht bei der fiktiven Erschaffung von Kunst? Inwiefern bedingen spezifische geschlechtliche Merkmale die künstlerische Ausprägung? Ansatz für diesen Gedanken ist eine Äußerungen aus dem Brief des Bundes an Brückner: „Dein Geist sei des Liedes, und des Mannes Dein Herz [...].“[719] So wird der Neophyt Brückner von den Hainbündlern angesprochen, Lied und Männlichkeit stehen als primäre Merkmale und als Gründe für die Aufnahme direkt im Anfang des Briefes. Kunst und Männlichkeit stehen hier eng beinander, das eine folgt auf das andere: „Geist“ und „Herz“ stehen hier symbolisch für den ganzen Menschen. Und während das eine vom „Lied“ durchdrungen ist, betont das andere die Männlichkeit. Wenn aber Geist und Herz das Ganze konstituieren, heißt dies auch, dass sie als Kategorien in einem gewissen Sinn zusammengehören; schließlich kann das Ganze ohne beide Teile nicht existieren. Das macht ihre natürliche Verbundenheit und Einheit aus. Und diese Einheit im Denken gilt dementsprechend auch für die spezifischen Ausprägungen der beiden Bestandteile, nämlich Kunst und Geschlecht. Insofern soll gezeigt werden, wie Kunst und Geschlecht in den Texten sowohl explizit als auch implizit zusammengebracht werden. Textlich wird auf das Corpus zurückgegriffen, das sich unter der Überschrift „Kunstthematik“ subsumieren lässt. Ausgenommen davon sind nur die zahlreichen Widmungsgedichte. Sie werden Gegenstand des Kapitels über Freundschaft und Brüderlichkeit als männliche Praxis im Göttinger Hain sein, da sie umfänglich nur im Rahmen dieses spezifischen Freundschaftsdiskurses zu interpretieren sind.

Einen guten Rahmen für den Start in diesen Bereich der Arbeit bilden die beiden ersten Gedichte des Bundesbuches, *Bundes-Lied* (J. M. Miller) und *Auf Michaelis Tod*[720] (Voß). Millers Text gehört zur gruppenspezifischen Gattung der Bundeslieder und eröffnet das Bundesbuch; laut Voß sollten alle Gründungsmitglieder des 12. September solche Lieder schreiben und an den Anfang der Sammlung stellen, doch „warum die Bundeslieder nicht alle am Anfang stehen, sondern über das Buch verteilt sind, ist unklar“[721]. Im nächsten Kapitel werden die Bundeslieder noch einmal zum Thema, dann aber aus ei-

---

[719] Sendschreiben des Bundes an Brückner, 15. November 1772
[720] Kahl, *Bundesbuch*, Bd. 1, Nr. 1 und Nr. 2 [S. 9f.]
[721] Kahl, *Bundesbuch*, S. 414

nem anderen Blickwinkel heraus. Die beiden Texte im Anfang des Bundesbuchs bilden um das Oberthema der Kunst bzw. Dichtung herum zahlreiche
Bereiche aus, die auch sonst zum Kern des hainbündlerischen Schaffens gehören und immer wieder männlichkeitsspezifisch besetzt sind; diese Tendenz
wird sich auch hier zeigen. Das lyrische Ich aus Millers *Bundes-Lied* ist durch
die Bezüge zur konkreten Situation der Bundesgründung recht eindeutig als
der Dichter selbst zu identifizieren: Die „Vaterlandes-Sänger" (18) der fünften
Strophe sind demnach seine Bundesbrüder, mit denen das Ich/Miller einen
„Freundes-Bund" (20) eingeht. „Sänger": Der zweite Teil des recht seltsam anmutenden, aber für die Hainbündler nicht ungewöhnlichen Kompositums, ist
ausschlaggebend. Das Ich bezeichnet sich und die übrigen Mitglieder seiner
Gruppierung als „Sänger" (18), also als Personen, die Liedgut, die Kunst
schaffen. Aber nicht irgendwelche Lieder sind der künstlerische Ausstoß der
Sänger: Die Bezeichnung „Vaterlandes-Sänger" (18) ist doppelt zu verstehen,
einmal hinsichtlich der Zugehörigkeit zu einer bestimmten Nation (i. e.
Deutschland), und einmal hinsichtlich des literarischen Impetus – die Lieder
sind patriotisch. Ganz so, wie man es von den Hainbündler auf der realen Pro-
duktionsebene kennt. Zum anderen bedeutet dies, dass die Sänger an sich patriotisch sind. Das heißt, dass sie zur Nation gehören und zwar im Sinne der
‚deutschen Männer' des Vaterlandsdiskurses. Durch diese Kontextualisierung
wird ein erster Bereich der Männlichkeit der Sänger markiert. Es wurde gezeigt, inwiefern Vaterland und Männlichkeit zusammenhängen und wie die
einzelnen Merkmale zwischen den Kategorien changieren bzw. vom Verständnis des Vaterlandes ausgehend an das Verständnis von Geschlecht herunterge-
geben werden. Dies lässt sich nun auf das Kompositum der „Vaterlandes-Sänger" (18) übertragen: Durch ihre doppelte Funktion werden die Sänger – die
sich durch die Form des Bundesliedes freilich ganz einfach als Männer identifizieren lassen – ganz eng an das Vaterland in seiner genuinen *männlichen
Form* angebunden, denn es gibt keinen Zweifel, dass der geschlechtsspezifische Vaterlandsgedanke des patriotischen Diskurses auch für diese Ausprägung innerhalb der Kunstthematik gilt. Die emphatische Darstellung der „Vaterlandes-Sänger" (18), zu denen sich das Autor-Ich freudig zählt, bezieht sich
auf die positive Kategorie der deutschen Nation und greift den impliziten
Männlichkeitsgedanken des patriotischen Diskurses auf. Die Sänger, also die
fiktionalen und gleichzeitig durchaus realen Bundesbrüder, werden in die (immer männliche) Vaterlandsphantasie hinein stilisiert und untrennbar damit
verbunden. Ihre Existenz als Sänger ist immer mit der Existenz des deutschen
Vaterlandes, wie die Hainbündler es ihren Gedichten imaginieren, aufs Engste
verbunden. Damit einher geht schließlich die gleichzeitige Kongruenz mit
dessen Merkmalen. Diese enge Verbundenheit wird in der siebten Strophe

noch einmal vom Ich aufgegriffen. Die Wortwahl „Durch deutsche Lieder mache / Sich jeder seines Landes wehrt!" (25—26) erinnert ganz stark an die lyrischen Darstellungen der deutschen Männer des Vaterlandsdiskurses: Auch diese machen sich des Deutschseins wert, indem sie zum Beispiel in den Krieg für die Freiheit des Vaterlandes eintreten, dem Tod freudig entgegentreten usw. Hier nun werden diese Tätigkeiten fürs Vaterland auf die Sangeskunst übertragen; aus dem Schwingen des Schwertes wird das Spielen der Harfe, das Sterben in der Schlacht wird ins Schreiben eines (deutschen) Liedes übersetzt. Konkret meint das: Das Verfassen von vaterländischer Kunst ist gleichbedeutend mit anderem Tun für das Vaterland, es hat den gleichen Wert wie etwa die kämpferische Tätigkeit. Die gleiche Wertigkeit bedingt auch die gleiche (oder zumindest weitgehend gleiche) Bedeutungsausprägung der Kategorien. Wenn der Sänger im vaterländischen Diskurs sich durch seine Kunst auf der gleichen Ebene befindet wie der ‚deutsche Mann', der aktiv gegen Feinde der Nation bzw. Bedrohungen generell vorgeht, ist er ebenfalls ein ‚deutscher Mann'; und damit sind seine Merkmalsausprägungen ebenso männlich. Der Sänger in Millers *Bundes-Lied* bezieht also seine Männlichkeit aus dem Vaterlandsdiskurs; sie ist *deutsch* und damit deckungsgleich mit der Männlichkeit der deutschen Männer aus den spezifisch patriotischen Kontexten. Freilich wird die Männlichkeit von Miller nicht explizit: Denn sie spricht aus dem konkreten Deutschsein der Sänger und der klaren Zuspitzung der lyrischen Themen auf das Vaterland.

Der Patriotismus des Sängers und dessen gleichzeitige, durch die Vorgaben des Vaterlandsdiskurses bedingte implizite Männlichkeit ist auch Thema von Vossens alkäischer Toten- und Gegenwartsklage *Auf Michaelis Tod.* Deshalb soll darauf im Allgemeinen nicht weiter eingegangen werden. Vielmehr ist die *explizite Männlichkeit* der Dichtkunst des „Halberstädter Dichter[s] Johann Benjamin Michaelis (geb. 1746)"[722] hier von Interesse. Liest man den zweiten Teil der Ode, so befindet man sich mitten in einer lyrischen Glorifizierung des jung Verstorbenen, in der Michaelis mit sämtlichen Ehrentiteln der Hainbündler belegt wird: Er ist ein „Sittenlehrer" (22), vor „deßen rächerischer Geißel / Frevler erbebten" (23—24), der „nie mit Gift den Strom des Wohllauts / Tückisch vermischte" (19—20) und „Empfindung deinen [Deutschlands; Verf.] Töchtern und Tugend sang" (18). In all' dem verfolgte Michaelis „den bedornten Pfad, / Mit starkem Schritt, voll Kraft und deutscher / Kühnheit" (26—28). Voß überträgt die Merkmale des ‚deutschen Mannes' auf Michaelis. Sittsamkeit, Tugendhaftigkeit und edle Empfindungen sind genauso genuin männliche Eigenschaften wie die Stärke, die Kraft und freilich auch die Kühnheit. Beide Ebenen, physische und psychische, werden hier bedient,

---

[722] Ebd.

Michaelis zeichnet sich also sowohl von seiner geistig-moralischen Verfassung her als Mann als auch von seiner körperlichen. Ihm sind alle die Merkmale eigen, die den Mann, wie ihn die Hainbündler als vorbildlichen ‚Sohn der Nation' imaginieren, auszeichnen und gegen andere, als negativ verstandene Männlichkeitskonzepte abgrenzen. Somit wird die historische Gestalt Johann Benjamin Michaelis in der fiktionalen internen lyrischen Textsituation von einem lyrischen Ich mit den fiktiven, da innerhalb der Lyrik entworfenen Merkmalen der Männlichkeit ausgestattet. Fiktion und Realität sind im Hinblick auf den Geschlechterdiskurs nicht wirklich zu trennen: Dem Adressaten des literarischen Nekrologs werden, im Rekurs auf seine Lebenszeit und Tätigkeit als „Sittenlehrer" (22), typisch lyrische Männlichkeitscharakteristika zugewiesen; und das von einem lyrischen Ich, das eine reale Identität besitzt und dementsprechend mit seinem Autor identisch ist. Die reale Person ist Empfänger lyrischer Merkmale, der fiktionale, da literarische Geschlechterdiskurs wird auf die Realität umgelegt bzw. gespiegelt.

Diese Beschreibungen zur höheren Ehre des Verstorbenen entstehen aber nicht aus sich selbst heraus, sondern durch das „geweihte[.] Spiel" (17), also durch die Sangeskunst. Sie trägt alle besonderen männlichen Merkmale in sich und ist gleichzeitig äußeres Zeichen der Sittsamkeit, Stärke etc. In der Sangeskunst konstituiert sich die Männlichkeit des Trägers des Diskurses. Insofern sind die männlichen Merkmale eindeutig Michaelis in seiner Rolle als *Sänger* zugewiesen: Der Sänger ist männlich! Diese Auffassung setzt sich auch fort, wenn man die nächste Strophe in den Blick nimmt. Die Sangeskunst beinhaltet eine strikte antifranzösische Tendenz, indem sie sich durch ihre Konstitution massiv von den Ausprägungen der Kunst der traditionellen Erbfeinde unterscheidet. Diese wird als „Arouets [Voltaires; Verf.] Geklingel" (31) bezeichnet, der ‚Sittenverderber' Voltaire und sein unwerter Gesang werden als Symbol für das Schlechte an sich hingestellt. So wird mit Voltaire doppelt ‚abgerechnet': einmal als der große, böse Sittenverderber an sich, wie ihn die Hainbündler sehen, einmal als Zuspitzung aller Verkommenheit der französischen Kunst. Es ist bereits im vorherigen Kapitel dargelegt worden, dass jede frankophobe Äußerung auch immer Auswirkungen auf den Männlichkeitsdiskurs hat; schließlich wird das Französische immer mit falsch verstandener Männlichkeit oder Unmännlichkeit verstanden. Durch die Abgrenzung von falscher bzw. nicht vorhandener Männlichkeit erfährt die eigene, ‚deutsche' Geschlechtlichkeit eine Aufwertung und wird zum Träger des positiven Diskurses. Dies wird hier durch die Sangeskunst erreicht, die ganz klar „Arouets Geklingel" (31) entgegengesetzt ist, des „Volkes Ehre" (30) bezeugt und als solche des ganzen Landes dastehen könnte. Hierin drückt sich auch die Gegenwartsklage aus: Deutschland legt keinen Wert auf die männliche-moralische, betont antifranzösische Kunst eines Michaelis. In der offensichtlichen Abkehr französischer Verhaltensweisen durch die Lyrik erweist sich also die Männlichkeit Michaelis', damit erfährt das zuvor formulierte Diktum von ‚Der Sänger ist männlich!' hier seine nochmalige Bestätigung.[723]

Johann Martin Millers Widmungsgedicht *An Christian Graf zu Stolberg*[724] führt die Kunst des Adressaten zurück in die große deutsche Vergangenheit. Hintergrund der lyrischen Situation scheint zu sein, dass der Angesprochene keine Kunst mehr produziert, wie in den ersten Versen dargestellt wird: „Schweigen willst du? Und dein Lied erscholl / Jüngst im stillen Creiß der BundesBrüder." (1—2) Anschließend beginnt die Glorifizierung der Kunst des Grafen durch die unbekannte Sprechinstanz, die aber wohl mit dem Autor selbst als Bundesbruder identifiziert werden kann. Der Sprecher führt die Kunst Stolbergs – auf sekundärer Ebene in Verbindung mit dessen „Seele" (5) – zurück in „des Vorfahrs goldne, deutsche Zeiten" (6) und macht somit den Impetus dieser Kunst klar: Sie nimmt die Tendenzen und Merkmale der Vergangenheit, die viel wert und nachahmenswert sind für die Hainbündler, auf und setzt sie lyrisch um. Die Kunst spiegelt die gute, alte Zeit, deren Merkmale in der Gegenwart verloren sind, wider und zeichnet sich durch all' die Charakteristika aus, die bei den Hainbündlern generell für eine vorbildliche und betont patriotische Konstitution stehen. Begriffe wie „Ehrlichkeit" (9), „Treue" (9) und „Unschuld" (13) sind bereits aus dem Vaterlandsdiskurs bekannt, wo auch deren männliche Relevanz untersucht und erläutert wurde.[725] Wenn die Kunst des Adressaten, wie die lyrische Sprechinstanz betont, in genau dieser glorreichen Zeit verankert ist und die vorbildlichen Merkmale der (männlichen) Gesellschaft eines alten, heute verlorenen Deutschlands aufgreift, dann bezieht sie sich auf die gleiche Ebene der Geschlechterkonstitution: Die Kunst wird genderisiert/vermännlicht, da männliche Merkmale als konstitutive Charakteristika der Kunst nach vorne gestellt werden. Kunst erhält eine spezifische Qualität als Teil der Geschlechterkonstruktion, denn in der Kunst äußert sich die Männlichkeit.

Einen doppelten Hintergrund hat Johann Martin Millers Widmungsgedicht *An Hölty*[726]. Abgesehen von dem Schlagwort der „deutschen Seelen" (24) – dies aber sehr wohl ein zentraler Gedanke – fokussiert sich Miller, sich selbst in seiner lyrischen Sprechinstanz, die den Bundesbruder Hölty anredet, abbildend, auf den Gedanken der Trennung von seinem Bundesbruder und die Si-

---

[723] In Vossens Widmungsgedicht *An André* werden die gleichen Verbindungen aufgeführt, vgl. dazu die Untersuchung in Kapitel III.2.

[724] Kahl, *Bundesbuch*, Bd. 1, Nr. 140 [S. 122]

[725] In diesem Kontext gehört auch J. M. Millers *Sittenverderb*: Darin wird der Ursprung männlicher Potentiale, wie gezeigt, offensichtlich in einer vergangenen Zeit gesehen.

[726] Kahl, *Bundesbuch*, Bd. 1, Nr. 155 [S. 133f.]

tuation des lyrischen Ichs nach derselben. In die Zukunft blickend („Noch kurze Zeit! dann werden sie sich ändern, / Die Tage, die uns schön gelacht" (1—2)), werden unschöne Szenarien vorgezeichnet: Das Ich sieht sich umgeben von „NarrenRotten" (5), einer „Schaar Verächter" (9) und „falscher Tugend-Richter" (27). Die Kunst, vom Ich zweimal als Lied (12; 19) und einmal als Sang (17) bezeichnet, nimmt dabei eine wichtige Stellung ein. Durch diese seine Kunst setzt es sich in seinem negativen Zukunftsbild „hohngelächter" (11) aus, weshalb „des Sanges Quelle bald versiegen" (13) wird; und für die aktuelle Herstellung von Kunst fehlt des „Beyfalls Lächeln, den den Dichter / Zu neuen Liedern aufgewekt, / Und jeden Tadel falscher TugendRichter / Zurück in ihre Brust geschrekt!" (25—28). Die Kunst erscheint also als eine stark freundschaftlich-bündisch geprägte Kategorie, die nur in diesem exklusiven und nach außen hin beschirmten Kreis zu vollem Glanze sich erheben kann. Die Einsamkeit, der Trennungsschmerz und der Aufenthalt in der unbekannten und potentiell bösartigen Fremde wirken sich negativ auf die Kunst.

In der fünften Strophe heißt es: „Laß seyn, o Freund! mir dennoch ewig theuer / Sey jede stille Mitternacht, / In der ein Lied ich sang, das edles Feuer / In deutschen Seelen angefacht!" (21—24). Hier erkennt man sogleich den Zusammenhang von Männlichkeit und Kunst. Das Lied ist Motor für den Ausbruch einer *edlen Männlichkeit* in den spezifisch „deutschen Seelen" der in den lyrisch-fiktionalen Bereich übergetretenen Bundesbrüder. Die Männlichkeit lodert symbolisch im Inneren und erfüllt den ganzen Menschen: Dadurch wird er von ihr geprägt. Die Seele als Ausdruck der ganzen Konstitution des Menschen in diesem Kontext (Körperliches zum Beispiel spielt als Bewertungskategorie des Menschen keine Rolle) ist vollständig vom dem lyrischen Feuer eingenommen. Nicht außer Acht gelassen werden darf der Begriff des Edlen. Das Edle und die Männlichkeit sind bisher keine Verbindung in der Lyrik der Hainbündler eingegangen, und überhaupt ist das Edle kein Begriff, der zum festen Bewertungsrepertoire der Göttinger gehört. Es geht dabei wohl weniger um etwas allumfassend Edles, als vielmehr um die Tatsache, dass dieses Edle als Attribut des Feuers (= der Männlichkeit) ganz ausdrücklich in „deutschen Seelen" (24) angesiedelt ist, dementsprechend besonderes vaterländisches Gewicht erhält. So wird auch die Bedeutungsebene des Edlen fixiert: Das Attribut bezieht sich auf die spezifischen Merkmale des Deutschen, die wiederum den tiefen moralischen Anstand der aufrechten und aufrichtigen Deutschen ausdrücken und sich dabei bis auf Hermanns Germanen zurück beziehen, die als die Urväter solcher ‚edler' deutscher Verhaltensweisen imaginiert werden. Es ist dies die sehr positive Emphase eines hohen inneren Wertes. Im *Deutschen Wörterbuch* zu „edel" heißt es: „noch richtiger trennen wir von den bloszen vorzügen des standes die des innern menschen entgegen

[...]."[727] Für die lyrische Sprechinstanz entwickelt sich aus dem Einfluss des Liedes heraus eine Männlichkeit, die dem deutschen zu einem edlen, also einem betont untadeligen und tugendhaften Charakter verhilft. Die Männlichkeit, die aus dem Lied entsteht, wird dadurch in ihrer positiven Konstitution noch einmal verstärkt: Sie ist nun nicht mehr nur implizit tugendhaft etc., sondern gewinnt dieses Potential auch aus dem Attribut „edles" (23). Durch die explizite positive Bewertung wird der Männlichkeitsdiskurs noch einmal auf eine neue Stufe gehoben, das Männliche ist gleichzeitig immer auch das Edle, und Männlichkeit ist immer edel im zeitgenössischen Sinne und gleichzeitig auch im Sinne der germanisierten bzw. germanisierenden moralischen Vorstellungswelt der Hainbündler. Das alles bewirkt das Lied: Es ist Anfang und Gipfel dieser Geschlechterbeschreibung, sie kann ohne die Kunst nicht funktionieren.

Vergangenheitsgewandt und dabei freilich immer latent deutschtümelnd-vaterländisch geht es in einem weiteren Widmungsgedicht Johann Martin Millers zu. *An meinen Boie*[728] ist nicht nur in der Überschrift an Boie direkt gerichtet, sondern nennt den befreundeten Herausgeber der Göttinger Musenalmanache auch gleich im ersten Vers. Wie das oben untersuchte *An Hölty* spielt das Gedicht mit dem Motiv des Abschieds und der Trauer des als Miller zu identifizierenden lyrischen Ichs. Lokalisiert ist die Situation am „DonauStrand[..]" (1), der „Walthern einst zum Sänger fand" (4). Damit ist freilich Walther von der Vogelweide gemeint, der zu Beginn der 1770er Jahre soeben jung wiederentdeckte mittelhochdeutsche Lyriker der staufischen Klassik.[729] Dadurch wird auch der zeitliche Rahmen festgesetzt: Dem lyrischen Ich geht es um eine (idealisierte) mittelalterliche Zeit, wie der Beginn der dritten Strophe konkretisiert: „Wo Ritter ihre Waffen aufgehangen" (9).[730] In diesen mittelalterlichen Rahmen wird der Kunstdiskurs eingepasst. Um

---

[727] Bd. 3, Sp. 26

[728] Kahl, *Bundesbuch*, Bd. 1, Nr. 166 [Nr. 142f.]

[729] Vgl. zu diesem Aspekt die entsprechenden Kapitel in Koller, *Minnesang-Rezeption* und Leibrock, *Aufklärung und Mittelalter*, sowie die Beobachtungen in Kapitel II

[730] Man geht nicht fehl, wenn man davon spricht, dass sich die Göttinger in ihrem Bezug zu einem als ursprünglich deutsch verstandenen (Hoch)Mittelalter in einer ‚Vorbereitungsphase' der Nationalromantik der Jahrhundertwende befinden (immerhin schreibt H. A. Korff, dass die „nationalromantische Bewegung [...] mit Lessing, Klopstock und Herder beginnt" (Korff, *Geist der Goethezeit*, Bd. IV, S. 95) und bezeichnet den Sturm und Drang als „Gründerzeit" der Nationalromantik (ebd., S. 97)). Diese Bewegung, die Korff als eines der drei Fundamente für die „Literaturgeschichte der Goethezeit" identifiziert, hat das Ziel einer „nationalen Erneuerung [der] Dichtung" (ebd., S. 95): „Wie wir die Geburt der romanischen Dichtung aus dem Geiste ihres inneren Römertums „Renaissance" zu nennen pflegen, so muß die romantische Bewegung nach ihrer letzten Tiefe als die Wiedergeburt des germanischen Geistes in den nordischen Literaturen betrachtet werden." (ebd., S. 96).

Dichtung innerhalb einer Beziehung zwischen Mann und Frau geht es in der dritten Strophe, die wie bereits festgestellt den Einstieg in den Diskurs markiert. Männer werden als Ritter gefasst, Frauen als „ihre[.] Frauen" (10); das Lied erscheint als „Minneleiden" (11), auf das die Frauen reagieren und die Ritter somit „oft ihr Leid gemildert sahn" (12). Das Lied der Ritter, identifizierbar recht eindeutig als Minnelied, ist männlich: Es ist Kunst, die von der Männlichkeit ausgeht und an die Frau gesendet wird. Ganz so, wie es die Tradition des Hochmittelalters verlangt.

Was aber im Vergleich zu anderen genderisierten Kunstkonzepten neu ist, ist die Einbettung in die *relationale Kategorie* von Geschlecht: Das Lied funktioniert im Spiel der Geschlechter, Minne kann nicht in einem ausschließlich männlichen Kontext gesehen werden. Ohne das bigeschlechtliche Verhältnis von Sender und Empfänger ist das männlichkeitsspezifische Konzept der Minnedichtung wertlos; es verliert jede Relevanz und wird inhaltsleer, wenn die Relationalität der Geschlechter nicht gegeben ist. Dies erweist auch die fünfte Strophe, in der das lyrische Ich darauf verweist, dass auch „Kayser [...] und Fürsten Lieder sangen / Um einen süssen Habedank / Vom Mündlein ihrer Frauen zu empfangen, / Der ihre süsse Weise klang" (17—20). Auch hier gilt: Ohne die Beziehung zwischen den Geschlechtern ist die Funktion des Minnelieds nicht gegeben. Gleichzeitig ist das Minnelied aber durch die Tradition und die literaturgeschichtlich fundierte und stringent nachweisbare Konzeption gerade *nicht* immer ausschließlich männlich in dem Sinne, dass die textinternen Sender solcher Minnegedanken grundsätzlich männliche Instanzen sind. Es existieren Beispiele, in denen die lyrische Sprechinstanz weiblich ist: Dazu gehören etwa das kanonische ‚Falkenlied' *Ich zôch mir einen valken*[731] des Kürenbergers oder auch die sogenannten Frauenstrophen, in denen „die Frau als Werbende erscheint"[732]. Deshalb kann man hier kaum von einem ‚realistischen' genderhistorischen Abbild des Minnensangs ausgehen, sondern die männliche Genderisierung der Hainbündler muss als deren *Vorstellungen* der männliche Minnekunst des hohen Mittelalters (= als Zeit Walthers) gedacht werden.

„Waffen" (9): Das sind für die Hainbündler nachgewiesenermaßen männliche Werkzeuge, wahre Männer bestätigen mit dem Umgang ihr Geschlecht. Bei Miller werden sie zwar in einen nicht-öffentlichen Raum hineingeführt, das heißt aus der allgemeinen (Kampfes)Welt heraus, aber das Bewegungsverbum „aufgehangen" (9) suggeriert, dass die Waffen zuvor noch in Benutzung gewesen sind. Schließlich werden sie in einer aktiven Bewegung an die Wand gebracht, waren dort also nicht die ganze Zeit. Minnelied (= Kunst) und die

---

[731] *Des Minnensangs Frühling*, 8,33
[732] von Wilpert, *Sachwörterbuch*, S. 522

Waffen befinden sich im gleichen konstruierten literarischen Raum, von den Trägern der Waffen geht auch das Lied aus, beide Bereiche machen die Konstruktion von Männlichkeit aus. Hier spielt ebenfalls eine vor dem geschlechtergeschichtlichen Hintergrund platzierte Zeitkritik eine tragende Rolle. Zum einen führt das lyrische Ich ein altbekanntes Thema vor: die problematische Einbettung des Dichters in die Gegenwart. „Wo keiner sich des edeln Sanges schämte, / Den ihn Natur, und May gelehrt, / Und keiner sich ob der Verachtung grämte, / Die nun des Dichters Loos entehrt." (13—16). Man muss den Bogen zurück schlagen zum Vaterlandsdiskurs und den männlichkeitsspezifischen Elementen[733], um diese Verse einordnen zu können. Es ist, zum Beispiel bei der Untersuchung von *An den 1773ger Musenalmanach*, festgestellt worden, dass die vorbildliche Kunst ähnliche bzw. deckungsgleiche Merkmale besitzt wie der deutsche Mann, der sich unter anderem durch seine keusche, moralisch-aufrechte Tugendhaftigkeit auszeichnet und damit von anderen, nämlich vor allem den Franzosen, auf positive Weise absetzt und unterscheidet. Diese Unterscheidung lässt sich auch durch die Kunst markieren, die die männlichen Merkmale aufnimmt, wodurch diese spezifisch maskulin genderisiert wird.

Einen ähnlichen Impetus entdeckt man auch in *An meinen Boie*: Implizit werden dem „Sang[..]" (13) die Merkmale zugewiesen, die schon im vaterländischen Kontext für die Kunst gültig sind und die nun als edel zusammengefasst werden. Das gilt sowohl für die positiven Eigenschaften als auch für die Tatsache, dass der Sänger damit recht alleine ist, weil die Gegenwart die Vorbildlichkeit seiner Kunst nicht annimmt, da sie durch ausländische Einflüsse (= französische) verdorben wird. Damit erhält die Kunst hier implizit die Männlichkeit, die ihr durch die Verbindung zum Vaterland zugewiesen werden. Die Maskulinität der Kunst mit ihren spezifischen Eigenschaften führt im Heute also zur Missachtung, während sich zu Zeiten der Ritter niemand dafür zu schämen brauchte. Die Vorbildlichkeit der Kunst, die typisch männlichen Merkmalen entspringt, wird in der glorreichen altdeutschen Zeit auch an die Frauen weitergegeben, die wie die alte Kunst frei von fremden, nicht-deutschen und ‚unmännlichen' Einflüssen sind. Als „gute Frauen" (21) lernten sie „die Lieder [der Ritter, des Kaisers und der Fürsten; Verf.]" (21), die positive Eigenschaften versammeln; sie halten sich vom Schlechten fern und unterwerfen sich dem positiven männlichen Diktat. Ganz im Gegensatz dazu die heutigen „Mädchen" (23)! Sie werden vom „Gezier der Sprödigkeit / […] entehrt" (22—23), da sie nicht mehr der männlich-deutschen Kunst, die ja

---

[733] Wenn Boie als „Sohn des Vaterlands" (3) bezeichnet wird, so wird auch dieses Gedicht von Miller in die Nähe des patriotischen Diskurses gerückt. Insofern können auch die Ergebnisse (behutsam) übertragen werden.

schließlich auch mit „Verachtung" (15) gestraft wird, anhängen, sondern sich, das ist die eindeutige Schlussfolgerung, der falschen Kunst, die unter französischem Einfluss steht, annähern und dadurch entehrt werden.[734] Dies deutet auf ein Fehlen von positiven männlichen Potenzialen hin, das sich in der negativen Kunstauffassung der Gegenwart materialisiert: Die Kunst wird als Transporteur von wesentlichen, das (deutsche) Wesen vorbildlich konstituierenden Merkmalen nicht mehr wahrgenommen, ihr Einfluss hat massiv abgenommen – die die Männlichkeit und damit die Öffentlichkeit auszeichnenden Charakteristika haben an Wert und Bedeutung verloren, und Millers Widmungsgedicht formuliert genau dies. Im ‚alten' Deutschland hat die Männlichkeit, wie sie bei den Hainbündlern figuriert wird, noch Wertigkeit und Gestalt sowohl im relationalen Verhältnis ganz allgemein als auch in der Kunst im Speziellen. Dies gilt nicht mehr in der Gegenwart, die der Dichter durch die lyrische Sprechinstanz kritisiert.

Nicht mehr ausschließlich vaterländisch-männlich ist die Kunst in Friedrich Stolbergs *An Voß*[735] besetzt. Vielmehr spannt der Dichter hier einen Bogen von der antiken Inspirationstheorie („Muse" (1)) bis hin zur „Empfindung" (8), „die allein Gesang versteht" (9), verknüpft die Kategorien jedoch miteinander: „Im deutschen Herzen wohnet dir / Empfindung, edler Voß! / Sie schaut aus deinem deutschen Blick / Sie stimmt dein Lied! // Dein Lied, o Sohn der Harmonie, / Das Staub und Fessel höhnt, / Und muthig der Unsterblichkeit / Entgegen schwebt." (21—28). „Empfindung" und „Harmonie", zwei bedeutende dichtungstheoretische Ansätze, strömen aus dem *deutschen* Inneren heraus, es handelt sich also um Größen, die in Stolbergs Kontext auf dem Nährboden des Deutschseins existieren. Wenn Empfindungen, wenn Harmonie aus dem „deutschen Herzen" (21) hervorgehen, so bilden sich auf der patriotischen Basis mit all' ihren Merkmalen neue Bereiche aus: Sie existieren in verschiedenen Schichten vor dem Hintergrund eines grundsätzlichen Deutschseins. Wenn der vaterländische Impetus das Fundament bildet, so bedeutet das auch, dass alle weiteren daraus hervorgehenden Bereiche auf den Merkmalen des wahren Patrioten, des deutschen Mannes, aufgebaut sind. Schließlich gibt es keine neue Merkmalszusprechung, das „deutsche[.] Herz[..]" (21) und der „deutsche[.] Blick" (23) sind die über-kategorialen Bezüge, die den Charakter konstituieren. Dies gilt auch für diesen Text: Empfindungen und Harmonie haben keine eigenen (geschlechtlichen) Merkmale, durch die sie individuell repräsentiert werden; ihr Ursprung und ihre Basis sind das Deutschsein des Adressaten Vossens. Damit sind ihre Bedeutungspo-

---

[734] Zum Begriff des Entehrens und dessen Relevanz für den Geschlechterdiskurs vgl. die Untersuchung von Millers *Das deutsche Mädchen an ihr Clavier* (Kapitel III.7).
[735] Kahl, *Bundesbuch*, Bd. 1, Nr. 31 [S. 33]

tenziale für den Männlichkeitsdiskurs eindeutig; sie beziehen sich auf die Ausprägungen des deutschen Mannes zurück, als der Voß hier präsentiert wird. Das heißt aber auch: Das Bedeutungsspektrum der Männlichkeitskonstitution, die ihren Ursprung im Vaterländischen hat, wird erweitert, es hat nicht nur zu tun mit Kampf und anderen genuin ‚patriotischen' Tätigkeiten. Wenn Empfindungen, Inspiration und Harmonie in diesem Widmungsgedicht nach vorne gestellt werden, eröffnen sie einen neuen Blick, sowohl auf den Kunstdiskurs als auch auf die inhärente Männlichkeit. Das „deutsche[.] Herz[..]" (21) und der „deutsche[.] Blick" (23) meinen immer auch das männliche Herz und den männlichen Blick. Insofern ist die Männlichkeit der beiden Ebenen, die den Kunstdiskurs in diesem Text bedingen, dadurch fixiert. Und das wiederum hat zum Ergebnis, dass dieser Kunstdiskurs auch dort an Männlichkeit gewinnt, wo explizit eigentlich keine vorhanden ist und wo es auf Primärebene keine markanten männlichen Merkmale gibt. Der Diskurs ist vielmehr ‚von unten' männlich geprägt, durch die unleugbare männliche Konstitution des Diskursträgers – hier ist dies der konkrete Adressat Johann Heinrich Voß, der für die Kunst steht – werden die eigentlichen Eigenschaften der Kunst auch auf diese geschlechtliche Ebene gehoben.

Was sind die Ergebnisse der Untersuchung? Wohl primär, dass sich in der Dichtungsvorstellung der Hainbündler, die sich weitestgehend in einem patriotischen Rahmen bewegt, Merkmale wiederfinden und die Dichtung konstituieren, die übergeordnet dem vaterländischen Diskurs zuzuschlagen sind und dort an die Männlichkeit weitergegeben werden. Die Dichtung besitzt also eine Vielzahl an Merkmalen, die als vaterländisch-männlich zu bezeichnen sind; sie prägen die Inhalte der Kunst und die (Aus-)Wirkungen derselben. Das zeigt sich zum Beispiel anhand der Tatsache, dass in *An meinen Boie* die Kunst der Ritter als höchst bedeutsam für das Geschlecht als *relationale Kategorie* angesehen wird: Das Minnelied geht vom Mann aus und erreicht die Frau. Zudem befähigt die *männliche* Dichtung die Frauen dazu, in einem deutschen – und damit wieder einem männlichen – Sinne zu leben: keusch, tugendhaft etc. Daraus ergibt sich wohl auch, dass die Dichtung in solchen Momenten *genderisiert* wird. Sie erhält sowohl implizite als auch explizite geschlechtliche Relevanz, deren Merkmale nicht mehr aus dem Konzept herauszulösen sind. Ohne die inhärente Männlichkeit wäre die Dichtung, geht man von den hier untersuchten Texten aus, inhaltsleer bzw. wäre weniger ausgeprägt. Der Männlichkeit zugeschriebene Merkmale wirken sich höchst fruchtbar auf die Dichtung aus, dadurch gewinnt die Lyrik an Gewicht in den lyrischen Situationen, in denen sie vorgeführt wird. Oder aber – auch das liegt vor – sie wird durch die Männlichkeit so ausgeformt, dass ihre Wirkung sich verstärkt und ihre Aussagen bzw. die Kategorien, die sie transportiert, und die

Ebenen, auf denen sie sich bewegt, konzeptionell und strukturell auf der Männlichkeit basieren.

Kapitel IV.2
Das monogeschlechtliche Genie

Es ist gängige Lehrmeinung, dass das Denken vom und über das Genie spätestens ab den 1770er, in die der Sturm und Drang als literarische ‚Epoche' fällt, für Epik, Dramatik, Lyrik und auch theoretische Diskurse, in denen das neue Denksystem konstituiert wird, von ungeheurer Bedeutung ist. Die Diskussion um das Genie und dessen Ästhetik im Allgemeinen soll hier weder umfänglich dargestellt noch neu aufgegriffen werden; es wird nur, ausgehend von der gängigen Forschungsliteratur und Überblicksdarstellungen, ein kurzer Abriss geliefert. Im Kern geht es darum, die Untersuchung dieser Kategorie auf ihren geschlechtlichen Impetus hin zuzuspitzen und herauszuarbeiten, inwiefern das Genie ausschließlich monogeschlechtlich, i. e. männlich, besetzt ist, bevor dann das ‚männliche' Genie der Göttinger Hainbündler in den Mittelpunkt gestellt wird. Es soll deutlich werden, wie sehr diese Schaffenskraft der Stürmer und Dränger mit dem männlichen Geschlechtscharakter verknüpft ist und wie der Zusammenfall von Genie und Mann lyrisch funktioniert.

Kapitel IV.2.1
Zur Geschichte des Genies und seiner Zuspitzung auf das Männliche

Im Rückgriff auf die Debatte des 17. Jahrhunderts, „ob sich das Genie durch ‚ingenium', also durch Talent und Begabung, oder durch ‚studium', also durch Gelehrsamkeit und Erlernen von Regeln, auszeichne"[736], spricht der Earl of Shaftesbury davon, „Such a *Poet* is indeed a second *Maker*; a just *Prometheus*, under *Jove*"[737]: „Shaftesburys Wort, daß der Dichter als zweiter Macher ein wahrer Prometheus unter Jupiter sei und aus sich ein Ganzes hervorbringe, [erhalte] exemplarische und wegweisende Bedeutung"[738] in der ersten Hälfte des 18. Jahrhunderts. Der Begriff des *ingenium* werde „in seiner gnoseologischen Bindung an ‚Nachahmung' durch den Begriff eines ursprünglichen und originalen schöpferischen Geistes ersetzt, der wie Gott im Verhältnis zur Welt zum Grunde einer in Analogie zur Schöpfung aus ihm hervorge-

---

[736] Luserke, *Sturm und Drang*, S. 67
[737] Shaftesbury, „Soliloquy", zit. nach ebd.
[738] Warning, „Genie", *Historisches Wörterbuch der Philosophie*, Bd. 3, Sp. 292

brachten ästhetischen ‚Welt' wird"[739]. Luserke hat in diesem Kontext von einer „radikale[n] Aufwertung der Produktionsästhetik"[740] gesprochen, und Korff urteilt über Youngs Eindruck, das Genie sei „von einem guten Verstande wie der Zauberer von einem guten Baumeister unterschieden; jener erhebt sein Gebäude durch unsichtbare Mittel, dieser durch den kunstmäßigen Gebrauch der gewöhnlichen Werkzeuge"[741], folgendermaßen: „Es leistet nicht das Berechenbare, sondern […] das Unberechenbare."[742] Alles kulminiert in der Ansicht, dass Regeln „Krücken [sind], eine nothwendige Hülfe für den Lahmen, aber ein Hinderniß für den Gesunden"[743]. Young erwartet vom Genie „Schönheiten, die noch niemals zuvor in Regeln beschrieben wurden, und Vortreffliches, von dem man noch keine Beispiele hat"[744]:

> Folg deinem Feuer; du kommst weiter damit als mit Regeln. Was können dich Aristoteles, Vida, Horaz, Skaliger, Boileau lehren? Gemeinörter, abgedroschene Wahrheiten; das Geheimniß der Komposition gewiß nicht. Es steckt in dir, es ist dein, wenn du es zu entwickeln weist. Verwirf diese kalte, abgerißne, unbelebte Lehren, aus denen der bloße Menschenverstand spricht und kein Fünkchen poetischen Genies hervorleuchtet.[745]

Diese Abkehr von der Regelhaftigkeit geht immer einher mit der neuen Hinwendung zur Natur, um diesen Kernbegriff nicht zu vernachlässigen. Natur ist eine der großen, der bedeutenden Kategorien der Geniebewegung, wenn nicht seine bedeutendste überhaupt. Ruft nicht Goethe aus: „Natur! Natur! nichts so Natur als Schäkespeares Menschen"[746]? Im Genie drücke sich also Natur aus, wenn es sein müsse gegen alle Konventionen.[747]
Neben der „eigene[n] Kraft des originalen Schaffens", die mit dem als Geist gedachten, das Genie prägenden Genius identifiziert wird, steht in diesem Diskurs vor allem die platonische Vorstellung von „Gott in uns"[748] im Vordergrund. Gerhard Sauder hat hinsichtlich der Konstitution des Genius-Mytho-

---

[739] Ebd.
[740] Luserke, *Sturm und Drang*, S. 67
[741] Young, *Gedanken*, zit. nach Luserke, *Sturm und Drang*, S. 67
[742] Korff, *Geist der Goethezeit*, Bd. I, S. 127
[743] Young, *Gedanken*, zit. nach Luserke, *Sturm und Drang*, S. 67
[744] Ebd., S. 68
[745] Mercier/Wagner, „Neuer Versuch über die Schauspielkunst", zit. nach Sauder, *Theorie der Empfindsamkeit und des Sturm und Drang*, S. 239
[746] Goethe, „Zum Shakespeares-Tag", S. 85
[747] Jørgensen/Bohnen/hrgaard, *Aufklärung, Sturm und Drang, frühe Klassik*, S. 430
[748] Warning, „Genie", *Historisches Wörterbuch der Philosophie*, Bd. 3, Sp. 292

logems[749] darauf verwiesen, dass seine Verwendung „auf die Göttlichkeit des Menschen und die Beseelung der Welt"[750] deute. Den virulenten christlichen Bezug des Genie-Konzeptes erläutert er anhand von „Hamanns Rede vom Genie"[751]. Für Lavater, den Vater der Physiognomie, in der er immer wieder den Konnex zum Genie-Gedanken gesucht hat[752], gelte die Auffassung, „Genie ist […] Genius [und] wie dieser ist es durch Epiphanie, ‚Apparition', charakterisiert"[753]. Beim jungen Goethe und bei Herder wird dieser Diskurs auf den Dreischritt „genius – Schöpfer – Prometheus"[754] erweitert. Während Goethe das genialische Vorbild Shakespeare als in „*Colossalischer Grösse*"[755] mit Prometheus wetteifern sieht, betrachtet Herder den englischen Dichter als „Schöpfer! Dichter! Dramatischer Gott!"[756] und führt so wiederum eine sakrale bzw. divine Semantik in die Genie-Betrachtungen ein. Zu „der Vergleichung des schöpferischen Menschen mit der Gottheit" gesellt sich in der Genielehre des jungen Herder die „Gleichung: *der schöpferische, erfinderische Mensch ist Gott*; jedoch nun nicht mehr ausschließlich wie in den früheren Schriften in ästhetischem, *sondern in mystisch-religiösem* Sinne"[757]. Es zeige sich, „daß in dem Menschen als ‚Schöpfer' Gottes die Gottheit sich genießt, ‚spiegelt' und vollendet"[758].

Wie lässt sich jetzt die Ästhetik des Genies, die um 1770 ihren endgültigen Durchbruch und ihre Verschärfung durch die neue Generation im höchsten Maße begnadeter Autoren wie Goethe, Herder etc. erfährt, mit der Männlichkeit zusammenbringen? Bzw.: Wie lässt sich der enge Zusammenhang von Genie und Männlichkeit ermitteln? Und wo liegt überhaupt der Ansatz, auf gendertheoretischer Ebene über das Genie und seine markante Geschlechtlichkeit diskutieren zu können? In einem theoretischen Text ist ein Kernbegriff einer zeitgenössischen Männlichkeitssymbolik bereits gefallen: „Folg deinem Feuer"[759], lautet der Ratschlag, den Mercier und Wagner für das (junge) Genie formulieren, und auch Gerhard Sauder weist auf dieses Wortfeld bzw.

---

[749] Vgl. insbesondere Schmidt-Dengler, *Genius*

[750] Sauder, „Geniekult im Sturm und Drang", S. 329

[751] Ebd.

[752] Vgl. zum Beispiel Lavaters Beschreibung des Profils Goethes in seinen *Physiognomischen Fragmenten*, Bd. 3, IX. Abschnitt (zit. nach Sauder, *Theorie der Empfindsamkeit und des Sturm und Drang*, S. 233ff.)

[753] Sauder, „Geniekult im Sturm und Drang", S. 330

[754] Warning, „Genie", *Historisches Wörterbuch der Philosophie*, Bd. 3, Sp. 293

[755] Zit. nach Sauder, *Theorie der Empfindsamkeit und des Sturm und Drang*, S. 269

[756] Herder, „Shakespear", S. 86

[757] Wolf, „Die Genielehre des jungen Herder", S. 197

[758] Ebd., S. 199

[759] Mercier/Wagner, „Neuer Versuch über die Schauspielkunst", zit. nach Sauder, *Theorie der Empfindsamkeit und des Sturm und Drang*, S. 239

auf diese Kategorie hin, wenn er schreibt: „Die alte Inspirationstheorie wird aktualisiert, wenn der poetische ‚furor‘ als ‚Feuer‘ und ‚Feuergeist‘ charakterisiert wird."[760] Im Mittelpunkt dieser Gedankengänge das Genie und seine Konstitution betreffend steht also das Feuer, das bereits an verschiedenen Stellen als Zeichen für Männlichkeit ausgedeutet worden ist und aus der Anthropologie des 18. Jahrhunderts stammt; Schmale subsumiert das Stichwort „Feuer/Hitze" unter dem Bereich „Natürliches Sein des Mannes / körperlich-moralisch"[761]. Die männlichkeitsspezifische Relevanz des Feuers und aller inhaltlich verwandten Begriffe ist somit für jeden kulturellen Diskurs dieser Zeit deutlich angezeigt.

Der Männlichkeitsdiskurs verschärft sich zudem, wenn man andere Merkmale der Männlichkeit aus Anthropologie und Literatur in den Blick nimmt und diese mit den Charakteristika des Genies vergleicht. Es ist erstaunlich, welche Parallelen sich so zwischen dem Genie des späten 18. Jahrhunderts und dem Mann der gleichen Zeit herausarbeiten lassen und wie ähnlich sich diese sind. In der Forschung ist im Kontext der Überlegungen zum Genie kaum bzw. nie auf diese Überschneidungen hingewiesen worden, obwohl diese zum Teil so frappierend sind, dass sie innerhalb der Diskurse ausgetauscht werden könnten: Das Genie wird als Mann figuriert, der Mann als Genie, könnte man zugespitzt formulieren. Es soll anhand einiger Beispiele gezeigt werden, auf welche Art und Weise Genie und Männlichkeit zusammenfallen und wie im gleichen Schritt Weiblichkeit als geschlechtliche Kategorie bei jedem Denken über das Genie ausgeschaltet wird, so dass nur noch Männlichkeit in ihrer reinsten Form übrig bleibt.

Gerade in der Aufklärung kreist der Geschlechterdiskurs um die Dichotomie von Natur und Kultur. Frauen werden als das ‚natürliche‘ Geschlecht angesehen, „während die Männer auf der Seite der Kultur stehen"[762]. Dies wurde mit der biologischen Reproduktion erklärt: Die weibliche Fähigkeit, Kinder zu gebären und zu ernähren, steht der Konstruktion des männlichen Körpers entgegen, der „ganz auf das Erzeugen, auf das Schöpferische abgestimmt"[763] ist. Aus diesem Schöpferischen entspringt die Kultur, die vom Mann entwickelt und geprägt wird und die Natur (= die Frau) sich unterordnet. Schmale fasst die Debatte zusammen: „Ein Mann erzeugt – ob im Sinne der Gattungsreproduktion oder der Kultur oder der Politik spielt dabei keine Rolle."[764] Korre-

---

[760] Sauder, „Geniekult im Sturm und Drang", S. 331

[761] Schmale, *Geschichte der Männlichkeit*, S. 175

[762] Opitz-Belakhal, *Geschlechtergeschichte*, S. 40; Opitz-Belakhal rekonstruiert auch die feministische Kritik an dieser Dichotomie, die die Begriffe als kulturelle Konstrukte der Aufklärung und deren Naturrecht und Naturphilosophie ansieht.

[763] Schmale, *Geschichte der Männlichkeit*, S. 174

[764] Ebd.

spondierend dazu zitiert er die Erklärung des Begriffes der „Positivität" nach Ph. Fr. von Walther, die genau diese Schöpferkraft meint:

> Das Männliche ist etwas durch sich selbst, in allen seinen Attributen rein positiv, daher das Uranfängliche. […] Die beyden Geschlechter verhalten sich unter einander wie Allgemeines und Besonderes. Das eine ist das Erschaffende, wahrhaft Erzeugende, Positive, das andere ist das lediglich Empfangende, Negative; und der ganze Zeugungsprozeß ist nur eine Vernichtung aller Negativität des Weiblichen durch die positive, belebende Kraft des Männlichen […].[765]

Erscheint die männliche Anthropologie um 1800, die sich auf dem Gedanken des schöpfenden, schaffenden Mannes begründet, nicht als Spiegelbild der Auffassung vom Genie und umgekehrt? Hat nicht das Genie diese männliche Positivität, indem es erschafft, erzeugt und durch diese Schöpferkraft belebt? Denn mit was anderem sollten die Ansichten der Stürmer und Dränger verglichen werden, als dass der Mensch eine naturhafte Kraft ist, dass der Dichter eine eigene Kunstwelt und das Kunstwerk als lebendiges Ganzes hervorbringt? Es bleibt nur die Parallelität zur Männlichkeitskonstruktion der Anthropologie. Das dichterische Genie bringt Neues durch seine göttliche Schöpferkraft hervor und vernichtet damit Altes. Wie der Mann befindet sich das Genie in einem „Zeugungsprozeß", aus dem eine „positive, belebende Kraft"[766] entspringt. Dies rückt das Genie ganz nahe an das Männliche heran. Anhand einer recht unfreundlichen zeitgenössischen Beobachtung kann man zudem beweisen, dass der Männlichkeitsdiskurs innerhalb der Genieästhetik nicht nur implizit verortet ist: „Hab' eisenfeste Gesundheit, *männlichschöne* [meine Hervorhebung, Verf.] Figur und laufe herum ohne Ziel und Zweck, wie ein brüllender Löwe […]."[767] Der Bezug zur Männlichkeit in diesem „satirische[n] ‚Genierezept'"[768] ist unübersehbar und expliziert die Zusammengehörigkeit des geschlechtlichen und Geniekonzeptes: Selbst wenn die Autoren Hottinger und Sulzer eher auf das Körperlich-Äußere Bezug nehmen, wird doch deutlich, dass sich das Genie auf einem männlichen Fundament konstituiert.

Auch von einer anderen Seite kann man sich dem genuin männlichen Geniekonzept annähern. Und zwar, indem man wie Inge Stephan, nicht das Männliche an sich in den Mittelpunkt des Interesses rückt, sondern das Fehlen des

---

[765] Zit. nach ebd., S. 174f.

[766] Zit. nach ebd., S. 175

[767] Zit. nach Luserke, *Sturm und Drang*, S. 74

[768] Ebd.

Weiblichen, das sie in ihrem Aufsatz als die „Ausgrenzung des ‚Weiblichen' in der Sturm-und-Drang-Bewegung"[769] bezeichnet. Sie geht von einer Beobachtung in Virginia Woolfs Essay *Ein Zimmer für sich allein* aus, für die es undenkbar ist, „daß eine Frau in Shakespeare's Tagen Shakespeare's Genius gehabt haben könne"[770]. Dies sei „letztlich das Ergebnis eines problematischen Geniediskurses, für den allein die ‚Gipfelleistungen' zählen. Das literarische Feld schrumpft in der Perspektive des Geniedenkens auf einige wenige ‚Berggriesen' zusammen, die sich aus dem [sic] ‚Niederungen' der Durchschnittlichkeit erheben."[771] Letzten Endes kommt Stephan zwar zu dem Ergebnis, dass das „vollständige Fehlen von Frauen in der Sturm-und-Drang-Bewegung [...] ein merkwürdiges Phänomen [ist], da durch den pauschalen Verweis auf den Geniekult allein nicht zureichend zu erklären [...]"[772]. Es sei aber unstrittig, so Stephan, dass der „Geniekult einen entscheidenden Anteil daran [hat], daß Frauen keinen Zugang zum Kreis der Stürmer und Dränger finden konnten"[773]. Stephans These ist nun, dass „vor allem die homosozialen Kommunikations- und Geselligkeitsstrukturen als Effekte eben jenes Geniekultes [...] Frauen aus dem Kreis der Stürmer und Dränger ausschließen"[774]. Die Gründe für die Tatsache, dass die Geniebewegung rein männlich ist, seien einmal dahingestellt, und sicherlich ist die These von den ‚bündischen' Strukturen durchaus beachtenswert, so dass an anderer Stelle auch noch einmal auf sie zurückkommen werden wird und muss. Ausreichend bedeutsam für unseren Kontext ist die Beobachtung, dass das Weibliche eine Ausgrenzung erfährt und sich der Geniekult, um die Bezeichnung von Inge Stephan zu benutzen, ganz klar monogeschlechtlich um die Männlichkeit herum formiert bzw. organisiert.

Kapitel IV.2.2
Der Zusammenfall von Genie und Männlichkeit bei den Hainbündlern

Johann Heinrich Voß schrieb an den Bundesbruder Ernst Theodor Johann Brückner: „Von Wehrs hab' ich Ihnen schon gesagt. Er hat Geschmack, aber nicht Feuer genug, den Flug des Gesanges zu wagen. Seine Versuche sind matt."[775] Es ist nun sowohl deutlich, dass Voß nichts von Wehrs' Lyrik – über-

---

[769] Stephan, „Geniekult und Männerbund", Untertitel
[770] Zit. nach ebd., S. 84f.
[771] Ebd., S. 85
[772] Ebd., S. 86
[773] Ebd.
[774] Ebd.
[775] Voß an Brückner, 2. September 1772

haupt ist nur ein Text von ihm gesichert überliefert: *Liebespein. Im May 1774* im *Musenalmanach auf das Jahr 1777* ist mit „W-r-s" unterzeichnet – hält, als auch, aus welchem Grund er diese geringschätzt. Wehrs fehlt, folgt man Vossens Diktum von der Mattigkeit seiner „Versuche", die poetische Schöpferkraft, also das Genie. Auch der Bezug zur aktuellen Männlichkeit ist gegeben, weshalb dieser Ausspruch Vossens als Ausgangspunkt für die Untersuchung des monogeschlechtlichen Konzeptes vom dichterischen Genie gelten kann: Aus dem „Feuer" geht der „Flug des Gesangs"[776] hervor, nur wer dieses Feuer besitzt, kann sich an die Lyrik heranwagen. Männlichkeit, um wiederholt auf diese Korrelation von Geschlecht und Feuer hinzuweisen, ist die Grundvoraussetzung für den, der Lyrik schaffen will, die Qualität besitzt, die es wert ist, wahrgenommen zu werden, die nicht „matt"[777] ist.

Bei den Dichtern des Hainbunds wird das Genie-Konzept nicht inflationär gebraucht wie im sich parallel konstituierenden Sturm und Drang.[778] „Geniesucht"[779], um einen Begriff Vossens zu gebrauchen, ist ihnen fremd. Hin und wieder taucht es als Begriff oder innerhalb einer festgefügten Metaphorik bei den Bundesbrüdern auf; weniger jedoch im Bundesbuch als in den überlieferten Einzelsammlungen. Es scheint dies somit kein prominentes Thema auf den Sitzungen des Bundes und für die rein gruppeninterne Lyrik gewesen zu sein. Im Folgenden werden exemplarisch Gedichte untersucht, in denen das Genie-Konzept spezifisch männlich – hinsichtlich der geschlechtsgebundenen Charakteristika – aktualisiert wird; Texte, in denen das Genie-Konzept ausschließlich mit dem Fokus auf das Wesen des Genies ohne impliziten oder expliziten geschlechtlichen Impetus dargestellt wird, werden nicht in die Untersuchung mit aufgenommen. Dazu gehören beispielsweise Vossens *An Selma*[780], wo das lyrische Ich ganz geniehaft den „Blitz" (9) und den „Sturm" anruft (10) und sich „Schwingen" (10) wünscht, und Cramers *Die Begeisterung*[781].

Vossens kurzer Text *An die Dichter*[782] ist textlich eine Fortsetzung bzw. Wiederholung der Goethe-Glorifizierung *An Goethe*[783], der als wahrer Dichter hinsichtlich seiner Überwindung der Regelhaftigkeit und der Nachahmung der Antike gepriesen wird. Einer nicht näher konkretisierten Gruppe von Dichtern, die Voß direkt im Vers anspricht, ja sogar in einem gewissen Sinne anschreit, werden Verhaltens- bzw. Dichtungsregeln gegeben, deren Annahme

---

[776] Ebd.

[777] Ebd.

[778] Vgl. Luserke, *Sturm und Drang*, S. 72

[779] Voß an Goeckingk, 8. Juli 1778

[780] Sauer, *Göttinger Dichterbund*, Bd. 49, Nr. 21 [S. 189f.], Nr. 22 [S. 190f.]

[781] Kahl, *Bundesbuch*, Bd. 1, Nr. 172 [S. 150ff.]

[782] Sauer, *Göttinger Dichterbund*, Bd. 49, Nr. 19 [S. 188f.]

[783] Ebd., Bd. 49, Nr. 18 [S. 187f.]

Positives, deren Ablehnung nur Schlechtes verheißt. Voß bleibt schwammig: „Dichter, deren Gesang Nachwelten richten, / Weh euch einst, wo der Spruch des Afterrichters, / Und sein murmelnder Nachhall / Unter dem Pöbel, euch weilt!" (1—4). Die Drohung ist unverkennbar, aber welches Unheil auf unfolgsame Dichter hereinbricht und wo genau die Problematik liegt, wird nicht klar. Deutlicher äußert Voß sich hingegen in der zweiten Strophe, wenn er seine Forderungen an die ‚guten' Dichter formuliert: „Stolz durch Geniuskraft, blickt Hohn dem Dünkling, / Und den Knechten des Knechts! Des Sumpfes Schreier / Schmäht der Leu zu zerstampfen; / Wandelt durch Wälder, und herrscht!" (5—9). Dichter sollen Genies sein: Wer in einem anderen Zustand lebt, dem droht Übles (vgl. die prophetisch-drohenden Worte „Weh euch einst" des ersten Verses). Nur das Genie kann aufrecht existieren, es kann „herrsch[en]" (9), es gebietet über die Welt wie der Herr über seine Schöpfung. Aus seinem Genius erwächst „Stolz" (5), der durchaus als ein gerne und offensiv zur Schau getragener Hochmut verstanden werden kann. Der „Dünkling" (5) ist Opfer solchen Hohns, den sich das Genie erlauben kann: Er ist einem „Mensch[en] voll lächerlichen Dünkels"[784] in jederlei Hinsicht überlegen. Während jene sich einbilden, etwas herzumachen, strahlt das Genie aus sich heraus und überragt alle anderen. Doch nicht nur die Dünklinge sollen durch den Blick des Genies (vgl. Lavater, der im Blick, genauer: dem „‚Blitzblick' […] den Werdegang und die Schaffenskraft eines Genies beschreibt"[785]) verhöhnt werden, ebenso die „Knechte[.] des Knechts" (6). Durch die wenig konkrete Bezeichnung erschließt sich kaum eine spezifische politische Dimension, so dass dieser Vers nicht ohne Spekulation mit historischen Gestalten in Verbindung gebracht werden kann. Dies ist für den Impetus aber auch nicht notwendig, denn die aktuelle inhaltliche Markierung bleibt die gleiche: Der Freiheitsgedanke spielt eine wesentliche Rolle in dieser Aussage. Das Genie erhebt sich über die Knechte, über alle Unfreien, denn das Genie lebt in absoluter Freiheit und Unabhängigkeit. Das hat Vossens Genie mit so manchem literarischen Helden des Sturm und Drang gemeinsam; Goethes *Prometheus* und *Mahomets Gesang*[786] sind nur zwei Beispiele für solche genieästhetischen Freiheitskonzepte.

Vergleicht man diese Aussagen zum Genie nun konkret mit der Lyrik der Hainbündler, so ergibt sich folgendes Ergebnis: Freiheitsgedanke und Überlegenheitsgestus sind immer auch Merkmale des Mannes, wenn man sich an die Untersuchungen zum vaterländischen Männlichkeitskonzept zurückerinnert. Auch der (deutsche) Mann der Hainbündler geriert sich in seinem tyrannen-

---

[784] *Grammatisches Wörterbuch der deutschen Sprache*, Bd. 1, S. 256
[785] Luserke, *Sturm und Drang*, S. 71
[786] Goethe, *Gedichte*, S. 125ff., S. 161ff.

hassenden Freiheitspathos, das die Unfreien niederwirft und in ihrer Knechtschaft verspottet. Stolbergs grausiger *Freiheits-Gesang aus dem zwanzigsten Jahrhundert* ist nur ein, aber dafür ein sehr treffendes Beispiel für dieses lyrische Konzept. Oder anders formuliert: Sein Freiheitspathos teilt das Genie mit dem deutschen Mann. Zieht man nun die Theorien Connells heran, findet sich noch ein Merkmal in diesem Konzept, das Genie und Männlichkeit zusammenführt: das Herrschen, das in der Terminologie Connells als „hegemony"[787] bezeichnet wird. Bei Voß sind es die genialischen Dichter, die die „leading position in social life"[788] einnehmen und die männliche Gruppe bilden, von denen jede Unterdrückung ausgeht. Das Genie ist also „hegemonic" und erhält dadurch geschlechtsspezifische Relevanz, und zwar in dem Sinne, dass diese „configuration of gender"[789] das Leitbild der aktuellen patriarchalischen Vorstellung konstituiert. Die Genies in ihrer Männlichkeit herrschen, indem sie „the successful claim to authority [...] that is the mark of hegemony"[790] erfüllen; dieses Herrschen, die „hegemony relates to cultural dominance in the society as a whole"[791]. Das Resultat hegemonialer Männlichkeit wird von Voß auf die vom Genie durchdrungenen Dichter angewendet, ihnen untergeordnet werden die Dünkelhaften und die Unfreien – das heißt die Gruppierungen, die traditionell auch dem Männlichkeitsbild der Hainbündler untergeordnet sind. Es zeigt sich somit, dass Genie und Männlichkeit in ihren extremen Ausprägungen ganz nah beieinander liegen und, das Gedicht zeigt dies recht deutlich, als Kategorien nicht getrennt werden können. Im Genie als übersteigertes Symbol für den Dichter ist – zumindest in diesem Kontext – die Männlichkeit zwingend enthalten, ihrer beider Merkmale sind parallel ausgestaltet und changieren untereinander: was geniehaft, ist auch männlich. Dies untermauert gleichzeitig auch noch einmal meine Ausgangsthese, dass Dichtung konzeptionell immer männlich ist, was bereits an anderen Stellen immer wieder gezeigt wurde.

Die Verbindung von Genie und Männlichkeit kulminiert bei Voß in ihrer Schärfe im genialischen Kraftkerl. Der Spott des Sturm und Drang-Genies, ganz abseits der rein dichterischen Ebene, für ‚Schwächere‘ und die regelrechte Herrschsucht ist auch aus anderen Texten der 1770er Jahre bekannt, nämlich aus den Dramen *Die Zwillinge* und *Julius von Tarent*.[792] Die Brüder der Hauptdarsteller Ferdinando bzw. Julius, Guelfo und Guido, gerieren sich auch als sogenannte Kraftkerle, die sich in ihrer ultra-genialischen Männlichkeit

---

[787] Connell, *Masculinities*, S. 77
[788] Ebd.
[789] Ebd.
[790] Ebd.
[791] Ebd., S. 78
[792] Vgl. dazu den Schlussteil dieser Arbeit

über andere erheben und ihre Position an der Spitze jedes sozialen bzw. gesellschaftlichen Konstrukts sehen. Korff hat das als den Glauben an das „natürliche Herrscherrecht des Starken"[793] bezeichnet, als „leidenschaftsgetriebene[r] Macht- und Tatmensch[..]"[794] wird Guelfo bei Fritz Martini bezeichnet. Diese Selbst- und Innensicht – denn die Kraftkerle markieren ihre Stellung in der Gesellschaft selbst, von außen wird keine Herrschaft an sie herangetragen, da sie familial-gesellschaftlich nicht haltbar ist – ist geniehaft und männlich zugleich.

Friedrich Leopold Stolberg hat die männliche Aktualisierung des Genie-Konzeptes in drei seiner Texte aus der Spätzeit des Bundes bzw. aus der Zeit kurz nach dessen Auflösung auf die Spitze getrieben. *Homer*[795], *Der Freigeist*[796] und *Der Felsenstrom*[797] führen die beiden Kategorien in einer enormen Zuspitzung zusammen. In der antikisierenden lyrischen Situation des Widmungsgedichtes an den griechischen Dichter Homer stellt Stolberg in genialischer Umgebung – unter anderem ist die Anwesenheit des Genies durch die vor allem aus Goethes *Mahomets Gesang* bekannte Felsenstrom-Metaphorik (vor allem 9 und 12) dargestellt – die Gefühle eines Anhängers Homers angesichts dessen großer (= genialischer) dichterischer Leistungen dar. Dieser nicht näher konkretisierte Anhänger wird eindeutig als männlich markiert, indem der „Dank", der an den Dichter gerichtet ist, als „entflammt[..]" (2) bezeichnet wird. Interessant ist die konkrete physische Umsetzung dieses männlichen Danks: „Freudig[..]" und „weinend[..]" (2) soll er sein, er „Bebt auf der Lippe" (3) und „Schimmert im Auge" (4). Es werden die körperlichen Merkmale des Weinens hier aufgegriffen, um die Verfassung der lyrischen Sprechinstanz, von der der Dank ausgeht, zu illustrieren. Es ist ein hohes Gefühl, das das Denken an Homer hervorruft, sein Gesang wird als „heilige[r] Strom" (6) gekennzeichnet und damit sakralisiert. Diesem Gefühl wiederum verleiht die Sprechinstanz physisch Ausdruck, indem sie ihr Weinen konkretisiert und die Körperlichkeit dieses Vorgangs sprachlich ausgearbeitet wird. Nun hat diese Ausgestaltung von Männlichkeit auf den ersten Blick kaum etwas mit dem männlichen Genie zu tun, das sich in seiner Schöpferkraft ergeht und sich bis hin zum ultra-männlichen Kraftkerl zuspitzt. Vielmehr mag man darin die Umsetzung eines empfindsamen Männlichkeitskonzeptes entdecken wollen, dass die Gefühlswelt betont und völlig konträr zu dem genialischen Kraftkerl gestaltet ist. Angesichts des genialischen Homers wird die lyrische Sprechinstanz aber gerade nicht zum empfindsamen Typus. Die tiefe Ergrif-

[793] Korff, *Geist der Goethezeit*, Bd. I, S. 230
[794] Martini, „Die Feindlichen Brüder", S. 229
[795] Sauer, *Göttinger Dichterbund*, Bd. 50 II, Nr. 40 [S. 83f.]
[796] Ebd., Nr. 45 [S. 90f.]
[797] Kahl, *Bundesbuch*, Aus Vossens Bundesbuch, Nr. 128 [S. 271f.]

fenheit, die die Sprechinstanz spürt, gehört zum genuin männlichen Wesen und damit gleichzeitig zum Wesen des Genies. Mercier und Wagner stellen fest:

> Du wirst mich vielleicht fragen: woran kann ich erkennen, daß ich ein Fünkchen von diesem heiligen, zum Schaffen so nothwendigen Feuer besitze? An dem Grad der Hochachtung, die du für die grose Genies, deine Vorgänger, fühlen wirst. Schwillt dir dein Herz bey ihrem Namen, fühlst du deine Seele beim Andenken ihres Ruhms gerührt [...].[798]

Die Autoren schildern hier die Situation, in der sich die Sprechinstanz des Widmungsgedichtes befindet: in einer der absoluten, tiefen, seelenbewegenden Ehrerbietung des antiken Original-Genies. Und in dieser Ehrerbietung erweist sich das ureigene genialische Potential, das gleichermaßen auch wiederum männliches Potential ist; nicht nur, weil eine generelle Korrelation von Geniehaftigkeit und Männlichkeit vorliegt, nicht nur, weil wieder das genuine männliche Symbol des Feuers im genialischen Kontext gebraucht wird, sondern auch, weil eine tiefempfundene Seelenerschütterung, vor allem im Göttinger Hain, männlich sein kann bzw. sogar fest zu einem männlichen Charakter gehört.

Stolbergs *Der Freigeist* nimmt die Genieästhetik in vielfältiger Hinsicht noch einmal auf. Zum einen wandelt der Autor das genialische Konzept begrifflich ab, indem er aus dem Genie der Stürmer und Dränger einen „Freigeist" macht. Darin finden sich der Bruch mit der Regelhaftigkeit und die völlige Abkehr von allen Normen und allen gängigen Verhaltensweisen wieder. Zum anderen wird der genialische Impetus des Textes durch die emphatisch-euphorische Verwendung markanter Begriffe wie „Stürme" (5), „Strom" (19) und „Wogen" (26) verdeutlicht. Sowohl die Bezeichnung als Freigeist als auch die intensiven und Geschwindigkeit suggerierenden Bewegungsverben deuten auf den genuin männlichen Aspekt der Freiheit hin: „Er treibet mich kreuz, er treibet mit quer" (3), „Und trieben nur vorwärts die Stürme mich weiter" (5), „Zur Windsbraut ruf ich: Sei mein Genoß!" (7) sind nur einige Beispiele für die nach vorne stürmende, bewegungsintensive Haltung der lyrischen Sprechinstanz, welche sich dadurch Freiheit erschafft. Freiheit ist die Richtung, in die der Freigeist genauso drängt wie der deutsche Mann, der dafür gegen äußere und innere Feinde zu Felde zieht, oder der Jüngling, der sich von einer unwerten Frau nicht der vermeintlichen Liebe wegen unterjochen lassen will und die Gefühle für die Frau gegen das Gefühl der Freiheit ein-

---

[798] Zit. nach Sauder, *Theorie der Empfindsamkeit und des Sturm und Drang*, S. 240

tauscht. Seine männlichen Machtpotenziale auf psychischer und physischer Ebene, die in die Richtung einer verschärften Männlichkeitsphantasie weisen, stellt das lyrische Ich in der vierten Strophe vor. In der Brust des Freigeistes „drängen sich Welten" (13), es scheint, als liefen alle nur vorstellbaren Ebenen und Kategorien in ihm zusammen. Sie „drängen" (13) in ihn hinein, er ist die aufnehmende Instanz, in ihm spitzt sich alles zu: In seiner Rolle und psychisch-physischen Position als stürmender Freigeist vereinigen sich „Welten" (13). Als seine eigenen Merkmale formuliert das lyrische Ich „entflammtes Verlangen, verderbende Lust" (14), die wie die „Welten" (13) sich in seiner Brust versammeln: Diese sind die wesentlichen Bestandteile seiner geniehaften und männlichen formenden und schöpferisch-schöpfenden Kraft. Verlangen und Lust motivieren ihn dazu, die „Elemente zu kneten zusammen, / Meer und Erde zu peitschen mit Flammen" (15—16). Das heißt: Das konkrete männliche Gefühl des Genie-Freigeistes wirkt sich in seiner eigenen Vorstellung auf die Neugestaltung der Erde aus.

Damit wird nicht nur die Hybris des Sturm und Drang-Genies auf einen neuen Gipfel getrieben, sondern auch der Männlichkeitsdiskurs der Hainbündler verschärft: Eine solche Allmachtsphantasie, die in direktem Zusammenhang mit der Männlichkeit steht, gibt es in keinem anderen Text des Corpus. Freilich, männliche Machtvorstellungen sind nicht neu; aber in dieser umfassenden Schärfe, Aggressivität und Explosivität erfindet Stolberg den Diskurs neu. Aus der geniehaften Vorstellung eines völlig freien, ungebundenen Geistes, der durch seine göttliche Schöpferkraft einen Anspruch auf Herrschaft erhebt, entsteht ein neuer Blick auf die Männlichkeit, die mit dem Genie zusammenhängt: Elemente wie der Freiheitsdrang oder die Feuer-Symbolik, die die Verwandtschaft der beiden Kategorien unter anderem begründen, sind nur noch die Basis, um vom Genie auf die Männlichkeit überzuleiten. Denn in letzter Instanz geht es hier nicht mehr nur um die Parallelität der Konzepte, sondern um das, was in der Verschärfung der Denkmuster letzten Endes entsteht: ein neues, erweitertes Männlichkeitsbild, dass sich des Genie-Systems bedient, um dadurch seine Einflussbereiche neu abzustecken. So erhält das männliche Genie ein neues, bis dahin für die Männlichkeit unbekanntes Wirkungsfeld, in dem es sich enthusiastisch und mit einer gewissen Aggressivität positionieren kann.

Christliche Religiosität ist als Merkmal der positiven Männlichkeit bei den Göttinger Hainbündlern herausgearbeitet worden. Doch in Stolbergs Gedicht wird eine Opposition dazu entworfen, denn der „Freigeist" fügt sich aufgrund seiner autonomen Haltung und Positionierung gerade nicht in das Bild des an religiöse und damit ‚gesellschaftliche' Regeln, Normen und Strukturen gebundenen Mannes ein. Er bricht aus diesem System aus, ohne dabei aber gleichzeitig negativ bewertet zu werden. Sein „wilder Sinn" (2) und die daraus resultierende Unbändigkeit bedingen diesen Widerspruch zu einer konventionellen Männlichkeitskonstruktion und deren Erweiterung zugleich: Im *Freigeist* wird die männliche Bändigung als Ausdruck einer moralisch-religiösen Seele, die als Herrn nur Gott kennt und anerkennt, sich selbst natürlicherweise und nicht hinterfragend christlich-protestantischer Vorstellungen und Vorgaben unterwirft und dementsprechend in der Autonomie beschränkt, aufgelöst und in eine außergesellschaftliche Singularität überführt. In diesem Zustand ist für den Freigeist kein Verhältnis mehr zur christlichen Religiosität möglich (welches er auch gar nicht anstrebt), sondern dieser Zustand beschreibt den genialischen Freigeist als Herrscher, dem keine andere Instanz mehr übergeordnet ist. Obwohl einzigartiges lyrisches Konstrukt im zeitlich nahen Umfeld des Haincorpus (der Text ist kurz nach der Auflösung des Bundes entstanden) und in Stolbergs Frühzeit, mag man auch hier, in Verbindung mit den oben festgestellten Ergebnissen, einen weiteren Beitrag zur Pluralisierung von Männlichkeiten erkennen, wenn die männliche Geniekonzeption noch einmal neue Merkmale erhält, die sie gegenüber anderen Konzepten abgrenzt und für die Sicht auf Männlichkeiten neue Perspektiven eröffnet.[799]

In *Der Felsenstrom*, dessen Semantik und Gestaltung sehr stark an Goethes *Mahomets Gesang* erinnern[800], werden wiederum genuin männliche Merkmale dem Genie beigelegt bzw. es gilt wieder: Die Merkmale des Genies spiegeln die Merkmale von Männlichkeit. Stolberg setzt hier quasi programmatisch das gesamte Geniekonzept um, dessen Parallelität mit dem Männlichkeitsdiskurs im späten 18. Jahrhundert oben deutlich gemacht wurde. Der Felsenstrom wird direkt im ersten Vers mit dem „unsterbliche[n] Jüngling" (1), dem Ausdruck für den unverheirateten Mann, identifiziert, der aus der „Felsenkluft" (3) hervorströmt. Das Innere dieser Felsenkluft wird als die „Wiege

---

[799] Es mag wohl der Fall sein, dass Stolbergs Vorstellungen im *Freigeist* erstes Anzeichen für seinen Paradigmenwechsel nach dem Ende des Bundes sind, indem er sich von konventionellen Konzepten löst und neue einführt, die in Opposition dazu stehen. Diese These müsste freilich in einem anderen Kontext nachverfolgt und überprüft werden, indem die Lyrik Stolbergs ab 1775/1776 genauer auf einen solchen Paradigmenwechsel hin untersucht wird. Dies ist hier nicht zu leisten.

[800] Vgl. dazu auch Kahl, *Bundesbuch*, S. 540ff.: „Ein Vorbild der *Felsenstrom*-Hymne ist offensichtlich Goethes *Mahomets Gesang*, als *Gesang* im Wechsel zwischen Ali und Fatema Stolberg bereits aus dem Göttinger Musenalmanach bekannt. [...] Ein greifbarer Einfluss Goethes auf Stolbergs Dichtung ist überhaupt nur hier auszumachen. Goethes *Gesang* ist dasjenige seiner Gedichte, das am engsten mit dem Göttinger Hain verbunden ist, äußerlich durch sein Erscheinen im Musenalmanach – dort gemeinsam mit dem Gedichten des Bundesbuches – und die gemeinsame Schweizerreise, innerlich durch Stolbergs *Felsenstrom* und die Genieästhetik." Um eine mögliche Intertextualität mit Goethes *Gesang* soll es hier aber im Weiteren nicht gehen; dies müsste eher Aufgabe einer anderen Studie sein.

des Starken" (5) benannt, und dieser „Starke" (5) ist gleichzeitig „schön" (8) und „furchtbar" (10). Vom Genie, dem Starken, materialisiert im Felsenstrom, geht sowohl eine Ästhetik der Schönheit als auch eine akute Bedrohung aus, die sich im „Donner der hallenden Felsen" (11) Bahn bricht. Vor dem Genie „zittert die Tanne" (12) und es „stürz[t] die Tanne" (13) gleichsam mit „Wurzeln und Haupt" (14), und auch die Felsen können der Stärke nicht widerstehen: Das Genie „wälz[t] sie spottend wie Kiesel dahin!" (17). Das Genie greift massiv in die Umwelt/Natur ein, das Dahinwälzen des letzten Verses dieser Strophe ist nur ein kleiner Ausschnitt der *Umwälzungen*, die aus der Stärke hervorgehen. Nichts bleibt, wie es ist, wenn das Genie eingreift, wenn es zuschlägt: Die Gestaltungspotentiale sind unglaublich, sind unsagbar und werden deshalb in diesem wilden Naturbild metaphorisiert. Diese Kraft besitzt auch der Mann: Sie ist *movens* für Veränderungen im fiktiven politischen, sozialen und historischen Gefüge, da sie nicht als Selbstzweck daherkommt, sondern als Schirm und Schutz vor fremden Einflüssen. Dazu kommt das Motiv der Schöpferkraft. Wenn das Genie verändert, erschafft es immer auch neu, und dieser Reproduktionsmechanismus des Genies ist ein gleichzeitig genuin männliches Merkmal, das sowohl biologisch als auch anthropologisch ausgeformt ist.

Ein weiterer wesentlicher Aspekt, den Stolberg hier im Grenzbereich zwischen Genie und Männlichkeit aufführt, ist der der Freiheit. Dieser Gedanke nimmt in *Der Felsenstrom* einen größeren Raum ein, er umfasst im Kern zwei Strophen:

> O eile nicht so / Zum grünlichen See! / Jüngling! du bist noch stark wie ein Gott! / Frey wie ein Gott // […] // O Jüngling! was ist die seidene Ruhe, / Was ist das Lächeln des freundlichen Mondes, / Der Abend sonne Purpur und Gold, / Dem, der in Banden der Knechtschaft sich fühlt? (27—30; 35—38)

Die Verbindung zum Männlichkeitsdiskurs lässt sich rekonstruieren, wenn man diese Verse mit anderen vergleicht, die in einem betont männlichen Kontext, dem Vaterlandsdiskurs, ebenfalls das Thema der Freiheit aufrufen und dieses als konstitutives Element an die Geschlechtlichkeit des Subjekts anbinden. „Ermanne dich mein Geist! Sey frey! / Und brich das SclavenJoch entzwey, / Das deutschen Nacken schändet!" (1—3), heißt es in Johann Martin Millers Text *Der deutsche Jüngling, an sich selbst*[801]. Die „Banden der Knechtschaft" (38), die Stolberg aufführt, finden ihre Entsprechung im „SclavenJoch […], / Das deutschen Nacken schändet" (2—3). Freilich, der Kontext ist ein

---

[801] Vgl. Kapitel III.2

anderer, erwiesenermaßen patriotischer; das heißt aber wohl nicht, dass ein Vergleich der beiden Strukturen unstatthaft wäre. Denn die Situation ist die gleiche: Beiden Dichtern und Texten ist gemein, dass die Kernaussage dahin tendiert, dass Abhängigkeit, Sklaverei oder wie man die möglichen Formen von intendierter Unfreiheit auch immer benennen mag, sowohl für den Mann als auch für das Genie ein unhaltbarer und untragbarer Zustand ist; alle „Banden" müssen zerrissen werden. Knechtschaft und Sklaverei sind die Schlagworte, die beide zu einem negativen und unwerten Zustand führen; beim Genie, weil „das Lächeln des freundlichen Mondes, / Der Abend sonne Purpur und Gold" (36—37) nicht genossen werden kann, beim deutschen Jüngling, weil er sein Vaterland „lange [...] verkannt / Und MännerRuhms entbehrt" (8—9) hat. Als Ergebnis dieses Abschnitts ist wohl zu formulieren, dass in den Texten, die einen Zusammenhang von Männlichkeit und Genie implizit und explizit darstellen, diese Kategorien changieren. Sie scheinen nicht zwingend spaltbar zu sein, so dass Merkmale oder Merkmalsbereiche eindeutig dem einen oder dem anderen Diskurs zugewiesen werden können. Sind sie geniehaft oder männlich? Diese Frage lässt sich, das sollten die Textbeispiele und Interpretationen gezeigt haben, nicht immer genau beantworten. Das heißt somit erstens: Die im allgemeinen Teil nachgewiesene monogeschlechtliche Konzeption des Genies und dessen deutliche Korrelation mit der Männlichkeit lässt sich so auch auf die Genielyrik der Hainbündler übertragen. Und zweitens lässt sich feststellen, dass sich aus der Geniehaftigkeit des Mannes seine Hegemonie entwickelt. Diese Hegemonie, die ‚Herrschsucht', ist ein männliches Konzept, das erstmalig im Geniediskurs auftaucht; das kann wohl heißen, dass diese Genieästhetik die Hegemonie bedingt bzw. den Mann zu diesem Verhalten antreibt. Es ist nun noch, nach der Feststellung des Zusammenfalls von Genie und Männlichkeit im Haincorpus, die Relationierung des Göttinger Hains zur Genie- und Autonomieästhetik des Sturm und Drang zu erörtern, denn freilich wirft die Aufnahme des Konzeptes die Frage, wie sich der Hainbund im Verhältnis zum neuen Denksystem der Epoche positioniert. Besonders Voß und Friedrich Leopold Stolberg nehmen sich der neuen Thematik an und erarbeiten für den Hainbund exemplarische Gedichte, die freilich quantitativ innerhalb des Corpus keinen besonderen Rang einnehmen. Und auf den ersten Blick erscheint es auch so, als hätte der Sturm und Drank systematisch, wenngleich auch in beschränktem Umfange, Einzug ins Denken und Schreiben der Hainbündler gehalten. Diese Vermutung hält einer genaueren Überprüfung zwar nicht vollumfänglich Stand, aber auf gewissen Ebenen ist die Verschmelzung des Sturm und Drang mit dem hainbündlerischen Dichtungskonzept durchaus ersichtlich. Gerade semantisch und metaphorisch ähneln sich die Positionen sehr, sowohl Voß als auch Stolberg operieren mit Begrifflichkeiten, die dem Sturm und Drang und seinen theoretischen Modellierungen entspringen. Ein Beispiel dafür ist Stolbergs *Der Felsenstrom*, das auf sprachlicher Ebene in der Tradition des Sturm und Drang steht, indem das gesamte Gedicht um die Schlagworte der Genie- und Autonomieästhetik herum gebildet scheint. Es werden aber, schaut man auf das hainbündlerische Geniecorpus und die generelle Adaptation des Konzept, trotz dieser ästhetischen Annäherungen durchaus Grenzziehungen zum Sturm und Drang vorgenommen: Es wird deutlich, dass sich der Hainbund nicht innerhalb des Sturm und Drang positioniert, sondern betont parallel dazu und die Merkmale aufgreift, die für den jeweiligen spezifischen Kontext unmittelbar genutzt werden können und sollen. Wie oben dargestellt erscheint das Genie dergestalt, dass es als Verstärker eines darüberliegenden Dichtungskonzepts fungiert. Das Genie als solches steht nicht im Mittelpunkt, sondern dessen strukturelle Applizierbarkeit hinsichtlich hainbündlerischer Kernthematiken, die auf der Folie des Genies entfaltet werden: Der Genielyrik wohnt ein paralleler Impetus inne. Die Genie- und Autonomieästhetik des Sturm und Drang besitzt somit gewisses Gewicht für die Hainbündler, hat aber kein Alleinstellungsmerkmal innerhalb der Lyrik, weshalb die Relationierung des Hains zu dieser Ästhetik eine nachbarschaftliche, aber keine Enge ist.[802] Vielmehr gilt auch dafür der Befund, dass der Hainbund bestehende Konzepte aufgreift, sich aber diesen nicht unterordnet: Die Hainbundlyrik bleibt frei von wirklichen Bekenntnissen zu einer Epoche, so auch im Kontext der Genielyrik. Es ist aber festzustellen, dass die Hainbündler sich den Inhalten der neuen Epoche annähern und Strukturen der Genie- und Autonomieästhetik in die eigene Lyrik integrieren.

Kapitel IV.3
Bardendichtung als künstlerische Männlichkeitsphantasie

Die Göttinger Hainbündler beziehen sich innerhalb ihrer (patriotischen) Dichtung häufig auf die Vorstellung altgermanischer Barden zurück; diese ist ihnen durch Klopstocks programmatisches Gedicht *Der Hügel und der Hain* eingegeben, in dem ein Dichtungskonzept entworfen wird, das sich an einer als genuin deutsch verstandenen mythischen Vorzeit orientiert und den Barden als den Schöpfer von (nationaler) Literatur über den bis dato als Vorbild angesehenen griechischen Parnass stellt:

---

[802] Von Stolberg heißt es beispielsweise in der Forschung, er habe mit dem Gedich *Freiheit* „eine Brücke zum Sturm-und-Drang-Enthusiasmus" (Jørgensen/Bohnen/Øhrgaard, *Geschichte der deutschen Literatur*, Bd. VI, S. 415) geschlagen; das belegt die Nähe, aber gleichzeitig auch die Distanz.

Die sogenannte Bardenlyrik, begonnen durch Heinrich Wilhelm Gerstenberg, [...] wird durch Klopstock auf ihren Höhepunkt geführt und dem Göttinger Hain vermacht. Angeregt durch Teildruck und lateinische Übersetzung der *älteren Edda* (1750) sowie durch die Übersetzung der *jüngeren Edda* ins Deutschen (1765) auf dem Weg übers Französische (1756), will die Bardenlyrik die Gesänge der altgermanischen Dichter und ihre Götterwelt wiederbeleben und fortsetzen und damit die Unmittelbarkeit des Deutschtums zum Christentum demonstrieren, die alle antiken Vermittlungen überspringt. [...] Im Austausch der antiken Mythologie zeigen sich Züge dichterischer Erstarrung ebenso wie in seinen meist der späteren Zeit angehörigen Gedichten über Dichtungen – ein manieristisches Thema, das uns aus der Gegenwart geläufig ist.[803]

Interessant an dieser Annahme und Aufnahme eines quasi-germanischen Sängers, der gerade bei Klopstock und bei ihm vor allem in den Bardieten konsequent Verwendung findet, ist, dass der Begriff des Barden[804] nicht aus dem germanischen Raum kommt, sondern keltischen Ursprungs ist und bis tief ins 18. Jahrhundert hinein weitgehend unbekannt war.
Erst seit James Macphersons selbstverfassten Werken des angeblich aus der gälischen Mythologie stammenden Ossian[805], als dessen Vater zum Beispiel Friedrich Leopold Stolberg einen Fingal phantasiert[806], wurde Barde „fälschlich auch zur Bezeichnung der germanischen Dichter und Sänger gebraucht"[807]:

Barde ist ein keltisches Wort für den Dichter. Es bezeichnete ursprünglich den, ‚der die Stimme erhebt‘, bezog sich also auf den mündlichen Vortrag der Dichtung. In antiken griechischen Texten begegnet die Bezeichnung in der altkeltischen Form bardos (latinisiert: bardus). In Irland und Wales findet man die Formen bard bzw. bardd. In Irland unterschied sich der B[arde] vom [...] fili durch sei-

---

[803] Kaiser, *Aufklärung, Empfindsamkeit, Sturm und Drang*, S. 112f.; diese Stelle ist in einem anderen Kontext bereits zitiert worden.

[804] Literarhistorisch findet sich der Barde auch bei Gleim. Lessing vergleicht in seinem „Vorbericht" zu den Kriegsliedern den Grenadier mit den Barden, „die gleichberechtigt mit König und Kriegern in den Kampf gezogen seien und mit ihren Gesängen dazu beigetragen hätten, Feinde in die Flucht zu schlagen" (Blitz, *Aus Liebe zum Vaterland*, S. 266).

[805] Zur Rezeption in Deutschland s. insbesondere Schmidt, *Ossian*

[806] Vgl. *Die Gedichte Ossians, dem Sohne Fingals*; Friedrich Leopold Graf zu Stolberg übersetzte die angeblichen Ossianischen Gedichte in drei Bänden ins Deutsche.

[807] Maier, *Lexikon der keltischen Religion und Kultur*, S. 38

nen geringeren sozialen Status und das Fehlen einer umfassenden dichterischen Ausbildung.[808]

Man kann mit Kaiser[809] davon ausgehen, dass Klopstock den germanischen Skalden mit dem keltischen Barden identifiziert hat und dass der Skalde durch seine Verwandtschaft mit der als ideal empfundenen germanischen Vorzeit wohl der bessere Bezugspunkt für das rückwärtsgewandte und deutschtümelnde neue Dichtungskonzept gewesen wäre. Wie Rudolf Simek und Hermann Pálsson schreiben, wurden als Skalden „im weiteren Sinne [...] im ma. Norwegen und Island alle Dichter bezeichnet, die in gebundener Sprache dichten"[810]. Auf diesen von der germanischen Mythologie geprägten Bereich spielt Klopstock ja auch in seinem Lehrgedicht an, wenn er den Barden als einen von drei lyrischen Instanzen unter anderem sprechen lässt: „Wenn nicht mehr in Walhalla die Helden Waffenspiel / Tanzen, nicht mehr von Braga's Lied' in der Freude / Süsse Träume gesungen, halten Siegesmahl, / Dann richtet auch die Helden Wodan!" (101—104).

In Vossens früher Freundschaftsadresse *An André* werden die Barden, identifiziert mit genuin deutschen Dichtern (= „Gesang" (26)), in einem vierfachen Schritt in den deutschtümelnden, vaterländischen Diskurs eingebunden: Die Erläuterung der deutschen Vorzüge (die als Merkmalsauflistung des Vaterlandes in einer Art *personificatio* gelten müssen) beginnt mit treuen Jünglingen und keuschen Mädchen (15—16), geht weiter über die Ehre der Alten und die vorbildliche Konstitution der Männer (17—20) und setzt sich dann im Postulat der Bescheidenheit in der Kunst und deren „das Herz berausch[enden]" Inhalten (21—24) bis zum tugendhaften und unschuldigen Gesang der Barden fort (25—28). Dabei werden Namen von Zeitgenossen aufgezählt, die für die Zeit und/oder den Hainbund bedeutend bzw. prägend gewesen sind; neben Klopstock (27) sind dies Ramler (26), Oeser und Rode (22). Durch die Einbindung in die entsprechenden Strophen werden Klopstock und Ramler mit den Barden, Oeser und Rode und mit den „Meister[n] groß" (21) identifiziert, ihnen wird ein „kühne[r] Pinsel" (23) zugesprochen.

„Daß nur Tugend, die Glut zärtlicher Unschuld nur, / Unsrer Barden Gesang füllet, und Ramlers und / Klopstocks göttlicher Schwung zu den Olympiern / Die bezauberten Seelen reißt!" (25—28). So beschreibt Voß die Ausprägung der deutschen Dichtung, die sowohl von der anonymen Gruppe der Barden als auch von namentlich genannten Poeten getragen wird. Zum einen finden sich darin Bezüge zum Brief an das neue Mitglied Brückner: Ihm wird vorge-

---

[808] Maier, *Lexikon der keltischen Religion und Kultur*, S. 38

[809] Vgl. Kaiser, *Aufklärung, Empfindsamkeit, Sturm und Drang*, S. 112

[810] Simek/Pálsson, *Lexikon der altnordischen Literatur*, S. 317

geben, dass Herz und Lied keusch, gottesfürchtig, vaterlandstreu und aufrichtig sein sollen. Im Begriff der „Tugend" (25) werden diese Merkmale, die den Bundesbruder ausmachen, zusammengefasst, denn die deutsche Tugend, durch die sich die Hainbündler auszeichnen, schließt alle positiven Charakteristika, die in diesem Text und auch in den anderen vaterländischen Kontexten geäußert und vorgestellt werden, ein. Zudem wirkt die Tugend immer scharf selektiv, indem sie generell im Diskurs gegen die französischen Erbfeinde ausgespielt wird und die eigene Aufwertung durch Abgrenzung betreibt. Was bedeutet dies jetzt für die inhaltliche Ausprägung des bardischen Gesangs? Wohl zum einen, dass die Kunst der deutschen Dichter mit den Merkmalen des Vaterlandes parallel zu setzen ist; sie führt vor, was das phantasierte Deutschland ausmacht, sie ist tugendhaft im weitesten Sinne und dabei gleichzeitig auch unschuldig. Dieser Unschuldsgedanke bezieht sich auf die frankophilen Tendenzen, der bardische Gesang wirkt gerade nicht wie die französische Kunst verführerisch und setzt die deutsche Keuschheit und sexuelle Enthaltsamkeit der Männer und Frauen absolut. Gerade im antifranzösischen Diskurs ist dies eine häufige Argumentation: Die Franzosen verführen in den Augen der Hainbündler vor allem die jüngeren Menschen beiden Geschlechts und führen sie so vom rechten vaterländischen Weg ab, der ja gerade die Keuschheit als eines der prägenden Merkmale artikuliert. Diese Merkmale der Gesänge lassen sich auch auf die textinternen lyrischen Exponenten rückübertragen und werden damit als Charakteristika der fiktiven Gesänge mit den Barden identifiziert: Die Barden sind ganz eindeutig Teil des idealen und idealisierten Vaterlands und stehen, nimmt man diese Strophe als Einheit innerhalb des Textes in den Blick, als *pars pro toto* für dieses Vaterland, da sie all' das vorführen, durch was es geprägt ist. Produkt und Produzent sind eins und müssen demnach auch als Einheit betrachtet und behandelt werden.

Dies führt denn nun weiter zum inhärenten Männlichkeitsdiskurs, der auf eine doppelte Weise geführt wird. Durch die programmatischen Bezüge zu den konstitutiven Elementen des Vaterlandes beziehen die Barden ihr männliches Potential aus dem deutschen Vaterland. Sie sind als eine spezifische Gruppe innerhalb der Gesamtheit der deutschen Männer Teil des patriotischen Diskurses und haben dementsprechend grundsätzlich auch eine Teilhabe an allen Ausprägungen, die damit verbunden sind. Das gilt auch für den Unschuldsgedanken. Bei der Interpretation des Textes *An den 1773ger Musenalmanach* wurde auf die Attacke gegen die übersteigerte französische Männlichkeit, die Keuschheit und reduziertes sexuelles Verlangen im Gegensatz zum deutschen Mann nicht kennt, hingewiesen. Die Opposition wird hier aufs Neue aufgebaut: Die Dichtung dieser männlichen Gruppe ist explizit unschuldig, das heißt keusch, und damit ostentativ auf das gleiche inhaltliche

Moment bezogen. Mit der Männlichkeit wird wiederum sexuelle Einschränkung verknüpft als ein positives Merkmal, das für deutsche Männlichkeit geradezu konstitutiv ist und als nach innen und außen abgrenzend fungiert, getreu dem Motto: Männlichkeit ist Enthaltsamkeit. Dies proklamieren die Barden, deren Dichtungskonzept das Vaterland und die damit verbundene geschlechtliche Ausprägung des einzelnen Mannes im Speziellen und des männlichen Kollektivs im Allgemeinen, wie die Hainbündler es sich vorstellen und innerhalb der patriotischen Lyrik präsentieren, heiligt. Diese Lesart wird durch die Verwendung des Substantivs „Glut" (25) noch verstärkt: Die Unschuld erhält dadurch nicht nur den durch die vaterländische Verankerung übertragenen, sondern eigenen männlichen Gehalt. Es soll mit diesem zum Wortfeld des Feuers – und damit traditionell männlich semantisierten – gehörenden „Glut" (25) auf das implizite und explizite männliche Potential der Unschuld verwiesen werden. Dies wohl vor allem, um deutsche Unschuld als Teil der nationalen, idealen Tugendhaftigkeit, als genuin männliches Merkmal zu figurieren, um so die deutschen Männer über die generellen anthropologischen Standards hinaus zu definieren.

Dies hat wieder mit der Abgrenzung nach außen zu tun. Die körperlich-moralische Männlichkeit der Deutschen steht in einem Kontrast zu anderen Männlichkeiten, unter anderem der französischen: Die Franzosen zeichnen sich durch eine falsch verstandene Männlichkeit aus, die ungezügeltes sexuellen Verlangen zum Maßstab nimmt, um sich auf dieser Basis und für diesen Aspekt allein zu konstituieren. Genau dies passiert beim deutschen Mann nicht, seine Männlichkeit ist in diesem sexuellen Bereich geradezu gezügelt, um sich nicht dem Vorwurf der moralischen Verkommenheit aussetzen zu müssen. Diese Ergebnisse heben auch den vermeintlichen Widerspruch, der dem Versteil „die Glut zärtlicher Unschuld" (25) innewohnt, auf: Männlichkeit und Unschuld können sehr wohl kongruent sein (und „Unschuld" (25) kann sehr wohl männlich sein!), auch wenn die gängige Männlichkeitsanthropologie ein solches Konzept nicht vorsieht. Der deutsche Mann schließt die sexuelle Enthaltsamkeit nicht aus seiner Konstitution aus, vielmehr trägt er sie als einen Teil derselben offen vor sich her und figuriert sich damit selbst einen geschlechtlichen Charakter, der anderen Konzepten auf allen Ebenen überlegen zu sein scheint und der sich gerade nicht von der Übersteigerung bzw. von seinem Übersteigerungspotential leiten lässt. Die Männlichkeit, die von der Unschuld geprägt ist, erhebt sich über alle anderen Ausprägungen. Diese Stimmung wird von den Barden in ihren Liedern transportiert. Damit konstituieren sie (deutsche) Männlichkeit, indem sie sie aussprechen und im Zeit-Raum-Kontinuum der fiktiven patriotischen Lyrik unsterblich machen. Gleichzeitig wird aber auch die Kunst genderisiert und zu einer männlichen

Kunst gemacht, da alle Eigenschaften, die das bardische Liedgut ausmachen, aus dem Männlichkeitsdiskurs, der fest im patriotischen Diskurs verankert ist, hervorgehen. Das Lied ist, bedingt durch die Inhalte, die es kommuniziert, männlich, da diese Inhalte zur hainbundspezifischen Männlichkeitsauffassung gehören. Dass die Barden ebenfalls und ebenso männlich sind, steht dementsprechend außer Frage: Wenn sie diese Momente aufrichtig äußern, so dass sie Teil werden einer groß angelegten vaterländischen Phantasie, müssen auch sie diese geschlechtsspezifischen Voraussetzungen, die die Hainbündler im Brief und in ihrer Lyrik schaffen, erfüllen. Der Barde des deutschtümelnden Kosmos der Hainbündler ist damit ein ausgewiesen männlicher Sänger, der seine Wurzeln in der ‚germanischen Identität' des heutigen Deutschlands hat. Und wenn in *An den 1773ger Musenalmanach* derjenige als „Bardensohn" (20) apostrophiert wird, der den vorbildlichen Klängen des Musenalmanachs „wonnetrunken" (17) lauscht, erhält dieser neue bzw. junge Barde der Gegenwart dadurch eine spezifische Männlichkeit zugesprochen, die eine Negation der französischen Männlichkeit darstellt und das positive Geschlechtspotential, das zuvor artikuliert wird, in sich birgt.

Einen anderen Ansatz verfolgt Voß in seiner großen Ode *Mein Vaterland*, die F. L. Stolberg zugeeignet ist. Hier werden die Barden weniger mit Tugend und Unschuld als Merkmale des Vaterlands und der Männlichkeit in Verbindung gebracht, sondern ihre Kunst wird physisch konkretisiert bzw. ‚materialisiert'. Bezug zur bardischen Kunst gibt es nur in zwei Phasen, die durch das Enjambement – eine häufige sprachliche Figur in diesem Text – zusammenhängen: „Allmosen wurden Karl der Barden / Lieder, die bluten den Römer hießen!" (19—20). Die lyrische Sprechinstanz führt in dieser Klage über die Zustände in ihrem Vaterland einen Vergangenheitsdiskurs, indem der Kampf der Germanen gegen die Römer unter dem legendären Nationalhelden Hermann thematisiert wird; die Sprechsituation, die eigentlich gegenwärtig ist, wird so um eine zeitliche Ebene erweitert. In diesen Kampf, dessen nationales Mythenpotential die Hainbündler immer wieder bemühen, um auf die glorreiche deutsche Vergangenheit hinzuweisen, ist die bardische Kunstthematik eingearbeitet. Die Barden werden zum Teil des Kampfes, indem ihnen das Verdienst zugesprochen wird, die Römer bluten gelassen zu haben, das heißt, sie verletzt, ja getötet zu haben. Das ist natürlich nur symbolisch zu verstehen, wirft aber auch hier die Frage nach der Männlichkeit innerhalb des Konzepts der Bardendichtung auf. Der Kampf und das Töten des Gegners wurden im vergangenen Kapitel als typische männliche Tätigkeit identifiziert, durch die der vaterländische Mann sich als solcher überhaupt erst konstituiert; ohne diesen Kampf und die Bereitschaft, den Gegner zu töten und sich selbst im Zweifel dafür zu opfern, kann keine Männlichkeit entstehen, ist der „deutsche Mann", um diese lyrische Figur der Hainbündler hier anzuführen, nichts. Nun aber geht der Impuls des Tötens der Gegner nicht von Männern mit Schwertern, sondern von Barden und ihrer Kunst aus. Der deutsche Soldat, der in der Tradition Hermanns mit mächtigem Arm und Schwert für Freiheit und Frieden seines Vaterlands kämpft, ist hier nicht vorhanden; der Barde hat seine Rolle und Funktion eingenommen. Bei Klopstock, in dessen Tradition sich die Hainbündler ja immerhin befinden, „feuern [die Barden] die kämpfenden Stammesbrüder mit langen, gefühlsmächtigen Klopstockschen Oden an und nehmen damit unmittelbar Einfluß auf das Kampfgeschehen"[811]. Das klingt bei Klopstock in *Hermann's Schlacht* so: „Wir helfen siegen!" (III. Szene). Damit, kommentiert Herrmann wohl korrekt, sind die Barden „mit ihrem Gesang [...] direkt am Kampf beteiligt"[812]. Ähnlich ist Situation, wie Voß sie vorgelegt hat: Die Barden sind Teil des vaterländischen Freiheitskampfes, ihre Kunst ist gleichgesetzt mit dem Schwert und somit in der Lage, Wunden zu schlagen und Blut, Feindesblut, fließen zu lassen. Blut und Barden – das ist auch textlich auf Klopstock zurückzuführen: „Wodan, Wodan! Römerblut, Wodan!" (VII. Szene), heißt ein Vers, in den die Barden als kollektive Sprechinstanz eingebunden sind. Dem Götterfürsten wird das Blut der Feinde geopfert, dafür fließt es dank der Mithilfe der Barden. Bei Zimmermann heißt es dazu:

> Denn die altdeutschen Dichter sind nach Art und Häufigkeit ihres Auftretens in den drei Bardieten von erheblicher gesellschaftlicher Bedeutung für die altgermanische Sozietät. Immer wieder von den kämpfenden Germanen angefordert, greifen sie mit emphatischer Rhetorik anfeuernd, warnend, kommentierend, historisch reflektierend, ja *kämpfend* [meine Hervorhebung; Verf.] in die kriegerische Auseinandersetzung ein. [...] Die Barden setzen ihre Gesänge als Waffen im Freiheitskampf ein und können auf deren Wirkung vertrauen [...]. Die Gesänge treffen den Feind so fürchterlich wie die Waffen der Kämpfenden. Zur eigenen Ermutigung und zur Schwächung des Gegners greifen sie auf Befehl warnend in den Kampf ein und man bedarf ihres Gesanges zur menschlichen Stärkung angesichts des nahen Heldentodes.[813]

---

[811] Herrmann, *Arminius und die Erfindung der Männlichkeit*, S. 170
[812] Ebd.
[813] Zimmermann, *Freiheit und Geschichte*, S. 251

In Vossens Text *An Boie*[814] wird die Verbindung von Kunst und Krieg (und damit die Verbindung von Kunst und Männlichkeit) ebenfalls thematisiert:

> Der greise Vorfahr lehrt' in dem Wehn des Hains / Die Bardenschüler sorgsam des Liedes Kraft, / Und strafte manchen Misklang, manchen / Gaukelnden Afterton, eh, gleich Wettern, / Vom Felsengipfel laut in das rothe Thal / Ihr Ruf hinabscholl, der, durch den Lanzenwurf / Entflammter Hunderten, des Römers / Trotzige Scharen zu Boden stürzte. (29—36)

Die bardische Thematik wird hier in einer vergangenheitstümelnden und germanenseligen lyrischen Umgebung formuliert, das Gedicht als solches evoziert die typischen Hainbundthemen wie Freundschaft/Bundesgedanke, Vaterland/vaterländische Vergangenheit und Dichtung. Wiederum nimmt der Dichter Bezug auf das Blut der Feinde („rothe Tal" (33)), dessen Vergießen durch die Kunst der deutschen Barden in Gang gesetzt wird. Sie spornen die Krieger (= Männer) zu ihren kriegerischen (= männlichen) Tötungstaten an[815], die im Bild des Lanzenwurfs illustriert werden. Die Lanze als reell wie auch symbolisch verlängertes Schwert nimmt die Rolle dieser Waffe als Werkzeug und Ausweis der kriegerisch konstituierten Männlichkeit ein und markiert die Geschlechtlichkeit des Trägers. In der Handhabung realisiert sich diese Männlichkeit dann im konkreten Akt des Tötens des Gegners: Die Tötung ist ein spezifischer Akt der Männlichkeit, die eben dieses Geschlecht von anderen Kategorien wie Weiblichkeit, altersbedingter Vor-Männlichkeit und auch falscher Männlichkeit aufgrund fehlgehender Merkmale oder auch Nationalität absetzt. Doch in Gang gesetzt wird dieser männlichkeitsspezifische Akt durch die Dichtung der Barden: „Ihr Ruf" (34), also ihr patriotisches, schlachtenpathetisches Lied, schallt in das „rothe Thal" (33) und wirft „des Römers / Trotzige Scharen zu Boden" (35—36). Es ist natürlich so, dass die Lanze, wie oben beschrieben, als Tötungsinstrument fungiert – aber es ist sprachlich eindeutig von Voß festgelegt, dass die Tötung durch den Lanzenwurf aus dem Lied hervorgeht. Der „Ruf" (34) der Barden stürzt *durch* den Lanzenwurf / *Entflammter* Hunderten [meine Hervorhebungen; Verf.]" (34—35)! Insofern ist die Bezeichnung „Tötungsinstrument" tatsächlich in einem doppelten Sinne treffend: Denn neben der Funktion der Lanze, den Gegner zu töten, ist sie eben vom Lied gesteuertes Instrument. Die bardische Kunst tötet *durch* (vgl. die Hervorhebung im Zitat) den Lanzenwurf, die Lanze ist die tödliche Ma-

[814] Kahl, *Bundesbuch*, Aus Vossens Bundesbuch, Nr. 64 [S. 222f.]
[815] Vgl. dazu die oben zitierte Aussage von Zimmermann zu Klopstock (Zimmermann, *Freiheit und Geschichte*, S. 251)

terialisierung des Liedes. Zudem gibt es einen *expliziten* Hinweis auf die Männlichkeit der Kunst. Voß führt eine Gruppe „entflammter Hunderte[r]" (35) im „rothe[n] Thal" (33) in den Kampf gegen die Römer und damit ein spezifisches Symbol des klassischen Männlichkeitsdiskurses vor. Den Kriegern wird durch ihr „enflammte[s]" (35) Wesen Männlichkeit zugesprochen, die sie jedoch nicht aus sich heraus erhalten. Das Lied der Barden ist Antrieb für diese hervorgehobene und für den vaterländischen Kontext wesentliche geschlechtliche Ausprägung, die im Mittelpunkt des Interesses dieser Strophe steht. Die „Hunderte[.]" im Tal als dem konkreten Ort einer blutigen Auseinandersetzung zwischen Germanen und äußeren Feinden nehmen die Lieder der Barden auf und konstituieren *durch diese* ihr Geschlecht, das auf beiden Kategorien, sowohl *sex* als auch *gender*, fußt. Aus der Bardenkunst – der „Kraft" (30) als ein traditionelles männliches Merkmal zugewiesen wird – geht die ureigene Männlichkeit der germanischen Krieger hervor. Dabei wird ihre Männlichkeit betont physisch über den Tötungsakt des Lanzenwurfs konstruiert. Die Bardenkunst schafft einen männlichen „Kriegskörper"[816].

In Johann Martin Millers 76-zeiliger alkäischer Ode *An die Donau*[817] wird der Zusammenfall unmissverständlich konstatiert. Das lyrische Ich, das aus der Gegenwart heraus spricht, stellt sich selbst in einem das Gedicht beschließenden Phantasma in die Tradition der altdeutschen Barden – die bei ihm unter anderem die gleiche Funktion haben wie in den vorangestellten Gedichten: Die Bardenkunst wird als Waffe gegen die Römer verstanden, „wann den geschrekten, fliehenden RömerTroß / Des Barden Horn, und Lied unsichtbar / Trieb, wie der Sturmwind die leichte Wolke" (10—12) – und benennt auch zeitgenössische Autoren als solche. Klopstock („des Messias Sänger" (50)) und der „Ossian-Übersetzer, Bardendichter und Klopstock-Freund Michael Denis"[818] werden als Barden, die des „Stammes wehrt" (49) sind und die „Ossians Schatten" (57) umgibt, apostrophiert, damit ihre Bedeutung für das kulturelle und sicherlich auch patriotische Verständnis des lyrischen Ichs deutlich gemacht. „Bis einst, geübt im männlichen, deutschen Ton, / Ich unbesorgt um Tadel, und schaales Lob, / Nur deutschen singe. Rausch' ihm, Strom dann / Lauter den Namen des deutschen Jünglings!" (73—76). So stellt sich das lyrische Ich seine Rolle im vaterländischen Kunstdiskurs vor: als deutscher Sänger, der sich um Tadel und unnützes Lob nicht kümmert und dessen Name die Donau dem „VaterlandsSänger Sined" (60) – Michael Denis hat seinen Nachnamen als Anagramm benutzt und so seinen Bardennamen gebildet – „rausch[en]" (75) wird. In die konkrete Semantik der Kunst wird das Kompli-

---

[816] Bohrer, *Großer Stil*, S. 109
[817] Kahl, *Bundesbuch*, Aus Vossens Bundesbuch, Nr. 73 [S. 225ff.]
[818] Zimmermann, *Freiheit und Geschichte*, S. 132

ment „Barde" (vgl. 11) übersetzt mit „männliche[r], deutsche[r] Ton" (73): Dies ist der End- und Höhepunkt des innerhalb der Bardendichtung geführten Männlichkeitsdiskurses. Die Geschlechtsbezeichnung „männlich" (vgl. 73) und die Nationalisierung „deutsch" (vgl. 73) fassen hier die gesamten Inhalte zusammen und bewerten diese im selben Schritt. Der „Ton" (73), also das Lied, ist sowohl männlich als auch deutsch, dementsprechend wohnen ihm alle Eigenschaften, die die beiden Kategorien bedingen und prägen, inne. Die bardische Dichtung konstituiert sich somit geschlechtlich und patriotisch.[819]

An diesem Halbvers, durch den das Konzept des deutschen Barden und dessen Dichtung definiert wird, erweisen sich die bisher gefassten Ergebnisse als haltbar: Die Verknüpfungen von Bardenkunst und Männlichkeit, die in den vorher untersuchten Texten immer (nur) auf einer tieferen Bedeutungsebene vorhanden waren, werden hier offensichtlich und damit auch zulässig. Der Barde erscheint als Mann, und seine Dichtung besitzt spezifisch männlichen Gehalt, der sich insbesondere und zu einem wesentlichen Teil an den vorbildlichen Eigenschaften des deutschen Mannes, wie sie im Vaterlandsdiskurs entwickelt werden, anlehnt. Der Barde gehört also zur Gruppe der deutschen Männer. Dies aber nicht aus sich heraus, sondern kraft seiner Dichtung. Es wurde gezeigt, dass die Inhalte der Bardenlieder betont männlich sind; ein Beispiel dafür ist die Korrelation von Kunst und Krieg, die in Konstellationen wie „Ihr Ruf hinabscholl, der, durch den Lanzenwurf / Entflammter Hunderten, des Römers / Trotzige Scharen zu Boden stürzte" (34—36) ihren Ausdruck findet.

Und als Freiheitssänger wird der Barde in F. L. Stolbergs asklepiadeischer Ode *Der Harz* apostrophiert, der die „Thaten der Väter" (31) darstellt. Auch dieser Freiheitsgedanke, die emphatische Ablehnung jeglicher Sklaverei, Subordination und Unterjochung, ist männlich besetzt und bricht zudem, in einem symbolischen Sinne, noch einmal dem betont männlichen Konzept des genialen Dichters Bahn, der im Lenz'schen Sinne „frey wie der Wind" (*Lied zum teutschen Tanz*[820], 9) ist.

---

[819] Dieser Vers ist sogar der Höhepunkt der gesamten geschlechtergeschichtlichen Kunstthematik: Johann Martin Miller führt hier eindeutig die Korrelation von Männlichkeit und Dichtung vor der Folie eines patriotischen Diskurses vor. *An die Donau* ist somit nicht nur ein sehr aussagekräftiger Referenztext für das Konzept der (männlichen) Bardendichtung, sondern in besonderem Maße auch für die These eines Ineinandergehens von Dichtung und Vorstellungen von *gender*, das hier nicht implizit, sondern betont explizit formuliert wird.

[820] Lenz, *Gedichte*, S. 121—122

Kapitel IV.4

Zusammenfassung

Dichtung ist bei den Hainbündlern in vielen Kontexten explizit oder implizit mit Formen positiver Männlichkeit verknüpft. Bei betont vaterländischen Texten, in denen Dichtung einen parallelen oder in das patriotische Thema eingebetteten Diskurs bildet, ist dies keine wirkliche Überraschung; dort werden die Lieder des lyrischen Personals mit Merkmalen besetzt, die mit dem Vaterland korrelieren. Dadurch wird die Dichtung ‚deutsch‘, mithin männlich. Dies gilt in einem besonderen Maße für die Bardendichtung. Die Bardenfiguren sind nie von einem patriotischen Impetus zu trennen: Sie gewinnen ihre männlichen Potentiale durch ihre strikte Verbundenheit zu ihrem ‚deutschen‘ Vaterland, dessen Ausrufer sie sind. Ihre Dichtung steht voll für das Vaterland ein, und kraft dieser Dichtung wird der Barde Teil der Gruppe der deutschen Männer. Die Dichtung der Hainbündler, die in einen patriotischen Kontext eingebunden ist oder einen solchen selbst erschafft, besitzt also eine Vielzahl an Merkmalen, die als vaterländisch-männlich zu bezeichnen sind, und ist eine relationale Kategorie. Die männliche Dichtung führt die Frau zu einem keuschen, tugendhaften, umfassend deutschen Leben. Dichtung wird genderisiert, indem die Herauslösung von geschlechtlichen Merkmalen aus der Dichtungskonzeption unmöglich gemacht wird.

Das Genie der Hainbündler ist genauso männlich wie das der Zeitgenossen; die männlichen Merkmale der Geniekonzeption sind so hervorstechend, dass man sie kaum ignorieren kann. Und diese Männlichkeit bricht in der Dichtung der Hainbündler, die sich mit dem Genie befasst, hervor: Genieästhetik ist immer verbunden mit einem extremen Freiheitsdurst auf der einen Seite und mit männlicher Hegemonie auf der anderen Seite. Das Genie soll herrschen, so herrschen, wie Connell es in seiner Hegemonie-Theorie formuliert. Das Genie ist männlicher Unterdrücker anderer, schwächerer Profile – es wird auf den Schultern des Genies eine männliche Allmachtsphantasie entwickelt, die dem Corpus sonst fremd ist.

Kapitel V
Freundschaft als männliche Praxis

„Wenn man vom Jahrhundert der Freundschaft spricht, dann meint man nicht das zwanzigste, sondern das achtzehnte Jahrhundert", schreibt Eckhardt Meyer-Krentler und betont damit die Bedeutung dieses „Kernbegriff[s] zwischenmenschlicher Beziehung"[821] für den geisteswissenschaftlichen Diskurs, der sich mit dem 18. Jahrhundert, sei es literaturwissenschaftlich, anthropologisch oder philosophisch, auseinandersetzt. Dabei ist von Glück zu sprechen, dass Meyer-Krentler diesen Begriff nicht nur hinsichtlich eines „Gefühlskult[s] der Empfindsamkeit"[822] oder der antikisierenden Anakreontik verengt, sondern seine Wichtigkeit gerade auch für die „geschlechtergeschichtliche[n] Beziehungen"[823] darstellt.

> Wie ungleich dürfen Freunde sein? Welchen Schichten gehören sie an? Ist Zweier-Freundschaft etwas anderes als die bündische Formation? Gibt es einen prinzipiellen oder historischen Unterschied der Freundschaft unter Männern und der Freundschaft unter Frauen, der Freundschaft zwischen den Geschlechtern?[824]

Ohne die Göttinger im Blick gehabt zu haben, hat Meyer-Krentler das Instrumentarium dargereicht, mit dem diese Untersuchungseinheit angegangen werden kann, denn die Fragen bilden das Spektrum ab, das in diesem Kontext von Interesse sein muss. Die einzelnen Schichten bekommen gerade im Vaterlandsdiskurs gehöriges Gewicht und spitzen sich auf die Frage nach dem geschlechtsspezifischen Impetus markant zu. Man kommt nie umhin, auf die Männlichkeit als konstitutives Element einzugehen, da keine der Fragen zu beantworten ist, ohne die geschlechtergeschichtliche Bedeutung untersucht zu haben. Denn in der Männlichkeit, die auf einer Ebene mit dem Vaterland steht, laufen alle Linien zusammen: Gleichheit, Bundesgedanke, Relationalität. Insofern ist der Aspekt der Freundschaft nicht zu klären, lässt man die Geschlechtergeschichte aus dem Blick. Dass es innerhalb der Kategorie „Freundschaft" zu Verschärfungen kommen kann, suggeriert die Frage nach der Unterscheidung von „Zweier-Freundschaft [und] bündische[r] Formati-

---

[821] Meyer-Krentler, „Freundschaft im 18. Jahrhundert", S. 1
[822] Algot Sørensen, „Freundschaft und Patriarchat", S. 279
[823] Meyer-Krentler, „Freundschaft im 18. Jahrhundert", S. 1
[824] Ebd., S. 4

on"[825]: Gerade dieser Aspekt ist für den Hainbund, dessen Name allein den bündischen Charakter anzeigt, von Bedeutung und ein wesentliches Element, wenn es darum geht, Freundschaft als genuin männliche Praxis in der Literatur des Kreises zu entlarven.

Kapitel V.1
Die Verbindung von Freundschafts- und Geschlechtsdiskurs

Als erstes soll ein Gedicht eines Hainbündlers untersucht werden, der generell, so auch in dieser Arbeit, unterrepräsentiert erscheint: Johann Friedrich Hahns *Teuthard an Minnehold*[826]. Dieses Widmungsgedicht an Johann Martin Miller ist eines der wenigen erhaltenen des Dichters, dem im Hain höchste Wertschätzung entgegengebracht worden war: Seine Bundesbrüder haben ihn als ein „herausragendes Dichtergenie geachtet"[827]; und Erich Schmidt schreibt in der *Allgemeinen Deutschen Biographie*, Hahn sei „viel bewundert [und] angesungen worden"[828]. Heute ist Hahn vergessen, mehr noch als die meisten seiner Bundesbrüder. Hahns Gedicht, das bereits im Titel die gruppeninterne Bardenthematik aufgreift, indem er seinen germanischen Bundesnamen Teuthard als Sprechinstanz einsetzt und Minnehold, also Johann Martin Miller, adressiert, führt vor, wie verschiedene Diskurse (Kunst, Vaterland, Freundschaft) der Hainbündler in einem Text zu einem größeren lyrischen Konstrukt verschmelzen und inwiefern diese Diskurse zusammenspielen und nicht ohne einander funktionieren. Und über all' dem ,schwebt' der (implizite) Geschlechterdiskurs.

> Noch log, im biederstamme Teuts,
> Kein höfling mit gesalbtem haar
> Dem feinde freundschaft vor.
> Noch schloss ein wort, voll ernst, und laut
> Ein handschlag drauf der herzen bund;
> Und ewig war der bund!
> Da kam er übern Rhein, der knecht
> des Burbon, stets der liebe schwur
> Im mund, im herzen fluch.
> Ha! Westgelispel war ihm treu,

---

[825] Ebd.

[826] Redlich, „Gedichte und Briefe", S. 245; dies ist neben der Sammlung von Kelletat, der Hahns Texte auf der Basis von Redlich ausführt, die einzige ,Edition' der Gedichte des 1779 26-jährig in geistiger Umnachtung Verstorbenen.

[827] Kahl, *Bundesbuch*, S. 391

[828] http://de.wikisource.org/wiki/ADB:Hahn,_Johann_Friedrich [Datum des Zugriffs: 17. November 2011]

Und eid, und glauben, und den dolch
Verkündete sein kuss.

Geschreckt verschliesst Tuiskons sohn
Nun tief in sich sein herz, und lauscht,
Und wägt erst jedes wort;
Und vieler jahre reih', (und doch
Wie selten! doch von misstraun wie
Entheiligt!) knüpft das band;
Ein dünnes, weitgeknüpftes band!
Fern droht ein sturm, noch ist er hauch,
Und hört' ich nicht dein lied?
Und wir! — Nicht jahre kenn' ich dich,
Doch kenn' ich dich; seh deinen blick;
Und hört' ich nicht dein lied?
Dein herz ist deutsch, und deutsch mein herz!
Es liebt dich! Wiss es ganz! Verflucht,
Was Franzensitte lehrt!
Und jedem folger fluch! Hier ist
Mein wort! Hier meine hand! Schlag ein!
Und ewig sei der bund!

Gleich in der ersten Strophe wird der Freundschaftsgedanke aufgegriffen. Als vorletztes Wort der drei Verse wird „freundschaft [sic]"[829] (3) dort an prominente Stelle als betontes Element platziert: „Noch log, im biederstamme Teuts, / Kein höfling mit gesalbtem Haar / Dem feinde freundschaft vor." (1—3). Man erkennt gleich: Freundschaft wird hier *ex negativo* ausgeführt und dabei gleichzeitig als Schlagwort für den Einstieg in den Vaterlandsdiskurs gebraucht. Die Aussage ist im Kern patriotisch und glorifizierend: Es geht um die Darstellung der aktuellen Situation im ‚germanisierten' Deutschland, das in der Selbstbezeichnung „biederstamme Teuts" (1) enthalten ist. Lüge gibt es in diesem „biederstamme" – das Kompositum weist hin auf die typisch deutschen Merkmale des Tugendhaften, Simpel-Aufrichtigen etc. – nicht, und dementsprechend kann auch die „freundschaft" nicht vorgegaukelt sein. Wenn diese auf den Feind (vgl. 3) bezogen wird, hat dies einen doppelten inhaltlichen Impetus. Zum einen stellt die Strophe heraus, dass die Mitglieder des „biederstamme Teuts" (1) ehrlich und aufrichtig sind, auch im Angesicht des

---

[829] Ab sofort wird auf die Kennzeichnung „[sic]" für kleingeschriebene Nomen etc. verzichtet; Redlich hat die Gedichte in dieser Form herausgegeben, nur Namen werden großgeschrieben.

Feindes; diesem wird offen mitgeteilt, dass er der Feind ist, intrigante Ränke-
spiele wie in der (französisch geprägten) Hofkultur sind den Deutschen dieser
Vorstellung fremd.[830] Feind ist Feind und Freund ist Freund, ist das Motto
dieser Darstellung. Schmeicheln, Vorgaukeln, Umwerben: All' dies sind Verhaltensweisen, die mit der Ablehnung des Vorlügens von Freundschaft ausgeschlossen werden und deren Merkmalsopposition (Offenheit und Ehrlichkeit)
als Charakteristik des Deutschen gelten muss. Gleichzeitig ist dies auch ein
männliches Merkmal: Die Erbengemeinschaft ist männlich, genauso wie der
basale Impetus des Vaterlandsdiskurses. Zum anderen reicht die Strophe eine
Hilfe zur Definition des hainbündlerischen Freundschaftsbegriffes. Dieser
wird eindeutig mit der Kategorie der Aufrichtigkeit verknüpft; Freundschaft
kann nur ehrlich sein und geradlinig – ist sie es nicht, kann sie nicht Freundschaft genannt werden. Und diese Freundschaft kann aufgrund dieses Auf-
richtigkeitsgedankens nur innerhalb einer Gemeinschaft gelebt werden; nur in
einem gleichwertigen gedanklichen Rahmen kann die Freundschaft funktionieren, zum Beispiel eben im „biederstamme Teuts" (1). Freundschaft mit dem
Feind ist nicht möglich, da der gemeinschaftliche Rahmen nicht gegeben ist:
Der Feind wird als grundsätzlich oppositär angesehen, so dass die Merkmale
nicht kongruieren können; und stimmt die Basis nicht, kann sich Freundschaft nicht entwickeln. Diese erste Strophe schafft also die Grundlage des
Freundschaftsdiskurses, indem der Begriff vorgestellt wird; seine Bandbreite
ergibt sich aus der Verknüpfung mit dem Vaterlandsdiskurs im Allgemeinen
und dem antifranzösischen Diskurs im Speziellen. Das gilt auch für den impliziten Männlichkeitsdiskurs: Er wird auf der Basis der Vorstellungen des Vaterlandsdiskurses geführt, und das genuin männliche Merkmal der Aufrichtigkeit erhält noch einmal spezifische Relevanz, da es das Fundament für die
Freundschaft bildet.

Der völlige Gegensatz zu dieser erlogenen Freundschaft des Hofes herrscht
vor im „biederstamme Teuts" (1), wie die lyrische Sprechinstanz in der zweiten
Strophe vorführt. Der Lüge wird „ein wort voll ernst" (4) oppositär gegenüber
gestellt: Die Geradlinigkeit der Geste spricht daraus, es ist ein voller, ein hoher Ernst, mit dem Akt der Freundschaftsbesiegelung vollzogen wird. Beim
Ernsten spricht der Akt für sich, auf symbolische Weise reicht tatsächlich *ein*

---

[830] Die antifranzösische Tendenz wird in der dritten Strophe offensichtlich gemacht: Der
„höfling" (2) wird als „knecht / Des Burbon" (7—8) identifiziert, seine schönen Worte als
„westgelispel" (10). Mit dem „kuss" (12) wird der Gegensatz zum Handschlag (s. unten)
markiert; alles in allem geht es darum, das ganze Verhalten des Franzosen als falsch und
undeutsch (und damit auch als unmännlich) zu entlarven. Aus dem Kuss erwächst der Ver-
rat, materialisiert im „dolch" (11). Der Angriff könnte schärfer nicht sein: Aus der vertrau-
ensvolle Geste des Kusses durch den französischen Höfling geht der Tod hervor, getreu
dem Motto: der Stich in den Rücken während der Umarmung.

Wort aus, „der herzen bund" (5) zu besiegeln. Das Ernste ist immer das Ehrliche. Man mag sich an J. M. Millers *Sittenverderb* erinnert fühlen, in dem die Sprechinstanz gleich zu Beginn ausruft: „Ein Mann ein Mann! Ein Wort, ein Wort! / So schwur der Väter Mund. / Dann gieng ein jeder ruhig fort; / Und hielt auf seinen Bund." (1—4). Die Emphase des *einen Wortes*, des für Bundes- bzw. Freundschaftsakt entscheidenden Wortes manifestiert sich bei Miller relativ gleich. Es wird ein Wort gesprochen, dann geht „ein jeder ruhig fort" (3); mehr ist nicht nötig, um den Akt zu vollziehen, alles weitere – also jede weitere verbale Äußerung – ist nichtig. Diese Nichtigkeit der Sprache kommt denn auch bei Hahn zum Ausdruck. Nach dem gesprochenen Wort kommt es noch zu einem Händedruck als ab- und beschließende Geste; der „handschlag" (5) mit dem Deutschen besiegelt die Freundschaft. Auch das Resultat der Akte ist das gleiche: Bei Miller heißt es, dass jeder „auf seinen Bund" (4) hielt, Hahn formuliert „Und ewig war der bund" (6). Wort und Handschlag auf der einen, Wort und stiller Weggang auf der anderen Seite, beide Doppelgesten haben den gleichen Impetus: Sie genügen, um einer ewigen Freundschaft Bahn zu brechen, die mit dem Bundesgedanken gleichgesetzt wird.

Es lässt sich auch die geschlechtliche Perspektive hier übertragen. Miller beweist, dass der hohe Ernst der Freundschaft und des Bundes nur von Männern getragen werden kann; nur die Männlichkeit befähigt, ein Wort der Freundschaft zu sprechen, um einen Bund zu konstituieren, und nur die Männlichkeit befähigt darüber hinaus, durch innere Ruhe, Geradlinig- und Ehrlichkeit diesen Bund auf ewig zu erhalten. Dies soll wohl für Hahn ebenso gelten dürfen: Die Intertextualität ist durchaus relevant und bemerkenswert, so dass der Männlichkeitsdiskurs auch auf dieser literarischen/auktorialen Ebene mitschwingt. Zum anderen setzt sich ja der Gestus der ersten Strophe fort. Es ist keine andere lyrische Situation, vielmehr schreibt der Autor die Gedanken der ersten Strophe fort; das implizite „Wir" der zweiten Strophe bezeichnet die Söhne Teuts aus dessen „biederstamme" (1). Ihre Männlichkeit ist unbestreitbar, und dies führt dann wiederum zum ersten Gedanken, dass die Kombination aus „ein wort voll ernst" (4) und dem „handschlag drauf" (5) spezifisch männlich markiert ist. Dies wird auch noch einmal in der letzten Strophe aufgegriffen. Zuvor wird die „Franzensitte" (27) und alles, was daraus hervorgeht, „verflucht" (26) und dem Deutschen („Dein herz ist deutsch, und deutsch mein herz!" (25)) negativ gegenüber gestellt. Diese „Franzensitte" (27) ist das Schmeichelnde, Verlogene, das der Höfling kultiviert hat und mit dem Freundschaftsgedanke ad absurdum geführt wird; und es ist gleichzeitig immer auch unmännlich, da die ‚feine' Sitte, die aus dem Westen kommt, nichts mit den Männlichkeitsvorstellungen der Hainbündler zu tun hat. Den Gegenentwurf bildet das Verhalten der Mitglieder des „biederstamme[s] Teuts" (1):

„[…] Hier ist / Mein wort! Hier meine hand! Schlag ein! / Und ewig sei der bund!" (28—30).

Die männliche Vorgehensweise der Freundschaftsbesiegelung wird hier vorge-führt: Wort und Griff sind die aus- und hinreichenden Momenten, die zum freundschaftlichen Bund führen, der ewig ist. „Schlag ein!": Dieser Befehl ist als Aufforderung zur ewigen Freundschaft zu verstehen und absichtlich vom Handschlag abgeleitet. Der Impetus des Schlagens ist hier mit Bedacht als be-tont ‚körperliche' Gegendarstellung zum „Franzenbrauch" (26), um einmal die Abwandlung nach Voß (*An Hahn*) zu zitieren, gewählt: Während dieser sehr sanft ist, sehr fein, erscheint der deutsche Gruß als kräftig, als etwas rau und bekommt so den Gestus einer recht martialischen Angelegenheit, die dem Wesen der Söhne Teuts (immer auch gesehen hinsichtlich der bereits unter-suchten männlichen Abstammungsthematik) entspricht. Die Freundschaft ist also in diesem Kontext ein betont vaterländisches Konstrukt, das erstens eng verbunden ist mit dem „biederstamme Teuts" (1) und den Merkmalen der Mitglieder des Stammes und zweitens als Gegenentwurf zur französisch-höfi-schen Sitte figuriert wird. Dieser doppelte Ansatz ist immer auch geschlech-tergeschichtlich zu verstehen, sind doch die Merkmale, die den Umgang der Abkömmlinge Teuts miteinander definieren, spezifisch deutsch: Es sind die deutschen Männer, die diesen freundschaftlichen Umgang, der auf wenig Worten und einem besiegelnden Handschlag beruht, miteinander auf ewig pflegen. Es wird deutlich gemacht, dass Freundschaft eine deutsche und gleichzeitig männliche Praxis ist, da alle Charakteristika, die die Freundschaft konstituieren immer auch männlich markiert sind.

Gedichte, die sich in dieser Art mit dem deutschen und gleichzeitig männli-chen Freundschaftsdiskurs befassen, finden sich beim Hainbund zuhauf. Kaum ein Bundesbruder hat darauf verzichtet, den patriotischen Bundesge-danken mit einem Freundschaftsbegriff zusammenzubringen und so eine spe-zifische Form von Freundschaft zu generieren, die auf dem Vaterlandsdiskurs aufbaut und alle seine Merkmale für sich übernimmt. Deshalb stehen im Fol-genden andere Formen des Freundschaftsdiskurses im Mittelpunkt; in denen Männlichkeit anders präsentiert wird, als dies in den Gedichten mit einem betont patriotischen Impetus der Fall ist. Weitere Fragestellungen sind dann, wie Freundschaft in anderen geschlechtlichen Konstellationen dargestellt wird, also in männlichen-weiblichen und weiblich-weiblichen Verhältnissen. Sofern solche Konzepte vorliegen, sollen die Merkmale der Freundschaft dar-in erarbeitet werden, um sie mit den männlichkeitsspezifischen Merkmalen der Männerfreundschaft vergleichen zu können. Ziel der Untersuchung ist es schließlich, herauszustellen, wie Männlichkeit sich auf die lyrische Freund-schaft auswirkt und welchen geschlechtlichen Impetus der haindbündlerische

Freundschaftsdiskurs hat. Damit soll auch versucht werden, die von Meyer-Krentler formulierten geschlechtergeschichtlichen Fragestellungen zur Freundschaft für die Göttinger zu beantworten: Gibt es Unterschiede zwischen der Freundschaft bei Frauen und Männern? Und verändert sich vielleicht gar die inhaltliche Verortung des Begriffs, wenn die geschlechtlichen Perspektiven wechseln?[831]

Hahns *Erinnerung* ist so ein Freundschaftsgedicht, das von seiner ganzen Erscheinung und Semantik her nicht weiter von den bisweilen rauen und martialischen vaterländischen Texten entfernt sein könnte; aber auch dieses ist ein Zeugnis für die Männlichkeitsvorstellungen der Hainbündler. Adressat der Sprechinstanz ist Carl August Wilhelm von Closen (5), literarisch unbekannter Hainbündler und bereits 1776 verstorben. Situation ist die Erinnerung an ein Abschiedsszenerie: Closen scheint das lyrische Ich erst kürzlich verlassen zu haben, worüber es sehr traurig ist. Das lyrische Ich gibt sich ganz seiner Trauer hin; es weint (4; 12) und schluchzt (12). Der literarische Closen gehört zu einer Gruppe, mit deren Mitgliedern die Sprechinstanz freundschaftlich verbunden ist: „Ach mein Closen! O du der geliebteste / Aller […]" (5—6) heißt es da und es wird deutlich, dass Closen eine fast übersteigerte Zuneigung durch die Sprechinstanz zuteil wird.

Sehr auffällig ist natürlich auch der starke körperliche Bezug: „Einmal noch an mein herz drücke dein herz, o du, / Aller, welche dies herz liebte, geliebtester! Einmal! – – Ewig nicht wieder!' / Schluchzt' ich, weinete laut und sank // An des stärkeren brust! Heiss war sein kuss […]" (9—13). Die Gefühle der Sprechinstanz in der Abschiedssituation werden hier in einen körperlichen Bereich überführt, sie werden materialisiert, indem sie auf einer physischen Ebene ihren Ausdruck finden. Das innige Umarmen, der heiße Kuss, das Hinsinken an die Brust – all' das symbolisiert das hohe Freundschaftsgefühl der Sprechinstanz und seines Adressaten. Dass die Verbindung gegenseitig ist und nicht nur singulär vom Ich getragen wird, ist eindeutig: Die Darstellung weist ganz klar auf die doppelte Struktur hin, beide fiktiven Partner sind Teil der Beziehung; sie ist nicht einseitig phantasiert. Closen küsst und nimmt das Hinsinken an seine Brust unwidersprochen hin: Die physischen Freundschaftsbekundungen sind auf beiden Seiten zu verorten. Dabei wird die „semantische Grenze"[832] zwischen den Bereichen „Freundschaft" und „Liebe" aufgelöst: Die physischen Gesten, die die Freundschaft akzentuieren, könnten genauso gut einem Liebesdiskurs entstammen. Es wird keinesfalls eine homoerotische Annäherung lyrisch durchgespielt; vielmehr lässt sich eine generelle zeitgenössische Auffassung hier nachweisen. Sørensen schreibt:

---

[831] Vgl. Meyer-Krentler, „Freundschaft im 18. Jahrhundert", S. 4
[832] Sørensen, „Freundschaft und Patriarchat", S. 285

Daß sich die Ehegatten ‚auch wechselseitig zärtlich lieben‘, wird in dieser Wochenschrift [*Der Mensch*; Verf.] ausdrücklich vorausgesetzt, wobei sich die semantische Grenze zwischen den Wörtern ‚Liebe‘ und ‚Freundschaft‘ oft verflüchtigt, wenn etwa von den ‚Flammen der heißeren Freundschaft‘ in der Ehe die Rede ist.[833]

Wenn die Freundschaftssemantik auf die eheliche Liebe hin ausgerichtet ist, lässt sich freilich auch eine ‚rückwärtige‘ Bedeutungsverschiebung von der Liebe hin zur Freundschaft feststellen: Die „Flammen der heißeren Freundschaft"[834] stehen für die (eheliche) Liebe, der heiße Kuss, das Umarmen wiederum für die Freundschaft. Primäre Liebessemantik wird für den Freundschaftsdiskurs aufgewendet und andersherum.

Der sogenannte Freundschaftskuss im 18. Jahrhundert ist in der jüngsten Forschung zum Gegenstand geworden; so bei Dieter Martin, der sich mit dem Kuss bei Johann Wilhelm Ludwig Gleim befasst hat: „Wie man das 18. Jahrhundert als ‚weinendes Saeculum‘ titulierte, so kann man es auch ein kußintensives Jahrhundert nennen. In Briefen und anderen Quellen der Zeit wird aus vielen Anlässen geküßt, besonders aus Liebe und kaum weniger aus Freundschaft [...]."[835] Für Martin tritt der Freundschaftskuss „literarisiert[.] und ritualisiert[.]" in Erscheinung und als „Phänomen in Gleims empfindsamen Freundschaften"[836]. Die Ergebnisse können, trotz ihres Fokus‘ auf Gleim, auf Hahn übertragen werden, bei dem schließlich auch ‚empfindsame Freundschaften‘ und Freundschaftsküsse vorgestellt werden. Wesentlich für den Impetus des sowohl homo- als auch heterogeschlechtlichen Freundschaftskusses ist dessen Unterscheidung vom Liebeskuss; mit diesem hat er nichts zu tun. Zwar gibt es sicherlich Nähen zwischen den beiden Kuss-Kategorien wie die von Martin als „intime Quadrolabialität"[837] bezeichnete psycho-physische Einstellung. Im Großen und Ganzen aber sind Freundschafts- und Liebeskuss zwei voneinander relativ eindeutig getrennte Konzepte. In Zedlers *Universal-Lexicon* beispielsweise heißt es dazu, „ein Freundschafts-Kuß, ist, wenn zwey gute Freunde aus sonderlicher Gewogenheit und recht hertzlichem Vertrauen einer des anderen Lippen berühren"[838]. Die gleichgeschlechtliche Kon-

---

[833] Ebd.; auch in philosophischen Texten der Zeit ist das eheliche Verhältnis von Mann und Frau immer wieder Thema gewesen, so bei Hegel in der *Phänomenologie des Geistes* und in den *Grundlinien der Philosophie des Rechts*, in Fichtes *Grundlage des Naturrechts*, und in der *Metaphysik der Sitten* Immanuel Kants.

[834] Sørensen, „Freundschaft und Patriarchat", S. 285

[835] Martin, „Freundschaftskuß", S. 51

[836] Ebd.

[837] Ebd., S. 54

[838] Zit. nach ebd., S. 54

struktion des Freundschaftskusses verweise zudem darauf, „daß die Küssenden weder hierarchisch (wie beim Mutter- oder Vaterkuß) noch erotisch (wie beim Liebeskuß), sondern rein sympathetisch und geschwisterlich aufeinander bezogen sind"[839]. Aus diesen Beobachtungen zieht Dieter Martin folgenden Schluss:

> Der Freundschaftskuß wäre damit ein intimer und zugleich unerotischer Kuß, der in doppelter Spannung zum Liebeskuß steht. Einerseits wird der Freundschaftskuß heterosexueller Partner als mögliche, gefürchtete oder auch erwünschte Vorstufe zum Liebeskuß charakterisiert. Und andererseits wird der Kuß gleichgeschlechtlicher Freunde zur Alternative des Liebeskusses erhoben, zur ganz anderen, reineren und vielleicht intensiveren Gefühlsäußerung harmonisch gestimmter Seelen. Wie die Vokabeln ‚Freundschaft' und ‚Liebe' im 18. Jahrhundert teils synonym und teils zur Benennung konkurrierender Gefühle verwendet werden, so stehen auch Freundschaftskuß und Liebeskuß in komplexem Verhältnis zueinander.[840]

Der Kern von Dieter Martins Beobachtung, der Kuss „gleichgeschlechtlicher Freunde [werde] zur Alternative des Liebeskusses erhoben, zur ganz anderen, reineren und vielleicht intensiveren Gefühlsäußerung harmonisch gestimmter Seelen"[841], trifft voll und ganz auf die lyrische Präsentation bei Johann Friedrich Hahn zu. Closen ist dieser gleichgeschlechtliche Freund, er und der ins lyrische Ich transportierte Hahn sind „harmonisch gestimmte Seelen", zwischen denen natürlich die Liebe regiert: die Liebe zwischen männlichen Freunden, die im Freundschaftskuss die Äußerung bzw. Materialisierung ihrer engen Freundschaft erkennen. Es ist kein Liebeskuss wie bei Mann und Frau, nichts könnte ferner liegen als diese Vermutung eines homosexuellen/homosexualisierten Ansatzes:

> Als intimer Mundkuß steht der Freundschaftskuß des 18. Jahrhunderts in spannungsvollem Verhältnis zum erotischen Liebeskuß. Besonders die Männerfreundschaften der Empfindsamkeit betrachteten ihn nicht als Vorstufe des einzig wahren Liebeskusses, sondern als seine mindestens ebenbürtige, für gleichgeschlechtliche Freunde reservierte Alternative. Beanspruchen die Küssenden selbst, denen der scheinbar ganz private Freundschaftskuß zugleich literarisches Spiel-

---

[839] Ebd.
[840] Ebd., S. 54f.
[841] Ebd., S. 54

material *und* öffentliches Bekenntnis ist, vor allem die platonische Tradition des spirituellen Kusses, so legt seine lutherisch motivierte Kritik nahe, in diesem empfindsamen Ritus der Freundschaft eine eklektizistische Überlagerung platonischer und christlicher Traditionen zu erkennen.[842]

Zur Aufwendung primärer Liebessemantik für den Freundschaftsdiskurs lässt sich auch die ältere Forschung heranziehen. Bei Bäsken heißt es, auf Vossens Gedicht *An Esmarch* bezogen:

> Liebesworte in solch *erotischer* Form gehören zur empfindsamen Jünglingsliebe der Zeit und sind körperlich gemeint. […] Es ist bei den Göttingern so, daß ihnen kein Wort berauscht genug ist, um ihre Begeisterung für das Edelste, das sie bewegt, und das Traurigste, das sie schmerzt, zu nennen.[843]

Dies führt in anderen Worten aus, was bei Sørensen durch die Verwischung der „semantische Grenze zwischen den Wörtern ‚Liebe‘ und ‚Freundschaft‘"[844] anklingt und was bereits festgestellt wurde: Die Semantik innerhalb dieser ausschließlich männlichen Freundschaft ist nicht als Hinweis auf eine *körperliche Liebesbeziehung* zu lesen. Dies ist nicht nur zeitgenössisch bedingt: Philosophisch, anthropologisch und literarisch wird natürlich die Liebe zwischen Mann und Frau propagiert, und eine Gemeinschaft wie die Hainbündler, in der selbst die Ehe als körperlich keusche Angelegenheit aufgefasst und lyrisch ausgestaltet wird, wird kaum Homosexualität zwischen eng Befreundeten.
Das hat wohl nicht nur mit dem rigiden Moralismus der Hainbündler zu tun, denen Sexualität suspekt ist und jedes Ausleben zuwider und verdammungswürdig; dies haben die Verweise auf das Buhlerische der Franzosen innerhalb der Vaterlandslyrik hinreichend bewiesen. Es kommt wohl sehr erschwerend hinzu, dass Homosexualität innerhalb der Männlichkeitsvorstellungen des 18. Jahrhunderts, in deren Ausformung sich die Hainbündler weitgehend einpassen, keinen Raum hat. In seinem historischen Überblick verweist Schmale an mehreren Stellen auf die „heterosexuelle Normierung von Männlichkeit"[845] in der Aufklärung: auf den männlichen Idealkörper bzw. das männliche Schönheitsideal, das auf den griechischen Plastiken basierte und von heterosexuellen Männern zumal ab 1800 „gegen homosexuelle Männer eingesetzt wurde, die

---

[842] Ebd., S. 67
[843] Bäsken, *Bürgerlichkeit*, S. 63f.
[844] Sørensen, „Freundschaft und Patriarchat", S. 285
[845] Schmale, *Geschichte der Männlichkeit*, S. 148

per definitionem, gegebenenfalls gegen jeden Augenschein, als krank, schwächlich, blässlich und mehr oder minder hässlich sowie effeminiert bezeichnet wurden"[846]; und er bezieht sich auch Foucaults Begriff des „Sexualitätsdispositivs"[847]: Foucault

> stellte dies in einem im Wesentlichen frühneuzeitlichen Allianzdispositiv gegenüber. Er stürzte sich vor allem auf medizinisch-hygienische Diskurse, was ihm den Vorwurf einbrachte, von einer zu kleinen empirischen Basis auszugehen. Ungeachtet aller Kritik ist kaum ein Ansatz so fruchtbar gewesen wie der Foucaults, aber es lässt sich bereits seit der zweiten Hälfte des 18. Jahrhunderts von einem Sexualitätsdispositiv reden (der historische Begriff ‚Sexualität' ist erst ab dem 19. Jahrhundert zuzuordnen), das die Hegemonialisierung eines Männlichkeitsmodells förderte. Im 18. Jahrhundert setzte die Normierung des Mannes als heterosexuell ein. Dies bedingte zugleich eine Neudefinition von Homosexualität; aus der zu bestrafenden Sünde der Sodomiterei wurde ein Vergehen gegen die Natur des Mannes.[848]

Die empfindsame, gefühlsbetonte Semantik lässt sich sogar innerhalb der Männlichkeitsvorstellungen des 18. Jahrhunderts als anthropologisches Modell nachweisen, wie Wolfgang Schmale es getan hat. Sein *role model* für eine spezifische Ausprägung von Männlichkeit innerhalb eines übergeordneten hegemonialen Männlichkeitsmodells ist Ulrich Bräker (1735—1798), dessen Autobiographie in Johann Heinrich Füsslis Zeitschrift *Schweizer Museum* 1788 in mehreren Teilen erschien. Schmale stellt in einem Diagramm – korrespondierend zum bereits öfter angeführten Schaubild zur Männlichkeitsanthropologie um 1800 – die „Komponenten der Männlichkeit nach Ulrich Bräkers Autobiografie"[849] dar. Männlichkeit setzt sich bei Bräker aus folgenden Bereichen (die immer natürlich Merkmalsausprägungen mit sich führen) zusammen[850]: „Natur"; ‚Hang"; „Bräkers Großvater"; „Bräkers Vater"; „Familie"; „Gott"; „Frauen"; „männliches Fehlverhalten"; „Mann werden"; „Männlichkeit"; „Männliche Symbole". Besonders sollen für diesen Kontext einige Komponenten aus dem Segment „Männlichkeit" in den Blick genommen werden, um davon ausgehend zu zeigen, dass die Darstellung bei Johann Friedrich Hahn und anderen Hainbündlern, die die gleiche Semantik anführen, kongruent mit zeitgenössischen Männlichkeitsvorstellungen ist. Schmale führt unter

---

[846] Ebd., S. 182
[847] Vgl. Foucault, *Sexualität und Wahrheit*, S. 1086ff.
[848] Schmale, *Geschichte der Männlichkeit*, S. 207
[849] Ebd., S. 155
[850] Alles folgende ebd.

anderem „zartes Gewissen", „Weinen (Freude/Trauer)", „Emotionale Autonomie" und „Empfindsamkeit" als spezifisch männliche Merkmale der Epoche[851]
an – sind dies nicht Konstituenten des mit Hahn kongruenten männlichen lyrischen Ichs in seiner asklepiadeischen Abschieds-/Freundschaftsode? Zeichnet sich die Sprechinstanz nicht gerade durch diese Merkmale aus? Die lyrische Sprechinstanz wird mit ebenso unzweifelhaften Merkmalen der Männlichkeit ausgestattet, obwohl diese kaum mit einer patriotischen Männlichkeitsvorstellung in Einklang zu bringen ist. Innerhalb eines Diskurses – dem
über die Freundschaft – und von einem Dichter werden zwei völlig unterschiedliche Konstitutionen von Männlichkeit aufgegriffen und in den lyrischen Kontexten jeweils als absolut gesetzt: das körperlich und geistig Kräfti-
ge und Gefestigte des ‚deutschen' Mannes und das betont Emotionale des
empfindsamen Ichs.
Beide Modelle sind innerhalb der Bundesdichtung gleichberechtigt, und das
gilt nicht nur für Johann Friedrich Hahn, sondern ebenfalls für die übrigen
Dichter des Hainbunds: Der empfindsame Mann und der ‚deutsche' Mann
stehen in keinem Konflikt oder miteinander in Konkurrenz. Es wird vielmehr
implizit gesagt, dass der empfindsame und der kraftvolle Typus nebeneinander
existieren können, ohne sich gegenseitig auszuschließen. Sie sind nur an verschiedene Kontexte gebunden, das heißt Männlichkeitsvorstellungen werden
bedarfsgebunden eingesetzt. Am selbstverständlich nicht willkürlich gewählten
Beispiel Johann Friedrich Hahns und dessen sehr kleinem Corpus', in dem,
nach der Zählung Carl Redlichs, diese beiden Gedichte in engster zeitlicher
Folge hintereinander stehen, lässt sich diese Tendenz sehr schön nachvollziehen: Männlichkeit ist nicht statisch, Konzepte und Vorstellungen lassen sich
fast natürlich variieren – eben je nachdem, welche Ausprägungen gerade benötigt werden. Doch was bedeutet die Freundschaft jetzt für den Männlichkeitsdiskurs, welchen Anteil daran nimmt sie? Die Beispieltexte – und diese
Aussage lässt sich auch für die übrigen Texte des Themengebietes formulieren
– führen vor, inwiefern Freundschaft zwischen Männern immer mit Männlichkeit zusammenhängt: Die Inhalte der Freundschaft und ihre physisch-psy-
chischen Ausprägungen ordnen sich in einen größeren geschlechtergeschichtlichen Zusammenhang ein, da sie immer betont männlich sind, ob aus der
einen oder der anderen Perspektive. Schließlich verändert sich der Gestus der
Freundschaft je nachdem, von welchem Männlichkeitstypus diese ausgeht –
also nimmt das Geschlecht höchsten Einfluss auf dieses virulente Moment
haindbündlerischer Dichtung. Ohne Männlichkeit funktioniert die Freundschaft zwischen Männern nicht. Die männlichen Merkmale füllen die freundschaftliche Verbindung zwischen den Partnern aus und sind grundlegend da-

---

[851] Ebd.

für. Es sollte zudem geklärt werden, ob es neben der männlichen Freundschaft noch weitere, geschlechtlich anders fundierte Freundschaftskonzepte gibt; so die Freundschaft zwischen Mann und Frau und zwischen Frauen. Dies ist nicht der Fall, ergibt der Blick in die Gedichte. Denn Freundschaft als enge, vertrauliche Verbindung zwischen zwei oder mehr Menschen findet nur in spezifisch männlichen Kontexten statt; nur Männer können Freundschaften miteinander eingehen. Freilich, die Semantik verheißt auf den ersten Blick anderes: „Freund" und „Freundin" sind in nicht wenigen Texten gängige Bezeichnungen innerhalb von bigeschlechtlichen Konstellationen. Aber laut Sørensen beziehen sich diese Begriffe eindeutig auf einen Liebesdiskurs, der in den Texten geführt wird. Freund/Freundin sind Begriffe für *Liebende*, mit der Freundschaft an sich haben sie nichts zu tun. Alle Texte, in denen eine männlich-weibliche Beziehung thematisiert wird, sind explizit in den Liebesdiskurs einzuordnen[852]: entweder als wirkliche positive Liebesdichtung, als Attacke des verlassenen bzw. betrogenen Partners oder als Klage des an der Liebe aus welchen Gründen auch immer Leidenden.

Eine weiblich-weiblich Sprechsituation liegt nur einmal vor: in Johann Martin Millers *Clarissa an Cäcilien*[853]. Die lyrische Sprechinstanz, Clarissa, adressiert Cäcilia, eine Freundin, in einem religiösen Diskurs, in dem sie ihre Haltung zu Religion und die Bedeutung derselben für ihr eigenes Leben artikuliert. Bedeutungsvoll ist die letzte Strophe:

> Freundin! Ach, der Qual erlegen / Wäre meine Seele schon; / Käm' uns Jesus nicht entgegen, / Und mit ihm die Religion. / Wenn ihr Strom uns nicht entquölle, / Wo der Lebensbach verrinnt; / O, so wär' ein Leben Hölle, / Wo so viele Teufel sind! (81—90)

„Freundin" (81) ist der Kernbegriff. Von dem ehelichen Freundschaftsbegriff, der Freundschaft nennt und Liebe meint, ist der Text natürlich ebenso weit entfernt wie der männliche Freundschaftsdiskurs von der Liebe, obwohl er ihre Semantik gebraucht. Durchaus ist also von Miller hier ein Hinweis auf die Frauenfreundschaft[854] gesetzt – aber welches Potential hat sie? Wenn über-

---

[852] „Männer werden […] in der Regel davor gewarnt, Beziehungen zum weiblichen Geschlecht unter Freundschaft zu fassen – es sei in der Regel ein fataler Irrtum, nur eine Tarnung aufkeimender Liebe, die ihre zerstörerische Liebe um so unkontrollierter entfalten könne. Zum 19. Jahrhundert hin firmiert zwischengeschlechtliche Freundschaft dann unter dem Signum ‚Entsagung', also der Negation von Leidenschaft, der emotionalen Selbstkontrolle." (Meyer-Krentler, „Freundschaft im 18. Jahrhundert", S. 19)

[853] Sauer, *Göttinger Dichterbund*, Bd. 50 I, Nr. 70 [S. 210ff.]

[854] Mit dem Thema der Frauenfreundschaft beschäftigen sich einige Beiträge des Sammelbandes *Frauenfreundschaft – Männerfreundschaft*, so Becker-Cantarino, „Theorie der literari-

haupt ist ihr sehr kleines zu attestieren: „Freundin" (81), der Begriff steht alleine mitten in der religiösen Semantik und bekommt keine weitere Füllung. Er wird nicht erläutert, keine Merkmale der weiblichen Freundschaft werden formuliert. „Freundin" (81) ist nur das Substitut für den Namen der Adressatin; „Freundin" (81) ist die Anrede für Cäcilia, bezeichnet aber kaum eine entsprechende geistige Haltung im Sinne der Freundschaft. Denn von Freundschaft, der Kategorie also, innerhalb derer eine Bezeichnung wie Freundin ihren spezifischen Impetus erhält, ist hier nicht die Rede: Cäcilia ist schlicht die Empfängerin der Gedanken, von einer freundschaftlichen Beziehung ist nichts zu spüren. Freundschaft wird nicht ausgeführt, wie das in den männlich besetzten Texten der Fall ist; es gibt nur den Begriff, nicht die dazugehörigen Inhalte. Freilich ist es kompliziert, ausgehend von nur einem verfügbaren Text ein Ergebnis in Form einer Vergleichung formulieren zu wollen. Aber es bleibt aufgrund des wenigen vorhandenen Materials nicht viel anderes übrig, als *Clarissa an Cäcilien* als exemplarisch anzusehen. Das bedeutet, dass es bei den Hainbündlern keine Freundschaft zwischen Frauen gibt, so wie sie zwischen Männern existent ist. Dies begründet sich in der eben ausgeführten inhaltlichen Leere des Begriffes „Freundin" (81), der im Gestus mit dem Freundschaftsbegriff gleichzusetzen ist. Somit trifft wohl auf die Hainbündler, ausgehend von diesem Beispiel, die Beobachtung von Meyer-Krentler zu:

> Unübersehbar gilt das Freundschaftsideal in literarischen wie popularphilosophischen Texten vorrangig unter Männern, ohne daß dies besonders begründet würde. Frauen-Freundschaft, also solche unter Frauen, ist kaum ein Thema der theoretischen Schriften der Zeit. [...] Als literarisches Thema tritt Freundschaft unter Frauen kaum auf. Wenn, dann werden Frauen auch hier wiederum in männliche Freundeszirkel mit einbezogen – und vielfach werden literarisch dann die Probleme zwischen Freundschaft und Liebe durchgespielt.[855]

Während die männliche Freundschaft inhaltlich gefüllt ist, spezifische Merkmale expliziert und den Freundschaftsbegriff bisweilen absolut setzt, bleibt er in der weiblich-weiblichen Kommunikation eine hohle Phrase, die keine Aussagekraft besitzt. Die Basis der freundschaftlichen Verbundenheit wird nicht ermittelt. Auch werden keine genuinen Merkmale bzw. Eigenschaften entwickelt wie in den beiden beispielhaft untersuchten Gedichten Johann Friedrich

---

schen Freundschaft", Leuschner, „Freundschaft als Lebensgestaltung" und Prokop, „Aspekte weiblicher Tradition"; diese Aufsätze stellen gerade positiv präsentierte Frauenfreundschaften vor.

[855] Meyer-Krentler, „Freundschaft im 18. Jahrhundert", S. 19

Hahns. Was macht die „Freundin" (81) aus? Durch was zeichnen sich Clarissa und Cäcilia in der gegenseitigen Freundschaft aus? Diese und mehr Fragen werden vom Text nicht beantwortet, weil der Freundschaftsdiskurs nur sehr untergeordnet ist. Und genau dies unterscheidet ‚männliche' und ‚weibliche' Freundschaft in der Lyrik der Hainbündler: die Priorisierung des Freundschaftsgedankens. In der männlich geprägten Dichtung nimmt die Freundschaft, wann immer sie sich zeigt, breiten Raum ein, auch wenn andere Diskurse im Vordergrund stehen. Männerfreundschaft hat immer eine inhaltlich ausgeprägte Basis, die Begriffe – ob implizit oder explizit – stehen nicht nur für sich allein.

Kapitel V.2
Der Bund ist männlich: Die Bundesdichtung des Göttinger Hains

Angelika Beck hat sich eingehend mit Bünden im 18. Jahrhundert befasst und dabei auch den Hainbündlern breiten Raum gewidmet[856]. Um den Grundkonsens der Gruppe festzustellen, eignet sich ein Auszug aus Vossens biografischer Skizze Höltys; darin schildert Voß die Entstehung des Hainbunds als *Dichterbund*, der primär keine gesellschaftspolitischen Ziele verfolgt.

Als im Frühling 1772 Voß durch Boie, den Herausgeber des Musenalmanachs, aus der mecklenburgischen Dunkelheit nach Göttingen gebracht worden war, ließ ihn Hölty durch einen Freund zu sich in Millers Gesellschaft einladen. Er fand zwei Wohlgekleidete in fremder Mundart, und einen Stummen in zerrissenem Gewande, der Kaffee einschenkte, und Höltys nicht sehr würdiger Hausknecht zu sein schien. Nach einiger Zeit wünschte der Freund, daß Voß die neue Ballade hören möchte; und siehe der Hausknecht war Hölty, und las mit verklärten Augen Leander und Ismene. Die beiden anderen waren Miller und sein Vetter. Dies war der Anfang einer engeren Verbindung, an welche Boie und Friedrich Hahn, ein Zweibrücker von edlem, aber trübsinnigem Geiste, sich anschlossen.[857]

„Dies war der Anfang einer engeren Verbindung [...]"[858]: Das ist für Voß das Resultat aus der Balladen-Lesung Höltys im privaten Rahmen seiner Wohnung und es sagt aus, dass die Poesie die Grundlage allen Denkens über den

---

[856] Beck, *Physiognomie einer Lebensform*, S. 69ff.
[857] Zit. nach ebd., S. 70
[858] Zit. nach ebd.

Hainbund war. Dazu schreibt Angelika Beck:

> Auf diese Weise kam nach J. H. Vossens biographischer Skizze „Höl-
> tys Leben" der Freundeskreis zustande, der dann als Göttinger Hain
> oder Hainbund in die Literaturgeschichte eingehen sollte. Jene Epi-
> sode, durch Erinnerung und Formwillen des inzwischen anerkannten
> Idyllikers und Homerübersetzers zum Initialerlebnis der Gruppe stili-
> siert, gewährt Einblick in Atmosphäre und Gebaren des Grüppchens.
> Spielerische Geselligkeit und emphatisierendes Rezitieren, fröhliches
> Zusammensein und ernsthafte Beschäftigung mit Poesie und eigenen
> literarischen Versuchen kennzeichneten den studentischen Musenzir-
> kel, dessen personeller Mittelpunkt zunächst der Jurist, Philologe und
> Redakteur Christian Heinrich B o i e (1744-1806) war.[859]

Zudem gibt es andere, sowohl fiktive als auch briefliche Äußerungen, die auf
die Grundstruktur des Bundes als literarische Vereinigung hinweisen. In zwei
aufeinanderfolgenden Briefen von Voß an Brückner weist er auf die Poetisie-
rung der Gründung und die Bedeutung der Literatur für den Bund hin („Jeder
soll Gedichte auf diesen Abend machen [...]"[860]), später bringt er erstmalig
das Bundesbuch in den bundesinternen Diskurs ein:

> Doch mag ich Ihnen von unserer Versammlung noch gar nichts
> Rechtes gesagt haben. Alle Sonnabend um vier Uhr kommen wir (Sie
> kennen uns ja schon) bei einem zusammen. Klopstocks Oden und
> Ramlers lyrische Gedichte, und ein in schwarz-vergoldetes Leder ge-
> bundenes Buch mit weißem Papier in Briefformat, liegen auf dem
> Tisch. Sobald wir alle da sind, liest einer eine Ode aus Klopstock oder
> Ramler her, und man urteilt alsdann über die Schönheiten und Wen-
> dungen derselben, und über die Deklamation des Vorlesers. Dann
> wird Kaffee getrunken, und dabei, was man die Woche etwa gemacht
> hat, hergelesen und darüber gesprochen. Dann nimmt es einer, dem's
> aufgetragen wird, mit nach Hause, und schreibt eine Kritik darüber,
> die des anderen Sonnabends vorgelesen wird. Das obige schwarze
> Buch heißt das Bundesbuch, und soll eine Sammlung von den Ge-
> dichten unsers Bundes werden, die einstweilen durchgehends gebilligt
> sind. Noch steht nichts darin, weil die Gesänge, die jeder auf das
> Bündnis unter der Eiche gemacht, anfangen sollen, aber nach meinem
> Gefühl noch nicht eingeschrieben werden können. Nächstens schick

---

[859] Ebd.
[860] Voß an Brückner, 20. September 1772

ich Ihnen einige davon. Jetzt feilt noch ein jeder daran. Auch Sie, wertester Freund; auch du, künftiger Bundesbruder und deutscher Biedermann, mußt einen Gesang auf dieses edle Bündnis singen und einschreiben lassen.[861]

Dies ist natürlich ein streng ritualisierter Ablauf der Bundestreffen: Das Ritual ist ein bedeutendes Element der Kollektiv-Freundschaft, es festigt die wöchentlichen Treffen und gibt ihnen und dem Bund Struktur. Manger hat das Ritual im Freundschaftsbund folgendermaßen charakterisiert:

> Konstitutiv für das Ritual der Freundschaft sind ein gemeinschaftlicher, geordneter (Mit-)Vollzug der rituellen Handlung, eine durch Gebärden und Zeremonien gewährleistete sinnfällige Abgrenzung, ein nicht rationelles Verhältnis von Zeichen und Bedeutung sowie eine Präsentationssymbolik, die ein leib-seelisches Miterleben erlaubt.[862]

Bei den Göttingern fungieren Texte laut Manger als Teil von Ritualen (s. auch oben), die „in rituellem Rahmen rezipiert werden":

> Im anderen Fall feiern die Bundesbrüder des Göttinger Haines Klopstocks Geburtstag am 2. Juli 1773 mit der Rezitation der Ode *Der Rheinwein* (1753) und dem dazugehörigen Umtrunk. Doch sonderbarerweise mißbrauchen die Versammelten die Freundschaftsfeier, indem sie gleichzeitig ein Feindbild zelebrieren. Sie reißen sich aus Wielands 1768 erschienener Verserzählung *Idris* ihre Pfeifenanzünder und verbrennen sein Bildnis und das Epyllion. Selbst die Rituale der Freundschaft, die […] Teil einer aggressiven Literaturgeschichte sind, weisen darüber hinaus, weil Dichtung immer nur Teil sozialer Kommunikation ist, allerdings ihr herausragender.[863]

Freilich, die Empörung über die Verbrennung des Wielandschen Werkes, die aus den Beobachtungen Klaus Mangers spricht, mag von einem ‚moralischen' Gesichtspunkt aus gesehen nachvollziehbar sein. Aber dieser Umgang mit dem „Sittenverderber Wieland"[864], der auch als „infame[r] französische[r] Hundsfott"[865] bezeichnet wird, dieser Umgang, der bereits zeitgenössisch von

---

[861] Ebd.

[862] Manger, „Rituale der Freundschaft", S. 28

[863] Ebd., S. 31

[864] Voß an Brückner, 26. Oktober 1772

[865] Zit. nach Metelmann, „Brückner", S. 385

Lichtenberg „eine Differenz der jeweiligen Grundvorstellungen"[866] genannt wurde, er passt ganz zur Konstitution des Bundes: Er ist Ausdruck des soziokulturellen Verständnisses, in jederlei Hinsicht, und dementsprechend auch des geschlechtergeschichtlichen: Wieland als „Wollustsänger"[867] ist das Ziel der *männlichen Angriffe*, die so Nation und Weiblichkeit von der falsch verstandenen Männlichkeit bewahren wollen. Es ist doch die gleiche Situation, ja die gleiche Semantik wie in den frankophoben Diskursen, in denen auch die ‚richtige' Männlichkeit der deutschen Hainbündler gegen die ‚falsche' der westlichen Nachbarn antritt. Diese kombattante Konstellation wird auch im Duell mit Wieland evoziert: Wieland hält sich nicht an die in der deutschen Tugendhaftigkeit fundierten moralischen Wertevorstellungen von Männlichkeit, weshalb er von den Beschützern des Vaterland bekämpft werden muss. Der Hass auf Wieland kann kaum vom generellen Hass auf alles Nicht-Deutsche, und insbesondere auf alles Französische, getrennt werden. Der Missbrauch der Freundschaftsfeier ist damit nur konsequent für Struktur und Ausprägung des Bundes: Sie formuliert implizit das eigene Männlichkeitsempfinden, das sich gegen alles Sittenlose, alles Verderbende wendet. Das Verbrennen der Werke ist die männliche Botschaft, die aussagen soll: bis hierher und nicht weiter, wir, die Hainbündler, verwahren und erwehren uns gegen alles, was uns unziemlich, was uns undeutsch erscheint. Männlichkeit erweist sich doch immer auch im Kampf gegen alles Bedrohliche, die Lyrik gibt genügend Beispiele für diese Geisteshaltung her; also ist es aus der Sicht der Gruppe, in dessen Struktur Realität und Funktion auf gewissen Ebenen changieren, wenn nicht verschwimmrn, fast eine ‚heilige' Pflicht, auf diese Weise gegen Wieland vorzugehen und seine sittenverderbenden Schriften rituell dem Feuer zu überantworten. Die Gruppe demonstriert dadurch ihre Männlichkeit. Insofern ist die Umdeutung der Freundschaftsfeier ein Ausweis der eigenen männlichen Konstitution.

Bei Voß heißt es im *Bundsgesang*:

> Prahlt nur, Sänger Lutetiens! / Gleichet euren Gesang selber (so ziemt es sich!) / Der unterblichen Grazie / Des Dircäers, und trotz jenem, der Latiums / Freiheitsmörder vergötterte! […] Billig schimpft ihr das rauhe Lied, / (Ach, kein Mädchen und kein witziger Höfling liebts!) / Das, in holpernden Tönen, Gott / Dieses Märchen! und ha! Freiheit und Vaterland / Und altvätrische Tugend singt! […] (1—5; 17—21)

---

[866] Friedrich, „Wieland und der Göttinger Hain", S. 195
[867] Hölty, *Gesammelte Werke und Briefe*, S. 108

Und Johann Martin Miller formuliert die Konstitution des Bundes in seinem *Bundes-Lied* folgendermaßen: „Ganz bist du mein! Es winken / Mir Vaterlandes-Sänger zu, / Und schliessen mich / In ihren Freundes-Bund mit ein. // [...] // Durch deutsche Lieder mache / Sich jeder seines Landes werth!" (17—20; 25—26).

Die Dichtkunst ist verbindend und womöglich gar identitätsstiftend für den studentischen Bund, sie beeinflusst alles. Angelika Beck mag somit recht behalten mit ihrer Äußerung, dass „spielerische Geselligkeit und emphatisierendes Rezitieren, fröhliches Zusammensein und ernsthafte Beschäftigung mit Poesie und eigenen literarischen Versuchen [...] den studentischen Musenzirkel"[868] kennzeichneten.

Das Interesse dieser Arbeit liegt nun vordergründig nicht in der allgemeinen Konstitution des Bundes und seiner Inhalte, sondern in seinem geschlechtergeschichtlichen und männlichkeitsspezifischen Impetus. Welche bündischen Merkmale sind originär männlich besetzt, wo sind geschlechtliche Charakteristika nicht immer ganz deutlich zu erkennen? Wie charakterisiert sich der Hainbund als eine Art Männerbund[869]? Welche Vorstellungen von Männlichkeit spielen für die Struktur des Bundes eine Rolle? Kommen verschiedene Männlichkeit(en) zusammen – ist die geschlechtliche Ausprägung also variabel oder fest an einem gewissen Punkt gesetzt? Und erscheinen die literarische und gruppeninterne Männlichkeitskonstitution als Widerspruch oder weitgehend kongruent?

Es wird nicht noch einmal auf den vielfach angeführten Brief des Bundes an Ernst Theodor Johann Brückner und die darin enthaltene Bedeutung von Männlichkeit für den Hainbund eingegangen. Vielmehr soll durch einen Blick in die Lyrik festgestellt werden, inwiefern inhaltliche Konzepte, die bisher bereits eindeutig Männlichkeitsvorstellungen zugeordnet werden konnten (bzw.: bei denen deutlich geworden ist, dass sie nicht von einer geschlechtlichen Basis zu trennen sind, da deren Merkmale überall mitschwingen), sich auch auf die Struktur des Bundes und dessen *gender*-Konzept auswirken.

Höltys alkäische Ode *Bundsgesang*[870], sehr früh nach der Gründung noch im September des Jahres 1772 entstanden, führt solche Konzepte, die immer mit spezifischen Männlichkeitsvorstellungen kongruent sind, in aller Ausführlichkeit vor.

---

[868] Beck, *Physiognomie einer Lebensform*, S. 70

[869] Hier soll nicht noch einmal das wiederholt werden, was schon im Abschnitt über die Hainbündler und die Freimaurerei gesagt wurde. Es geht um weiterführende Ergebnisse, die sich nicht auf der Parallelität zwischen den beiden Konzepten begründen.

[870] Kelletat, *Der Göttinger Hain*, S. 68

Gabt Gottes Segen! Vaterland, Vaterland
Tönt jede Lippe, Vaterland, Vaterland,
Brennt jeder Busen, Brüderherzen
Flammen entgegen den Brüderherzen.

Ihr knieet nieder, schwöret dem Laster Hohn,
Den Schändern eurer Fluren, die Galliens,
Und jedes Auslands Kette schleppen,
Schwöret ihr Hohn, und der Tugend Huldung.

Habt Gottes Segen! Wohl mir! ihr winket mich
In eure Weihe; windet den Eichenkranz
Um meinen Schlaf, um meine Harfe,
Gebt mir den Handschlag der deutschen Treue.

Noch einen Rundkuß, Brüder, bevor mein Eid
Dem Vaterlande huldet, und Tugend dir,
Noch einen Handschlag vor den Augen
Gottes, der unsichtbar um uns wandelt.
Durch alle Sterne hallt er! Eloa schaut
Von seinem Throne nieder, und segnet uns,
Die Geister unsrer Väter schweben
Lichthell und säuselnd um unsre Häupter.

Seid Zeugen, Geister, Zeugen des Tugendschwurs!
Mein Spiel verstumme flugs, mein Gedächtnis sei
Ein Brandmal, und mein Name Schande,
Falls ich euch, Brüder, nicht zärtlich liebe.

Kein blaues Auge weine die Blumen naß,
Die meinen Totenhügel beduften, falls
Ich Lieder töne, welche Deutschland
Schänden, und Laster und Wollust hauchen.

Der Enkel stampfe zornig auf meine Gruft,
Wenn meine Lieder Gift in das weiche Herz
Des Mädchens träuflen, und verfluche
Meinen zerstäubenden kalten Moder.

Die Mondnacht leuchtet hehrer, die Eiche rauscht
Gefühltres Grauen. – Nimm mich in deinen Arm,
Mein Miller, daß die Seelenschauer
Sich in Entzückung der Freundschaft wandeln.

Höltys Ode ist nicht einfach ein Bundeslied, das vor dem emotional bewegen-
den Hintergrund der Gründung des Hainbunds entstanden ist. Sie ist mehr
als das, sie ist in ihrer Darstellung der genuinen Inhalte des Bundes ein programmatisches Gedicht, das die Gesamtidee des Hainbunds zusammenfasst.
Die Idee des Bundes wird in einigen Schlagworten greifbar: „Brüderherzen"
(3 u. ö.), „Weihe" (11) und „Rundkuß" (13) weisen auf das Erlebnis vom 12.
September 1772 hin. Das gesamte Themenspektrum, das die Hainbündler als
genuin für ihre Gruppierung ansehen, wird von Hölty in diesen Versen beschrieben. Gleich der Einstieg weist auf die Bedeutung des Vaterlandsdiskurses für die Hainbündler hin, und es sind wohl Stellen wie diese, die Hans-
Martin Blitz vor Augen hatte, als er von der „moralisch-vaterländischen
Mission"[871] schrieb. Aber gerade solche Gedichte zeigen auch die Bandbreite
der Themen auf, sie zeigen, dass die Hainbündler gerade kein rein deutschtümelnder Haufen waren, die sich einzig und allein auf ihr Deutschsein kapri-
zierten und darüber identifizierten. Zu einer Existenz als Hainbündler gehört
mehr als die emphatische und emphatisierende Zugehörigkeit zur deutschen
Nation, zum deutschen Volk; verschiedene Kategorien stehen dort auf einer
Ebene nebeneinander.

Das deutsche Vaterland steht an der Spitze dieses Bundesdiskurses: Empha-
tisch wird die Nation beschworen, sie ist der Ausdruck des Inneren, wenn der
Ruf „Vaterland" (1) von den Lippen „tönt" (2). Das Vaterland wird als Geisteshaltung vorgestellt, als Konstitution des Selbst, als ganz natürliche Exkla-
mation, nichts anderes kann vor dem Hintergrund der Bundesgründung von
den Lippen kommen. „Vaterland" (1) ist die Beschreibung des Gefühls, von
dem das Ich ergriffen ist und eine basale Voraussetzung dafür, in der brüderlichen Gruppe überhaupt aufgenommen worden zu sein. Aussagen zur patriotischen Grundtendenz durchziehen den gesamten Text, schließlich gehören
auch die Frankophobie und der Tugenddiskurs zum vaterländischen Themenspektrum. Unweigerlich muss der Bund, müssen die Brüder fremdenfeindlich
sein und Frankreich aus voller Brust hassen. Anderes ist nicht möglich, da sich
das Deutschsein als eine Grundvoraussetzung auch auf dem Abscheu vor dem
westlichen Erbfeind begründet. Diesem soll mit „Hohn" (5 u. ö.) begegnet
werden, der Tugend allerdings mit „Huldung" (8). Wie sich die Tugend im
Detail ausprägt, teilt die Ode nicht mit, aber es ist davon auszugehen, dass

---

[871] Blitz, „Identitätskonzepte und Feindbilder", S. 98

Hölty hier auf die allgemeinen und für den Bund typischen Merkmale von Tugend rekurriert. Es handelt sich recht sicher um sexuelle Enthaltsamkeit, den daraus resultierenden moralisch-keuschen Umgang mit Frauen und die Obacht gegenüber der weiblichen Einhaltung von Tugendmerkmalen ebenso, Treue und die ganze Reihe anderer Eigenschaften, die in diesem und den vorangegangenen Kapiteln bereits Gegenstand der Untersuchung waren. Damit setzen sich die Hainbündler auch von den Franzosen ab, die traditionell als sexuell aggressiv, buhlerisch, gottlos[872] etc. beschrieben werden.

Brüderlichkeit ist die zweite bedeutende Komponente. Der Begriff des Bruders steht in der Hainbund-Dichtung als bundesinternes Synonym für den Freund, im Duktus und Gestus der Gruppenlyrik wird der Freundschafts- durch den Brüderlichkeitsbegriff weitgehend ersetzt (in Höltys *Bundsgesang* liegt vier Mal der Begriff „Bruder" alleinstehend oder als Kompositum vor (vgl. 2 u. ö.), aber nur einmal „Freundschaft" (36)). Dies haben die Hainbündler mit der Freimaurerei gemein, die auch den Begriff des Bruders kennt und ihn ebenfalls in einem Sinne der engen freundschaftlichen Verbindung nutzt. Der Bruder der Hainbündler ist also der durch die bündische Struktur natürliche Freund; aus der Freundschaft wird durch die Zugehörigkeit zum Bund die Brüderlichkeit, um so der Spezifität der Konstellation tieferen Ausdruck und einen etwas erhabenen, außerweltlichen Gestus zu verleihen. Stefan-Ludwig Hoffmann hat in diesem Rahmen davon gesprochen, dass Brüderlichkeit „auf unterschwellige Weise männlich"[873] ist: Dies ist ein weiterer Verweis darauf, wie der Freundschaftsdiskurs geschlechtlich besetzt und spezifisch männlich aktualisiert wird. Die empfindsame Tiefe der Freundschaft besitzt die Brüderlichkeit ebenfalls, zu beachten sind der „Rundkuß" (13), die „Entzückung" (36) und die freundschaftliche zarte Liebe; es ist die gleiche Semantik wie in dem oben untersuchten Texte von Johann Friedrich Hahn, mit dem empfindsamen Konzept der Freundschaft wird auch in einem patriotischen Brüderlichkeitskontext nicht gebrochen. Der Diskurs über Freundschaft/Brüderlichkeit zieht sich durch den gesamten Text, gerade die prominenten Stellen zu Beginn und am Schluss stehen ganz in dessen Zeichen: Die Ode ist eingerahmt von Bekundungen tiefer Freundschaft und Brüderlichkeit, die damit als Merkmal des Bundes zu erkennen sind. Ein weiteres wesentliches Thema ist die Dichtung. Künstlerisches Schaffen ist Grundkonsens des Bundes und genuiner Teil der Konstitution. Die Dichtkunst ist eng mit dem Tugenddiskurs verbunden, indem die „Lieder" (27) als Mittel zur moralischen Verbes-

---

[872] Der tiefe und ehrliche Glaube an Gott spielt natürlich ebenso eine Rolle für den Bundesdiskurs und ist doppelt zu verorten: zum einen als Teil der patriotischen Gesinnung, zum anderen als genereller Ausdruck des protestantischen Glaubens der Hainbündler, die ja vielfach aus Pastorenhaushalten stammten bzw. selbst ins Pfarramt strebten.

[873] „Freundschaft als Passion", S. 83

serung und eben auch Verschlechterung angesehen werden. Sie haben die Macht, „Gift in das weiche Herz / Des Mädchens" (30—31) zu träufeln; der Zusammenhang mit der Frankophobie ist hier evident, man denke an die einschlägigen Gedichte, die im Kapitel über den Vaterlandsdiskurs untersucht wurden.

Wenn man sich nun noch einmal die Ergebnisse der vorangegangenen Interpretationseinheiten vor Augen führt, so erkennt man recht leicht, dass sich diese Inhalte in Höltys Ode relativ deckungsgleich wiederfinden. Der Dichter verändert die Konzepte, die man sowohl exklusiv als auch miteinander verwoben in anderen Texten finden kann, nicht, er nimmt keine Anpassungen aufgrund der Implementierung in das Oberthema des Bundes vor: Die Themen und ihre spezifischen Merkmale – vom Vaterlands- bis hin zum Freundschaftsdiskurs – werden so verwendet wie in allen anderen Kontexten auch. Das lässt darauf schließen, dass dieses Verdikt der Nicht-Veränderung auch auf die geschlechtergeschichtlichen Inhalte zutreffen muss: In den Themengebieten Vaterland, Kunst/Dichtung und Freundschaft ist überall explizit oder implizit Männlichkeit enthalten. Wenn Hölty nun die für den Hainbund in poetischer Hinsicht exemplarisch aufgearbeiteten typischen lyrischen Diskurse innerhalb der genuinen Bundeslyrik, die als gruppeninternes Dokument geschaffen wurde, kommuniziert und auf fiktiver Ebene für den Bund zum *core* des Zusammenschlusses erklärt, so tut er dies auch mit den Männlichkeitsvorstellungen, die immer mit den einzelnen Themen verbunden sind.

Man muss davon ausgehen, dass diese spezifischen Männlichkeitsvorstellungen, die zu den Diskursen gehören und deren geschlechtergeschichtliche Basis bilden, von Hölty nun gemeinsam mit den Themen auf die Konstitution der Gruppe übertragen werden: Der Männlichkeitsdiskurs, der in jedem der Teilbereiche enthalten ist, wird *mitgenommen* und zu einem genuinen Spezifikum der Gruppe! Männlichkeit ist durch das implizit und explizit nachweisbare Vorhandensein in der Dichtung der Hainbündler immer Thema, so dass man an dieser Stelle keinesfalls davon sprechen kann, dass dies hier nicht der Fall wäre. Die Konstitution der Gruppe wird durch die Aufnahme der Bandbreite der Themen im Bereich des Männlichen aktualisiert und somit nicht nur thematisch fundiert, sondern auch geschlechtlich. Die Ausprägung von Männlichkeit, wie sie sonst im Hainbund erscheint, gilt auch für den Bund an sich.[874] Alle Merkmale des Bundes sind männlich besetzt. Daraus geht freilich auch hervor, welche Merkmale von Männlichkeit für die Struktur des Bund

---

[874] Dieses Ergebnis wird hier ausgehend von Höltys *Bundsgesang* entwickelt; aber ein Blick in die übrigen Gedichte, die vor dem Hintergrund der pathetischen nächtlichen Gründung entstanden sind, würde das Gleiche erweisen: Der Bund konstituiert sich auf Themen, die auch die Lyrik prägen, und damit auch auf den Vorstellungen von Männlichkeit, die diesen Diskursen auf vielfältigen Ebenen inhärent sind.

eine Rolle spielen: nämlich die, die auch für die übrigen Diskurse virulent sind. Wenn die Bundesdichtung bzw. der Bundesgedanke andere Themen unter seinem Dach vereinigt und deren Inhalte aufnimmt, so geschieht dies auch – es wurde darauf hingewiesen – mit den Männlichkeitsvorstellungen, die diesen Themengebieten sonst zugeordnet werden. Dementsprechend wird mit der inhaltlichen Bedeutung der Diskurse auch deren geschlechtergeschichtliche Bedeutung übernommen: Für die Konstitution des Bundes auf einer männlichkeitsspezifischen Folie heißt das, dass die Vorstellungen und Potentiale von Männlichkeit, wie sie in den lyrischen Diskursen präsentiert werden, eben für diese Konstitution aufgenommen werden. Auf den Inhalten der lyrischen Themen und deren geschlechtergeschichtlichen Ausgestaltung begründet sich das männliche Selbstverständnis des Hainbunds – mindestens in dessen literarischer Spezifität, um die es hier gerade geht. Hölty führt die Männlichkeit vor, wie sie aus den im Bundesgedanken aufgehenden Diskursen bekannt ist. Die Männlichkeit der Bundesbrüder, geht man vom *Bundsgesang* als exemplarischem Text aus, entzündet sich an den Ausprägungen aus den patriotischen, Kunst- und Freundschaftsgedichten, es werden keine eigenen Gedanken hinzugefügt. Damit muss die Männlichkeit der lyrischen Hainbund-Konstitution als ‚gesetzt‘ gelten: und zwar an dem Punkt, auf den sich die Lyrik geeinigt hat. Die Konstitution und das Selbstverständnis des Bundes korrelieren mit den Darstellungen in der Lyrik auf allen Ebenen.

Kapitel V.3
Zusammenfassung

Es hat sich gezeigt: Freundschaft im Hainbund ist männlich. Mit Kategorien wie „Freund" und „Freundschaft", „Bruder" und „Brüderlichkeit" hängen immer auch geschlechtliche Merkmale zusammen, die als konstitutiv für die Kategorie gelten müssen. Die Interpretationen der Texte haben ergeben, dass Freundschaftsdiskurse ausschließlich männlich markiert sind: Freundschaftliche Verbindungen entwickeln sich und bestehen auf der Grundlage von typisch ‚männlichen‘ Themen, vor allem dem Patriotismus, der *gender*-Impetus greift auf die Freundschaft über. Kein Freundschaftsgedicht hat eine Basis, die nicht relativ offensichtlich männlich besetzt ist. Oder andersherum: Freundschaftsdiskurse werden immer in männlichen Kontexten geführt. Dies wurde an Hahns *Teuthard an Minnehold* gezeigt. Freundschaft wird in verschiedenen Formen, die alle irgendwo mit dem Vaterlandsdiskurs zusammenhängen, beschrieben: als eine typisch deutsche, die auf dem germanischen Erbe aufbaut und sich gegen das Französische wendet; als eine tugendhafte, die typisch deutsche Merkmale zur Bedingung eines funktionierenden Verhältnisses macht; als eine ehrliche, der Verstellung und Lüge fremd ist (das ist verbunden

324

mit dem antifranzösischen Diskurs). Und all' diesen Formen hängt der Männlichkeitsdiskurs an, denn alle Merkmale, die die Formen individuell charakterisieren, sind von ihrer Struktur und ihrem Impetus her männlich. Das wurde in diesem und auch dem Kapitel über den Vaterlandsdiskurs nachgewiesen. Das heißt: Wenn es männlich ist, aufgrund eingeschriebener deutscher Tugenden Frankreich zu hassen (und es wurde gezeigt, dass dies grundsätzlich mit der Konstitution von Männlichkeit verknüpft ist!), und die Freundschaft zwischen zwei Männern sich auf dieser Basis als offensichtliche Abgrenzung zu Frankreich und den gesalbten Höflingen erst begründen kann, weil beide Partner die erforderlichen Charaktermerkmale aufweisen, ist die Freundschaft an sich ebenfalls beinahe zwingend männlich definiert. Beide Partner sind *männlich* in dem Sinne, wie die Hainbündler es in der patriotischen Lyrik und auch in ihren Briefen vorführen. Auch die Fragen, die von Meyer-Krentler übernommen wurden, lassen sich für den Hainbund relativ eindeutig beantworten. Ständische Gleichheit ist keine Voraussetzung für ein freundschaftliches Zusammengehen; innerhalb des Männerbundes, den die Göttinger konstruieren, sind die Standesschranken im Sinne der Freimaurerei aufgelöst. Die gräflichen Stolbergs verhalten sich freundschaftlich gegenüber den bürgerlichen Studenten, die Pastorensöhne erheben keinerlei Dünkel gegenüber dem Enkel eines freigelassenen Leibeigenen, Voß. „Zweier-Freundschaft" unterscheidet sich kaum von Freundschaft innerhalb der „bündische[n] Formation"[875], da die Themen, Formen und Ausformungen der Freundschaft die gleichen sind: Werte wie moralische Vollkommenheit und Tugendhaftigkeit, Nationalstolz und ewige Aufrichtigkeit stehen im Vordergrund, ganz gleich, ob es sich um die Freundschaft zwischen Hahn und Miller oder Hölty und dem Rest des Bundes handelt. Freundschaft ist immer Freundschaft, sofern die handelnden Personen die Anforderungen der Kategorie erfüllen. Freundschaft zwischen Männern ist zwar bisweilen eine changierende Größe, aber nur vor dem Hintergrund, dass andere Themen im Vordergrund stehen können; und selbst dann ist die patriotische Freundschaft noch mit der empfindsamen Freundschaft vergleichbar: Beide sind ehrlich, tief und ewig, der Unterschied liegt nur auf kontextueller und habitueller Ebene. Echte Freundschaft unter Frauen: Diese Konstellation ist bei den Hainbündlern ausgeschlossen. Der kurze Überblick über das Gedicht *Clarissa an Cäcilien* hat wohl erwiesen, dass Frauen zwar semantisch eine Freundschaft pflegen, aber keine der sonst gültigen Freundschaftsmerkmale darin auftauchen. Der lyrische Dialog ist der zwischen zwei miteinander bekannten weiblichen Personen, aber nicht der zwischen Freunden im hainbündlerischen Sinne, da Freundschaft – ehrliche, tiefe, aufrichtige Freundschaft – zwischen den Parteien nicht vorkommt und ver-

---

[875] Meyer-Krentler, „Freundschaft im 18. Jahrhundert", S. 4

mutlich auch nicht vorgesehen ist. Freundschaft ist Männersache und männliche Praxis, sowohl in Zweier- als auch in bündischen Formationen (dies hat
der Abschnitt über den Männerbund gezeigt).

Kapitel VI
Modellierungen von Männlichkeit im Diskurs über Liebe und Erotik

Der Liebesdiskurs der Hainbündler nimmt breitesten Raum im lyrischen Schaffen der Gruppe ein und bildet neben der vaterländischen Thematik die herausragende Säule, auf der sich der Hainbund konstituiert. Gleichzeitig ist der Liebesdiskurs aber poetisch nicht stringent zu fassen, eben weil die Gruppe sich durch eine gleichzeitige „Distanz und Nähe zum Sturm und Drang" auszeichnet, sich der „wohltemperierte[n] Affekt-Klaviatur der Empfindsamkeit"[876] bedient und dazu auch noch häufig Rückgriffe auf die vor allem in der Hochaufklärung bedeutsame, aber auch in der Spätaufklärung noch nicht vergessene Anakreontik mit ihrer leichten, ins Antike zurückfassenden tändelnden Art vornimmt. Kittstein hat formuliert, dass Hölty und Johann Martin Miller unter anderem Gedichte geschrieben hätten,

> in denen sich das empfindsame Modell der stark individualisierten und gefühlsbetonten Seelenliebe mit Elementen der Schäferwelt des Rokoko verbindet. […] Die Lyriker des Göttinger Hains entwarfen in Anlehnung an unterschiedliche literarische Muster ‚Liebe' als poetisches Konstrukt.[877]

Diese „gefühlsbetonte[.] Seelenliebe" führt zu dem, was Hans-Georg Kemper für Friedrich Stolberg als vorrangige „Tabuisierung erotischer oder gar sexueller Phantasien" beim „Thema Liebe"[878] identifiziert hat, sich aber auf den generellen Gestus der Gruppe übertragen lässt. Und Kempers Überschrift zu seinem Kapitel über die Liebeslyrik Höltys „Platonische Sinnlichkeit: Erlebte und erträumte Liebe" lässt ebenfalls auf eine konsequente Enterotisierung im Werk des jung Verstorbenen schließen, die sich anhand der Texte tatsächlich nachweisen lässt. Nur an manchen Stellen, etwa in *Die Liebe*, problematisiert er die „Vereinbarkeit von reiner platonischer Liebe und erotischem Begehren"[879], deren oppositäre Strukturen aber zugunsten des platonischen Konzeptes ausgeht, indem die „'Wollust' als der genaue Gegensatz und damit als falsche Liebe ent-‚schleiert' wird"[880]. und damit wie Kemper nachweist. In

---

[876] Kemper, *Deutsche Lyrik*, Bd. 6/III, S. 136
[877] Kittstein, „Liebeslyrik", S. 153
[878] Kemper, *Deutsche Lyrik*, Bd. 6/III, S. 215
[879] Ebd., S. 183
[880] Ebd., S. 185

Höltys Gedichten verbinden sich somit seelentiefe Melancholie mit ‚idyllischer' Landschaftsmotivik zu einem schwärmerischen Ganzen, das ganz von einer dem Göttinger Hain angemessenenen moralischen Strenge durchdrungen ist und unschuldige Bilder bisweilen sakralisierter Herzensausgießungen schafft.[881]

Im Folgenden soll die signifikante Enterotisierung der Göttinger Hainbündler, auch im Kontext der „negativen Andrologie"[882] des ausgehenden 18. Jahrhunderts und der damit verbundenen Naturdiskussion, die radikale Sexualisierung und erotische Aggressivität als ‚natürliches' Merkmal von Männlichkeit ansieht, untersucht werden. In diesem Zusammenhang werden auch oppositäre, also negative Männlichkeitsbilder in den Diskurs eingeführt, auf der spezifischen Folie von Liebe und Erotik analysiert und damit von bisherigen Negativstrukturen des übergreifenden Patriotismusdiskurses abgekoppelt. Ebenfalls besprochen werden die von Männer im Liebesdiskurs ausgegebenen Verhaltensdirektiven, die sich an beide Geschlechter richten, und auf deren geschlechtergeschichtliche Relevanz hin analysiert. Zudem wird als Beispiel für eine männliche Verliererrolle Johann Martin Millers Agathon[883] ausführlich untersucht, auch unter dem Eindruck des im 18. Jahrhundert durchaus positiv vermerkten Aspekts der „Blödigkeit"[884]. Diese Abschnitte werden einen Beitrag leisten zur Klärung der Männlichkeitskonstruktionen im Liebes- und Erotikdiskurs und die Rolle des Mannes bzw. die Rollen der verschiedenartig konstruierten Männlichkeiten in der diversifizierten Liebeslyrik des Hains aufdecken.

Kapitel VI.1
Enterotisierung versus männliche Gewalt
Kapitel VI.1.1
Unschuldige Liebe als Merkmal positiver Männlichkeit

In den allgemeinen Ausführungen zur Liebeslyrik des Hains ist bereits davon gesprochen worden, welche Rolle eine unschuldige, völlig enterotisierte Liebe im Corpus einnimmt. Sie ist das augenscheinliche Merkmal der Liebeslyrik, die sich zwischen verschiedenen literarhistorischen Traditionen bewegt

---

[881] Auf den mögliche ‚Originalität' beanspruchenden ‚Erlebnis'-Charakter der Liebeslyrik insbesondere bei Hölty und Johann Martin Miller ist bereits an anderer Stelle (Kapitel II) eingegangen worden; deshalb werden die besonders auf Marianne Wünschs Beobachtungen zur „Liebessituation" (Strukturwandel, S. 67ff.) bezugnehmenden Ergebnisse hier nicht noch einmal angeführt.

[882] Kucklick, Negative Andrologie

[883] Kahl, Bundesbuch, Bd. 1, Nr. 96 [S. 87f.]

[884] Stanitzek, Blödigkeit

und Inhalte und Formen der Epochen und Gruppierungen des 18. Jahrhunderts aufgreift. Wenn die Enterotisierung von Liebesbeziehungen nun einen bedeutenden Rang einnimmt, wirkt sich diese Vorstellung natürlich auch auf die Konstruktionen von Geschlecht aus: Denn Mann und Frau ordnen sich diesen Konzeptionen unter und bauen ihre Liebesbeziehungen auf einer solchen Folie auf. Das widerspricht einer emotionalen Radikalisierung und Sexualisierung, wie der Sturm und Drang sie kennt und oben bereits hinsichtlich ihrer theoretischen Herkunft dargestellt worden ist. Dies hat besonderes Gewicht, sieht man sich die im späteren 18. Jahrhundert aufbrechenden Diskussionen über die sexualisierte ‚Natur‘ des Mannes und dessen ‚andrologisch‘ fundierte erotische Radikalität und Aggressivität an und setzt die Hainbund-Diskurse dazu ins Verhältnis: Sie sind oppositär zu diesen Vorstellungen einer ‚natürlichen‘ männlichen Verderbtheit organisiert und betonen völlig andere Charaktereigenschaften. Durch diese latente Gegenordnung wird ein weiterer Beitrag zur Pluralisierung von Männlichkeit und eine Positionierung des Hainbunds im Kontext der zeitgenössischen Lyrik geleistet.

Beginnen wir mit Hölty, dessen Liebeslyrik breitere Wirkung über den Hainbund hinaus hat und die dazu beitrug, ihm das Ansehen der Forschung einzutragen, „eines der ganz großen Talente der Literatur des 18. Jahrhundert, unter den Mitgliedern des ‚Göttinger Hains‘ gewiß das bedeutendste"[885] zu sein. Die männlichen Sprechinstanzen, die er in seiner Liebeslyrik vorführt, sind ganz durchdrungen von Vorstellungen einer sanften, unschuldigen Liebe, die keine ‚erotische‘ Annäherung kennt. Das lyrische Ich in *An eine Quelle*[886], ein in anakreontischer Tradition stehender kreuzgereimter Jambus mit wechselnden Kadenzen, ergeht sich in Herzensliebe für Chloe, die es im „junge[n] Lenz" (5) am Ufer eines Baches beim Pflücken von „Mayenblumen" (15) beobachtet. Sprache und Motivik spiegeln Höltys „idyllische[.] Verherrlichung des Landes"[887] wider und greifen literarhistorisch bekannte Muster auf. Das lyrische Ich hat sich ganz seinen Empfindungen hingegeben, sein Geist fliegt „auf der Entzückung Flügel, / Fern über alle Himmel" (19f.). Der Jüngling hat sein Herz an die „blonden Locken" (31) Chloes gebunden, was ihm zur völligen Freude und Verzückung ausreicht: Für das lyrische Ich geht es in keinem Moment um Erotik, die Verbindung ist völlig körperlos, physische Beschreibungen finden nur Eingang, um die Seelennähe zu exemplifizieren, indem Chloe ihr Bild in die Brust des Verehrenden gräbt (30) und das lyrische Ich sich der Hand erinnert, die die „schönsten Frühlingsblümchen" (36) pflückt. Motivgeschichtlich mag sich hier das spätestens seit Walther von der Vogelweide be-

---

[885] Hettche, *Gesammelte Werke und Briefe*, S. 465
[886] Ebd., S. 62f.
[887] Kemper, *Deutsche Lyrik*, Bd. 6/III, S. 177

kannte und verwendete Bild der verlorenen weiblichen Unschuld aufdrängen, aber die gesamte Darstellung deutet nicht auf eine solche unerwartete *conclusio* im letzten Vers hin.

Inwiefern Höltys Liebeslyrik an ,hedonistischen', im Sinne von ,körperlichen' Konzeptionen vorbeiführt, zeigt sich in *An die platonische Liebe*[888]. In dem Text greift der junge Dichter das platonische Konzept auf, nach dem sich in der Liebe das Streben zeigt, seinen vorhandenen erotischen Drang eben nicht ,hedonistisch' auszuleben, sondern immer Höherem zuzuführen. Dieses Denken findet sich bildhaft bei Hölty wieder: Die Liebe, die direkt von einer nicht näher konkretisierten Sprechinstanz adressiert wird, verleiht der „Seele neue Flügel" (9) und nimmt sie mit in unerreichbare Höhen: in den Himmel. Dort reißt die Liebe „Sorgen, die sich in die Seele stahlen, / Mit der Wurzel aus der Seele" (17f.) und erstickt „[j]eden Keim des Lasters", während sie gleichzeitig „[j]eden Keim der Tugenden enthüllt" (21f.). In den letzten drei Strophen stellt die ab da individualisierte Sprechinstanz dieses Liebeskonzept auf die Probe, wenn Laura in den Diskurs eingeführt wird. Wenn Laura – eine topische Figur der Liebeslyrik, freilich – durch Alleen „wallet" (49), ist Himmel um das lyrische Ich (49), und „[w]elche Himmelsfreude, welch Entzücken" (59) ist um das Ich, als Laura ihm zunickt. Hier wird also das platonische Liebeskonzept lyrisch konkretisiert und positiv bewertet: Die fromme, unschuldige Sakralität wird vom lyrischen Ich als das Höchste aufgenommen und als absolut ausreichend erachtet.

In einer anakreontischen Tradition mit pastoralen Untertönen steht Johann Martin Millers *SchäferGebeth*[889]. Aber auch dort sind der heitere Lebensgenuss und die Macht der Liebe als konstitutive Elemente eines solchen Dichtungskonzepts in den gleichen ,unerotischen' Grenzen gebunden wie in den zuvor untersuchten Darstellungen Höltys. Im Rückgriff auf die Lieder des Horaz wird die idealisierte und geliebte Frauengestalt als Lalage bezeichnet und mit den freundlichsten und gleichzeitig unschuldigsten Merkmalen belegt. „Majestätisch" (9) tritt sie auf, ein „heer / LiebesGötter" (11f.) ist um sie her, und ihr Haar ist von „Maienduft" (15) umflossen. Alle, die sie sehen, sind von „Seelige[m] Entzükken" (20) durchdrungen, und das lyrische Ich tritt in frommer Haltung den Göttern gegenüber, dass Lalage seine Empfindungen erwidern möge: Die Frau ist für die Sprechinstanz ein Abbild der Götter, wird damit sowohl als Mensch sakralisiert als auch als Göttin materialisiert – von erotischem Begehren seitens des Mannes oder einer erotischen Metaphorisierung oder Semantisierung hinsichtlich der (Körper-)Beschreibung der Frau ist nichts zu spüren. Die Sakralisierung der Liebe in einem wohl auch an Platon

---

[888] Hettche, *Gesammelte Werke und Briefe*, S. 463ff.
[889] Kahl, *Bundesbuch*, Bd. 1, Nr. 73 [S. 66ff.]

angelehnten Sinne wird hier auch bei Miller fortgeschrieben, in dem auf eine sehr tugendhafte Art und Weise Liebe und ‚Begehren' – es geht bei dem ‚Begehren' des Ichs nur um das Erhaschen eines Blick – vorgestellt werden. Lalage ist von göttlicher „Zier" (50) erfüllt und gewinnt daraus ihre Potenziale, die sie zu einem liebenswerten Geschöpf machen. Die Göttlichkeit bzw. der Atem der Götter ist ganz um das Mädchen, und diesen Konnex zwischen Mensch und himmlisch-göttlicher Sphäre überträgt das Ich auf seine Gefühlswelt: Sie kommt ohne körperliche Wallung aus, die einzige deutliche emotionale Regung ist die Beseelung, die alle Wesen spüren, die den Blick Lalages wahrnehmen. Es wird eine fromme, fast heilige Zurückhaltung geübt, was die Darstellung von Liebe angeht, die wohl auch aus dem titelgebenden „SchäferGebeth" entspringt. Die Rede des Ichs erscheint tatsächlich wie ein Gebet, eine den Göttern vorgetragene Bitte, die in einem entsprechenden Gestus gehalten ist und den Inhalt der äußeren Form anpasst. Die Götter werden um Fürsprache für die Erfüllung der Liebe zu einer vergöttlichten Frau gebeten; eine Liebe indes, die ausschließlich auf den Merkmalen einer (den Hainbündler eingeschriebenen) Tugendfrömmigkeit beruht und jeden erotischen Genuss versagt. Dabei kommt die Darstellung ohne das gruppentypische und -spezifische Moralisieren aus. Liebe scheint in diesem Kontext ‚von Natur aus' unerotisch zu sein, zumindest suggeriert dies die Rede des Ichs, das keinerlei erotische Annäherung wünscht oder zu vollziehen gedenkt. Wie bei Hölty wird ein hohes Liebesgefühl, das sich sakraler (wenngleich auch nicht-christlicher, aufgrund der literarischen Tradition eben antik-heidnischer) Semantik und Metaphorik bedient, evoziert, das in seiner ganzen Ausprägung dem Ich völlig zur völligen Freude und Hingabe genügt. Es geht dem Ich gar nicht darum, aus moralistischen oder anderweitig getriebenen Gründen (wie in der Vaterlandslyrik) Erotik als negativ charakterisierten Komplex abzulehnen oder zu ‚bekämpfen': Erotik spielt schlicht keine Rolle. Deshalb muss sie auch nicht ‚bekämpft' oder unterdrückt bzw. ausgeschaltet werden. Sie existiert im Denk- und Liebessystem des pastoralen Sprechers nicht.

Als letztes Beispiel soll ein Text Friedrich Leopold Stolbergs angeführt werden, der zwar kurz nach Ende des Bundes entstanden ist, gleichwohl aber die Vorstellung der Göttinger hinsichtlich des Liebesdiskurses aufgreift. In *Die Schönheit*[890] formuliert ein lyrisches Ich, auf welcher Basis für ihn Liebe sich konstituiert und welche Merkmale diese transportiert. Das lyrische Ich ist in die Schönheit als ein transzendet-sakrales Konzept verliebt, und diese Liebe ist völlig desexualisiert, indem sie sich rein auf die seelenvolle Aufnahme des Schönheitsgedankens bezieht. Das klingt so:

---

[890] Sauer, *Göttinger Dichterbund*, Bd. 50/III, S. 88ff.

Ach! auf Wangen des Mädchens / Sah ich dich himmlischer noch! / In sanftrollender Unschuld / Ihrer schmelzenden Augen / Sah ich dich himmlischer noch! / Hörte dich in den bebenden Melodieen / Ihrer schwebenden Stimme! / Hörte dich! sah dich, fühlte dich! / Und in Flammen der Liebe... (18—26)

In dem Mädchen spiegelt sich die überweltlich semantisierte Schönheit wider, und sie ist auf verschiedenen phyischen Ebenen verortet: Das Ich nimmt die Schönheit mit allen Sinnen wahr, aber bleibt dabei in frommer Unschuld verhaftet. Die Schönheit bewirkt bei ihm keine körperlich-erotische Aufwallung, physische Berührungspunkte werden akustisch, verbal und optisch figuriert, ohne damit – gerade von Stolberg negativ verstandenen – Leidenschaften auszulösen. Eine fast pietistisch-empfindsame Herzensliebe ist hier der Grundstein für die gefühlsbetonte Darstellung des lyrischen Ichs, das die Schönheit (des Mädchens) als aus dem Himmel stammend wahrnimmt und versteht und mit einer daraus resultierenden Distanz in eine ‚Liebesbeziehung' eintritt. Die Schönheit ist für das Ich das bestmöglich Erreichbare, die höchste Ebene des Strebens, auf der Erotik und vermeintlich rein körperliche Liebe keinen Platz haben. Sexualität gehört nicht in ein Liebeskonzept, das die Liebe sakralisiert und ‚himmlische' Schönheit absolut setzt im Sinne einer Motivation für Liebe, die weit über jedes hedonistisch-genussvolle Verständnis, wie beispielsweise die anakreontische Tradition sie kennt, erhaben ist und sich dem gleichzeitig verschließt. „Himmlische Urschönheit!" (38) ist die emphatische Beschreibung für das Schönheits- und Liebesverständnis, das diesen Text prägt und das in einem weiteren Schritt mit einer auf literarischen Traditionen beruhenden „olympischen Tugend" (42) verknüpft ist. Durchaus ist hier also von einer ‚heiligen' Liebe zu sprechen, die zwischen dem Ich und der Schönheit erwächst und die ihrer Konzeption entsprechend die ‚physische' Ausprägung der Liebe beeinflusst dahingehend beeinflusst, dass sie nur auf desexualisierten Ebenen stattfindet. Die Schönheit als ein nicht weltliches Konstrukt wird nicht vom lyrischen Ich durch erotische Wünsche bzw. Wunschvorstellungen belastet und befleckt, sondern erhält Reinheit und Unschuld, indem deutlich ausgesprochen wird, auf welchen Merkmalen die Verbindung beruht: Denn das männliche lyrische Ich bleibt im sprachlichen Umfeld der Unschuld, die für ihn eines der herausragenden Merkmale des Mädchens ist und diesem durch die Schönheit eingegeben wird.

Hölty, Miller und Stolberg – und auch die übrigen Dichter des Hainbunds – tragen mit ihren Darstellungen unschuldiger Herzensliebe zu einer weiteren Pluralisierung der Männlichkeit bei, indem sie Männlichkeit außerhalb jeder Erotik konstruieren – selbst innerhalb eines offensichtlichen Liebesdiskurses, der erotische Attraktivität und entsprechende Wunschvorstellungen durchaus zuzulassen vermag. Die Lyriker übertragen damit einen Teil der patriotischen Männlichkeitsvorstellung auf das männliche Personal der Liebespoesie: Merkmale wie Tugend, Moralismus und fromme Herzensliebe sind aus diesem Kontext bekannt und finden auch Eingang in die Liebeskonzeptionen. Mit hedonistischen, genussvollen Konzepten der literarischen Tradition wird insofern gebrochen, als dass sie aus ihrem formalen Rahmen herausgelöst und ersetzt werden durch genuine Konstruktionen der Hainbündler; eine anakreontische Poesie wird verwoben mit der Tugendhaftigkeit der Studenten, die aus einer frommen, patriotischen Grundhaltung entspringt. Insofern findet die Männlichkeitskonstruktion, die den patriotischen Diskurs beherrscht, ihre Parallele bzw. Fortsetzung im Liebesdiskurs. Der ‚deutsche‘ Mann ist also in seinen betont tugendhaften Merkmalen spiegelbildlich auch in diesem Kontext wiederzufinden, und der Mann, dessen Vorstellungen von Liebe sich auch ‚sakralen‘ Ebenen bewegen, wird als positives Modell vorgestellt und in den Diskurs eingeführt.

Kapitel VI.1.2
Negativierungen von Männlichkeit durch erotische Aggressivität

Im Gegenzug zu dieser frommen, tugendhaften Darstellung werden erotische Aggressivität und sexuelle Begierde als extremes Negativum modelliert. Dafür lassen sich so manche Beispiele im Hainbund-Corpus finden, und besonders eines davon lohnt eine nähere Betrachtung. Höltys Text *Adelstan und Rößchen*[891], das mit dem Untertitel *Ebentheuer von einem Ritter, der sich in ein Mädchen verliebt, und wie sich der Ritter umbrachte* versehen ist, ist als mehrstrophiges erzählendes Gedicht mit seinem sowohl ernsten/traurigen als auch gespenstischem Inhalt als Ballade zu klassifizieren. Generell gilt, dass Hölty als Balladendichter unter den Hainbündler herausragenden Rang einnimmt und als „der eigentliche Begründer der deutschen Kunstballade"[892] gilt: „Sein ‚Töffel und Käthe‘ (1772) ist das erste deutsche Gedicht, das diese Gattungsbezeichnung im Titel führt."[893]
Adelstan und Rößchen setzt mit der Gegenüberstellung von Stadt und Land ein.[894] Ein Hardiknut genannter „Ritter" (2), der als „Mann mit einem Ordensband" (1) eingeführt wird, ist der Stadt und dem Leben am Hofe überdrüssig[895]: Er verlässt, „wie oft der Städter thut" (4), „Geiger[.] und Castraten"

---

[891] Hölty, *Gesammelte Werke und Briefe*, S. 67ff.
[892] Ebd., S. 465
[893] Ebd., S. 466
[894] Vgl. dazu grundlegend Brandt, „Ländliches Leben in der Dichtung des Hains"
[895] Vgl. dazu auch die Kritik Höltys in *Elegie auf einen Dorfkirchhof* (Hölty, *Gesammelte Wer-*

(5) und den „Redutentanz" (6), um auf dem „Land" (3) „seinen Ordensstern /
Mit einem Blumenkranz" (7—8) zu vertauschen. In der zweiten Strophe hat
der Ritter schließlich Stadt und Hof hinter sich gelassen, und das Lob des
einfachen Landlebens, das gerade bei Hölty fast topisch in einer Vielzahl von
Texten verwendet wird, findet seinen Höhepunkt: von „süß[er] Rast" (10) im
„Schoos der Au" (9) als „Himmelbett, und Canapee / Im fürstlichen Palast"
(11—12) ist da die Rede, der Ritter „irrte täglich durch den Hayn / Mit einer
Brust voll Ruh, / Und sah, im Blumenmond, dem Reyhn / Der Schäferinnen
zu" (13—16).
Hölty evoziert durch Stimmung und Wortwahl eine pastorale Idylle, Ton und
Semantik haben ihren Ursprung in der Anakreontik – aber der Dichter schafft
es gleichzeitig, die junge Liebe Hardiknuts zu Rößchen vor dieser ländlichen
Szenerie mit einem Schatten zu versehen:

> Stracks war sein Herz, als er im May / Hier Rößchen sah, dahin, / Er
> liebte bis zur Raserey / Die holde Schäferin. / Sie wurden drauf bald
> gar vertraut, / Was Wunder doch! Er war / Ein Mann von Welt, und
> wohlgebaut, / Und Rößchen achtzehn Jahr. (17—24)

Hardiknut liebt „bis zur Raserey": Die Form von Übersteigerung ist von vorn-
herein in die Liebesbeziehung implementiert. Es gibt für den Ritter keine
Mäßigung, die Raserei impliziert sowohl eine maßlose Übertreibung als auch
einen aggressiven Furor, der eigentlich das Konzept von pastoraler Liebe konterkariert. Das *Deutsche Wörterbuch* kennt keinen positiven Aspekt der Raserei[896]; insofern bricht Hölty mitten in der Darstellung der Liebesbeziehung
mit dem sanften, positiven Gestus der harmonischen Szenerie. Die Liebe
steht damit auf einer brüchigen Basis, die vom Mann zu so einer gemacht
wurde; Hardiknuts Verhalten auf dem Höhepunkt der Liebesbeziehung deutet bereits auf dessen trauriges Ende, das Hölty auch gleich an diese Darstellung anschließt: „Sie gab, durch manchen Thränenguß / Erweichet, ihm Ge-
hör, / Zuerst bekam er einen Kuß, / Zuletzt noch etwas mehr." (25—28).
So beschreibt Hölty die zu diesem Zeitpunkt noch positive Beziehung zwischen dem Ritter und der Schäferin, die aber gleich im Anschluss an den erotischen Erfolg – nichts anderes ist mit „Zuletzt noch etwas mehr" gemeint –
vom Ritter beendet wird: „Itzt wurde, nach des Höflings Brauch, / Sein Busen
plötzlich lau. / Er saß nicht mehr, am Schlehenstrauch, / Mit Rößchen auf der
Au." (29—32). Um es deutlich auszudrücken: In dem Moment, in dem Hardiknut seinen Sexualtrieb am 18-jährigen Rößchen ausleben konnte, werden

ke und Briefe, S. 50ff.]
[896] Bd. 14, Sp. 138

ihm Dorf, Au, Wiesenklee und Schlehenstrauch und auch das Mädchen herzlich gleich, und auch „manchen Thränenguß" (25) und die Verliebtheit „bis zur
Raserey" (19) scheinen wie vergessen: In diesem Moment treffen alle negativen Eigenschaften, die das Unbehagen an Männlichkeit kennzeichnen, auf
den Ritter Hardiknut als männlichen Protagonisten zu. Er ist egoistisch, asozial, unmoralisch, hypersexuell, triebhaft, gefühlskalt, kommunikationsunfähig
und verantwortungslos.[897] Er dreht sich ausschließlich um sein eigenes Sinnen
und Handeln, die Frau als Partnerin in seinem relationalen/heterogeschlecht-
lichen Verhältnis ist eine völlig vernachlässigbare Größe. Freilich, Hölty formuliert keine Geschlechterkritik auf Primärebene, da der negative *movens* von
des „Höflings Brauch" (24) ausgeht: Die soziale/kulturelle Zugehörigkeit zu
einem Adelshof und dem Adelsstand an sich bedingen in der lyrischen Schilderung Hardiknuts Verhalten. Nichtsdestotrotz wird Männlichkeit verhandelt, man kann gar nicht anders, als die Charakteristika Hardiknuts auch auf
einer geschlechtlichen Ebene zu lesen. Immerhin schwingt die ausgewiesene
Männlichkeit des Ritters an vielen Stellen mit, sei sie sozialer Natur (Ritter-
stand, „Ordensband" (1)), sei sie körperlicher Natur („wohlgebaut" (23)); die
Männlichkeit ist sogar argumentativer Leitfaden, denn die Merkmale, die mit
diesem geschlechtlichen Konzept verbunden sind, sind grundlegend für Hardiknut und seinen Charakter.

Seine persönliche Bedeutung und die Tragweite seiner Entscheidung, sich
aufs Land zurückzuziehen, werden dadurch genauso deutlich gemacht wie die
Begründung der Liebe Rößchens zu ihm. Aus Langeweile und Überdruss
wendet sich Hardiknut von der ländlichen Liebe und Szenerie ab und der
Stadt mit ihren höfischen Freuden wieder zu: Er ist des „Dorfes, und des
Mädchens satt" (33), will schnellstmöglich („Mann und Roß vorüberfliehn"
(43)) zurück in sein „Schloß" (36), wo er von „Ball zu Ball" (37) taumelt und
die „Rasenbank, / Wo, beym Getön der Nachtigall, / Sein Mädchen ihn um-
schlang" (38—40) schnell vergisst. Darüber stirbt die Schäferin voll Gram:

> Ach Jesus! welch ein Donnerschlag, / Schlug Rößchen an das Herz! /
> Sie schaut dem falschen Buben nach, / Zernagt von Seelenschmerz; /
> Und schluchzt, und wirft sich in das Gras, / Weint ihren schönen Bu-
> sen naß, / Weint ihre Wangen bleich. // [...] Sie stirbt / Der Schäfer-
> mädchen Zier. (49—56; 63—64)

Das Mädchen als die Leidtragende des durch und durch negativen Betragens
des Mannes stirbt vor Gram über den „falschen Buben" (51), der sie aufgrund
seines Charakters – dessen männliches Fundament herausgestellt wurde – ver-

---

[897] Kucklick, *Negative Andrologie*, S. 11f.

lassen hat. Dieser allein durch das Fehlverhalten des Mannes verschuldete Tod der Frau zeigt auch die relationale Tragweite einer negativen Männlichkeit. Merkmale wie Hypersexualität, Triebhaftigkeit, Gefühlskälte etc. betreffen in ihrer geschlechtlichen Praxis die Frau. Sie wird Opfer dieser negativen Männlichkeit, indem der Mann seine physische Triebhaftigkeit an ihr befriedigt und sie schließlich, motiviert durch seine Gefühlskälte, verlässt.

Dies ist auch in Höltys Ballade der Fall, nur dass sich der negative Gestus hier durch die fatalen Konsequenzen verstärkt: Rößchens Tod ist tragischer Höhepunkt einer negativ ausgelebten Männlichkeit, die in erster Linie schädlich für die Frau und deren Umwelt ist. Denn unmittelbar spürt der Mann nichts von dem Unbehagen, das von ihm ausgeht; schließlich sind seine Wünsche befriedigt. Diese Wunschbefriedigung auf Kosten anderer ist wohl auch da Grundproblem, da ausschließlich dieser kurzfristigen Befriedigung Rechnung getragen wird. Es werden keine langfristigen Beziehungen avisiert, sondern Entscheidungen, die nur kurz gedachten persönlichen Zielen dienen, werden ohne Rücksicht durchgesetzt. Christoph Kucklick hat davon gesprochen, dass „Männer nicht als Stützen der Ordnung, sondern als gesellschaftliche Zentralbedrohung beschrieben"[898] werden. Dies lässt sich hieran recht leicht literarisch beweisen: Höltys Hardiknut zerstört zwar nicht die Gesellschaft an sich, aber bricht massiv in die pastorale Idylle als außerstädtische Struktur ein, von der er vorher profitiert hat. Diese Gesellschaft im Kleinen, die dörfliche Struktur, ist durch den von ihm verschuldeten Tod Rößchens langfristig schwer beschädigt; immerhin wird Rößchen als „der Schäfermädchen Zier" (64) bezeichnet, ist also bedeutender Teil in der Mitte dieser ländlichen Gesellschaft. Durch ihren Tod stürzt diese Gruppe in eine tiefe Krise, was die relativ ausführlichen Elendsbekundungen in der neunten und zehnten Strophe (65—80) recht deutlich formulieren.

Mit der Darstellung ausgeprägtester städtisch-adliger Dekadenz als Gegensatz zur Ländlichkeit beginnt der zweite Teil der Ballade; die Erzählung wechselt nun in die Privaträume des Ritters und stellt, nach der ausgiebigen Schilderung des Leidens und Sterbens von Rößchen, Hardiknut in den Mittelpunkt. Hardiknut liegt „auf Eiderpflaum, / Um welchen ein roter Atlas hing" (82—83) – doch diese adlige ‚Idylle' wird durch böse Träume unterbrochen, die sich auf seine Schandtat mit Rößchen beziehen:

> Er zittert auf. Mit blauem Licht / Wird sein Gemach erfüllt, / Ein Mädchen tritt ihm vors Gesicht, / Ins Leichentuch verhüllt. // Ach, Rößchen ists, das arme Kind, / Das Hardiknut berückt, / Die Rosen ihrer Wangen sind / Vom Tode weggepflückt. / Sie legt die eine kalte

---

[898] Ebd., S. 12

Hand / Dem Ritter auf das Kinn, / Und hält ihr weißes Grabgewand / Ihm mit der andern hin. // Blickt drauf den ehrvergeßnen Mann, / Den Schauer überschleicht, / Dreymahl mit hohlen Augen an, / Und wimmert, und entweicht. / Sie kam drauf, jede Mitternacht, / Sobald es zwölfe schlug, / Vermummt in die Gespenstertracht, / Ins weiße Leichentuch. (85—104)

Hardiknut wird nun im Gegenzug von der Weiblichkeit, die er durch sein negatives männliches Verhalten in den Tod getrieben hat, seinerseits bedrängt: Rößchen rächt sich als Geist an ihm, indem sie ihm Nacht für Nacht zur Geisterstunde seine Tat aufs Neue vor Augen führt und ihn so seines Schlafes beraubt. Er wird mit beinahe brachialer Gewalt mit dem von ihm verschuldeten Tod konfrontiert – und das in schlimmster ästhetischer Konsequenz: Hölty spart nicht mit grausigen Formulierungen wie „hohlen Augen" (98) und „kalte Hand" (93), um den Schrecken, dem Hardiknut durch Rößchens ständige mitternächtliche Materialisierung ausgesetzt ist, zu exemplifizieren und ihm einen erlebbaren Rahmen zu geben.

Vor allem wichtig ist die Bezeichnung „ehrvergeßne[r] Mann" (97), was eine doppelte Bedeutung haben könnte. Auf der einen Seite mag Hölty damit den Topos des Adligen, der sich eine Bürgerliche/ein Bauernmädchen zur Gespielin nimmt und diese aus Ehrengründen, da sie seinem Stand nicht genügt, fallen lässt, aufgreifen. Wenn dies gemeint wäre, müsste man den Begriff des „ehrvergeßnen Mann" (97) so deuten, dass Hardiknut für seine Ehre, die ihm durch seine Adels-, Ordens- und Ehrentitel eingeschrieben ist, alles andere vergisst und sich so auf eine absolut verantwortungslose und asoziale Position zurückzieht. Auf der anderen Seite mag sich dies aber auch auf einen Ehrbegriff innerhalb der relationalen Beziehung zwischen Hardiknut und Rößchen beziehen, der beide unmittelbar angeht. Die Stelle kann so zu lesen sein, dass der Ritter seine Ehre vergisst, eben weil er Rößchen schlecht behandelt und damit Untreue gegenüber der Frau beweist; und die Frau, so sie denn tugendhaft etc. ist (dies trifft wohl auf Rößchen zu), besitzt einen hohen Stellenwert in der Lyrik der Hainbündler und muss dementsprechend behandelt werden. Alles andere wird als schlechtes Verhalten markiert; das gleiche passiert nun auch hier. Aber Hardiknut vergisst nicht nur seine eigene Ehre, indem er ungebührlich das Dorf verlässt: Auch die Ehre Rößchens wird nachhaltig beschädigt, schließlich wird sie, die den Werbungen des Ritter aus inniger und aufrechter Liebe nachgegeben hat, nach der körperlichen Verführung fallen gelassen. Das unehrenhafte Verhalten des Mannes führt dazu, dass beide geschlechtlichen Parteien in dieser Beziehung an Ehre verlieren und so in den Tod getrieben werden. Denn auch der Ritter nimmt ein böses Ende:

Der Ritter fiel, in kurzer Zeit, / Drob in Melancholey, / Und ward, verzehrt von Traurigkeit, / Des Todes Conterfey. / Mit einem Dolch bewafnet, floh / Er aus der Stadt, und lief / Zum Gottesacker hin, allwo / Das arme Rößchen schlief. // Wankt' an die frische Gruft, den Stahl / Dem Herzen zugekehrt, / Und sank. Sein Antlitz wurde fahl, / Und blutig ward das Schwert. / Es gieng ihm mitten durch das Herz, / Entsetzlich anzuschaun, / Die Augen starrten himmelwärts, / Und blickten Furcht und Graun. (105—120)

Beim ersten Lesen mögen diese Verse vielleicht wie eine Wandlung Hardiknuts klingen, der sich seines Fehlverhaltens bewusst geworden ist und die Schuld nicht mehr erträgt. Wenn von „Traurigkeit" (107) die Rede ist, die von den nächtlichen Erscheinungen motiviert ist, dann scheint es, als würde der Ritter seine Tat bereuen und einen Ausweg nur noch im Selbstmord sehen. Er gibt sein Leben für seine Schandtat hin im vollen Bewusstsein der Tragweite seiner Entscheidung, Rößchen kurzfristig aus Langeweile auf dem Land zu verlassen. Diese Deutung, die einem glücklichen Ende nahe käme, könnte aber zu kurz gedacht sein. Denn die Frage, die sich stellen muss, ist: Bezieht sich „drob" (106) auf die nächtliche Erscheinung als solches oder auf die Konsequenz daraus, nämlich dass Hardiknut jede Nacht ein „Schauer überschleicht" (98)? Ist Hardiknut wegen Rößchen traurig und melancholisch (nach damaliger Auffassung depressiv) oder weil er sich der Heimsuchung eines Geistes ausgesetzt sieht? Letzteres scheint der Fall zu sein; dies ergibt sich aus der Darstellung im Anschluss an die Suizid-Entscheidung.
Hardiknut flieht aus der Stadt (dies suggeriert Panik), „wankt' an die frische Gruft" (113) (er hat vor lauter Wahnsinn keine Kontrolle mehr über seinen Körper), sein Antlitz wird „fahl" (115) (dies wirkt gespenstisch, nicht natürlich), der Selbstmord ist „entsetzlich anzuschaun" (118), und seine „Augen starrten himmelwärts, / Und blickten Furcht und Graun" (119—120). Die Szene ist angefüllt mit Horror und Entsetzen. Im Tod spiegelt sich in letzter Konsequenz die unrühmliche Entscheidung Hardiknuts wider, Rößchen zu verlassen. Mit dem gleichen Entsetzen, mit dem Rößchen der Flucht des Ritters in die Stadt gewahr wurde, tritt dieser nun auch seinem Tod entgegen. Die letzte Strophe relativiert diese Sicht nicht: Der traditionsgemäß als Selbstmörder an der Friedhofsmauer beigesetzte Hardiknut findet keine Ruhe, kehrt jede Nacht wieder, um als lebender Toter über den Friedhof zu wandeln, den „Mordstahl in der Brust" (126). Sein böses Tun verfolgt ihn über seinen Tod hinaus, da durch seine Entscheidung, vor der Wahrheit in den Freitod zu fliehen, da er sein Seelenheil aufgegeben hat. Nun teilt er das Schicksal Rößchens, des Nachts als Geist umzugehen – beides ist seine urei-

gene Schuld.[899] Einen letzten männlichkeitsgeschichtlichen Akzent setzt der Schluss der Ballade: „Auch pflegt er, bis die Hahnen krähn, / Den Mordstahl in der Brust, / Mit glühnden Augen, umzugehen, / Wie männiglich bewusst." (125—128). Die geschlechtliche Implikation wird in die gespenstische, fast Horror erzeugende Szenerie integriert; zweitens drückt der Vers aus, dass Hardiknut auch über den Tod hinaus in alten Mustern verharrt. Die Verhaltensmerkmale, die Rößchen und Hardiknut ins Grab gebracht haben, werden von Hardiknut weitergeführt, er kann sich von seiner Männlichkeit nicht lösen. Sie hat ihn auch nach dem Lebensende noch fest im Griff, und wenn Hardiknut als wandelnder Toter auf dem Friedhof umgeht, so stellt er dabei auch immer seine Männlichkeit zu Schau. Die negative Männlichkeit ist ihm so tief eingeschrieben, dass sie seine gesamte Existenz über das eigentliche Ende hinaus bestimmt. Wie archaisch und entsetzlich wirkt der Dolch, der aus der Brust ragt (die Waffe als Phallus), und welchen Schrecken verbreiten die glühenden Augen (Feuer = Männlichkeit)?

Männlichkeit wird kaum positiv figuriert: Der Mann erscheint grundsätzlich als das große Übel, das alles andere mit sich in den Abgrund reißt, aber gleichzeitig auch vor sich selbst nicht halt macht. Hardiknut ist genau wie sein weibliches Opfer betroffen von seiner negativen Männlichkeit, ohne dass er sich davor retten kann. Er verliert sein Leben, leidet schrecklich im und am Tod und findet auch darüber hinaus keine Ruhe, da er nicht nur durch seinen Selbstmord vom christlichen Heil nach dem Tod ausgeschlossen ist, sondern gleichzeitig auch weiterhin so von seiner Männlichkeit kontrolliert wird, dass er ein Unheil für die Welt und die Menschen bleibt und weiterhin Schaden zufügt. Diese Darstellung reicht zwar etwas über das hinaus, was die Göttinger im patriotischen Diskurs formuliert haben. Dort ist diese Negativierung grundsätzlich mit einem französischen Einfluss verbunden und wird damit als oppositäres Konzept zum Deutschsein gespielt. In Höltys Text spielen nun Nationalitäten und damit verknüpfte positive und negative Merkmalszusprechnungen keine Rolle, aber der Dichter bleibt den Vorstellungen verhaftet, dass der soziale Status und die Herkunft des Ritters ausschlaggebend sind für die strukturelle Ausformung seiner Männlichkeit; sie sind sowohl Antrieb für den Gang aufs Land als auch für die Flucht vom Land, die dann schlussendlich die Tragödie auslöst. Die erotische Aggressivität ist infolgedessen in dieser Ballade sehr wohl Eigenschaft, die durch Merkmale der Herkunft, Abstammung oder Sozialisierung erklärt werden könnte. Sie wohnt zwar der Männlichkeit Hardiknuts inne, ist aber auf einer sozialen Ebene grundiert, denn das Landleben bietet ihm nur eine neue Folie für Abenteuer, die er aus

---

[899] Dass Selbstmörder wiedergehen, gehört zum festen Volksüberlieferungsfundus in beinahe sämtlichen westeuropäischen Gesellschaften.

der Stadt bereits kennt. Durch die Schlechtigkeit des Ritters wird schlussendlich nicht das männliche Geschlecht an sich einer Negativierung unterzogen, sondern nur der sozial-räumliche Gegensatz von Stadt und Land auf geschlechtlicher Ebene verschärft. Nichtsdestotrotz trägt dies zu einer weiteren Erläuterung der Männlichkeitskonstruktion bei, denn Hölty beweist, auf welche Weise negative Männlichkeit sich auf das direkte Verhältnis von Mann und Frau auswirkt und welche Einflussmöglichkeiten Männer auf negativer Ebene auf das andere Geschlecht besitzen. Dies ist so in anderen Kontext nicht von den Hainbündlern herausgestellt worden.

Kapitel VI.1.3
Christoph Kucklicks Konzept der „Negativen Andrologie" und der Göttinger Hain

Christoph Kucklick hat den Begriff der „Negativen Andrologie" in die historische Männlichkeitsdebatte eingeführt und damit eine fundierte Sicht auf die Ursprünge eines männlichen ‚Naturbösen' eröffnet. Kucklick findet den Zugang zu seinem Thema ausgehend von der Tatsache, dass, nach seinem Verständnis, die Moderne (den Beginn der Moderne verortet Kucklick zeitlich um 1800) ein Problem mit Männern kultiviere, „ein Unbehagen an Männlichkeit, das früheren Epochen gänzlich unbekannt war"[900]. Seine These ist: Das

> Unbehagen an Männlichkeit ist keineswegs eine Erfindung des späten 20. Jahrhunderts, sondern seit Anbeginn in das Gewebe der Moderne geätzt. Nicht Frauenbewegung und Feminismus haben die grundsätzliche und systematische Kritik an Männlichkeit in die Welt gebracht, sondern diese entsteht weit früher: am Beginn der Moderne, in den Jahrzehnten um 1800. Und es sind ausgerechnet die bürgerlichen Meisterdenker, die den Männlichkeitszweifel als erste ausführlich und schonungslos formulieren: Es sind Johann Gottlieb Fichte, Wilhelm von Humboldt, Immanuel Kant, Georg Friedrich Wilhelm Hegel und viele weitere, weniger bekannte AutorInnen, die zwar Männlichkeit für etwas Besonderes halten, aber nicht für etwas besonders Erfreuliches, Gutes – ja, zum Teil sehen sie darin sogar das ‚absolut Böse'. Die grundlegenden Strukturen des modernen ‚Wissens' über Männlichkeit jedenfalls werden in jener vor-geschrieben. Die neue Wahrheit von der negativen Männlichkeit wird innerhalb weniger Dekaden am Ende des 18. Jahrhunderts erfunden. Um 1750 noch sind kaum Spuren einer maskulinen Defektologie zu entdecken, um 1800 ist sie bereits Konsens; die epistemische Revolution der ‚Sat-

---

[900] Ebd., S. 3

telzeit' erfasst auch das Männliche und schreibt es grundlegend um. Diese neue, moderne Männlichkeit erscheint als eine systematisch bedenkliche, erstmals werden Männer nicht als Stützen der Ordnung, sondern als gesellschaftliche Zentralbedrohung beschrieben. An Radikalität lässt sich das kaum überbieten: Der neue Diskurs charakterisiert Männer *ihrer ‚Natur' nach* als gewalttätig, egoistisch, asozial, unmoralisch, hypersexuell, triebhaft, gefühlskalt, kommunikationsunfähig und verantwortungslos.[901]

Diese These entwickelt Kucklick aus einer detaillierten Lesung geschlechtertheoretischer/geschlechtergeschichtlicher Texte der Zeit um 1800. Es wundert nicht, dass der Autor von einem Unbehagen an Männlichkeit und einer „maskulinen Defektologie"[902] spricht, schaut man auf die Texte, die er als seine Belege heranführt; sehr wohl wundert aber indes, dass vor Kucklick noch niemand diese Texte am Beginn der Moderne auf die Negativierungen von Männlichkeit(en) hin untersucht hat. Insofern ist Kucklick nicht genug zu danken, hat er doch zum Gewinn aller den Blick der Geschlechterforschung auf ein Moment gelenkt, das bisher völlig vernachlässigt wurde. Dies mag auch mit der immer leicht tendenziösen Geschlechterforschung zusammenhängen, die, vom Feminismus und den feministischen Literaturwissenschaft geprägt, grundsätzlich den Mann als Unterdrücker der Frau ansah und seine Rolle immer auf diesen Aspekt verengte, ohne die Ausprägungen und Vorstellungen von Männlichkeit(en) genauer zu beleuchten und in die Untersuchungen mit einzubeziehen. Kucklick hat die Werkzeuge für diese erweiterte Sicht bereitgestellt.

Kucklicks Gewährsleute sind sowohl bekannte als auch weniger bekannte Autoren, die sich mit einer Vielzahl von geschlechtergeschichtlich relevanten Themen auseinandergesetzt haben. Ich zitiere nur einige von ihnen, um die Bandbreite zu verdeutlichen. Christian August Fischer hat von einem „natürliche[n] Egoismus" der Männer gesprochen, der

> die ganze Schöpfung zerstören [würde], hätte die Natur ihn nicht durch den Geschlechtstrieb gemildert. Hieran knüpfte sie die Erhaltung unserer Gattung; hiermit vereinigte sie die Gefühle der Liebe, des Wohlwollens, und des Mitleids, und hierdurch begründete sie die einzige unveränderliche Gleichheit, vor welcher alle Unterschiede der Gesellschaft verschwinden.[903]

---

[901] Ebd., S. 11f.
[902] Ebd., S. 12
[903] Ebd., S. 128

Fischer sieht den Mann durch seine Triebsteuerung als abhängig und nicht in der Lage an, sich selbst zu beherrschen; diese Funktion übernehmen Liebe, Ehe und Frau. Bei Pockels sind viele Männer „Menschen von totaler Seelenlosigkeit [,] Barbaren und Unmenschen"; Pockels Aufzählung geht so weit, dass Kucklick angesichts dieser Männlichkeitsvorstellung davon spricht, dass „die Banalität des Bösen [...] hier bereits vorgezeichnet ist"[904]. Bei einem anderen Autor, Erhard Valentin Jakob Sprengel, werden die Männer dann schon ganz im Sinne der feministischen Forschungspositionen des späteren 20. Jahrhunderts als Grundursache aller Übel, die vor allem die Frauen negativ belasten, hingestellt:

> Ich stellte selbst die verdorbensten weiblichen Wesen ihm nie als verabscheuungswerth, wohl aber höchst elend und bejammerungswürdig vor, indem ich, aller Wahrheit und Erfahrung gemäss, ihm zeigte, dass bloss die Männer die Urheber des grenzenlos schrecklichen Zustandes derselben sind. [...] Ich bin nämlich überzeugt, dass man unendlich vielem Bösem vorbeugen, unendlich viel Gutes gründen könnte, wenn man der männlichen Jugend vom frühesten Alter an, eine besondere Art der *Achtung und Werthschätzung* des andern Geschlechts, die ihren Sitz im Herzen, und nicht bloss in den Manieren haben, einzuflössen suchte.[905]

Diese Beobachtungen von Sprengel zeigen: Das Unbehagen an Männlichkeit wird auch in einem *relationalen Kontext* gesehen. Die Negativität der Männlichkeit äußert sich gerade im Verhältnis zur Frau, die unter der „totale[n] Seelenlosigkeit"[906] des Mannes zu leiden hat. Der eine Teil der Schöpfung unterjocht den anderen und tut ihm, und damit der gesamten Schöpfung, ein Leid und Elend an. Ohne die Frau könnte der Mann nicht existieren, könnte die Schöpfung nicht existieren. Durch seine negativen Merkmale ist der Mann alleine nicht lebensfähig, aber dennoch richtet er sein Leben auf diese negativen Merkmale hin aus.

Diese ‚Naturdiskussion' wirft die Frage auf, inwiefern der Göttinger Hain in seinen negativen Männlichkeitsbildern Elemente einer ‚andrologischen' Schlechtigkeit des Mannes aufgreift. In den patriotischen und den angrenzenden Diskurses entspringt männliche Schlechtigkeit einer Sozialisation, die der deutschen entgegengesetzt ist; somit ist Schlechtigkeit dort ein Merkmal, das zur Abgrenzung gegenüber anderen Nationen bzw. sozialen Lebensentwürfen

---

[904] Ebd., S. 121
[905] Zit. nach ebd., S. 112
[906] Ebd., S. 121

342

(Stadt versus Land) aufgerufen wird. Zwar lassen sich die konkreten Eigenschaften, die Kucklick ermittelt hat, in solchen Diskursen der Hainbündler wiederfinden, aber sie eben nicht andrologisch, das heißt natürlich. Insofern sind die negativen Männlichkeiten der Vaterlands-, Kunst- und Freundschaftslyrik keine Beispiele für eine negative Andrologie des 18. Jahrhunderts, auch wenn sie inhaltlich ganz eng beieinander liegen: „gewalttätig, egoistisch, asozial, unmoralisch, hypersexuell, triebhaft, gefühlskalt, kommunikationsunfähig und verantwortungslos"[907] sind auch die Männer, die auf oppositären Folien in den eben genannten Diskursen gezeichnet werden. Dies gilt auch für Höltys oben untersucht Ballade. Zwar scheint dort die Schlechtigkeit des Ritters einer tieferen Ebene zu entspringen, denn beispielsweise der Verweis auf dessen „Raserey" (19) suggeriert weniger einen sozialen als einen mentalen Defekt, aber die lyrische Klammer, die Hölty mit den sozialräumlichen Bezügen setzt, markiert ganz eindeutig die Grenze zwischen Sozialisation und Natur. Hardiknut ist kein Beispiel für eine Negativierung des männlichen Geschlechts *als solches*, sondern untermauert den Anspruch des Hainbundes, negative Männlichkeit als Teil eines den Vorstellungen der Gruppe widersprechenden Sozialraumes anzusehen. Die Hainbündler treten demnach nicht in einen Diskurs über die negative Andrologie des späten 18. Jahrhunderts ein und erkennen Ausprägungen negativer Männlichkeit eben nicht als ‚natürlich' bzw. ‚andrologisch' an, sondern setzen ganz klar die Aussage, dass negative Männlichkeiten eine Frage der ‚Herkunft' bzw. ‚Sozialisation' sind. Es existiert damit keine ‚systematische Bedenklichkeit' gegenüber der Männlichkeit im Göttinger Hainbund, eine Naturdiskussion findet nicht statt; Darstellungen negativer Männlichkeit verbleiben auf sozialer Ebene im weiteren Sinne, um die existenzielle Bedrohung durch oppositäre Konzepte zu figurieren.

Kapitel VI.2
Männliche ‚Verliererkonzepte' in der Liebeslyrik? Der Begriff der „Blödigkeit"

Die vorangegangenen Kapitel haben gezeigt, dass Männlichkeit bei den Hainbündlern nicht nur, wenn sie den hohen moralischen/patriotischen Ansprüchen der Autoren genügt, zutiefst positiv ist, sondern auch und vor allem ein geschlechtliches Gewinnerkonzept. Selbst in Momenten des totalen Verlustes, im Angesicht des Todes zum Beispiel, wird der Mann kraft seiner Männlichkeit auf die Stufe des Sieges erhoben. Dieses Gewinnerkonzept gilt auch für die übrigen Diskurse. Dies ist bei einem Teildiskurs nicht der Fall. Schaut man sich die Liebesgedichte an, so fallen einige Texte ins Auge, in de-

---

[907] Ebd., S. 11f.

nen der Mann relativ deutlich als Verlierer gezeichnet wird, weil er in seinem gewünschten Liebesverhältnis nicht zum Erfolg kommt: sei es, weil die Frau ihn schlicht nicht erhört, sei es, weil sie sich einem anderen Mann zuwendet. Es ist aber zu fragen, ob dieses ‚Verliererkonzept' tatsächlich ein negatives Konzept darstellt oder aber nicht auf einer spezifischen Folie einen eigenen, mithin positiven Beitrag zur Männlichkeitspluralität im Hainbund leistet.

Ein solches Gedicht ist Johann Martin Millers *Agathon*. Der trochäische Vierheber stellt eine gleichnamige männliche lyrische Sprechinstanz in den Mittelpunkt und führt eine Form männlichen Versagens vor, nähert sich damit aber einer spezifischen Position des 18. Jahrhunderts an, indem das Konzept der „Blödigkeit"[908] aufgegriffen wird, womit gleichzeitig auch ein weiterer Männlichkeitstypus in das Haincorpus eingeführt wird. Dieser Typus ist zwar, ausgehend von den primären Merkmalen, auf einer Ebene mit dem tugendhaften Mann der vorangegangen Diskurse angesiedelt; aber die konzeptionelle Herkunft der Charaktere ist eine andere. Denn wenn der deutsche Mann seine Eigenschaften aus den Parallelen zum idolisierten Vaterland bezieht, ist es in diesem Beispiel die Blödigkeit, die den Charakter prägt und in seiner moralisierten Tugendhaftigkeit bestätigt. Im Folgenden soll also das Blödigkeit-Konzept exemplarisch herausgearbeitet und mit dem männlichen Versagen Agathons in Verbindung gesetzt werden; daraus entwickelt sich denn auch die Sicht auf eine weitere Form von Männlichkeit, die im Haincorpus exklusiv im Liebesdiskurs vorhanden ist. Insofern hat Millers *Agathon* doppelte Beispielfunktion, indem die Konstruktion einer männlichen Niederlage auf der Folie eines prominenten Begriffs/Konzeptes des ganzen 18. Jahrhunderts vorgeführt wird.

Das Gedicht setzt mit einer pathetischen Klage des lyrischen Ichs ein, das einem Publikum, anders ist der Adressat nicht zu fassen, über seine Situation berichtet; Besprochene Situation und Sprechsituation fallen zusammen, da das Ich im Präsenz über aktuelle Ereignisse spricht. Das Ich befindet sich in einer problematischen Situation: Seine geliebte Frau ist für ihn nicht greifbar, da sie ihn nicht erhört („Aber ferne schallt der Ton / Ihres frommen Agathon" (5— 6)); zwar ist sie räumlich anwesend – Agathon sagt zwar, er sei ihr „ferne" (1), aber da er sie sieht (2), ist sie ihm räumlich einigermaßen nah –, aber für ihn unerreichbar. Andere Männer, abschätzig als „Stuzzer" (2) bezeichnet, „umflattern" (2) sie und bilden eine lebende Mauer zwischen ihm und der geliebten Frau. Agathon hat keine Möglichkeit, gegen die „Schmeicheleyen, ihr zu Ehren" (3) anzukommen, die „ueberall erschallen" (4). Der schmeichlerischen Macht der Stuzzer – hier ähnelt sich die Darstellung der Kritik an Frankreich in der patriotischen Lyrik – hat Agathon nichts entgegenzusetzen, er kommt

---

[908] Vgl. grundlegend Stanitzek, *Blödigkeit*

nicht dagegen an, er kann nur abseits stehen und das Elend beobachten. Seine abseitige Position hebt das lyrische Ich durch die doppelte, eine Klammer bildende Verwendung von „ferne" (1; 6) hervor: Wie bereits geschrieben geht es nicht um eine konkrete Raum- bzw. Entfernungsangabe, sondern um seine Stellung im Beziehungsgeflecht. Er steht *außerhalb*, aber dennoch im Sichtfeld der Konstellation, so dass er alles sieht und hört, aber nicht eingreifen kann. Zudem weist die doppelte Verwendung auch auf die genuine seelische Verfassung des Ichs hin. Seine ‚räumliche' Position, die ihn von außen auf seine Geliebte und die (verhassten) Stutzer blicken lässt, lässt ihn leiden: Die ganze Strophe ist in einem sehr traurigen Ton geschrieben, die Wortwahl tut ihr Übriges dazu. Diese Klage entwickelt sich auf primärer Textebene aus der Distanz zwischen Agathon und seiner Geliebten, die von Stutzern umgeben und ihren schmeichlerischen Anbandelungsversuchen ohne aufrechten männlichen Schutz hoffnungslos ausgeliefert ist. Auf der Sekundärebene lässt sich ein struktureller Gegensatz zwischen Agathon und den Stutzern erkennen. Agathon bezeichnet sich selbst als „fromm" (6), um so einen größtmöglichen Widerspruch zwischen seiner Person und Position und den Stutzern aufzubauen – und zwar auf charakterlicher Ebene, die sich auf die körperliche auswirkt. Das, was Agathon bei sich selbst als Frömmigkeit bezeichnet, hat in erster Linie keinen religiösen Impetus, sondern ist wohl eher im Sinne von „ordentlich", „ehrlich", „aufrichtig"[909], also in einem gewissen Sinne als Synonym für „tugendhaft" zu verstehen. Agathon will nicht auf seine Göttergläubigkeit hinweisen, wenn er seine Frömmigkeit in den Vordergrund stellt. Es geht um den Ausweis seiner Tugendhaftigkeit im Gegensatz zu den Stutzern. Das Dreiste, Prunkende, das die Stutzer ausmacht und im Namen ganz originär enthalten ist, ist nicht Teil der Männlichkeitskonstitution Agathons; diese begründet sich auf einer ehrlichen Aufrichtigkeit, die von schmeichelnden Auftritten und lautem Umherstolzieren weit entfernt ist. Agathon beschreibt sich selbst als unfähig, der Frau gegenüberzutreten und sie mithilfe seiner tugendhaften Merkmale zu gewinnen. Im Angesicht der Frau verliert er aber seine Möglichkeiten: Er kann sich nicht mehr artikulieren, ist unsicher und schüchtern und wird damit auf primärer Ebene und im Vergleich zu anderen Männlichkeitsentwürfen des Bundes zu einer Art Anti-Mann. Denn zurückhaltende, moralisierende Tugendhaftigkeit bedeutet in anderen Diskursen nicht, sich seiner selbst nicht mehr bewusst zu sein, sondern in voller Kenntnis dieser Charakteristika für seine Sache einzutreten. Sprach- und Machtlosigkeit, Unsicherheit, Feigheit: Das scheinen alles Gegenentwürfe zur Männlichkeitskonstruktion der Hainbündler zu sein, die Männlichkeit entwerten, denn bei Agathon überlagern diese Merkmale die übrigen, durchaus männlichen.

---

[909] Vgl. *Deutsches Wörterbuch* (Bd. 4, Sp. 240—247)

Schließlich ist Agathon strukturell ein typischer tugendhafter Mann des Haincorpus. Doch woher stammt nun die Passivität und Inaktivität, die die Sicht auf das Eigentliche, auf den männlichen Kern verschleiert und womöglich sogar zu falschen Schlussfolgerungen verleitet: nämlich dass Agathon ein Bild für eine negative Männlichkeit ist, da er nicht in der Lage ist, seine männlichen Potenziale zu aktivieren und gegen die in frankophober Tradition gezeichneten Stutzer zu bestehen?

Miller hat Agathon auf der Folie der Blödigkeit gezeichnet und dem Mann die Merkmale beigelegt, die den Blöden im Sinne des 18. Jahrhunderts auszeichnen. Wenn beispielsweise Gottsched in seiner Zeitschrift *Der Biedermann* in der 1820er Jahren einen „vernünfftigen und tugendhafften Manne" durch dessen „Redlichkeit und ehrliche[s] Gemüthe"[910] charakterisiert, finden sich diese Grundlagen in Miller Text wieder: Agathon ist ganz von diesem tugendhaften Urkonzept durchdrungen, und auch die Vorstellung Gottscheds, der Blöde zeichne sich unter anderem durch die Abwesenheit von Schmeichlerei und Verstellung, Wollust, Stolz und Übermut[911] aus, lassen sich anhand Millers Figur herausarbeiten. Wie oben dargestellt wurde, koppelt sich diese Vorstellung explizit von den übrigen Diskursen ab, da der tugendhafte Impetus eben nicht aus einer vaterländischen Verbundenheit heraus erfolgt, sondern einer spezifischen, eigenständigen Konzeption zugrunde liegt. Agathons Tugend, die sich in sexueller Zurückhaltung und anderen Merkmalen äußert, ist Ausdruck einer besonderen Identität, die frei von anderen, übergeordneten Größen ist. Sie ist Ausdruck seiner Blödigkeit, wie der Text erweist, beispielsweise in diesen Versen: „Aber stünd' ich auch vor ihr, / Himmel! ach, was hülf es mir? / Bebend würd' ich, und erschrokken / halberstikte Seufzer stokken" (13—16).

Was als primär unmännlich erscheinen mag, spiegelt nur den Blödigkeitsbegriff auf seinen unterschiedlichen Ebenen wider. Der schmeichelnden Redekunst der Stutzer ist das Schweigen Agathons entgegengesetzt, so dass Miller hier die gleiche Opposition eröffnet, die Stanitzek ebenfalls im 18. Jahrhundert festgestellt hat, jedoch vor dem Hintergrund der „politischen-klugen Redekunst" ausführt:

> Auf der Suche nach einer Lösung für das Problem der Verknüpfung von Moral und Karriere wird so die Tugend aufs Schweigen verpflichtet. Nur als schweigende, als stilles, in seiner Stille auf sich verweisendes Verdienst, darf sie sich äußern, nur so kann sie bleiben, was sie ist. Keine größere Distanz ließe sich errechnen zu jener Ermunterung der

---

[910] Zit. nach Stanitzek, *Blödigkeit*, S. 93
[911] Zit. nach ebd.

politisch-klugen Redekunst, man möge sprechen, wenn man gesehen werden wolle. Zu dieser Aufforderung, die geradezu als Motto über den Privatklugheitslehren stehen könnte, bildet das den Tugendhaften zugemutete Schweigegebot die genaueste Opposition.[912]

Das Schweigen wird gerade nicht als negativ wahrgenommen, sondern als führender Charakterzug des Tugendhaften, der sich und anderen seine Tugend im Schweigen er- und beweist. So auch Agathon: Ihm versagt es das Sprechen im Angesicht der Frau, die er ja gerade nicht sexuell aggressiv attackiert, sondern ihr auf der Ebene aller seiner Tugenden entgegentritt. In seiner Männlichkeit wird Agathon dadurch nicht beschnitten, im Gegenteil: Sein tugendhafter Charakter wird mit den Beschreibungen weiter ausgeführt und verstärkt. Seine Männlichkeit ist keine, die durch Schwäche definiert, durch fehlende Durchsetzungsfähigkeit, sondern eine, deren Mittel- und Kristallisationspunkt die Tugend ist. Eine Tugend, die sich im zeitgenössischen Konzept der Blödigkeit zeigt. Deshalb ist seine ‚Niederlage' im Wettstreit um die Frau gegen die Stutzer kein Ausweis einer fehlenden Männlichkeit, so wie Zaudern im Kampfe gegen äußere und innere Feinde einer wäre; sie ist konzeptionell bedingt und spiegelt nur die weitere Pluralisierung der Männlichkeiten des Hainbunds wider, die sich auch in solchen einmaligen Konzepten zeigt. Die Aufnahme der Blödigkeit forciert somit einen weiteren Typus innerhalb der Männlichkeitenlandschaft.

Agathons Verhalten ist auch keine Frage von Inaktivität, die damit wieder einen weiblichen Impetus besitzen würde. Denn Agathon ist aktiv, indem er das tut, was durch das tugendhafte Konzept des Blöden definiert ist. Sicher, er ist inaktiv im Verhältnis zu den streitenden, den kämpfenden Männern des übergeordneten patriotischen Diskurses; aber diese Vorstellungen bzw. Kritererien sind hier nicht applizierbar, und insofern ist dies keine Basis, auf der eine Bewertung männlicher Aktivität vorgenommen werden könnte. Agathon büßt nichts von seinem männlichen Geschlecht ein, wenn er auf der Folie seiner positiven Blödigkeit eher passivischen Charakter besitzt. Denn schließlich existiert ein ‚Tun', Agathon lebt nicht im ‚Nicht-Tun', sondern definiert sein Wesen durch ein ‚Tugend-Tun'. Es liegt nahe, an dieser Stelle Judith Butler nachzufolgen, die in *Das Unbehagen der Geschlechter* formuliert:

> In diesem Sinne ist die Geschlechtsidentität (*gender*) weder ein Substantiv noch eine Sammlung freischwebender Attribute. Denn wie wir gesehen haben, wird der substantivistische Effekt der Geschlechtsidentität durch die Regulierungsverfahren der Geschlechter-

---

[912] Stanitzek, *Blödigkeit*, S. 129

Kohärenz (*gender coherence*) performativ und erzwungen. Innerhalb dieses überlieferten Diskurses der Metaphysik der Substanz erweist sich also die Geschlechtsidentität als performativ, d.h. sie selbst konstruiert die Identität, die sie angeblich ist. In diesem Sinne ist die *Geschlechtsidentität ein Tun* [meine Hervorhebung; Verf.], wenn auch nicht das Tun eines Subjekts, von dem sich sagen ließe, daß es in der Tat vorangeht.[913]

Auch Agathon konstruiert schlussendlich durch sein tugendhaftes Tun seine männliche Geschlechtsidentität, denn die geschlechtliche Performativität ist eine sich „ständig wiederholende und zitierende Praxis, durch die der Diskurs die Wirkungen erzeugt, die er benennt"[914]. Durch Zeichen und Sprechakte wird die Geschlechtsidentität in dieser performativen Theorie markiert, man wird also ,männlich' oder ,weiblich' durch seine Aktivität. Agathons Männlichkeit lässt sich dadurch also fassen und theoretisch fundieren, so dass Miller zum Männlichkeitsbild des Hainbundes mit seiner Zeichnung des Charakters beiträgt. Der ,männliche Verlierer' der Liebeslyrik versagt nicht als Mann, sondern füllt seine Rolle dem Konzept der Blödigkeit gemäß aus. Damit etabliert Miller eine Variante des blöden Mannes in der Männlichkeitslandschaft des Hainbunds, die ja sonst eine Gewinnerlandschaft ist und männliche Niederlagen nicht kennt. Um dieses Konzept dennoch auf einer positiven Folie einzuführen, nutzt Miller die Blödigkeit als bekanntes Modell.[915]

Kapitel VI.3
Männliches didaktisches Sprechen und Verhaltensregeln in der Liebe

In der Liebeslyrik des Göttinger Hains lässt sich beobachten, dass immer wieder auf didaktische Konzepte zurückgegriffen wird. In einer ganzen Reihe an Gedichten nehmen die Hainbündler einen didaktischen Impetus und Gestus ein und auf, um Verhaltensregeln zu formulieren. Diese beziehen sich vor allem auf den konkreten Umgang von Männern und Frauen zueinander und die Rolle der Frau in einer Liebesbeziehung im Besonderen, indem lyrisch verdeutlicht wird, welches Verhalten im zwischengeschlechtlichen Kursus an-

---

[913] Butler, *Unbehagen der Geschlechter*, S. 49
[914] Ebd., S. 22
[915] *Agathon* ist auch der Name des großen Bildungsromans Christoph Martin Wieland. Das legt die Vermutung einer Referenzialität nahe. In Millers Text aber nun eine Satire oder ähnliches sehen zu wollen, wäre weit dahergeholt, schließlich wird Agathon auf der Folie eines positiven Konzeptes gezeichnet. Andere Texte sind eher satirisch angelegt, beispielsweise Höltys *An eine Tobackspfeife* (Hölty, *Gesammelte Werke und Briefe*, S. 100).

gemessen ist und welche Anforderungen gestellt werden. Generelle Verhaltensvorgaben sind bereits aus dem breiten patriotischen Diskurs bekannt. Aber die Konzeption ist eine andere, denn der Fokus richtet sich in dieser Lyrik immer auf das übergeordnete vaterländische System. Wenn die Hainbündler in der patriotischen Lyrik Vorschriften formulieren, dann wollen sie damit nicht in erster Linie den direkten Umgang zwischen zwei oder mehreren Menschen oder klar definierten Gruppen regeln, sondern sie beziehen sich auf Gesellschaft und Nation als solches. Und dieser Bezug definiert denn auch die Reichweite aller Regeln: Sie sind in keiner Weise darauf ausgelegt, nur für bestimmte Bereiche des Umgangs zu gelten. Sie zielen auf eine allgemeine Beeinflussung der gesamtgesellschaftlichen Struktur ab und sind zumeist mit einer allgemeinen Kritik der Zustände in einem als moralisch verkommen verstandenen Vaterland im Zuge frankophober und kulturpatriotischer Tendenzen verbunden. Die folgenden Verse aus Vossens *Mein Vaterland* sollen diese Beobachtung exemplifizieren.

> Nach Wollust schnaubt der lodernde Jüngling jetzt,
> Der Mann nach Gold; im dämmernden Myrtenhain
> Lustwandeln frecher Mädchen Chöre,
> Schmachtend in Galliens geilen Tönen.
> O dichtet ihnen, Sänger Germaniens,
> Ein neues Buhllied! Singet den Horchenden
> Des Rosenbetts geheime Zauber,
> Oder das Taumelgelag der Reben! (29—36)

Daran zeigt sich, wie Regeln für das gesellschaftliche und ‚nationale' Miteinander in solchen Kontexten akzentuiert werden: Sie wollen eine patriotische Bewegung formen, deren Fundament das tugendhafte Verständnis des Vaterlandes ist. Dieses Verständnis wird explizit und implizit in Regeln transformiert, die auch *ex negativo* formuliert sein können, wie in oben zitierten Versen und die für die Gesellschaft an sich formuliert sind und sich nicht an Einzelpersonen oder spezifische Gruppen wenden bzw. detaillierte, singuläre Ziele damit verfolgen. Ansatz und Ziel ist die Aufstellung eines Normenkodex' und Tugendkatalogs, der für die Bürger einer deutschen ‚Nation' Verpflichtung und identifikationsstiftendes Element sein soll.

Dieser Befund gilt so nicht für die Liebeslyrik. Dort haben Verhaltensregeln immer ganz klare Anlässe, die abgekoppelt sind vom Denken an und über das ‚große Ganze' der nationalen und gesellschaftlichen Struktur, der sich die vaterländische Lyrik verpflichtet fühlt. Vielmehr geht es darum, belehrend auf die Form und Funktion von Liebessituationen einzuwirken, die gerade nicht in einen größeren Kontext eingebunden sind. Freilich können diese Verhaltenslehren auch in diesem Diskurs *ex negativo* ausgeführt werden, indem anhand eines Beispiels gezeigt wird, wie es gerade nicht sein sollte, wie beispielsweise Johann Martin Miller in *Die Verführte*[916] es tut:

> Brich aus, o Schmerz, und werde Wuth!
> Ihr Thränen wandelt euch in Blut,
> Und quillt zu meinen Füßen!
> Sie hat sich, o verruchte That
> Sie hat sich von der TugendPfad
> Zum Laster hingerissen!
> Ach Gott! In jener schwarzen Statt
> Begann ihr erster Hochverrath,
> Und meiner Seele Kummer;
> Da wiegte sich beim Tanz und Scherz
> Ihr, oft von mir gewarntes herz
> In tiefstem TodesSchlummer;
> Und buhlerischer Lieder Schall
> Verdrang der Tugend letzten Hall,
> Der noch zur Rettung tönte;
> Und geile Bilder drangen sich
> In's herz, das schon dem Laster wich,
> Und alle Warnung höhnte. (1—16)

Es ist deutlich, was Miller hier bezwecken möchte: Seine Kritik an dem untreuen Mädchen geht ganz singulär von der lyrischen Sprechinstanz aus und kann in einem zweiten Schritt als ein umgekehrter Verhaltenskodex betrachtet werden. Das, was das Mädchen tut, ist das Gegenteil von dem, was das Mädchen tun sollte – und dieses nutzt die männliche Sprechinstanz, um über die Kritik implizit Empfehlungen und Vorgaben für die korrekte Positionierung des Mädchens im Liebesdiskurs zu formulieren. Die Kritik auf primärer Ebene bedingt umgekehrt somit einen didaktisch-erzieherischen Gestus, deren Inhalte klar sind: Tugendhaftigkeit, Treue, moralische Standfestigkeit etc. sind die Merkmale, die das männliche lyrische Ich dem Mädchen durch die Kritik vorgeben will.

Nicht nur diese Tugenddidaxe berührt die männlichkeitsgeschichtliche Thematik, der die Hainbündler verhaftet sind. Schließlich werden die Regeln und Vorstellungen, denen sich Frauen zu unterwerfen haben, von männlichen

---

[916] Kahl, *Bundesbuch*, Bd. 2, Nr. 5 [S. 171f];

Sprechern in betont männlich markierten Sprechsituationen[917] formuliert, die dadurch gezielt aus einer männlichen Perspektive heraus Frauen Verhaltenskonzepte vorlegen, die ein monogeschlechtliches Fundament haben. Diese didaktisch-edukativen Gedichte weisen eine Art Herrschaftsfunktion der Männer aus, die einen Wertekanon formulieren, der eine allgemeine Gültigkeit haben soll. Doch dieser Wertekanon entfernt sich stark von moralisierenden Tugenden und wendet sich einer ,erotischen Lockerung' zu, will heißen: Die Regeln bedienen ein genuines männliches Eigeninteresse und sind nicht von einem übergeordneten Ansatz geleitet, der auf die Gesellschaft und die Nation als Ganzes ausstrahlt. Höltys Ballade *Apoll und Daphne*[918] wird zeigen, wie dieses Konstrukt lyrisch umgesetzt wird.

Die Situation ist folgende: Der auf Erden wandelnde Gott Apollo verfolgt in Liebeshitze Daphne, die vor ihm flieht und die Götter zu ihrem Schutz vor dem erotisch aggressiven Apoll an. Der Göttervater selbst kommt dem nach: „Zeus winkte – starre Lorbeerblätter / Umflogen sie. // Ihr Füßgen, sonst so niedlich, pflanzte / Sich plötzlich fest / Tief in der Erde. Gaukelnd tanzte / Um sie der West." (15—20) Daphne wird irreversibel zum Lorbeerbaum, und man muss sich an dieser Stelle der Ballade fragen, weshalb der Hilferuf der Frau mit dem ewigen Dasein als Baum beantwortet wird. Wirkt dieses göttliche Eingreifen nicht eher wie eine Strafe denn wie eine Hilfestellung in einer bedrohlichen Situation? Freilich: Zeus rettet die Frau und demnach die Weiblichkeit vor den Avancen des Apoll, der Daphne mit „Stutzertritten [...] hitzig" (5; 10) verfolgt – aber er rettet sie zum Preis ihres Lebens, denn dieses ist aufgrund der Verwandlung zum Lorbeerbaum unwiederbringlich verloren.

Die Schlusstrophe der Ballade bringt Klärung und bewertet die Vorkommnisse. Dort wechselt die Perspektive, und die bisher über die Situation berichtende Sprechinstanz addressiert den Rezipienten bzw. eine anonyme Gruppe der „Mädchen" (45) direkt, um seine *conclusio* eindringlich vorzutragen: „Laßt euch dies Beispiel, Mädchen! rühren, / Das Warnung spricht, / Und flieht, solang euch Reize zieren, / Den Jüngling nicht." (44—48) Dieser didaktische Lehrsatz beantwortet alle Fragen nach dem „Warum" der Ballade. Er erklärt das Eingreifen Zeus' sowie die daraus folgenden Konsequenzen und das Lebensende der Daphne durch die göttlich erzwungene Metamorphose zum Lorbeerbaum. Die ,Rettung' vor den erotischen Avancen ist eine Strafe für die

---

[917] Jamben und männliche Kadenzen sind auf formaler Ebene die herausragenden Eigenschaften der männlichen Inszenierung, indem dem Text Kraft und Geschwindigkeit als typische Merkmale von Männlichkeit dadurch eingeschrieben werden. Auf der anderen Seite ist es aber auch die sprachliche Gestaltung und Selbstreferenzialität, wenn die Sprechinstanz von sich selbst spricht („mir", (11)) und damit seine konkrete Perspektive als Zentrum der Sprechsituation und der besprochenen Situation figuriert.

[918] Sauer, *Göttinger Dichterbund*, Bd. 50/II, S. 3f.

Ablehnung Daphnes gegenüber Apoll und ihr Beharren auf der Unantastbarkeit ihrer Weiblichkeit. Zeus vollzieht die Bestrafung durch ewige Verwandlung zum Baum aber eben auf der Ebene der Hilfe; es ist eine sinistre Hilfe, die zwar Daphnes Wunsch erfüllt und sie vor Apolls Zugriff bewahrt, aber sie gleichzeitig mit dem Verlust ihres Lebens straft. Denn die Schlussverse verdeutlichen implizit, dass Zeus nicht auf der Seite Daphnes ist und nicht durch sein Eingreifen der Weiblichkeit Schutz und Schirm bieten will, sondern seine Einmischung demonstriert eine grundsätzliche Parteinahme mit den Zielen Apolls und eine Opposition zu den sexuellen Zurückhaltung und Flucht Daphnes. Wenn die Sprechinstanz den Mädchen darlegt, sich nicht vor den Jünglingen zurückzuziehen, solange die Reize noch vorhanden sind, also solange sie noch jung sind, ist dies eine deutliche Negativierung der Verhaltensweisen Daphnes und eine Motivation dazu, sich dem Mann hinzugeben, solange biologische Attraktivität noch gegeben ist. Die Didaxe beinhaltet also vor allem einen Auftrag an die Mädchen, Avancen nachzugeben und eben nicht in die Muster Daphnes zu verfallen und die Erotik des Mannes abzulehnen. Das ist ein alternatives Männlichkeitskonzept im Hainbund und positioniert den Mann an einer sonst kaum bekannten Stelle: Der Erotik soll Bahn gebrochen werden, indem ein spezifisches Modell formuliert und den Mädchen als allgemeingültige Gruppe an die Hand gegeben wird. Dahinter steht die Auffassung des zwischengeschlechtlichen Verhältnisses als ein erotisches, dessen Zweck die Frau bedienen muss. Sie darf die Avancen des Mannes nicht ablehnen, damit dies nicht für beide böse endet. Schließlich verliert Daphne ihr Leben und Apoll verfällt in eine Krise, die sich in anhaltender Klage äußert. Es geht in diesem Männlichkeitsmodell nicht um Moral und Tugend, sondern um einen ‚Erziehungsauftrag', der deutlich darauf abzielt, die Frau in eine den Männern dienliche Richtung zu entwickeln und sie dazu zu veranlassen, die Wünsche des Mannes zu erfüllen, ohne sich auf einen Fluchtreflex zu besinnen oder auf weiblich-tugendhafte Positionen zurückzuziehen. Die Rolle des Mannes ist die eines Lebenslehrers hinsichtlich seiner Eigeninteressen: Nur wenn die Frau die erotischen Wünsche des Mannes anerkennt und erfüllt, führt dies zum Positiven. Die Ablehnung kann nur Übles bringen, weshalb die Metamorphose Daphnes exemplarisch für die Erziehung der Mädchen herangeführt wird.

Kapitel VI.4

Zusammenfassung

Der Liebesdiskurs pluralisiert die Männlichkeitskonstruktion des Hainbundes weiter. Während auf der einen Seite konventionellen männliche Muster von Tugend und Moral, wie sie aus den anderen Diskursen bekannt sind, Eingang in die Liebeslyrik finden und dort ausgehend von dem spezifischen Thema konzeptionell verankert werden, so erweitert sich doch auf der anderen Seite der Blick für weitere Konzepte, die so nicht unbedingt aus der übrigen Lyrik bekannt sind. Miller beispielsweise führt den Begriff der Blödigkeit in den hainbündlerischen Diskurs ein und definiert diese Form männlichen ,Versagens' aus einer positiven Perspektive heraus. Damit fügt er der Männlichkeitslandschaft ein weiteres Bild hinzu und setzt gleichzeitig ein Zeichen mit der Aufnahme eines literarisch-anthropologischen Konzeptes; ein Zeichen, dass es neben der Aufnahme traditierter Gattungsgruppierungen eine feste Verbindung des Hainbunds zu den literarischen Modellen ihres Jahrhunderts gibt. Die Untersuchung von Höltys Hardiknut-Ballade hat zu der Offenlegung einer männlichen Negativierung in der direkten Relationierung zur Weiblichkeit geführt. Diese ,Individualisierung' des Schreckens ist aus anderen Diskursen nicht bekannt. Hardiknuts bösartiges Verhalten – bedingt durch seinen höfischen Gestus – wird nicht als Beispiel für eine allgemeine Verderbtheit und einer Gefährdung für Gesellschaft und Nation als Ganzes gesehen – wie es vor allem in der patriotischen Lyrik der Fall ist –, sondern wird in seinen Auswirkungen auf eine weibliche Person dargestellt. Der Mann führt durch spezifisch männliche Verhaltensweisen zum Fall der Frau. Davon ausgehend konnte gezeigt werden, dass zwar die kritische Punkte der Darstellung Höltys mit denen der Debatte über die natürliche Verdorbenheit des Mannes korrelieren, aber andere Ursprünge haben: Eine Naturdiskussion, in dessen Folge der Mann als natürlicherweise verdorben angesehen wird, findet bei den Hainbündlern gerade nicht statt. Negative Muster haben jeweils fest greifbare Ursprünge, die sozial begründet sind und nicht *den* Mann an sich tangieren. Im Zuge der exemplarischen Betrachtung didaktischer lyrischer Modelle hat sich ergeben, dass im Hainbund auch ein Bild von Männlichkeit kultiviert wird, dessen Ansatz gerade nicht darin besteht, die Frau als künftige Mutter vaterländischer Söhne tugendhaft und moralisch einwandfrei zu umsorgen, sondern darin zu bestärken, sich nicht erotisch zurückzuziehen, sondern gerade die eigenen Reize für die Männerwelt zugänglich zu machen. Der Mann dieses Subdiskurses will sich so über den Weg einer erzieherischen Maßnahme Zugriff verschaffen auf die weibliche Sexualität und ist fokussiert auf dieses Ziel, ohne die übrigen konventionellen Verhaltensmuster der Hainbündler im Blick zu haben; Didaxe im Liebesdiskurs erscheint als Unterweisung durch

Männer, wie Frauen sich zu verhalten haben, um monogeschlechtlichen Ansprüchen zu genügen. Das gilt auch für das erste Textbeispiel, in dem die untreue Frau ausgehend von ihren negativen Verhaltensweisen unterwiesen wird, wie sie sich verhalten sollte, um dem trauernden Mann eine gute Frau zu sein. Diese Eigenschaften sind zwar bekannt aus dem vaterländischen Tugenddiskurs, werden hier aber umgedeutet auf ein singuläres Liebesverhältnis, das nicht beispielhaft für die gesellschaftliche Wunschstruktur steht.

Kapitel VII
Zusammenfassung und Bewertung der Ergebnisse

Kapitel VII.1
Rückschau

Die Interpretationskapitel haben gezeigt, wie in der Lyrik des Hainbunds Männlichkeit konstituiert wird. Im Fokus der drei Hauptdiskurse (Vaterland, Kunst und Freundschaft) steht dabei Männlichkeit, die eng mit vaterländischen Konzepten verknüpft ist. Geschlecht und Vaterland weisen die gleichen impliziten und expliziten Merkmale auf, die Positionen sind gegenseitig durchlässig: Was dem ausschließlich deutschen Mann geziemt, entstammt der konkreten Vorstellung des idealen deutschen Vaterlandes, dessen Habitus und Gestus auf den mythischen Nationalhelden Hermann zurückgeht. Der deutsche Mann, diese herausragende und oft beschworene Figur der Hainbündler, ist auf sein Vaterland ‚geprägt‘, indem er die diesem Vaterland eingeschriebenen Merkmale aufnimmt und lyrisch als geschlechtsspezifisches Konzept umsetzt, ohne Rücksicht auf sein eigenes Wohlergehen. Der große Bezugspunkt des deutschen Mannes ist sein Vaterland, diesem wird die Männlichkeit gewidmet, an diesem entscheidet sich die Männlichkeit.
Denn Männlichkeit ist in diesem Oberdiskurs eine extrem qualitative Kategorie. Die sie prägenden Merkmale sind nicht quantitativ vorhanden, sondern müssen einem ganz bestimmten Zweck dienen, bevor sie als positive Männlichkeit, also als Männlichkeit, die dem deutschen Manne tatsächlich eingeschrieben ist, wahrgenommen werden. Erst in der Figur des deutschen Mannes erhält Männlichkeit seine qualitative Komponente: Die Hingabe fürs Vaterland entscheidet letzten Endes über richtige und falsche Männlichkeit, indem die Vorstellungen von solcher idealer Männlichkeit immer mit einem Vaterlandsdiskurs zusammenfallen. Physische und psychische Merkmale, vom kräftigen Waffenarm über die Keuschheit bis hin zu einer todessüchtigen Opferbereitschaft, konstituieren sich erst im Konnex mit dem Vaterland, konstituieren sich erst im *deutschen Mann*. Die Männlichkeit der Hainbündler, die als tragendes geschlechtliches Konzept vorgestellt und idealisiert wird, funktioniert nicht ohne den Bezug zum Vaterland; ohne Deutschland, aufgebaut auf dem Hermann-Mythos und den Entwürfen zeitgenössischer Autoren, vor allem Klopstocks, gibt es die Männlichkeit, die die Hainbündler zum höchsten geschlechtlichen Prinzip erheben, nicht.
Auch der Freundschafts- und Kunstdiskurs, sofern sie um den Patriotismus herum positioniert sind, weisen die Tendenz auf. Das Vaterland ist dort eben-

falls der Bezugspunkt für die Männlichkeit und die Kategorie, an der sich die Männlichkeit messen lassen muss. Das Deutschsein des Liedes, das Deutschsein des potentiellen Freundes, das sind die entscheidenden Grundlagen für den positiven Ausgang des Diskurses. Diese Merkmale sind *vaterländisch-männlich*. Der Hainbund als Männerbund konstituiert sich über Merkmale, die in den Gedichten mit dem Vaterland verbunden werden, Freunde können nur Freunde sein, wenn beide als Patrioten gelten können, Kunst ist vor allem dann männlich besetzt, wenn ihr patriotischer Gehalt unverkennbar ist. Das gilt aber nur für die Gedichte, deren Nähe zum Vaterlandsdiskurs gegeben ist; werden inhaltlich andere Schwerpunkte gesetzt, erscheint auch die Männlichkeitskonstruktion als eine andere, aber gleichermaßen durchweg positive.

Den empfindsamen Freundschaftsdiskurs stellt beispielsweise Hahn in seiner asklepiadeischen Ode *Erinnerung* vor und definiert den Mann als einen sehr emotionalen Typus, dem die Freundschaft über alles geht und der auch, wenn es der Bekundung von Freundschaft dient, vor Tränen und Freundschaftsküssen nicht zurückschreckt. Hahn verwendet primäre Liebessemantiken aus ehelichen Diskursen, um die Tiefe der Freundschaft zwischen Männern auszudrücken, ganz ohne dabei auf die Merkmale des deutschen Mannes zurückzugreifen. Aber dennoch erscheint diese Konstruktion als passend, fügt sie sich doch ein in die Gruppenkonstitution, die sich der Hainbund selbst gegeben hat. Im Brückner-Brief heißt es „so sei von nun an Dein Name: *Mannobard*, und von nun an bis in den Tod Unser Herz Dir ein Herz des Bruders!"[919], so dass der emotionale Habitus genauso in die Gruppe hineinstrahlt wie die flammende Vaterlandsliebe.

Mit der deutschen Männlichkeit des großen Vaterlandsdiskurses hat auch der Kunstdiskurs nicht immer zu tun, wiewohl er – wie oben dargestellt – durchaus dazu neigt, diese patriotischen Konzepte aufzugreifen und sich an der *patria* zu orientieren. Beeinflusst vom Sturm und Drang, findet sich im Kunstdiskurs auch das männliche Genie wieder, das, etwa bei Voß, mit dem Dichter zusammenfällt. Dieses männliche Genie ist stolz, es herrscht und verspottet Dünklinge und Unfreie. Konzeptionell ist eine Nähe zum vaterländischen Mann erkennbar, der durch ähnliche Merkmale geprägt wird, aber der Ansatz ist ein anderer, denn hier steht die allumfassende Freiheit in Gedanken, Worten und Taten als Programm im Vordergrund. Hier geht es nicht um das deutsche Vaterland (wobei sich das Genie mit dem deutschen Mann den Freiheitsgestus teilt!), sondern um die „leading position in social life"[920], die die genialischen Dichter und Männer einnehmen sollen. Das Genie herrscht über

---

[919] Sendschreiben des Bundes an Brückner, 14. November 1772
[920] Connell, *Masculinities*, S. 77

den Schwächeren und durch den Zusammenfall der Merkmale des Genies und des Mannes geht hervor, dass auch der Mann, der sich als solcher durch ganz spezifische Merkmale definiert, eine solche herrschende Position einnehmen soll.

Andere Interpretationen haben Männlichkeitskonzepte in den Mittelpunkt gestellt, die sich gegen die den gesamten Diskurs beherrschende Tendenz wenden. Das, was nach Kucklick als zeitgenössisch verankerte negative Andrologie identifiziert wurde, führt das vor, was die aufrechte Männlichkeit bekämpft, nämlich Lasterhaftigkeit, gesellschaftlichen und moralischen Sittenverfall, Suprematie einer spezifischen Gruppe aufgrund einer historischen Konstruktion (= Adel) und weiteres mehr. Ein negatives Konzept, das aus der patriotischen Dichtung bekannt ist, um Feinde des Vaterlandes auf moralischer Ebene herabzuwürdigen und gleichzeitig die deutsche Überlegenheit aufgrund der ausgewiesenen sittlichen Lebensführung des Personals aufzuwerten und zu einem absoluten Konzept zu erheben. Mit Kenntnis dieser Konstruktion werden Männerfiguren wie der Ritter Adelstan in einem doppelten Sinne negativiert: einmal durch die Darstellung selbst, die keinen Bereich auslässt, um den Ritter als einen verkommenen Menschen darzustellen, dessen Selbstverständlich von Männlichkeit eine Frau in den Tod treibt und eine ganze dörfliche Gemeinschaft damit in ihren Grundfesten erschüttert; auf der anderen Seite aber gerade auch durch die implizite Gegenüberstellung mit positiven Männlichkeiten, die durch die Kenntnis des Corpus zum ‚kulturellen Wissen' über den Männlichkeitsdiskurs der Hainbündler geworden ist. Das Corpus führt an zahlreichen Stellen vor, wie Männlichkeit sein kann und wie sie sein sollte, und dieses Wissen kann wohl ohne weiteres auf die Texte, in denen ausschließlich negative Beispiele von Männlichkeit gegeben werden, appliziert werden, um diese negativen Männlichkeiten mit den vorbildlichen in eine Beziehung setzen und damit deren ganze negative Schärfe erfassen zu können.

Auch der Mann als Verlierer ist ein Modell, dass es nur in ausgewählten Texten des umfangreichen Liebesdiskurses gibt und das sich nicht umstandslos in den übergeordneten Männlichkeitsdiskurs einfügen lässt. Denn die deutschen Männer sind keine Verlierer: Sie gewinnen Ruhm und Ehre für und durch das Vaterland, sie haben Ehefrauen und Familien, schaffen Kunst und fühlen sich im Kreise ihrer gleichgesinnten Freunde aufgehoben. Und wenn sie ihr Leben für das Vaterland geben, verlieren sie es nicht im Sinne eines negativen Verlustes: Sie „verströmen Patriotenblut" (Hölty, *Vaterlandslied*, 5) und gewinnen so an Männlichkeit hinzu. Millers Agathon erscheint als tatsächlicher Verlierer, denn er ist nicht in der Lage zu gewinnen, nämlich die Frau, die er tatsächlich und aufrichtig liebt. Seine Kontrahenten werden als Stutzer bezeichnen – das allgemeine kulturelle Wissen und insbesondere die Kenntnis des Corpus entlarven diese Gruppe als negativ besetzt, die fern von Sitte und Anstand und eher an Frankreich orientiert als an Deutschland – und damit fehlt ihnen eigentlich jede männliche Legitimation dazu, gegen einen Mann, der grundsätzlich die Merkmale einer positiven Männlichkeit besitzt. Er bezeichnet sich selbst als „fromm" (6), um so einen größtmöglichen Widerspruch zwischen seiner Person und Position und den Stutzern aufzubauen. Diese Niederlage ist aber keine explizit negative, denn das grundsätzlich positiv besetzte Konzept der Blödigkeit, das in dem Gedicht seinen Niederschlag findet. Was lässt sich daraus nun ableiten? Wohl primär, dass trotz eines übergeordneten ‚deutschen' Konzeptes Männlichkeit verschiedene Gesichter hat und sich nicht unter ein Programm subsumieren lässt. Natürlich besitzt des Männlichkeitsprogramm, das ausgehend vom Patriotismus der Gruppe entworfen wird, eine gewisse Kontinuität und Stringenz und sicherlich lässt es sich als das vorherrschende Moment identifizieren, da es quantitativ die übrigen Konzepte überwiegt und sich prominent in den drei führenden Diskursen wiederfindet. Dadurch werden andere Konstruktionen aber nicht überdeckt oder in ihrer Wirkung beschränkt: wenngleich nicht quantitativ gleichrangig, so sicherlich doch konzeptionell. Es gibt nicht *den* einen Mann in der Dichtung, die Göttinger sind nicht auf ein Bild fixiert, sondern bieten kontextuell divergierende Konstruktionen von Männlichkeit an, so dass sich nicht von *der* Männlichkeit sprechen lässt, die an einem Punkt fixiert und ausschließlich ist. In Negativkonzepten stellen die Hainbündler das Unbehagen am männlichen Geschlecht dar. In den oben angeführten Beispielen versagen die Männer im relationalen Geschlechterverhältnis völlig. Sie präsentieren Merkmale, die mit dem im Widerspruch stehen, das sonst zu den allfälligen Komponenten von guter Männlichkeit gehört: Sie sind nicht nur unsozial und leicht gelangweilt, sondern insbesondere sexuell aggressiv, egoistisch und nur darauf bedacht, kurzfristig körperliche Befriedigung zu erlangen, ohne Rücksicht auf die Frau und die Gesellschaft. Damit wird eine explizite Kritik an Männlichkeit entworfen, die sich auf verschiedene soziale Schichten bezieht: Während Hardiknut als Vertreter des Adels abgewertet wird, erscheint die Gruppe der Männer, die dem Mädchen beim Kirchgang lästig ist, als dem Bürgertum im weitesten Sinne zugehörig. Richtige oder falsche Männlichkeit ist also nicht auf die Schicht beschränkt, denn beide Typen sind in allen Schichten auffindbar. *Gender* ist damit eine dynamische Kategorie, kein unabänderlicher Fixpunkt.

Ein zweites Ergebnis, das aus der Darstellung der Hainbündler im folgt, ist folgendes: Männlichkeit ist kein absolut gesetztes, völlig unkritisches Konzept. Männlichkeit bzw. Mannsein bedeutet nicht an sich, dass die Merkmalsausprägungen ausschließlich positiv sind und dass alles, was geleistet wird, auch positiv bewertet wird. Männlichkeit ist, wie oben dargestellt, ein bipolares Konzept, dass durch die Entscheidungen bzw. Taten des Einzelnen gewinnt oder verliert. Sicherlich ist Hardiknut beispielsweise durch seine Physis ein Mann, wie ihn die Hainbündler in einem patriotischen Kontext als Krieger fürs Vaterland sich nur wünschen würden; aber durch seine Entscheidung, sich sexuell aggressiv und egoistisch zu verhalten und seine persönliche Befriedigung auf Kosten des Mädchens und der als vorbildlich empfundenen ländlich-dörflichen Gesellschaft durchzusetzen, rückt seine Männlichkeit – die ja durchaus Thema des Textes ist – in den Bereich des Negativen. Die Hainbündler, auch wenn die positiven Männlichkeitsemphasen überwiegen und der Mann in den meisten Kontexten als vorbildlich dargestellt wird, sind sich zeitgenössischem „Unbehagen an Männlichkeit"[921] deutlich bewusst, ohne jedoch an dem Naturdiskurs (vgl. die Ausführungen in Kapitel VI.1.3) teilzuhaben. Die Ruchlosigkeit des Mannes wird nicht überspielt, ignoriert oder beschönigt, negative Verhaltensweisen werden als solche identifiziert und lyrisch abgewertet: Was den hainbündlerischen Ansprüchen an die Männlichkeit auf charakterlicher Ebene nicht genügt, hat keine Existenzberechtigung. Der Mann wird erst zum Mann, indem sein Charakter moralisch einwandfrei ist – und zwar auf die Art und Weise, die in dem Brief des Bundes an Brückner formuliert ist. Darin sind die Anforderungen an die Männlichkeit im Kern enthalten. Wenn lyrische Männlichkeit diese Anforderungen erfüllt, ist es eine gute Männlichkeit; tut sie es nicht, ist es schlechte Männlichkeit. Aber Männlichkeit ist niemals von Beginn an gut oder schlecht, diese Bewertungskategorien sind fehl am Platze und greifen zu kurz, und es existiert keine Möglichkeit, durch ein solches Verdikt zum Ziel zu gelangen. Männlichkeit ist eine Kategorie der Tat: Wer als Mann Gutes tut im Sinne des haindbündlerischen Verständnisses und der Ideologie der Gruppe, dessen Männlichkeit wird als positiv erachtet und dementsprechend emphatisiert. Nur männliche Merkmale zu besitzen, reicht nicht aus. Es kommt auf die Aktivierung dieser Merkmale für das Gute an.

---

[921] Kucklick, *Negative Andrologie*, Klappentext

Kapitel VII.2
Die Hainbündler und ihre Zeit

Kapitel VII.2.1
Literarhistorische Einordnung und die ‚lyrische Männlichkeit' des Göttinger Hainbunds

Um den Hainbund literarhistorisch im Kontext der Männlichkeitskonstruktion differenzierter verorten zu können, ist eine Kontextualisierung zur Literatur der Zeit und insbesondere der Lyrik notwendig, um die Position des Hainbundes innerhalb der literarischen Landschaft bis zur Mitte der 1770er Jahre darstellen zu können. Dies erfordert, wenngleich ein solches Vorhaben an dieser Stelle nur kursorisch vonstatten gehen kann, mehrere Schritte: Zum ersten wird, auch im Rückgriff auf bereits in dieser Arbeit vorgelegte Ergebnisse, in mehreren Schritten die Relationierung zur Lyrik der Zeit vorgenommen. Es wird auch zeitlich zurückgegriffen auf die Kriegsyrik der Anna Louisa Karsch, um davon ausgehend noch Erhellendes zum in der Einleitung kurz angedeuteten Aspektes der Korrelation von Gattung und Geschlecht beizutragen. Dies soll auch dazu führen, dass noch exemplarisch das spezifisch „Lyrische" der Männlichkeit der Göttinger Hainbündler in den Blick genommen wird. Zum anderen wird anhand eines kurzen Überblicks über zwei Dramen des Sturm und Drang gezeigt, in welcher Form die Hainbündler eine Nähe üben zu den beiden grundlegenden Männlichkeitstypen des Sturm und Drang (Kraftkerl und empfindsamer Mann).

Kapitel VII.2.1.1
Der Göttinger Hainbund und die zeitlich verwandte Lyrik

Es wurde bereits gezeigt, in welchem Verhältnis zur Genieästhetik des Sturm und Drang sich der Göttinger Hainbund befindet. Es ist eine Kombination aus Nähe und Ferne, denn so wie die Hainbündler Konzepte des männlich markierten Genies in ihrer Lyrik aufnehmen, so fehlt doch gleichzeitig ein klares Bekenntnis zu dieser um sich greifenden Denk- und Verhaltensform der 70er Jahre. Vielmehr ist hier zu sagen, dass der Hainbund sich an der Ästhetik bedient, ohne sich ihm jedoch zu unterwerfen, sondern diese Teile auswählt, die zur Ausdifferenzierung der eigenen Männlichkeitskonstruktion in einem spezifischen Kontext nötig und sinnvoll sind. Es ist damit eine Distanz in der Nähe deutlich im Verhältnis zum Sturm und Drang, die auch hinsichtlich anderer Merkmale deutlich, die im Sturm und Drang als typisch für das männliche Genie gelten, aber bei den Hainbündlern wenn überhaupt nur eine periphere Rolle spielen. Nicht zuletzt gilt dies für die Korrelation von Schöpferkraft und (männlicher) Genialität, die so häufig evoziert wird, unter anderem in den bedeutsamsten Gedichten der Epoche überhaupt. Das Urbild des Genies, Prometheus, formt Menschen nach seinem Bilde und exemplifiziert so seine allumfassende produktive Kraft, die von keiner denkbaren Autorität aufgehalten werden kann. Diese autonome Schöpferkraft entspringt seinem Naturtalent und wendet sich mit seinem lyrischen Sprechen gegen die Götter, indem „die Sprechinstanz das göttliche Handeln als gefahrlose, nichtsnutzige pubertäre Kraft-Verschwendung und ‚kindische' Unberechenbarkeit"[922] abtut. Prometheus setzt sich als Genie selbst absolut und wendet sich mit seiner schöpferischen Kraft gegen jegliche weltliche und sakrale Herrschaft. Diese Wendung ins Areligiöse „durch die offenkundige Verspottung, ja Umkehrung eines der wichtigsten Attribute Gottes, nämlich seiner Allmacht und seines fortdauernden Schöpfungshandelns"[923] gibt es bei den Hainbündlern an keiner Stelle, wenngleich eine Abwendung von religiösen Normen im Sinne gesellschaftlicher Verpflichtungen im *Freigeist* des Grafen Stolbers durchscheint. Aber der letzte Schritt hin zu einer Sturm und Drang-Konzeption wird nicht getan, denn Gott bzw. das Göttliche als Adressat oder zu kritisierende Instanz existiert nicht. Somit bricht selbst ein genialisch markiertes Gedicht nicht mit der grundsätzlichen literarischen und außerliterarischen Gottgefälligkeit des Hainbundes, wodurch selbst während einer Positionierung im Denksystem des Sturm und Drang die Differenz zu diesem gesucht wird. Auch die genialische Schöpferkraft, die in Schillers frühem Gedicht *Kastraten und Männer*[924] zu dem hervorbrechenden Merkmal einer männlichen Genialität werden soll und sich eben auch im Goetheschen Prometheus-Hymnus Bahn bricht, wird im Hainbund anders bewertet. Während Prometheus ein ganzes „Geschlecht" (54) erschafft, das ihm gleicht und seine Merkmale, die ihn, den Schöpfergott, von der Göttern unterscheiden, ebenfalls trägt, bedeutet Reproduktion im Hainbund die biologische Geburt von Nachfahren, um Nation und Gesellschaft damit zu Diensten zu sein und zum Erhalt des deutschen Volkes beizutragen. Schöpfung hat bei den Hainbündlern einen moralischen Anspruch[925] und löst sich vollends von den literarhistorischen Parallen, indem das Genie, dessen Existenz ja ohnehin wie aufge-

---

[922] Kemper, *Deutsche Lyrik*, Bd. 6/II, S. 396

[923] Ebd.

[924] Fuhrmann hat von einem „pubertär auftrumpfende[n] Männlichkeitswahn" gesprochen, auf dessen Grundlage Menschlichkeit und Männlichkeit nach „ältester und schlimmster patriarchalischer Tradition einfach gleichgesetzt werden" (Fuhrmann, *Anthropologie*, S. 83) begründet.

[925] Die Hainbündler fallen vor allem durch eine leidenschaftsgebändigte „Selbstdisziplinierung" (Luserke, *Die Bändigung der wilden Seele*, S. 323) auf, und im Gegensatz zum Sturm und Drang findet gerade *trotz* der Männlichkeit eine „Bändigung der wilden Seele" statt (ebd.).

zeigt wurde quantitativ beinahe irrelevant ist, keinerlei Zeichen gibt seiner schöpferischen Potenziale. Schöpfungskraft ist vielmehr dem Mann eingegeben, der auf moralisch einwandfreier Basis als familiärer Mann und Beiträger zum Wohle der Gesellschaft lebt und diese seine Schöpfungskraft eben zur biologischen Reproduktion nutzt, um damit seine positive Rolle und Männlichkeit anzuzeigen. Dieses Konzept findet sich an so manchen Stellen im Haincorpus, wie die Arbeit gezeigt hat, und als Gegenprobe lässt sich beispielsweise Gottfried August Bürgers *Männerkeuschheit*[926] auffinden (wiewohl Bürgers Text erst 1776 entstanden ist). In diesem, in der Tradition sowohl der pietistisch beeinflussten Empfindsamkeit als auch medizinischer Anti-Onanie-Traktate stehenden Gedicht evoziert Bürger das Bild des enthaltsamen, idealen und sich prächtiger Gesundheit erfreuenden Mannes, der „nie in schnöder Wollust Schoß / Die Fülle der Gesundheit goß" (1—2). Diese Enthaltsamkeit führt zu Höherem, nämlich einem umfassend positiven Leben als wahrer Mann, wie der Ausruf „Dem steht ein stolzes Wort wohl an, / Das Heldenwort: Ich bin ein Mann!" (3—4) expliziert. Männlichkeit bricht sich idealerweise Bahn in dieser Enthaltsamkeit, und der Bürgersche Mann zeichnet sich gerade dadurch aus, dass seine Natur nicht darin besteht, seinen Trieben (wie Schillers lyrisches Ich, das ja explizit im Widerspruch zu Bürger gezeichnet wird)[927] freien Lauf zu lassen, sondern seine Sexualität zu sublimieren und nur im ehelichen Akt zu vollziehen. Schließlich erschafft dieser keusche Mann durch den exklusiv ehelichen Geschlechtsverkehr mit der durch ihn gesegneten Frau ein neues „Geschlecht", an dem er und die Welt sich erfreuen können. Die Keuschheit des Mannes führt also nicht nur ihn selbst auf eine höhere Ebene, sondern erschafft ein langfristiges Gut für die Menschheit. Indem die Wollust als ein Hauptlaster im Geiste des Pietismus verurteilt wird, spricht Bürger auch gegen die freie Entfaltung der Sexualität, die etwa Hamann während des Sturm und Drang proklamierte im Rückgriff auf die Natur des Menschen. Beim Hainbund ist auch die gedankliche Nähe zur pietistisch angereicherten Empfindsamkeit gegeben, besonders in der empfindelnd-schwärmerischen Freundschaftslyrik, beispielsweise Hahn'scher Provinienz, deren Einzelprobe oben bereits in aller Kürze untersucht worden ist. Hier soll nun noch einmal Verbindung zum pietistischen Freundschaftskult aufgezeigt werden, eben anhand des einschlägigen Gedichtes von Hahn. Das Hinsinken an des Freundes Brust, die tränenreiche Emotionalität, die seelentiefe Freundschaftsempfindung, die kultivierte Einsamkeit der Sprechinstanz nach dem Abschied des Adressaten: Das sind Bilder und Semantiken, deren

---

[926] *Bürgers Gedichte in zwei Teilen.* Herausgegeben und mit einem Lebensbilde versehen von E. Consentius. Berlin, Leipzig, Wien, Stuttgart o. J., S. 74ff.

[927] Die Forschung hat dies anerkannt, vgl. Schiller, *Sämtliche Gedichte*, S. 1054

Herkunft auch in pietistischen „Gesinnungs-Freundschaft" zu suchen ist und die zuem eine ins Literarische transferierte „Lebensform"[928] darstellen mögen, was bei den Hainbündlern ein durchaus denkbares Modell ist. Die Freundschaft wird bei Hahn als der Mittelpunkt des Denkens, Handelns und Strebens dargestellt, und mit dem räumlichen Ende der Freundschaft ergibt sich für die Sprechinstanz eine (nicht näher ausgeführte) Zäsur im Leben, denn die gemeinsame, beinahe als Doppelexistenz gefühlte Zeit mit dem Freund Closen ist vorüber. Ein Beispiel für die existenzielle Bedeutung der Freundschaft als Teil des Lebens: In der Zeitschrift *Der Gesellige* (1748—1750) heißt es von der Freundschaft, sie sei „der Mittelpunkt aller nur ersinlichen zeitlichen Glückseligkeit"[929]. Und wenn die Sprechinstanz bei Hahn tränenreich seine Todessehnsucht schildert und sich nach dem Garten Ende sehnt, „Wo die Liebe nicht länger weint" (20) drückt dies gerade keine Verzweiflung aus, sondern baut vielmehr auf einem betont christliches Fundament auf: Der Tod ist zwar das Endes des irdischen Lebens, aber die von Gott gestiftete Ewigkeit bedingt auch eine ewige, freudenreiche Liebe – damit wird Freundschaft sakralisiert, und der freundschaftliche „Gefühlsgenuss"[930] rückt in die Nähe Gottes. Vor allem steht der Hainbund in der Tradition der vaterländischen/ ‚Kriegs'poesie, wie sich sie sich eine Generation vor den Göttingern herausgebildet hat. Zahlreiche Vertreter dieser Gattungsgruppierung werden in gruppeninternen und externen Briefen genannt und oftmals in diesem Zuge als Vorbilder in diesem nationalpatriotischen Denksystem deklariert. In dem bereits zitierten Brief vom 26. Oktober 1772 heißt es dazu exemplarisch:

> Gesundheiten wurden auch getrunken. Erstlich Klopstocks! Boie nahm das Glas, stand auf, und rief: Klopstock. Jeder folgte ihm, nannte den großen Namen, und nach einem heiligen Stillschweigen trank er. Nun Ramlers! Nicht voll so feierlich; Lessings, Gleims, Geßners, Gerstenbergs, Uzens, Weissens usw. […]

An vorderster Stelle der Verehrung steht, wie bereits in Kapitel II ausgeführt, Friedrich Gottlieb Klopstock. Dessen patriotische Motive lassen sich bei den Göttingern leicht wiederfinden, was wiederum für die literarischen Männlichkeitsbilder eine Rolle spielt. Denn eine inhaltliche Korrelation von Männlichkeit und Vaterland mithilfe einer ganz bestimmten Semantik ist bereits aus Klopstocks Ode *Mein Vaterland* (1768) bekannt. Das vom lyrischen Ich besungene Vaterland trägt auch bei Klopstock die typischen Merkmale männli-

---

[928] Kemper, *Deutsche Lyrik*, Bd. 6/I, S. 121;
[929] Zit. nach ebd., S. 122
[930] Ebd., S. 123

cher kriegerischer Herrschaft, die auch die Hainbündler keine vier Jahre später in den ersten Proben der nationalen Lyrik evozieren werden. Das Vaterland bei Klopstock hat einen moralischen, künstlerischen und kriegerischen Impetus, durch das es sich innerhalb und außerhalb der eigenen Grenzen definiert, und die Merkmale dieser Eigenschaftsklassen spiegeln sich explizit in den Vertretern des Vaterlandes wider, wie sie von dem lyrischen Ich beschrieben werden.

> Und dann so gehörten sie ja dir an. Du sandtest
> Deiner Krieger hin. Da klangen die Waffen! da ertönte
> Schnell ihr Ausspruch: Die Gallier heissen Franken!
> Engelländer die Britten!
> Lauter noch liessest du die Waffen klingen. Die hohe Rom
> Ward zum kriegerischen Stolz schon von der Wölfin gesäugt;
> Lange war sie Welttyrannin! Du stürzetest,
> Mein Vaterland, die hohe Rom in ihr Blut! (52—60)

Das Vaterland wird hier in seiner Funktion als übergeordnete Instanz angesehen, die das Volk in seinen Tätigkeiten und Fähigkeiten antreibt und zu typisch männlichen Verhaltensweisen im Sinne des Kriegers antreiben. Dieses Denk- und Lyrikmuster ist auch von den Hainbündlern bestens bekannt, und so zeigt sich hier bereits eine enge Anlehnung an die vorherige Poetengeneration und deren Umsetzung des Zusammenfalls von Nation und Geschlecht. Dies ist freilich nicht das einzige Beispiel, weder in der Lyrik dieser Generation im Allgemeinen noch bei Klopstock im Speziellen. Weitere Referenzen zu diesem Hainbund-Idol lassen sich auch ermitteln, schaut man auf die Texte, die Hermann in den Vordergrund stellen bzw. ihn als Zeugen und Urvater anrufen, auch in den Gedichten, etwa *Fragen* (1752).

Die Tradition der Antithese von Germanen-Römern deutet Klopstock weiter in die Feindschaft zwischen Deutschen und Franzosen, bei ihm als Gallier bezeichnet. In diesem Schlachtentext dürstet es das Herz des Jünglings „Brennend nach kühnerer Tat" (4), und am Ende des Gedichtes ist die Rede von „Männlich" (12) verdientem Lorbeer, was wiederum vor dem Hintergrund der Taten des Volkes im Konflikt mit dem französischen Feind zu sehen ist. Solche Taten vollbringt freilich auch das deutsche Volk des Hainbundes, und zwar in einem Ton, der bisweilen kaum von dem Klopstocks – selbst wenn dieses Beispiel aus dessen früherer dichterischer Zeit stammt – zu unterscheiden ist.

Der Befund gilt in einem ähnlichen Maße auch für einen Teil des Schaffens es Halberstädter Dichters und Domsekretärs Johann Wilhelm Ludwig Gleim.

Seine *Preußischen Kriegslieder*, geschrieben vor dem historischen Kontext des Siebenjährigen Krieges, beherbergen einen Motiv- und Sprachschatz, der nicht nur zu einer „positive[n] Wertung des Krieges und eine[r] Heroisierung der Teilnahme an ihm bis zur Verklärung blutigen Gemetzels durch das hohe Ziel der Verteidigung Preußens"[931] geführt hat, sondern auch die Kriegslyrik der nächsten Jahrzehnte beeinflussen sollte. Und so verwundert es nicht, dass sich Gleim'sche Strukturen bei den Göttingern wiederfinden, sowohl sprachlich als auch inhaltlich. Man vergegenwärtige sich die Verse 1—4 aus *Bei Eröffnung des Feldzuges 1756*:

> Krieg ist mein Lied! Weil alle Welt
> Krieg will, so sei es Krieg!
> Berlin sei Sparta! Preußens Held
> Gekrönt mit Ruhm und Sieg![932]

Die Verknüpfung von Schlacht und produktiver Kunstausübung, die Anrufung des vaterländischen Krieges als höchstes Gut, die Evokation des männlich Helden als Abkömmling eines auf Auseinandersetzung gepolten Volkes, kurzum: Die Spiegelung nationaler Elemente in der männlichen Sprechinstanz, all' das nehmen die Hainbündler später auf. Auch die von Gleim kultivierte lyrische Anfeuerung zu stetigem Kampfe und dem Heldentod fürs Vaterland („Unsterblich macht der Heldentod / Der Tod fürs Vaterland! (5—6) taucht bei den Göttingern auf: Es ist ein typisches männliches Modell, sein Leben für das Vaterland hinzugeben, denn dadurch positioniert sich der Mann innerhalb einer spezifischen Gruppe und grenzt sich gegenüber anderen Typen von Männlichkeit ab. Diese Hingabe im Kontext der unendlichen Liebe zum Vaterland ist eine Verbindlichkeit, deren Ausübung für den Einzelnen nicht fakultativ ist, sondern der Mann wird dem großen Ganzen unterworfen und das echte männliche Geschlecht wird funktionalisiert als Teil eines Kollektivs, dessen oberste und edelste Aufgabe es ist, das Vaterland vor dem äußeren Feind zu verteidigen und dadurch die eigene Männlichkeit unter Beweis zu stellen – bis hin zur ultimativen Selbstaufgabe.[933]

---

[931] Herrmann, „Individuum und Staatsmacht", S. 69

[932] Gleim, *Ausgewählte Werke*, S. 24ff.

[933] Vor allem für den Vaterlandsdiskurs ließe sich die Liste der Beispiele für motivgeschichtliche bzw. intertextuelle Referenzen beinahe endlos fortführen. Das zeigt auch, dass die Vorstellungen des kriegerischen Mannes bereits vor den Hainbündlern in der (nationalen) Lyrik verankert waren und der Bund diese Inhalte aufgreift und ausgehend von seinen eigenen lyrischen Werken aktualisiert. Die Gefolgschaft Klopstocks, Gleims etc. ist somit nicht bloß eine gedanklich-ideologische, sondern mithin eine konkrete intertextuelle: Die Idolisierung der Briefe setzt sich im Schaffen fort.

Kapitel VII.2.1.2

Die Karschin, Gleim und der Göttinger Hain:
Lyrische Geschlechterkonstruktion in der Kriegslyrik

Diese Kriegslyrik ist nicht nur inhaltlich männlich markiert, sondern auch auf formaler Ebene. Der Grenadier bei Gleim stellt das Kriegsgeschehen in der besprochen Situation sehr konkret dar, die lyrische Gestaltung ist rasant und dynamisch, so dass ein unmittelbarer Wirkungszusammenhang zwischen Sprechen und Tun hergestellt wird. Ein Beispiel: das *Lied nach der Schlacht bei Collin*[934] (das Folgende gilt gemeinhin auch für die übrigen Texte zum Siebenjährigen Krieg). Vierhebige Jamben und männliche Kadenzen sorgen in diesem Grenadierlied für eine ungeheure Kraft und Geschwindigkeit, die traditionell männlichen Taten und Tugenden der Soldaten werden dadurch noch bekräftigt; auch die Binnenpragmatik wird durch die Rede einer männlichen Sprechinstanz, die in der besprochenen Situation das Schlachtgeschehen aus eigener Anschauung referiert und damit gleichzeitig natürlich auch über Männlichkeit spricht, ganz offensichtlich genderisiert. Diese männliche Aktualisierung auf formaler Ebene gibt es auch bei den Hainbündlern. In der nationalen Lyrik – und dabei vor allem in den Texten, die sich mit Kampf und der Hingabe fürs Vaterland befassen – sind wie bei Gleim männliche Kadenzen vorherrschend, und auch Versmaße und Reime passen sich den Inhalten an bzw. ordnen sich ihnen unter: Sie sind unmittelbarer formaler Verstärker der männlichen Inszenierung und spiegeln die Härte und (männliche) Schaffenskraft, auch die Rohheit und Bereitschaft zur ultimativen Gewalt gegen andere und gegen sich selbst wider. Das lässt sich unter anderem an Höltys *Vaterlandslied* nachvollziehen. Die männlich markierten Schlagworte („Heldenmuth" und „Patriotenblut" beispielsweise (4—5)) reimen sich auf betonten Schlusssilben in vierhebigen Jamben, deren damit verbundene Verskürze das Gefühl einer salvenartigen lyrischen Inszenierung vermittelt, die nur ein Ziel verfolgt: Männlichkeit formal zu ästhetisieren und vorzuführen, dass die Positionierung von Geschlecht keine rein inhaltliche Angelegenheit ist. Männliche Tugenden, explizit und implizit thematisiert, finden sich wieder in der lyrischen Gestaltung und wirken sich damit auf diese Ebene aus, indem Kraft, Geschwindigkeit, kriegerische Opferbereitschaft und andere Eigenschaften formal modelliert werden. Selbst in einem Text wie Stolbergs Stolbergs *Freiheits-Gesang aus dem zwanzigsten Jahrhundert*, der keine formale Stringenz aufweist, sondern völlig frei gestaltet ist, sind die Ebenen der Sprechsituation und der besprochenen Situation männlich gefestigt. Rückblickend wird, eben aus einem imaginierten 20. Jahrhundert heraus, eine nationale, fnale

---

[934] Gleim, *Ausgewählte Werke*, S. 35f.

Schlachtsituation besungen von einer nicht näher ausgeführten Sprechinstanz, die aber das Geschehen sehr genau und voller Pathos ausführt und dabei den Fokus setzt auf die Konstruktion von Männlichkeit. Männliches Geschlecht in seiner biologischen und sozialen Ausprägung steht in der besprochen Situation im Mittelpunkt, die besprochene Situation wird zu einer ‚besprochenen männlichen Situation'.

Für die Gegenprobe zu diesem Postulat, Männlichkeit werde auch lyrisch inszeniert und wirke sich somit auf die formale Gestaltung aus, lässt sich anhand der Kriegslyrik der Anna Louisa Karsch, die Karschin genannt, führen. Neben einer völlig differenten lyrischen Organisation im weitesten Sinne zeigt sich an diesem Beispiel auch der Konnex von Gattung und Geschlecht besonders deutlich, indem nämlich die Karschin als Kriegslyrikerin völlig aus der Regel fällt, und dieses Aufbrechen der literarischen Geschlechterdichotomie hinsichtlich des weiblichen Eindringens in die männliche besetzte ‚Naturgattung' der Lyrik, zumal der Gruppierung der Kriegslyrik, kann als Beleg dafür herangeführt werden, dass solche Texte von den männlichen Autoren gezielt zur geschlechtlichen (Eigen-)Inszenierung ausgebildet worden sind.

> Wie der Krieg lag auch die Kriegsliteratur fest in Männerhand: Das ganze 18. Jahrhundert hindurch und eben nicht nur im Siebenjährigen Krieg, wie die auf dieses Ereignis konzentrierte Kriegs- und Kriegsliteraturforschung suggeriert, wurden in literarischen Texten konkrete kriegerische Entwicklungen verarbeitet und in Szene gesetzt, und zwar fast ausschließlich von männlichen Verfassern.[935]

Als Beispiel für die abweichende formale Gestaltung der Karschin soll der Text *Den 3ten November 1760*[936] herangezogen werden; aber auch weitere Kriegstexte der Autorin sind Zeugen dafür. In diesem Gedicht der Karschin liegt der Fokus gerade nicht auf der unmittelbaren Erfahrung der kriegerischen Auseinandersetzung, sondern auf der euphorischen, hochpoetischen Akzentuierung der Leistung Friedrichs bei Torgau. Seine Person wird von der Sprechinstanz, die sich im Untertitel selbst als Karschin identifiziert („Den 3ten November 1760. groß durch den Sieg des Königs bey Torgau, beschrieb Anna Louise Karschin, gebohrne Dürbachin. Glogau 1760") und sich aus seiner gegenwärtlichen Sprechsituation heraus in die besprochene Situation der Vergangenheit denkt, in den Mittelpunkt gestellt, und Friedrich wird somit zur tragenden Instanz der besprochenen Situation. Damit werden die eher kollektivistischen Perspektiven der Grenadierslyrik beispielweise zugunsten

---

[935] Birgfeld, „Patriotische Erregung als Chance", S. 216f.
[936] Karschin, *Den 3ten November 1760*

einer singulären Fokussierung auf die Person des preußischen Königs aufgelöst, wodurch auch gleichzeitig auf eine Inszenierung der männlichen Taten dieses Kriegerkollektivs verzichtet wird. Nicht die kriegerischen Akte sind umittelbares Mittel zum Sieg, sondern die Erscheinung und Präsenz des Königs. Die Sprechinstanz versetzt sich mithilfe der „Phantasie" (5) in die Rolle des Chronisten des Schlachttages, um „Zu sehn, wie auf den nachbarlichen Hügeln / Mein König große Dinge tat" (7—8). Die Schlacht wird nicht im Kampf Mann gegen Mann, im Blutvergießen der Männer gewonnen, sondern aus Friedrichs erhöhter Rolle als Feldherr und Lenker der Armee, die wiederum als Teil für das ganze Volk und die ganze Nation angesehen wird. An Stellen, in denen Schlachtgeschehen konkretisiert wird, wird es aber gleichzeitig insofern von der männlich markierten Kriegslyrik auf inhaltlicher und formaler entkoppelt, indem einerseits auf die typisch männliche Schlachtsemantik verzichtet wird (die Darstellung erscheint wirklich als Chronik der Schlacht), und andererseits wird mit der lyrischen Kraft und Geschwindigkeit gebrochen, die noch Gleims Grenadierlieder auszeichnen: Durch zahlreiche Enjambements verliert der unterschiedlich gehobene Jambus seine Schlagkraft, die Verse fließen vor allem aufgrund der zahlreichen weiblichen Kadenzen dahin und bilden im ganzen eher eine Einheit als die auf Kürze und die Unterstreichung der kriegerischen Taten bedachten Verse Gleims und der Hainbündler. Auch die Binnenpragmatik wird durch die perspektivische Anpassung gerade nicht männlich-geschlechtlich markiert. Losgelöst von der unmittelbaren Erfahrung einer ins Geschehen involvierten und damit aktiven männlichen Instanz operiert der Text durch die Differenz von Sprechsituation und besprochener Situation mit der chronistischen Mittelbarkeit der beobachtenden, aber eben nicht teilnehmenden Sprechinstanz. Auch die poetisch, völlig anders organisierte Sprache der Karschin fällt in diesem Zusammenhang auf. Nicht nur, dass die typischen Männlichkeitsbilder und die eben die konventionellen Kampfbilder fehlen, es ist die generelle poetischen Gewalt, die den Text auszeichnet. Zu Beginn ruft die Sprechinstanz im Sinne der Inspirationstheorie die „Muse" (1) an, und diesem Ansatz bleibt der Text verpflichtet.[937]

Damit lässt sich die Relationierung des Göttinger Hains zur Karschin und ihrer weiblichen Kriegslyrik entwickeln. Die männliche Perspektive drückt sich ebenso auf inhaltlicher Ebene aus wie auch auf formaler, es liegt also, mindes-

---

[937] Wenn die Karschin Kriegslyrik produziert, bewegt sie sich gleich auf doppeltem ‚männlichen Territorium', denn nicht nur ist die Lyrik an sich eine männliche markierte Gattung, sondern auch der Gegenstand des Krieges ist dem Erfahrungshorizont der Frau – abgesehen von ihrer Rolle als Betroffener – entzogen. Johannes Birgfeld hat die für die Akzeptanz weitblicher Kriegslyrik bei den Zeitgenossen notwendige poetologische Diskussion nachvollzogen (ebd., S. 220ff.).

tens für die nationale Lyrik, eine Form von lyrischer Männlichkeit vor, die bei den Hainbündlern durchschlägt. Die Konstruktion des deutschen Mannes/des ‚Kriegers' wird auf formaler Ebene dadurch unterstützt, dass sie eben betont männlich daherkommt und somit die inhaltlichen Merkmale unterstreicht. Die Gegenprobe der Karschin führt zu dem Ergebnis, dass Kriegslyrik hingegen auch aus einer weiblichen lyrischen Perspektive heraus funktioniert, indem Sprechsituation und besprochene Situation weiblich konnotiert sind und die formale Gestaltung – bei einem gleichlautenden Inhalt, wohlgemerkt – eben nicht ‚männlich' ist. Das zeigt auch, dass Kriegslyrik überhaupt nicht männlich sein muss, um einerseits literarisch-ästhetisch zu funktionieren und andererseits Akzeptanz bei den Zeitgenossen zu finden, so dass Krieg und Männlichkeit in der Lyrik nicht zwingend korreliert sein müssen. Männlichkeit kann sich aber auch Bahn brechen, indem auf der lyrischen Ebene auf eine Unterstreichung der inhaltlichen Konstruktion geachtet wird, unter anderem durch eine geschlechtliche Inszenierung der Sprechsituation und der besprochenen Situation und den Einsatz konstitutiver Verstärker wie hart klingender männlicher Kadenzen, kriegerischer Reimwörter oder eben auch Jamben, die je nach besprochener Situation Hufgetrappel, Stiefelschritte im schnelleren Gang oder auch Salven suggerieren können. Männlichkeit in der Lyrik der Göttinger Hainbündler muss damit immer auch als lyrische Männlichkeit gesehen werden, die in Abgrenzung zur Weiblichkeit ihre Genderisierung auf formaler Ebene fortsetzt.

Kapitel VII.2.1.3
Geschlechtliche Binnendifferenz im Sturm und Drang: Kraftkerl vs. empfindsamer Typus

Mit Entwürfen diversifizierter Männlichkeitsmodelle ist der Göttinger Hain in den 1770er Jahren natürlich nicht allein. Auch das neue Denksystem des Sturm und Drang stellt unterschiedliche Männlichkeitskonzepte in den Vordergrund und lässt auf ihren Folien Konflikte spielen, die den zeitgenössischen Typus des Brudermorddramas definieren und damit eine Grundlage bieten zur Schaffung und Ausgestaltung einer für das Drama des Sturm und Drang typischen Konfliktsituation. Es soll nun im Folgenden nur kurz angezeigt werden, wie diese beiden Männlichkeitstypen definiert sind und in welcher Relation zu diesen Positionen sich der Göttinger Hain mit seinen Entwürfen befindet. Insbesondere die Dramen *Julius von Tarent* und *Die Zwillinge* exemplifizieren den Bruderkonflikt sowie damit eng verbunden die beiden oppositären Männlichkeitsstrukturen des neuen Literatursystems.[938] In den

---

[938] Die beiden Dramen verbindet neben der Entstehungszeit am Ende der ersten Hälfte der 1770er Jahre, dass ihre Autoren Friedrich Maximilian Klinger und Johann Anton Lei-

Texten bezieht der eine Bruder (Guido in *Julius von Tarent*, Guelfo in *Die Zwillinge*) die Position des Kraftmenschen, der andere die des empfindsamen Mannes (Julius in *Julius von Tarent*, Ferdinando in *Die Zwillinge*) oder, wie Doktor es ausdrückt: „In beiden Trauerspielen stoßen ein wilder, von unbändigem Tatendrang besessener Machtmensch und ein sanfter, weicher, zartfühlender Charakter aufeinander"[939]. Binärer könnten die männlichen Geschlechtscharaktere in diesem Diskurs nicht gestaltet sein: Das, was den einen auszeichnet, lehnt der andere grundsätzlich ab. Die Positionen sind dabei deutlich, allzu deutlich; Verwirrungen sind ausgeschlossen, da beide Charaktere ohne Abweichungen in ihren Positionen verhaftet bleiben und in keinem Moment, nicht einmal ansatzweise, Eigenschaften des feindlichen Bruders für sich übernehmen. In der Überzeugung, dass ihre spezifische Auffassung von Männlichkeit die einzig richtige ist und exklusiv sein kann, bleiben sie Kraftmensch bzw. empfindsamer Mann bis zum (bitteren) Ende: Wie man denken kann, führt der Brüderkonflikt konsequent und ausweglos zur Tragödie. In den beiden exemplarischen Dramen tötet der ‚starke' Part den ‚schwachen', um schließlich vom Vater (auf Väter-Figuren und männliche Generationsverhältnisse wird in anderem Kontext eingegangen) gerichtet zu werden.

---

sewitz mit ihren Texten an einem literarischen Wettbewerb teilgenommen hatten: Charlotte Ackermann und ihrem Sohn Friedrich Ludwig Schröder (die Leiter der nach ihnen benannten Hamburger Schauspielgruppe) wollten durch dieses Preisausschreiben, dessen Gewinner 20 Louisdore erhalten hatte, an neue Dramen für ihre eigenen Bühnenproduktionen kommen. Die Bedingungen, die Ackermann und Schröder aufstellten, waren folgende: Es musste ein ‚Originalstück' sein, nach Möglichkeit in Prosa gehalten sein, dem Theater gemäß eingerichtet – und vor allem keinen sittlichen Anstoß erregen. „Im Sommer 1775 – wahrscheinlich im August – schickte Leisewitz seinen Julius nach Hamburg. Auch beiden anderen eingereichten ‚Originalstücke' hatten seltsamerweise den Brudermord [bzw. generell das Motiv der feindlichen Brüder; Verf.] zum Gegenstand. Das Kainsmotiv muß in jenen Jahren geradezu ‚grassiert' haben." (Keller, „Nachwort", in: Leisewitz, Julius von Tarent, S. 77). Gewonnen hat schließlich Klinger. In der Forschung werden diese beiden Dramen nicht als Beispiel für die Verschärfung der Geschlechterdifferenz betrachtet, Rekurse auf die disparaten Darstellungen von Männlichkeiten gibt es überhaupt nicht: Während es bei Klinger um „das Motiv der unentschiedenen Erstgeburt" (Geschichte der deutschen Literatur, S. 100) geht, stehen sich in Leisewitz' *Julius von Tarent* „die feindlichen Brüder als Vertreter der alten und neuen Ordnung gegenüber. Julius tritt als Erbprinz in Widerspruch zu seiner fürstlichen Abstammung, indem er auf individuelle Selbstbestimmung in seiner Liebe zu Blanca besteht, während sein Bruder Guido, beherrscht von kriegerischer Ruhmsucht und dem Ehrenkodex seines Standes, einen feudalistischen Rechtsanspruch auf Blanca erhebt. In dem unvermeidlichen Konflikt wird Julius als Vertreter der neuen Moral von Guido erstochen. Constantin richtet als Fürst und Vater der feindlichen Brüder den Brudermörder, indem er Guido an der Leiche des Julius ersticht. Damit wird die in Frage gestellte absolutistische Ordnung wieder hergestellt." (ebd.).

[939] Doktor, Kritik der Empfindsamkeit, S. 228

Der Kraftkerl zeichnet sich durch eine ständige eigene oder fremde Unterstreichung seines Mann-Seins aus, indem in Reden von ihm und über ihn Männlichkeit sprachlich konkretisiert bzw. symbolisiert wird, etwa durch die Feuersemantik. Er könne „hassen wie ein Mann" (1. Akt, 2. Szene), formuliert beispielsweise Guido in einer ungebändigten Wildheit (dies lässt sich auch bei Klinger finden, dessen Kraftkerl Guelfo, ein „leidenschaftsgetriebene[r] Macht- und Tatmensch[..]"[940] immer wieder als ‚männlich' bezeichnet wird), gibt den „Weiber[n] keine Stimme" (1. Akt, 2. Szene) und sieht, dass in dem Konflikt (um das Mädchen Bianca) zwischen ihm und seinem Bruder, seine „Ehre [...] zum Pfande" (1. Akt, 2. Szene) steht. Guido, der sich in der Konstellation Julius-Guido für den wahren, den einzigen Mann hält, geht es um seine Ehre, nicht um aufrichtige Empfindungen gegenüber Blanca. Empfindungen, nach denen Julius hungert (1. Akt, 1. Szene), sind Guido zuwider, er hält seinen Bruder für einen „Weichling" (1. Akt, 3. Szene), dessen philosophische Belesenheit gegenüber Guidos Handeln abfällt und sich als nutzlos in dessen Augen auszeichnet. „Handeln, Aspermonte, macht den Mann" (1. Akt, 3. Szene) poltert der spätere Brudermörder gegen den besten Freund des Julius – und definiert dadurch seine Männlichkeit in einer Art, wie sie offensichtlicher nicht sein könnte: Der Mann handelt und kämpft, Arm und Kraft stehen vor Geist und Verstand.

Mit kraftgenialischem Gebaren setzt sich Guido ab von den Platonlesern, den meditierenden und spekulierenden Jünglingen, denn Mut und Tapferkeit sind für ihn die einzigen gültigen Kategorien, obwohl sich auch *seine* schneidende Rede der (rhetorisch) geschulten Dialektik bedient.[941]

„Der Besitz der Blanca ist für Guido eine Sache der gesellschaftlichen Geltung (I, 2)."[942] Wenn Julius seinem Bruder Blanca nimmt, kränkt er die Ehre des kriegerischen Bruders und stellt ihn schlecht in der Öffentlichkeit (= Kriegskameraden) dar, die seinen Anspruch auf die Frau sowohl wahrgenommen als auch legitimiert haben.[943] Dies empfindet Guido als Angriff auf seine Ehre, die als Chiffre für seine Männlichkeit zu verstehen ist. Durch den Beweis seiner Männlichkeit und die öffentliche Wahrnehmung als Mann soll

---

[940] Martini, „Die Feindlichen Brüder", S. 229

[941] Keller, „Nachwort", in: Leisewitz, *Julius von Tarent*, S. 95

[942] Martini, „Die Feindlichen Brüder", S. 226

[943] Matthias Luserke liest die Stelle allein im Hinblick auf den vaterländischen Impetus und lässt das geschlechtliche Moment außen vor: „Als Schlachtruf hat Guido im Krieg Blancas Namen im Mund geführt, nun fordert er die Frau zum Lohn für die Erfüllung seiner vaterländischen Pflicht." (*Sturm und Drang*, S. 214)

Guido Blanca in seinen Augen besitzen. Diese Männlichkeit „steht zum Pfande", wenn Julius ihm seine „Rechte" (1. Akt, 2. Szene) streitig machen will, und zwar insofern, als dass Guido befürchten muss, dass seine kriegerisch und öffentlich anerkannte geschlechtliche Ausprägung gegenüber seinem Bruder nicht haltbar ist. Er fühlt sich als Mann von einem Nicht-Mann beleidigt, so dass seine öffentliche Wahrnehmung als Stürmer und Dränger (= „Sturme von Candia auf die Mauren" (1. Akt, 2. Szene)), als Kraftmensch auf dem Spiel steht und sein Ansehen irreparabel beschädigt werden könnte. Seine gekränkte Männlichkeit und das unbändige Besitzdenken des kraftgenialischen Mannes treiben ihn dazu, Blanca zu wollen. Diese völlige Regellosigkeit, die Unterwerfung unter das Feuer der Leidenschaften sind die Kerneigenschaften des genialischen Charakters. Auch Gerstenberg sagt, dass „Genie keine bloße Fertigkeit, d. i. keine solche, die sich durch Übung erwerben läßt"[944] sei. Jeglicher Trieb kann durch das eigene Genie erfüllt werden, da es nichts gibt, was der genialische Mensch mithilfe seiner schöpferischen Individualität nicht erreichen kann. Der Kraftmensch des Sturm und Drang ist sich seiner schöpferischen Fähigkeiten durchaus bewusst und setzt seine Kräfte ein, um gegen gesellschaftliche Schranken in einem unglaublichen Furor aufzubegehren. Wutausbrüche, die völlige Unterwerfung unter die Leidenschaft und eine „affektbedingte [.] Unkontrolliertheit"[945] zeichnen den kraftgenialischen Menschen aus. Damit pocht er auf das „höhere Recht des [...] Genies"[946], seine individuellen Verlangen erfüllen und seinen Gestus als „große[r] Kerl"[947] ausleben zu können. Seine Auffassung der richtigen Ausfüllung seines biologischen und sozialen Geschlechts macht Guido auch gegenüber Julius deutlich, wenn er ihn beschimpft und durch seine Rede zur Frau macht, um Julius' fehlende und seine eigene vorhandene Männlichkeit zu zeichnen. Die Konstitution von ‚wahrer' Männlichkeit im Gestus des Kraftmenschen gelingt über die Abgrenzung von falscher Männlichkeit. In jeder Darstellung der unmännlichen Eigenschaften Julius' findet sich, als Widerspruch, implizit die männliche Eigenschaft Guidos wieder.

Amalia bezeichnet in *Die Zwillinge* das Verhalten Guelfos als „Krankheit" (1. Aufzug, 4. Auftritt), für die der Sohn nichts kann und für die er nicht angeklagt werden kann.[948] Seine Gewaltexzesse und „leidenschaftlichen Aufwallungen"[949] sind Konsequenz einer Malaise und keine böse Absicht. Wäre er

---

[944] Zit. n. Sauder, *Theorie der Empfindsamkeit und des Sturm und Drang*, S. 232

[945] Luserke, *Sturm und Drang*, S. 195

[946] Klinger, *Die Zwillinge*, S. 67

[947] Ebd., S. 77

[948] Auch an anderen Stellen heißt es, Guelfo sei „krank", etwa 2. Aufzug, 5. Auftritt und 3. Aufzug, 1. Auftritt.

[949] Korff, *Goethezeit I*, S. 230

nicht krank, wäre er ein anderer Mensch, soll die Beurteilung der Mutter sagen. Die Wildheit und Brutalität des Guelfo sind somit keine Produkte freier Entscheidung, sondern determiniert. Darauf hat Mattenklott im Kontext der Kainstat hingewiesen: „Denn von Grimaldi als seinem Gewissen verfolgt, zerreißt er den Faden, der die Marionette determiniert."[950] Der Autor bezeichnet das Kraftgenialische als Krankheit, dem ein Mann auf Gedeih und Verderb ausgeliefert ist? Die kraftvolle Konstitution eines Charakters ist durch eine Krankheit kontrolliert und nicht das angeborene Talent eines freien, ungebundenen Geistes? Oder: Sollte das gerühmte Talent des Genies gar eine Krankheit sein, die zu „unberechenbare[r], unkontrollierte[r] Impulsivität", „impulsive[r] Gewalttätigkeit", „destruktive[r] Hemmungslosigkeit" und „Wahnvorstellungen, [einem] gestörten Wirklichkeitsverhältnis"[951] führen? Man mag dies kaum glauben und tatsächlich ist eine solche literarische Ansicht des kraftgenialischen Gebarens in der (Genie)Literatur des Sturm und Drang wohl einzigartig. Klinger als der Mann, der mit Guelfo den „Liebling einer kraftsüchtigen, sich zurückgesetzt fühlenden Jugend"[952] geschaffen hat, lässt einen seiner Charaktere im Diskurs über das Verhalten des genialischen Mannes sagen, diese spezifische und ihn definierende Eigenschaft sei eine Krankheit, genauer „seine Krankheit" (1. Aufzug, 4. Auftritt). Bei Rezipienten, die dem Sturm und Drang-Gestus nicht vollständig verfallen waren, ist dieser Hieb schon zeitgenössisch aufgefallen. Gottfried August Bürger, der mit dem kraftgenialischen Mann wenig anfangen konnte, schreibt zum Beispiel: „Vom Lisboa bis zum kalten Oby, wie Ramler singt, ist außer dem Tollhause kein solcher Character".[953] Als „geistig-seelisch defekt" identifiziert Guthke Guelfo im Hinblick auf Bürgers Diktum und sagt, dass „bis in die jüngste Gegenwart [...] sich aber kaum ein Deutscher solche Unabhängigkeit des Urteils erlaubt und gewagt [hat], etwas Fragwürdiges in diesem Kraftgenie zu sehen"[954]. So ist Guelfo nicht zuletzt von Guthke als „selbstherrlich-rücksichtslos[.]"[955] und infantil[956] bezeichnet worden, „unfähig, Tun und Absicht zu koordinieren"[957]. Deshalb begeht Guelfo die Kainstat und geht daran zugrunde. Diese negativen Aspekte des Genie-Charakters Guelfos haben dazu geführt, dass Klingers Drama *Die Zwillinge* heute als die „kritische Abkehr von geniezeitlichem Ver-

---

[950] Mattenklott, *Melancholie*, S. 70
[951] Klinger, *Die Zwillinge*, S. 77
[952] Schneider, *Die deutsche Dichtung der Geniezeit*, S. 226f.
[953] Zit. nach Klinger, *Die Zwillinge*, S. 74
[954] Ebd.
[955] Ebd., S. 75
[956] Vgl. ebd., S. 76
[957] Ebd., S. 78

halten"[958] angesehen wird. Der Text, dieser „Inbegriff des Stürmens und Drängens"[959], führt also deutlich vor Augen, dass auf dem Höhepunkt der Epoche von den Autoren selbst versucht wurde, das „Genie-Ideal [...] hinter sich zu lassen"[960].

Julius im *Julius von Tarent* wiederum erscheint, hier exemplarisch betrachtet, als ein Muster des empfindsamen Mannes, dem alles Gewalttätige, Herrschende zuwider ist und der sich deshalb mit seinem Bruder in einem expliziten und mit seinem Vater in einem impliziten Konflikt befindet. Hermann August Korff beschreibt 1923 die Figur des Julius wie folgt: Im *Julius von Tarent*

> ist der Held ein zur Krone berufener Prinz, der um seiner Liebe willen auf Thron und Reich verzichten will, aber auf die höheren Pflichten seines fürstlichen Standes stößt, die eben das Opfer seiner Liebe von ihm heischen. Und in leidenschaftlicher Aufwallung werden hier alle Verpflichtungen des Individuums, auch des fürstlichen Individuums gegen die Gesellschaft geleugnet, um einem absoluten Individualismus Platz zu machen. Wie kann es Pflichten gegen eine Gesellschaft geben, die die Kulturwohltaten, an denen sie das Individuum teilnehmen läßt, durch die unnatürlichste Beschränkung seiner Lebensfreiheit wieder zunichte macht? [...] In Leisewitzens [...] Dramen kämpft die Liebesleidenschaft mit Fürstenpflicht, wobei die letztere als tragische Fessel des natürlichen Lebensrechts erscheint.[961]

Besonders wichtig scheint die Betonung der „aufwallende[n] Leidenschaften". Ja, nicht nur Guido in seiner feurigen Männlichkeitsemphase ist von seinen Affekten und Leidenschaften gesteuert, wie der Fürst von Tarent bemerkt; auch für Julius gilt dieses. Affekte erwecken nicht unbedingt männliches Feuer im Sinne des Sturm und Drang-Kraftkerls, auch das Gegenteil ist möglich. Von seinen Affekten und Leidenschaften getrieben, wählt Julius den Weg, der ihn wegführt vom Lebensentwurf seines Bruders und ihn zu einem empfindsamen Mann macht, obgleich seine Lebensführung als Mann vom Kraftmensch als weibisch disqualifiziert wird. Auch Julius kümmert sich nicht um Regeln, die ihm seine Umwelt und Vernunft eingeben, um seinen Zielen nahe zu kommen. Auch für ihn gilt nur das Gesetz, dass ihm seine Gefühle geben (wie Guido, der sich von seinen kraftgenialischen Leidenschaften leiten lässt), und dem er alle anderes Kategorien, die von außen an ihn herangetragen wer-

---

[958] Ebd., S. 79
[959] Ebd., S. 67
[960] Ebd., S. 78
[961] Korff, *Goethezeit I*, S. 230f.

den, unterordnet. Diese äußeren Kategorien sind für Julius rein männlich besetzt, die Forderung der (fürstlichen) Umwelt an ihn lautet, sich endlich seiner Männlichkeit in einem patriarchal-herrschenden Sinne bewusst zu werden, diese anzunehmen und umsetzen.

In Julius herrscht ein Widerstreit von Wollen und Können: Er ist sich seiner Verpflichtung, im Sinne einer traditionellen Männlichkeitskonzeption, bewusst und weiß um seines Vaters Situation, aber dennoch bringt ihn nichts davon ab, sich allein seinen Empfindungen für Blanca und die Liebe hinzugeben. Das, was von außen an ihn herangetragen und von seiner fürstlichen Person gefordert wird, kann Julius seiner Umwelt nicht geben. Er kann kein Mann sein in dem Sinne, dessen es bedürfte, um die öffentliche, herrschende Position einzunehmen, deren Antritt man von ihm erwartet. Für ihn korreliert Mannsein mit dem Herrscheramt und den „höheren Pflichten seines fürstlichen Standes"[962], denen er sich nicht stellen will und vor allem nicht *kann*. Diese fehlende Fähigkeit, nicht der fehlende Wille, ist in „aber das ‚sei ein Mann' zerschmolz wieder in einen Seufzer der Liebe" (1. Akt, 1. Szene) formuliert. Insofern ist die Verweigerung des Mannseins und der korrekten Ausprägung seines Geschlechts nur eine Flucht vor dessen Konsequenzen (nämlich „die unnatürlichste Beschränkung seiner Lebensfreiheit"[963]), die in den Augen Julius' nicht mit dem eigentlichen Kern seines Wesens, das, ganz wie Goethes Werther, von der Liebe zu Blanca geprägt ist, zusammen zu bringen ist. Für ihn ist das die Katastrophe seines Lebens: „Ich habe ein Herz und bin ein Fürst – das ist mein Unglück" (1. Akt, 1. Szene). Mannsein ist Unfreiheit, und nichts scheint Julius mehr zu schrecken als das Gefühl, seine Liebe und individuelle Freiheit als Teil davon aufgeben zu müssen. Die Liebe ist der Opponent des Herrscheramtes, der Konflikt von innen und außen wird hier in der Formel individuelle Empfindung versus gesellschaftliche Repräsentation subsumiert. Gleichzeitig weiß Julius aber, dass dies im Herrscheramt, das ihm bevorsteht und welches er als unerhörte Bürde empfindet, nicht möglich sein wird. Die Empfindungen prägen also sein Inneres, so wie sein Bruder von genuin männlichen Komponenten geprägt wird: Julius wehrt sich „gegen die geschlechterdifferente Rollenzuschreibung, die nicht seinen wahren Gefühlen entspricht".[964] Die Erwartungen von außen formuliert auch der Vater Constantin: „Du bist kein Mädchen, die Liebe ist nicht deine ganze Bestimmung. Du wirst ein Fürst und mußt dem Vergnügen der Tarentiner dein Vergnügen aufopfern lernen." (3. Akt, 2. Szene). Fritz Martini schreibt:

---

[962] Ebd.

[963] Ebd.

[964] Luserke, *Sturm und Drang*, S. 212

Die innere Gemeinsamkeit der Brüder bei aller ihrer Dissonanz ist die Voraussetzung ihres dramatischen Agons. Beide sind egozentrische Leidenschaftsnaturen. Julius ist fixiert auf sein sentimental-erotisches Fühlen und Begehren – Guido ist fixiert auf eine ehr- und ruhmsüchtige Männlichkeit, die, zum „Gesetz der Natur" proklamiert, „alle anderen Verdienste, Resultate menschlicher Einrichtungen" (I, 3) als belanglos fortfegt.[965]

Die emphatische Regellosigkeit, die die Stürmer und Dränger als übersteigertes Zeichen ihrer genialischen Lebensentwürfe ansehen, gilt auch für den empfindsamen Mann, wie er von Leisewitz in der Figur des Julius manifestiert wird. Die Affekte beherrschen den kraftgenialischen Mann genauso wie den empfindsamen. An seiner Figur wird die, in Relation zum Kraftkerl, Variante einer problematisierten Leidenschaft beschrieben.

Es sind damit der Typus sowohl des empfindsamen als auch kraftgenialischen Mannes dargestellt worden. Es hat sich gezeigt, dass das Geschlecht an sich von diesen Typenzuweisungen betroffen ist: Männlichkeit als geschlechtscharakterliches, soziales und biologisches Merkmal steht und fällt in den literarischen Darstellungen mit der Emphase von Genie und Empfindsamkeit.[966] Es gilt: „kraftgenialisch = männlicher Mann" und „empfindsam = weibischer Mann". Nach diesen Ergebnissen werden die Männer der Dramen auch identifiziert und klassifiziert: Klingers Guelfo ist ein „Mann" (1. Aufzug, 2. Auftritt und öfter) und ein „Löwe" (1. Aufzug, 3. Auftritt), während Ferdinando ein „eitles, schwaches, elendes, püppisches Männchen [ist], der von Empfindsamkeit viel schwätzt [und] nichts als ein bischen Mädchenseele hat" (3. Aufzug, 1. Auftritt). So wird schon lexikalisch die interne Geschlechterdifferenz deutlich. Bei Leisewitz werden ähnliche Töne angeschlagen: Guido spricht sich selbst „männliche Tapferkeit" (1. Akt, 3. Szene) zu und attestiert sich, er könne „hassen wie ein Mann" (1. Akt, 2. Szene), wohingegen sein Bruder Julius als „liebeskrankes Mädchen im Pomeranzenwald", „Puppe", schlicht: als „empfindsam" (alles 1. Akt, 2. Szene) hingestellt wird. Dabei ist zu bemerken, dass die kraftgenialischen Männer ihre empfindsamen Brüder mit den Aspekten angreifen, die schon zeitgenössische Theoretiker genutzt haben, um die ‚Verderbtheit' und Lebensuntüchtigkeit des empfindsamen Typus darzustellen: Ein großer Teil der kritischen Semantik der Kraftmenschen ist auf die Übertreibungen im Verhalten der empfindsamen Brüder gemünzt. Es ist dar-

---

[965] Martini, „Die Feindlichen Brüder", S. 222

[966] In der Forschung finden sich immer wieder Stimmen, die den kraftgenialischen Mann als Vertreter der feudalen Ordnung, den empfindsamen Mann als Vertreter bürgerlicher Auffassungen verstehen (Beispiele sind Huyssen, *Drama des Sturm und Drang*, S. 198 und Martini, „Die Feindlichen Brüder", S. 227 u. ö.).

über hinaus Tatsache, dass nicht nur die direkten Widersacher des empfindsamen Mannes diese Perspektive einnehmen, sondern auch andere Figuren aus dem direkten Umfeld der Männer. Auch für diese ist die überbordende Empfindsamkeit ein Grund zur Kritik und die Frage, ob die Träger dieses Typus' das von ihnen geforderte Leben meistern können. Die Frage nach dem Genie eines Charakters ist also immer auch die Frage nach der Wirkung dieser Konstitution auf die Außenwelt.

Bei den Göttinger Hainbündler existieren solche verschärften Geschlechtermodellierungen nicht. Während der Typus des Kraftkerls keine Verwendung in der Lyrik findet (der Ritter Hardiknut ist Vertreter einer maskulinen Defektologie in der Nähe zum Kraftdiskurs aufgrund seiner sozialen Herkunft, nicht aufgrund seiner Natur; und auch die psychischen und physischen Merkmale hainbündlerischer Männer, die mit einer ‚Kraft'konzeption im weiteren Sinne verbunden sind, sind gänzlich anders organisiert als die des Kraftkerls), wird der empfindsame Mann des Hainbunds (der zumal nur auf wenigen Ebenen mit den Entwürfen des Sturm und Drang korreliert ist) als eine positive Figur vorgestellt, die gerade aufgrund ihres emotionsaufgeladenen Wesens vor allem im Freundschaftsdiskurs eine bedeutende Rolle einnimmt. Es geht also keineswegs darum, den empfindsamen Typus abzuwerten. Dazu tritt der Befund, dass sich die Männlichkeiten des Göttinger Hains ja grundsätzlichen Bewertungskategorien zuordnen lassen: Die Frage nach „richtig" und „falsch" stellt sich im Haincorpus wenn überhaupt nur peripher, da die Modellierung der Typen so angelegt ist, dass keine Fragen offen bleiben. Zum anderen entwerfen die Hainbündler keine Oppositionen im Sinne solcher bipolarer Männlichkeitskonstruktionen. Widersprüchliche Geschlechterkonstitutionen entspringen eher ‚nationalen' Abgrenzungserscheinungen als einem literarischen Programm, das diesen Konflikt der Männlichkeiten zur formalen und inhaltlichen Entfaltung benötigt. Insofern besteht kaum eine Nähe zwischen den Ausführungen des Sturm und Drang und den Hainbündlern, und das häufig beschworene Postulat der Zugehörigkeit der Göttinger zum Sturm und Drang kann somit – zumindest ausgehend vom Männlichkeitsdiskurs infrage gestellt werden.

Kapitel VII.2.2
Ergebnisse

Es ist nun anhand verschiedener Beispiele gezeigt worden, in welchem Verhältnis die Hainbündler zur zeitlich verwandten Literatur (ihrer und einer Generation zuvor) besonders hinsichtlich ihrer Männlichkeitskonstruktion stehen. Vor allem gegen den Sturm und Drang spricht einiges bei den Hainbündlern. Ihr Habitus ist, bis auf ganz wenige Ausnahmen, nicht von den gottgleichen Fantasien des neuen Systems durchdrungen, und sie wenden sich gemeinhin aufgrund ihrer Religiosität und des anderen Verständnisses von Schöpferkraft diesen Ideen kaum zu. Der sich parallel zum Göttinger Hain konstituierende Sturm und Drang ist damit kein wesentlicher Baustein im literarischen Schaffen der Gruppe, weshalb diese auch nicht, wie oben bereits postuliert, kaum als Teilnehmer dieser Epoche gelten können; dem Zuschlag des Hainbunds zum Sturm und Drang, wie ihn beispielsweise Kaiser vornimmt („Der junge Goethe ist Mittelpunkt eines Freundeskreises; die andere wichtigste Gruppenbildung der Sturm-und-Drang-Generation hat den Charakter eines bündischen Zusammenschlusses: der Göttinger Hain [...]"[967]), ist demnach wohl nicht zuzustimmen. Wohl hingegen lässt sich eine ideologische und inhaltliche Nähe zur Empfindsamkeit eruieren, die aufgrund der literarischen Vorbildern, von denen insbesondere Klopstock als einer der herausragenden Vertreter der deutschen empfindsamen Dichtung heraussticht, nicht erstaunlich scheint. Diese inhaltliche und sprachliche Korrelation erstreckt sich auch über die mit dem Pietismus zusammenfließenden Grenzen dieser Gattungsgruppierung, wie exemplarisch anhand der Nähe von Hahns Freundschaftsode zu einer Probe der pietistisch beeinflussten Empfindsamkeit dargestellt worden ist.[968]

Die Relationierung zur Kriegslyrik der Vorgängergeneration hat indes nicht nur eine inhaltliche Übereinstimmung mit den Texten Gleims, dessen Grenadierlieder als beispielhaft für die Kriegslyrik der 60er Jahre aufgefasst werden und der von den Hainbündlern explizit als ein Vorbild benannt wird, ergeben. Vor allem für die Explikation des Begriffs der lyrischen Männlichkeit (auch im Sinne der Korrelation der Gattung Lyrik und dem männlichen Geschlecht) für die Hainbündler hat die, freilich kurze, Gegenüberstellung mit der Karschin einiges geleistet: Kriegslyrik ist nicht per se männlich, sondern kann auch auf formaler Ebene betont männlich gestaltet werden, aber sie funktioniert gleichzeitig auch ohne die männliche Inszenierung von Sprechsituation und besprochener Situation, von Kadenzen, Reimen und Metren. Dies lässt sich bei der Karschin nachvollziehen, sie ist ein interessanter Fall für die weibliche Markierung von Kriegslyrik, während die Hainbündler sich der mehrheitlichen Vermännlichung dieser Texte anpassen. Die Korrelation von Inhalt und Form ist also keine ‚natürliche', sondern eine gewollte; lyrische

---

[967] Kaiser, *Aufklärung, Empfindsamkeit, Sturm und Drang*, S. 258

[968] Die Anakreontik soll hier nicht noch einmal separat akzentuiert werden; aufgrund fehlender inhaltlicher Erneuerungen auf der einen Seite und Irrelevanz hinsichtlich der differenzierten Männlichkeitskonstruktionen genügen wohl die Einlassungen in Kapitel II. Nichtsdestotrotz bietet es sich für die Forschung an, einmal umfassend die anakreontischen Tendenzen des Hainbundes, ihre intertextuellen Referenzen und ihre Stellung innerhalb der in der Spätaufklärung entstandenen anakreontischen Lyrik zu untersuchen.

Männlichkeit ist ein beabsichtigtes Kriterium, dass den männlichen Impetus eines Textes unterstreicht, indem die inhaltliche Männlichkeit eine Vereinigung mit der formalen Männlichkeit eingeht und die Aussagen von der Form unterstrichen bzw. getragen und gestützt werden.[969]

Kapitel VII.3
Männlichkeitskonstruktion und Männlichkeitstheorie

Es stellt sich, nach den Referaten in der Einleitung und der Anwendung der modernen Männlichkeitstheorien in den Textuntersuchungen, die Frage, inwiefern die Theorien als solches bei den Hainbündlern zutreffen. Lassen sie sich applizieren? Im Folgenden werden überblicksartig die Anwendungsmöglichkeiten der Theorien zusammengefasst; im Anschluss daran sollen sowohl deren Nutzen als auch deren Beschränkungen untersucht und ein Ergebnis daraus hinsichtlich der Vereinbarkeit von Hainbundlyrik und Theorie formuliert werden.

Connell formuliert, dass sich die männliche Hegemonie, das die für ihn die Männlichkeit ausmacht, aus einem „claim to authority"[970] speist. Dieser „claim to authority" ist natürlich und von den Unterdrückten nicht verhandelbar. Und zwar darum, weil eine „correspondence between cultural ideal and institutional power"[971] besteht, die es den Unterdrückten unmöglich macht, sich gegen die männliche Hegemonie, die von einer ganz bestimmten Gruppe ausgeübt wird, zu wenden. Eine solche männliche Hegemonie mag man auch beim Göttinger Hainbund erkennen. Die Männer erheben sich durch ihre Fähigkeiten und Merkmale über andere Gruppen, seien es Franzosen/Frankophile, Feiglinge oder Unfreie. Es ist ein Fundament der hainbündlerischen Männlichkeitskonstruktion, solche Gruppen herabzuwürdigen und die imaginierte Männlichkeit des eigenen Personals daran zu messen – mit dem Ergebnis, dass nur die eigene Männlichkeitsvorstellung in einem positiven Rahmen bestehen bleibt. Das heißt konkret: Ein Text wie Friedrich Leopold Graf zu

---

[969] Diese lyrische Männlichkeit ließe sich sicherlich, vor allem über die Untersuchung von Sprechsituation und besprochener Situation, noch für zahlreiche Texte und demnach auch die übrigen Männlichkeiten des Hainbunds nachvollziehen; in dieser auf die inhaltliche Ebene konzentrierte Arbeit kann die formale Ebene aber nur kleinen Raum einnehmen und muss deshalb postulativ-exemplarisch bleiben. Eine Arbeit hingegen, die die inhaltliche Ebene zum Anlass nimmt, die lyrische Männlichkeit in den Mittelpunkt zu stellen und mithilfe ausführlicher Analysen die Korrelation von Form und Geschlecht auf breiter Basis zu untersuchen, würde einen großen Gewinn für die Forschung darstellen, und das nicht nur für die Forschung zur Gruppe und Epoche, sondern ganz allgemein zur Fragestellung von Gender und Literaturwissenschaft.

[970] Connell, *Masculinities*, S. 78

[971] Ebd.

Stolbergs *Freiheits-Gesang aus dem zwanzigsten Jahrhundert*, der sich geradezu darin ergeht, die Geschlechtlichkeit der Gegner abzuwerten, sie ihnen sogar zu nehmen, um sie dadurch in einem nächsten Schritt zu entmenschlichen und aus jeder auch nur peripher ähnlichen Ebene zu verbannen, müsste ein Paradebeispiel für die Applizierbarkeit der Hegemonie-Theorie Connells auf die Lyrik der Hainbündler sein. Die Männlichkeit der Feinde steht in einem krassen Widerspruch zur Männlichkeit der Grafen Stolberg, die sich selbst als lyrisches Personal in den Text hineinversetzen, und ihrer Verbündeten. Ihre Männlichkeit entsteht aus ihrem patriotisch getriebenen Freiheitsdrang heraus, der jeder Unterdrückung und Unfreiheit abhold ist und für deren Abwehr das eigene Leben in famos-pathetischer Weise gegeben wird. Hingegen erleiden die Gegner unmenschlichste und unmännlichste Schicksale, männliche Herrschaft einer bestimmten Gruppe wird bis zur qualvollsten Unterdrückung des Gegners ausgespielt. Diese Gegner befinden sich in einer Hierarchie des männlichen Geschlechts am Boden[972] und werden deshalb von der Männlichkeit, die sich an der Spitze befindet, implizit und explizit unterdrückt, indem ihnen die Männlichkeit und jegliche männliche Würde aberkannt werden. Sie werden „expelled from the circle of legitimacy"[973]. Von männlicher Unterdrückung lässt sich auch in anderen Texten sprechen, beispielsweise in *Das deutsche Mädchen an ihr Clavier*. Dort verachtet das weibliche lyrische Ich offen das „welsche[.] Lied voll OpernSchmerz" (1) und den „buhlerischen AfterScherz / Des Franzen" (3—4). Italienische und französische Kunst (was ohne weiteres auf das gesamte Verhalten übertragen werden kann) ist weinerlich bzw. buhlerisch, also unsittlich, sexuell aggressiv. Dies gilt dementsprechend auch für die italienische und französische Männlichkeit, die ja im Verlaufe des Textes deutscher Kunst, stellvertretend für die deutsche Kultur und somit der Nation an sich, gegenübergestellt wird und den Vergleich gegen die sittliche, würdige und patriotische Kunst des deutschen Mädchens freilich verliert.

Dies würde Connells Begriff der „Subordination"[974] im Speziellen und seinem Konzept der Hegemonie im Allgemeinen freilich Genüge tun, aber seine Theorie weist im Ganzen markante Punkte auf, die sich mit der Darstellung der Hainbündler nicht vereinbaren lassen. Der augenscheinlichste Unterschied ist die raum-zeitliche Ausdehnung seines Hegemonie-Konzeptes. „Hegemony relates to cultural dominance in the society as a whole"[975], damit übt eine gesellschaftliche Majorität die kulturelle Dominanz aus und schließt andere

---

[972] Vgl. ebd., S. 78
[973] Ebd., S. 79
[974] Ebd. S. 78
[975] Ebd.

Gruppen, sowohl differierende Männlichkeiten als auch die Weiblichkeit, von jeglichen Herrschaftsansprüchen aus. Aber genau diese Majorität ist beim Göttinger Hainbund nicht gegeben, quantitativ ist die positive Männlichkeit schwach aufgestellt. Den Gedichten lässt sich entnehmen, dass es eine kleine Gruppe ist, die sich gegen innere und äußere Feinde und gegen den Niedergang der Nation und des Deutschtums stellt, der durch äußere Einflüsse bedingt ist, aber von innen durch das eigene Volk vorangetrieben wird. Insofern stellt sich eine kleinere Gruppe gegen eine größere, weshalb der Kern der Hegemonie nicht gegeben sein kann: „I stress that hegemonic masculinity embodies a ‚currently accepted' strategy. When conditions for the defence of patriarchy change, the bases for the dominance of a particular masculinity are eroded."[976] Die Männer, die der positiven Männlichkeit angehören, sind absolut in der Minderheit, ihr Konzept ist eben nicht „currently accepted'". Wenn es mehrheitsfähig wäre, müsste das lyrische Personal dann für die Durchsetzung der Ziele im eigenen Land kämpfen, müsste es auf die mehrheitlichen Verfehlungen der Jungen und Mädchen, der Männer und Frauen wieder und wieder hinweisen und sich selbst und die kleine Gruppe, die in positiven Grenzen denkt, als Schutzphalanx aufbauen, um Ehre, Freiheit, Vaterland zu retten? Wohl kaum. Eigentlich ist die „hegemonic masculinity"[977] sogar das den hainbündlerischen Vorstellungen entgegengesetzte Konzept, da dieses in der ‚Öffentlichkeit', wie sie innerhalb des fiktionalen Rahmens definiert wird, das vorherrschende ist. In der lyrischen Welt des Göttinger Hainbunds herrscht gerade keine „correspondence between cultural ideal and institutional power"[978] – zumindest nicht aus der Sicht, die die Hainbündler einnehmen. Ihr kulturelles Ideal bezieht sich vollumfänglich auf ihr Deutschtum, während die institutionalisierte Macht aber weiterhin französisch beeinflusst ist und sich gerade nicht auf das historisch gewachsene und auf Hermann zurückimaginierte Deutschtum beruft. Auch Connells Beobachtung, dass sich Hegemonie hauptsächlich in der „subordination of women"[979] ausdrückt, lässt sich in der Lyrik nicht wiederfinden. Die Unterdrückung von Frauen findet nur in wenigen Kontexten statt, ist *kein* allgemeingültiges Konzept und wird betont negativ behandelt und bewertet. Männliche Hegemonie, die sich an der Unterdrückung der Frau ausweist, ist kein positives Konzept; und schon gar keines, das laut Connell in der Öffentlichkeit im Sinne der „correspondence between cultural ideal and institutional power" verankert wäre. Man denke an Höltys Ballade *Adelstan und Rößchen*: Der männliche Protagonist findet den

---

[976] Ebd., S. 77
[977] Ebd.
[978] Ebd.
[979] Ebd.

Tod für seinen Betrug, der das Schäfermädchen tötet, deren fremdverschuldeter Tod von allen als großes Unglück sehr betrauert wird. Die Frau als Opfer männlicher Hegemonie hat die Sympathien, nicht der Mann als potenzieller „Mehrheitsträger". Auch der Gewaltaspekt lässt sich nicht in dem Maße übertragen, in dem Connell dessen Wichtigkeit erachtet. Er unterscheidet zwischen verschiedenen Ausprägungen und Graden von Gewalt gegen Frauen, mithilfe derer Männer ihre Dominanz fixieren:

> Intimidation of women ranges across the spectrum from wolf-whistling in the street, to office harassment, to rape and domestic assault, to murder by a woman's patriarchal ‚owner', such as a separated husband. Physical attacks are commonly accompanied by verbal abuse of women […].[980]

Für diesen Aspekt gilt, dass er nicht anwendbar ist. In *Wiegenlied eines Mädchens* wenden die Männer in den Fenstern eine Form von Gewalt an, nämlich das „wolf-whistling"[981], mit dem sie das Mädchen auf dem Weg zur Kirche belästigen. Aber erstens wird diese Verhaltensweise negativ bewertet und zweitens ist sie die einzige Form von Gewalt gegen Frauen im Corpus der Hainbündler. Eine zweite Ebene ist die mann-männliche Gewalt. Diese gibt es in beinahe allen Diskursen: Deutsche Männer, die gegen die Feinde des Vaterlands zu Felde ziehen und deren Gewalt sowohl implizit ausgedrückt als auch explizit zur Schau gestellt wird (Stolbergs *Freiheits-Gesang* ist das beste Beispiel); der Mann Hermann, bei dem als Gründer und Verteidiger des Vaterlandes jede Gewaltanwendung legitimiert wird; Stolbergs Knabe, der vor seiner Zeit nach dem Schwert ruft, um fürs Vaterland zu streiten; oder auch die germanischen Barden, deren „Ruf hinabscholl, der, durch den Lanzenwurf / Entflammter Hunderten, des Römers / Trotzige Scharen zu Boden stürzte" (*An Boie*, 34—36).
Aber taugt deshalb Connells Gewalt-Verdikt als Beweis für die Anwendbarkeit seiner Hegemonie-Therapie auf den Männlichkeitsdiskurs der Hainbündler? Nein, und zwar aufgrund der Unterschiedlichkeit des Ansatzes. Bei den Hainbündlern ist die Gewalt Mittel dazu, das Deutschtum und damit die deutsche Nation nachhaltig in allen Facetten zu schützen und zu erhalten; dabei geht es explizit *nicht* um männliche Herrschaftsansprüche, da die Männlichkeit mit der patriotischen Kompetenz steht und fällt. Wenn der Mann herrscht, dann in seiner Funktion als *deutscher Mann*, denn erst an seinem Einsatz fürs Vaterland erweist sich die Männlichkeit. Opfer von Gewalt wer-

---

[980] Ebd., S. 83
[981] Ebd., S. 83

den andere Männer nicht aufgrund hegemonialer Ansprüche, sondern damit die deutschen Männer das übergeordnete, kollektive Ziel eines freien Vaterlandes in den moralischen Grenzen erreichen. Bei Connell hingegen ist mann-männliche Gewalt Herrschaftsinstrument einer kleinen Gruppe, die damit ihre Hegemonie durchsetzt und verteidigt – aus einem reinen Herrschaftswillen heraus (vergleichbar damit sind die Ansichten Guelfos und Guidos).

> Second, violence becomes important in gender politics among men. Most episodes of major violence (counting military combat, homicide and armed assault) are transactions among men. Terror is used as a means of drawing boundaries and making exclusions, for example, in heterosexual violence against gay men. Violence can become a way of claiming or asserting masculinity in group struggles.[982]

Die Theorie Connells ist also nicht dazu geeignet, ohne Einschränkungen auf die Texte appliziert zu werden. Freilich lässt sie sich in Einzelfällen und inhaltlich selektiv nutzen, sowohl an dieser Stelle als auch innerhalb der konkreten Textinterpretationen wurden Beispiele dafür geliefert. Männliche Hegemonie existiert zwar bei den Hainbündlern im patriotischen Kontext, aber nur sehr eingeschränkt in dem Sinne, den Connell als Ergebnis seiner Studien präsentiert. Und auch Connells Beobachtung, „it is the *group* that is the bearer of masculinity"[983] trifft zu; denn obwohl die Gruppe nicht die Majorität besitzt, definiert sich die hainbündlerische Männlichkeit doch immer über eine gewisse Mannstärke. Aber man kann nicht davon sprechen, dass die Männlichkeit der Göttinger Hainbündler hegemonial im Sinne Connells ist.

Männlichkeit in ihrem Verhältnis zur Weiblichkeit steht bei Pierre Bourdieus Konzept des männlichen Habitus im Vordergrund. Er sieht in der „weiblichen Unterwerfung [eine] unersetzliche Form von Anerkennung": Diese Anerkennung sei eine „Anerkennung, die denjenigen, der ihr Gegenstand ist, in seiner Existenz rechtfertigt und darin, so zu existieren, wie er existiert"[984]. Der „Vermännlichungsprozess" sei wohl „nur mit dem insgeheimen Einverständnis der Frauen ganz zu vollenden"[985]. Den Unterschied zwischen Männern und Frauen hinsichtlich ihrer Herrschaftsmöglichkeit beschreibt Bourdieu folgendermaßen:

---

[982] Ebd.; man versteht dies noch besser, wenn man sich noch einmal den Aspekt der „subordination" (ebd., S. 78) vor Augen führt: „Gayness, in patriarchal ideology, is the repository of whatever is symbolically expelled from hegemonic masculinity [...]." (ebd.).
[983] Connell, *Masculinities*, S. 107
[984] Bourdieu, „Die männliche Herrschaft", S. 204
[985] Ebd.

Viele Positionen sind für Frauen deshalb so schwer zu erreichen, weil die maßgeschneidert sind für Männer, deren Männlichkeit durch Entgegensetzung zu den heutigen Frauen konstruiert wurde. Um eine Position wirklich erfolgreich bekleiden zu können, müßte eine Frau nicht nur über das verfügen, was in deren Beschreibung explizit verlangt wird. Sie müßte überdies eine ganze Reihe von Eigenschaften besitzen, die ihre männlichen Inhaber gemeinhin mitbringen, eine bestimmte körperliche Statur, Stimme oder Dispositionen wie Aggressivität, Sicherheit im Auftreten, ,Rollendistanz', sogenannte natürliche Autorität usf., auf deren Ausbildung die Männer als Männer stillschweigend präpariert und trainiert worden sind.[986]

Dieses Überlegenheitskonzept lässt sich für den Göttinger Hain nutzbar machen – obwohl Bourdieus Fokus auf der Begründung der Herrschaftsunmöglichkeit der Frauen liegt, die sich in einer männlich markierten Gesellschaft nicht gegen den herrschenden Habitus durchsetzen können, da die Rahmenbedingungen, die Macht erlauben, männlich konstruiert sind und somit die Weiblichkeit ausschließen, da sie sich exklusiv an die Männlichkeit richten, deren psycho-physische Konstitution den definierten Bedingungen entspricht. Diesen Fokus gibt es im Göttinger Hain nicht, es geht schließlich nicht darum, durch eine männlich konstruierte Gesellschaft explizit Frauen von Machtpositionen auszuschließen. Die Geschlechterdifferenz des Dichterkreises entzündet sich erstens mehr geschlechtsintern und zweitens ist das Vaterland der oberste Bezugspunkt, an dessen Wohle sich die Männer messen müssen, die kraft ihrer Merkmale überhaupt an Herrschaft partizipieren sollen. Ohne patriotisch-männliche Merkmale ist Herrschaft schließlich überhaupt nicht möglich. Denn die Feinde der Hainbündler sind zwar in der Mehrheit, haben aber keine Herrschaftskompetenzen im Sinne von staatlicher oder gesellschaftlicher Autorität, die die deutschen Männer des Hainbunds aufgrund ihrer vaterländisch-männlichen Merkmale besitzen.

Und genau diese vaterländisch-männlichen Merkmale sind es, die dem Mann des Hainbunds Bourdieus männlichen Habitus verleihen: „[E]ine bestimmte körperliche Statur, Stille oder Dispositionen wie Aggressivität, Sicherheit im Auftreten, ,Rollendistanz', sogenannte natürliche Autorität usf."[987], zählt Bourdieu als Merkmale auf, die den männlichen Habitus definieren. Und diese Merkmale weisen in ihren spezifischen Formen auch die vorbildlichen Männer des Hainbundes auf. Ihr Herrschaftsanspruch erwächst aus ebendiesen Merkmalen, er ist nicht, wie bei Connell, kulturell begründet und über die

---

[986] Bourdieu, *Die männliche Herrschaft*, S. 111
[987] Ebd.

Mehrheit definiert: Der männliche Habitus verleiht die Herrschaftskompetenz und grenzt die Männlichkeit gegen andere Männlichkeiten ab, die dem Habituskonzept nicht entsprechen. Für den Hainbund heißt das konkret: Die deutsche Männlichkeit ist das habituelle Gewand, in das sich die vorbildlichen Männer kleiden und sich somit über andere Männlichkeiten erheben können. Es ist *der* Habitus als Kombination aus Lebensstil, Sprache, Auftreten etc., der den Rang der (deutschen) Männer in der Gesellschaft definiert.

Auch auf einer anderen Ebene ist das Habituskonzept zumindest grundsätzlich geeignet, es auf die Männlichkeitslyrik der Hainbündler anzuwenden. Bourdieu sagt, der männliche Habitus werde „konstruiert und vollendet [...] nur in Verbindung mit dem den Männern vorbehaltenen Raum, in dem sich, unter Männern, die ernsten Spiele des Wettbewerbs abspielen"[988].

> Diese ursprüngliche Investition in die sozialen Spiele (*illusio*), die den Mann wirklich zum Mann macht, das Ehrgefühl, die Männlichkeit, *manliness* oder ‚Kabylität‘ (*thakbaylith*), wie die Kabylen sagen, ist das unumstrittene Prinzip aller Pflichten gegen sich selbst, der Motor oder die treibende Kraft all dessen, was man *sich schuldet*, d.h., was zu tun man sich schuldig ist, um mit sich selbst im reinen zu sein, um, in den eigenen Augen, einer bestimmten Idee vom Mann würdig zu bleiben.[989]

Diese Spiele verortet Michael Meuser folgendermaßen:

> Die Spiele, die Bourdieu anführt, werden in all den Handlungsfeldern gespielt, welche die Geschlechterordnung der bürgerlichen Gesellschaft als die Domänen männlichen Gestaltungswillens vorgesehen hat: In der Ökonomie, der Politik, der Wissenschaft, den religiösen Institutionen, im Militär sowie in sonstigen nicht-privaten Handlungsfeldern.[990]

Überträgt man diese Reden von den ernsten Spielen auf den Hainbund, so fallen gleich die militärischen und künstlerischen Aktivitäten ins Auge, mit denen die Männer in der Lyrik sich abgrenzen. Sie beweisen sich und anderen darin ihre Männlichkeit in einem spezifischen Feld und definieren so ihren „männlichen Gestaltungswillen" für die jeweiligen „Domänen". Hauptdomäne ist natürlich die Gesellschaft im weitesten Sinne, die unter der Grundbedin-

---

[988] Bourdieu, „Die männliche Herrschaft", S. 203
[989] Bourdieu, *Die männliche Herrschaft*, S. 88
[990] Meuser, „Männerwelten", S. 5

gung des umfassendsten Deutschtums in allen seinen Ausprägungen gestaltet werden soll.

Bis hierher erscheint der Habitus nach Bourdieu als Männlichkeitstheorie für die Diskurse des Hainbunds als nützlich, geht man bei der Applikation selektiv und behutsam vor. Denn an Bourdieus Sprechen von „Männlichkeit und Gewalt" scheitert die Übertragbarkeit, erst mit Gewalt setzen die Männer ihre Dispositionen, „die Herrschaft zu beanspruchen und auszuüben" durch; denn diese Dispositionen sind „nichts Naturwüchsiges"[991]. In der Einleitung wurde bereits darauf hingewiesen, dass Bourdieu die Kategorien Mut und Gewalt innerhalb seiner Analyse der symbolischen Gewalt verknüpft, mittels derer unter anderem geschlechtliche Herrschaftsverhältnisse festgesetzt und sozial legitimiert werden. Diese Gewalt, die sich gegen beide Geschlechter richten kann, dient der Absicherung von Männlichkeit[992] und ist gleichzeitig unabänderlicher Bestandteil derselben; ohne Gewalt funktioniert die Männlichkeit nicht, weder deren Legitimation zur Herrschaft noch deren Darstellung: Denn Männlichkeit wird „verstanden als sexuelles und soziales Reproduktionsvermögen, aber auch als Bereitschaft zum Kampf und zur Ausübung von Gewalt"[993]. Der Mann werde dadurch zum wahrhaften Mann, dass er „alle Möglichkeiten, die sich ihm bieten, [ausschöpft], um seine Ehre dadurch zu mehren, daß er Ruhm und Anerkennung im öffentlichen Bereich sucht": In „männlichen Gewaltspiele[n]" sollen die „sichtbaren Merkmale der Männlichkeit [hervorgebracht] und die sogenannten männlichen Eigenschaften unter Beweis"[994] gestellt werden. Diese Gewaltspiele gibt es im Göttinger Hainbund nicht; zwar existieren die „ernsten Spiele des Wettbewerbs"[995], aber nicht in den Formen, die Bourdieu unter den „schulische[n] und militärische[n] Einsetzungsriten"[996] subsumiert. Von im Kollektiv begangener sexueller Gewalt gegenüber Frauen ist dort die Rede, von mit voller Absicht herbeigeführter Gefahrensituationen, von „Imponiergehabe"[997], von Ausbeutung, Unterdrückung, Töten und Foltern.[998] Abgesehen von Stolbergs *Freiheits-Gesang* beweist sich die Männlichkeit der Hainbündler nicht durch exzessive Gewaltbereitschaft.

Aber Männlichkeit erweist sich laut Bourdieu nicht *allein* im Einsatz von Ge-

---

[991] Bourdieu, *Die männliche Herrschaft*, S. 90

[992] Vgl. Bereswill/Meuser/Scholz, „Männlichkeit als Gegenstand der Geschlechterforschung", S. 12

[993] Bourdieu, *Die männliche Herrschaft*, S. 92f.

[994] Ebd., S. 93

[995] Bourdieu, „Die männliche Herrschaft", S. 203

[996] Bourdieu, *Die männliche Herrschaft*, S. 94

[997] Ebd., S. 95

[998] Vgl. ebd., S. 94f.

walt, die damit zur *conditio sine qua non* wird: Gewalt wird im Habituskonzept zur ultimativen Bedingung. In der Gewalt an sich bzw. ihren spezifischen Formen demonstriert sich bei Bourdieu die Überlegenheit des Mannes und konstituiert sich der Habitus. Beim Hainbund ist die ultimative Bedingung der Männlichkeit die Anbindung an das sittliche, patriotische Deutschtum, dessen Ziele durch die Gewalt als Bestandteil der Männlichkeit erreicht werden. Auch Bourdieus Konzept der symbolischen Gewalt ist für die Hainbündler nicht praktikabel. Denn wenn Bourdieu sagt, die Frauen wendeten auf jeden Sachverhalt, in dem sie gefangen sind, Denkschemata an, die das Produkt der Inkorporierung von Machtverhältnissen seien und die in den Gegensätzen, auf denen die symbolische Ordnung basiere, ihren Ausdruck fänden[999], so meint er nichts anderes damit als eine natürlich gesetzte Herrschaft, die nicht auf Merkmalen basiert, sondern schlicht den Männern einen

> universell[en] [...] Vorrang zum einen in der Objektivität der sozialen Strukturen und der produktiven und reproduktiven Tätigkeiten, die auf einer geschlechtlichen Arbeitsteilung der biologischen und sozialen Produktion gründen, welche dem Mann den besseren Part zuweist [...][1000],

zuerkennt. Dieser universelle Vorrang, erst einmal nur begründet durch das Mannsein, wird als „unveränderlich und zeitlos"[1001] dargestellt, und die Protagonisten dieser Herrschaftsstruktur führen kontinuierlich den Nachweis, dass sie *„das Produkt einer unablässigen (also geschichtlichen) Reproduktionsarbeit* sind, an der einzelne Akteure [...] und Institutionen, die Familie, die Kirche, die Schule, der Staat beteiligt sind"[1002]. Bei den Hainbündlern hingegen braucht das Mannsein in einem ersten Schritt – und das ist der entscheidende – eine Legitimation. Um bei den Hainbündlern Mann zu sein, genügt es nicht, ein solches Produkt zu sein, durch das die Männlichkeit und damit die Herrschaftslegitimation natürlich eingeschrieben sind. Jeder Mann muss den individuellen Beweis erbringen, dass seine spezifische Männlichkeit ihn legitimiert, sich *Mann* nennen zu können. Und bei Johann Martin Miller und seinem deutschen Mädchen hat man gesehen, dass selbst Frauen, die ja eigentlich biologisch von der Männlichkeit ausgeschlossen sind, männlich im Sinne der Hainbündler sein können, sofern sie nur durch ein habituelles Cross-Dressing ihren männlichen Gestus, fokussiert auf das Vaterland, beweisen

---

[999] Vgl. ebd., S. 63
[1000] Ebd.
[1001] Ebd., S. 65
[1002] Bourdieu, *Die männliche Herrschaft*, S. 65

können. Damit hat sich gezeigt, dass auch Bourdieus Männlichkeitstheorie nicht in dem Maße appliziert werden kann, das es bräuchte, um davon sprechen zu können, dass der Habitus eine grundlegende Analyse- und Bewertungskategorie für die Männlichkeitskonstruktion(en) der Hainbündler darstellen könnte. Selektiv spricht einiges dafür, mit Bourdieu die Männlichkeitsdiskurse des Hainbunds zu betrachten und auf gewissen Ebenen scheint es, als könne man von einem männlichen Habitus im Sinne Bourdieus bei den Hainbündlern sprechen. Dass dies aber nicht der Fall ist, haben die Gegenbeispiele erwiesen. Insbesondere Bourdieus Annahme, männliche Herrschaft beruhe auf einer symbolischen Ordnung, die „unveränderlich und zeitlos"[1003] sei, steht den Diskursen der Hainbündler völlig entgegen. Der Mann legitimiert sich zur Herrschaft gerade *nicht* durch die *„unablässige[.] (also geschichtliche[.]) Reproduktionsarbeit"*[1004]; wäre dem so, hätten alle Männer Deutschlands einen natürlich gesetzten Herrschaftsanspruch, den sie ja aber den Dichtungen zufolge eben nicht besitzen.

Karin Hausen hat festgestellt, dass

> ‚Geschlechtseigentümlichkeiten' zufolge [...] der Mann für den öffentlichen, die Frau für den häuslichen Bereich von der Natur prädestiniert [ist]. Bestimmung und zugleich Fähigkeiten des Mannes verweisen auf die gesellschaftliche Produktion, die der Frau auf die private Reproduktion. Als immer wiederkehrende zentrale Merkmale werden beim Manne die Aktivität und Rationalität, bei der Frau die Passivität und Emotionalität hervorgehoben, wobei sich das Begriffspaar Aktivität-Passivität vom Geschlechtsakt, Rationalität und Emotionalität vom sozialen Betätigungsfeld herleitet. Diese Hauptkategorien finden sich mit einer Vielzahl von Zusatzmerkmalen kombiniert, so daß jeweils eine Mischung traditioneller und moderner, physiologischer, psychischer und sozialer Eigenschaften das Wesen des männlichen und weiblichen Geschlechtes ausmachen.[1005]

Der Fokus liegt auf der Beobachtung, dass der Mann für die Öffentlichkeit, die Frau hingegen für den Hausstand bestimmt sei und dass sich aus dieser Dichotomie, so Hausens späteres Ergebnis, die Herrschaftslegitimation der Männlichkeit ableiten lasse. Schaut man noch einmal in die Lyrik, so lässt sich feststellen, dass die Männlichkeit bei den Hainbündlern in der Tat grundsätzlich die Aufgaben im öffentlichen Raum wahrnimmt. Die Männer sind dazu

---

[1003] Ebd.

[1004] Ebd.

[1005] Hausen, „Polarisierung der ‚Geschlechtscharaktere"", S. 161

388

da, der Gesellschaft zu dienen und die historisch eingegebenen Ziele dieser ‚deutschen' Gesellschaft durchzusetzen. Frauen kommen in diesem öffentlichen Raum nicht vor, sie sind, wenn sie denn überhaupt einen Platz zugewiesen bekommen in den führenden Diskursen, auf das Haus beschränkt. Sie sind Ehefrauen und Mütter, indem sie ihre zugewiesene private Reproduktionsrolle einnehmen. Aktivität-Passivität ist also in der durchaus gegeben, und auch von der „'Bestimmung des Weibes zur Gattin, Hausfrau und Mutter'"[1006], wie einige Jahre nach den Hainbündlern theoretisch verankert werden sollte, ist somit zu sprechen.

Hausen kommt zu dem Ergebnis, dass die Charakterbestimmungen, aus denen sich die Geschlechtscharaktere zusammensetzen, zur „ideologischen Absicherung von Herrschaft"[1007] dienen. Sie tragen zur Fixierung der „Ungleichheit zwischen dem Manne und der Frau"[1008] bei, und die Geschlechtscharaktere an sich stehen im „Dienste der weitere Sicherung der rechtlichen Privilegierung der Männer"[1009]. Auf einer primären Ebene trifft dies auf die Göttinger Hainbündler zu. Grenzen werden zwischen Männern und Frauen, zwischen den Aufgaben- und Rollenzuweisungen gezogen und zwar im Sinne historisch gewachsener Vorstellungen, die Männer und Frauen voneinander trennen und ihnen verschiedene Lebensbereiche als Domänen zur Verfügung stellen. Aber es lässt sich nicht in der Schärfe, die bei Hausen anklinkt, auf die Hainbündler übertragen. Hausen sieht die Frau durch die Fokussierung auf die „Geschlechtseigentümlichkeiten"[1010] als Herrschaftslegitimation vom Mann unterdrückt, durch theoretisch begründeten, impliziten Zwang ausgeschlossen von aller öffentlichen Verantwortung. Die Weiblichkeit ist für die öffentliche Männlichkeit eine bedeutende Kategorie, und zwar auf der Folie, dass diese Weiblichkeit als Komponente des idealen Vaterlands frei von allen negativen äußeren und inneren Einflüssen sein muss; an der Frau wird etwas vollzogen, durch das der Mann zum Wohle des Vaterlands beizutragen gedenkt. Die Frau ist Teil des großen Denksystems Vaterland, ohne die Frau kann es kein ideales Vaterland geben, keine kontinuierliche biologische Reproduktion, durch die das Vaterland erhalten werden kann. Ohne ihre Frauen sind die Männer nichts und indem die Männer in der Öffentlichkeit stehen, was immer auch Krieg und Gefahr für Leib und Leben bedeutet, *schützen* sie ihre Frauen als Teil der *patria*. Die Frauen werden nicht ins Haus abgeschoben, sondern die Männer erkennen die wesentliche Rolle der Weiblichkeit an und tun ihren Teil in der Öffentlichkeit dafür, dass die Weiblichkeit in ihrem

---

[1006] Zit. nach ebd., S. 165f.

[1007] Ebd., S. 167

[1008] Zit. nach ebd.

[1009] Ebd.

[1010] Ebd., S. 161

Herrschaftsbereich ihrer genuinen Funktion nachkommen kann. Die Männer schließen die Frauen also nicht aus, indem sie durch impliziten Zwang auf die Trennung in die symbolischen und konkreten Räume beharren. Sie sichern durch ihre Tätigkeit in der Öffentlichkeit das Bestehen beider Räume und stellen sich in ihrer männlichen Rolle vor die Frau und die weibliche Lebenswelt. Nicht als Unterdrücker, sondern als Bewahrer und Behüter. Jede Analysekategorie taugt selektiv für die Verwendung bei der Untersuchung des Männlichkeitsdiskurses der Hainbündler, aber keine ist geeignet, als ausschließliches Werkzeug angesehen werden zu können, mit dem sich der Männlichkeitsdiskurs bearbeiten ließe. Eine Arbeit, in der die Männlichkeitskonstruktion der Hainbündler ausgehend von Connells Hegemonie oder Bourdieus Habitus untersucht wird, hat eine ebenso eingeschränkte Perspektive wie eine Arbeit, die Hausens Geschlechtscharaktere absolut setzt und die Konstruktion der Göttinger dieser historischen Männlichkeitstheorie unterordnet. Der Männlichkeitsdiskurs lässt sich in kein theoretisches Korsett pressen; ebenso wenig, wie er sich nicht literarhistorisch eindeutig verorten lässt. Das, was die Männlichkeitsforschung in den vergangenen Jahrzehnten konzeptionell/theoretisch erarbeitet hat, lässt sich in einem gewissen Maße und behutsam auf das Corpus der Hainbündler anwenden; aber nichts davon ist ausschließlich als Grundlage geeignet. Insofern lässt sich nicht formulieren, dass eine Theorie taugt und die andere wiederum nicht: Wichtig ist zu erkennen, welche Teile der bedeutenden Theorien man gebrauchen kann und welche sich eben nicht applizieren lassen. Keine Theorie passt ausschließlich, sondern alle weisen Beobachtungen auf, die sich für den Hainbund verwenden lassen. Das heißt konkret: Die modernen Männlichkeitstheorien geben dem Interpreten wichtige Werkzeuge für die Textuntersuchungen an die Hand; aber sie entbinden ihn nicht davon, das männlichkeitsgeschichtliche Denksystem der Hainbündler als Ganzes zu betrachten und zu untersuchen und so die sinnvollen von den weniger sinnvollen theoretischen Instrumenten zu trennen. Zudem ist man gut beraten, wie in dieser Arbeit geschehen, auch weitere zeitgenössische und moderne Theorien nach Parallelen zu befragen, um so das Bild abzurunden.

Kapitel VII.4
Abschluss und Ausblick

Zum Abschluss dieser Untersuchung lässt sich folgende Frage im Hinblick auf die Hainbündler beantworten: Was ist Männlichkeit eigentlich? Männlichkeit im Corpus der Göttinger Hainbündler: Das ist eine mehrfach relationale Kategorie, die, die Kategorien von *sex* und *gender* bedienend, eine spezifische Form von Männlichkeit auf der einen Seite von anderen Männlichkeiten abgrenzt, auf der anderen Seite aber immer auch Grenzen zur Weiblichkeit zieht. Männlichkeit, wie sie sein sollte, definiert sich weitestgehend über die Verpflichtung für das Vaterland und die Aufnahme der Merkmale, die gleichzeitig auch für das Vaterland stehen. Männlichkeit, die beispielsweise körperlich den zeitgenössischen anthropologischen Anforderungen entspricht, aber die gesellschaftlichen/moralischen Anforderungen nicht erfüllt, wird nicht als positive Männlichkeit wahrgenommen. Hingegen hat sich unter anderem bei dem deutschen Knaben oder auch dem lyrischen Ich in Stolbergs *Das Rüsthaus* gezeigt, dass körperliche Schwächen durch einen betont vaterländischen Habitus ausgeglichen werden können; der Körper folgt in diesen Fällen dem eigenen Anspruch und wird deshalb, auch wenn er Schwächen aufweist, nicht als negativ bewertet.

Das soziale, gesellschaftliche Geschlecht, *gender*, überwiegt also in der Gewichtung das biologische. Ein Mann ist, wer sich den Normen, die gesetzt sind, unterwirft und sein Leben an diesen Normen, die sich aus der Vorstellung des Vaterlandes ableiten, ausrichtet. Dass dieses soziale Geschlecht dynamisch ist, hat die Interpretation von Millers *Das deutsche Mädchen an ihr Clavier* gezeigt: *Gender* ist eine variable Kategorie, die Grenzen zwischen weiblichem und männlichem *gender* verschwimmen. Da es nicht angeboren ist, kann auch ein Mädchen ein männliches *gender*-Verhalten annehmen. Dabei wird aber das *sex* nicht in Frage gestellt. Das biologische Geschlecht ist indiskutabel und unveränderlich und von Geburt an natürlicherweise zugewiesen. Die Unterwerfung unter die männlichen *gender*-Normen erfordert keine „Annahme der Normen des biologischen Geschlechts", die „identifikatorische[n] Praktiken" beziehen sich nicht auf den „sexuierte[n] Körper"[1011]. Es reicht aus, wie ein Mann zu denken und bereit zu sein, den gesellschaftlichen Normen, die die Männlichkeit definieren, sich zu unterwerfen. Dem Mädchen geht es bei der Umsetzung der „identifikatorische[n] Praktiken"[1012] nicht um die „Formulierung eines körperlichen Ichs, ein[..] Gefühl[.] für feste Konturen und die Festlegung räumlicher Grenzen"[1013]; die Biologie des Mannes ist keine Kategorie, die verhandelt oder um die verhandelt wird. Das Mädchen will sich im vollsten Bewusstsein ihrer eigenen Biologie dem männlichen *gender* zuwenden und dadurch patriotische Kapazitäten erhalten. Die Sicht auf *sex* und *gender* ist bei den Hainbündlern keine revolutionäre. Die Kategorien stehen zueinander in einem ausgewogenen Verhältnis, in dem es keine Konflikte gibt, sie verschwimmen nicht, biologische Rollen werden nicht getauscht oder Grenzen aufgelöst. Es ist sogar weitestgehend so, dass das biologische Ge-

---

[1011] Butler, *Körper von Gewicht*, S. 37
[1012] Ebd.
[1013] Ebd., S. 38

schlecht die Grundlage schafft für die Entwicklung des sozialen Geschlechtes; denn abgesehen von Millers Mädchen gibt es keinen habituellen Wechsel. Biologische Männer werden als soziale Männer dargestellt (sofern sie die Anforderungen erfüllen), und biologische Frauen nehmen in der Gesellschaft typisch weibliche Aufgaben wahr und Positionen ein.

„Um ein Mann zu sein, bedarf es nicht nur der Zugehörigkeit zum männlichen Geschlecht; es reicht […] nicht aus, keine Frau zu sein, sondern es müssen andere, soziale Qualifikationen hinzutreten"[1014]: Das gilt auch bei den Hainbündlern. Im *gender* drückt sich erst die Männlichkeit aus und findet dort ihre Spezifität und Rolle. Darin ist auch die Definition von Männlichkeit als mehrfach relationaler Kategorie begründet, denn die Männlichkeit grenzt sich gegen die Weiblichkeit und gegen disparate Ausprägungen im eigenen Geschlecht ab. Männer setzen die vaterländischen Vorstellungen durch (und stellen sich damit, wie ob dargelegt, schützend vor ihre Frauen, die auf einer anderen Ebene patriotische Kompetenzen besitzen); und natürlich wird so eine Trennlinie zwischen Männern und Frauen gezogen, denn die traditionelle Rolle der Frau ist eine andere als die der Männer. Und es wäre falsch zu sagen, die Hainbündler legten auf die Trennung der Rollen keinen Wert. Natürlich tun sie dies: Die Trennung von öffentlichem und privatem Raum bestätigt dies. Die Männer stellen die Weichen für ein Vaterland, in dem die Frauen ihre häusliche Rolle erfüllen können.

Aber darauf liegt nicht der Fokus. Denn bei den Hainbündlern geht die mehrfache Relationalität so weit, dass die originäre Unterscheidung „männlich-weiblich" völlig in den Hintergrund tritt. Wichtig ist insbesondere die Abgrenzung zu Männlichkeiten, die aus unterschiedlichen Gründen als negativ wahrgenommen werden. Insofern ist Männlichkeit bei den Hainbündlern auch ein Unterscheidungskriterium innerhalb der eigenen Geschlechtskategorie. Das liegt daran, dass sich die hainbündlerischen Männer gar nicht gegen die Frauen ausspielen müssen, da die intergeschlechtliche Herrschaft keine besondere Rolle spielt: Männlichkeit ist ja durch die Eignung und den Willen definiert, für das Vaterland einzutreten, sei es im kriegerischen, moralischen, künstlerischen oder auch bündischen Sinne. Männer, die diesen Kreisen nicht zuzuordnen sind, werden nicht als Männer *im Sinne der Hainbündler* anerkannt; sie werden dementsprechend als Nicht-Männer entlarvt, da sie keine Merkmale in sich tragen, die bei den Hainbündler dazu nötig sind, um als wahrer Mann aufzutreten. Die mehrfache Relationalität, die der Männlichkeit innewohnt und die die Geschlechterforschung gleich welcher Ausrichtung immer wieder betont, ist also auch ein Zeichen der Männlichkeit bei den Göttinger Hainbündlern. Männlichkeit will sich abgrenzen, muss sich abgren-

---

[1014] Frevert, *Geschlechter-Differenzen in der Moderne*, S. 29

zen, um in ihrer spezifischen inmitten allen übrigen Männlichkeiten überhaupt bestehen zu können.

Es wurde gezeigt, in welchen Rahmen sich die Männlichkeitskonstruktion der Hainbündler bewegt. Die verschiedenen Modelle wurden untersucht und zueinander in Beziehung gesetzt, Gedichte einzeln und in Gruppen hinsichtlich ihres Gewichtes für die Männlichkeitskonstruktion präsentiert. Es wurde versucht, so umfassend wie möglich vorzugehen, um ein möglichst vollständiges Bild der Männlichkeitskonstruktion(en) aus dem Hain zu zeichnen. Dennoch konnte freilich nicht alles geklärt werden. Jeder Diskurs eröffnet innerhalb seines spezifischen Corpus' weitere Felder der geschlechter-/männlichkeitsgeschichtlichen Untersuchung. So müsste die Frage nach der Relationierung der Geschlechter eingehender ausgeführt werden, und beispielsweise auch die Analyse der Einbindung von Weiblichkeit in die durch Männlichkeit definierten Sprechsituationen und besprochenen Situationen würde das Gesamtbild weiter vervollständigen. Und insbesondere literarhistorisch steht die Erforschung der Männlichkeitskonstruktion der Hainbündler noch vor mehreren weiterführenden Aufgaben. Ihr übergeordneter thematischer Fokus ist das Vaterland, womit sie in ihrer literar- und kulturhistorischen Tradition verhaftet bleiben und die Schwerpunkte ihrer Vorbilder, von Klopstock bis Gleim, fortführen. Der patriotische Gestus, den ihnen ihr Bezug zur direkten kulturellen Vergangenheit eingegeben hat, bestimmt die positive Männlichkeitsdarstellung. Damit bilden die Hainbündlern einen zweiten Höhe- und Endpunkt dieser Tradition: Sie stehen durch ihre späte Geburt literarisch für das Vaterland auf und ein, als die Vorgängergeneration entweder schon verstummt war oder aber andere Themen gesetzt hatte. Wenn Schiller in den 1780er Jahren seinen Sturm und Drang nachholt,[1015] holen die Hainbündler in den 1770er Jahren einen literarischen Patriotismus nach, der dann erst einmal bis zur Romantik und den scharfen vaterländischen Dichtungen Heinrich von Kleist keine Rolle mehr spielen sollte. Sturm und Drang und Klassik haben andere Schwerpunkte gesetzt und sich von der patriotischen Tendenz des Jahrhunderts entfernt, obwohl die Volkslied- und Ossianbegeisterung ein nationales Fundament besitzen. Hier wäre zu fragen, wo der mehrfach diskursive Patriotismus der Hainbündler, mit dem die spezifischen und dargelegten Männlichkeitsmodelle einhergehen, in den 1770er einzuordnen ist; darüber gibt die germanistische Forschung kaum Auskunft.[1016]

[1015] Titzmann, „Schillers Lyrik im Kontext der Spätaufklärung", S. 317

[1016] Bis auf wenige Ausnahmen, in denen das konventionelle Genie der Zeit proklamiert wird, spielt der Sturm und Drang als neues Denksystem bei der Männlichkeitskonstruktion der Hainbündler keine nennenswerte Rolle; insbesondere die „Problematisierung und latente Pathologisierung der männlichen Sturm-und-Drang-Genies" (Lukas, *Anthropologie und Theodizee*, S. 351) wird von den Hainbündlern vernachlässigt. Es wäre demnach weiter-

Mit den Hainbündlern, die ihre Lyrik bis 1775, also bis in die Hochzeit des Sturm und Drang, ohne markante inhaltliche Verschiebungen hinein fortführen, endet für mehrere Jahrzehnte die patriotische Literatur, die dann unter anderem von Ernst Moritz Arndt und Theodor Körner erneuert wird. Hier wäre zu fragen, inwieweit die Hainbündler die patriotische Lyrik der Frühromantik beeinflusst haben könnten. Die neuen „Kampf- und Kriegslieder[.]" mit ihrer direkten Wirkungsabsicht, kulminierend in den exzessiven Haßgesängen gegen Frankreich und die Franzosen" wirken genauso hainbündlerisch durchsetzt wie die Texte, die die „Liebe zum Vaterland und seinen Repräsentanten, [das] Lob deutscher Vergangenheit, [des] deutschen Volkscharakters [und] deutscher Überlieferung"[1017] behandeln. Erinnert beispielsweise Friedrich Schlegels *Im Spesshart*[1018] nicht ganz stark an Stolbergs *Der Harz*? Und könnte das Denken vom soldatischen Mann als Nebenprodukt des übergeordneten deutschen Mannes Arndts Männlichkeitstheorie und die Idee vom Militär als Schule der Männlichkeit beeinflusst haben? Immerhin greifen die Hainbündler auf das Konzept Arndts in ihrer Lyrik voraus, selbst wenn das ‚Soldatentum' bei ihnen noch kein theoretisches Fundament besitzt, als allgemeingültige Kategorie angesehen und freilich nur im Kontext des Gesamtbildes analysiert und verstanden werden kann.

Die Hainbündler erfinden die Männlichkeit nicht neu. Das männliche Hermannsbild, der schlachtenpathetische Patriotismus, der Todesmut und die Opferbereitschaft sind bekannte Merkmale einer spezifischen Männlichkeitskonstruktion des 18. Jahrhunderts, wenngleich die Hainbündler sie erstmals mit diesem quantitativen Fokus ausgestalten. Auch die negative Andrologie weist auf zeitgenössische Vorstellungen hin, und die grundsätzlichen anthropologischen Merkmale der Sockelzeit sind gleichzeitig die grundlegenden Merkmale der hainbündlerischen Männlichkeit – einen konzeptionellen Veränderungswillen spürt man kaum, verändert werden soll nur der gesamtgesellschaftliche Habitus in Richtung einer traditionellen deutschen Nation, die auf historischen Ideen beruht.

Dennoch haben die lyrischen Vorstellungen von Mann und Männlichkeit großen Wert für die Erforschung der Spätaufklärung und des Sturm und Drang: Am Corpus der Hainbündler zeigt sich, welche Ausgestaltungsmöglichkeiten die literarische Männlichkeitsgeschichte in der Spätaufklärung bzw. dem Sturm und Drang besitzt. Mit der vielfach beschworenen Verschärfung der Geschlechterdifferenz, die sich insbesondere am Widerstreit des empfind-

---

hin zu untersuchen, inwieweit die Lyrik der Hainbündler mit Vorstellungen des Sturm und Drang korreliert sind und auf welchen Ebene welche Unterschiede bestehen.

[1017] Ueding, *Klassik und Romantik*, S. 760

[1018] Ebd., S. 760f.

samen und kraftgenialischen Typus ablesen lässt, ist die Beschreibung der Männlichkeitskonstruktion in den 1770er Jahren nicht beendet; die Hainbündler haben zur Diversifikation der Männlichkeiten beigetragen, indem sie Männlichkeit eingehend verhandeln und, ausgehend von ihrer Diskursvarietät, alternative Männlichkeitsmodelle entwerfen. Und dementsprechend finden sich auch Konstruktionen von Männlichkeit in den Gedichten wieder, die es zwischen 1772 und 1775 so kaum an anderer Stelle gibt – selbst wenn die Hainbündler vielfach bestehende Konzepte neu verarbeiten. In einer Zeit der Verschärfung tragen die Hainbündler mit ihren (positiven) Männlichkeitsentwürfen dazu bei, in der Literatur ein alternatives Bild von Männlichkeit zu zeichnen. Ein Bild, in dem von einer „Krise der Männlichkeit"[1019] kaum etwas zu spüren ist.

[1019] Hohendahl, „Die Krise der Männlichkeit"; eine Krise existiert nur in der Gesellschaft.

Bibliographie

Primärliteratur

Abbt, Thomas: *Vom Tode fürs Vaterland*, in: Abbt, Thomas: *Vermischte Werke*. Bd. I. Hildesheim und New York 1978 [Nachdruck der Ausgabe Berlin und Stettin 1772 und 1781]

Bodmer, Johann Jacob/Breitinger, Johann Jakob: *Proben der alten schwäbischen Poesie des Dreyzehnten Jahrhunderts. Aus der Maneßischen Sammlung.* Zürich 1748

Brückner, Ernst Theodor Johann: *Gedichte.* Neubrandenburg 1803

Bürgers Gedichte in zwei Teilen. Herausgegeben und mit einem Lebensbilde versehen von E. Consentius. Berlin, Leipzig, Wien, Stuttgart o. J.

Der Göttinger Musenalmanach 1770—1804. Bd. 1—6 (1770—1775). Hildesheim und New York 1979 [Nachdruck der Ausgaben Göttingen 1770ff.]

Des Minnesangs Frühling. I: Texte. Unter Benutzung der Ausgaben von Karl Lachmann und Moritz Haupt, Friedrich Vogt und Carl von Kraus bearbeitet von Hugo Moser und Helmut Tervooren. 38., erneut revidierte Auflage, Stuttgart 1988

Die Gedichte Ossians, dem Sohne Fingals. Nach dem Englischen des Herrn Macpherson ins Deutsche übersetzt von Friedrich Leopold Grafen zu Stolberg. 3. Bd. Hamburg 1806

Die Gedichte Walthers von der Vogelweide. Herausgegeben von Karl Lachmann. Dreizehnte, aufgrund der zehnten von Carl von Kraus bearbeiteten Ausgabe neu herausgegeben von Hugo Kuhn. Berlin 1965

Edda. 2 Bd. Übertragen von Felix Genzmer. Mit Einleitung und Anmerkungen von Andreas Heusler. Herausgegeben von Felix Niedner. Jena 1922—1923

Ewald, Schack Hermann: *Oden.* Gotha 1773

Fichte, Johann Gottlieb: *Grundlage des Naturrechts.* Herausgegeben von Jean-Christophe Merle. Berlin 2001

„Für Klopstock". Ein Gedichtband des Göttinger „Hains", 1773. Nach der Handschrift im Hamburger Klopstock-Nachlaß zum erstenmal hrg. mit Nachwort und Anmerkungen versehen von Anton Lübbering. Tübingen 1957

Füssli, Johann Heinrich: *Sämtliche Gedichte.* Herausgegeben von Martin Bircher und Karl S. Guthke. Zürich 1973

Gedichte der Brüder Christian und Friedrich Leopold Grafen zu Stolberg. Herausgegeben von Heinrich Christian Boie. Leipzig 1779

Gedichte der Brüder Christian und Friedrich Leopold Grafen zu Stolberg. Herausgegeben von Heinrich Christian Boie. Karlsruhe 1794

Gedichte von Ludewig Christoph Heinrich Hölty. Nebst Briefen des Dichters herausgegeben von Karl Halm. Leipzig 1869

Gedichte von Ludewig Heinrich Christoph Hölty. Besorgt durch seine Freunde Friederich Leopold Grafen zu Stolberg und Johann Heinrich Voss. Wien 1795

Gedichte von Ludewig Heinrich Christoph Hölty. Neu besorgt und vermehrt von Johann Heinrich Voss. Weißenfels 1814

Gleim, Johann Wilhelm Ludwig: *Ausgewählte Werke*. Herausgegeben von Leonad Lier. Leipzig 1885

Gleim, Johann Wilhelm Ludwig: *Versuch in scherzhaften Liedern und Lieder*. Herausgegeben von Alfred Anger. Tübingen 1964.

Goethe, Johann Wolfgang: *Wilhelm Meisters Lehrjahre*. Herausgegeben von Ehrhard Bahr. Stuttgart 1982

Grimm, Jacob/Grimm, Wilhelm: *Deutsches Wörterbuch*, in: *Das Deutsche Wörterbuch von Jacob und Wilhelm Grimm auf CD-ROM und im Internet*, URL: http://www.d-wb.uni-trier.de/ [zahlreiche Zugriffe]

Hartmann von Aue: *Erec*. Mittelhochdeutscher Text und Übertragung von Thomas Cramer. Frankfurt am Main 2003[25]

Hegel, Georg Wilhelm Friedrich: *Grundlinien der Philosophie des Rechts. Naturrecht und Staatswissenschaft*. Herausgegeben und eingeleitet von Helmut Reichelt. Frankfurt am Main, 1972

Hegel, Georg Wilhelm Friedrich: *Phänomenologie des Geistes*. Nachwort von Lorenz Bruno Puntel. Stuttgart 1987

Heine, Heinrich: *Sämtliche Gedichte in zeitlicher Folge*. Herausgegeben von Klaus Briegleb. Frankfurt am Main 1997

Heinrich von Veldeke: *Eneasroman*. Mittelhochdeutsch/Neuhochdeutsch. Nach dem Text von Ludwig Ettmüller ins Neuhochdeutsche übersetzt, mit einem Stellenkommentar und einem Nachwort von Dieter Kartschoke. Durchgesehene und bibliographisch ergänzte Ausgabe, Stuttgart 1997

Herder, Johann Gottfried: *Adrastea*. Berlin 1801—1803/1804

Herder, Johann Gottfried: „Auszug aus einem Briefwechsel über Oßian und die Lieder alter Völker", in: Irmscher, Hans Dietrich [Hg.]: *Herder Goethe Frisi Möser: Von deutscher Art und Kunst. Einige fliegende Blätter*. Bibliographisch ergänzte Ausgabe, Stuttgart 1999, S. 7—62

Herder, Johann Gottfried: *Briefe zur Beförderung der Humanität*. 2. Bd. Herausgegeben von Heinz Stolpe in Zusammenarbeit mit Hans-Joachim Kruse und Dietrich Simon. Berlin und Weimar 1971, Bd. 1, 137—205

Herder, Johann Gottfried: „Shakespaer", in: *Herder Goethe Frisi Möser: Von deutscher Art und Kunst. Einige fliegende Blätter*. Bibliographisch ergänzte Ausgabe, Stuttgart 1999, S. 63—92

Hölty, Ludwig Christoph Heinrich: *Gesammelte Werke und Briefe. Kritische Studienausgabe*. Herausgegeben von Walter Hettche. Göttingen 2008[2]

Horaz: *Opera*. Lateinisch/Deutsch. Mit einem Nachwort herausgegeben von Bernhard Kytzler. Stuttgart 1992

Homer: *Ilias. Odyssee*. In der Übertragung von Johann Heinrich Voß. München 2008[4]

http://www.thomasgray.org/cgi-bin/display.cgi?text=elcc [Zugriff: 4. März 2012]

Kahl, Paul: *Das Bundesbuch des Göttinger Hains. Edition – Historische Untersuchung – Kommentar*. Tübingen 2006

Kant, Immanuel: *Die Metaphysik der Sitten*. Herausgegeben von Hans Ebeling. Stuttgart 1990

Karschin, Anna Louisa: *Den 3ten November 1760. groß durch den Sieg des Königs bey Torgau, beschrieb Anna Louise Karschin gebohrne Dürbachin*. Glogau 1760

Kelletat, Alfred [Hg.]: *Der Göttinger Hain.* Stuttgart 1967

Klinger, Friedrich Maximilian: *Die Zwillinge. Ein Trauerspiel in fünf Aufzügen.* Mit einem Nachwort von Karl S. Guthke. Stuttgart 1972

Klopstock, Friedrich Gottlieb: *Hermann's Schlacht. Ein Bardiet für die Schaubühne,* in: *Klopstock's Werke.* 6. Bd. Herausgegeben von Robert Boxberger. Berlin 1879, Sechster Teil, S. 231—349

Klopstock, Friedrich Gottlieb: *Oden.* 2 Bd. Leipzig 1798

Leisewitz, Johann Anton: *Julius von Tarent. Ein Trauerspiel.* Herausgegeben von Werner Keller. Durchgesehene und bibliographisch ergänzte Ausgabe, Stuttgart 1995

Lessing, Gotthold Ephraim: *Ernst und Falk,* in: Lessing, Gotthold Ephraim: *Werke.* 8 Bd. Herausgegeben von Herbert G. Göpfert. München 1970—1979, Bd. 8, S. 451—488

Lessing, Gotthold Ephraim: *Laokoon. Oder: Über die Grenzen der Malerei und Poesie. Mit beiläufigen Erläuterungen verschiedener Punkte der alten Kunstgeschichte,* in: Lessing, Gotthold Ephraim: *Werke.* 8 Bd. Herausgegeben von Herbert G. Göpfert. München 1970—1979, Bd. 6, S. 9—187

Lessing, Gotthold Ephraim: *Philotas. Ein Trauerspiel,* in: Lessing, Gotthold Ephraim: *Werke.* 8 Bd. Herausgegeben von Herbert G. Göpfert. München 1970—1979, Bd. 2, S. 102—126

Metelmann, Ernst: „E.Th.J. Brückner und der Göttinger Dichterbund. Ungedruckte Briefe und Handschriften", in: *Euphorion* 33 (1932), S. 341—420

Michael, Wilhelm [Hg.]: *Ludwig Christoph Heinrich Hölty's Sämtliche Werke.* 2. Bd. Weimar 1914

Miller, Johann Martin: *Johann Martin Millers Gedichte.* Ulm 1783

Mozart, Wolfgang Amadeus: *Die Zauberflöte. Eine große Oper in zwei Aufzügen. Libretto von Emanuel Schikaneder.* Herausgegeben von Hans-Albrecht Koch. Stuttgart 1991

Nicolai, Heinz [Hg.]: *Goethes Gedichte in zeitlicher Folge.* Frankfurt am Main 1992[8]

Oertel, Eucharius Ferdinand Christian: *Grammatisches Wörterbuch der deutschen Sprache.* 2. Bd. Dritte, verbesserte Auflage, München 1837

Philosophische Geschlechtertheorien. Ausgewählte Texte von der Antike bis zur Gegenwart. Herausgegeben und eingeleitet von Sabine Doyé, Marion Heinz und Friederike Kuster. Stuttgart 2002

Redlich, Carl [Hg.]: „Gedichte und Briefe von Johann Friedrich Hahn", in: *Beiträge zur deutschen Philologie. Festgabe Julius Zacher.* Halle 1880, S. 243—266

Rousseau, Jean-Jacques: *Abhandlung über den Ursprung und die Grundlagen der Ungleichheit unter den Menschen.* Aus dem Französischen übersetzt und herausgegeben von Philipp Rippel. Stuttgart 1998

Rousseau, Jean-Jacques: *Emile oder Über die Erziehung.* Paderborn et al. 1993[11]

Salzmann, Christian Gotthilf: *Krebsbüchlein. Ameisenbüchlein.* Leipzig 1948

Sallust: *De coniuratione Catilinae.* Lateinisch-Deutsch. Eingeleitet, herausgegeben, übersetzt und erläutert von Dieter Flach. Stuttgart 2007

Sauer, August [Hg.]: *Göttinger Dichterbund.* Bd. 49, 50/I, 50/II. Berlin und Stuttgart o. J.

Schiller, Friedrich: *Sämtliche Gedichte.* Text und Kommentar. Herausgegeben von Georg Kurscheidt. Frankfurt am Main 2008

Schöne, Albrecht [Hg.]: *Gedichte aus dem Göttinger Hain. Faksimile-Drucke der Hand-schriften.* Göttingen 1972

Stolberg, Christian Graf/Stolberg, Friedrich Leopolf Graf: *Gedichte der Brüder Christi-an und Friedrich Leopold Grafen zu Stolberg. Neue vermehrte Auflage.* Leipzig 1821

Stolberg, Christian Graf/Stolberg, Friedrich Leopolf Graf: *Gesammelte Werke der Brü-der Christian und Friedrich Leopold Grafen zu Stolberg.* 20 Bd. Heidelberg 1820—1825

Tacitus: *Annalen.* Lateinisch-Deutsch. Herausgegeben von Erich Heller. Mit einer Einführung von Manfred Fuhrmann. Düsseldorf und Zürich 1997[3]

Ukena, Peter [Hg.]: *Ulrich von Hutten. Deutsche Schriften.* München 1970

Voß, Johann Heinrich: *Briefe. Nebst erläuternden Beilagen.* Herausgegeben von Abra-ham Voß. Hildesheim 1971

Voß, Johann Heinrich: *Gedichte von Johann Heinrich Voss.* Erster Band. Hamburg 1785

Voß, Johann Heinrich: *Gedichte.* Auswahl und einführende Texte: Klaus Langenfeld. Husum 2001

Voß, Johann Heinrich: *Sämmtliche Gedichte.* 6 Bd. Königsberg 1802

Voß, Johann Heinrich: *Sämmtliche poetische Werke von Johann Heinrich Voss.* Herausge-geben von Abraham Voß. Leipzig 1835

Voß, Johann Heinrich: *Sämtliche Gedichte von Johann Heinrich Voß. Auswahl der letzten Hand.* 2 Bd. Königsberg 1825

Weinhold, Carl [Hg.]: *Gedichte von J. M. R. Lenz: Mit benutzung des nachlasses Wen-delins von Maltzahn.* Berlin 1891

Wieland, Christoph Martin: *Geschichte des Agathon.* Erste Fassung. Herausgegeben von Fritz Martini, Mitarbeit: Reinhard Döhl. Stuttgart 1986

Winckelmann, Johann Joachim: *Gedanken über die Nachahmung der griechischen Werke in der Malerei und Bildhauerkunst* Herausgegeben von Ludwig Uhlig. Stuttgart 2001

Sekundärliteratur

Ariès, Philippe: *Geschichte des Todes.* München 2009[12]

Alt, Peter-André: *Ästhetik des Bösen.* München 2010

Assmann, Jan: *Thomas Mann und Ägypten. Mythos und Monotheismus in den Josephsro-manen.* München 2006

Assmann, Jan: *Das kulturelle Gedächtnis. Schrift, Erinnerung und politische Identität in frühen Hochkulturen.* München 1992

Bahr, Ehrhard [Hg.]: *Geschichte der deutschen Literatur 2. Von der Aufklärung bis zum Vormärz.* 2., vollständig überarbeitete und erweiterte Auflage, Stuttgart 1998 (Bahr, Ehrhard [Hg.]: *Geschichte der deutschen Literatur: Kontinuität und Verände-rung – vom Mittelalter bis zur Gegenwart* Bd. II)

Birgfeld, Johannes: „Patriotische Erregung als literarische Chance. Vom Einfluss der Geschichte auf das Verhältnis von Gattung und Geschlecht im 18. Jahrhundert oder: Anna Louisa Karsch und die Kriegslyrik", in: *In das achtzehnte Jahrhundert* 29/2 (2005), S. 192—208

Bäsken, Rothraut: *Die Dichter des Göttinger Hains und die Bürgerlichkeit. Eine literarso-ziologische Studie.* Königsberg und Berlin 1937

Beck, Angelika: *„Der Bund ist ewig": zur Physiognomie einer Lebensform im 18. Jahrhundert.* Erlangen 1982

Becker-Cantarino, Barbara: „Zur Theorie der literarischen Freundschaft im 18. Jahrhundert am Beispiel der Sophie de la Roche", in: Mauser, Wolfram/ Becker-Cantarino, Barbara [Hgg.]: *Frauenfreundschaft – Männerfreundschaft. Literarische Diskurse im 18. Jahrhundert.* Tübingen 1991, S. 47—75

Behrens, Jürgen: „Der Göttinger Hain", in: Perels, Christoph [Hg.]: *Sturm und Drang. Freies Deutsches Hochstift Frankfurter Goethe-Museum (Ausstellungskatalog).* Frankfurt 1988, S. 1—45

Bereswill, Mechthild/Meuser, Michael/Scholz, Sylka: „Männlichkeit als Gegenstand der Geschlechterforschung", in: Bereswill, Mechthild/Meuser, Michael/Scholz, Sylka [Hgg.]: *Dimensionen der Kategorie Geschlecht: Der Fall Männlichkeit.* Münster 2007, S. 7—21

Binder, Dieter A.: *Die diskrete Gesellschaft. Geschichte und Symbolik der Freimaurer.* Wien 2004

Blazek, Helmut: *Männerbünde. Eine Geschichte von Faszination und Macht.* Berlin 1999

Blitz, Hans-Martin: „'Gieb, Vater, mir ein Schwert!' Identitätskonzepte und Feindbilder in der ‚patriotischen' Lyrik Klopstocks und des Göttinger Hains", in: Herrmann, Hans-Peter/Blitz, Hans-Martin/Moßmann, Susanna [Hgg.]: *Machtphantasie Deutschland. Nationalismus, Männlichkeit und Fremdenhaß im Vaterlandsdiskurs deutscher Schriftsteller des 18. Jahrhunderts.* Frankfurt am Main 1996, S. 80—122

Blödorn, Andreas: „Geschlecht und Gattung", in: Zymner, Rüdiger [Hrsg.]: *Handbuch Gattungstheorie.* Stuttgart 2010, S. 64-66

Bohrer, Karl Heinz: *Imagination des Bösen. Zur Begründung einer ästhetischen Kategorie.* München 2004

Bohrer, Karl Heinz: *Großer Stil. Form und Formlosigkeit in der Moderne.* München 2007

Boochs, Wolfgang: *Echnaton und Moses. Monotheismus und Aussatz.* Essen 2011

Boos, Heinrich: *Geschichte der Freimaurerei: Ein Beitrag zur Kultur- und Literatur-Geschichte des 18. Jahrhunderts.* Hamburg 2011 [Nachdruck der Originalausgabe von 1906]

Bourdieu, Pierre: „Die männliche Herrschaft", in: Dölling, Irene/Krais, Beate [Hgg.]: *Ein alltägliches Spiel. Geschlechterkonstruktion in der sozialen Praxis.* Frankfurt am Main 1997, S. 153—217

Bourdieu, Pierre: *Die männliche Herrschaft.* Frankfurt am Main 2005

Brandt, Otto H.: „Ländliches Leben in der Dichtung des Hains", in: *Germanisch-romanische Monatsschrift* 7 (1915/1919), S. 480—503

Brod, Harry: „The Case for Men´s Studies", in: Brod, Harry [Hg]: *The Making of Masculinities: The New Men´s Studies.* Boston 1987, S. 39—62

Bunke, Simon: „'Immer Höltys Geist gefragt'. Inszenierungen von Autorschaft und Autorisation zwischen Hölty, Göttinger Hain und Voß", in: de Mazza, Ethel Matala/Pornschlegel, Clemens (Hg.): *Inszenierte Welt. Theatralität als Argument literarischer Texte.* Freiburg im Breisgau 2003, S. 271—297

Butler, Judith: *Körper von Gewicht. Die diskursiven Grenzen des Geschlechts.* Aus dem

400

Amerikanischen von Karin Wördemann. Frankfurt am Main 1997

Butler, Judith: *Das Unbehagen der Geschlechter*. Aus dem Amerikanischen von Kathrina Menke. Frankfurt am Main 1991

Connell, R. W.: *Gender and Power: Society, the Person, and Sexual Politics*. Stanford 1987

Connell, R. W.: *Masculinities*. Berkeley and Los Angeles 2005[2]

Connell, R. W./Messerschmidt, James W: „Hegemonic Masculinity: Rethinking the Concept", in: *Gender and Society* 19 (2005, Band 6), S. 829—859

Dierickx, Michel: *Freimaurer: Die große Unbekannte. Ein Versuch zu Einsicht und Würdigung*. Wien 1999

Dinges, Martin: „'Hegemoniale Männlichkeit' – ein Konzept auf dem Prüfstand", in: Dinges, Martin [Hg.]: *Männer – Macht – Körper. Hegemoniale Männlichkeiten vom Mittelalter bis heute*. Frankfurt am Main 2005, S. 7—33

Doktor, Wolfgang: *Die Kritik der Empfindsamkeit*. Bern et al. 1975

Erhart, Walter: *Familienmänner*. München 2001

Fischer, Bernd: *Das Eigene und das Eigentliche: Klopstock, Herder, Fichte, Kleist. Episoden aus der Konstruktionsgeschichte nationaler Intentionalitäten*. Berlin 1995

Fleig, Anne/Meise, Helga: „Das Geschlecht der Innovation: Bedeutung und Reichweite der Verknüpfung von Gattungs- und Geschlechterdiskurs bei Gellert, Sulzer und Wieland", in: *In das achtzehnte Jahrhundert* 29/2 (2005), S. 159—178

Foucault, Michel: *Sexualität und Wahrheit*, in: Foucault, Michel: *Die Hauptwerke*. Mit einem Nachwort von Axel Honneth und Martin Saar. Frankfurt am Main 2008

Freud, Sigmund: *Der Mann Moses und die monotheistische Religion. Drei Abhandlungen*. Herausgegeben von Jan Assmann. Stuttgart 2010

Freud, Sigmund: *Werkausgabe in zwei Bänden* (Bd 1: *Elemente der Psychoanalyse*; Bd. 2: *Anwendungen der Psychoanalyse*). Herausgegeben und mit Kommentaren versehen von Anna Freud und Ilse Grubrich-Simitis. Frankfurt am Main 2006

Frevert, Ute: *„Mann und Weib, und Weib und Mann": Geschlechter-Differenzen in der Moderne*. München 1995

Frevert, Ute: „Soldaten, Staatsbürger: Überlegungen zur historischen Konstruktion von Männlichkeit", in: Kühne, Thomas [Hg.]: *Männergeschichte – Geschlechtergeschichte: Männlichkeit im Wandel der Moderne*. Frankfurt am Main 1996, S. 69—87

Friedrich, Hans-Edwin: „'Volksverführer, Franzosennachäffer, Weisheitsgaukler' – Zensur als ästhetischer Akt. Wieland und der Göttinger Hain", in: Haefs, Wilhelm/ Mix, York-Gothart [Hg.]: *Zensur im Jahrhundert der Aufklärung. Geschichte – Theorie – Praxis*. Göttingen 2007, S. 189—202

Fuhrmann, Helmut: *Zur poetischen und philosophischen Anthropologie Schillers. Vier Versuche*. Würzburg 2001

Füssel, Marian: „Studentenkultur als Ort hegemonialer Männlichkeit? Überlegungen zum Wandel akademischer Habitusformen vom Ancien Regime zur Moderne", in: Dinges, Martin [Hg.]: *Männer – Macht – Körper. Hegemoniale Männlichkeiten vom Mittelalter bis heute*. Frankfurt am Main 2005, S. 85—100

Geisenhanslüke, Achim: *Masken des Selbst. Aufrichtigkeit und Verstellung in der europäischen Literatur*. Darmstadt 2006

Gerecke, Anne-Bitt: *Transkulturalität als literarisches Programm. Heinrich Wilhelm von Gerstenbergs Poetik und Poesie*. Göttingen 2002

Golther, Wolfgang: *Handbuch der Germanischen Mythologie*. Wiesbaden 2004

Grimm, Gunter E.: „Christian Wolff und die deutsche Literatur der Frühaufklärung", in: *Goethezeitportal*, URL: http://www.goethezeitportal.de/wiss/aufklärung/grimm_wolff.pdf [Datum des Zugriffs: 20. Januar 2012]

Hagemann, Karin: „'Heran, heran, zu Sieg oder Tod!' Entwürfe patriotischer Männlichkeit in der Zeit der Befreiungskriese", in: Kühne, Thomas [Hg.]: *Männergeschichte – Geschlechtergeschichte: Männlichkeit im Wandel der Moderne*. Frankfurt am Main 1996, S. 51—68

Hagemann, Karin: *„Männlicher Muth und teutsche Ehre". Nation, Krieg und Geschlecht in der Zeit der antinapoleonischen Kriege Preußens.* Paderborn 2002

Haischer, Peter-Henning: „Der Hainbund ein Autorenkollektiv? Zu Paul Kahls Edition des Bundesbuchs des Göttinger Hains. (Rezension über: Paul Kahl: Das Bundesbuch des Göttinger Hains. Edition, historische Untersuchung, Kommentar. Tübingen: Max Niemeyer 2006.)", in: *IASLonline* [27.06.2009], URL: http://www.iaslonline.de/index.php?vorgang_id=2963 [Datum des Zugriffs: 2. September 2009]

Hausen, Karin: „Die Polarisierung der ‚Geschlechtscharaktere'. Eine Spiegelung der Dissoziation von Erwerbs- und Familienleben", in: Conze, Werner [Hg.]: *Sozialgeschichte der Familie in der Neuzeit Europas. Neue Forschungen*. Stuttgart 1976, S. 363—393

Hempel, Dirk: *Friedrich Leopold Graf zu Stolberg (1750-1819). Staatsmann und politischer Schriftsteller*. Weimar et al. 1997

Herrmann, Hans-Peter: „'Ich bin fürs Vaterland zu sterben auch bereit'. Patriotismus oder Nationalismus im 18. Jahrhundert? Lesenotizen zu den deutschen Arminiusdramen 1740—1808", in: Herrmann, Hans-Peter/Blitz, Hans-Martin/Moßmann, Susanna [Hgg.]: *Machtphantasie Deutschland. Nationalismus, Männlichkeit und Fremdenhaß im Vaterlandsdiskurs deutscher Schriftsteller des 18. Jahrhunderts*. Frankfurt am Main 1996, S. 32—65

Herrmann, Hans-Peter: „Arminius und die Erfindung der Männlichkeit im 18. Jahrhundert", in: Herrmann, Hans-Peter/Blitz, Hans-Martin/Moßmann, Susanna [Hgg.]: *Machtphantasie Deutschland. Nationalismus, Männlichkeit und Fremdenhaß im Vaterlandsdiskurs deutscher Schriftsteller des 18. Jahrhunderts*. Frankfurt am Main 1996, S. 161—191

Herrmann, Hans-Peter: „Einleitung", in: Herrmann, Hans-Peter/Blitz, Hans-Martin/Moßmann, Susanna [Hgg.]: *Machtphantasie Deutschland. Nationalismus, Männlichkeit und Fremdenhaß im Vaterlandsdiskurs deutscher Schriftsteller des 18. Jahrhunderts*. Frankfurt am Main 1996, S. 7—31

Hoffmann, Stefan Ludwig: „Freundschaft als Passion. Bürgerliche Gefühlspraktiken im 19. Jahrhundert", in: Borutta, Manuel/Verheyen, Nina [Hgg.]: *Die Präsenz der Gefühle. Männlichkeit und Emotion im 19. und 20. Jahrhundert*. Bielefeld 2010, S. 81—104

Hohendahl, Peter Uwe: „Die Krise der Männlichkeit im späten 18. Jahrhundert: Eine Problemskizze", in: *Zeitschrift für Germanistik* N.F. 12 (2002), S. 275—286

http://www.freimaurerei.de/faq-sonstiges.html [Datum des Zugriffs: 2. Januar 2012] http://de.wikisource.org/wiki/ADB:Hahn,_Johann_Friedrich [Datum des Zugriffs: 17. November 2011]

http://www.sgovd.org/content/alte-pflichten#Hauptstueck:_Von_den_Logen [Datum des Zugriffs: 2. Januar 2012]

Huyssen, Andreas: *Drama des Sturm und Drang. Kommentar zu einer Epoche.* München 1980

Jeismann, Michael/Ritter, Henning: *Grenzfälle. Über neuen und alten Nationalismus.* Leipzig 2000

Jørgensen, Sven Aage/Bohnen, Klaus/Øhrgaard, Per [Hgg.]: *Geschichte der deutschen Literatur Bd. 6: Aufklärung, Sturm und Drang, Frühe Klassik (1740-1789).* München 1990 [= De Boor, Helmut/Newald, Richard: *Geschichte der deutschen Literatur.* Bd. VI]

Kaiser, Gerhard: *Aufklärung, Empfindsamkeit, Sturm und Drang.* Fünfte, unveränderte Auflage, Tübingen und Basel 1996

Kaiser, Gerhard: *Pietismus und Patriotismus im literarischen Deutschland: Ein Beitrag zum Problem der Säkularisation.* 2., ergänzte Auflage, Frankfurt am Main 1973

Kemper, Hans-Georg: *Deutsche Lyrik der frühen Neuzeit. Frühaufklärung* (Bd. 5/II). Tübingen 1983

Kemper, Hans-Georg: *Deutsche Lyrik der frühen Neuzeit. Empfindsamkeit* (Bd. 6/I). Tübingen 1997

Kemper, Hans-Georg: *Deutsche Lyrik der frühen Neuzeit. Sturm und Drang: Genie-Religion* (Bd. 6/II). Tübingen 2002

Kemper, Hans-Georg: *Deutsche Lyrik der frühen Neuzeit. Sturm und Drang: Göttinger Hain und Grenzgänger* (Bd. 6/III). Tübingen 2002

Kittstein, Ulrich: „'Und um uns ward's Elysium!' Zur Liebeslyrik des Rokoko, Klopstocks und des Göttinger Hains", in: Kittstein, Ulrich [Hg.]: *Die Poesie der Liebe. Aufsätze zur deutschen Liebeslyrik.* Frankfurt am Main et al. 2006, S. 131–155

Koch, Klaus/Otto, Eckart/Roloff, Jürgen/Schmoldt, Hans: *Reclams Bibellexikon.* 6., verbesserte Auflage, Stuttgart 2000

Koller, Angelika: *Minnesang-Rezeption um 1800: Falldarstellungen zu den Romantikern und ihre Zeitgenossen und Exkurse zu ausgewählten Sachfragen.* Frankfurt am Main et al. 1992

Korff, Hermann August: *Geist der Goethezeit. Versuch einer ideellen Entwicklung der klassisch-romantischen Literaturgeschichte.* Bd. I. 2., durchgesehene Auflage, Leipzig 1955

Korff, Hermann August: *Geist der Goethezeit. Versuch einer ideellen Entwicklung der klassisch-romantischen Literaturgeschichte.* Bd. IV. Leipzig 1953

Koselleck, Reinhart: *Kritik und Krise. Zur Pathogenese der bürgerlichen Welt.* Freiburg im Breisgau et al. 1969[2]

Kranefuss, Annelen: „Klopstock und der Göttinger Hain", in: Hinck, Walter [Hg.]: *Sturm und Drang.* Kronberg im Taunus 1978, S. 134—162

Kucklick, Christoph: *Das unmoralische Geschlecht: Zur Geburt der Negativen Andrologie.* Frankfurt am Main 2008

Lee, Kyeonghi: *Weiblichkeitskonzeptionen und Frauengestalten im theoretischen und literarischen Werk Friedrich Schillers.* Marburg 2003

Leibrock, Felix: *Aufklärung und Mittelalter. Bodmer, Gottsched und die mittelalterliche deutsche Literatur.* Frankfurt am Main et al. 1988

Lennhoff, Eugen/Posner, Oskar/Binder, Dieter A.: *Internationales Freimaurer-Lexikon.* 5., überarbeitete und aktualisierte Auflage. München 2006

Leuschner, Brigitte: „Freundschaft als Lebensgestaltung bei Therese Heyne: schwärmen und gut handeln", in: Mauser, Wolfram/ Becker-Cantarino, Barbara [Hgg.]: *Frauenfreundschaft – Männerfreundschaft. Literarische Diskurse im 18. Jahrhundert.* Tübingen 1991, S. 195—212

Lüchow, Annette: „Die ‚heilige Cohorte'. Klopstock und der Göttinger Hainbund", in: Hilliard, Kevin F./Kohl, Katrin [Hgg.]: *Klopstock an der Grenze der Epochen.* Berlin 1995, S. 152—220

Ludz, Peter Christian [Hg.]: *Geheime Gesellschaften.* Heidelberg 1979

Luhmann, Niklas: *Liebe als Passion. Zur Codierung von Intimität.* Frankfurt am Main 1994

Lukas, Wolfgang: *Anthropologie und Theodizee. Studien zum Moraldiskurs im deutschsprachigen Drama der Aufklärung (ca. 1730 bis 1770).* Göttingen 2005

Lukas, Wolfgang: *Das Selbst und das Fremde. Epochale Lebenskrisen und ihre Lösung im Werk Arthur Schnitzlers.* München 1996

Luserke, Matthias: *Die Bändigung der wilden Seele. Literatur und Leidenschaft in der Aufklärung.* Stuttgart 1995

Luserke, Matthias: *Sturm und Drang. Autoren – Texte – Themen.* Stuttgart 1997

Luserke-Jaqui, Matthias: *Friedrich Schiller.* Tübingen und Basel 2005

Maier, Bernhard: *Lexikon der keltischen Religion und Kultur.* Stuttgart 1994

Manger, Klaus: „Rituale der Freundschaft – Sonderformen sozialer Kommunikation", in: Manger, Klaus/Pott, Ute [Hgg.]: *Rituale der Freundschaft.* Heidelberg 2007, S. 23—50

Martin, Dieter: „Der Freundschaftskuß im 18. Jahrhundert", in: Manger, Klaus/Pott, Ute [Hgg.]: *Rituale der Freundschaft.* Heidelberg 2007, S. 51—67

Martini, Fritz: „Die Feindlichen Brüder. Zum Problem des gesellschaftskritischen Dramas von J. A. Leisewitz, F. M. Klinger und F. Schiller", in: *Jahrbuch der Deutschen Schiller-Gesellschaft* 16 (1972), S. 208-265

Martschukat, Jürgen/Olaf Stieglitz: *Geschichte der Männlichkeiten.* Frankfurt am Main 2008

Martus, Steffen: „Die Entstehung von Tiefsinn im 18. Jahrhundert. Zur Temporalisierung der Poesie in der Verbesserungsästhetik bei Hagedorn, Gellert und Wieland", in: *Deutsche Vierteljahrsschrift für Literaturwissenschaft und Geistesgeschichte* 74 (2000), S. 27—43

Mattenklott, Gert: *Melancholie in der Dramatik des Sturm und Drang.* Stuttgart 1968

Meuser, Michael: „Männerwelten. Zur kollektiven Konstruktion hegemonialer Männlichkeit", in: Janshen, Doris/Meuser, Michael [Hgg.]: *Schriften des Essener Kollegs für Geschlechterforschung* 1 (2001, Heft II) [digitale Publikation], S. 4—32

Meyer-Krentler, Eckhardt: „Freundschaft im 18. Jahrhundert. Zur Einführung in die Forschungsdiskussion", in: Mauser, Wolfram/ Becker-Cantarino, Barbara [Hgg.]: *Frauenfreundschaft – Männerfreundschaft. Literarische Diskurse im 18. Jahrhundert.* Tübingen 1991, S. 1—22

Meyer-Sickendiek, Burghard: *Affektpoetik: Eine Kulturgeschichte literarischer Emotionen.* Würzburg 2005

Millett, Kate: *Sexus und Herrschaft. Die Tyrannei des Mannes in unserer Gesellschaft.* Reinbeck bei Hamburg 1992

Mittner, Ladislao: „Freundschaft und Liebe in der deutschen Literatur des 18. Jahrhunderts", in: *Festschrift Hans Heinrich Borcherdt.* München 1962, S. 97—138

Mix, York-Gothart: „Kulturpatriotismus und Frankophobie. Die Stereotypisierung nationaler Selbst- und Fremdbilder in der Sprach- und Modekritik zwischen Dreißigjährigem Krieg und Vormärz (1648—1848)", in: *Arcadia – Internationale Zeitschrift für Literaturwissenschaft* 36/1 (2001), S. 156—185

Opitz-Belakhal, Claudia: *Geschlechtergeschichte.* Frankfurt am Main 2010

Pascal, Roy: *Der Sturm und Drang.* Stuttgart 1990²

Peters, Günter: *Der zerrissene Engel. Genieästhetik und literarische Selbstdarstellung im achtzehnten Jahrhundert.* Stuttgart 1982

Pohlmann, Axel: „Der Hain und die Loge", in: *Quatuor Coronati Jahrbuch* 38 (2001), S. 129-149

Prokop, Ulrike: „Die Freundschaft zwischen Katharina Elisabeth Goethe und Bettina Brentano – Aspekte weiblicher Tradition", in: Mauser, Wolfram/ Becker-Cantarino, Barbara [Hgg.]: *Frauenfreundschaft – Männerfreundschaft. Literarische Diskurse im 18. Jahrhundert.* Tübingen 1991, S. 237—277

Promies, Wolfgang: „Lyrik in der zweiten Hälfte des 18. Jahrhunderts", in: Grimminger, Rolf [Hg.]: *Deutsche Aufklärung bis zur Französischen Revolution 1680—1789.* 2., durchgesehene Auflage, München 1984, S. 569—604 [= Grimminger, Rolf [Hg.]: *Hansers Sozialgeschichte der deutschen Literatur vom 16. Jahrhundert bis zur Gegenwart* Bd. 3]

Proß, Wolfgang: „Lyrik in der ersten Hälfte des 18. Jahrhunderts", in: Grimminger, Rolf [Hg.]: *Deutsche Aufklärung bis zur Französischen Revolution 1680—1789.* 2., durchgesehene Auflage, München 1984, S. 545—568 [=Grimminger, Rolf [Hg.]: *Hansers Sozialgeschichte der deutschen Literatur vom 16. Jahrhundert bis zur Gegenwart* Bd. 3]

Prutz, Robert Eduard: *Der Göttinger Dichterbund. Zur Geschichte der deutschen Literatur.* Leipzig 1841

Quabius, Richard: *Generationenverhältnisse im Sturm und Drang.* Köln und Wien 1976

Rasch, Wolfdietrich: *Freundschaftskult und Freundschaftsdichtung im deutschen Schrifttum des 18. Jahrhunderts.* Halle 1936

Reinalter, Helmut: *Die Freimaurer.* München 2010⁶

Warning, Rainer: „Genie", in: Ritter, Joachim/Gründer, Karlfried/Gabriel, Gottfried [Hgg.]: *Historisches Wörterbuch der Philosophie.* Basel 1971—2007 [hier Bd. 3: 1974, Sp. 292f.]

Sauder, Gerhard: „Geniekult im Sturm und Drang", in: Grimminger, Rolf [Hg.]: *Deutsche Aufklärung bis zur Französischen Revolution 1680—1789.* 2., durchgesehene Auflage München 1984, S. 327—340 [= Grimminger, Rolf [Hg.]: *Hansers Sozialgeschichte der deutschen Literatur vom 16. Jahrhundert bis zur Gegenwart* Bd. 3]

Sauder, Gerhard: *Theorie der Empfindsamkeit und des Sturm und Drang.* Stuttgart 2003

Schindler, Norbert: „Freimaurerkultur im 18. Jahrhundert", in: Berdahl, Robert M. et al. [Hgg.]: *Klassen und Kultur. Sozialanthropologische Perspektiven in der Geschichts-schreibung.* Frankfurt am Main 1982, 205-262

Schmale, Wolfgang: *Geschichte der Männlichkeit in Europa (1450—2000).* Wien et al. 2003

Schmid, Christoph: *Die Mittelalterrezeption des 18. Jahrhunderts zwischen Aufklärung und Romantik.* Frankfurt am Main et al. 1979

Schmidt-Dengler, Wendelin: *Genius. Zur Wirkungsgeschichte antiker Mythologeme in der Goethezeit.* München 1978

Schneider, Ferdinand Josef: *Die deutsche Dichtung der Geniezeit.* Stuttgart 1952

Schrader, Hans-Jürgen: „Mit Feuer, Schwert und schlechtem Gewissen. Zum Kreuz-zug der Hainbündler gegen Wieland", in: *Euphorion* 78 (1984), S. 325—367

Schrader, Hans-Jürgen: *Literaturproduktion und Büchermarkt des radikalen Pietismus.* Göttingen 1989

Schulz, Georg-Michael: *Die Überwindung der Barbarei. Johann Elias Schlegels Trauer-spiele.* Berlin 1980

Schulz, Gerhard: *Die deutsche Literatur zwischen Französischer Revolution und Restaura-tion (1806—1830).* München 1989 [= De Boor, Helmut/Newald, Richard: *Ge-schichte der deutschen Literatur* Bd. VII/2]

Schweikle, Günther: *Minnesang.* 2. korrigierte Auflage. Stuttgart und Weimar 1995

Sherburne, George/Bond, Donald F.: *The Restoration and the Eighteenth Century (1660 —1789).* London 1967² [= Baugh, Albert C. [Hg.]: *Literary History of England* III]

Simek, Rudolf/Pálsson, Hermann: *Lexikon der altnordischen Literatur.* Stuttgart 1987

Simek, Rudolf: *Lexikon der germanischen Mythologie.* 3., völlig überarbeitete Auflage, Stuttgart 2006

Simmel, Georg: *Schriften zur Philosophie und Soziologie der Geschlechter.* Herausgegeben von Heinz-Jürgen Dahmen und Klaus Christian Köhnke. Frankfurt am Main 1985

Sloterdjik, Peter: *Luftleben. An den Quellen des Terrors.* Frankfurt am Main 2002

Sørensen, Bengt Algot: „Freundschaft und Patriarchat im 18. Jahrhundert", in: Mau-ser, Wolfram/Becker-Cantarino, Barbara [Hgg.]: *Frauenfreundschaft – Männer-freundschaft. Literarische Diskurse im 18. Jahrhundert.* Tübingen 1991, S. 279—292

Spicker, Johannes: *„Auch das was die natur zum sitz-platz außersehn / Jst dadurch wenn es dick und außgefüllet schön.* Körperbeschreibungen in der spätmittelalterlichen Lie-beslyrik", in: *Edition und Interpretation. Festschrift für Helmut Tervooren.* Herausge-geben von Johannes Spicker in Zusammenarbeit mit Susanne Fritsch, Gaby Her-chert und Stefan Zeyen. Stuttgart 2000, S. 115—124

Stanitzek. Georg: *Blödigkeit. Beschreibungen des Individuums im 18. Jahrhundert.* Tübin-gen 1989

Stephan, Inge: „Geniekult und Männerbund. Zur Ausgrenzung des ‚Weiblichen' in der Sturm-und-Drang-Bewegung", in: Stephan, Inge: *Inszenierte Weiblichkeit: Codie-rung der Geschlechter in der Literatur des 18. Jahrhunderts.* Köln und Weimar 2004

Theweleit, Klaus: *Männerphantasien 1 + 2.* München und Zürich 2009⁴

Tholen, Toni: *Verlust der Nähe. Reflexion von Männlichkeit in der Literatur.* Heidelberg 2005

Titzmann, Michael: „Die ‚Bildungs'-/Initiationsgeschichte der Goethe-Zeit und das

System der Altersklassen im anthropologischen Diskurs der Epoche", in: Danneberg, Lutz/Vollhardt, Friedrich [Hg.]: *Wissen in Literatur im 19. Jahrhundert.* Tübingen 2002, S. 7—64

Titzmann, Michael: „Schillers Lyrik und die Philosophie der Spätaufklärung: Freigeisterei der Leidenschaft und Resignation", in: Hagestedt, Lutz [Hg.]: *Literatur als Lust. Begegnungen zwischen Poesie und Wissenschaft.* München 2008, S. 317—341

Ueding, Gerd: *Klassik und Romantik. Deutsche Literatur im Zeitalter der Französischen Revolution 1789—1815.* München 2008² [= Grimminger, Rolf [Hg.]: *Hansers Sozialgeschichte der deutschen Literatur vom 16. Jahrhundert bis zur Gegenwart* Bd. 4]

Völker, Ludwig: *Muse Melancholie, Therapeutikum Poesie. Studien zum Melancholie-Problem in der deutschen Lyrik von Hölty bis Benn.* München 1978

von Essen, Gesa: *Hermannsschlachten. Germanen- und Römerbilder in der Literatur des 18. und 19. Jahrhunderts.* Göttingen 1998

von Wilpert, Gero: *Sachwörterbuch der Literatur.* 8., verbesserte und erweiterte Auflage, Stuttgart 2001

Weigel, Sigrid: *Topographien der Geschlechter. Kulturgeschichtliche Studien zur Literatur.* Reinbek 1990

Weil, Bernd A.: *Rezeption des Minnesangs in Deutschland seit dem 15. Jahrhundert.* Frankfurt am Main 1991

Weinhold, Karl: *Heinrich Christian Boie. Beitrag zur Geschichte der deutschen Literatur im achtzehnten Jahrhundert.* Halle 1868

Wieland, Klaus: „Die Krise der Männlichkeit in deutschsprachigen Kriegsromanen der Weimarer Republik", in: Valentin, Jean-Marie (Hg.): *Akten des XI. Internationalen Germanistenkongresses Paris 2005. „Germanistik im Konflikt der Kulturen"* (Bd. 10). Bern et al. 2007, S. 49—56

Wild, Reiner: „Stadtkultur, Bildungswesen und Aufklärungsgesellschaften", in: Grimminger, Rolf [Hg.]: *Deutsche Aufklärung bis zur Französischen Revolution 1680—1789.* 2., durchgesehene Auflage, München 1984, S. 103—132 [= Grimminger, Rolf [Hg.]: *Hansers Sozialgeschichte der deutschen Literatur vom 16. Jahrhundert bis zur Gegenwart* Bd. 3]

Wild, Reiner: *Die Vernunft der Väter.* Stuttgart 1993

Wolf, Herman: „Die Genielehre des jungen Herder", in: Wacker, Manfred [Hg.]: *Sturm und Drang.* Darmstadt 1985, S. 184—214

Wünsch, Marianne: *Der Strukturwandel in der Lyrik Goethes. Die systemimmanente Relation der Kategorien „Literatur" und „Realität": Probleme und Lösungen.* Stuttgart – Berlin – Köln – Mainz 1975

Zeman, Herbert: *Die deutsche anakreontische Dichtung. Ein Versuch zur Erfassung ihrer ästhetischen und literarischen Erscheinungsformen im 18. Jahrhundert.* Stuttgart 1972

Zimmermann, Harro: *Freiheit und Geschichte: F.G. Klopstock als historischer Dichter und Denker.* Heidelberg 1987